"十二五"国家重点图书出版规划项目·新编法学核心课程系列教材

行政法案例教程

（修订版）

关保英 著

中国政法大学出版社

2013·北京

出版说明

“十二五”国家重点图书出版规划项目是由国家新闻出版总署组织出版的国家级重点图书。列入该规划项目的各类选题，是经严格审查选定的，代表了当今中国图书出版的最高水平。

中国政法大学出版社作为国家良好出版社，有幸入选承担规划项目中系列法学教材的出版，这是一项光荣而艰巨的时代任务。

本系列教材的出版，凝结了众多知名法学家多年来的理论研究成果，全面系统地反映了现今法学教学研究的最高水准。它以法学“基本概念、基本原理、基本知识”为主要内容，既注重本学科领域的基础理论和发展动态，又注重理论联系实际满足读者对象的多层次需要；既追求教材的理论深度与学术价值，又追求教材在体系、风格、逻辑上的一致性；它以灵活多样的体例形式阐释教材内容，既加强法学教材的多样化发展，又加强教材对读者学习方法与兴趣的正确引导。它的出版也是中国政法大学出版社多年来对法学教材深入研究与探索的职业体现。

中国政法大学出版社长期以来始终以法学教材的品质建设为首任，我们坚信“十二五”国家重点图书出版规划项目的出版，定能以其独具特色的高文化含量与创新性意识成为权威法学教材品牌。

中国政法大学出版社

总　序

长期以来，由于大陆法系和英美法系法律渊源不同，法学教育模式迥异。大陆法系的典型特征是法律规范的成文化和法典化；而英美法系则以不成文法即判例法为其显著特征。从法律渊源来看，大陆法系以制定法为其主要法律渊源，判例一般不被作为正式法律渊源，对法院审判亦无约束力；而英美法系则以判例法作为其正式法律渊源，即上级法院的判例对下级法院在审理类似案件时有约束力。两大法系法律渊源的不同，导致归属于两大法系国家的法学教学存在较大差异。大陆法系国家的法学教育采用的是演绎法，教师多以法学基本概念和原理的讲解为主，即使部分采用了案例教学，也重在通过案例分析法律规定；而英美法系采用的是归纳法，判例就是法源，通过学习判例学习法学原理。

在我国，制定法为法律规范的主要渊源，长期以来，法学教育沿用大陆法系的演绎法教学模式。众所周知，法学是一门实践性、应用性很强的学科，法学教育的目标之一就是培养学生运用法学知识分析和解决实际问题的能力。为此，改变传统教学模式，引入理论和实践相结合的案例教学法成为必需。多年来，我校在这方面进行了有益的尝试和探索，总结了一套行之有效的理论和实务案例相结合的教学模式，深受学生欢迎。这套教学模式，根据大陆法系成文法的教学要求，借鉴英美法系的案例教学模式，将两大法系的教学方法有机地融为一体，既能使学生系统地掌握法学原理，又培养了学生分析和解决实际问题的能力。

为了及时反映我校法学教育改革的新成果，更好地满足法学教育的需要，我校组织编写了这套“新编法学核心课程系列教材”。这套教材具有如下特点：①覆盖面广。涵盖了现今主要的法学核心课程。②体例格式新颖。本套系列教材各章均按本章概要、学习目标、学术视野、理论思考与实务应用、参考文献的体例格式安排，这种体例兼顾了系统掌握法学理论和应用法学理论分析、解决实际问题能力的双重教学目标。③案例选择科学合理。主要表现为：一是案例大多选自司法实践，具有新颖性和真实性；二是根据法学知识点的系统要求选择案例，具有全面性和典型性；三是反映理论和实务的密切联系，以案说法，以案例解释法学知识和原理，理论与实务高度融合，相得益彰。④内容简洁。本套丛书力争以简洁的语言阐述法学理论和相关问题，解析实例，说明法理，做到深入浅出，通俗易懂。⑤具有启发性。本套丛书所列学术视野，多为本学科的焦点和热点问题，可帮助学生了解学术动态，激发其学术兴趣；理论思考题可引导学生思考温习所学知识，启迪其心志。

"新编法学核心课程系列教材"吸收了国内外优秀学术成果，在理论与实践相结合的基础上，达到了理论性、实践性和应用性相统一。在理论上具有较强的系统性和概括性，在应用上具有针对性和实用性，在内容上则反映了法学各学科的新发展和时代特征。总之，我真诚地希望这套丛书能成为广大学生和读者学习法学知识的新窗口，并愿这套系列丛书在广大读者和同行的关心与帮助下越编越好。

金国华

2010年10月28日

再版说明

1999年中国政法大学出版社出版了“高等政法院校案例教学丛书”。在这个丛书的出版说明中，有这样一段关于案例教学的精辟论述：“随着法律教育水平的不断提高，课堂教学方法改革正日益深入。这些改革尤以案例教学最为突出，因而对相应的案例教材的需求也日趋强烈。为此，司法部教育主管部门与本社共同组织全国政法院校的专家学者编写了这套案例教材。这套教材是目前国内唯一的由法律教育主管部门组织、审订的统编案例教程，具有很高的权威性。本套案例教材与现行的统编法学本科教材相配合，通过对典型案例的介绍及讨论，使法律院系学生加深对抽象的法学概念、范畴的理解；同时帮助学生了解法律在司法活动中的适用过程，从而达到理论与实际的有机结合；本套案例教材以现行法律本科教学课程设置为依据，并将随着法律教学改革的深入，对内容进行适当调整。”作者编著的《行政法案例教程》有幸入选了这套丛书，在当时来讲，它也算是全国第一本行政法案例教程。本书在当初设计时遵循了出版社和司法部关于案例教材的若干原则，从法律教学以及应用型人才培养的实际出发，整个案例体系的编写与一般的案例分析不同。主要特点是：一是保证整个教材体系的系统性。使学生通过本教材的学习对行政法原理与案例有一个全面了解。二是保证整个教材体系的结构性。就是在一个原理和案例的表述中，包括基本原理、案件事实、案件事实认定分析、法律适用分析以及该案例所引伸出的行政法理论或热点问题，这些层次使每一个案例都形成了比较完整的知识结构。三是保证整个教材体系的逻辑性。本教科书在当初编写时，出版社和有关主管部门就要求它不同于一般意义上的案例分析，不能就事论事，案例只是解读和拓展相关原理的工具。因此，从案件事实到得出的结论都必须具有逻辑上的严密性，而且能够提炼出相关的行政法理论。这可以说是本教科书的一大特色。这些特点从现在来看，具有一定的超前性。因为，经过十多年的发展，行政法乃至于整个法学的案例教学仍然必须建立在系统性、结构性、逻辑性等若干特性之上。2010 年，最高人民法院发布了《关于案例指导工作的规定》，这一《规定》对中国法学教学产生了深刻影响。在这样的背景下，行政法案例分析以及案例教材引起了学界普遍重视，也有大量行政法案例分析和教材出版，然而，笔者注意到，诸多学者把行政法案例都简单的与行政复议案例、行政诉讼案例、行政赔偿案例相等同。而客观事实是，行政法中绝大多数案例并没有进入到司法案例的行列。同时，有些学者把行政法案例及其分析仅仅限制在若干行政法典中，似乎行政法原理部分是不需要相关案例予以支撑和解读的。本教科书在对国内相关行政法案例分析及其案例教材进行总结的基础上避免了上列不足。进一步讲，本教科书有机地将行政法中的司法案例与其他行政案例的关系作了处理，将行政法基础理论与行政法案例的关系作了处理，将行政法学中的热点问题与行政法案例的关系作了处理。通过这样的处理使读者们既能把握我国行政法的基本理论，又能对行政法治实践有所认识，还能通过这些案例的解读把握行政法学理论中的若干前沿和热点问题。本书由笔者独立撰写，行文风格和技术保持了从头至尾的连贯性，这与国内绝大多数教科书由集体编写相比，也是一大特色。当然，本书的编写方式也是一个尝试，难免存在不足，望读者们批评指正。

关保英

2012 年 10 月

自　序*

行政法教学方法的创新是近年来行政法学较为关注的问题之一，也引起了教育部门和法学教育主管部门的重视[1]。在这种有关行政法教学改革的浪潮中，诸多新的教学方法被提了出来，而且在一些学校、一些法律院系、一些行政法课堂上被推广和试用。例如，行政法的讨论式教学[2]、行政法的法规教学[3]、行政法的案例教学[4]等都成了行政法教学中的时尚方法。但从目

---

* 2009年笔者在《河南政法管理干部学院学报》发表了《行政法案例教学研究》一文，对行政法案例教学的相关问题作了初步探讨。作者的研究引起了国内行政法学界乃至于公法学界的关注，该文被人大复印资料《宪法学、行政法学》（2009年第11期）全文转载。2011年该文获"上海市第十届教育科学研究成果（教育理论创新）"三等奖。可见，该文的诸多研究已经得到了学界和专家们的认同。在笔者看来，对于《行政法案例教程》而言，此篇论文具有一定的理论积淀之功能，因此，笔者将该文作为本教科书的序言，希望读者们对行政法案例教学的若干理论和实践问题有一个融会贯通的认识。

〔1〕 2006年全国法学院院长会议上，不少学者撰写文章对法学教学的创新提出了看法，学界对法学教学改革的重视已经超过了历史上任何一个时期，一些新的教学方法被设计出来，一些长期为西方人独占的教学方法正在我国被接受和研究，例如，诊所式法律教学在我国被人们普遍接受的事实就是例证。

〔2〕 所谓行政法讨论式教学是指在行政法的教学中，主讲教师仅仅起到引导或者裁判的作用，由学生展开对相关行政法问题的讨论。国内关于讨论式教学法已经出版了一些教材，例如，在公法学范围中就已经出版了宪法学的讨论教材。

〔3〕 近年来法规教学已经得到了越来越普遍的承认和接受，我国也陆续出版了一些关于法规教学的教科书。法律出版社在2005年出版了一部《行政法与行政诉讼法学教学配套法规》，其中法规教学的编排很有特色。例如，其在对《行政许可法》第二章的教学中就列出了两个教学范畴：一个是本章的说明，其对《行政许可法》第二章及有关行政许可的设定作了基本的理论和实践说明；另一个是本章的体系表。在体系表中列举了本章的基本知识点以及对应的法条。参见法律教育研究中心编著：《行政法与行政诉讼法学教学配套法规》，法律出版社2005年版。

〔4〕 行政法案例教学的系统化是从20世纪末开始的，1998年年初司法部法学教材编辑部决定出版一套有关法学的案例教材，这个称谓本身就是一个巨大的进步，因为在此之前，人们只是提到案例在教学过程中的运用，而没有将案例教学、案例教材作为一个新的现象看待。1999年方世荣主编了《行政诉讼法案例教程》，关保英主编了《行政法案例教程》，并都作为司法部教材编辑部的规划教材由中国政法大学出版社出版。

前情况来看，行政法教学的这些新的方法和方法论都是由各教学单位乃至各个教师或教学课堂自发进行的。换言之，国家和有关的法学教育主管部门，哪怕是民间性的权威法学教育的组织[1]都没有形成一个统一的、人们普遍接受的新的教学方法的范本，这便导致了有关行政法的新的教育方法各自为政，分散于最小的教学单位之中，其结果很可能事与愿违，且必然冲淡长期以来形成的较为规范的传统行政法学教学方法。行政法案例教学可以说是诸种新的行政法教学方法中最为基本、运用亦最多的教学方法，然而，行政法案例教学的基本理论和实践问题究竟是什么，几乎在行政法学界没有一个成体系的说法。近年来，我国出版了几部行政法案例教程，但这些教程的编写既没有统一的体例，也没有统一的教学内容和结构[2]。就各教科书收集的案例来看也是五花八门，既有发生于最高行政系统的案件，又有发生于最低行政机关的案件；既有以行政判决形式出现的行政诉讼案件，也有仅仅存在于行政管理中的行政执法案件；既有几个世纪以前发生的案件，也有最近发生的案件；既有典型案件，也有生僻案件；等等。即是说，单就案件的选择来看就十分混乱，而其他细节上的问题更是莫衷一是。基于此，笔者认为有必要从理论上和实践上对行政法案例教学进行研究，笔者撰就此文，拟对行政法案例教学的必要性、理论模式、方法论、实施路径等若干重大问题予以探讨，以引起学界和法学教育主管部门的重视。

一、行政法案例教学的客观趋势

行政法案例教学是指在行政法的教学过程中将行政案例作为教学基本单位或辅助单位的行政法教学方法。行政法案例教学是行政法教学方法的一种，它本身并不是行政法教学内容和行政法教学的立足点，这一点必须明确。因为，无论行政法的讨论教学、法规教学抑或其他教学，其教学的内容和立足

〔1〕我国除了教育部和司法部设立的官方教育机构外，还有下属于政府的法学会组织，我们认为，法学会在我国应当是民间法律教育的权威机构，无论中国法学会，还是地方级别的法学会都在一定范围内决定和指导法学教育的方式。但关于行政法案例教学方法、法规教学方法都没有一个统一的规则。

〔2〕行政法案例教材的编写近年来在我国已经成为一个时尚，据不完全统计目前出版的行政法案例教材已有十余部，这还不包括有关行政法案例分析的实用手册等。但是，行政法案例教科书究竟怎样编写一直没有形成共识，笔者1999年出版的《行政法案例教程》以行政法的规划教材为范本，对教材中的每个章节放一些问题，再将这些问题用案例的方式予以解析。行政法案例教科书的体例在今后一段时间内仍然是行政法学界关注的问题之一。

点都是行政法这个社会现象和法律现象。行政法教学由一系列单位构成，如行政法理念、行政法规范、行政法制度等，行政法案例只是与上列单位并列或平行的一个单位。如果把行政法案例错误地定性为行政法教学的内容，就必然会改变行政法作为部门法的地位，甚至会改变一国的法律传统。[1] 行政法案例教学的过程中，行政法案例扮演非常重要的角色，它贯穿于案例教学的基本环节中，整个教学过程以案例为基本点，或者是对案例的解决，或者是通过案例阐释某一行政法或行政法学基本问题。但是，行政法案例不是行政法案例教学的归宿，其归属和行政法的一般教学并无不同，此点也是需要引起注意的。国内一些行政法案例教学的教科书把行政法案例几乎视为行政法案例教学的终结点，[2] 但是在笔者看来，行政法案例教学的终点还是应当回归到行政法的基本价值和基本原理中来，这其中的道理是不需要多作论证的。行政法案例教学发生在行政法课堂教学中，这一点也是必须予以强调的。我们知道，在传统的行政法学教学中并非没有行政法案例，只是这些案例常常作为课堂教学以外的辅助功课，在国内第一部案例教程问世之前[3]，就有诸多本行政法案例汇编，这些案例汇编也常常被行政法教师指定为行政法的辅助教学书目。从这个意义上讲，行政法案例教学是对行政法课堂教学格局的改变。上述问题是我们掌握行政法案例教学时必须首先解决的问题。行政法案例教学在我国乃至于全世界似乎都是一个不可逆转的趋势，即人们在行政法教学中越来越重视、越来越普遍运用案例教学这一新的教学方法，那么，对这种趋势应当从哪些方面进行解读呢？笔者认为下列方面的分析将有助于我们认识行政法案例教学的客观必然性。

第一，行政法案例教学是由行政法学作为应用学科的地位日益明显决定

---

〔1〕 也许，在判例法系的国家，行政法案例教学中的行政法案例是教学的基本内容，在这样的国家，案例已经不仅仅是个案，而是一个能够对后来的行政法治产生实质性影响的规则或者规则体系。但在成文法主义的国家，案例是法律规范的附属物，在这样的国家中，法律规范常常与法案是分离的，一些法律规范制定出来以后并不一定发生与这个规范相联系的行政法案。

〔2〕 诸多行政法案例教学的教科书以对案件的解决为终点，而没有将行政法案例教学中案例分析所得出的行政法原理作为相对较高的目标，如果将行政法案例教学等同于对案件的解决那就有失偏颇，笔者注意到，即使在判例法国家，行政法案例也是作为行政法原理的有机构成而存在的，参见［美］史蒂文·J. 卡恩著，张梦中等译：《行政法原理与案例》，中山大学出版社 2004 年版，第 164 页。

〔3〕 我国第一部统编的行政法案例教程应当是由作者主编的《行政法案例教程》，1999 年由中国政法大学出版社出版。

的。梅因在《古代法》中有这样一个理念，即在法学研究中存在纯理论法学的问题，“这些纯理论的创造者详细地观察了他们国王时代的各种制度和文明以及在某种程度上适合他们心理的其他时代的各种制度和文明，但是当他们把注意力转向和他们自己在表面上有较大差别的古代社会状态时，他们便一致地停止观察而开始猜想了”。[1] 不论梅因对纯理论法学在一定时期的研究状况如何不满，其作为法学研究中的一种研究取向却是客观存在的。尤其在法理学的研究中诸多法学流派的区分实质上都是有关纯理论上的区分。由于法学研究中纯理论研究的广泛存在，学者便常常将法学研究归于理论学科和应用学科两个范畴之下。不言而喻，当康德撰写《法的形而上学原理》时，当黑格尔撰写《法哲学原理》时，其是将法学作为理论学科处理的。对法的一般现象的此种认识进路也影响到部门法的研究，其中也包括行政法的研究。即是说，关于行政法问题的研究，学者们开始并不是完全将其定位于应用学科之中的，以20世纪40年代苏联学者出版的行政法教科书为例，其对行政法问题的讲授所关注的是有关政府和公共行政管理的理论，前苏联行政法教科书从头至尾没有一个实在法案例的事实就是例证。[2] 将行政法在一定程度上归于理论学科，这究竟涉及的范围有多大，持续的时间有多长我们不得而知，但行政法作为理论学科在我国还有一定的影响力。然而，随着人们对部门行政法的正确定位，随着行政法制度在诸国政治生活和行政管理中的完善化，人们似乎更多地从应用法学的角度定义和研究行政法学问题。一些学者设计的行政法学科体系本来是想从较高层次回答行政法学理论，即想给这个学科以更多的理论价值，而当其这样做时还是置身于行政法作为应用学科这一认识之中，如《法律与行政》一书提出了诸如红灯理论、绿灯理论、黄灯理论等，我们通过仔细分析，其每一种理论体系的设计都以行政法事实为基础。进一步讲，应用学科是其对行政法学的基本定位，理论分析附着于行政法作为应用学科的基本事实判例之中。总之，行政法作为应用学科的地位越来越明显，而应用学科的最大特征就是能够解决发生于这个学科背后的具体事实和具体事件。不同应用学科面对不同的事实和事件，行政法学作为应用

[1] ［英］梅因著，沈景良译：《古代法》，商务印书馆1984年版，第53页。

[2] 参见［苏］C. C. 司徒节尼金著，中国人民大学国家法教研室译：《苏联行政法》，中国人民大学出版社1955年版。

学科面对的基本事实和事件就是每日每时发生在行政法适用过程中的具体案件。深而论之，行政法案件和行政法案例就成为了支撑行政法学科的基点，作为以这个学科之状况为依据的教学活动就不能离开行政法案例，这是行政法案例教学客观必然性的第一个理论根据。

第二，行政法案例教学是由传统行政法学教学的滞后性决定的。行政法学教学是法学教学的组成部分，所不同的是，在我国，行政法学教学要比整个法学教学以及其他主要部门法的教学起步晚一些。我国教育部将行政法课程列入法学教学的计划是20世纪80年代末的事情，在此之前亦有个别学校开设行政法学课程，但行政法教学还没有被普遍接受和推广。应当说，行政法学教学起步较晚对于行政法学教学本身来讲不一定是坏事，因为起步较晚的状况可以使其接受现行的新的教育理念、新的法学教学的体系和方法。但令人遗憾的是，我国行政法学教学从一开始就打上了传统法学教学的烙印，甚至在一些方面比传统法学教学有过之而无不及。以我国1983年出版的第一部行政法教科书为例，其体系的设计更像是一部有关国家公共行政管理的手册，有关政府行政系统行政政策的手册。[1] 全书介绍的基本上是一些政府行政管理的文件，而每一个文件的讲解都是评价这个文件的基本内容，并没有将这些文件与行政执法案件结合起来。笔者认为，法学教学有两种模式，一是演绎式，另一是归纳式。前者是指法学教学从法律规范的基本规定出发，演绎具体的执法过程、具体的行政法现象，其中包括发生于行政管理过程中的案件。后者则是指从大量存在于法治实践中的案件出发，由个别案件推论行政法的规范并形成基本的行政法理论。如果将我国传统行政法学教学在上列两个模式中进行归类的话，那么，演绎式便是我国传统行政法教学的基本模式。这个模式不只存在于行政法教学之中，我国整个的法学教学都是这样的模式。在笔者看来，演绎模式在一国法学教学的一定历史时期是必要的，如当一国的法律体系正在形成或基本形成时，这样的模式便是必不可少的。因为，此时需要将一些理念和价值运用于法治之中，将一些法律规范作为法

---

〔1〕 这个教科书尤其在分论部分讲到了“军事行政管理”、“外事行政管理”、“民政行政管理”、“公安行政管理”、“司法行政管理”、“国民经济行政管理”、“教育、科技、文化、卫生、体育行政管理”等。这些内容归于行政管理学教科书中似乎更妥当一些。参见王珉灿主编：《行政法概要》，法律出版社1983年版，第161页。

治大前提，并有序地介绍给法律院系的学生。但是，当一国法律体系处于由制定法转化至法治运作过程中时，法律教育和教学的模式就应当发生变化，即由演绎模式转化为归纳模式。对于法律院系的学生而言，应当首先面临法律的基本素材，即法律案例或案件，再通过归纳的方式，将具体案件事实上升为法治的一般规则和一般原理。一个法律院系的学生通过归纳对法律问题的掌握，要比通过演绎对法律问题的掌握来得更加实惠一些，对其法律执业能力的形成也更加有效一些。通过这样的逻辑分析我们便可以顺理成章地得出结论，演绎式的行政法教学模式已经过时，已经比较滞后。必须代之以归纳模式，而归纳模式的前提便是在教学中运用大量的行政法案例。

第三，行政法案例教学是由法学教学成本应当有所降低的社会期待所决定的。法学教学成本相对较大是全世界面临的问题，所谓法学教学的成本相对较大是指法学教学的投入以及所消耗的各种各样的资源要大于其他学科的教学。以法学人才的培养为例，其周期就比其他学科人才的培养周期要长一些，美国其他方面人才的培养可以在本科教学中予以完成，即通常情况下，本科毕业的专业人才就有能力上岗从事与其所学专业相一致的社会职业。而法学则不行，在法学院读书的学生必须首先有其他学科的本科学历。法学教学成本相对较高在西方国家主要是由其对法治的重视理念所决定的，因为，法治发达的国家认为法律职业是一个既需要技术，又需要相关素质和素养的职业。法官和律师能够主持公正的理念就是这些国家对其素质的基本要求。显然，对法律人格要求较高就必然会在法学教育中投入更高的成本。那么，我国的情况是怎样的呢？一方面，我国法学教育的成本也是相对较高的，另一方面，我国法学教育成本相对较高的原因不是源于对法律神圣感的价值选择，而是法学教育本身与法治实践的相对脱节。即是说，我国法律教育的投入与其他学科的教学投入相比并不算少，反倒相对较多，但这些法律院系的学生走向社会以后还基本上不能独立从事最基本的法律工作，即便是法学硕士生绝大部分亦难以独立处理法律案件。这样便导致了本科乃至研究生期间的培养无效，学生毕业以后还必须由社会进行二次培养。因此，从总体上讲，我国法学教学的成本相对较大。全社会对法律教学成本降低的关注已成为一个不能回避的问题，司法考试制度甚至公务员考试制度的设立就从一个侧面佐证了政府对法学教育低成本的默认。每年司法考试极低的通过率也证明了法学教学成本相对较大的事实。社会对法学教育成本降低的期待是一个不言自明的事实，而降低法学教学成本的路径之一就是在法学教育中推广案例教学。行政法学教学比其他部门法的难度更大一些，其中的原因在于行政法在所有部门法中涉及领域和范围最广，技术指数和含量最高，操作难度也最大。我们如果将某一行政管理部门的普遍行为规则和技术规则放在一起，那么，我们将会发现即便是某一具体管理部门的技术规则都要比整个刑事法律的技术规则多许多倍。如果不通过行政案例来培养行政法的操作，学生还需要在社会上摸索数年以后才能成为一个合格的行政法专业的学生。案例教学的较强操作性必然会降低行政法教学的成本。

第四，行政法案例教学是由培养法律人才的实践理性决定的。行政法案例教学从字面意义上看，包括了所有不同层次的行政法教学活动。具体地讲，行政法案例教学的字面意思是说在行政法教学的博士层面、硕士层面、本科层面、专科层面上都存在案例教学的问题。字面意义上的理解并没有科学揭示行政法案例教学适用的具体层次。通常意义上，我们讨论的行政法案例教学主要是本科层面，就是在本科教育中的案例教学问题，因为我国目前法学教学主要存在于本科层面上。当然，近年来随着我国对硕士研究生教学规模的扩大，硕士教学也成了行政法教学中的一大部分。而且行政法硕士教学的格局也较前发生了深刻变化，如果说，以前硕士研究生的法学教学以研究为主的话，那么，现在硕士研究生的教学主要在实用方面，这可以从硕士研究生毕业以后的就业方面得到佐证。据有关资料统计，我国法学硕士研究生毕业以后，留在教学和科研机构的比例越来越少，在北京、上海等大城市几乎无一硕士能够在高校和科研单位从事研究工作。[1] 目前法学教学的人才培养主要在本科和硕士这两个层面上，因为这两个层面的学生比例占绝对优势。法学人才培养在我国经历了一个发展过程。上个世纪70年代末恢复高考制度初期和文革前的法学本科教学是以研究为主的，这也是本科与专科区分的主要标准，即大学本科主要培养研究型人才，而专科主要培养实用型人才。随着本科教育的普及和专科教育的萎缩，再加上硕士研究生教学的普遍化、博

---

〔1〕 目前各高等院校，尤其发达地区和大城市的高等院校对教师资格的准入都作了严格限制，绝大多数学校规定只有博士学位的学生才能进入高等院校从教。

士研究生教学范围的扩大，与其他学科的本科教学一样，法学的本科教学所突出的是实践理性，而不是研究理性。显然，本科法学教学由研究理性向实践理性的发展，为本科法学教学中案例教学的运用提出了强烈挑战和迫切要求。作为实践理性的法学本科或者法学硕士教学，其教学理念是学生学与用、学与需、学与实的统一。在教学过程中将发生于法治实践中的案件予以广泛运用就成为教学格局发生变化的测评标准之一。

二、行政法案例教学的理论模式

行政法案例教学牵涉到对一系列关系的处理，而这些关系在行政法案例教学以外的普通教学中是不存在的，对不同关系进行不同处理的方式就构成了行政法案例教学的基本模式。行政法案例教学中下列关系既是非常敏感的又是必须予以处理的：一是行政法教学计划与案例教学过程的关系。我们所说的行政法教学计划是指由国家教育主管部门或者法学教育主管部门制定的有关法学教学的计划。我国法学教学计划是由教育部委托法学教学指导委员会制定的。由于司法部没有专职的法学教育主管机构，其在司法部退出法学教育管理之前亦为法学教育制定了一系列的计划，其中包括行政法教学中的主要教学内容、教学的时数、教学的基本教学要求等等。我国部门法的教学计划与法律理论学科的教学计划一样都没有规定严格的案例教学问题。通常情况下，主讲教师将教学计划确定的基本内容在教学法定时数内完成都是很有困难的。这样便存在一个问题，或者说一对关系，即行政法案例教学过程与权威部门规定的教学计划之间的关系，这一对关系决定着行政法案例教学推广的深度和广度。二是行政法典则与行政法案件的关系。行政法典则是行政法的基本构成，正是大量行政法典则的存在才使行政法这个部门法有一个基本的概貌。在传统教学中，行政法典则足以成为行政法教学的全部。而行政法案例教学中，已经存在的行政法典则是不能回避的，行政法案件更是构成了教学过程的主导因素，那么，如何处理行政法典则与行政法案件的关系又是一个必须解决的问题，而不同的解决方式就使行政法案例教学形成不同的模式。三是案件事实与行政法理论的关系。行政法案例是发生于行政法运作过程中的案件事实，在案件事实和行政法律规范之外还有一个行政法理问题。在行政实在法中有些法理是不作规定的，有些法理存在于宪法层面或者有关的法律理念层面。案件事实的分析除了必须考虑行政实在法的规定外，行政法基本理论是不可缺少的，一些理论是世界各国共同面临的问题，由于其率先在法治发达国家的行政法理念和行政法制度中出现，因而在我国行政实在法之中并不一定能够找到根据，例如行政处罚中一事不再罚原则就是我国从国外引进的行政法理念。原理与案件事实、原理与典则关系处理方式构成了行政法案例教学的不同模式。四是行政法理与事理的关系。行政法案件解决中，常常有两套不同的指导机制，一是有关行政法的法理，即有关行政法的基本原理以及由这些原理决定的处理案件的方法。另一则是由案件事实隐含的事理，即这个案件作为一个客观事物的解决机理。此种解决机理存在于行政法理之外，在一国行政法相关理论没有完全建立的情况下，这样的机理是解决行政案件的重大理论，由此理论派生的解决案件的方法常常比行政法理还有效。该机理使行政法案例教学既显得十分必要，又变得生动活泼，这是行政法案例教学模式形成的又一决定因素。上列诸种关系作为行政法案例教学的基因，其不同的排列和组合方式就使行政法案例教学有了不同的理论模式。

第一，以案说法模式。以案说法模式是行政法案例教学的模式之一，是指在行政法案例教学过程中首先确定法律典则、法律制度、法律原理这样的大前提，而且将这些大前提作为一个无庸置疑的肯定因素予以认可。再用经过筛选的行政案件说明这些法律典则、法律制度、法律原则的法定性和合理性。此种教学中法的一般问题不能成为争议的焦点，而案件在通常情况下也不能成为争议的焦点。当然，有些情况下案件可以作为是否适用某一法律制度的对象而展开讨论。在此种教学模式中，行政法典则和制度是教学过程中的关键词，而行政法案例只是为了说明这一典则或制度而选择出来的辅助词。在笔者看来，此种教学方法的目标在于使学生掌握法律典则和制度，而不是培养学生解决实际案件的相对独立和主观的能力。近年来，我国就出版了好几部以案说法的行政法案例教科书。胡锦光教授于1998年就主编了这样一部书——《以案说法——行政法篇》，这是一部典型的以案说法的行政法案例教学的教科书。其在书中对案例采取了这样的体系设计，先设有一个栏目为“案情介绍”，再设一个栏目为“法律分析”。当其将案例列举出来以后就指出这一案件中的权利和义务究竟适合用哪一个行政法典则，或者行政法典则中的哪一个法律制度来解决。例如，该书有一个名为“畜牧兽医站能当场作出处罚决定吗?”的案例介绍了某个体户从事猪肉贩运，由于有违法行为有关部门便给予了其当场作出处罚决定的处理。案例通过对有关法律条文的引用认为“违法事实确凿”、“对违法行为的处罚有法律依据”、“处罚较轻”三个条件存在，认为卫生检验检疫部门对其当场处罚是合法的。[1] 在以案说法模式中，案件应当是真实的，但案件并没有太大的争议，其只是用来说明行政法典则和行政法制度的。以案说法的行政法案例教学模式是行政法教学中演绎模式的继续。严格意义上讲，以案说法模式不能严格地归于行政法案例教学之中。

第二，以法论案模式。以法论案模式是行政法案例教学的又一模式，指在行政法案例教学中将行政法案件或案例作为行政法案例教学的基本点，既要合理地设定案件，又要提供案件解决的理想途径。当对案例的解决提供路径时，行政法规范便成了案件解决的基本依据。与以案说法相反，以法论案模式所突出的是行政案件本身，是有关解决行政案件的理论路径，行政法规范在这个教学模式中只是解决问题的一个参考系。例如《京津沪渝行政复议案例介绍与专家评析》一书收录了“沈某不服公安部门行政管理案”，其有一个“基本案情”的栏目，并在这个栏目中介绍了该案的情况：“2001 年 3 月 24 日沈某因其夫在医院因病死亡而与医院发生纠纷，并擅自在医院内设置灵堂、摆放花圈等，扰乱了医院的正常工作秩序，公安某分局接警后赶至医院将其夫的尸体移送太平间。5 月 22 日沈某以公安某分局的强行移送尸体行为不合法向市公安局提出行政复议申请。”[2] 然后将案件的审理情况作了介绍，在最后指出：“公安某分局将尸体强行推出病房的行为不属于《中华人民共和国行政复议法》所调整具体行政行为的范畴，市公安局作出的不予受理决定正确，沈某的诉讼请求不符合法律的规定，判决沈某败诉。”[3] 在案件的最后设有“专家评析”的栏目。专家在分析时指出了本案的焦点，即：“因此，市公安局和该市第一中级人民法院，以该行政行为的实质是行政管理活动为由，作出不受理后来行政复议决定的做法，和不受理沈某要求撤销市

〔1〕 胡锦光主编:《以案说法——行政法篇》，中国人民大学出版社 1999 年版，第 116 页。

〔2〕 青锋主编:《京津沪渝行政复议案例介绍与专家评析》，上海人民出版社 2004 年版，第 277 页。

〔3〕 青锋主编:《京津沪渝行政复议案例介绍与专家评析》，上海人民出版社 2004 年版，第 278 页。

公安局不予受理决定的诉讼请求的做法，是不妥当的。"[1] 显然，在以法论案模式中，行政法案例教学的焦点是案件及其处理的情况，而不是法律典则规定必须予以肯定的情况。即是说，在这个模式中，法律规范的规定和法律规范本身的机理显然是主要的，但已经没有提及并进行讨论的必要，更没有必要作进一步的宣传。让学生能够在案件事实的解决中下功夫，而解决的过程所依靠的法律机理只是一个必须作出的理性选择。

第三，以个案推出行政法理模式。行政法案例教学中的法律典则和法律原理是两个既相互联系又有所区别的东西，一方面，行政法典则的内容可以和行政法原理予以区分，一些典则本身可能与某一行政法原理背道而驰。出现此种状况的原因常常在于行政法原理是一种理论形态，而行政法典则则是实在法形态。作为抽象的原理不一定在任何情况下都能够与行政法典则对应起来。行政法法源的复杂性还决定了行政法典则有时是就事论事的，而行政法原理则必须将个别的事对应于一个统一的原理之中。另一方面，行政法典则与行政法原理又是有联系的，典则是行政法原理的延伸，而行政法原理则是对典则的抽象。此点表明，在行政法治运作中个案常常仅仅能够与典则的规定对应，或者仅仅能够与行政法的一般原理对应。行政法案例教学的模式之一便是通过行政法个案推论一般的行政法理，并在推出一般的行政法理时质疑某一行政法典则规定的具体内容。例如，"汤某不服某区教育局中考查分和阅卷处理申请对规范性文件审查案"中，申请人根据《行政复议法》第7条和第26条的规定对某市教委制定的学生申请查分的有关规范性文件提出了行政复议，而某市教委对自己制定的规范性文件复议以后认为该规范性文件的规定合法。该案件从行政法典则看某市教委的处理是合理的，但这个案件所推出的行政法理则是另一范畴的问题，正如专家在对该案件点评时所指出的："但是，如果指定规范性文件的上级机关进行审查可能更好一些。即使由制定机关进行审查，也应当在规范性文件处理决定中写明自己有权处理这一规范性文件的具体依据，不能笼统地讲，'根据宪法和组织法规定'。"[2] 这个个案推出的行政法理是抽象行政行为的机关应当在一定程度上与具体行政

---

〔1〕 青锋主编：《京津沪渝行政复议案例介绍与专家评析》，上海人民出版社2004年版，第278页。
〔2〕 青锋主编：《京津沪渝行政复议案例介绍与专家评析》，上海人民出版社2004年版，第304页。

行为的机关予以分离。行政法案例教学中此一模式具有较大的进步性，因为它既可以树立学生在法律面前主动思考的精神，又能使学生从具体的行政案件处理中得到不少行政法理论，而且这些理论在行政法的传统理论中并不曾存在。

第四，以案件诘难法律规则模式。在行政法案例教学中，有两个相反的路径，事实上这两个相反的路径在行政法案例教学中常常被采用，并且成了一些行政法案例教学过程中的一种时尚。第一个路径与前面提到的以案说法模式很相似，就是用一些或者一系列案件论证一些法律规范的合理性。第二个路径则与第一个路径相反，利用一些或一系列案件对行政实在法中的一些行为规范提出质疑，诘难这些行政法规范的矛盾性或者不可操作性。例如，笔者在《行政法案例教程》一书中就用一个案子说明《行政复议法》第7条规定的在行政相对人对某一具体行政行为不服提起复议时，可以同时对该具体行政行为所依据的规范性文件提起复议提出了质疑，而且笔者认为这一规定教唆行政相对人违法。即是说，当一个行政相对人不满于行政机关颁布的某一行政规范性文件时，还不能对该规范性文件提起行政复议，而必须首先违反该规范性文件的规定，并等待行政机关对行政相对人的违法行为进行处罚。行政处罚决定作出以后行政相对人才有权对该规范性文件提起行政复议。例如，某市人民政府出于地方保护主义的动机，规定除本市市区的屠宰户可以在本市进行生猪交易外，其他任何地方的屠宰户均不能进入本市进行生猪交易。若有外地对该市这一行政规范性文件不服，只能拉一车生猪进入本市市场并接受本市有关部门的处理后，才能对该不当的规范性文件提出复议。显然，这个案件或者与这个案件相似的案件便能够诘难《中华人民共和国行政复议法》第7条的规定。[1]

第五，以案件拓展行政法学思考空间的模式。上列四种模式在行政法案例教学中都是有结论的，即都可以给学生一个结论性的东西，或者肯定的结

〔1〕《行政复议法》第7条规定："公民、法人或者其他组织认为行政机关的具体行政行为所依据的下列规定不合法，在对具体行政行为申请行政复议时，可以一并向行政复议机关提出对该规定的审查申请：①国务院部门的规定；②县级以上地方各级人民政府及其工作部门的规定；③乡、镇人民政府的规定。前款所列规定不含国务院部、委员会规章和地方人民政府规章。规章的审查依照法律、行政法规办理。"

论，或者否定的结论。然而，行政法案例教学的最高价值并不一定在于给出一个结论，而应当在于培养学生的思维能力。行政法案例教学中最后一种也是最为重要的模式便是通过案例将行政法规范和行政法现有理论不能解决的问题提出来，既将这些问题留给学生，更是将这些问题留给行政法学研究群体，乃至政府法治部门。例如，近年来我国行政法治实践遇到几起有关见义勇为行为认定的案件。我们知道，见义勇为行为的认定是民政部门的职责，其无论是行政奖励行为，还是行政确认行为似乎都无关紧要。但一些似是而非的见义勇为的案件却留给了人们巨大的进一步思考的空间，这个空间可能拓展一个新的行政法学研究领域，也可能形成一个新的行政法理念。案例一是某人对自己侄儿施救行为是否应当认定为见义勇为；案例二为某人在 37 年以前实施的施救行为是否在现在还应认定为见义勇为。这两个案件非常简单，但都实实在在发生在行政法治中，其不单单给民政部门出了难题，更为重要的是留给了行政法学界巨大的思考空间。上述模式是我们对行政法案例教学复杂状态的一个初步疏理，不一定周延，而且相关的模式还应当作进一步的探讨。

三、行政法案例教学的教学方法论

行政法案例教学这个短语中包括了三个元素：一是行政法，即作为一国法律体系组成部分的法律部门。当然，在不同的国家，行政法这一法律部门的涵义和范围有所不同，一些国家将行政法理解成控权法，而另一些国家将行政法定义为行政管理法。不同的定义方式在教学过程中的内容就有所不同，所遴选的行政法案例也就有所不同。例如，我国学者行政法案例的遴选基本上以部门行政管理为基础。而西方国家的行政法案例遴选主要以司法审查的具体过程为基础。二是案例，即发生于行政法治中的案例。行政法案例在行政法治实践和行政法学研究中有诸种不同的案件类型，如发生于行政管理中的行政执法案件，发生于行政复议中的行政复议案件，发生于行政诉讼中的行政诉讼案件等等，这些案件范围的划定在行政法学界也是一个难题。三是教学，即有关行政法的教学活动。行政法教学是指存在于高等法学院系的行政法的教与学的活动。行政法案例教学这个短语中的三个元素或者三个词语中，关键词应当是教学，即行政法的教学活动。我们知道，行政法和行政法案例是广泛存在的，二者如果不与教学活动结合在一起就不能决定“行政法案例教学”这一短语的实质意义。基于此，我们对行政法案例教学的研究应当将重点置于教学活动中。深而论之，行政法案例教学所触动的既不是行政法，也不是案例，而是教学活动。它是对行政法传统教学方法的否定，和对案例教学方法的肯定。说到底是对行政法教学的改革。那么，行政法案例教学究竟对行政法教学产生了怎样的方法论上的变化呢？笔者认为下列方面是最为基本的。

首先，主体角色互换式教学法。行政法教学的主体有两造，一造为行政法课程的讲授者，即行政法学教师。另一造为行政法知识的接受者，即行政法学学生或者学习行政法学的学生。在现代教育理念中，行政法教学中的两造都是主体，而没有一方是客体。但是，在传统的教育理念中，行政法教学中的知识传授者是主体，而知识接受者则是客体，此说的论点在于认为行政法学生是行政法教学的对象，整个行政法教学活动就是针对行政法学生的。〔1〕受现代平等教育理念的影响，行政法知识的传授者和行政法知识的接受者都被认为是行政法教学的主体。但在传统行政法教学中，行政法知识的传授以主讲教师的讲解为重点，这一点是行政法和其他部门法的主要区别。在其他部门法中，案例甚至先于其法律规范和法学原理而存在。行政法教学，尤其在社会主义国家的行政法教学中，案例的被运用或者被普遍运用是很晚的事。我国第一部统一的行政法案例教程的编写是在1999年完成的，并被收入“高等政法院校案例教学丛书”。〔2〕在此之前，人们认为行政法学体系中绝大多数的学科范畴中不存在案例问题，即没有案例的支撑，如人们普遍认为行政组织、行政编制等就不可能有较为典型的案例。案例的不存在，或者行政法案例的毫无意义越发突显行政法教学中知识传授主体的决定地位与知识受动主体的被动地位。然而，行政法案例教学则使传统行政法学中主体角色的单向性发生了变化，即在行政法案例教学中作为行政法知识接受者的学生很可能成为教学活动中的主动因素，而作为行政法知识传授者的教师则很可能成为教学活动中的被动因素。因为，在行政法案例教学的过程中，学生

〔1〕行政法教学中主体与客体的范围和关系一直就是一个争议的问题，教师长期以来被认为是行政法教学的主体，而学生是否为主体则存在一些争论，但就目前的发展趋势看，普遍认同教师和学生都是主体的论点。

〔2〕参见关保英编著：《行政法案例教程》，中国政法大学出版社1999年版。

对案例的诘难和对案件引发出的问题的深度和广度决定着教学过程的推进方向。而原来处于主动地位的教师则只有在学生的决定作用下发挥作用。当然，这并不是说教师可以因此而减少在行政法案例教学中承担的责任。恰恰相反，行政法案例教学与普通教学相比，要求教师更应当多为学生设定一些新的问题、新的知识点。主体角色互换既是行政法案例教学方法中一个方法论，也是行政法案例教学的一个基本价值取向，其对传统行政法教学中角色相对呆板的状况发起了强烈挑战。

其次，课堂内容即用式教学法。法学教学在我国和其他学科的教学一样一向被认为是一种知识储备行为，就是通过法学教学为学生储备好将来需要运用的行政法知识。所不同的是传统行政法教学中，知识储备的倾向要比别的学科更加突出。因为一些学科中的知识对于学生而言在走出校门之前就能够领会并派上用场，而行政法的一些知识既在离开校门之前难以领会，又不能够在离开校门后立即派上用场。造成行政法知识难以领会和派上用场的原因既有体制方面的，又有学科本身的。当然，对于法学教学以及其他相关学科教学中知识储备的特性，人们常常给予批评。因为社会的发展使知识的更新步伐越来越快，储备的知识可能在学习者走向社会以后就失去了继续使用的价值，有人将这种现象比喻为给一个三岁的孩童配了一副老花镜，这个眼镜是这个孩童的一个储备品，现在似乎没用而等到六七十年以后自然就能够派上用场了，且不说这个比喻的恰当性与否，它的确反映了人们对目前我国高等院校储备式教学方法的不满。显然，行政法案例教学则改变了此种简单的储备知识的教学格局。其使学生所学的内容能够立即转化为更加实用的知识，至少不会储备无用的或在将来某一不确定时期才使用的知识。因为行政法案例教学既培养了学生分析问题和解决问题的能力，又使学生对社会上的行政法实在问题能够在第一时间内接受。笔者曾经在比利时的安特卫普大学访问时见识过比利时的一个期末考试的面试题目。主考老师准备了两张印有清晰图案的广告画面，一幅为汽车广告，另一幅为妇女用品广告。两个广告画面都来自比利时行政执法机关的案件处理中，两幅广告画面上都有一个摩登少女作为广告中的人物形象。但是两幅广告有着质的区别。一幅为合法广告，一幅为违法广告。汽车广告画面是违法的，而妇女用品的广告画面是合法的。依比利时有关广告行政管理的法律规定，美少女不能做与自己没有直接关系的广告，由于汽车与美少女没有直接关系，因而，此广告为违法。在整个考试过程中学生不需要做题和长篇大论，只要能够判定广告的合法性就通过考试。[1] 显然，此种考试方式建立在其行政法的案例教学中，而通过这样的案例教学，学生所学知识能够立即转化为对法律的理解。

再次，行政法原理开放式教学法。行政法原理是一个相对较大的概念，其中包括行政法中的相关概念系统、阐释问题的方法、解决行政法案件的理论等等。无论大陆法系的行政法学，还是英美法系的行政法学都由一定范围的原理构成。与之相适应，行政法教学中的核心要素也就是这些原理。在我国的行政法教学中，原理显得更加重要。几乎在国内的所有行政法教科书中都有诸如行政法概念、行政法特点、行政法关系、行政法渊源、行政法原则这样一些基本原理。也有与这些基本原理对应的分部类中的原理，如有关行政组织中的原理、有关行政行为中的原理等等。行政法课堂教学也基本上被这些原理所充斥。应当注意的是，行政法案例教学并不是回避行政法学中的原理，一定意义上讲，行政法案例教学更加珍视行政法学原理。但不同的是，在传统行政法教学中，行政法原理是以封闭的形式出现于行政法知识接受者面前的。一方面，行政法教科书和行政法课程的讲授中，原理是纯粹的理论形态，即行政法学中的原理并不一定有直接的案例作为支撑。笔者查阅了国内若干部行政法教科书，惊奇发现绝大多数行政法教科书除了在行政处罚、行政强制、行政复议、行政诉讼中有个别案例的介绍之外，几乎没有一个案例，基本上将行政法原理作为一个纯粹的信条。另一方面，在传统行政法教学中，行政法原理的内容是不可以怀疑的，越是基本原理越不能怀疑，学生们只有接受这些原理的义务，而没有怀疑这些原理的权利。作为行政法案例教学则对行政法原理采取了另一种态度，即让行政法原理由封闭到开放。所谓使行政法原理开放是指当教师将行政法原理介绍给学生时，让学生通过行政法案例区分这个原理的正当性与否，让学生在接受既成原理的情况下，同时又能够理解和质疑这些原理。例如，行政优先本是行政法中的一个原理，但将这个原理具体到一个行政法案件中时其就有可能与法律优先相悖，学生

---

〔1〕 西方国家行政法教学中的面试、口试等考试形式，与其推行案例教学是相辅相成的，如果没有行政法案例教学的教学实践，面试、口试等考试方式也难以起到非常好的效果。

便能够对这一原理的走向作出自己的判断。行政法案例教学使行政法原理呈开放性是这种教学方法的必然结果。因为，案例教学将行政法原理置于其存在的社会背景之中，将原来封闭于书本中的原理放置于生动的社会过程之中。

复次，教学进路二元式教学法。行政法教学与其他部门法的教学一样，从理论上讲都应当有两个元，即法的教授的元和法的接受的元，具体地讲就是关于法的传授的元和关于法的学习的元。传统行政法教学中这两个元素都是存在的，但是，这两个元之间的关系是分割的。就是我们常常说的，行政法教学是有关行政法的讲授和有关行政法的学习两张皮。在刑法、民法等部门法教学中两张皮的现象相对较少，主要原因在于上列这些部门法中有关行为规则都与一定的案件事实密切对应，如刑法中的诸种罪名以及诸种罪的构成要件既有实在法的规定，又有具体的案例。这与这些部门法产生的逻辑关系有关，我们知道，刑法规则的产生，尤其有关罪名的产生都来自于现实中发生的案件，如正是由于改革开放以后出现的洗钱现象，便在1996年的刑法修正案中加进了洗钱的罪名。显然，当刑法学老师讲授洗钱罪时就有大量这样的案件。一旦案件抛给了学生就必然使教与学的两个元素之间相互交织，相互交换能量。行政法则没有如此幸运，我们知道，在行政法规范中有关行政管理制度的设计相对较多，使行政法教师只能相对抽象地介绍行政实在法的规定，这些规定常常并没有一个对应的案例。这便是行政法传统教学中出现教与学两张皮的根本原因。行政法案例教学则使行政法中教与学的两个元素活跃起来。教与学由相对分离变得融合在一起，例如《人民法院案例选——2004年行政·国家赔偿专辑》辑录了“成都泰隆游乐实业有限公司诉绵阳市国土资源局土地行政许可案”，该案有诸多争议点，如关于诉讼主体资格问题，案件评阅人指出：“第三人绵阳市总工会在一审庭审中提出，绵阳市国土资源局作出的［2002］46号批复系根据第三人的申请且针对第三人而为，与泰隆公司无关，泰隆公司不具有诉讼主体资格。关于诉讼主体资格问题，《中华人民共和国行政诉讼法》第2条规定，‘公民、法人或者其他组织认为行政机关和行政机关工作人员的具体行政行为侵犯其合法权益，有权依照本法向人民法院提起诉讼。’同时，《最高人民法院关于执行〈中华人民共和国行政诉讼法〉若干问题的解释》第12条进一步明确，‘与具体行政行为有法律上利害关系的公民、法人或者其他组织对该行为不服的，可以依法提起行政诉讼'。所谓'法律上的利害关系'，通常是指行政机关的具体行政行为对公民、法人和其他组织的权利义务已经或将会产生实际影响。司法实践中，利害关系包括不利的关系和有利的关系，但强调是一种已经或者必将形成的关系。本案中，虽然绵阳市国土资源局作出的［2002］46号批复系根据第三人的申请且针对第三人而为，但该批复实际是第三人为其于1995年以合作经营的名义将划拨土地出租给泰隆公司的行为补办手续。在原告与第三人的另一民事诉讼中，法院正是依据该批复作出泰隆公司与绵阳市总工会签订的合作合同实为土地租赁合同的认定，认为绵阳市总工会出租土地的行为已经有关土地管理部门批准，是合法行为。因此，绵阳市国土资源局作出的［2002］46号批复同泰隆公司存在着法律上的利害关系，泰隆公司有权提起行政诉讼。"〔1〕如果这个案件能够在行政法教学中运用，教与学便在有关诉讼主体资格的争议中达到融合。

最后，教学价值育人式教学法。行政法学教学有诸多价值取向。传统行政法学教学的侧重点在于将有关行政法规范和行政法理论介绍给学生，我们将这样的教学方式称之为注入式，即将法律规范和法律理论活脱脱地让学生记录下来。而记录下来的目的是将这些行政法规范和理论运用于行政执法过程中，从这个意义上讲，传统的行政法学教学的目的主要在于培养行政适法的工具，即让每一个行政法学生都能成为行政适法的工具。行政法案例教学则追求的是另一种教学价值，即培养法律人才的价值。就是说，行政法案例教学不是让学生记忆或复制既成的行政法规范和行政法原理，而是能够领会行政法案例中包含的深层次的行政法理论和行政法对行政事态的处置方式。笔者在《行政法案例教程》中分析了一个"村民请戏争议案"，在最后的分析中指出："此案从表面上看是一个微观问题，即私人能否请戏的问题，然而从全案的进展过程和最后的结论看，牵涉到一个宏观问题：行政权力与公民权利的关系。行政权力的行使必须从保护公民权利出发，一方面行政权不能侵害公民权，宪法规定公民的自由权与平等权达三十多项，这些权利不能被简单的行政命令权限定在纸上，而必须得到保障。公民请戏与不请戏都是公

〔1〕最高人民法院中国应用法学研究所编：《人民法院案例选——2004年行政·国家赔偿专辑》，人民法院出版社2005年版，第283页。

民的权利，即便在请戏过程中有些不妥的行为，也只能通过引导、教育等方法予以纠正，而不能够通过简单的行政命令予以禁止。另一方面，行政权之间的摩擦必须限制在行政系统内部，而不能把行政权内部的纠纷转移到公民权利中去。本案中，县政府在作出行政决定时，所考虑的是民政局和文化局的矛盾冲突，其行政决定是上述冲突折衷以后的产物。而以公民收入高低确定能否请戏，也难以找到法律上的依据。”只有当行政执法人员能够成为活的执法生灵时，执法行为才能达到预期的目的。由于行政法案例教学在整个教学过程中将学生置于相对主动和积极的地位，因此，其不是简单地给其灌输行政法规范和行政法理论，而是将其作为行政法人才来培养，这也是行政法案例教学在方法论上的最高表现。

四、行政法案例教学的实施过程构设

行政法案例教科书的编排体例一直是一个存在争议的问题，行政法案例教学的实施方法也是争议较大的问题。就后者而论，有学者指出，行政法案例的编写应当“贴近生活，精选案例”、“照顾体例，一案一析”、“以法说案，由案说法”、“深入浅出，通俗易懂”。关于行政法案例教科书的编排体例更是仁者见仁，智者见智。最高人民法院中国应用法学研究所主编的《人民法院案例选》对行政法案例的编排采用了如下体例：第一部分是“案情”，包括行政机关对案件的处理、行政复议机关对案件的复议、人民法院对案件的一审判决和二审判决等情况。第二部分是“评析”，包括对案件事实的评析、法律适用的评析和争议点的评析等。《京津沪渝行政复议案例介绍与专家评析》有三个部分：第一部分为“基本案情”，第二部分为“审理情况”，第三部分为“评析”。《行政诉讼法案例选》则是将行政法的基本问题提出来，然后根据这些问题套用相应的案例并予以分析。笔者主编的《行政法案例教程》是这样排列的，第一部分为“案情摘要”，第二部分为“提示与讨论”，在这一部分从三个方面进行分析，即案件事实认定的情况、法律法规适用的情况和本案引申出的争议点。有人认为行政法案例教学教科书的体例编排应当采用下列模式：第一部分是行政法问题；第二部分是行政法争议问题的提炼；第三部分是案件事实的介绍；第四部分是判决或裁定；第五部分是对案件的分析，包括案件事实的认定、法律适用、引申出的行政法实践问题、引申出的行政法理论问题等；第六部分是本案例中可供进一步探讨的问题；第七部分是该案可以参考的法律和法规。[1] 行政法案例教科书体例的编排对行政法案例教学有着巨大影响。同时，行政法案例教学活动本身也存在一个实施路径问题，根据行政法案例教科书的上列排列方式，我们认为，行政法案例教学中案件事实、法律适用、引申出的理论和实践问题是不可缺少的内容，根据这些内容行政法案例教学的实施过程可以包括下列若干环节。

（一）案例提供与准备

案例提供是指在行政法案例教学中由主讲教师提供行政法案例的行为。行政法案例教学的第一环节就是必须有供教学使用的案例。案例提供的主体或者责任人应当是行政法课程的主讲教师，而不应当是学生。教师在行政法案例教学中的主导作用首先从案例提供中得到反映。案例提供应当在课外完成，即主讲教师将案例抛给学生的行为不应当占用课堂教学的时间。可以想象在一个50分钟的课堂上给学生介绍一个学生从未接触过的行政法案例，单就案例介绍这一简单的教学行为就会耗去很多教学时数。因此，将案例的提供放在法定的教学时数之外去进行似乎更加妥当一些。行政法案例存在一个选择问题，即是说在行政法治实践中行政法案例的数量是无法统计的，那么，究竟什么样的行政法案例能够作为教学案例使用，什么样的案例不能够作为教学案例使用，这是个非常有讲究的问题。主讲教师必须完成好提供恰当案例的任务。笔者认为，行政法案例的提供应当分成两个部分，一部分可以是本学科中权威性的典型案例，此类案例由有关教育主管部门提供。在西方一些国家的行政法教学中，一些案例是十分经典的，甚至发生于数世纪之前，但至今仍是非常好的教学案例。[2] 另一部分则是由主讲教师自己收集并作出选择的案例，此一部分案例由各个主讲教师提供，因此，使得不同的行政法案例教学课堂予以区分，使不同的课堂形成不同的特色。案例准备与案例提供不同，案例提供是由主讲教师完成的，是主讲教师在行政法案例教学中的首要职责，而案例准备则是行政法学习者的任务，是行政法学习者在行政法

---

〔1〕 这个体例设置是司法部教材编辑部1998年确定的，其他一些部门法的案例教程就是依这样的体例编排的，而行政法案例教程中还没有哪一部教科书严格依这些体例编写。

〔2〕 行政法案例教学是一个系统工程，如果必须有权威性的典型行政法案例，就应当由权威部门提供这样的案例。例如，如果是行政诉讼案例就应当由最高人民法院提供这样的案例，如果是行政执法和行政复议案例就应当由国务院法制部门提供，通过权威部门对案件的提供可以使案例教学有相对统一的标准。

案例教学中的首要职责。与案例提供是在课堂之外进行的一样，案例准备亦应当在行政法课堂之外进行，就是由学生在课外展开对新上课程中行政法案例的准备。一个在课堂上展开教学活动的案例必须在课外由学生进行了充分的准备。这里有两个模式可以选择，一是所提供的案例是与未讲授行政法知识有关联的，另一是所提供的案例是与已讲授的行政法知识有关联的。前者由学生总结该案中的行政法原理，教师在讲授中将这个案例中的行政法原理予以概括。后者则由学生通过已学的知识分析该案件的处理方式。上列两种模式应当在同一个行政法案例教学的课堂上交替运用，两个教学模式中的案例都应当有一个由学生在课外进行的准备阶段。在这个阶段学生需要完成何种工作也是一个需要探讨的问题。

（二）案例分析与评议

案例分析是行政法案例教学的核心环节，对案例分析行为我们可以下这样一个定义，所谓案例分析是指由相关主体对行政法案件中的事实认定、法律适用、争议之知识点进行法律逻辑和理论逻辑的分解与综合的过程。一则，案例分析是由相关主体实施的，我国目前编撰的行政法教科书和行政法案例教程中，案例的分析几乎清一色的是由教师进行的。笔者认为，这样的分析主体在行政法案例教学中是不科学的。换言之，在行政法案例教学中，案例的分析主体应当是行政法学习者，即应当由学生完成对案例的分析。如果我们不作案例教学中主体的此种转化，案例教学就不会与传统教学有本质区别，学生作为案例教学的主体地位就难以有所展现。二则，案例分析的基础是行政法的法律逻辑和理论逻辑。前者是指在行政法案例分析中必须始终围绕行政法的法律规定而展开，若有法律依据的就毋须从法律之外寻求依据。后者则是指分析过程应当严格依行政法的理论进行，通过行政法原理得出合乎逻辑的结论。若行政法原理充足时就不需要从道德等层面寻求答案。这一点是非常关键的，因为行政法案例教学是一个行政法的推理和思考过程，若以行政法法律逻辑和理论逻辑以外的东西分析行政法案例就必然会降低行政法案例教学的价值。三则，行政法案例分析是对行政法案件中的事实认定、法律适用、若干争议等的总结。行政法案例中的事实认定是法律案例分析的首要环节，笔者在“彭×诉×副局长迫害案”的分析中，对本案案件事实的认定有这样一个评价：“本案的案件事实可以从两个角度认识。一是从行政机关与行政管理相对一方、公务员与行政管理相对一方的关系认识。行政机关与管理相对一方的关系是在行政法规范规定之下的管理与被管理关系。个人和组织在法律规定的范围内活动，行政机关就应当予以支持，并保护其合法权益。本案中，×省化工局是忽视了这一关系特征的，而不适当地将其与个人和组织的关系扩大到行政法规范之外。公务员与个人和组织的关系也只能限定在行政法规范之内，只能限定在公务员履行职责和个人组织履行法律义务的范围之内。本案中×省化工局×副局长对彭×采取的调动、强制治疗等行为，是行政法规范之外的行为，是该公务员的个人行为。二是从公务员行使职权时如何处理个性与行为合法性的关系来认识。从另一个角度看公务员也是普通的人，有普通人的个性。然而，公务员担任公职以后在其行使职权过程中就是代表公共意志的，不能将个人感情的好恶加进职权的行使中。本案中×省化工局×副局长把个人情感因素加进职权行使中，是完全错误的。公务员不能以管理相对方对自己个人的态度来判断相对方行为的性质，而应以相对方是否忠实履行义务为判断其行为性质的标准。”法律适用是指有关司法机关在案件处理中对法律典则和法律条文的选择。由个案引申出的法律问题的分析指一个案件中所能够归纳出的行政法原理以及引发出来的理论争议。在行政法案例教学中案例分析是基本的教学活动，而与之相一致的是对案例的评议。行政法案例的评议亦应当以学生的评议为主，即对案例进行分析的学生将分析意见表述以后，再由其他学生对分析意见进行评议，而不是对行政法案例本身直接评议。如果说，行政法案例分析是教学过程中的一个个体行为的话，那么，行政法案例的评议则是一个群体行为。

（三）案例讲解与总结

行政法案例教学中的第三个环节应当是对案例的讲解与总结。毫无疑问，案例讲解和总结的行为应当由行政法主讲教师完成。在笔者看来，行政法案例的讲解是一个非常复杂而且有较大难度的教学行为。一方面，主讲教师应当在此节课堂教学展开之前就对案例进行充分准备。一个行政法案例在选定时就有一定的针对性，因此，主讲教师对行政法案例的讲解应当运用需要掌握的行政法规范和行政法理论。如果一个案件是典型案例，主讲教师在讲解时就必须给学生一个确定的答案，或者说，将这个案件的正确解决方法介绍给学生。如果一个行政法案件是争议案件，此种情况下，主讲教师应当将理论界的相关论点介绍给学生，最好不要疏漏目前存在的行政法学理论和学者们对这个问题的见解。例如，《人民法院案例选2004年行政·国家赔偿专辑》中“厦门市兴东汽车运输有限公司不服厦门市同安区人事劳动和社会保障局工伤认定案”有这样一段评析：“一种观点认为被告超过规定的期限作出工伤认定属于程序违法。此种观点认为，根据劳动部《企业职工工伤保险试行办法》第11条之规定，‘劳动行政部门接到企业的工伤报告或职工的工伤保险待遇申请后，应当组织工伤保险经办机构进行调查取证，在7日内作出是否认定为工伤的决定。特殊情况可以延长，但不得超过30日。’张计峰于2002年11月28日向被告提出工伤认定申请，被告未在《企业职工工伤保险试行办法》所规定的30天法定期间内作出工伤认定，被告行政相对人已经可以据此向法院提出行政不作为的诉讼。被告于2003年2月17日作出工伤认定，实际上属于行政违法后行政机关的自我补救行为。较之行政不作为行为，它虽然在实体上最终保护了劳动者的合法权益，但无法改变它程序违法的性质。另一种观点认为，被告超期限作出工伤认定属于行政瑕疵。这种观点认为被告作出工伤确认的行为保证了主要事实明确，实体基本公正，超期限作出工伤认定的行为属于行政执法中存在的作出具体行政行为时遵守期限规定的瑕疵，不属于程序违法，故原告据此要求撤销的理由依据不足，不予以采纳。程序违法是行政违法的形态之一。广义的程序违法可分为狭义程序违法和程序瑕疵两种。程序瑕疵是在保证主要事实明确，实体基本公正基础上的次要性程序违反，不会根本影响程序公正与实体公正实现，不损害相对人取得法律救济的权利，在法律后果上也不以无效或撤销为必然；而狭义程序违法则指由于对行政程序的根本性违反而导致行政行为无效或被撤销。区别程序瑕疵和狭义程序违法的不同特征和法律后果，可使程序法在具体行政行为中的适用更具有操作性和说服力。在司法实践中区分狭义程序违法和程序瑕疵是从损害相对人合法权益的程度、对公共利益的影响程度、对实体决定的影响程度三个方面综合考虑的。本案中被告作出工伤认定未损害相对人的合法权益，不影响实体决定，不影响公共利益，是合法有效的。笔者同意第二种观点，同时认为因为时间流逝的不可逆转性，行政机关无法对此作出补正，故法院应作出维持被告所作工伤认定的判决。"[1] 在行政法教学中这样的精辟讲解应当进一步具体一些。行政法案例教学中除了对案件进行讲解以外，主讲教师还有一个任务就是对案件进行总结。行政法案例的分析是由学者完成的，学生关于行政法案件的见解无论如何都不会十分周延，即使十分周延也需要主讲人的进一步总结。显然，行政法案例的总结主要是对学生分析意见的总结，主讲教师的总结应当善于发现学生在案例分析和评议中存在的带有倾向性的问题，在一些关键问题上必须有明确的态度，不能将模棱两可的观点留在课堂上。

（四）案例实用性的社会反馈

行政法案例教学主要发生在行政法课堂上，我们在探讨行政法案例教学时也是针对行政法课堂教学的。但是，行政法案例既不是存在于书本和教学计划中的素材，也不是存在于主讲教师的案件中的素材，其主要存在于行政法实施和实现的社会过程之中。进一步讲，行政法案例的基础和根据在社会过程之中，其是通过一定的社会关系体现其价值的。因此，我们认为行政法案例教学必须和一定的社会背景结合起来。我们注意到在西方学者编写的行政法教科书中，一定的案例都与一定的社会过程有关。例如，史蒂文·J. 卡恩斯著的《行政法原理与案例》一书中有这样一个案例，即"美国谢夫伦有限公司诉自然资源保护委员会案"中，作者有这样一段论述："在这个案子中，行政官员的解释代表了一种对明显相互竞争的利益的合理的调和，是值得遵从的，规章的制定是技术性的、复杂的，机构以详细、合理的方式考虑这个问题，其决定涉及到对相互冲突的政策的协调。国会意图调和两种利益，但在本案所体现的特殊性这个层次没有亲自那样做。也许该机关认为那些拥有大量专门知识并负责执行条款的人能做得更好，因此有意识地要求行政官员公平处理好这一层次的问题；也许它根本没有考虑这个层次的问题；也许国会不能够赞成问题的任何一方，因此每一方都决定把希望寄托给机构设计的计划。为判决的目的，不管发生的是上面哪种情况都无关紧要。"[2] 社会

---

〔1〕 最高人民法院中国应用法学研究所编：《人民法院案例选——2004 年行政·国家赔偿专辑》，人民法院出版社 2005 年版，第 212 ~213 页。

〔2〕 [美] 史蒂文·J. 卡恩著，张梦中等译：《行政法原理与案例》，中山大学出版社 2004 年版，第 359 ~360 页。

利益的调和在这个案件中起了重要作用。行政法案例教学的精髓也在于使行政法规范能够与行政法的控制过程结合起来。因此，我们认为行政法案例教学中适当的社会反馈是必须的。这个反馈应当从一个行政法案件的社会调查开始，可以由学生对在行政法课堂上的教学案例进行调查，对该案件的来龙去脉予以确认。当教学过程中形成了新的行政法论点，则可以将这个行政法论点拿到社会中去，听取有关社会主体的见解。总之，行政法案例教学必须与相关的社会过程结合起来。

关保英

2012 年 10 月

目　　录

第一章
行政法基本概念

行政法基本概念包含行政法的定义、特征；行政法的渊源；行政法在法律体系中的地位和作用；以及与行政法定义相关的行政法基础理论范畴。

第一节　行政法的定义与特征

行政法是行政主体与其他社会因素发生冲突的控制性规范，反映并连结行政主体与行政相对方以及其他社会主体的关系，在现代民主国家其法律指向在行政主体。

第一，行政法是连结行政主体与其他社会主体关系之法。我们将手中握有行政权力对社会事务进行行政管理的组织叫做行政主体，它是一个范畴概念，在其中包括了诸多内容：一个国家的行政机构体系当它被宪法赋予了对社会事务进行管理的权能时它便是行政主体；一个履行部门行政管理的机构体系当它承担了部门行政管理职能时，我们将它叫做行政主体；一个层级性的行政机关在某一管理层次对社会其他因素发生影响时，我们也将它叫做行政主体；当一个行政管理机关或者履行行政管理职能的具体组织作出某一个影响其他主体权益的行为时，我们同样将它叫做行政主体。行政主体无论类型多么复杂，表现形式多么不同，它都是行政法中不可缺少的元素，是行政法中的第一定在，没有这样的定在，后续的行政法过程便无法展开。由于行政权涉及到社会生活的几乎任何一个方面，因此，在行政权的作用下便产生了与行政主体相对应的其他社会主体，这些社会主体的表现形式非常多，在我国现行法律规范中将这些主体概括为公民、法人和其他组织。实际上这些主体是指：自然人，即民法上所界定的那些自然人；企业单位，就是进行生产活动的具有营利性的那些组织；事业单位，即从事一定公共活动的组织；社会组织，包括具有法人资格的组织和不具有法人资格的组织；其他机关，就是行政机关以外的那些机关，如司法机关等。行政主体的行政权能是在和上列主体的相互作用的过程中表现出来的，行政法的第一属性就是将行政主体与其他社会主体联结起来，行政法就像一个纽带，一头牵着行政主体，另一头牵着其他社会主体，当然联结的前提是行政管理活动过程和行政权对社会的作用。

第二，行政法是控制行政主体与其他社会主体冲突之法。在行政的统一体中存在着行政主体与其他社会主体两方面。行政统一体是一个完整的事物，该事物之中的构成与该事物本身有直接关系，当该事物中的构成元素处在和谐统一的状态之下时，行政统一体便是一个良性的机制，是一个良性的社会分系统；反之，当该事物中的构成元素处在矛盾冲突之下时，行政统一体便是一个存在较大危机的社会支系统。因此，行政统一体元素之关系从理论上讲就成了行政统一体存在的前提条件。显然，行政统一体中存在着行政主体与其他社会主体两个互补的主体，然而，这两个互补的主体在自身的利益追求中存在着相当大的差异。如果将行政主体当作一个母体来看的话，行政主体所要求的是所有参与到行政统一体的主体都必须以其为中心进行向心运转，而其他社会主体本身又是由诸多不同具体元素构成的小元素，它的运转模式相对于行政主体而言则呈现为离心状态。

第三，行政法的法律指向在行政主体。行政主体与其他社会主体的冲突是行政法存在的基础条件，这是一个毋须争论的问题，而问题的关键在于冲突以后控制模式的选择问题。在限权行政法的模式之下，当行政主体与其他社会主体发生冲突以后，在一定范围内推定行政主体有过错，以此建立的行政法就是要对行政主体的行政权力进行有效控制，在推定行政主体违法或行为不当的同时，认可其他社会主体行为的正当性，整个行政法过程就是在这样的逻辑结构下展开的。管理法的理论则不同，即在管理法的模式下，推定其他社会主体的行为不当，故而肯定行政主体有法律上和行政过程中的优先权。

行政法具有以下方面的特征：

一、行政法在实质上的特征

行政法在实质上的特征是就行政法作为法的本质属性而论之的，作为国家意志的组成部分而论之的，作为行政法中形成的权力关系而论之的。这些基本的属性使行政法具有如下特征：

1. 造法行为的一元意志性。行政法的法律形式在所有部门法中是最为复杂的，行政法规范的这种复杂性使人们常常认为行政法的造法行为是多元意志的体现，即在一国行政法系统中，行政法规范不同所体现的机构意志或者主体意志就有所不同，实际上这是对行政法造法行为的一个巨大误解。行政法的造法行为是一种一元意志。所谓一元意志就是指无论行政法规范的法律形式有何不同，至少在一个国家的行政法体系中造法行为的意志是统一的。一则，一国行政法的意志是国家意志或者人民意志的组成部分，除了国家意志和人民意志外不能有别的主体的意志，若别的主体将自己的意志不适当的融入于行政法意志之中，那么这样的行政法规范肯定是不良的。在一国的行政法制度中，在一国行政法规范的构成中常常存在着国家意志或人民意志以外的其他意志，若干个行政法规范在国家意志或人民意志以外融入了其他意志便肯定不能归于良法之列，肯定是一种为恶的法律，行政法实质特征的此一方面是制定行政法规范合理性与否的重要标准。二则，一国行政法的意志是由最高立法机关表述的意志。制定法律规范主体的多元性并不必然与其意志的多元性相对应，某一主体享有制定行政法规范的权力，也能够完成行政法的造法行为，但它常常没有独立于最高立法机关意志的独立意志。

2. 作用基点的行政权力性。任何部门法都有其发生作用的基点，行政法作为部门法之一也有着自己独特的作用基点，它的作用基点是行政权。这里牵涉到行政权与法的关系问题。行政权作为一种国家权力，在运行过程中也具有制造规则的能力，行政主体在日常活动中制造了大大小小的行为规则，无论行政主体制造了什么样的规则，在一般意义上这样的规则都不能简单地被视为行政法，事实上在一些国家行政主体本身所造之法并不一定归于行政法的范畴，而被认为是一种管理法。由于我国的行政法学和行政法理长期以来受管理论的影响，人为地将行政机关所造的法一股脑地归入了行政法的范畴，这种简单处理的方式是欠妥当的。从本质上讲，行政法是以行政权为作用基点的那些法律，即对行政权的状态、行政权的体制构成、行政权的运作过程、行政行为的状态等进行规范的那些行为规则才可以被认为是行政法。它牵涉到立法权和行政权的关系，在一国宪法体制中一旦确立了立法机关的造法地位，那么，立法机关便可以在各个领域制定法律，并通过自己所制定之法规范相关主体的行为。立法机关通过造法规范行政系统的行为，其所造之法就是行政法。也就是说，行政法是立法机关通过自己的造法行为对行政权发生作用的那些法，行政权是整个行政法作用的基点，而行政权对社会生活发生作用并不是行政法的基点。从严格意义上讲，行政权对社会发生作用所形成之规则，行政主体自己所制定的规则，若没有正当的法律路径或依据则不能被归入行政法的范畴之中，这应当成为行政法的一个原则性问题。

3. 保护对象的私权性。传统行政法学理论认为行政法是公法的范畴，行政法所保护的权益关系是公共权力。在这样的理论背景下，公权便被普遍认为是行政法的保护对象，这一论点在管理论的行政法理念之下表现得尤为突出。我们认为行政法的法律指向是行政主体，行政法所保护的应当是与行政主体相对的另一方主体，即其他社会主体。其他社会主体是一个由无数单一主体构成的系统。在行政法运作过程中，行政主体几乎都是在与某单一主体的关系之中行使行政管理权的，行政法的功能在于使行政主体行使的管理权最大限度地接近合理，最大限度地使该权力的承受对象得到较大利益。从这点出发我们可以得出结论，行政法是保护私权之法而不是传统理论认为的保护公权之法。同时，我们认为，公权是一个抽象概念，它在一般情况下没有实在内涵。一方面，利益必须由个体来证明，一旦进入法律运作的层面，公共利益就是一个无法被证实的虚构命题。利益一旦与行政法的规则或者行政法的运作过程结合起来，它就是一个法律层面的概念。利益概念本身在法律层面意义不大，只有当它转化为若干法律概念以后、与若干法律命题结合起来以后，它才具有实质性的法律意义。显然，在行政法中，利益的概念是同行政法主体的权利、行政法主体的义务、行政法主体的责任、行政法主体的主观意识等联系在一起的，也只有通过上述这些法律概念才能确定利益的属性和利益的内涵。以行政法主体的权利观察，各种权利都反映在行政主体和行政相对一方当事人的关系之中，从权利发生的范畴看是个别化的，从权利的承担主体看有一方必然是以个体身份出现的。而义务更是个体化的，只有通过个别性的行为我们才能看出行政法义务的特性。只要某个人是行政法规则中的个体，它就应当是行政主体所主张的公共成员中的一个，它就应当是行政主体所主张的公共利益的受益者。但是，对于一个以公共利益为借口的行政行为或者行政过程，可能行政法中的任何一个人都没有得到来自这种公共利益的实惠，这样就使公共利益的概念成了一个无法证明的虚假概念，换句话说，利益的证明都是个体化的，行政法的私权保护便可以由此得到证明。另一方面，公共权力的责任最终是由私人承担的。公共权力只是保护个人权利实现的手段，一个公共行政过程的正义与否，最终必然归结到个人欲望实现的程度和个人利益被代表的程度上。公共权力的过错行使必须承担责任，而公共权力责任的承担都必须具体到单个的个人身上，例如，在行政法制度中有不少责任形式，包括承认错误、恢复名誉、履行职责等等，这些责任的实现都是通过社会个体的行为而为之的，没有社会个体对社会责任的承担，这些责任就没有实现的具体路径。行政法对私权的保护在一定意义上讲是行政法的基本定在，行政法私权保护的程度直接制约着行政法的质量和行政法发展的走向。

二、行政法在形式上的特征

行政法在形式上的特征是就行政法作为一个法律现象的外在表现而论的。行政法是一个独立的法律部门，每一个部门法都有与其他部门法在外形上的区别，我们把行政法与其他部门法在外形上的区别叫做行政法在形式上的特征。

1. 法群性。重要的部门法基本上都以一个统一的法典为标志，法典进而成为部门法区分的更为重要的标志。这一法律理论或者法律现象在行政法中却是完全不适合的。行政法在现代国家是一个部门法是没有争议的，它的部门法的属性却不是由一个具有单一法典的规则所支撑的，它是由许许多多不同的行政法典构成的，当然，这些行政法典中涉及行政权某一个方面的问题，不能同刑法这一部门法中的刑法典相等同。行政法在法律外在形式上是由无数法律规范构成的法律群。有关行政组织的规则、有关行政行为的规则、有关行政程序的规则、有关行政救济的规则、有关行政部门管理的规则等共同支撑起了行政法这一法律部门。

行政法由法群构成的事实是使行政法这一部门法产生巨大争议的根本原因。各国由于政治体制、行政法传统、法制进程等不同，在行政法诸法典的立法顺序和制度运行的侧重点上都有所不同，有些国家由于有良好的对行政进行司法审查的传统，因此便在行政诉讼的法律构成方面较为完善；有些国家由于重视行政过程的民主参与，因此，便在行政程序的立法构成方面独树一帜；有些国家由于重视行政体制的建构，因此，便在行政组织法典制定方面走在前列。我们今天所关注的行政法在各国几乎都有不同的特色，同一意义的行政法概念在全世界几乎难以找到，而同一意义的民法概念、刑法概念在不同国家几乎无太大差别。行政法的法群性使行政法这一部门法显得极为尴尬，它既使行政法理念在不同国度有所不同，又使各国在行政法立法和执法的价值选择等方面有所不同。

2. 法阶性。法阶性是行政法形式特征的第二个方面。在行政法这一部门法中，排列着若干法律层级，同为行政法规范，而各自在行政法体系中的地位却有所不同，它们形成了一个金字塔式的规范结构。行政法的法律形式中自上而下有诸多层次。首先，在根本法中有许多内容是行政法规范，例如，宪法关于国家行政机关体系结构的规定，关于行政权与其他权力关系的规定，关于行政权活动原则的规定等都是行政法的内容，而且是非常具体的内容。其次，在基本法中有许多内容是行政法规范。我国全国人民代表大会制定的基本法除一小部分是民法、刑法、商法、程序法的内容外，绝大多数内容是行政法，有些规则是对行政权行使直接设定禁止或限制的规则，如《行政许可法》、《行政处罚法》，有些则是在设定行政主体与相对方、行政主体与管理事态等的关系中体现的规则。再次，在一般法律中有许多内容是行政法规范，一般法在我国被认为是由全国人民代表大会常务委员会制定的规则，由于它在效力上要低于基本法，因此，在法律体系中给了这类规则一个特殊的法律地位，其高于一般法以下的所有行政法规则，但低于基本法以上的规则。最后，部门行政管理中有许多内容是行政法规范，部门行政管理是由国家行政机构体系在对社会事务进行管理时制定的与社会成员之间关系的规则，这类规则在立法技术比较发达的国家作了严格限制，限制的目的在于有效控制行政权。上面的排列仅仅是一个大体上的排列，在行政法体系中行政法的法阶性结构的排列要比这复杂得多。行政法的法阶性是行政法与其他部门法区别的重要标志，因为，它使行政法并非是一个简单部门法，而更像一个独立的法制系统或法律种类。

3. 法圈性。行政法的法群性和法阶性决定了行政法作为一个部门法其只有法圈上的质的规定性和相对稳定性，而较少法律内容上的质的规定性和相对稳定性。即是说其他部门法内容本身既具有确定的内涵又具有容易预判的内容，而行政法只能以法圈为判定的标准，而不能以具体的内容为判定标准。因为，行政法内容处在不断的变化过程中，行政法规范的这种流动特性使我们必须以某种框架确定行政法的独有属性，我们所认可的框架就是行政法的法圈。行政法法圈的属性是非常重要的，它使行政法作为一个法律理念处于与社会不断交换能量的状态之下，即行政法这一法律部门比其他任何法律部门的社会开放程度都高，社会过程中调适人们行为的规则常容易被行政法规范所吸收。此点既是行政法有利的一面，又是行政法引来诸多问题的一面。我们知道，行政法在运作中最容易受法外因素的影响，如政策的影响、道德的影响等，造成这些影响的原因来自于行政法法圈的社会开放性。

在行政法治实践中经常遇到以下几类问题：①行政管理与企业管理的关系；②行政权力与公民权利的关系；③行政法与相关部门法的关系等。

案例1　行政管理与企业管理的关系
——锡矿管理体制改革争议案

【案情摘要】

×市素有“锡都”之称。改革开放以来，在搞活经济的政策精神指引下，该市大力发展锡矿的开发。70年代末该市仅有锡矿10余个，而到了80年代中期，全市锡矿就增到70多个，产量产值连年增加。到1987年，锡矿收入的总产值占全市工农业总产值的37%，从业人员由1979年的1800多人增至9000多人，很好地解决了劳动就业问题。锡矿若能顺利发展必将进一步带动该市经济的全面发展。但是，由于全市锡矿及相关行业长期以来采取地域管理，实行按所有制划分的部门管理体制，导致经委、计委、工业局、二轻局、乡镇企业管理局、矿务局等若干政府职能部门多头管理的局面，使锡矿业难以适应市场机制。政府行政系统既无法对其进行宏观调控，又无法在规划、布局、资源管理、安全保障以及在生产和销售方面作出合理安排。锡矿资源及其开发在全市甚至处于日益衰退的状态中。1988年，该市根据省×局领导的意见，组建了锡矿联合公司，该公司是一个临时性的行政机构，与市矿业公司合署办公，对锡矿的开发实行统一管理。但矿业公司认为锡矿联合公司享有的一系列权利伤害了他们的利益，便向其主管上级反映情况，在上级部门的干预下合署办公便不了了之。但两家都对锡矿的开发行使管理权，矿业公司主要管公路外销和所有发锡站；联合公司主要管理外销发货票等，结果导致产销难以协调发展，有大量锡资源被积压。面对此种状况，市政府在1989年1月推行了一项改革方案，改革现行管理体制，实行锡矿业的统一管理：组建了一个管理锡矿的总公司，撤销原矿业公司，原来其他管理锡矿职能机关的权限转移到新的总公司之下，归省经委统一领导；新的总公司和运销公司在银行设立账号，为上下对口，其他机关锡矿管理以外的职权不变；总公司实行独立核算，自主经营、自负盈亏，是一个独立的经济实体，工业局、二轻局、乡镇企业局的锡矿安全监察等机关人员，统一由总公司使用，负责安全生产；按锡矿行业规律进行管理，统一组织、统一规划、统一管理，打破原来的部门所有制、地区所有制形式，对不同所有制的锡矿企业实行不同的管理方式，真正做到以经济杠杆促进锡矿发展。这些改革方案在当时计划经济体制的条件下可以说是一种大胆尝试，许多改革思路符合市场规律。因此，方案出台以后，矿区职工都拍手叫好。然而，就在改革方案即将实施之际，1989 年 4 月，省主管锡矿业的×局一行五人来到该市，严厉批评了该市领导的行为，认为这样的改革在全省开了一个坏头，认为现在的体制不能变。

【提示与讨论】

该案有两个方面的事实认定：一是该市政府行政首长对该市锡矿管理事实的判断和认定，市政府在作出改革方案之前，听取了各方面的意见，根据大家的反映，全市锡矿企业的矿业管理和安全监察分别受工业局等的领导，生产、销售、结算等活动又分别受工业局、二轻局、乡镇企业局等的管理，使整个管理处于分散状态，改革方案就是基于该事实作出的，其事实认定是客观的。二是省×局行政领导对改革方案形成过程的事实认定，由于没有作认真的调查了解，这一事实认定应当是不客观的。

本案中，市政府改革方案所适用的首先是地方政府组织法有关其职权的规定，地方政府组织法规定了其有管理经济事务的权限。但其具体改革方案的形成在大多数情况下所适用的是政策，即十一届三中全会以及后来经济体制改革决定中关于改革开放、搞活经济的政策。省×局及其领导的行为应当说是一种干预企业、干预下级行政活动的行政干预行为，没有法律上的依据。

企业管理和政府管理是两种不同性质的管理，企业管理以效益、营利、符合市场规律为前提，政府管理则以公正、提供公共服务、权力运转规律为前提，正因为如此，发达国家企业管理与公共行政之间的界限是非常清楚的。本案中，市政府的行为同样不能说是完全合理的行为，因为其对企业仍采取行政命令的管理方式，但在我国当时计划经济体制下这一行为是符合实际的。而省×局的行为既不符合企业管理的规律，也不符合要调动下级积极性、主动性的宪法精神。

案例2　行政权力与公民权利的关系
——村民请戏争议案

【案情摘要】

×县王庄乡是一个地处偏远山区的山乡，该乡文化生活一向比较贫乏。乡民除了喜欢听黄梅戏外，别的文化娱乐活动开展得很少。改革开放以后，该乡的经济发展迅速，农民收入连年提高。改革开放以前该乡每年总请县文工团表演几场黄梅戏，但一是由集体出钱，二是场次少。改革开放以后，由于农村收入提高。村里若遇到办红白喜事，一些经济条件好的乡民便个人出钱包场。到1985年有一半的演出场次都是由农民个人付费的，到1986年又增至60%，1987年全乡演出总场次1500余场，其中70%都是由农民个人付费的。在有些村，只要有红白喜事，都要请演黄梅戏，几乎成为一条惯例。面对此情况，乡政府制定了一个规定，对农民私人请演黄梅戏作出了限制，认为在该乡经济还不甚发达、农民还不很富裕的情况下，花钱看这么多黄梅戏是一种浪费。县民政局主管婚丧嫁娶等方面的社会事务，对该乡的这一规定大加赞赏，认为丧事婚事都应从简，办丧事婚事请戏是一种封建迷信做法，是应当予以制止的。这一禁令公布以后，一些乡民提出了异议，认为看黄梅戏的行为不是封建迷信活动，并反映到县文化局。县文化局在调查了有关事实、了解县文工团的情况后，认为禁止或限制农民个人请演黄梅戏的做法是错误的，既减少了县文工团的收入，又不利于在王庄乡进一步普及黄梅戏，实际上是限制农民的文化娱乐活动，与推动农村精神文明的要求格格不入。这样，民政局与文化局在关于农民能否私人请戏的行政管理事项上就发生了冲突。在僵持不下的情况下，副县长便出面协调，在协调会上，双方各执己见。文化局称：改革开放以后，随着农村联产承包责任制的推行，农村由集体组织的文化活动少了，农民的富裕程度提高了，有能力私人请演黄梅戏，政府不但不应限制，反而应当鼓励和支持。民政局则称：不少农民请演黄梅戏并不是丰富文化生活，而是讲排场，有些村民不仅结婚、出殡请戏，孩子升学、老人祝寿等事也要请戏，有的甚至家里母猪生了小猪也请戏。有些请戏甚至是愚昧的、无原则的，对此必须加以制止。文化局反驳说：绝对不能制止村民请戏的行为，不论村民为什么事请演黄梅戏，客观上都起到了活跃农村文化生活、教育群众等目的。再则，如果不让私人请戏，本县黄梅戏演出的总场次就会大大减少，文工团的收入也随之减少，并进而减少县财政收入，最后受损失的是县政府和国家。民政局辩称：国家早就提倡物质文明和精神文明同步发展，我们的精神文明是社会主义性质的，不能改变这个性质，农民请演黄梅戏意味着资本主义的奢侈之风在中国抬头，我们必须予以抵制。文化局反驳称：农民请戏，我们应当支持，黄梅戏与资本主义无太大关系，且有许多有益的东西，农民看了受到良好教育，相应地也收到了社会效益，如果禁止，就会冷落农村文化市场，对农村精神文明建设是不利的，民政局的规定应当取消。民政局又作了进一步的反驳……双方的激烈争论使副县长不知所措，只好交由县政府办公会议决定。县政府办公会议经过多次讨论后，作出了各打五十大板的决定：一要照顾民政局的意见，村民请戏要作限制，以村民收入为限，年均收入达到××元的可以请戏，而年均收入不足××元的则不能私人请戏；二要照顾文化局的意见，鼓励有组织、有计划的请戏活动。

【提示与讨论】

本案中县民政局作出限制村民私人请演黄梅戏的事实认定是缺乏深入调查研究的，其根据的是王庄乡反映上来的意见，而王庄乡所考虑的是乡政府的收入，而不是农民精神文化生活的需求及宪法所规定的公民在此方面的权利。民政局并未深入调查和了解农村随着改革开放而日益提高的文化生活需求这一基本事实。同样，县文化局所依据的事实也有一定程度的误差，村民请戏的行为如果与铺张浪费联系在一起是不能被提倡的，其与文化活动和精神文明建设的宗旨也很难说是一致的。县政府办公会议的决定所依据的事实既不是村民请戏中浪费或其他不正常现象，也不是丰富农村文化生活等，而是民政局和文化局的矛盾冲突。即双方矛盾冲突的事实是县政府办公会议作出决定的基本事实，它所依据的客观事实与管理事态之间的误差，导致其行政决定的模棱两可。

本案有两个行政处理决定和一个相反行政处理决定。第一个行政处理决定是民政局所作的关于限制在王庄乡私人请演黄梅戏的决定，这一决定在作出时所依据的法律应当是《地方各级人民代表大会和地方各级人民政府组织法》。根据该法的规定，其是有权管理此一方面的行政事务的，作出决定并无不可。但其决定的实体内容似乎与宪法关于公民权的规定有悖。所以，其决定的内容很难说有充分的法律根据。第二个行政处理决定是县政府办公会议作出的，县政府办公会议有权对本辖区内的行政事务作出决定是有地方政府组织法上的依据的，但其干预两个职能部门（文化局、民政局）独立行使行政管理权的行为似有越权之嫌。作出行政处理决定中的实体内容似乎亦无充分的法律依据。相比之下，笔者倒认为县文化局的处理决定的法律依据更充分一些。宪法关于精神文明建设是有明文规定的，农民请戏的行为可能在个别方面有些不妥，但其追求精神文化生活的这一主流是应当肯定的，是有宪法和其他法律上的依据的。

笔者认为，此案从表面看是一个微观问题，即私人能否请戏问题，然而从全案的进展过程和最后的结论看，牵涉到一个宏观问题：行政权力与公民权利的关系。行政权力的行使必须从保护公民权利出发，一方面行政权不能侵害公民权，宪法规定公民的自由权与平等权达30多项，这些权利不能被简单的行政命令限定在纸上，而必须得到保障。公民请戏与不请戏都是公民的权利，即便在请戏过程中有些不妥的行为，也只能通过引导、教育等方法予以纠正，而不能够通过简单的行政命令予以禁止。另一方面，行政权之间的摩擦必须限制在行政系统内部，而不能把行政权内部的纠纷转移到公民权利中去。本案中，县政府在作出行政决定时，所考虑的是民政局和文化局的矛盾冲突，其行政决定是上述冲突折衷以后的产物，而以公民收入高低确定能否请戏，也难以找到法律上的依据。

案例3　行政法与相关部门法的关系
——蚕茧销售合同争执案

【案情摘要】

×县是一个蚕茧生产大县，70年代末期蚕茧生产总量已突破10 200担。80年代中期全县蚕茧产量已达到近500万担，人均30余担。在改革开放尚未深入以前，这样的产量和收入是可观的，加之农民就业的机会少，生产蚕茧即使收入很少，农民也愿意从事蚕茧生产和加工。随着农村搞活经济的深入，农民就业的机会增多，该县采矿、运输等行业迅速发展，以前生产蚕茧的农民约35%的人转移到其他副业方面。该县县政府为了调动农民养殖蚕茧的积极性，便出台了一项政策，即允许农民办烘茧站，进行蚕茧的初级加工。该县的×乡副业生产条件差，农民群众都把蚕茧生产作为家庭收入的主要来源，乡政府根据这个情况决定在该乡建一个综合性的蚕茧站。与此同时，与其他地方的丝绸厂签订了供货合同，并收了一些订金，等蚕茧收获以后由蚕茧站向各丝绸厂提供烘制蚕茧。地区行署外贸主管机构听说此事后，便派人了解情况，并严厉批评了县政府的做法。外贸主管机构认为几十年来，外贸部门先后为蚕茧的生产投入不少资金，蚕茧生产就是由外贸部门主管的，并指出根据国务院办公厅国办发明电〔1987〕6号《关于蚕茧、厂丝收购和经营管理业务改由外贸部门负责的通知》规定："由中国丝绸进出口总公司继续负责收购和经营蚕茧厂丝业务"；国家外贸部经贸丝字第81/888号规定："近年来有些地区之间、国营与乡镇之间，抬价抢购蚕茧与厂丝情况日益严重。更有甚者，通过'水货'、走私非法获利造成国营丝厂缺茧、绸厂缺丝，严重影响我国丝绸的正常生产、出口和外商的经营信心。为此，必须贯彻国务院的决定，加大蚕茧丝经营管理。"要求县政府撤回原来鼓励农民办站的决定，并要求把×乡蚕茧站收归县外贸公司管理，其与厂家签订的合同由县经贸公司履行。县政府辩称：蚕茧业在本县要得到发展必须走改革开放之路，在经营和价格上都不能统得过死，不能以行政命令妨碍农民致富。如果还采取原来的管理方法和管理体制，蚕茧生产量将会逐渐下降。县政府与地区外贸局双方相持不下，最后汇报给地区行署，行署一些领导认为县政府的做法是违反国家关于蚕茧经营管理政策的，最后作出行政处理决定：本地区蚕茧业由外贸部门负责和经营。其他单位和个人不得自行经营和抢购。据此地区外贸局取缔了×乡的蚕茧总站，并将蚕茧总站与其他丝绸厂家的供货合同及其权利义务转移到县外贸公司。

【提示与讨论】

本案的事实认定有两个方面：一是县政府作出鼓励乡镇办蚕茧站的事实认定，其根据改革开放以来农民就业机会增多，从事运输、开矿等经营更能取得收入，而经营蚕茧获利少因而蚕茧从业人员越来越少，以致全县蚕茧生产逐年下降的事实，作出了放活经营政策，允许乡镇办站的行政决定；二是地区外贸局和地区行署对事实的认定，其所依据的是私人经营会降低蚕茧质量，在外贸中影响信誉等事实。

本案中县政府所依据的主要是：①1984年9月29日国务院制定的中共中央、国务院《关于帮助贫困地区尽快改变面貌的通知》第2条："对贫困地区要进一步放宽政策，实行比一般地区更灵活、更开放的政策，彻底纠正集中过多、统得过死的弊端，给贫困地区农牧民以更大的经营主动权。"该县的×乡之所以率先办站是因为其被列为全省重点扶助的贫困乡之一；②中共中央1987年5号文件《把农村改革引向深入》。除国家订购外，可以在计划指导下，由加工企业在产地与农民联合经营，也可由工厂自采，与农民订立供销合同。地区行署和地区外贸局所依据的除上列两个行政法规和规章外，还有一个规范性文件——国家经贸部丝绸进出口总公司拟定的《全国蚕茧、厂丝收购经营管理办法》，其中规定："分公司不论畅销或滞销，都要按计划把蚕茧全部收起来。其他部门不得插手收购、经营，以杜绝'水货'出口。"

笔者认为，本案涉及一个行政法与经济法、民法的关系问题。行政法调整行政管理关系，除规范行政机关的行为外，还要在一些行政管理领域为相对一方设定权利或义务。经济法调整经济管理关系，民法则调整民事主体之间的民事法律关系。此案中行政法与经济法的关系反映在政府管理经济过程中管到什么程度的问题上，例如将蚕茧的产购销都留下来的行为能否由行政法律调整，能否通过行政命令去管理等都是值得商榷的。乡蚕茧站与丝绸厂签订的供销合同，应当是一种民事行为，属于民法调整的范围，行政法是不能介入公民、法人和其他社会组织之间的民事权利义务中去的。因此，地区行署将双方之间的合同及其权利义务归于县外贸公司的做法是超出行政法范围的行为。在行政法治实践中，行政法与劳动法、行政法与刑法等的界限亦较易混淆，因此必须从理论上把握各部门法律的调整对象。

第二节　行政法在法律体系中的地位和作用

行政法在法律体系中的地位是指在一国的法律体系中，行政法这一部门法所处的地位。法律体系是一国以宪法为龙头的各部门法所组成的有机整体。关于部门法的认识有两种不同的观点：一种观点认为，法律部门是网状结构，即各个部门法就像一张交织在一起的大网，各个部门法之间在这一网状结构中各自扮演不同的角色，互相联系在一起，不可分割；另一种观点认为，法律体系是一个层级结构，在法律体系大系统中，分成若干层次。有人认为宪法在一国法律体系中处于最高地位，是第一层次的法律。第二层次的法律是基本法，即在一个国家的法律体系中处于主导地位的那些法律，如由立法机关制定的一系列基本法律规范。第三个层次是综合性法律，即基本法之下的那些错综复杂的法律规范。我们认为，法律体系既是一个网状的结构，同时在这一网状结构中存在若干层次，如根本法、基本法、一般法等。一般地说，一个部门法在法律体系中处在某一个层次上，如宪法处在第一层次，刑法、民法处在第二层次，一些政府规章等处在第三层次。但行政法在法律体系中所处的位置则比较特别，在我国根本法、基本法和一般法三个层次的法律结构中都有行政法规范的内容，如宪法中关于行政系统的分层、行政系统中中央与地方的关系、行政系统的职能划分、一个行政支系统中所包含的子系统等等，都是行政法规范的内容。其在法律体系中所处的地位比较特别，不能以其他部门法在法律体系中的地位来看待行政法。

行政法的作用是指行政法所承担的各种社会职能，如在政治、经济、文化、教育等方面保障和推动国家建设和发展。行政法的作用具体表现在两个方面：一是保障国家行政管理有效实施；二是保护公民、法人和其他社会组织的合法权益。

在行政法治实践中经常遇到以下几类问题：①违宪行为与行政违法行为的区别；②行政法对公民依法取得新的权益的保护作用与维护现存管理秩序的关系；③行政法对行政权的制约作用与保障行政权威的关系等。

案例4　违宪行为与行政违法行为的区别
——非法干预杨××代表资格案

【案情摘要】

1988年11月，×省会城市开始市区人民代表大会换届选举，在该市×区的一个选区内，某高校以无记名投票的方式，由全校教职员工推荐代表候选人。第一轮投票选举的结果，该院教务处副处长杨××以500多票的优势居全校被推荐的候选人之首。然而，当这些选票向全校师生公布时竟只有110票，其余的推荐票被一些人抹去了。杨××一向群众基础好，在教务处工作也很负责。由于其办事过分认真，从不丧失原则，在一次学生期末考试期间抓了该校校长的儿子刘×（刘×在外语课考试时作弊）。杨××以学校的有关考试制度为据，坚持处分了刘×。由于此事没有给刘校长面子，刘校长一直对杨××怀恨在心。结果在这次选举中，刘校长及手下的其他一些人便凭借手中的权力，暗地将杨××的推荐票瞒报了近400张。尽管如此，杨××仍被列为本校第二候选人。依《选举法》的规定，对提名推荐的代表候选人，应用提名推荐的党派、团体或者集体的名义介绍被推荐人的基本情况。但是，该校校长刘××等人（其中包括该区副区长）却从中作梗，既不同意以组织的名义介绍杨××的情况，也不同意以选民集体的名义介绍。当该校有关部门及教务处的员工为杨××整理情况介绍，以教务处等部门选民的名义上报校选举领导小组时，竟被个别领导改为选民个人的意见印发，违反了无记名选举的原则及选举法的其他规定。更为荒唐的是，区政府责成该校党委和校行政领导在选举的关键时刻整理出杨××的情况介绍，基本内容是：杨××曾经向上级有关部门揭发反映校领导和区政府的不正之风，但经查实校方和区政府没有杨××所反映的情况。言下之意，杨××向上级反映的事情失实，有违法之嫌。这份材料被打印后，在杨××所在的选区向选民散发，损害了杨××的名誉。对于此事，上级党委、纪委等部门的领导曾向区有关行政领导和该校党委和行政领导明确指出，在选举人民代表期间，向选民介绍杨××的此类情况是不正确的。市×区人大常委会发现该校向选民散发这个材料，多次向该校领导提出，在选民区将被推荐者的情况介绍上级选区，再将材料在选民中散发，不符合选举法的有关规定，并要求该校就瞒报杨××推荐票问题，向被选举人和选区选民作出解释或者检查，并及时予以纠正。但刘××等人置这些意见于不顾，当选举进行到第三轮时，杨××获得了3215票，因为本校教职员工绝大多数投了杨××的票。这时，校长刘××恼羞成怒，并说，“如果杨××当人民代表，我就不担任校长职务”。在此之后，杨××办公室的门被人砸碎，材料柜被撬开，一些材料被拿走。此事后来被市人大常委会知悉，便要求区人大常委会及区政府严肃处理此事，追究有关违法人员的责任，区人大常委会依法罢免了与此事有牵连的×副区长的行政职务，并责成有关部门撤了该校校长刘××的职务。

【提示与讨论】

本案是一起破坏选举正常进行的违法行为案件，但与一般的破坏选举制度的案件不同，其行为主体是国家行政机关工作人员或在企事业单位中行使管理权的国家公职人员。该区副区长是行政机关工作人员这是无可争议的。该校校长由于是行政机关任命于事业单位的行政工作人员，因而依有关法律、法规的规定，其履行的职责和担任的职务性质也是行政性的，其破坏选举权的行为带有行政行为的色彩。由于这一点，有关部门对于该区副区长和该校校长刘××破坏选举事实的认定便存在一些偏差。从行政权行使的角度看，×区副区长干预选举正常进行是一种滥用行政职权的行为，因为其是以区长的名义行使与区长职务毫无相关的权力，并实际上起到了相应的作用，造成了一定的危害后果。刘××身为该校校长，其职权也只能在校管理事务的范围内行使，而不能超出这个范围，阻挠破坏选举正常进行也是对职权的滥用。二人上述行为性质都属于违反行政法，这是一个方面。但他们行为性质的实质方面或根本方面是违反了《宪法》关于选举制度的规定，对于其行为事实的认定应首先归于违反宪法的行为之下。本案对二人的处理仅限于行政职务之内，显然是简单地将他们的行为事实归于行政法之下，而忽视了行为性质的另一个关键方面，即违宪的行为事实。

本案对校长刘××和×区副区长的处理所适用的法律是《地方各级人民代表大会和地方各级人民政府组织法》，依此法的有关规定免去了×区副区长的行政职务。并依其他行政法规规范撤了刘××的校长职务，这并没有很大的错误。然而，笔者认为，本案应重点适用《选举法》。该法第26条第2款规定："各政党、各人民团体，可以联合或者单独推荐代表候选人。选民或者代表，10人以上联名，也可以推荐代表候选人。推荐者应向选举委员会或者大会主席团介绍候选人的情况。"该法第30条规定："选举委员会或者人民代表大会主席团应当向选民或者代表介绍代表候选人的情况。推荐代表候选人的政党、人民团体和选民、代表可以在选民小组或者代表小组会议上介绍所推荐的代表候选人的情况。但是在选举日必须停止对代表候选人的介绍。"显然，×区副区长和×校校长刘××的行为是违反选举法此条规定的，因为，此条所讲的介绍候选人的情况是指全面、客观的介绍，而不应是带有贬义的介绍，更不能够将被推荐人的票数擅自隐瞒。本案违法行为人的行为性质是比较严重的，应以《选举法》第43条的规定追究×区副区长和×校校长刘××的责任，该条规定"用暴力、威胁、欺骗、贿赂等非法手段破坏选举或者妨害选民和代表自由行使选举权和被选举权的"，"伪造选举文件、虚报选举票数或者有其他违法行为的"等要依法追究行政处分或者刑事处分责任。

本案行为人的行为性质是值得引起注意的。本案既可以说是一个行政违法案件，又可以说是一个违宪案件。就行政违法案件的性质看，主要是行政机关工作人员和行政机关任命的在企事业单位行使职权的行政工作人员违反国家相关行政法规范的规定滥用行政职权的行为。行为人对此一行为承担相应的行政法责任是应当的。但行政违法并不是此案当事人行为性质的关键所在，其所违反的法律主要是《宪法》和《选举法》，所破坏的对象是宪法规定并予以保障的选举制度。选举制度及其因此而形成的社会关系是本案当事人行为对象的客体。只是其侵害这一客体时采取了职务违法行为的形式，从这个意义上讲，此案的根本点是行为的违宪性，而非行政违法性。违宪和行政违法在法治实践中有时是难以区分的，有时是交织在一起的。就前者而论，主要是一些行政违法行为从表面看似乎是违宪行为，一些违宪行为则从外形上以行政违法的形式表现出来；就后者而论，有时一个行为既触犯了行政法的有关规定，又触犯了宪法确立的基本制度规则。也有人认为一切违法行为都是违宪的，笔者认为此种观点是对违宪行为的泛化解释，不利于在我国建立违宪追究制度。违宪和行政违法的区分不仅仅是一个理论问题。

案例5　行政法对公民依法取得新的权益的保护作用与维护现存管理秩序的关系

——何××对交通管理局行政行为不服申请行政复议案

【案情摘要】

何××，男，30岁。何××原是×市重型机床厂职工，1997年4月因该厂停业而下岗。何××下岗后，其家庭收入大幅度减少，基本的家庭生活难以维持。基于这种情况，何××1997年6月贷款购置了一台电力助动三轮车，准备以跑三轮车取得基本的家庭收入。车买好后，何××到该市×区的交通管理局办理三轮车营运许可证，交通管理部门考虑到三轮车对市区交通的影响，加之本市电动三轮车已为数不少，就没有立即给何××颁发营运许可证。口头告诉何××要等下一批办理，时间是二个月以后。二个月以后，即1997年8月何××再次找区交通管理局询问办理营运许可证的情况，交通管理局说，这一季度的指标已经办完，要等到下一季度办理。由于三轮车是贷款购置的，新三轮车闲置下来其经济损失会更大，于是，1997年9月何××便在没有取得营运许可证的情况下，从事电动三轮车的经营。1997年11月5日，区交通管理部门对本区三轮车营运情况进行检查时，发现何××在没有取得营运许可证，又没有向交通管理局上交任何费用的情况下，从事三轮车的运营，便以非法营运为由，扣押了何××的电动三轮车，而且按有关规定对何××处以1500元罚款。

何××对于区交通管理局扣押的行政强制措施和1500元罚款的行政处罚均不服向市交通管理局提起了行政复议。何××称："我下岗以后，家里生活难以维持，不得不从事电动三轮车的运营。车子购置以后，我多次依法定程序向区交通管理局申请颁发营运许可证，而区交通管理局以种种理由予以拖延，使我贷款购置的电动三轮车闲置了近四个月，我从事运营的行为是不得已而为之的。"区交通管理局作为复议被申请人也提供了自己不给何××颁发许可证和对何××采取行政强制措施、行政处罚的理由："本市电动三轮车已有不少，其对本市交通状况的影响是有目共睹的，按市《道路交通管理条例》的规定，三轮车的营运一定要进行控制，我局对何××不颁发许可证并无不妥。何在没有取得营运许可证的情况下，违法运营，理所当然应当受到我局的行政处罚。"市交通管理局复议以后作出下列复议决定：维持区交通管理局的行政强制措施和行政处罚决定。同时，要求区交通管理局给何××颁发电动三轮车营运许可证。双方当事人对行政复议决定都没有提出异议。

【提示与讨论】

本案的案件事实由两部分构成，一是区交通管理局不给何××颁发营运许可证的事实。何××作为下岗职工，必须有再就业的途径，其作为一个年富力强的普通工人，从事三轮车的运营是合乎情理的，如果没有严格的法律禁止，应当给何××颁发营运许可证。然而，交通管理局更多考虑的不是何××个人单方面的事实情况，而考虑的是本市交通管理状况的基本事实，因为电动三轮车对市交通状况确实有一定影响。区交通管理局没有及时发给何××营运许可证并不是没有道理的。二是区交通管理局对何××行政处罚和行政强制的事实及其根据。何××没有营运许可证擅自营运无疑是违反行政法的行为，这一事实是清楚的，区交通管理局根据此一事实对何××进行处罚和强制是符合法律规定的。复议机关在行政复议时，认定了两方面的事实，即行政机关没有向何××颁发许可证的事实和何××违反行政管理法规非法运营的事实，复议机关对区交通管理局没有颁发许可证的行为和何××违法运营的行为都是持否定态度的，因而，作出了一个比较折衷的行政复议决定，这种决定是否正确是值得探讨的。

本案适用的实体法是有关道路交通行政管理方面的法律规范和有关公民权利义务方面的法律规范。依照宪法和有关行政管理法规，公民、法人和其他社会组织有从事某种合法经营的权利，法律没有禁止的行为行政机关就应当予以保护，而不能剥夺公民相应的权利。何××从事电动三轮车运营既有宪法上的依据，也有其他行政管理法规范的依据，行政机关以交通状况不够良好，迟迟不给何××颁发许可证的行为是没有法律依据的，或者法律依据是不充分的。何××可以就行政机关拒绝其权益请求的行为提起行政复议或行政诉讼，而无权以非法手段对抗行政机关的行政决定，其无照强行运营的行为就是对行政机关行政决定的对抗，显然，这种对抗是没有法律根据的。区交通管理局根据本市《道路交通管理条例》的规定进行行政处罚和行政强制是合法的。本案适用的程序法是《行政复议条例》，市交通管理局根据《行政复议条例》的规定受理此案并作出复议决定符合法定程序。

笔者认为，本案的问题是一个具体的行政管理问题，案件中的双方当事人都存在过错。就交通管理机关而言，其应当依法向公民、法人、社会组织颁发许可证或其他证照，但本案区交通管理局没有及时颁发，这种行为无疑是违反行政法的行为。就何××而言，其对行政机关的不作为只能以合法的途径予以救济，而不能以非法手段予以对抗。强行从事电动三轮车运营的行为就是对行政机关的非法对抗，同样是违反行政法的行为。本案中的这些具体问题是非常清楚的。然而，本案所关联的行政法理论问题却是多方面的，最主要的是行政法对公民依法取得新的权益的保护作用与维护现存管理秩序的关系问题。依行政法的规定，现存行政管理秩序必须得到维护，如本案中，交通管理局主要是维护交通管理秩序，为了使区交通状况保持良好状态，需要控制各种车辆的运营，尤其一些常常会造成交通堵塞的小型车辆，交通管理局不给何××颁发许可证是出于对现行管理秩序进行维护的动机，并无不妥之处。行政法除维护现行管理秩序外，还要经常的赋予公民、法人和其他社会组织新的权利。本案中，何××申请颁发电动三轮车营运许可证的行为就是依宪法和行政法的有关规定取得新的权利的行为，其向行政机关的请求行为是符合法律规定的，应当受到行政法的保护。在行政法治实践中，赋予公民新的权利与维护现存行政管理关系是一对矛盾着的事物。有些情况下，公民取得了新的权利，但同时给行政管理关系带来了麻烦。有时一味强调维护现存行政管理关系就可能限制公民、法人和其他社会组织在某些方面取得权利。如何解决维护现行行政管理秩序与赋予公民新的权利的关系问题是行政法中一个永恒的课题。

案例6　行政法对行政权的制约作用与保障行政权威的关系
——×市大世界酒店诉×市人民政府案

【案情摘要】

原告：×市大世界酒店

被告：×市人民政府

法定代表人：李××，市长

1994年3月，×市大世界酒店向市规划局申请改建其大世界酒店。大世界酒店处在本市闹市区，该区是解放前×国的租借地。区内绝大多数房子都是西洋式建筑，是租借国在租借期间建造的，已有60余年的历史，组成了一个西洋式建筑群。大世界酒店所占房子是该建筑群的建筑之一。根据该市规划管理的条例和规章，这些西洋式建筑不能随意拆除，不能对其进行改建、扩建或增加楼层等。市规划局依法受理了大世界酒店改建的行政申请，申请内容共有三项：第一项是在大世界酒店大楼右侧的一片开阔地修建停车场；第二项是对酒店大楼内部进行装修；第三项是改建酒店大楼结构。大世界酒店在提出上述申请时，附有详细图纸。

市规划局对大世界酒店的上述请求项目进行了认真的审查。审查后，对于大世界酒店前两项的扩建请求予以批准，而否定了第三项扩建请求。其认为第三项是对本市西洋式建筑和西洋式建筑群的破坏，是违反本市有关城市规划的条例和其他规定的。市规划局于1994年7月以规现复字（94）第×号批复大世界酒店："同意申请书第1、2项内容，第3项内容不予批准。"对于市规划局的批复，大世界酒店没有提出异议，市规划局便在1994年8月15日给大世界酒店颁发了建设工程规划许可证，核准其停车场建筑面积5200平方米。然而，大世界酒店在改建过程中，施工内容超出了许可证核准范围，并改变了原设计图纸。其停车场扩建面积为7000平方米。更为严重的是大世界酒店将原大楼结构进行了改动，拆掉了原西洋建筑的楼顶，并加高两层施工。市规划局发现后书面通知大世界酒店立即停止施工，并等候处罚。市规划局认定：大世界酒店在改建大楼过程中一是擅自扩大建筑规模，其停车场违法扩建1800平方米；二是破坏了原西洋式建筑大楼。认定其违法行为情节恶劣、性质严重。市规划局依照《城市规划法》、《×市城市规划管理办法》、《×市城市规划管理办法实施细则》的有关规定，对大世界酒店作出如下行政处罚决定：①限其3个月内自行拆除加盖在西洋式建筑上面的两层楼房，并恢复原西洋式建筑楼顶全貌；②多占的停车场部分立即退还，并恢复原地面上的草坪；③对大世界酒店处以5万元罚款；④对大世界酒店的直接责任人处以500元罚款，并不得将罚款予以报销。大世界酒店不服市规划局的行政处罚决定，于1995年7月15日向该市人民政府申请复议。

市政府受理大世界酒店的复议申请后，于1995年9月15日作出×政府复议决定（1995）第16号：①维持市规划局行政处罚决定1、2项；②变更市规划局行政处罚决定第3、4项，对大世界酒店罚款2.1万元，对大世界酒店直接责任人罚款300元。大世界酒店对市政府的行政复议决定不服向市中级人民法院提起行政诉讼。大世界酒店诉称：我店扩建停车场和在大楼上增加层次的行为与市规划局有直接关系，我店在当初递交申请书时就已将停车场建筑面积和增加楼顶的意图告知了规划局，但规划局无理扣除了停车场面积，并不让我店增高大楼；我店大楼尽管位于西洋式建筑群之中，但该建筑群之内像我们这样的大楼很多，本大楼并没有代表性，不属于《×市城市规划管理办法》禁止改动的范围，因此，要求撤销市规划局和市人民政府的行政决定、复议决定。市中级人民法院受理此案后，听取了双方当事人就案件事实和法律适用的辩论，最后判决维持市人民政府的复议决定。至此，本案以大世界酒店败诉而告终。

【提示与讨论】

本案条件事实由若干环节构成，每一层次的事实认定都是非常重要的，都影响到全案中当事人的权利义务关系。首先是大世界酒店改建房屋请求的事实，其向市规划局提起改建请求的事实是非常清楚的。一是改建停车场；二是对大楼内部进行装修；三是改造大楼的结构。三个事实请求各有不同，建停车场的事实在客观上讲是可行的，但必须受到限制，对房屋内部进行装修是有根据的，同时不影响大楼的外观，在客观上是可以实现的，对于此一请求规划局给予了批准；改造大楼结构的请求在行政法学理论上叫目的物不能，因为法律、法规已经规定该区域属于重点保护的建筑群，对该楼房的任何变动在法律上都是不允许的。当然，如果法律没有禁止则另当别论。其次是市规划局对大世界酒店进行行政处罚的事实，该事实认定无误，而且有严格的量化标准，如批准其停车场建筑面积5200平方米，而当事人擅自扩大1800米。再次是市人民政府在行政复议中的事实认定，既审查了市规划局对大世界酒店的改建许可证，又审查了市规划局的行政处罚决定，发现事实认定无误，但罚款的处罚过重，予以减轻处罚是符合案件事实的。最后是人民法院对全案所有环节的事实认定，尤其对市人民政府复议决定所根据的事实认定，以客观、全面的事实根据判决原告败诉。本案各个环节的事实认定都是客观的、正确的。

本案在不同阶段适用的法律规范及其条文有所不同。市规划局对大世界酒店改建房屋的申请，所适用的是《城市规划法》和《×市城市规划管理办法》。关于公民、法人和其他社会组织在修建房屋方面权利义务的规定，依城市规划法和该市的地方性法规规定，建房单位可以依法取得扩建、改建房屋的资格，但其扩建或改建行为必须符合法律规定的条件。是否符合法定条件是其能否取得扩建、改建资格的前提。如果其申请符合条件，市规划局就有义务颁发改建许可证。该案中市规划局的法律适用是比较严谨的，其对当事人的请求分别进行审查，合法的请求予以允许并保护，非法的请求予以制止。所以，有所修正地批准大世界酒店的改建方案，并颁发了许可证书，符合法定的形式要件。其在发现大世界酒店实施了违法行为以后，又适用同样的法律，但用不同的条文对当事人的违法行为进行制裁。除果断采取令其停工的行政措施外，还对其以罚款等形式进行行政处罚。市政府的复议行为同样正确地适用了法律，维持了市规划局合理恰当的处罚决定，对于不十分恰当的行政处罚予以变更，是符合《行政复议条例》的有关规定的。人民法院受理此案所适用的程序法是《行政诉讼法》，而实体法是《城市规划法》和《×市城市规划管理办法》。笔者认为，此案当事人擅自扩大停车场面积的行为是违反《城市规划法》的行为是没有疑问的。但是，大世界酒店拆除西洋式建筑大楼的顶端，是否已触犯了《文物保护法》则是一个值得商榷的问题。此案在处罚、复议、审理过程中，没有哪一机构和法律适用机关提出这一问题不能因此认为当事人的行为没有违反文物保护法。西洋式建筑在一些地方是被视为文物的，如果×市确有此类规定，那么，应以文物保护法的有关规定追究大世界酒店的责任。

笔者认为，本案所引申的深层理论问题应当是行政法对行政权的制约和对行政权威原则保护的关系问题。本案中，行政机关的行为是在一个制约机制下运行的。大世界酒店作为城市规划局管理的相对一方当事人，有向主管单位提出某种利益请求的权利，即申请颁发改建房屋许可证。相对人的这一请求权对城市规划局而言就有一种履行职责的义务，如果不予履行或者不依法履行，当事人就有权提起复议或诉讼。从这个意义上讲，相对一方对行政机关有制约作用，上级行政机关对其所管理的行政机关亦有制约作用。本案中，市人民政府对市规划局就有制约作用，其对市规划局不适当的行政处罚决定有权予以变更。这种变更或撤销权看似简单，其实它有力地制约着行政机关权力的不当行使。而市人民政府的行政决定要受到市人民法院的制约，人民法院有权通过行政审判撤销、变更行政机关的行政处理决定。可见，行政机关的权力行使始终处于某种制约的状态之下，这都是行政法功能和作用的体现，使行政机关的权力运作处于一定的链条之上。但是，这只是行政法功能的一个方面，行政法在对行政权进行制约的同时，也充分体现了行政权威原则，本案就非常生动地表明了这一点。首先，相对一方一些权利的取得必须从行政机关那里取得许可证，行政机关颁发证照的行为体现了其对相对一方的权利义务有一定程度的决定作用。其次，尽管相对一方可以通过行政复议、行政诉讼对行政机关的行政决定提出异议，但并不因此影响行政机关正确行政行为的成立。本案从行政机关对相对一方许可证颁发到人民法院判决终结都表明了行政权威原则的重要地位。对行政权威的肯定是行政法作用的另一方面。从这个意义讲，行政法的作用体现在两方面，行政法是一把双刃剑，既制约行政权，又保障行政权威。因此，我们不论在行政法学理论中，还是行政法治实践中都要正确把握，不能偏废。

第三节　行政法渊源

行政法渊源有两个层面的含义，第一个层面的含义是指规范行政主体以及其他社会主体行为规范的根本来源，也就是行政法规范的最终源头。这一层面的行政法渊源理论所关注的是行政法的自然主义以及行政法的造法者。所谓自然法主义指法律是一个社会历史现象，有其产生和发展的历史基础和社会基础，行政法作为一个重要的法律部门，它的规范既与历史有关，又与社会有关，故而，每一个规范都可以寻找历史的或者社会的源头。第二个层面的含义是指规范行政主体以及其他社会主体的行为规范是以何种形式表现出来的，表现行政法规范的那些形式就是行政法的渊源。行政法渊源是上述两个方面含义的结合，当我们在分析行政法渊源的定义时必须将源头理论和形式理论有机的结合起来，而不能有所偏废。如果我们仅仅从法律源头的角度分析行政法的渊源就会忽视对我国现实行政法制度和行政法现象的研究。反之，若我们仅仅从法律形式的角度分析行政法的渊源我们就会忽视行政法基础条件的研究。

一、宪法中的行政法渊源

宪法是国家的根本大法，是所有其他部门法的母法。宪法所规范的内容是国家制度和社会制度中最为基本的内容，包括公民的权利义务、政治制度、经济制度、社会制度、文化制度、国家结构等，宪法的这些内容与行政法都有着直接和间接的关联性。如宪法关于行政权与其他国家权力关系的规定，包括行政权与立法权，行政权与审判权、行政权与检察权之间的性质区别和范围区别；关于行政系统在国家政治体制中的地位，即行政系统是人民代表大会意志的执行者，它必须对人民代表大会负责并报告工作；关于行政系统的内部构成，包括行政系统的分层，包括行政系统中中央与地方的关系，包括行政系统的职能划分，包括一个行政支系统中所包含的子系统等等；关于行政机关所能够行使的行政权；关于公民权利义务的一些规定；关于国家基本国策的规定；关于行政区域划分的规定等。行政区划应当是行政法的一个基本问题，行政权的划分除了职能和层级划分外，还有空间划分的问题，尤其我国地方行政权的行使都以区域为单位，此省的行政机构不能到彼省行使权力，此县的行政机构不能到彼县行使权力，此乡的行政机构不能到彼乡行使权力。对行政权区域界限的划分当然应该是行政法范畴的问题，只不过行政权区域划分具有一定的历史传统，而传统法学理论又将其归之于宪法规范之下，才使人们产生了错觉。我们认为我国宪法和宪法性文件关于行政区划的规定是行政法的一个间接渊源，说它是间接的是因为它间接地确定了行政权的空间范围。

由于宪法具有母法的地位，因此，宪法和行政法还存在着深层次的逻辑关系：①宪法是行政法规范的制定依据。一国要制定行政法规范必须间接或直接从宪法中找到依据，如国家在制定《行政监察法》时就充分考虑了《宪法》第89条的规定。②行政法是对宪法的扩充规定。宪法是对国家制度和社会制度总体框架的设计，其不可能包容国家制度和法律制度的一些具体内容，行政法对宪法规定的基本轮廓予以具体化。③行政法所规定的内容不能与宪法相抵触。宪法在国家法律体系中具有最高的法律效力，它是所有部门法的上位法，行政法作为宪法的下位法不能同宪法规定的内容相抵触。这里有一个问题需要讨论，就是部门行政法和宪法在发展过程中的变化原理问题。宪法是行政法之母这是无可争议的，同时还应该看到，宪法制定需要通过特制程序，内容又相对原则和稳定，决定了宪法在对应社会生活中出现的新事物时常常有一定的滞后性。宪法与行政法是一个普遍与特殊的关系，若把宪法作为一个普遍的、一般的事物来看的话，行政法则是一个特殊的、个别的事物，依唯物论的变化原理，个别的、特殊的变化才能引起一般的、普遍的变化，因此，在宪法规则与社会发展变奏不和谐时，行政法可在一定条件下作出超前规定，当然，这样的超前规定应当依照严格的立法程序进行。

二、法律中的行政法渊源

法律是一个特指概念，指全国人民代表大会以及全国人民代表大会常务委员会制定的对社会事务进行规范的行为规则。法律在我国分成两个部分：①由全国人民代表大会制定的基本法；②由全国人民代表大会常务委员会制定的一般法。前者的效力高于后者，它们都可以对刑事、民事、行政以及其他社会问题作出规定，其中涉及到行政权行使、行政关系设定、行政管理事务的规则就是行政法的渊源。具体包括：有关行政权分配的规则；有关行政机关组织体系的规则；有关行政主体造法行为的规则；有关部门行政管理行为的规则；有关行政程序的规则和有关行政救济的规则等。

三、行政法规

行政法规是一个特指概念，它是指由国务院制定的有关调整行政过程中出现的各种关系的行为规则。行政法规作为行政法的渊源可以规定三类事项：第一类是为执行法律的规定而规定的事项。国务院是全国人民代表大会的执行机关，其具有执行全国人民代表大会意志的义务，为了完成这样的义务它必须享有一定的权力，制定行政法规使全国人大的意志得以实现便是其权力之一。这里有一个问题就是什么样的事项才算是“执行性”事项，这是一个需要通过立法行为解决的问题。我们认为，全国人民代表大会及其常务委员会要求其执行的事项才应当认为是“执行性”事项，如果全国人民代表大会常务委员会对某方面行政管理事态已经规定得非常具体，此时，国务院只能以具体行政行为实施这样的事项。第二类是为行使国务院行政管理职权的事项。《宪法》第 89 条关于国务院的职权作了列举规定，但是，许多所列举的内容还是十分抽象的，国务院是否在每一种属于《宪法》第 89 条规定的事项中都能制定行政法规，同样应当通过立法予以解决。否则，一些本应通过法律调整的社会关系和行政管理关系可能会降格为由行政法规调整，既损害我国法制的权威性，又不利于国家对社会关系的调控。第三类是制定法律尚未成熟的事项。《立法法》第 56 条第 3 款规定：“应当由全国人民代表大会及其常务委员会制定法律的事项，国务院根据全国人民代表大会及其常务委员会的授权决定先制定的行政法规，经过实践检验，制定法律的条件成熟时，国务院应当及时提请全国人民代表大会及其常务委员会制定法律。”该条使国务院有制定行政法规的较大自主权，但是，我们认为对于该条的规定同样应当通过立法行为予以解释。因为“条件成熟”是一个非常难以确定内涵的用语，某一种事态可能在此一角度可以被认为是不成熟的事态，而该事态在彼一角度则可以视为成熟的事态。行政法规作为行政法的渊源，其制定程序已经有专门的行为规则调整。

四、地方性法规中的行政法渊源

地方性法规是指由省、较大的市的人民代表大会及其常务委员会制定的调整地方社会关系的行为规则。地方性法规所规定的事项既有行政管理的部分，又有行政管理以外的其他事项。属于行政管理事项的才是行政法渊源，而行政管理以外的事项不是行政法的渊源。地方性法规有两种形态，即省、自治区、直辖市人大及其常委会制定的地方性法规，及较大的市的人民代表大会及其常务委员会制定的地方性法规。在这两种类型的地方性法规中，效力最高的是省级人大及其常委会制定的。即地方性法规之间存在一个效力等级问题，这是地方性法规的一个特殊之处。地方性法规就有关的行政事项可以作出下列规定：①为执行上位法的规定而对行政事项作出规定。地方性法规的上位法依次包括行政法规、法律和宪法。地方性法规可以直接执行行政法规、直接执行法律并作出相关规定，地方性法规在制定时不能违背行政法规、法律和宪法，但它不能直接为执行宪法而制定规则。换而言之，宪法对某一事项作出原则性规定后，留有需要细化的空隙，这样的空隙地方性法规无权予以填补，只有法律才能填补宪法留有的空隙。②属于地方性的行政事务。地方事务是指仅仅在某一行政区域内发生的事务，且这样的事务具有严格的区域性，它只能是某一区域独有的，具有排他性。我国法律对地方事务没有以正式的法律形式规定下来，对地方事务也没有一个统一的认识，一般将本区域管理权涉及的事项即使在其他地方存在亦认为是地方事务，这样的理解值得商榷。如文化管理、科技管理、教育管理全国各地都必然存在，而且我们很难将此一地方的文化管理和彼一地方的文化管理作出实质性区分，尤其我国作为单一制国家更是如此。然而，我国地方立法实践中，将只要存在于本地的事务都以地方事务论之，都以地方性法规予以规范，结果造成了立法上的浪费。总之，地方性的事务既应当是中央立法难以涉及的，又应当具有区域上的排他性。③中央立法空缺因地方行政权的行使必须予以应对的事项。中央立法若对某一事项作出普遍规定的时机尚未成熟，地方性法规则可以率先作出规定。这样的地方性法规除了受地方性法规本身的条件限制外，还有两个附属条件，第一个条件是有关国家主权、政府组织、相关的国家制度、限制公民权利、国有财产的征收、基本经济制度等重大事项的不能作出规定。第二个条件是一旦上位法制定出了新的规定，地方性法规的规定与上位法新的规定不一致时应立即予以修正或废止。

五、自治条例和单行条例中的行政法渊源

自治条例和单行条例是由民族区域自治地方的国家权力机关制定的有关调整该地区范围内社会关系的行为规则。它包括自治条例和单行条例两种，前者是指

调整民族区域自治地方的自治组织和活动原则、自治机关的组成、自治机关的职权以及自治地方有关重大问题的综合性行为规则。后者是指调整民族区域自治地方某一单个方面社会关系的行为规则。自治条例和单行条例中有一些是行政法以外的规则，但绝大多数是行政法规则。它们对行政事态的规定在基本方面与地方性法规的规定相类似，而在下列方面区别于地方性法规的规定：①自治条例和单行条例规定的事态有非常明显的民族性，其在一些方面可以结合当地民族的特点而作出规定。②自治条例和单行条例可以对法律、行政法规的规定作出变更规定。这是地方性法规不可以作的。当然，变更规定的内容不能违背法律、行政法规所确立的基本原则，不得违背宪法和民族区域自治法的基本内容。③自治条例和单行条例要实行特殊的批准制度。自治区的自治条例和单行条例，报全国人民代表大会常务委员会批准后生效。自治州、自治县的自治条例和单行条例报省、自治区、直辖市人民代表大会常务委员会批准后生效。

六、行政规章

行政规章包括部门规章或者叫中央规章和地方政府规章两种。部门规章是指由国务院各部、委员会、中国人民银行、审计署和具有管理职能的直属机构制定的有关行政管理规则。部门规章的制定主体包括国务院的职能机构，即部委级机构和直属机构两种。部门规章所能够制定的事项仅仅涉及执行法律、行政法规、国务院的行政规范性文件等需要规范的具体事项。规范事项的具体性是部门规章最大的特点，部门规章在制定时只能涉及本部门的行政管理事项，而不能超出本部门的事项。地方政府规章指省级人民政府、较大的市的人民政府制定的有关调整行政管理关系的行为规则。地方政府规章因制定主体有两种，故而，其本身存在效力等级的高低，即省级政府制定的规章高于较大市的政府制定的规章。地方政府规章必须是为执行法律、行政法规、地方性法规的需要而制定，这是它的第一个条件。另一个条件是所规定事项属于本行政区域内的行政管理事项，本行政区域内和行政管理是地方政府规章的两个基本前提。《规章制定程序条例》对规章的名称、立项、起草、审查、决定和公布等作了具体，它将保证规章制定程序的规范化。

七、行政规范性文件

行政规范性文件是指行政主体在行政管理活动过程中制定的规章以外的或者规章以下的行政管理行为规则。行政规范性文件的制定主体有两类：一类是具有规章以上行政法文件制定权的行政机关，如国务院、省、较大的市的人民政府。国务院既有权制定行政法规，又有权制定行政法规以外的行政规范性文件，如国务院每年都要发布一些通告或行政措施，这些通告或行政措施所面对的是不特定的人或事，具有普遍约束力，但它本身又不是行政法规。有部门规章制定权的机关和地方政府规章制定权的机关除了制定规章外，也可以制定行政规范性文件，这是行政规范性文件的另一种类型。另一类是不具有规章以上行政法文件制定权的行政机关。我国各类行政机关都有权制定行政规范性文件，如乡镇人民政府，各级人民政府职能部门等。行政规范性文件的制定依据是非常明确的，《宪法》第89条、第90条、第107条都有赋予各级人民政府及其职能部门制定行政规范性文件的权力。《地方各级人民代表大会和地方各级人民政府组织法》第59条、第61条都有同样的赋权行为。但是，目前我国还没有一部关于行政规范性文件的制定程序规则，更没有行政规范性文件所能规制内容的实体规则，这使我国行政规范性文件显得十分混乱。如何用法律手段规制行政规范性文件是我国行政法学界和行政法治实践应当关注的一个问题。

八、法律解释中的行政法渊源

法律规范的规定与客观事态之间往往存在着较大的差距，导致执法者将法律规范运用于它所规制的客观事态时会遇到这样那样的障碍，如何排除这种障碍，法律解释就是一条比较简捷的途径。在法治实践中，法律解释具体而言会有下列情形，一是法律条文的内容需要重新确定。二是规范冲突的解释。在法律运作中，前法与后法之间，此一部门法与彼一部门法之间，此一层级法律与彼一层级法律之间，此一地的法与彼一地的法之间都会有内容上的不一致，而有关的事态都在这些不一致的规范调整之列，执法者究竟选择哪一个规则处理这样的事态就需要对法条作出解释。三是有些法律上的事件具有极大的折衷性，它既接近于此一个法律条文，又接近于彼一个法律条文，该法律事态究竟以哪一个法律条文处理亦存在一个解释问题。行政法适用中需要解释的情形比其他部门法更为多见，有权的机关对上列问题所作的解释由于能够对行政主体和相对人的权利义务产生影响，因此亦是行政法渊源的一种。法律解释包括：①立法解释。立法解释是指由立法机关对相关的法律条文及其含义所作的阐释。法律由全国人民代表大会常务委员会解释，它的解释大体上有两个范畴，即“法律的规定需要进一步明确具体含义的”；“法律制定后出现新情况，需要明确适用法律依据的”。其中涉及行政法问题的阐释就是行政法的渊源，具有和其他法律层面行政法渊源同样的效力。地方性法规的制定主体对地方性法规内容进行阐释的行为也应当属于立法解释的范畴。②行政解释。行政系统内部对于有关自己制定的行政法文件的解释就属于行政解释。行政法规的解释权属于国务院，这种解释包括三个方面，一是需要明确适用中的界限，即某些条文涉及的权利义务范围；二是需要作出补充规定的情形；三是对于行政工作中具体应用的问题予以说明，此一部分的解释由国务院授权国务院法制机构解释。③司法解释。在行政法中，司法解释指司法机关在行政审判中对有关法律适用和法律内容所作的阐释。另外，在司法实践中，人民法院常常要对法律规定的内容作出确定，一旦确定以后就对行政主体和行政相对人有拘束力，这同样是行政法渊源的组成部分。

九、我国参加的国际条约中的行政法渊源

国际条约是指我国同外国缔结或我国加入并生效的国际法规范，它不属于国内法的范畴，但具有与国内法同样的法律效力。国际条约所涉及的事项是多方面的，它包括政治、经济、贸易、法律、文化、军事、科技等若干方面。无论单边条约还是多边条约只要我国加入其中就成为了我国的法律渊源。如果我国加入的国际条约涉及到政府行政权的行使、涉及到行政系统与其他相对人的关系，它就自然而然地成为我国行政法渊源的组成部分，既对行政主体有约束力，又对行政主体以外的其他社会主体有约束力。有些国际条约我国是有条件加入的，即只承认该条约中的一部分或大部分权利义务，对于有些条款有所保留，有所保留的条款对我国行政系统和行政相对人没有约束力。

十、联合国宪章和 WTO 规则中的行政法渊源

从广义上讲，联合国宪章和 WTO 规则也是国际条约。但是，联合国宪章和 WTO 规则与一般的国际条约相比有它自身的特点，一方面，联合国宪章和 WTO 规则具有较高的地位，它们所涉及的内容以及各国对它们的认同度要高于一般的国际条约。另一方面，联合国宪章和 WTO 规则涉及的范围甚广，有关政治方面的事务在联合国宪章以及联合国的一些其他文件中普遍包容，而涉及经济性的事项则在 WTO 规则中普遍包容。同时，联合国宪章和 WTO 规则具有非常严整的规范文本。正因为如此，联合国宪章和 WTO 规则在诸多方面远远区别于其他的国际条约，故而，我们将其单列出来并介绍其中涉及的行政法渊源。

1. 联合国宪章中的行政法渊源。联合国宪章从其文本看是一个有关联合国的组织法，但其涉及的内容却与人类政治文明以及其他文明有关，它对各国（加入联合国的国家）权力行使的价值取向有非常重大的影响，它既使各国的权力行使朝着国际化的趋势发展，又使各国的权力行使朝着文明化的趋势发展。应当说明的是，联合国宪章的约束力并不仅仅在国与国的关系中体现出来，它更多的是对一国行政权行使的价值取向有深刻影响。

2. WTO 规则。WTO 规则的条款虽不能直接适用于行政主体的行政过程，但是，它对行政系统的制约至少有下列方面：①它制约着行政主体的行为原则。WTO 规则最为基本的原则包括最惠国待遇原则、国民待遇原则、透明度原则、自由贸易原则、公平宪章原则等，这些原则对我国相关行政主体的行为原则有着深刻的制约，在这个意义上来看，其是我国行政法的渊源之一。②它制约着行政主体的行为过程。③它制约着行政主体的行为性质。行政主体的行为性质因 WTO 规则而发生了变化。

十一、党和政府联合发布的文件

党的政策以及相关的文件对我国行政法有指导意义，但政策和党的相关文件依《宪法》的规定不是行政法的正式渊源。而党和政府联合发布的具有拘束性的文件则是行政法的正式渊源。我们说它是行政法的正式渊源是因为它在我国行政法治实践中具有同其他正式行政法文件同等的规制效力，且涉及的是行政管理中的一些具体事项，我国地方党政机关也经常联合发布具有行政法渊源性质的文件。

在行政法治实践中经常遇到以下几类问题：①行政法规范的效力层级；②具体行政行为适用依据的正确选择等。

案例7　行政法规范的效力层级
——夏××不服二机关行政决定提起行政复议案

【案情摘要】

夏××，男，36岁，系×省会城市郊区农民。夏××在农闲季节从事废品收购和在本市垃圾堆放地区收捡破烂之业。1997年4月25日凌晨5点，夏××在本市中山南路的路边垃圾桶捡寻垃圾桶内所丢破烂。在捡寻到该路第7号垃圾桶时，夏××觉得收获不大，捡到的废旧品卖不到很多钱，而发现该路垃圾桶都是铝合金制品，心想这些垃圾桶如果按废品卖掉便可以得到更多的钱。夏××环顾周围无人，便将7号垃圾桶卸掉装进自己的板车。其先后卸掉7号、9号、11号三个垃圾桶，匆匆逃离现场，当其行至中山路口时被早起打扫卫生的环卫工人发现。由于环卫工人熟悉该路段的垃圾桶特征，一眼便认出来夏××板车上的垃圾桶是中山南路的，三个环卫工人便将夏××连人带车扭送至路南街派出所。路南街派出所审查以后，认为夏××的行为性质比较严重，已超出了派出所对行政违法行为的处罚权限，便将案件送至×区公安分局。×区公安分局在对夏××进行了讯问和取证以后，认为夏××的行为触犯了两个行政管理法规：一个是《治安管理处罚条例》，该条例第23条规定，对于盗窃少量公私财物的，可以处以200元以下罚款或15日以下拘留等；另一个是×市人民政府1995年11月30日制定的《×市城镇环境卫生设施设置规定》，该规定第80条第2款规定："擅自拆除、搬迁、占用、损毁、封闭环境卫生设施或擅自改变环境卫生设施使用性质的，责令限期改正，并处以5000元以下的罚款。造成经济损失的，责令赔偿经济损失。"由于夏××触犯的第二个行政管理法规的执法权不在公安机关，而在环卫局，因此，×区公安分局和区环卫局联合对夏××作出了下列行政处罚决定：①对夏××处以罚款3000元；②对夏××行政拘留7天。该行政处罚决定的第1项所依据的是《×市城镇环境卫生设施设置规定》第80条，第2项所依据的是《治安管理处罚条例》第23条。处罚决定作出后，夏××对第2项没有异议，对处罚决定的第1项提起了行政复议，夏××认为自己的行为属于治安违法，而根据《治安管理处罚条例》的规定，治安违法罚款数额不得超过200元，其认为对自己行为所作的第一个处罚行为是违法的，并认为《×市城镇环境卫生设施设置规定》所设定的罚款数额是违反《治安管理处罚条例》的。复议机关经过复议，认为在行政复议中，规章可以作为依据，公安分局和环卫局的行政处罚决定并无不妥，据此维持了原行政处罚决定，期限届满后，夏××没有提起行政诉讼。

【提示与讨论】

本案中夏××的行为从表面上看是一种偷窃行为，由于垃圾桶本身价值不大，夏××盗窃行为是违反《治安管理处罚条例》的行为，即是一般的行政违法行为，没有构成犯罪。再则，夏××以前是否还有偷窃垃圾桶或其他公共设施的行为，公安机关没有证据能够证明，故不能再就违法行为事实作扩大解释。公安机关认定其行为是行政违法行为是符合事实的。同时，将夏××盗窃垃圾桶的行为认定为破坏公共设施的行为亦应当是正确的，公安机关和环卫机关联合对其进行处罚，两个机关作出共同行政行为也符合夏××违法行为的事实。

在法律适用上，本案行政机关与违法行为人之间存在较大分歧。公安机关和环卫机关以夏××违反《治安管理处罚条例》和《×市城镇环境卫生设施设置规定》为前提，分别对其适用这两个法律和政府规章进行处罚。这两个机关都是行政执法机关，其职能在绝大多数情况下是对本职能范围内行政事务的管理，在管理行政事务时，法律、行政法规、地方性法规和政府规章都是其执法的依据。《行政诉讼法》关于行政审判“参照规章”的规定对行政机关的执法行为并无直接的约束力，参照规章仅适用于诉讼阶段。被处罚人在行政复议阶段提出了所适用规章与法律之间的矛盾问题，是有道理的，但复议机关无权对规章的效力质疑，因而其作出维持原行政处罚行为的复议决定并无明显错误。

本案被处罚人夏××违法行为的事实是清楚的，对此双方并没有争议。本案的焦点在于行政机关的法律适用问题。复议申请人提出公安机关和环卫机关对其处罚时所适用的《×市城镇环境卫生设施设置规定》中的一些内容是违反《治安管理处罚条例》的。笔者认为复议申请人所提出的问题是有道理的，它牵涉到行政法规范之间的关系以及行政法规范的效力等级问题。《治安管理处罚条例》既对违法行为人偷窃行为如何处罚作了规定，又对违法行为人破坏公共设施的违法行为作了规定，该条例第25条规定：“故意损毁路灯、邮筒、公用电话或者其他公用设施，尚不够刑事处罚的”，可处以50元以下罚款或者警告。夏××损毁垃圾桶的行为符合该条的规定，对其进行处罚或者以此条为据、或者以第23条为据。这里的问题在于低级别的行政管理法规范规定的内容与高级别的行政管理法规范之间发生了冲突。本案中一个法律规范是以法律的形式出现的，另一个行政法规范是以政府规章的形式出现的，政府规章的内容是不能违背法律的。但是，《×市城镇环境卫生设施设置规定》中关于拆除垃圾桶要罚5000元的规定是没有法律依据的，甚至可以说，其内容违反了《治安管理处罚条例》。对于此种没有法律依据，甚至与法律、行政法规相抵触的规章，执法机关在执法过程中究竟应当如何处理，应当成为理论界关注的一个问题。因为这样的规章与执法机关的执法行为常常是直接发生联系的，又由于这类执法机关在整个行政管理环节中所处的地位较低，它们对于与法律、法规相抵触的规章并不享有予以改变或不予执行的权力。

案例8　具体行政行为适用依据的正确选择
——郭×不服某街道办事处征收计划外生育费案[1]

【案情摘要】

王×（男）与其原配沈×于1980年7月结婚，婚后感情不和。1997年2月，王×与郭×同居。1997年4月18日，郭×生育一女，当时王×与其原配还处于婚姻关系持续期间。1999年1月6日，某区人民法院作出民事调解，解除了王×与其原配的婚姻关系。

因郭×在未办理婚姻登记情况下生育，其行为违反了某市《计划生育条例》第10条之规定，根据该市《计划生育条例》第39条和该市《计划生育条例实施细则》第40条第1项之规定，某街道办事处对郭×作出了征收计划外生育费2000元的决定，但引用的依据却是该市《计划生育条例实施细则》第40条第2项。

郭×不服，向某区人民政府提出行政复议申请，区人民政府依法予以受理。

郭×认为，由于其原单位将其档案遗失，致使其无法办理结婚登记手续，当时其已37岁。37岁生育属晚婚晚育，街道办事处对其征收计划外生育费不合理，故请求复议机关撤销街道办事处作出的具体行政行为。

街道办事处则认为，1997年4月18日，郭×生育一女时尚未与王×办理结婚登记手续，属无计划生育，街道办事处根据本市《计划生育条例实施细则》对郭×给予处罚，并征收2000元计划外生育费的决定符合法律法规的规定。故

〔1〕参见青锋主编：《京津沪渝行政复议案例介绍与专家评析》，上海人民出版社2004年版，第290～294页。

请求复议机关维持其作出的征收计划外生育费决定。

行政复议机关经审查认为：

1. 申请人郭×认为由于其原单位将其档案遗失致使其无法办理结婚登记手续的理由缺乏依据。被申请人某街道办事处提供的《出生医学证明书》证明，申请人于1997年4月18日生育一女，被申请人还提供了某法院民事调解书，证明王×与其妻于1980年7月14日结婚，于1999年1月6日解除了婚姻关系。可见申请人与王×共同生育了一女而不能办理结婚登记的原因，在于王×处于婚姻关系持续期间，而不是申请人所称的原单位将其档案遗失，故申请人的理由缺乏依据。

2. 被申请人适用依据明显不当。该市《计划生育条例实施细则》第40条第1项规定，对已达到法定结婚年龄的未婚者，生育第一胎的，按本细则第33条第1款第1项给予处罚，并征收2000元计划外生育费。该《计划生育条例实施细则》第40条第2项规定，对于未达到法定结婚年龄的未婚者，生育第一胎的，按本细则第33条第1款第1项给予处罚，并每提前一年征收3000元计划外生育费，不满一年按一年计算；生育第二胎的，按照无计划生育第二胎处理。

本案中，被申请人在决定征收计划外生育费时依据的是《计划生育条例实施细则》第40条第2项规定，但本案的事实显然不符合该项规定的法定要件。首先，《计划生育条例实施细则》第40条第2项的规定是针对未达到法定结婚年龄的未婚者生育第一胎的情形，但本案申请人生育第一胎时已经37岁，显然已超过法定结婚年龄，因此不应依据《计划生育条例实施细则》第40条第2项规定作出决定；其次，即使依据《计划生育条例实施细则》第40条第2项的规定征收计划外生育费，征收的标准又存在明显的不一致。显然，被申请人作出具体行政行为的适用依据错误。

综合以上情况，行政复议机关审查认为被申请人的具体行政行为认定事实清楚，但适用依据错误。因此，根据《行政复议法》第28条第1款第3项的规定，决定撤销被申请人作出的对申请人征收计划外生育费人民币2000元的具体行政行为。

【提示与讨论】

从街道办事处的具体行政行为和区人民政府的行政复议审查看，本案似乎是一个非常简单的行政案件，但是，本案无论行政机关的具体行政行为，还是行政复议机关的复议决定都有进一步探讨的需要。就本案的具体行政行为而论，我们可以作出这样的分析：行政机关在作出具体行政行为时，无疑要注意两个方面的问题：一是案件事实认定的问题，二是法律适用问题。案件事实的认定是行政行为的第一环节，也是决定后续行为的关键性环节。在这一阶段，重点要分析行政相对人行为有无社会危害性和违法性，以及行政相对人主观上是否有过错等。毫无疑问，本案中行政相对人的行为在行为的危害性、违法性、主观过错等方面都存在问题，某街道办事处将其行为置于必须予以处理的情况下是正确的。法律适用是具体行政行为的第二环节，在这一阶段主要是要让行政相对人的主观过错与危害后果能够对应法律规则制裁的程度。本案中行政相对人违法行为与其应承担的法律责任应当说是对应的，只是行政机关在对应性的技术处理上出现了疏漏。依我们的认识，这一疏漏并不必然导致其行政行为完全错误。在该案中行政机关法律选择疏漏的过错以及危害要比行政相对人的过错及对社会的危害要小得多，正是在这个意义上我们认为行政机关的具体行政行为不应该被认为完全错误。

就本案的行政复议审查过程而论，我们认为：行政复议机关在这一案件中有较大的自由裁量权，即其可以作出这样的行政复议决定，也可以作出那样的行政复议决定，正是这种裁量性使我们可以从不同的角度对本案复议决定进行评价。我们认为，依本案行政行为中行政机关与行政相对人主观过错的大小，行政复议机关作出撤销原具体行政行为的决定有失偏颇。《行政复议法》第28条第1款第3项规定："具体行政行为有下列情形之一的，决定撤销、变更或者确认该具体行政行为违法；决定撤销或者确认该具体行政行为违法的，可以责令被申请人在一定期限内重新作出具体行政行为：①主要事实不清、证据不足的；②适用依据错误的；③违反法定程序的；④超越或者滥用职权的；⑤具体行政行为明显不当的。"依这一条款的规定，一方面行政机关的具体行政行为仅仅适合第二种情况，即"适用依据错误"，而在我国相关的法律解释中并没有明确指出"适用依据错误"的具体情况。本应适用甲法而适用了乙法这种错误是明确的，或者其适用错误的程度要大一些，而款项选择中的错误其错误的量则较小些。另一方面，行政复议机关可以选择"撤销"、"变更"、"确认行政行为违法"等。根据本案行政相对人具有主观过错和违法行为的情况，行政复议机关选择变更的处理决定似乎更加妥当，即可以变更该行政行为中的法律适用部分。因为，撤销的决定等于将作出具体行政行为的机关置于不能再作出具体行政行为的境地。依《行政复议法》第28条第2款的规定："行政复议机关责令被申请人重新作出具体行政行为的，被申请人不得以同一的事实和理由作出与原具体行政行为相同或者基本相同的具体行政行为。"就是说，本案街道办事处若要重新作出具体行政行为，所依据的事实必然是原来的事实，因此其基本上再没有重新作出具体行政行为的可能。如果这样的话，本案行政相对人违法生育的行为就得不到有效的法律制裁。

第二章

法律关系

法律关系是一个重要的法学范畴，与行政管理相关联的法律关系主要由两类法律关系构成：行政法律关系和监督行政法律关系。

第一节　行政法律关系

行政机关在行政管理活动过程中，对内对外，即行政机关内部和行政机关外部所发生的各种关系为行政关系，这些行政关系由行政法规范所调整，受国家强制力所保障以后，便是行政法律关系。

行政法律关系是由行政法规范规定的行政主体与其他社会主体之间形成的权利义务关系，这种关系以国家管理关系为直接基础，作为一种调整手段作用于国家管理关系。行政法律关系有下列内涵：

第一，行政法律关系以行政法规范的规定为前提。法律规范是法律关系形成的基础性条件，没有法律规范就不能形成这样那样的法律关系。依马克思主义经典作家的理论，法律是统治者意志的体现，统治者要把自己的意志化为全社会的意志就必须使自己的意志成为规则，就是必须将自己的意志“奉为法律”，统治者将自己的意志奉为法律的过程就是在社会中设定关系的过程，每一个法律规则实质上都设立了某一个方面的法律关系，人们可以为某一行为或者不为某一行为的关系。可见，行政法规范是行政法关系形成的前提。这一本质属性对于认识行政法关系及其对行政立法的要求有重要意义。因为从这一原理出发，我们可以看出国家对行政权及其行政过程的控制是通过行政法关系的形式进行的，没有行政法关系，不通过相应的规则设定行政法关系，立法者便无法对行政过程进行控制。这一原理具体化以后就是行政法规范设定行政法关系，一个行政法规范必然设定一个或者一个以上的行政法关系，至于行政法规范所设定的行政法关系是抽象关系还是具体关系则是另外一个问题。

第二，行政法律关系是社会关系的一种形式。行政法关系作为人与人之间的结合形式也无疑是一种社会关系。同时，还应指出，在行政法规范规定的关系中，一些关系从表面上看似乎是人与物或者人与非物质的东西的关系，在行政法规范中有不少这种人与事之间关系的规范。我们认为，人与事的关系不是法律关系，即便在行政法关系中有大量人与事的关系，我们决不能简单认为法律关系是人与事的关系。人与事的关系在法律中可能有表述，但这种表述要么是纯粹自然的形式，要么是人与人之间关系的物质形式。行政法关系始终是人与人之间的关系，我们将行政法关系的属性确定为社会关系就是对人与人之间关系的肯定，而不是对人与物之间关系的肯定。

第三，行政法律关系以国家管理关系为直接基础并作为一种调整手段作用于国家管理关系。决定法律关系的应当有两个基础，一个是最终基础或者间接基础，一个是直接基础。经济基础可以是前者，而后者则是各个部门法存在的直接基础。行政法关系的直接基础应当是国家管理关系。从人类社会发展过程看，社会发展到一定阶段以后，便出现了国家管理这一社会现象，从社会学的角度分析，国家管理是一种社会现象，此种社会现象是由一个特殊的社会阶层来完成的，用马克思的话说，这个特殊的社会活动，就是管理。而管理是在阶级对立和利益冲突的社会背景下进行的，管理者违背管理本意的行为和被管理者不服从管理的行为都有可能导致管理关系的偏差，因此就需要用各种各样的手段对管理关系进行调整。

行政法律关系有下列特征：

第一，行政法律关系是一种复合式法律关系。在民事、刑事、经济等法律关系中，主体双方的权利义务是明确的，主体的数量和类型也是较为单一的，如在民法的债权与债务关系中，债权人与债务人就是非常明显的关系主体，其形式单一、权利义务单一。行政法关系则与之不同，它是一种复合式的关系形式。所谓复合式的关系形式是指行政法关系的主体以及主体之间的关系常常是复式结构，任何一个行政过程都体现在这种复式结构的权力运行中。

第二，行政法律关系中行政主体处在比例中项上。即行政主体确实处在一个中间环节上，在它的前端是制造行政管理行为规则，表达国家管理意志的立法机关，而在它的后端则是由行政主体通过行政权力施加影响的行政相对人。

第三，行政法律关系以行政职权为转移。在法治实践中，行政机关以及行使行政权的其他组织所介入的法律关系范围是多方面的，行政机关可以因内部事实行为而引起与其他民事主体的民事法律关系，可以因内部事实行为而引起一些经济组织的经济法律关系，还可以因实施职权外之不法行为成为法人犯罪的主体而介入到刑事法律关系中。换句话说，行政机关或者行使行政权的其他组织所参加的法律关系不一定都是行政法关系，为了将行政机关参加的行政法关系与其他法律关系区别开来就必须有另外的标准为行政法关系定性，其中最为重要的标准就是行政法关系以行政职权为转移。行政职权是行政法关系的基本判定标准。某一有行政机关介入的关系究竟是否为行政法关系要看这样的关系是否与行政机关本身所固有的职权相联系。立法机关通过立法赋予行政机关职权的行为而引起的关系形式应当是行政法关系，行政机关依据法律规则或自身的权力为了达到实现行政功能的目的而对相对人采取行政行为，并在此基础上结成了一个法律关系，这样的关系亦是行政法关系。由于我国行政权的主体除了行政机关外，还有诸如授权组织等不同类型的组织，这些组织在行政资格构成上不是行政机关，而它们由于依据法律作了属于行政主体的行为，与其他主体在权力行使的瞬间结成的关系也必然是行政法关系。虽然，“职权行使”是行政法关系的判定依据，但是，我们不能因此就认为行政法关系判定标准问题就得到了解决，因为职权行使仍然是一个需要作出确定的概念。笔者认为“职权行使”应当通过相应的立法文件予以规定，即何时、何地、何种性质的行为为行政行为应当有具体的细则。

第四，行政法律关系是一种对等的权利义务关系。行政法关系单方面性的理论是我国行政法学界一个共识性理论，我们认为传统理论存在巨大误区，它至少偏离了法律关系的法理学解释。在法理学中，法律关系是一种权利义务关系，正是权利义务将法律关系主体连结起来，一方的权利就是它方的义务，一方的义务就是它方的权利，而且权利义务具有对等性。单方面性理论实际上将法律关系的普遍内容个别化了。

在行政法治实践中经常会遇到以下几类问题：①行政法关系与其他社会关系的界限；②行政法关系与其他法律关系的界限；③行政法关系中主体权利义务的对等关系等。

案例9　行政法律关系与其他社会关系的界限
——朱××被免职案

【案情摘要】

朱××，男，41岁，1989年9月被×县人民代表大会正式任命为该县教育局局长。朱××上任后，向县人民代表大会、县党委和县人民政府表示，其任职后将出台一系列改革措施，并请求上级主管部门和有关领导给予支持。该县教育局是一个有名的烂摊子，长期以来靠财政拨款维持行政人员和职工的生活。针对这种状况，朱××表示大干三年不再吃财政补贴。为了达到他预定的目标，朱××制定了一系列大得人心的改革方案，并在上任后第二个月开始实施：首先，撤掉了局里原来设置的一些多余机构，有的机构合并了，有的被彻底撤销；其次，精简了一些闲散人员，如局里原有水电工15名，朱××便减去10个，只留5个精干人员；再次，建立了严格的奖惩制度，根据行政人员和其他职工的表现，或者发给奖金，给予奖励，或者对于不称职者给予批评教育等纪律处分；最后，朱××把局里原来由上级领导安插的一些关系网经过清理后，一律清退，如县委×副书记将其女儿安插在县教育局的后勤股、县人大常委会一位常委将其女儿安排在局办公室，朱××都不留情面地清退了。由于朱××的这些大胆的改革措施，既得罪了一些不勤于工作的职工，又惹怒了有关领导，县委常委于1991年2月召开了常委会议，专门讨论了朱××的问题，在一些常委的坚持下免去了朱××支部书记和教育局局长的职务，而免职决定既不是由县人大常委会作出的，也没有报送县人大常委会。免职的决定书罗列了朱××的下列问题：①朱××独断专行，不服从县委领导；②朱××不善于联系群众，与下级不团结，没有群众基础，继续留职局里工作很难开展；③朱××的一些改革措施有资产阶级自由化倾向，如朱××把局里的楼房修建工程承包给外地包工队，等等；④据群众反映朱××有严重经济问题。根据以上理由县委常委便顺理成章地将朱××的党内职务和行政职务免去了。

【提示与讨论】

本案事实的焦点集中在朱××的四项改革措施上，如果朱××的四项改革措施成立，对朱××的免职就是缺乏事实根据的。反之，如果朱××的四项改革措施不能成立，或者是错误的，对其免职则是有充分的事实依据的。县委常委在作出对朱××的免职决定时所列举的四个理由是从抽象概念出发的，而不是基于朱××四项改革措施作出的，应当说这样的事实认定是与法律理论中的证据规则相矛盾的。其实，无论从政策的角度，还是从法律的角度看，朱××的四项改革措施都是没有错误的。县委常委的事实认定由于没有结合朱××实际的改革措施，因而不能不说陷入了主观或片面的泥坑之中。

本案的法律适用问题也是应当引起注意的。本案中县委常委的决定有两项实质性的内容：一是免去了其支部书记之职，这一免职行为从形式上讲是合乎规定的，因为县委常委是党的机构，作为党的机构对党内组成人员是有纪律处分和党内职务变化之决定权的。另一是免去了其教育局长之职，这一免职对于朱××来讲是致命的，因为这一免职行为剥夺了其行使行政管理权的机会。该免职决定在形式要件上首先是不具备的，因为党的机构是不能够直接决定行政机关工作人员的职务状况和职权行使的，即使这一决定的实质内容正确也必须通过任命他的人民代表大会而作出。对于后一个处理决定来讲，应当适用1957年全国人民代表大会常务委员会批准的《国务院关于国家行政机关工作人员的奖惩暂行规定》，因为《国家公务员暂行条例》1991年还没有颁布，然而，该案处理过程中并没有严格依据上述法律。

本案所涉及的重大理论问题是行政法关系和其他社会关系的界限问题。行政法关系的重大特征之一就是其是由行政法规范规定的。凡由行政法规范规定，受行政法调整的社会关系就是行政法关系，而行政法关系之外的其他社会关系则不是行政法关系的范畴。行政法关系的另一个重大特征是主体的特定性，即主体一方必须是行政机关，行政机关在该关系中处于主导地位。本案中，朱××担任了两个职务，一是局支部书记的职务，这一职务是党内职务，无论该职务的地位如何，调整这一职务关系的规则是党章或其他党内文件。朱××作为支部书记与县委常委的关系是行政法规范之外的其他社会关系，而不是行政法关系。二是教育局长的职务，这一职务是行政职务，受行政法规范的调整，《地方各级人民代表大会和地方各级人民政府组织法》对此作了规定。朱××的局长职务与县政府的关系才是行政法关系的范畴，受行政法规范的调整。而局长之职与县委常委的关系同样是行政法规范之外的其他社会关系，不受行政法规范的调整。县委常委免去其局长之职实质上是将一种其他社会关系等同于行政法关系。行政法关系与其他类型的社会关系在行政法治实践中容易混淆和交织，要注意从理论上予以区分。

案例10 行政法律关系与其他法律关系的界限

——李××诉行政机关侵权赔偿案

【案情摘要】

李××，系×发电厂职工，1996年5月，其在×市解放路集贸市场销售小型收录机。该市×区工商行政管理局执法人员在对解放路集贸市场进行执法检查时追问李××小型收录机的来历，并问其是否有销售执照。由于李××的销售行为属摆地摊游动式销售行为，没有办营业执照，工商行政管理局执法人员怀疑李××销售的小型收录机是通过盗窃或其他不正当手段得来的。3名执法人员中周×系市场管理科科长、另有两名一般执法人员便让李××交代自己小型收录机的来源，李××反驳说，你们只能管市场销售活动，无权管我的东西是从哪里来的。周×见李××态度不好，认为在市场上由于人多无法再追问下去，便决定把李××带到工商行政管理局后再让其交代收录机的来历。于是周×便与其他两名执法人员强行把李××弄到工商行政管理局三楼会议室里。首先将李××携带的20件小型收录机予以没收。然后周×问：你的收录机是从哪里得来的，必须老实交代。李××的态度仍然很强硬，周×便恼羞成怒，让其他两名执法人员每人扭住李××的一只胳臂，向李××拳脚相加，周×平时练了点拳脚功夫，便给李××用了一招，致使李××下身受伤并休克数分钟，经医生诊断是睾丸严重挫伤。李××住院3个月后才基本恢复。其住院期间工商行政管理局以及周×和其他两名肇事者，对李××进行了照顾，工商行政管理局还向李××所在的工厂、李××的亲属解释了事件的经过并表示道歉。李××出院后，工商行政管理局和周×不但不给李××付住院期间的误工补贴和其他损失费，反认为工商行政管理局和周×的行为并没有错，只是当时失手而已。李××多次要求工商行政管理局和周×付给其3个月的误工补贴和人身伤害赔偿费总计1.5万元，工商行政管理局和周×一概予以拒绝。无奈之下，李××便向工商行政管理局所在的×区人民法院提起了行政赔偿诉讼。×区人民法院受理后，对案件事实进行了调查，认为工商行政管理局没收李××的收录机及讯问李××的行为是没有法律依据的，并作出如下判决：①撤销工商行政管理局没收李××小型收录机20件的行政处罚决定；②工商行政管理局赔偿李××误工补贴和人身伤害赔偿费共计1.5万元。判决后双方均没有提起上诉。

【提示与讨论】

本案事实认定的前提是看工商行政管理局对李××采取的行政措施以及所作出的具体行政行为是否有充分的事实和法律依据。李××在市场上出售小型收录机的事实是存在的，出售小型收录机而没有办理有关的营业执照的事实也是客观的。然而，不能因此就认定李××的小型收录机是盗窃得来的。工商行政机关只能认定其买卖行为和买卖过程中有没有办理有关法律手续的行为及其相关事实，至于李××小型收录机是否为赃物的事实工商行政机关是无权予以认定的。周×和其他两名执法人员殴打李××的行为已经超出了行政职权的范围，造成的损害应予以赔偿。

本案的法律适用有两个方面：一是适用《行政诉讼法》；二是适用《国家赔偿法》。×区人民法院受理此案的法律依据是《行政诉讼法》，该法第11条规定，“人民法院受理公民、法人和其他组织对下列具体行政行为不服提起的诉讼：①对拘留、罚款、吊销许可证和执照、责令停产停业、没收财物等行政处罚不服的……”工商行政管理局没收李××20件小型收录机的行为就属此项，人民法院适用此条是有根据的。本案中李××的主要诉讼请求是住院的误工补贴和其他财产损失，而这一部分事实应适用《国家赔偿法》。工商行政机关在对李××进行处罚时也有一个法律适用问题，没收行为所适用的是由国务院制定的《投机倒把行政处罚暂行条例》。

本案存在着若干行政法学理论问题。但笔者认为最根本的是行政法律关系与刑事法律关系的界限问题。本案中工商行政管理局的执法人员周×维持市场秩序的行为是其履行行政管理职能的行为，在这个行为过程中与李××结成的法律关系是行政法关系，应受行政法规范的调整。尤其周×作为工商行政管理局的直接执法人员，依《投机倒把行政处罚暂行条例》对李××进行处罚的关系是典型的行政法律关系，不论这种处罚的法律适用是否正确都不影响该法律关系的性质认定。然而，当周×与其他两名执法人员对李××进行殴打时，这种法律关系就发生了变化，其殴打李××并致其重伤的行为是触犯刑法的行为。此时，周×与李××的关系具有刑事法律关系的性质。而当李××财产受到损失（因误工所造成的损失）并要求赔偿时，其与周×的关系就具有国家赔偿法律关系的性质，应当受《国家赔偿法》的调整。本案中，由于李××起诉的焦点是财产赔偿，因而对于人民法院来讲，应主要适用有关国家赔偿的法律、法规。

案例11 行政法律关系中主体权利义务的对等关系
——段×诉×县税务局案

【案情摘要】

段×，男，40岁，系×县段家山乡农民。1989年个体税收检查整顿，该县段家山税务所查出段×1986年4月至1988年5月应补缴税款26 195.97元，加上发票违章被处罚2500元，两项合计28 695.97元。该税务所于同年8月11日向段×下达“催缴税款通知书”，限8月16日前缴清上述税务罚款，段×拒不缴纳。县税务局于同月17日以×税缴字007号对段×下达“催缴税款通知书”，限8月19日前缴清税款28 695.97元。当月20日，段×通过银行汇23 131.96元到银行×营业所的税务所行政经费活期存款账户，但段×既不办理补缴税款、罚款的手续，又不按银行规定将该转账支票第四联交给税务所，使上述款项难以解缴国库。段×于8月20日向×市税务局书面提出行政复议申请。8月24日，段家山税务所又作出了《关于段×两个阶段欠税款、罚款情况证明》，改变了原催缴数，确认段×1986年4月至1989年5月应补缴税款22 213.68元，违反发票管理规定，应罚款2500元，合计24 713.68元。上述证明当即送达段×本人手中。同时，×市税务局收到段×的复议申请后，于8月25日通知县税务局，再由段家山税务所于8月27日向段转达了×市税务局的答复：一要缴清税款、罚款；二要填写正式申请复议表，并交给段×两份全省统一的“纳税人申请复议报告单”。同日，段×又要段家山税务所重新核实其应缴税款，并让该所负责人出具了内容为“先补缴税款21 957.38元，罚款2500元，合计24 457.38元，以后多退少补”的便条，又改变了一次数额。同时，段×又向×市税务局提交了与8月20日内容相同的复议申请书，市局未再答复。10月12日，段×未按税务机关规定的期限和数额缴清税款、罚款，就直接向人民法院起诉。其还向法院上缴了自认为尚欠的税款1581.72元。

同年12月12日，县法院公开审理此案。段×诉称：“①我是代购代销，县税务局对我裁决按票售征税，是错误的行政决定；②罚款2500元不当；③计算有误，重复征税；④我重新办理私营企业营业执照后，申请办理税务登记，被告至今拒不办理。此外，我向税务局申请复议，至今未给答复。请求法院对我的以上诉讼请求予以认定。”

县税务局辩称：①段×在1986年4月至1988年5月期间所发生的业务是代购代销业务。首先，根据财政部（86）财税营字024号关于《营业税税目注释(试行稿)》的规定，代购代销业务必须同时具备两个条件：一是受托方不垫付资金；二是按实购实销额进行结算。段×的所谓代购业务不同时具备上述两个条件，名为代购，实为代销。其次，主管税务机关根据《税收征收管理暂行条例》第16条规定，曾多次要求段×送报纳税申报表、财务会计报表和有关纳税资料，段拒不提供。为此，我们根据《营业税条例（草案)》第11条之规定，对段×按销售业务征收营业税是正确的。也就是应按照省税务局（87）×税字503号批复中所规定的办法征税。②段×自称对其白条付款处罚2500元不合法，而我们是根据核实其白条付款35 659.6元的事实，按照《全国发票管理暂行办法》第5条第1款和第17条第2款有关规定对其处以罚款的。③段×不明事实，自称县税务局重征他的营业税。实际情况是，由于专管员的疏忽，误将其包装物和动杂费计入销售收入之内，同时，还将两笔销售收入重复计算，多计税3982.29元。但是，我们已随即作了纠正，核实段×应补缴税款22 213.68元，罚款2500元，合计24 713.68元。④段×诉我局拒不给其办理税务登记，这与事实不符。此外，县税务局还指出本案原告未缴清税款罚款，就直接起诉，这不符合《税收征收管理暂行条例》第40条规定的税务行政和诉讼程序。在本案的审理中，段×对白条付款处罚2500元已经接受，而对县税务局将其业务往来按购销定性纳税仍然不服，县税务局认为原决定正确，也向法院提供有关法律和事实的根据。

一审法院认为：县税务局下达限缴字第7号缴纳税款通知书，认定段×应缴税款罚款28 695.97元计算有误，且有的纳税环节确定的事实不清，证据不足。1989年12月20日，一审法院根据《民事诉讼法（试行)》第3条第2款和《税收征收管理暂行条例》第3条之规定，作出判决：撤销县税务局1989年8月17日下达的限缴字第7号缴款通知书。案件受理费由原告与被告各承担574元。

县税务局不服一审判决，于1990年1月24日向市中级人民法院上诉。上诉称：“段×不具备起诉的法定条件，县人民法院受理此案是错误的，按照《税收征收管理暂行条例》第40条规定，段×应先缴清税款、罚款后，方可向县一级税务机关申请复议，而段×至今尚未缴清税款和罚款，因此段×连申请复议的条件都不具备，更不能向法院起诉。所以，我局于1989年12月12日出庭应诉是不恰当的。”二审法院认为：被上诉人在经营粮食的业务中，负有纳税义务，应照章纳税，双方并无异议。但上诉人对被上诉人的上列经营全部按购销业务征收零售环节的营业税与实情不符。同时，上诉人以被上诉人未交转账支票第四联就是未缴税，从而不享有起诉权理由不能成立，本院不予支持。上诉人对被上诉人违反发票管理规定行为的定性准确，处罚适当，但混淆了税款与罚款的界限，以致适用法律错误。上诉人虽已承认限期缴款通知书中确定的税额有误，且已进行核减，但未以书面的形式正式作出决定违反法定程序。因此，原审法院撤销上诉人（89）限缴字第7号缴款通知书的判决是正确的。上诉人可依照有关税法和《全国发票管理暂行办法》重新核准后再作出处理。据此，1990年4月14日，市中级人民法院根据《税收征收管理暂行条例》第3条、第35条和《民事诉讼法（试行）》第3条第2款、第151条第1款第1项之规定，作出判决："驳回上诉，维持原判，二审案件受理费1148元由上诉人负担。"

【提示与讨论】

本案一审和二审法院对案件事实的认定是有根据的。税务机关在对相对一方当事人进行税务行政处罚时，有下列违法行为事实：一是段家山税务所对段×处以2500元的罚款属于行政越权行为。根据该省制定的《税收征收管理实施办法》的规定，段家山税务所只有1000元以下的罚款权限，超过1000元的罚款必须由市、县税务局决定。超越权限的行政行为，人民法院应当判决为无效行政行为，这在行政法学理论中叫行政行为主体不合法。二是段家山税务所改变县税务局的处理决定也是超越行政管理权限的行为，下级行政机关无权改变上级行政机关的行政处理决定。此外，税务机关在对段×处罚时，还有一些事实上的混乱，如税务所本来已经给段×下达了缴款通知书，但不久县税务局又以同一事实和同一理由再次给段×下达了缴款通知书。纳税义务人应缴纳的税款和被处罚的罚款是两个性质不同的款项，不能将其合并在一起，更不能将罚款视为税款，但税务局下达的《催缴税款通知书》却把税款26 195.97元、罚款2500元合并成税款28 695.97元。根据行政机关执法过程中混乱的行为事实，人民法院作出行政机关败诉的判决是正确的。

行政机关的执法行为和法律适用行为是不可分的，其在行政执法过程中要适用有关的行政管理法律规范。就行政执法而言，执法机关必须具备合法的主体资格，主体资格的合法与不合法必须在一定的法律前提之下确定，不能认为行政机关只要是合法建立的就具有合法执法主体所具备的一切条件。主体资格的合法与不合法是一个动态概念，而不能以静态的视角考察主体资格。本案中，段家山税务所无疑是合法建立的税务机关，具有执法资格，是一个合法的行政执法主体，这是一个方面。另一方面，合法性存在于其法定职权范围之内，如果活动超越了法律对其确定的职权范围，它就不是一个合法执法主体，其行为就是违法的，其对段×处以2500元罚款的行为就是职权范围之外的行为，因而是一个违法的行政执法行为。作为法律适用而言就失去了起码的构成要件，即主体要件。法律适用除了主体资格外，还必须有正确的法律适用行为和依据，本案所依据的法律、行政法规规章有如下几个：①《税收征收管理暂行条例》，现已上升为《税收征收管理法》；②《全国发票管理暂行办法》；③《营业税税目注释（试行稿）》等。税务行政机关在适用上列法律、法规和规章时，显然有不妥之处，如依《税收征收管理暂行条例》纳税义务人应缴纳的税款与罚款是两个性质不同的款项，因此二者引起的法律适用行为便是两个不同性质的法律适用行为，在执法实践中是绝对不能混淆的。而县税务局把二者都视为税款，显系适用法律不当。此案进入行政诉讼程序以后所适用的是《民事诉讼法（试行）》第3条第2款，这个法律适用是有根据的，因为在《行政诉讼法》没有正式施行之前，行政诉讼案件的审理适用《民事诉讼法（试行）》的有关规定，这是人民法院办理该案适用的程序规则。本章判决所依据的实体规则主要是《税收征收管理暂行条例》等。

本案所涉及到的行政法理论问题是行政法关系主体之间权利义务的对等性问题。在行政法关系中，行政机关处于主导地位，行政机关可以依法律、行政法规赋予的行政职权对相对一方当事人行使权力，当事人必须承受行政机关行政行为的后果。这一点在行政法学理论中叫行政法关系的单方面性。然而，行政法关系的单方面性是符合法律规定的单方面性，而不是无原则的单方面性。本案中，税务行政机关无疑具有管理税务行政事务的高度权威，可以依法向纳税义务人征税、依法向违反税务行政管理法规范的相对一方当事人行使行政处罚权。但其不能在事实不清、证据不足的情况下施行行政管理权，更不能违反法律规定或无原则的向相对一方当事人适用法律。反过来说，公民、法人和其他社会组织对于行政机关合法的职权行使是应当承担行为后果的。如果行政机关对公民、法人和其他社会组织所作的具体行政行为不当或违法，公民便可以运用行政复议权、提起行政诉讼权予以救济。从这个意义上讲，行政机关与公民、法人、其他社会组织的权利义务是对等的。二者的权利义务是一个既统一又矛盾着的事物，统一二者的是行政法规范，是行政机关和相对一方行为的合法性。在行政法治实践中，一些行政机关误认为其享有的权力是无可怀疑的，并以代表国家为理由为相对一方设定义务。本案中，税务机关向段×征缴税款的行为，无论事实认定，还是法律适用都是不妥当的，是对行政法关系中权利义务片面理解的表现。人民法院通过对税务机关具体行政行为的审查，认定其具体行政行为错误，并判决税务行政机关败诉，使该行政法关系中的权利义务最终达到对等。

第二节 监督行政法律关系

监督行政法律关系是指享有监督权的国家权力机关、行政机关、司法机关依据法定职权、方式等对行政主体及国家公务员是否依法行政进行监督所形成的关系。监督行政行为是一种法律行为，只能由法定机关实施；监督行政是对行政主体及公务员的监督；监督行政是依法定程序进行的。它主要包括行政系统的自我监督、权力机关的监督、检察监督与司法监督。行政系统的自我监督是指行政机关内部上下级之间存在的法律监督以及行政系统内部设立的专门监督机关对行政机关及其公务员所实施的法律监督。它通常包括一般行政监督，专门行政监督即行政监察和审计监督以及行政复议几种形式。国家权力机关的监督，又称代表机构的监督或立法监督。我国权力机关对国家行政机关及其工作人员的监督根据，是宪法确定的国家一切权力属于人民的原则和民主集中制的原则。权力机关的监督属于全面性的监督。检察监督指人民检察院依法对行政行为实施的监督，其监督的主要对象是公安机关、安全机关的侦查活动和监所、看守所、劳教所等机关的活动。审判监督指人民法院通过行政审判对行政机关活动的监督。

在行政法治实践中经常遇到以下几类问题：①监督行政法律关系中监督者与被监督者的地位；②监督程序的灵活掌握；③行政监察适用的违法行为范围；④人民代表机关监督权威性的认同；⑤检察监督的对象等。

案例12　监督行政法律关系中监督者与被监督者的地位
——高××贪污受贿案

【案情摘要】

×市×区电力局局长高××自1993年担任该局局长以来，贪污人民币1000多元，港币1000多元。高××利用电力局独家供电经营的特点，以“电”谋私，以权捞钱，贪污受贿，中饱私囊。1993年3月至12月，高××乘广州×开发公司在本市销售产品、有求于电力局之机，先后接收该开发公司总经理何×3000元港币、1支金笔、1台三星彩电。1995年7月高××在解决本市×区的用电问题时，公开要求该区为其子女提供就业机会，而且要求一定要安排到区属机关。高××还向×区锅炉厂、×区鼓风机厂、×区进出口产品开发公司等用电大户索取其他财物，并要求一些用电户请吃请喝。更为严重的是高××还要求一些用户为其提供洗桑拿、甚至嫖娼等机会。1996年4月，经群众举报，该市监察局对高××的违法行为及其相关事实进行了周密调查，经多方取证，认为高××已经违反了有关行政管理法规，其违法行为已符合立案条件。1996年7月16日市监察局正式立案，调查高××近年来的违法行为。然而，对于市监察局的合法传唤，高××不以为然，在暗地里利用其建立的公共关系网络对监察局办案人员施加压力。来自各个方面的压力使该案的办理一度陷于停滞状态。1996年下半年该市人民代表大会召开全体会议期间，有人大代表向大会书面反映了高××的违法事实以及市监察局在办理此案过程中遇到的麻烦。代表得知此事后，一致认为该案必须进一步查处下去，人大常委会部分常委口头责成市监察局进一步查清此案，并向监察局提出，如果案情发生变化，确有必要时，将由检察机关介入此案。在市人大及其常委们的干预下，1997 年 11 月，市监察局对该案的调查重新展开，经过 3 个月的调查，查明了高××的上述违法事实，监察局在自己的职权范围内对高××进行了纪律处分，并由市人大免去了其电力局局长之职。

【提示与讨论】

本案中的案件事实并不复杂，高××既有贪污行为、受贿行为，又有其他违反行政纪律和道德规范的行为，如要求用户提供桑拿浴的行为，还有其他以权谋私、滥用职权的行为。高××的每一次行为所得到的实际利益都是小数额的。本案事实认定的关键问题之一就是高××贪污、受贿行为获得利益的总量。因为量的多少是区分违法行为事实和犯罪行为事实的界限。高××每一次的违法所得都只有 1000 元左右，还没有达到追究刑事责任的量。对于高××多次违法行为所得的总量能否相加，再根据相加的总量确定其违法行为的事实，笔者认为不能采取简单相加的计量方式，因为高××的违法行为是在数年内实施的，每次违法行为都是一个单独的事实。对于其多次少数量的贪污和受贿行为只能作为追究其违法责任时考虑的一个情节。本案在办案过程中遇到来自各个方面的干扰则是另一个范畴的问题。

本案的法律适用首先遇到的是主管权限问题，即本案是由监察机关受理还是由人民检察院受理。监察机关所受理的是行政违法案件，即违反有关行政管理法规的案件，而人民检察院受理的是刑事违法案件，即违反刑事法律的案件。行政违法和刑事违法有量上的界限，如贪污受贿行为如果在 1000 元以下的就是行政违法，而超过 1000 元的，就构成了犯罪，对此，1988 年国务院制定的《国家行政机关工作人员贪污贿赂行政处分暂行规定》以及 1989 年 9 月监察部发布的《国家行政机关工作人员贪污贿赂行政处分暂行规定实施细则》都有明文规定。据此，本案的主管权限在监察机关而不在人民检察院。监察机关对高××追究法律责任时，一是要适用《行政监察法》，该法赋予了监察机关查处行政违法案件的权力，并可以行使立案调查、处理等权力；二是要适用《国家行政机关工作人员贪污贿赂行政处分暂行规定》。本案中，市人民代表大会的行为亦有法律上的根据，即：《宪法》和《地方各级人民代表大会和地方各级人民政府组织法》。

本案中的法律关系较多：一是电力局与用电单位的行政法关系，以行政权运行的特征看，该法律关系具备单方面性，即电力局有权对其所管理的相对一方单方面赋予权利或设定义务。但此种单方面性是在法律规范规定之下的单方面性，是合法的单方面性，不是违法的、独断专行的单方面性。二是高××与电力局的关系，高××违法向相对方索要财物的行为应视为其个人行为，而不是代表国家所为的行政行为，因为此种行为是法律所禁止的。三是监察局与高××的监督行政关系。高××作为行政机关工作人员与监督他的监察局形成了监督行政的关系。在这一关系形式中，监察局处于主导地位，监察局对于高××而言具有单方面性，可以单方面对高××采取有关的行政措施。高××藐视监察机关对其采取的行政措施实则颠倒了监督行政法关系与行政法关系的关系性质。在监督行政法关系中，作为监督主体一方而言，具有非常高的权威。如我国人民法院在行政诉讼中对行政机关的监督、人民代表机关在其法制监督活动中对行政机关的监督、审计机关审计执法中对被审计行政机关的监督都具有很高的法律地位和监督权威。然而，由于行政权的广泛性、强制性等特点，在监督行政法关系中，一些行政机关常常不能摆正该法律关系中主体双方的地位。最后市人民代表大会与监察局的关系，该关系是一种特殊形态的监督行政关系。人民代表机关处于监督地位，其有权监督监察局对行政监察权的行使。

案例13　监督程序的灵活掌握
——联合调查组处理农民举报案

【案情摘要】

×省××县纪王场乡路营村1994年人均收入仅400余元，但人均各项负担总额竟达103.17元，比国务院规定的“收取农民提留款不得超过人均收入的5%”比例扩大了5倍还多。村民如果不交，上级政府就采取拘留或办学习班的手段，致该村1000多人仅3人没有被拘留过。路营村一位刚刚30岁出头的农民丁××是高中毕业生，被村民称为秀才。他把多次从广播里听到的国务院的有关精神告诉村民，并指出乡政府、村组重复征收提留款、加大提留款数额的做法是违法的。该村村民推举丁××向上级有关部门反映情况。丁××多次向乡政府反映情况，乡政府答复一定妥善处理。然而，乡政府把丁××的举报暗地里告诉该村村组干部，并指使村组干部对举报农民进行报复。在问题没有得到解决的情况下，村民又派丁××和其他几位村民向县政府反映情况，县政府的答复是“材料先放在这里，以后再作处理”。时间过去数月村民反映的问题仍没有得到处理。无奈之下，丁××与另一些村民向地区行署举报了该乡的情况。地区行署感到村民举报的情况的严重程度已超出他们意料：①村民控告乡政府多次利用电警棒、手铐等强制手段对不交提留款的村民施以暴力；②村民控告乡政府干部和村干部等人有贪污行为和侵吞村民财产的行为；③乡里、村里计划生育乱罚款，并将所罚款项私分，等等。地区行署对上访村民作了这样的答复：“地区对你们反映的情况一定要核实、处理。”后将情况逐级向下批转。村民反映的情况又落到乡政府手上。1995年3月，该村村长在乡政府的授意下，找茬与丁××发生了纠纷，发展到厮打。村长假装被打伤，让另一些村干部将其送进乡医院，乡政府遂指示乡派出所将丁××和另一村民拘禁，并让一些联防队员对丁××施以暴力，丁××被打致死。其他村民将所有情况反映到国务院信访部门。1995年4月，由国家监察部、农业部和最高人民检察院联合组成调查组，未同省、地、县、乡的领导人员打招呼而直接到了路营村。先对死者丁××亲属进行慰问，再同村民见面开座谈会，请农民们实事求是地讲情况。农民看到中央来的调查组不让地方干部陪同，便纷纷找调查组反映情况。调查组依据得到的准确材料，对事件和案件的处理拿出了指导性意见，并立即同×省省委、省政府的领导取得联系。4月10日省委、省政府召开地市委书记、专员会议通报了这一案件。会后要求各地必须深入农村，了解农民情况，减轻农民负担。地区行署作出决定：给××县县长行政降职处分，主管副县长开除公职处分；给纪王场乡乡长开除公职处分，并对在致丁××死亡案中的责任人员由司法机关追究刑事责任。国务院依据该案联合调查组反映的情况，在1995年6月20日召开了全国减轻农民负担工作会议，并发出通知取消了须农民出资的37个集资基金和收费项目。7月22日，中共中央办公厅、国务院办公厅联合发出了《关于涉及农民负担项目审核处理意见的通知》。

【提示与讨论】

本案的案件事实可以从下述方面分析：纪王场乡乡政府向农民多收提留款的行为是违法的，是一种向农民乱收费的行为，而且其明知国务院早有禁令，在此情况下仍然以扩大5倍的标准收取农民的提留款，属知法犯法行为。在农民拒交时，又采取拘留或办学习班等非法手段，非常粗暴地对待农民，而且情节严重，该村1000多人仅3人没有被拘留过就是例证。该行为反映了一些基层行政机关在执法过程中粗暴践踏公民权，并进而给社会主义法制和政府形象带来了负面影响，这是比较严重的行政违法行为。××县人民政府在本案中，亦犯有严重的官僚主义错误，其行为亦违反了《国家公务员暂行条例》的有关规定。对于村民的举报，本应引起足够重视，通过深入调查作出处理，追究有关行政人员的法律责任，使村民利益最终得到保障。其却将村民反映的情况又发回乡政府。由被举报者处理举报者所举报的问题，处理结果是不言而喻的。我国有关信访制度对人民群众的来信来访如何处理作了规定，必须保护举报者的权益，应当保护的一定要保护。这些最基本的行事原则，××县人民政府都违背了，正是由于××县人民政府这种不负责任的行为使丁××招致灭顶之灾。本案中×地区行署对农民举报事实的认定是正确的，并意识到该乡和该村问题的严重性。但其在处理村民举报时，所采取的逐级向下批转的方法，亦可以说是不负责任的官僚主义，因为其知道村民已向县政府反映了有关情况。纪王场乡政府和派出所对丁××和另一村民的殴打行为，已经不是一般的行政违法行为，触犯了《刑法》的规定，造成丁××死亡的严重后果，其情节严重，性质恶劣，直接责任人员对此应承担刑事责任。中央机关组成的联合调查组，越过许多中间环节，从农民获得第一手材料的案件事实认定方法是实事求是的态度，应当提倡。

本案的案件事实一旦查清后，适用法律的问题也就容易解决了。首先，本案中承担刑事责任的执法人员必须明确，致丁××死亡的派出所干警和联防队员是直接责任人员，应追究其刑事责任。派出所的行政领导人员亦应承担滥用职权或者玩忽职守的刑事责任。纪王场乡乡长亦应追究滥用职权的刑事责任，因为派出所对丁××施行的行为是在其指示下实施的，可以说是本案的教唆犯。其次，乡政府多于5倍收缴农民提留款的行为应追究行政违法责任。一方面退还多收的提留款；另一方面，已给村民造成经济损失的，应当予以赔偿。这是本案法律适用必须着重解决的问题，本案的起因和焦点亦在于此。乡政府给村民办学习班或将村民拘留的行为亦应根据情节追究乡政府和有关责任人员的行政违法责任。《国家赔偿法》对于行政机关限制公民人身自由的行为规定了赔偿责任，司法机关应依该法追究纪王场乡政府的赔偿责任。再次，××县县长和副县长承担行政纪律处分责任是理所应当的。《国家公务员暂行条例》关于公务员违反纪律的责任作了详细规定，国务院《关于国家行政机关工作人员的奖惩暂行规定》对行政机关工作人员犯不负责任的官僚主义错误亦规定了相应的法律责任。本案×地区行署的领导人员亦应承担一定的法律责任。本案的处理结果没有追究行署行政领导的责任是不正确的。其如果对此案进行查处的话，就不会导致如此严重的后果。本案由于是一个行政监督案件，中央机关组成的联合调查组，将案件事实查清以后，具体的法律适用应交给具有合法适用主体的机关处理。

笔者认为，本案是一个通过监督行政而最后得到处理的案件。监督行政行为和其他行政法律行为相比有很大的灵活性，尤其行政系统内部上级行政机关对下级行政机关的监督形式是灵活多样的，程序也只需上级行政机关灵活把握，而不受非常烦琐的程序规则的限制。行政系统内部上下级机关之间，在一般情况下要按照正常的线路传递命令、指示，按正常的线路请示汇报。但是，在监督行政法律关系中，则可以不按严格的层级关系履行监督职能。本案××县人民政府和×地区行署所犯的错误就是把监督行政法律关系等同于一般的行政法律关系。县政府在接到群众举报后，没有越级直接向村民了解情况，而将举报材料依普通行政行为的运行线路向下传递。其结果是既没有解决问题，又招致更大的行政违法行为出现。×地区行署在基本了解举报情况后，亦采用向下层批转的处理方式，使村民因合法举报而遭致迫害。中央机关组织的联合调查组从行政监督法律关系的本质出发，越过四个中间环节，直接和举报村民见面，使案件事实在很短时间内完全查清。此案说明，不同的行政行为所遵循的程序规则是有所不同的。监督行政行为的程序规则以灵活性为主要特征，如果不抓住此点，监督行政就很难达到预期的效果。

案例 14　行政监察适用的违法行为范围
——×区监察局被迫处理罗×奸污妇女案

【案情摘要】

1997 年 4 月即将毕业的女大学生黄×联系了一家旅游公司并填了招聘表。4 月 30 日，黄×来到×市×区政府大楼的人事局人才交流中心办理登记手续时，向初次见面的区人事局副局长并任人才交流中心主任的罗×打听有关填表事宜。罗×将三张“毕业生双向选择表”交给黄×，叫她回家填好后，中午 11 点半再到办公室来找他。黄×11 点半准时来到区人才交流中心罗×的办公室，此时办公室只有罗×一人，黄×便将填写好的表格交给罗×。罗说黄×的成绩一栏没填好，叫黄×就在这里重新填写。并叫黄×随他一起到档案室去查找她的档案，称可以把有关成绩提高一点。黄×便和罗×一起到档案室。一进门，罗×便随手将档案室的门关闭起来。就在黄×打开档案袋找成绩单时，罗×乘其不备抱住黄×的腰，并将其推倒在档案室的沙发上，将黄×奸污。4 个月后，黄×发现自己怀孕，便和其家人一起向×区区委反映罗×的不法行为。在此之前，×区委、区政府就曾多次收到罗×利用职权与前来求职的女性强行发生性行为的举报，但一些领导仅认为罗×的问题属于生活作风问题，没有调查和作出处理。黄×及其家属举报以后，×区区委决定对罗×的问题进行调查。在调查中，罗×供认了自己利用职权与前来求职的黄×强行发生性行为的事实。1997 年 12 月，×区委、区政府将此案交由该区监察局办理。×区监察局在调查处理该案过程中，认为罗×的行为已构成强奸罪，便向区委提出了其主管此案的异议。1998 年 3 月，由×区政法委牵头，区委书记、政法委书记、区政府主要领导、区监察局局长、公安局长等参加，举行了一个是否对罗×奸污女性问题作刑事案件立案的集体办公会议。在此次会议上，区监察局和公安局坚持认为罗×的行为已构成强奸罪，而区委主要领导认为罗×与黄×强行发生性行为的整个过程，暴力程度不明显，女方反抗程度不强烈。受害人也没有提供被胁迫的具体内容，构成强奸证据不足。最后认定：罗×所犯的是生活腐化错误，是利用职权玩弄妇女，不属强奸。按照所谓“少数服从多数”的“原则”，区公安局不得再立案侦查，由区监察局负责处理此案。×区监察局最后对罗×作出如下处理决定：①撤销罗×区人事局副局长和人才交流中心主任职务；②开除罗×公职。

【提示与讨论】

本案案件事实在认定程序上存在严重问题。×区区委和区政府以及区政法委都没有认定此案案件事实的权力。罗×的行为如果是行政违法行为就应交由×区监察局处理。依《行政监察法》的规定，监察机关有权处理行政机关工作人员的行政违法案件。无论从哪个角度讲，罗×的违法行为都违反了《国家公务员暂行条例》的有关规定，应追究其行政纪律处分责任，该责任的追究权限在监察机关。如果监察机关处理过程中发现行为人的行为已构成刑事违法，就应将案件移交司法机关，即由公安机关立案侦查。或者先由公安机关以刑事犯罪侦查此案也是妥当的，因为受害人及其家属所举报的是罗×的强奸行为，而不是其他行政违法行为。强奸行为的处理权仅在公安机关，如果公安机关在侦查过程中发现罗×不构成强奸罪，便可将案件移交监察机关或其他行政机关追究罗×的纪律处分责任。上述程序才是本案的正当程序。然而，×区区委、区人民政府和区政法委过早介入此案，并采取了违反侦查程序的投票决定方式，以所谓的少数服从多数原则认定罗×的行为不构成犯罪，是对《刑事诉讼法》规定的程序规则的践踏。再就本案案件事实来讲，罗×违背妇女意志的行为状态是十分明显的。受害人黄×尽管没有及时举报，但仍不影响本案的性质。罗×是利用自己职权上的优势逼迫黄×就范，且在实施奸污过程中亦未征求黄×的意见。黄×不举报的主要原因是罗×控制着黄×的工作关系，此种利用地位的优势强行与妇女发生性关系的行为显属强奸行为。且对本案最有发言权的×区公安机关已认为罗×的行为已构成强奸罪。可见，本案从案件事实认定的程序到最后对案件事实的认定都是错误的。

如同本案案件事实认定的错误一样，本案法律适用也是错误的。本案法律适用的程序是不正确的，不能由某种司法机关以外的委员会决定法律适用问题，只能由有权机关根据法定程序适用法律。本案×区监察局就是在区委、区政府、区政法委的高压政策下适用法律的。《行政监察法》第18条规定："监察机关为行使监察职能，履行下列职责：①检查国家行政机关在遵守和执行法律、法规和人民政府的决定、命令中的问题；②受理对国家行政机关、国家公务员和国家行政机关任命的其他人员违反行政纪律行为的控告、检举；③调查处理国家行政机关、国家公务员和国家行政机关任命的其他人员违反行政纪律的行为；④受理国家公务员和国家行政机关任命的其他人员不服主管行政机关给予行政处分决定的申诉，以及法律、行政法规规定的其他由监察机关受理的申诉；⑤法律、行政法规规定由监察机关履行的其他职责。"该规定表明监察机关所受理的违法行为仅仅限定在行政违法行为之内。本案作为一个刑事案件，监察机关不是合格的法律适用主体，应将案件移交司法机关处理。本案所适用的实体法应当是《刑法》。

该法第236条规定："以暴力、胁迫或者其他手段强奸妇女的，处3年以上10年以下有期徒刑。"罗×的行为符合《刑法》第236条的规定，应适用《刑法》惩处，而不应适用《行政监察法》惩处。

笔者认为，行政监察是行政系统内部的专门监督之一，其有严格的法定程序，有严格的适用范围，是一种比较完整的监督行政的制度。行政监察的适用范围是明确的，从主体看，其适用于国家行政机关、国家行政机关工作人员、国家行政机关任命的其他人员。上述范围之外的主体不能成为行政监察的对象。从违法行为性质看，行政监察所适用的是行政违法，即尚未构成刑事犯罪的违法行为。《行政监察法》在第3章对监察机关的监察范围作了详细规定。依此规定，尚未构成行政违法行为的不道德行为不是监察机关的监督对象，已构成犯罪的刑事违法也不是监察机关的监督对象。本案罗×的行为已构成犯罪，监察机关是不具备监督权的。其对构成犯罪的行为作行政法上的处理显系越权行为，且会放纵犯罪行为，是绝对错误的。在行政监察的法治实践中，一定要避免将刑事案件作行政法上的处理。再则，监察机关行使行政监察权应当有独立性。《行政监察法》第3条规定："监察机关依法行使职权，不受其他行政部门、社会团体和个人的干涉。"该条赋予了监察机关独立行使监察权的地位。而本案×区委、区政府和区政法委组成的联合班子，强行指示监察机关处理刑事违法案件，属干预监察机关独立行使职权的行为，监察机关有权予以抵制。

案例15 人民代表机关监督权威性的认同
——×县县委、县人民政府不接受县人大监督受到处理案

【案情摘要】

×县人大常委会在召开八届四次常委会会议通过有关事项时，委员们就如何执行法律程序，对行政机关工作人员考查任免以及县财政开支等问题，发表了不同意见，对该县林业局局长、文化局局长的任免名单未付表决。对此，县委认为事态严重，先后召开领导干部座谈会和有县委常委、人大常委会、县政府、政协党组成员和有关部门主要负责人参加的扩大会议。会议名义上是要人大常委会党组汇报情况，澄清问题，实际上是要批判压服人大常委会持不同意见的委员。一些领导干部错误地认为：县人大常委会是与县委争干部管理权；人大常委会在任免干部上可批可不批，是凌驾于党委之上；财政开支一年向人大报告一次就可以了，计划外的不必报人大，这是贪财权，是对政府工作的干扰，等等。在这种高压下，县人大常委会不能正常开展工作，4个多月没有开常委会议。在此期间，县人民政府作了15个乡、镇长的任免决定以县政府7个文件发至县直属单位和有关乡、镇。人大常委会的委员们认为县政府的任免通知显然违背了《宪法》

和《地方各级人民代表大会和地方各级人民政府组织法》的有关规定，个别委员以个人名义建议县政府予以纠正，但未能引起县政府的重视。后来，县人大常委会向全国人大常委会反映了县委、县政府违反宪法的行为，引起了全国人大、省委、省人大常委会的高度重视。

省委、省人大常委会组成联合调查组，就×县人大常委会反映的情况进行了调查。调查组认为：×县人大常委会的八届四次会议是合法的，会议审议干部的任免符合法定程序和民主集中制的原则；县人大常委会有权决定对本行政区域国民经济计划和预算的部分变更，县政府财政支出超预算计划55.7%，没有报告县人大常委会审议决定是错误的，违反了法律规定；县委主要领导人对待县人大常委会领导同志这种不分是非、不分青红皂白、上纲上线、压制不同意见的错误做法，既是违法的，又是违反党内民主原则的。调查组依法追究了有关领导的责任。县人大常委会遂召开了会议并通过了《×县人大常委会关于撤销县人民政府不符合法律规定的乡、镇长任免通知的决定》，明确指出，县政府对15个乡、镇长任职、免职的7个文件不符合法律规定，予以撤销。

【提示与讨论】

本案案件事实有两个方面需要引起注意。一是×县县委的违法和违纪行为。县委是党的机构，依我国政治体制的状况，县委领导全县的各个行业，尤其对有关经济、社会、文化发展的重大决策均有决定权。然而，依《宪法》的规定，中国共产党应当在宪法和法律规定的范围内活动。其领导职能必须体现在国家的法制之下，而不能凌驾于法律之上。其可以从路线、方针、政策上指导人民代表机关的工作，但绝不能对人民代表机关指手划脚，更不能将人民代表机关正当的权力行使视为与自己抢地盘。这样既降低了党的威信，又不利于国家机构体系发挥作用。×县县委阻挠县人大常委会的工作，并压制持不同意见的人民代表，既违反了《宪法》，又违反了党章的有关规定。二是×县人民政府的违宪、违法行为。×县人民政府是该县人民代表大会的执行机关，必须对人民代表大会负责，有义务接受人民代表大会的监督。然而，该县政府在一些重大问题上完全独断专行，如有关财政开支问题不通过人民代表大会审批，县政府财政支出超预算计划55.7%，变更了人民代表大会确定的标准。在任命行政机关工作人员问题上，其擅自作出决定，任命人员之多，范围之广足以表明其对人民代表大会权力的藐视。全国人大常委和省人大常委会正确认定了×县县委和县人民政府的违法、违纪行为，并最终使×县人民代表大会的权力得到了恢复。全案事实的认定是准确的。

本案全国人民代表大会常务委员会、×省省委和×省人大常委会收到×县人大常委会的举报后，组成联合调查组对本案认真处理是正确的。因为本案×县县委和县人民政府的违法行为已不是一般的违法行为，而是较为严重的违反宪法的行为，破坏了社会主义民主和法制。如此独断专行，县委和县政府所代表的意志必然不会是全县人民群众的意志，而是少数官僚主义分子的意志。处理此案所适用的法律首先是《宪法》，其次是《地方各级人民代表大会和地方各级人民政府组织法》。由于我国有关违宪行为的追究还没有系统的制度，因而本案联合调查组只作出了认定，×县人大常委会的八届四次会议是合法的，会议审议干部的任免符合法定程序和民主集中制原则；县人大常委会有权决定对本行政区域国民经济计划和预算的部分变更的处理决定。而没有依法追究×县县委和县政府有关领导的责任，这不能不说是一个疏漏。从本案的法律适用可以看见，完善我国有关的违宪追究制度应当提到议事日程。×县人大常委会会议恢复后，县人大常委会通过《×县人大常委会关于撤销县人民政府不符合法律规定的乡、镇长任免通知的决定》，并指出县政府对15个乡、镇长任职、免职的7个文件不合法律规定，予以撤销，从而使人民代表机关的监督地位得到了体现。

笔者认为，人民代表机关对行政机关的监督是最有权威的。《宪法》第2条规定："中华人民共和国的一切权力属于人民。人民行使国家权力的机关是全国人民代表大会和地方各级人民代表大会。"依此规定，人民代表机关对行政机关的监督是全面的、多方位的，其监督权不受任何政党、组织和个人的干涉。宪法还规定行政机关是人民代表机关的执行机关，必须对人民代表机关负责，并向其报告工作。本案中，×县人民政府不能正确对待人民代表机关的监督，其行为是违法的。×县县委非法干预人民代表机关的行为亦应负相应的法律责任。在我国行政法治实践中，诸如本案出现的问题并不少见。一是一些行政机关以外的机关不能正确认识人民代表机关的地位，如一些党员或党的组织总想凌驾于人民代表机关之上，对人民代表机关指手划脚；二是一些行政机关在行政执法实践中，任意摆脱人民代表机关的监督，在人事、财政等重大问题上不经人民代表机关审批，擅自作主；三是在全社会范围内还没有完全形成认同人民代表机关权威的风尚，在一些人眼里，行政机关的地位最高、权威最大，将人民代表大会视为橡皮图章；等等。基于这种状况，在行政执法中，强化人民代表机关的监督地位，普遍认同人民代表机关的监督权威是我国行政法治和整个社会主义法治应当解决的问题。

案例16　检察监督的对象
——梁××释放罪犯被追究刑事责任案

【案情摘要】

被告人：梁××，男，50岁，系×县公安局政保股股长，1995年4月7日被逮捕。1993年5月6日，被告人梁××与正在某劳改农场服刑的罪犯周××的父亲一起去劳改农场，利用自己私开的证明将罪犯周××从监牢内提出，释放回家。1994年9月，周××被押回劳改农场继续服刑。1993年11月6日，梁××私自致函××县公安局，称因抢劫被关押的李××，对公安机关破案曾起过积极作用，要求对李××从宽处理，该县公安局未予采纳。1994年6月7日，梁××又给××县人民检察院送去私开的证明，称公安机关今后破某案件需要李××提供线索，要求对李××免予起诉，又遭到检察院的拒绝。随后，李××被××县人民法院以盗窃罪判处有期徒刑，关押于××县看守所服刑。1994年11月20日，梁××持私开的证明，去××县看守所，将李××从监号内提出并予以释放，致罪犯李××在监狱之外逍遥8个月之久。梁××私放罪犯的问题暴露后，曾主动向检察机关交代了部分犯罪事实。××县人民检察院以被告人梁××犯徇私舞弊罪向县人民法院提起公诉。梁××辩称，自己有自首情节，应从轻处罚。××县人民法院经审理认为，被告人梁××利用职务之便私开证明，先后将两名罪犯释放，严重妨害了司法机关的正常活动，其行为已构成徇私舞弊罪。梁××在被采取强制措施之前主动交代了部分罪行，且态度较好可以从轻处罚。依《刑法》第188条、第67条第1款的规定，于1996年1月作出如下判决：被告人梁××犯徇私舞弊罪，判处有期徒刑3年，缓刑2年。宣判后，××县人民检察院以梁××犯罪情节严重，原审法院适用法律不当为由提出抗诉。×地区中级人民法院二审认为，被告梁××身为公安局政保股股长，利用职务之便私开证明，先后将两名罪犯从关押场所私自释放，情节严重，其行为构成私放罪犯罪。其在被强制前只交代了部分犯罪事实，不属于自首，不具备法定从轻情节，原审法院认定事实清楚，证据确实、充分，但定性不准，适用法律不当，应予以纠正。公诉机关认为原审判决处罚不当的理由成立，予以支持。故依《刑事诉讼法》第136条和《刑法》第190条的规定判决如下：撤销××县人民法院对本案的刑事判决；梁××犯私放罪犯罪，判处有期徒刑8年。

【提示与讨论】

本案案件事实有两个方面需要引起注意：第一方面是梁××的行为构成何罪以及情节如何。第二方面是本案的主管权限（指侦查阶段的主管权限）是公安机关还是检察机关。就前者而论，梁××的行为究竟构成何罪，在办理此案过程中有两种意见：一种认为梁××构成徇私舞弊罪，因为梁××先后释放周××、李××两名罪犯是徇私情的行为，应构成徇私舞弊罪，且从全案的经过看，梁××都是利用职权实施该行为的，符合徇私舞弊罪的构成要件。×县人民检察院也是以徇私舞弊罪向人民法院提起公诉的。第二种意见认为梁××的行为构成私放罪犯罪，其理由是梁××与被私放人周××、李××并没有亲属或其他私人关系，而是为了获得某种利益实施私放行为的。从整个行为过程看，徇私舞弊的行为不明显，私放罪犯的行为更明显一些。二审法院是以私放罪犯罪追究梁××责任的。笔者同意二审法院对本案案件性质的认定。本案是一起国家行政机关工作人员利用职权实施犯罪的案件，监所管理人员的违法行为由人民检察院直接受理符合《刑事诉讼法》的规定。

《刑法》关于徇私舞弊罪和私放罪犯罪都有详细规定。第188条规定："司法工作人员徇私舞弊，对明知是无罪的人而使他受追诉、对明知是有罪的人而故意包庇不使他受追诉，或者故意颠倒黑白做枉法裁判的，处5年以下有期徒刑、拘役或者剥夺政治权利；情节特别严重的，处5年以上有期徒刑。"此条是对有关司法机关工作人员徇私舞弊罪的规定。第190条规定："司法工作人员私放罪犯的，处5年以下有期徒刑或者拘役；情节严重的，处5年以上10年以下有期徒刑。"该条是对私放罪的规定。从此二条可以看出，徇私舞弊罪和私放罪犯罪由于其社会危害程度不同，行为人所承担的刑事责任也有所不同。因此，本案在法律适用时，必须首先确定当事人所犯何罪，再根据情节追究相应的责任。二审人民法院正确适用了《刑法》的有关规定，对梁××判处8年有期徒刑充分体现了罪刑相适应的刑罚原则。

笔者认为，检察监督是监督行政不可缺少的手段。依《检察院组织法》和其他刑事法律规范的规定，人民检察院对于公安机关侦查的案件，应进行审查，决定是否逮捕、起诉或者不起诉。并对公安机关的侦查活动是否合法实施监督。检察机关对国家安全机关的侦查活动也有监督权。此外，检察机关对监狱、看守所、劳动教养等机关的活动亦有权依法进行监督。国家行政机关工作人员触犯《刑法》的一些职务犯罪亦由检察机关直接行使侦查权，如国家行政机关工作人员犯徇私舞弊罪、私放罪犯罪、贪污罪等都由检察机关直接进行侦查。检察机关对行政活动的监督可以说是一种刚性监督，其通过自身握有的强制力量直接对抗不法行政机关的强制力量，监督效果是非常显著的。随着我国监督体系的健全和监督制度的完整化，检察机关对行政机关监督的范围应进一步扩大，如检察机关如何介入行政诉讼之中，在行政诉讼中发挥更为突出的作用都是值得探讨的问题。

第三章

行政法的基本原则

行政法基本原则是行政法理论和实践中一个中心而又关键的问题，它主要包括行政法基本原则的概念、内容、存在形式及其发展过程等，这些问题都是在行政法发展和逐步完善的基础上加以归纳、总结、概括和提炼出来的。对行政法基本原则内涵的把握是理解和应用行政法的重要前提，同时，也反映出一个国家行政法的发展状况及发展水平。本章所指行政法的基本原则是指适用于全部行政法之中的行为准则，它是对行政法规范的高度概括，指导行政立法、行政执法和行政司法，包括行政合法性原则与行政合理性原则。

第一节　行政法基本原则的概念

行政法的基本原则是贯穿于规范行政关系的全部行政法规范之中，体现民主宪政精神和行政法基本价值观念，必须被遵守和贯彻的，指导和规范行政立法、行政执法和行政争议处理的基本准则。

第一，行政法基本原则不是行政学和政治学的一般原则，而是法律原则，具有法律的共同属性，同时又是行政法特有的，为规范行政关系的行政法规范所必须遵守和贯彻的，存在于行政法规范之中的一种法律原则。它有别于党的领导原则、行政原则、行政管理原则。

第二，行政法基本原则必须是贯穿于全部规范行政关系的行政法规范之中，并被全部行政法规范所遵守的具有普遍性规范力和约束力的基本准则。行政法的基本原则存在于行政法规范之中，并且是存在于所有规范和调整行政关系的行政法规范之中。被行政关系中各个方面和各个环节所遵守的基本准则，适用于行政法治的所有领域，贯穿行政管理的全过程，而不是仅适用于行政法治某个环节、某个领域的具体原则。

第三，行政法的基本原则具有普遍的指导意义。行政法基本原则除了对行政立法、行政执法和行政争议的处理具有普遍性的规范作用外，还具有普遍的指导作用。

第四，行政法的基本原则体现了现代的民主宪政精神，反映了行政法的基本价值观念。行政法的基本原则还应是宪法基本原则在行政法领域的具体化。宪法的基本原则具有最高法律效力，是一切法律规范都必须遵守的原则基础，也是其他部门法的基本原则必须加以体现的基本原则。但行政法基本原则对宪法基本原则的体现和具体化，并不是将宪法的基本原则与行政法的基本原则相混同，也不是把宪法的基本原则降格为行政法的基本原则。行政法基本原则还必须是行政法所特有的，能够体现行政法的基本价值观念的基本准则。行政法同样具有法的价值，即公正、平等、自由、效率、秩序、文明和社会发展等，但行政法的价值内容及不同价值主体之间的价值追求又有其特殊性，存在其价值实现所需要的特定方式。

行政法基本原则作为行政法的精髓，指导行政法的制定、修改、废除，并指导行政法的实施。

在行政法治实践中经常遇到以下几类问题：①行政法基本原则的地位，即其对行政行为的规制；②行政法基本原则对行政法规范漏洞的弥补作用等。

案例17 行政法基本原则对行政行为的规制
——×县民政局、司法局废止三河桥村乡规民约案

【案情摘要】

×县王庄乡三河桥村，是一个地处边远地区的小山村，该村一向与乡政府联系不多，当地人称，世外桃源、另一番天地。国家法律和县政府、乡政府的行政管理决定在该村执行常常要打折扣，主要原因是该村的乡规民约在规范村民中有非常重要的作用，当地人称这些乡规民约为“特殊法规”。其中一些乡规民约是该村先辈留下来的，由于受传统封建观念的影响，不但没有人敢改动这些乡规民约，反而人人都要受其约束，村干部也不例外。另一些乡规民约则是由一些村组干部自己订的。×县民政局和司法局得知三河桥村的乡规民约有违背法律的情况之后，于1994年6月联合组织了一个调查组，通过调查发现这个村的乡规民约存在以下严重问题：①有许多乡规民约的内容尚存在封建思想，如有一条规定是女不外嫁，即本村的妇女不能嫁到外地去，如出现外嫁现象则由村里的长者进行处罚；②把体罚当成教育群众和处理民事纠纷的主要手段，如有一条规定，若玩弄妇女将打屁股二百板；③以罚款和收费制裁违反乡规民约的村民，罚款的范围广、数额大；④有些乡规民约的内容既违法又荒唐，如村干部可以处理抢劫案、强奸案等。这些乡规民约大多数是约束普通群众的，而对村干部和村里长者约束少，甚至没有约束作用。在调查中，村民反映一些村干部和长者甚至以这些乡规民约为依据任意抓人、关人或非法侵占私人财产。调查组将上述情况汇报给县民政局和司法局，两个局的领导决定必须对这些违法的乡规民约予以废止。1994

年10月，县民政局和司法局联合作出了一个行政处理决定：①废止三河桥村现有乡规民约中的21条；②修正3条；③保留15条。行政处理决定作出后，三河村没有提起行政复议和行政诉讼。

【提示与讨论】

本案从形式上看是一个非常简单的行政案件，行政机关根据管理相对人不符合法律规定的行为和事实作出了行政处理决定，之后既没有进入行政复议程序，又没有进入行政诉讼程序。但本案的案件事实却是耐人寻味的。三河桥村的这些乡规民约有两个部分，第一部分是祖先遗留下来的，作为规范人们行为的行为规则已经约束若干代人，这些规则与现任村干部是没有关系的，他们也不应当承担这一部分乡规民约的责任。这一部分乡规民约废止的处理决定在法律上的对象究竟是谁，是一个在法学理论上值得探讨的问题。假设村民或村干部对于民政局和司法局这一部分乡规民约的废止行为不服，能否以自己的名义提起行政复议或行政诉讼，如果能所依据的理论是什么，如果不能又可以以什么理论作出解释。第二个部分是由村组干部和村里的长者制定的，这一部分的责任承担是明确的，制定者必须承担直接的法律责任，也可以就这一部分的废止决定提起行政复议和行政诉讼。民政局和司法局对本案案件事实的认定是客观的，清理了三河桥村数十条乡规民约，并一一进行审查，给每条乡规民约都定了性，并根据乡规民约内容有所不同的事实作出了三种不同的处理决定。

本案所适用的法律主要是《宪法》，其作为根本大法，对乡规民约并不是完全禁止的。恰恰相反，其认同了合理、合法的乡规民约。乡规民约在调整社会关系中有其他行为准则不可取代的作用。一方面，乡规民约具有传统性，许多乡规民约是由上辈遗留下来的，这一特性对于受其调整的社会成员而言，有较大的心理认同感，其往往是自觉服从的。另一方面，乡规民约具有地域性，一个乡规民约常常在非常狭小的圈子内发生效力，该区域内的社会成员有自觉服从的倾向。基于此，《宪法》规定了乡规民约在调整社会关系中的地位。但是，乡规民约存在的大前提是合法，而本案中，三河桥村的乡规民约中有许多地方是违法的，有些内容甚至混淆了合法与非法，罪与非罪的界限，有些方面的违法性是非常明显的。县民政局和司法局在对三河桥村乡规民约作出处理决定的法律适用上是没有错误的。当然，本案有一个理论问题是值得讨论的，即民政局和司法局行政行为的性质问题。笔者认为，就该行为的性质讲属于具体行政行为，因为其只是一个行政处理决定。由此角度观察，民政局和司法局是一个合格执法主体。但是，本案司法局和民政局的行政决定所涉及的内容则是一个具有普遍约束力的东西，因为该乡规民约对三河桥村的所有村民都有约束力。从这个角度看，两个局的行政处理决定又是一个抽象行政行为，其对乡规民约的废止、认可、修改最终要影响多数人的权利义务而不仅仅影响村组干部。民政局和司法局是否有超越人民代表大会职权之嫌，这些问题都是需要进一步探讨的。

笔者认为，本案的理论问题在于行政法基本原则对行政行为的规制作用。行政机关在行政执法实践中必须依法行使职权。所谓依法行使职权，就是指行政主体必须根据法律规范的规定行使行政管理权。依法行使职权所依的“法”，必须是国家制定的有关法律规范，即法律明文规定的、并有具体内容的行为规则。行政法对行政机关行为的规定有下列具体内容：①行政机关能够做什么和不能够做什么，这类规范在行政组织法和行政行为法中都有反映，如《行政处罚法》规定行政机关可以作出警告、罚款、没收、责令停产停业等类型的行政处罚；②如果能够做的话怎么做，这类规则是一些程序性规则，是有关行政机关如何活动的规则，如《治安管理处罚法》规定公安机关可以行使行政拘留权，同时规定了行政拘留的具体程序，必须遵守立案、传唤、裁决、执行等环节；③作了不应当做的怎么办，这是一些制裁性规范，如行政机关在处罚时，违背了实体法和程序法的内容应当承担行政、刑事等法律责任，对自己的行为后果负责。然而，行政执法实践中，并不是行政机关每一个行政行为都有非常明确的法律根据。有些方面的管理事务法律是没有规定的，有些方面则规定的比较原则。例如，本案中，民政局和司法局对三河桥村乡规民约的清理和最后的处理都只有非常原则的法律依据，即宪法有关乡规民约的规定，这些规定的内容并不十分具体。行政机关不能因此而拒绝履行此方面的行政管理职能，只要属于其职权范围、只要其行为合法就可以大胆地行使管理权，可见，行政法的基本原则在一定程度上规制着行政行为。

案例 18　行政法基本原则对行政法规范漏洞的弥补作用
——×县政府协调土地管理局与工业局土地使用权争议案

【案情摘要】

×县卷烟厂，是该县的龙头企业，是该县财政的主要来源，自 1985 年以来，其每年向县政府上缴财政占全县工业总产值的 1/4。90 年代以后，卷烟厂在发展规模上受到了限制，为了扩大烟厂规模，卷烟厂于 1994 年 7 月向县工业局提出申请，要求把烟厂规模扩大一倍。县工业局研究以后，认为该卷烟厂有扩大规模的实力，再则扩大规模对全县经济发展有好处，可以带动其他企业，遂于 1994 年 9 月正式书面批准了烟厂扩大规模的申请。该卷烟厂规模扩大需占地 200 亩，依照《土地管理法》的规定，必须向县土地管理局提出申请，并由县土地管理局颁发土地使用许可证后，方可占用 200 亩土地。卷烟厂依法向县土地管理局提出了书面申请。县土地管理局审查以后，以全县土地尤其耕地紧张和卷烟厂申请面积过大为由，作出了不予批准的行政决定。卷烟厂随即将县土地管理局的决定反映给其主管部门县工业局。县工业局认为，县土地管理局不予批准的行政决定并没有充分的法律和事实依据，随后向县政府和主管工业的副县长反映了情况，并要求县政府出面干预，责成县土地管理局给卷烟厂颁发用地许可证。为了解决县土地管理局与县工业局及卷烟厂关于这起土地使用的纠纷，县政府召开了协调会，协调会上各方都发表了自己的意见。县工业局称：卷烟厂是本县的龙头企业，扩大规模对本县工业的发展有重大意义，且卷烟厂每年向县政府上缴财政可观。再则，卷烟厂的土地使用申请书手续齐全，符合法定程序，应当予以批准。县土地管理局辩称：本县是以农业为主，而全县人均耕地面积已由1987年的2.8亩下降到1993年的1.25亩，有些村人均耕地面积已不足1亩。而耕地减少的主要原因是，乡镇企业占用耕地大幅度增加；农民扩大宅基地范围；城镇一些单位到农村购买宅基地；县办企业近年来占地面积有增无减等。并提出，本县土地如果再不控制，到2000年，全县人均耕地面积将降至0.6亩以下。县卷烟厂此次用地面积大，而且完全是可耕地，因此，不能予以批准。最后，在县政府的协调下，县工业局接受了县土地管理局不予批准的行政决定。

【提示与讨论】

本案的案件事实可以区分为法律上的事实和法律之外的事实，案件范围之内的事实和案件范围之外的事实等若干方面。作为法律上的事实，土地管理机关只须审查土地使用请求人的请求是否合乎法定要件。本案中，县卷烟厂申请使用土地手续齐全、程序合法，而且客观上确实有扩大规模的客观根据，此方面的事实情况，县卷烟厂并无不当之处。法律范围外的事实是本案事实的关键。县土地管理局在县政府主持的协调会上列举了若干事实，如本县土地近20年来减少幅度很大，如果再进一步发展，则会导致不堪设想的后果。这个事实是法律之外的，但其却是非常关键的，如果不考虑这一事实就作出行政决定，必然违背行政管理的本意。本案案件范围之内的事实是指与案件有关的法律事实和其他客观事实。本案的焦点是土地权问题，与土地权使用有关的所有客观事实都是本案中案件范围内的事实。案件范围之外的事实是指对案件没有直接影响或与案件的标的物无关的事实。如本案中，县工业局提出的卷烟厂在本县经济和财政中所起的作用的事实等都是案件范围之外的事实。县土地管理局牢牢抓住了与土地使用相关的所有客观事实，从而作出了从大局出发的行政决定。可见，行政执法机关在行政执法过程中不能简单地把事实的认定局限于单一的法律行为之中。

本案的法律适用有许多值得探讨的问题。无疑，县土地管理局必须适用《土地管理法》。县土地管理局是一个适格的土地执法主体，具有适用土地管理法有关条文的资格。但在适用法律条文的选择上则是多途径的。如可以适用该法第

39 条："乡（镇）村企业建设需要使用土地的，必须持县级以上地方人民政府批准的设计任务书或者其他批准文件，向县级人民政府土地管理部门提出申请，按照省、自治区、直辖市规定的批准权限，由县级以上地方人民政府批准。乡（镇）村企业建设用地，必须严格控制。省、自治区、直辖市可以按照乡（镇）村企业的不同行业和经营规模，分别规定用地标准。乡（镇）办企业建设使用村农民集体所有的土地的，应当按照省、自治区、直辖市的规定，给被用地单位以适当补偿，并妥善安置农民的生产和生活。"也可适用第 3 条："各级人民政府必须贯彻执行十分珍惜和合理利用土地的方针，全面规划，加强管理，保护、开发土地资源，制止乱占耕地和滥用土地的行为。"同一个行为适用同一个法律可以有不同的条文选择，即使同一个条文也可以有不同的理解。如《土地管理法》第 39 条第 1 款规定县土地管理局有义务向合格的主体颁发土地使用证，而第 2 款则规定有权严格控制企业建设用地。这种复杂状况要求执法主体适用法律时必须把客观事实与法律规范紧紧结合起来，既不能单从条文的规定出发，更不能单从案件事实的个别情况出发。县土地管理局在适用《土地管理法》时，很好地把法律规定的基本精神与案件事实结合起来，是一个非常成功的法律适用。

笔者认为，我国的行政执法主体颇多，各执法主体都有自己的行政权行使领域。在行政权运行中各管理领域在大多数情况下其行为是一致的，或者可以通过法律规范的调整达到一致。然而，在有些情况下，管理领域之间会存在管理目标上的不一致。本案中，县土地管理局和县工业局在是否给县卷烟厂颁发土地使用许可证的问题上就发生了行政行为的不一致。单就各行政机关的动机看，很难说谁是正确的，谁是错误的，而是双方都有自己的法律依据。发展经济是硬道理，《宪法》有关于大力发展经济的规定，其他行政管理法规范也有规定，本案中，县工业局鼓励卷烟厂加大规模，提高其发展基数是合法的。县土地管理局从土地管理的实际，尤其该县用地紧张的实际出发，控制土地的使用亦是正确的。那么，当两个都是正确的并且都能找到法律依据的不同行政部门之间的行政行为发生冲突以后，行政机关如何处理，上级主管部门如何协调此类关系、解决此类纠纷是行政法学理论和行政法治实践面临的一个课题。法律并没有一个标准答案，哪一方的行为是正确的，哪一方的行为是不正确的。该问题可以说是法律规范在调整行政管理关系中的一个疏漏。如何弥补此种类型的疏漏，笔者认为行政法的基本原则可以作为补救手段之一。如行政法包括合法原则与合理原则，依合法原则，土地管理机关和工业局都是合法的，都有事实上和法律上的依据。那么，依合理原则，土地管理局的行为是应当肯定的。因为卷烟厂规模的扩大可以选择其他方式，如加高建筑、选择非可耕地、更换设备等。土地是无价之宝、是非再生物，一旦毁坏将不可能通过其他途径补救。县政府在协调中，无疑考虑了这个基本事实。由此可见，行政法原则对行政法规范的疏漏具有弥补作用。而在行政执法实践中，一些执法人员往往忽视了这一点，甚至生搬硬套法律条文。

第二节 行政合法性原则

合法性原则是行政法治原则的重要组成部分，指行政权力的设定、行使必须依据法律、符合法律，而不是与法律相抵触。合法性原则亦可称为行政合法性原则，它与行政合理性原则、行政应急性原则同为行政法治原则的组成部分。该原则要求：任何行政职权都必须基于法律的授予才能存在；任何行政职权的行使都必须依据法律、遵守法律；任何行政职权的授予、委托及其运用都必须具有法律依据，符合法律要旨；任何违反上述三点规定的行政活动，非经事后法律认许，均得以宣告为“无效”。合法性原则的构成要素可以作多种分类：主观要素和客观要素；实体要素与程序要素；内在要素与外在要素；内容要素与形式要素等等。衡量一要素能否成为合法性原则的内在构成要件须遵循如下准则：

第一，应以行政权为视角。合法性原则的构成要件是衡量行政是否依法的标准，行政权力的行使一方面导致了国家意志的执行，另一方面若行使不当必然损害相对方的权益，因而出现了行政法的约束。所谓的依法行政就是要使行政权依据法律，政府只能在法律规定范围内活动，督促政府及其工作人员依法办事，防止违法、失职、越权和滥用职权等。所以，我们考察合法性原则的内在要件，必须站在行政权角度上，不是指行政权行使的形式，而是其实质，这才是最根本的出发点，或者说抓住了事物的根本。事实上，行政法治实践中的诸多违法、越权行为都是行政权使用不当所使然。

第二，应以法的实质为基准。考察一行政主体是否行为合法，不仅要看它是否有合法的现象，更应看它是否有合法的实质。如果没有把公平、正义等法的实质精神作为合法性原则的要素，仅限于以制定法为依据，认为只要依法律、法规条文办事即可视为依法行政是有失偏颇的。

第三，应从行政大系统整体入手。行政事务的复杂性决定现代行政不可能由单一主体完成，而是由复合主体或一系统依据一定模式组合，共同完成某一行政事态的管理。行政主体亦呈现出多样性，有机关、组织和个人。那么，依法行政对行政主体的要求就不是针对某个机关或某个个人，必须要求整体的协调一致，包括纵向和横向两方面。纵向上，从中央到地方各级行政系统都要依法行政；横向上指同一级别的所有行政主体也要依法行政。因此，合法性原则的构成要件不能局限于某一方面或某一点上，应着眼于大的行政系统。

第四，应用变量的分析方法。合法性原则作为一个概念范畴从它产生以来在不同国家或同一国家不同的历史时期都可以适用，但其内涵不可能永远是同一的。也就是说，其是一个动态的概念，因时因地的差异而有相异的含义。如我国关于依法中的“法”，90年代以前，常常理解为仅指立法机关制定的法律，认为立法权是国家权力机关所独有，其他国家机关都不得行使这种权力。如果国家行政主体的活动离开宪法和法律，另搞一套，那就改变了本身的性质，违背了民主原则。进入90年代，由于政府管理职能的增多，管理的专业性、技术性亦越来越强，立法机关在立法问题上有了诸多的障碍，因而对“法”也有了新的理解，不仅指立法机关制定的法律，也包括行政机关的授权立法和职权立法。那么，我们探讨它的构成要素时，不可用静止的观点和静态的分析方法。作为合法性的动态构成要素应有以下特点：其一，具有可包容性。即这些要素必须是在较长时期适用的，亦就是包容较大的时空段，至少应在同一制度的同一国家不同历史时期能够运行。其二，具有超前性。诸要素不能只在当前事态管理上起作用，同时要对未来事态发生作用。这样，要素应具有一定的原则和概括性，不能仅针对具体事务和环节。

合法性原则的内涵有下列方面：

第一，行政权力的从属地位。行政法上的行政权是一种执行权，有时也称为行政权力或行政管理权，它指的是行政主体组织管理公共事务的权力。行政权作为国家权力的组成部分，它是一种制度化的力量，是在法定职位的基础上，要求下级服从的权力。行政权是行政主体进行行政管理时的重要因素之一，然而行政权行使可能带来的消极后果也是不容忽视的。正因为如此，对行政权行使的正确导向显得尤为重要，就是要引导行政权力依法运行。要做到这一点，首要的是防止行政权力的膨胀，始终将行政权置于从属地位。行政权力的从属性表现为两个方面：一方面，从属于国家立法权，这是最直观的一种从属形式，也就是理论界讨论的最多的行政权力须依宪法、法律而行之；另一方面，也是深层的或根本的方面，就是要使行政权力从属于国家主权。在民主国家中，法律就是“公意”或主权的体现，但“公意”并不都通过法律体现出来，因为法律不可能穷尽社会事务，致使行政管理中有许多问题往往无法律条文可循。因此，行政权对法律的服从只表现了从属性的一方面，另一方面还必须服从公共意志。至于具体的运作方法可以因体制、历史阶段和地区的差异而不同。如行政主体之行政除依宪法、法律、行政法规等外，还需参照广大公众的意愿，具体的行政行为过程都要尽量吸收公众的听证、参与，作出的行政决定始终有利于公众权益，不可违背公众意志行事，等等。

第二，行政职权行使的公正性。行政权力在一般意义上讲，是一较为抽象的概念，但和一定职务关系联结起来时，就显得非常具体了，这时，我们往往将其称之为职权。行政职权行使的公正性是行政主体是否依法行政不可或缺的量度标准。首先，公正作为一种行为准则，它要求行政主体对行政对象的合法行为一律平等地保护，违法行为一律予以追究和制裁，不允许任何对象享有宪法、法律以外的特权，不得强迫其承担法律以外的义务，不得使其受到法律以外的处罚。其次，公正作为一种制度准则，它要求职权行使机制的公正性。在公正社会原则的大前提下，规定公平的参与社会政治生活、公平地分配社会利益的行政制度和行政政策。也就是说，由于社会是由若干的单个主体组成的联合体，在他们的相互关系中，一种行为必然影响到另一种行为，产生了一定的权利义务关系，那么，这种关系的设定需要由公正原则来支配，而且需要由这一原则规范和约束行政主体的行为，使行政主体的行为尽量遵循它。

第三，行政系统的整体协调运作。行政系统是指将行使行政权的机关、组织和个人按系统原理合理组织起来形成的机关或组织的总称。行政系统的整体协调运作在现代行政中日益重要。因为现代行政机关规模庞大、部门众多，不进行有效协调必定造成各自为政，难以履行行政职责，更谈不上依法行政。如我国行政执法中的各种保护主义就是从本部门、本行业、本地区的狭隘利益出发，不惜伤害国家利益和社会利益的行为。其造成的危害很多：破坏行政法制的统一；降低行政效率；造成地区、行业之间的矛盾；侵犯企事业单位、公民、组织的合法权益等。这不能不说没有强调行政活动中的整体协调是原因之一。协调运作的具体措施可以从两方面进行：一为体系；二为活动。体系的协调是前提，只有达到行政体系协调才谈得上行政活动的协调。行政体系的协调表现为机构设置、部门分工、人员配备科学化，这就需要依管理事态设置职位，而且对同一职能的各级行政机关应整体规划，职位设置以后再安插必需的人员进去。这样可以避免行政体系中的多余人员。行政活动运作的协调主要有：沟通，即通过信息传递，传阅资料等方式使有关行政管理的规章制度相互配套。各地区、各部门都有规范性文件，往往就同一问题确定了一系列规章制度，如不沟通，可能导致政出多门，影响行政行为的有效实施，协助。它使得行政目标的实现以最小的成本为代价。一个行政过程由诸多环节组成，一个行政目标的实现需要人力、物力、财力和时间的消耗，这些因素都是衡量行政效率的标准。如能在行政目标运行的各个阶段得到有关部门的帮助，自然避免了各方面的浪费。

第四，行政手段的超前社会导向作用。在行政手段的使用上，除了传统的处罚、强制、许可、奖励等以外，还需运用一系列的能对社会进程产生推动作用的方法，而且应将此作为行政合法性不可缺少的要件。因为行政的目的不应该以维持社会现状为满足，也就是说，立法的相对稳定性与行政权行使的活跃性形成反差，解决这一矛盾的方法之一就是对行政执法、行政管理活动等进行不断调整，以使行政活动不至于因为法律的滞后性而阻碍管理事态的发展。为此，行政权行使除法律手段外，还需重视行政法非正式渊源的作用。所谓行政法非正式渊源是指相对于正式渊源而言的，那些具有行政法意义的资料，而这些资料尚未在正式的行政法文件中得到权威性的或至少是明文的阐述和体现。主要是行政技术规则的运用，即针对行政管理特性，巧妙地将系统理论、行为科学、管理艺术等用于行政活动中，使之产生法律不可替代的作用。

在行政法治实践中经常遇到以下几类问题：①实体合法与程序合法的关系；②资格合法与职权合法的关系；③合法委托中的权利义务等。

案例19　实体合法与程序合法的关系
——互相推诿导致飞机延误降落案

【案情摘要】

1973年9月9日，某外国航空公司的一架民用航空飞机，满载不同国籍的乘客，从我国×国际机场起飞。飞行8分钟后，飞机发动机发生了故障，如果再继续飞行，将会造成难以预料的结果，机组人员当即决定该飞机返回原起飞机场，并进行迫降。因为飞机所有油箱都装满了燃油，重量很大，如果降落，安全将难以保障，因此必须在空中排放一部分燃油后才能保证安全降落。该机机组人员向机场塔台值班人员请求放油并立即降落。塔台值班人员按当时民航管理法规的有关规定向其直接上级请示，因为以前没有发生过这种事情，对于放油的区域没有明确规定，其没有作出决定的权力。航站调度室接到塔台值班人员的请示后，认为事情重大，依民航管理法规其也没有作出决定的权力，便请示总调度室。总调度室查阅了有关民航法规，认为也没有作出决定的权力，必须请示有关的主管部门。便向民航局×下属分局的主管人员请示，该主管人员按民航管理法规规定，认为外国飞机放油事关重大，也没有作决定。就这样层层请示，前后经过了13个环节才作出该飞机放油降落的决定。经过13个环节后，延误了33分钟飞机才得以降落。后来，周恩来总理得知此事后，非常生气，便把13个环节的工作人员全部集中起来，一个环节一个环节追问。13个环节中的每一个环节在当时来讲都是合乎民航管理法规规定的程序的，从程序上讲，各环节都没有明显的违法行为。然而，周恩来总理将情况弄明白后，沉思了片刻，严肃地批评说："简直是官僚主义！不负责任的官僚主义！这不仅是关系着飞行安全的重大问题，更是关系到我国国际影响的重大问题。不要说延误33分钟，有时即使延续半分钟，都会造成十分严重的后果！33分钟，33分钟！像这类问题，需要当机立断！互相推诿不负责任，层层上报，谁也不点头，让一件小小的放油事件闯了十三关！怎么保证安全？像这样的问题现场指挥就可以决定嘛！”

【提示与讨论】

本案既不是一个行政处罚案件，也不是一个行政复议或行政诉讼法案件，可以视为一个特殊的行政许可案件。本案在前三个环节，塔台值班人员、航站调度室和总调度室都是非行政机关及其工作人员，但在当时情况下对飞机能否降落有管理权限，可以说是法律、法规授权的管理行政事务的组织。《民用航空法》将民航运行过程中的管理权授予了民航企业，正如《铁路法》将铁路运输过程中的一些管理权授予铁路运输企业一样，至于其在当时情况下有无权力批准则是授予权限的大小问题，其应当是一个合格的授权主体。而请示行为进入了民航局系统以后，各主体则都是行政主体，是依法律规定而直接取得行政权的机关。各环节对外国民航飞机遇险后能否降落的许可，撇开别的因素不谈，单就事实认定而论，具有明显的事实认定上的错误，因为此案飞机已经处于一种非常状态之下，不能以平常的行政管理态度对待该架飞机的降落和排油。在行政执法实践中，行政管理事态的状况千差万别，而且处于经常的、不断的变化状态之中，这就要求行政执法人员正确把握行政管理事态的客观状况。

本案的法律适用是一个比较特殊的问题，笔者查阅了有关民航管理的法律规定，民航系统内部的上下级关系在当时情况下还是有明确规定的，但有关外国民用航空器在中国遇到特殊情况需要降落的情况在当时还没有规定。在此种情况下，对于外国民用航空器的降落和放油，尤其放油，低层管理机关并不享有管理权限，加之在当时背景下，外国飞机要在中国排油，一般执法人员显然是很难正确对待的。在此种情况下，各执法主体放弃有关的实体规则而选择向上汇报的程序规则似乎也找不出非常严重的不妥。但笔者认为，应正确区分两类行政法规则，一类是外部管理规则，即行政机关对外部事务进行管理的规则；一类是内部管理规则，即行政机关内部领导与被领导，管理与服从的组织规则。本案中的核心问题是行政许可问题，是作出行政许可决定的问题。也就是说，外部行政管理是本案的实质，那么，作为外部管理来讲，执法者就应当寻找有关外部行政管理的规则，并领会这一管理事态的时间概念、空间概念和其他实质性问题，而不能将外部管理关系人为转化为内部管理关系。本案从第一环节开始，各主体就没有积极主动地适用外部管理规则，而是将外部管理事态内部化，从而转移了法律适用的方向，结果导致不良后果。

笔者认为，行政法中的实体规则和程序规则是两个既互相联系，又有所区别的行为规则。行政合法性原则要求必须正确处理两类规则的关系，既做到程序合法，又做到实体合法。在行政执法实践中，此两类规则有时是难以完全一致起来的。即是说，有时符合实体规则，但违反了程序规则，如在行政处罚中，行政机关可能在实体上适用法律是正确的，但可能违反了程序规定而对当事人进行处罚，如该出示证件的不出示证件，该制作裁决书的没有制作裁决书等。当然，此种情形在行政法上是不允许的，此时程序规则与实体规则有同等重要的意义。有时，执法机关为了追求程序的完美而违反了实体规则，这更是不能允许的，是违背行政合法性原则的。本案中，13个环节处在一个行政管理的链条上，按照当时民航管理的内部规定，上下级之间无疑存在命令指示与请示汇报的关系。下级请示上级从纯程序看并不是违法的。而且，当时的法律、法规并没有明确规定谁能够作出这样的行政决定。但不能因此就肯定此次延误外国飞机降落的事件是合法的。恰恰相反，13个环节，除最后作出令飞机降落的行为是合法的外，其他环节都是违法的，是违反有关实体法的。1957年制定的国务院《关于国家行政机关工作人员的奖惩暂行规定》对于玩忽职守、渎职、滥用职权推卸责任等行为都作了规定，《宪法》对公民人身权、自由权等权利也作了明文规定。在飞机遇紧急情况时迟迟不能让飞机降落，无疑是轻视人权、渎职、失职、推卸责任等实体上的违法行为，周总理一语道破："简直是官僚主义！不负责任的官僚主义！"

案例20　资格合法与职权合法的关系
——××钢铁公司诉×市×区物价局案

【案情摘要】

原告：×市××钢铁公司

法定代表人：张×

被告：×市×区物价局

法定代表人：赵××，×市物价局局长

××钢铁公司为了适应市场经济的形势，结合当时钢材价格不稳定的状况，于1994年8月6日向×市物价局提出书面申请，请求准予降低价格销售钢材。市物价局研究了钢铁公司的请求以后，经该局领导同意后，口头答复××钢铁公司可以降价销售钢材，并在××钢铁公司的申请报告上注明了"已经备案"字样。在报告没有答复之前××钢铁公司副总经理就此事打电话请示×市物价局局长，局长答复可以降价销售。得到准许以后×钢铁公司便开始降价销售钢材。1995年4月，被告×市×区物价局对原告××钢铁公司在1994年8月20日至1994年12月期间销售的钢材价格进行检查，确认××钢铁公司降价销售钢材共计三十余笔，低于原定价额计82 941元。据此作出行政处罚决定，没收××钢铁公司钢材销售差额款，并对××钢铁公司罚款5000元，对作出这一决定的××钢铁公司法人代表张×罚款300元。××钢铁公司对×区物价局的处罚决定不服向×市物价局提起行政复议，市物价局经复议于1995年4月13日作出了维持被告×区物价局处罚决定的行政复议决定。

××钢铁公司对复议决定仍然不服，遂向×市×区人民法院提起行政诉讼，诉称其降价销售钢材的行为是经×市物价局准许的，请求人民法院判决撤销被告×区物价局对原告××钢铁公司的行政处罚决定，并退还没收的款项。被告×区物价局辩称：本局对原告的处罚是有法律依据的，一是依据《价格管理条例》，二是依据国家物价局《关于价格违法行为的处罚规定》，因此对原告的处罚是合法的、适当的。并认为×市物价局领导的电话答复和口头批示不能作为其降价销售的依据，请求人民法院维持被告的处罚决定。×区人民法院经审理，认为根据《价格管理条例》的规定，×市物价局及其领导人准许××钢铁公司降价销售钢材属行政越权行为，该降价行为的决定权在其上级职能部门。根据《价格管理条例》第35条和国家物价局颁发的《关于价格违法行为的处罚规定》第8条规定，××钢铁公司的价格违法行为应由×市物价局负责检查处理，并行使相应的处罚权，×区物价局对××钢铁公司的处罚超越了权限，应予以撤销。×区人民法院依《行政诉讼法》第54条第2项第4目之规定于1995年9月16日作出判决：①撤销被告×区物价局的行政处罚决定；②将没收的款项退还给原告。×区物价局对一审判决不服，提起上诉，二审维持原判。

【提示与讨论】

本案案件事实认定的集中点有三个：①原告××钢铁公司降价销售钢材的行为事实；②×市物价局及其行政领导批准××钢铁公司降价销售的行为事实；③×区物价局对××钢铁公司进行行政处罚的行为事实。三个事实是有机地联系在一起的，在本案中难以分割。××钢铁公司降价销售钢材的客观事实是存在的，但该事实的性质却是值得探讨的。从《价格管理条例》和钢材行业的一些规定看，降价销售钢材是违法的。但是，按照我国行政管理和行政法治的一般原理和要求，被管理者必须服从管理，××钢铁公司从×市物价局取得了降价销售的行政许可，其降价销售行为并不是不服从管理的表现，而是一种服从行政管理的行为。因此，不应当把××钢铁公司降价销售钢材的行为事实认定为非法事实。×市物价局批准××钢铁公司降价销售既是非常主观的行政决定，又是超越职权的。本案中这一部分事实是错误的，也正是由于这一部分行为的错误导致了××钢铁公司行为的最终结果。×区物价局对××钢铁公司的行政处罚，由于超越了行政职权因而也是不妥的。人民法院对本案案件事实的认定应当说是正确的。

本案中适用法律的主体有两个：一个主体是×市物价局，其依法享有管理物价行政事务的权力，从抽象概念上讲是一个合格的执法机关。但就本案的具体情况看，其主体资格是不合法的。因为，一个行政主体资格的合法与否与其权力义务联系在一起，如果其在自身的权力义务范围内行使管理权，就是合法主体，而在权力范围之外行使权力就是非法主体。市物价局本来没有权力决定××钢铁公司是否能够降价销售的问题。依《价格管理条例》第10条规定，制定、调整商品价格，必须按照国家规定的权限和程序执行。任何地区、任何部门和单位、任何个人都不得超越权限擅自制定、调整商品价格。本案中，只有省物价局才有权力决定××钢铁公司是否能降价销售，而×市物价局是没有此项权力的。所以，×市物价局适用法律从主体到行为都是违法的。另一个主体是×区物价局，其在法律上讲是行使物价行政管理权的机关，同样是一个具备法律人格的主体。但就本案的法律适用讲，其主体资格就不合法了。国家物价局《关于价格违法行为的处罚规定》第8条第1款第1项规定："对业务主管部门越权定价的，由同级物价检查机构负责检查处理；对地方人民政府或物价部门越权定价的，由上一级物价检查机构负责检查处理。除纠正其价格违法行为外，并追究决策人的责任，可处以相当于本人三个月基本工资以下的罚款；并可建议监察部门给予行政处分。"从此条规定看，×区物价局是不能对×市物价局的行政行为作出评价并进行处理的。因为××钢铁公司的降价销售行为是由×市物价局决定的。人民法院审查此案正确适用了《价格管理条例》和国家物价局《关于价格违法行为的处罚规定》，所以本案的处理结果是合法的、恰当的。

笔者认为，行政合法性原则要求行政主体不但要资格合法，而且要职权合法。资格合法指行政主体资格的取得必须符合法律的规定，要么是法律规定的职权机关，在我国各级人民政府职能部门管理本职能范围内的行政事务，一个职能机关依法组建时，同时取得了行政执法主体资格；要么是法律、法规授权的授权机关，这类机关主体资格的取得是由法律或者法规授权的，其在授予的权限范围内履行执法职能，是该执法行为的合法主体。然而，主体资格的合法与职权合法却是两个不同的概念，是两个范畴的问题。一个行政机关取得主体资格以后，要行使相应的职权还必须受行政法规范的约束。行政机关是一个组织系统，内部分成若干层级和类型。不同类型的机关有不同的职权范围，不同层次的机关其权限范围也有所不同。不同类型机关在职权上的界限较易区分，而不同层次机关的职权划分有时就不那么明显。相对一方当事人常常并不十分清楚不同层级行政机关在同一管理事态上的权限划分。本案中，××钢铁公司并不十分清楚降价销售钢材的决定权在哪一级物价管理机关，其请求×市物价局的行为是无可厚非的。×市物价局管理物价行政事务是由其权力性质决定的，对物价事务的管理来讲其是一个合法主体，但就审批决定××钢铁公司降价销售来讲却是职权的不合法，行政法理论上叫行政越权，就是主体合法而职权不合法的表现。此类问题在行政执法实践中较为多见，与之类似的还有滥用职权等。总之，要认真把握主体合法与职权合法的关系。

案例21 合法委托中的权利义务
——林××诉×市园林局侵权案

【案情摘要】

原告：林××，女，23岁，系×厂职工

被告：×市园林管理局

法定代表人：唐×，×市园林管理局局长

1995年10月1日，原告林××去本市动物园游览。林××事先听人说国庆期间动物园动物很好玩，园里根据每个动物的习性安排适合于各种动物特点的动物游戏，游客可以根据动物的特点挑逗和玩弄动物。林××便买了一些花生米、面包、瓜子、水果等类型的食物，打算投掷给动物。当林××游览到猴山时，发现笼子里的黑叶猴很好玩，便从事先准备的食物中拿出一些投给猴子，投掷的有花生米、面包、瓜子等。在投掷过程中被动物园治安室的工作人员王×与邓×发现。王×与邓×对林××说："我们是动物园的工作人员，你跟我们走一趟。"林××说："有什么事就请讲。"王×与邓×说："这儿人太多，讲不清楚，到我们办公室去，我们会给你讲清楚的。"林××便跟王×与邓×到了动物园治安室的办公室。王×与邓×问："你刚才看黑叶猴时，干了什么事？"林××回答："喂了猴子罢。"王×与邓×说："你没看见上面写着'禁止投掷食物'。"林××说："喂点食物有什么了不起，好玩罢了。"王×对邓×说："这娘们给我们耍嘴皮子，把她搜查一下。"于是王×与邓×便对林××施行了人身搜查，将其携带的准备喂给动物的食物全部搜出来，并全部没收。在搜查时邓×拉扯了林××的胸罩。搜查完后，王×与邓×填写了行政处罚决定书，对林××处以50元罚款。林××认为王×与邓×对自己有人身侮辱行为，且不应当罚款，便通过行政复议程序要求×市园林局改变处理决定，×市园林局复议以后维持原处罚决定。林××不服向×区人民法院提起行政诉讼。

林××诉称：本市动物园是×市园林局委托行使行政处罚权的组织，×市园林局应对王×与邓×的处罚行为负责。其在对本人处罚时，有人身侮辱行为，应向本人赔礼道歉。本人虽有喂食动物的行为，但并无恶意，也没有伤害动物。自己的行为是不违法的，应当退还本人50元罚款。×市园林局辩称：市动物园是本局委托行使行政处罚权的组织，其具有对园内违法行为进行处罚的权力。至于林××诉王×与邓×有侮辱行为，一则此说没有充分证据，王×、邓×并没有承认；二则王×与邓×即使实施了此种行为，也与本局无关，因为本局只对动物园的合法行为负责，而不对其违法行为负责，拉扯林××胸罩的行为属于他们的个人行为。市动物园对林××罚款与没收的行政处罚并无不妥，故请求人民法院维持原处罚决定。人民法院审理后，认为罚款与没收的处罚行为事实清楚、证据确凿。至于王×与邓×侮辱林××的行为查无实据，判决维持原处罚决定。

【提示与讨论】

本案林××违法行为的事实是非常清楚的，《×市园林管理条例》明文规定："在园林区乱吐痰、乱扔杂物的，责令当即清除，并处50元罚款。乱倒垃圾、污物的，责令限期清除……"该市动物园内部也有一些规定，禁止游人向动物投掷食物，当然市动物园的规定是不能作为行政处罚依据的。而市人大制定的园林管理条例对于乱扔杂物是明文禁止的。王×与邓×对林××的处罚事实也是清楚的，而其是否有侮辱林××的行为确实无法进一步查证。人民法院在认定这一事实时，当然不能只听林××的一面之词。×市园林局与市动物园的委托关系是成立的，并且这种委托关系已在有关报刊上刊登过。基于此，×市园林局承担市动物园对林××的处罚责任，并出庭应诉是符合法律规定的。

本案适用的实体法应当有两个：一是《治安管理处罚条例》，该条例第19条规定："有下列扰乱公共秩序行为之一，尚不够刑事处罚的，处15日以下拘留、200元以下罚款或者警告……②扰乱车站、码头、民用航空站、市场、商场、公园、影剧院、娱乐场、运动场、展览馆或者其他公共场所的秩序的"。林××的行为可以适用此条规定进行处罚。因为给动物园动物投掷食物是一种对公共娱乐场所秩序的扰乱，加之，林××实施违法行为正值国庆节，动物园游览游客很多，其给动物喂食东西会影响其他游客观赏动物。二是《×市园林管理条例》，该条例是由本市人大制定的，是一个地方性法规，是可以作为行政处罚依据的。该条例禁止在园林区乱扔杂物。依据上述法律和地方性法规，动物园对林××的处罚便有合法依据。本案适用的程序法是《行政诉讼法》，该法第25条规定："……由法律、法规授权的组织所作的具体行政行为，该组织是被告。由行政机关委托的组织所作的具体行政行为，委托的行政机关是被告。"本案中，行政处罚行为尽管是动物园实施的，但由于其处罚权是由市园林局委托而享有的，因此，×市园林局对动物园的处罚行为要承担责任。

笔者认为，本案牵涉到一个重大的理论和实践问题，合法委托中的权利义务。依行政合法性原则的要求，任何行政职权的授予、委托及其运用都必须具有法律依据、符合法律要旨。就行政委托而论，委托的行政机关与受委托的组织之间的权利义务关系必须受行政法规范的调整。委托的机关委托以后，必须对受委托机关就委托事项的所有行为负责，而不是只对其合法行为负责。本案中，×市园林局委托市动物园对园内出现的违法行为行使处罚权，那么，无论市动物园的合法处罚或违法处罚，×市园林局都应当承担法律责任，只有如此，委托的组织承担受委托组织行为的法律责任才有意义。本案×市园林局认为王×与邓×对林××的侮辱是个人行为的观点是不正确的。因为，正是×市园林局委托市动物园行使行政处罚权才产生了王×与邓×的不当行为。就是说，王×与邓×拉扯林××胸罩的行为是处罚行为的一个派生物，而不是一个完全独立的个人行为。笔者认为，如果王×与邓×的确实施了侮辱行为，应由×市园林局首先向林××道歉，并承担相关的人身伤害责任。当然，×市园林局在与市动物园建立委托关系时相应的权利义务规则，即×市园林局有何种权利义务、市动物园有何种权利义务则是另一个问题。即是说，×市园林局在向受害人林××承担了法律责任后，可以再追究市动物园及其相关人员的责任，如让王×与邓×承担一定的责任。在行政执法实践中，一些委托机关委托以后，对受委托的机关的行为不再监督，待受委托的组织实施了违法行为以后，却又推卸责任。合法性原则要求委托的机关不能简单地只与受委托的机关建立一种形式上的关系，更重要的是其必须监督受委托组织是否以委托关系中的权利义务行使权力。

第三节 行政合理性原则

行政合理性原则与行政合法性原则被视为现代行政法的两大基本原则，合理性原则是指行政决定内容要客观、适度，符合理性。关于行政合法性原则的基本内容理论界已有定论，而行政合理性原则的基本内容则说法不一。难于形成共识的焦点在于合理性原则中的合理条件问题，即符合什么样的条件才算合理。由于法律没有合理性原则的统一规定，理论界关于合理性原则各说也就各有根据，正因为如此，行政法治实践中合理性原则很难起到规范行政行为的作用。

行政合理性原则的合理条件有其衡量标准，各标准既可以单独规制行政行为在合理范围内的选择，又可以作为一个整体规制行政行为的选择。它主要包括以下条件：

第一，符合法治观念的合理性。就是指行政执法人员必须把合理理念作为合理原则的标准。行政执法人员主观意识必须符合法治理念的要求，不能以人治理念、强权理念、党治理念等作为支配权力行使的主流观念。这就要求执法人员在处理法无明文规定的行政事务时，必须在法治观念的支配下选择相关的行政规则，而不是让法治以外的因素左右其头脑。

第二，符合宪政民主的合理性。它要求行政主体所认同的合理性是在行政主体与相对方权益关系平衡以后的合理性，是突出行政相对方地位的合理性。宪政民主除了力量对比这一实质性的内容外，还有一些具体要求，如行政行为公开化的要求，行政行为公众化的要求等。还要说明的是，宪政民主并不是一个抽象概念，它反映在宪法条文中的法治精神、法治内容对行政合理性原则具体的规制作用上。

第三，符合相关实体规则的合理性。一国的法律是一个完整的法律体系，尽管有部门法之间的划分。但这种划分只是一个技术问题，只是一个具有相对意义的问题，而不是绝对的，更不能将所划分的法律规范予以割裂。这本来是一个不容争辩的问题，然而，在我国法治实践和法学理论中，却人为地将法律的门类予以割裂并绝对化。似乎一个部门法只对十分狭小的部门关系进行调整，而不可能调整因其他行为而引起的关系。立法者在制定法律规范时所关注的并不是部门法本身的意义，而是部门法在规范社会行为中的意义，即它试图将具有相同性质的行为纳入同一规则的调整之下，并使法律规则能够使所有相关行为得到调整。也就是说，它所关注的只有行为的同一性，或只追求行为调整中的同一性，而不能绝对强调法律部门的同一性。依这一理论，行政法所疏漏的事态，若相对方的行为接近于其他部门法所设定的行为就应当受到其他部门法的调整，或者由行政主体参照其他部门法进行调整。其他部门法中的一些实体规则就可以直接运用到行政执法中、可以直接为行政合理性原则提供标准。

第四，符合法律形式要件的合理性。在合理性选择中，由于实质要件的不可操作性，形式要件就显得尤为突出。行政主体在行政裁量范围内，选择实体内容时，若要达到真正合理就必须首先符合法定形式要件：①行政行为的主体必须是符合法定标准的主体，若其在法律上不合格就不能实施相关行政行为；②行政主体必须在符合法定程序的前提下进行选择，而不应违背法定的程序规则，如若法律规定了行政行为实施的步骤其在作合理性选择时就必须按法律规定的步骤选择实体内容；③行政主体必须在符合法律规定的具体形式下进行选择，如若需以书面形式进行合理性选择其就不能以口头形式作出行政决定等等。在符合法律形式要件的内涵之下还有一个问题需要强调，就是行政主体在相对人实体权利不能明确决定的情况下，要突出维护行政相对人的程序权利。程序权利的恰当保护，常常可以达到使当事人对于实体权利感到满意的效果。

行政合理性原则的内容有下列方面：

第一，下位规则服从上位规则的合理性。行政法规范体系中排列着不同层次的行政法渊源，在这些渊源中有地位高低之分，处于高位的我们叫上位规则，比上位规则低的我们叫下位规则。在绝大多数情况下，我国行政法中的上位规则与下位规则所规定的内容是一致的。然而，由于行政法规范体系的复杂性，下位规则与上位规则之间的矛盾冲突是经常存在的。在合理性选择中应以上位规则为准。之所以选择上位规则不选择下位规则既是基于法理的考虑，又是基于上位规则具有普遍意义而下位规则无普遍意义的考虑。

第二，权利保护强于义务附加的合理性。在行政执法实践中，一些需要行政主体自由裁量的事态是在法律没有明文规定的情况下进行的。此种情况对于行政管理相对一方当事人而言，可能从法律没有规定的状态下获得某种利益，也可能从法律没有规定的情况下得到某种义务。行政主体在作出行政合理性选择时，必须以保护行政相对人合法权益作为合理性的基本内容。一个法律空白的行政事态对于行政相对人来讲，可以变成权利也可以变成义务，行政主体必须从保护相对人的权利出发实施行政行为，而不能以向相对人赋予义务为行政行为。当然，在行政法治实践中，权利和义务有时是交织在一起的，相对人取得权利的同时也可能要承担由该权利而引起的义务，或者在履行某一义务时也享受到了相应权利，在此种权利与义务紧密结合的情况下，此条准则是不大适合的。但就行政主体对行政相对人的行政取向分析，权利保护取向和义务附加取向还是明显存在的，该内容要求行政主体选择前者。

第三，无过推定优于过错推定的合理性。行政行为的作出是受一定内外在条件制约的，内外在条件的不同使行政行为有着不同类型。有些行政行为是基于行政战略的考虑，行政机关依职权主动为之，此种行为一般不受行政相对人状态的制约。而相当一部分行政行为是基于相对一方当事人的行为而引起的，例如，行政许可行为是由于相对一方当事人的请求而引起的，行政奖励行为是由于相对一方当事人对社会有益的行为而引起的，行政处罚行为则是基于相对人对社会有害的行为而实施的。行政强制、行政处分等也都是基于相对方的行为而产生的。基于相对方对社会有害的行为而实施的行政行为在行政法上可以统称为行政制裁。该行为在行政法治实践中运用得颇多，它是行政主体维护行政秩序所不可缺少的。制裁行为的实施有明确状态、需查明状态和不明确状态之分。所谓明确状态就是指行政相对人实施的有害行为，无论性质还是量度都是不需要查证的，如司机驾车闯红灯的行为就不需要搜集其他证据；需要查明状态是指相对人实施的对社会有害的行为中一些事实是清楚的，而另一些事实则不清楚，还需进一步查明，其中的部分事实可能没有有效的手段予以查明；而不明确状态则是指行政相对人实施的对社会有害的行为其主要内容并不明确，且在一定时间内行政主体不可能通过有效手段查明，但违法行为的确存在并需要追究相对人的责任。在三类状态下，后两种状态都存在较大的合理性选择问题，即选择何种制裁手段、制裁手段运用到何种程度才是妥当的，这时，就有两种可供选择的内容：一是过错推定，在过错推定的情况下，行政主体可以凭主观判断、可以通过对已获得事实与当事人以往的表现作出当事人主观有恶性，客观有恶性的判断，并因此作出行政行为；二是无过推定，在无过推定的情况下，行政主体只能就已获得的事实作出认定，而不能凭主观判断认为相对人有其他过错。作为法治国家的行政而论，应以无过推定作为行政合理性的选择标准。

第四，取利优于取稳的合理性。行政主体在行政执法实践中，尤其在作出具体行政行为时，常常面临利益最大化与秩序最大化之间的冲突。利益最大化要求行政主体在行政权行使中必须追求最大利益，笔者此处所讲的最大利益不是指对行政主体自身的利益，而是行政主体通过行政行为对社会、对行政管理相对一方当事人所创造的利益。在行政主体所创造的利益中，利益关系是分成不同层级的，就是说有些利益对行政相对人最大、对社会次之，有些利益对社会和行政主体最大而对相对人次之。在这个排列顺序中应该打破传统观念中社会利益优于个人利益的传统思维定式，应将行政相对人的利益放在首位。因为，行政行为的直接对象是行政相对人，且对行政相对人的利益可以量化而对社会的利益则难以量化。秩序最大化要求行政主体必须把维护统治秩序、维护行政管理秩序放在第一位，使行政管理显得比较平稳。长期以来，我国在行政执法中所选择的是秩序的最大化，一则维护有效的管理秩序是我国政府所强调的，二则行政主体，尤其一些行政首长为了保护自己权力的稳定性而不愿在追求利益方面下工夫。利益的选择和秩序的选择应当说都是有道理的，都可以作为行政合理性原则合理条件的内容。如果说，计划经济体制下秩序稳定性的选择优于利益最大化选择的话，那么，市场经济体制下利益最大化选择必须优于秩序最大化选择，因为市场经济的良好秩序必须从行政相对人的利益中，必须从社会利益中得到反映，也只有坚持利益最大化才会为秩序注入新的活力。

第五，许可选择大于禁止选择的合理性。行政禁止和行政许可是行政权行使中两种经常采用的行政方法或手段。这两种方法既是相反的又是相辅相成的，说它是相反的是说两种方法对行政相对人来讲所得到的效果是不同的，一者使相对方获得了权益或利益，另一者使相对方失去了权益或利益。说二者是相辅相成的则是说没有行政禁止也就没有行政许可，行政禁止是行政许可的前提条件，而行政许可则是对行政禁止状态的解除。在行政合理性选择中，行政主体可以作出禁止性的选择，也可以作出许可性的选择。之所以说许可性选择大于禁止性选择应成为合理性原则合理条件的内容构成，除深层次的法理学原因外，从行政主体与立法机关的关系讲亦应如此。行政禁止与行政许可在一定意义上讲是一种立法行为，其明确的设定义务性充分证明了其立法行为的性质。行政主体的执法功能从哲学意义上说是对国家意志的执行功能，而立法机关则是国家意志的表达者，执行者不能超越权限去表达国家意志。从这个意义上讲，行政主体应尽可能选择许可性行为，而少些选择禁止性行为。退一步来讲，许可行为若出现错误至少不会伤害行政相对方的合法权益，而禁止行为错误后既有可能侵害相对方的权益，又有可能使行政权对抗立法权。

在行政法治实践中经常遇到以下几类问题：①遵守法律规范与领会法律精神的关系；②行政自由裁量权的适度行使等。

案例22 遵守法律规范与领会法律精神的关系
——赵×诉×县卫生防疫站违法处罚案

【案情摘要】

原告：赵×

被告：×县卫生防疫站

法定代表人：高×，×县卫生防疫站站长

1996年12月20日，×县卫生防疫站收到一群众举报，说其邻居赵×在家屠宰生猪，影响周围环境卫生。卫生防疫站便派6名执法人员赶到赵×家。执法人员刘×告诉赵×："你未经我们批准就经营屠宰业，是违法行为。"赵×回答："我在工商行政管理局办理了有关手续，不存在违法问题。"×县卫生防疫站6名执法人员不容赵×再作辩解，就把赵×屠宰的猪肉搬上了×县卫生防疫站的执法车辆，并向工商行政管理局口头通报了此事。工商行政管理局派一名科长来到现场，并向×县卫生防疫站解释，赵×有手续，其每次出售的猪肉都是经过检验的。×县卫生防疫站的执法人员不听工商行政管理局的解释。当天中午，传唤了赵×。刘×说："你没有办理食品卫生许可证，未经批准屠宰是非法的，猪肉要全部予以没收，根据《食品卫生法》第39条的规定可以罚你5万元，但我们准备罚你5000元。"并当场出具了《食品卫生监督违章处理通知书》：①未经许可擅自屠宰生猪，造成环境严重污染，宰杀的猪肉未经检验上市出售的行为是违法的；②没收其屠宰猪肉256公斤和屠宰工具；③罚款5000元。随后，×县卫生防疫站将没收的猪肉擅自送给了县社会福利院。

赵×对×县卫生防疫站的行政处罚决定不服，向本县人民法院提起了行政诉讼，诉称：我作为个体户屠宰生猪是政策范围内的事情，县畜牧局还鼓励我们多生产、多卖肉，有利于提高居民生活水平；我从工商行政管理局办理了经营许可证，每次售肉都有检验证，肉品检验员都检验过，猪肉上的"验讫"可以为证，处罚通知书上"未经检验"是不符合事实的。赵×还提出，×县卫生防疫站的处罚程序也是不当的，依《×省食品卫生监督处罚办法》的规定，×县卫生防疫站应制作《食品卫生监督行政处罚决定书》，仅凭一个通知书就对我施以没收罚款，是违背法定程序的。县人民法院经过审理认为：依《食品卫生法》的规定，在集市经营的饮食、熟食、饮料等各种直接入口食品才须办《食品卫生许可证》，而赵×屠宰生猪是可以不办食品卫生许可证的。×县卫生防疫站以赵×没办食品卫生许可证而对其进行处罚是错误的。赵×屠宰的环境卫生应当改进，但环境污染不能由卫生防疫机关依《食品卫生法》处罚，卫生防疫机关有越权行为。被没收的猪肉如果有问题就应当销毁，如果没问题便应当交商品部门变价处理后上缴国库，而不能送人情。据此，县人民法院撤销了×县卫生防疫站的全部处罚决定。

【提示与讨论】

本案案件事实较为复杂，有诸多方面的环节需要引起注意。第一个事实是赵×有无屠宰生猪资格的事实。这是全案的焦点，如果赵×没有屠宰的资格，那么，对其处罚可能是程序上的不当，而不会有实体上的错误。因为，赵×没有屠宰资格而屠宰的话，就违反了有关实体法，而行政机关对其进行制裁就不会有同样的实体上的违法。依我国有关工商行政管理法规的规定，个体户经营屠宰属工商行政机关的管辖范围，工商行政机关许可经营屠宰业，其就取得了合法资格，而×县卫生防疫站关于“你未经我们批准经营屠宰”的说法是无根据的。在这一事实的认定上，×县卫生防疫站是不妥的。第二个事实是赵×是否造成环境污染的事实。环境污染是一个特指概念，指对公共环境造成的污染，而不是私人的家庭环境，赵×的屠宰行为仅在其居家范围内进行，因而很难说对公共环境造成了什么污染。在是否造成环境污染的事实认定上，×县卫生防疫站同样是有失偏颇的。第三个事实是赵×屠宰和销售的生猪是否为合格产品，如果是病猪或其他伪劣猪肉，×县卫生防疫站是有权对其予以制裁的。这是本案中×县卫生防疫站惟一的职权范围，因为环境污染和屠宰资格属其他行政机关主管。而本案中赵×销售的猪肉每次都经过了检验，工商行政机关为其出具了检验合格证。所以在上述三个事实的认定上被告都是有所失误的。人民法院经过对案件事实的全面审查作出了正确的判决，让被告对其错误的事实认定承担相应的法律责任。

本案的法律适用与本案的事实认定一样，亦较为复杂。首先，必须区别本案适用的行政法规范的范畴。本案可以适用的行政法规范有三个范畴：①有关工商行政管理的法律规范。赵×从事个体屠宰属工商行政管理的对象，其经营资格的取得和经营行为要受工商行政管理法的调整，如其依国家对个体工商户资格管理的规定取得合法资格，依有关个体管理的行为规则进行合法经营等。赵×经营生猪屠宰和销售所适用的法律由工商行政管理机关执行。②有关环境保护管理的法律规范。赵×从事屠宰业不当对环境造成污染，如果污染了公共环境，就违反了有关环境保护的行政法规范，由环境保护机关对其进行处罚。③食品卫生方面的管理法规范。如果赵×所售猪肉确实不符合卫生标准，有病猪、死猪等嫌疑的话，卫生防疫机关便可以适用卫生防疫或食品卫生方面的管理法规。本案×县卫生防疫站在适用法律时并没有明确其适用的是哪一类法律。其先对赵×的经营资格提出疑问，是适用法律的不当，因为其无权适用工商行政管理法规范。又说赵×造成了环境污染，同样是适用法律不当，因为赵×没有污染环境的行为，即使有也应当由环境保护机关对其进行处理。卫生防疫站不是环境保护执法的主体。后又说赵×的猪肉不合格，但又无充分证据，同样是适用法律不当。其次，要保持适用法律的同一性，不使其陷入矛盾之中，本案中×县卫生防疫站，在适用法律上前后很不连贯，对此上面已经讲过。

笔者认为，行政合理性原则的要求之一就是执法者在执法过程中要正确处理遵守法律、依法办事与领会法律精神的关系。就是说，不能简单的从条文的形式出发，而必须领会法律规范背后的内在精神。①正确把握法律的精神才能在复杂的法律规范面前有所适从、有所选择而不致茫然不知所措。本案充分证明了这一点。本案中，卫生防疫机关的执法人员由于没有正确把握法律的实质内容，因而使适用法律的行为前后不连贯、不一致，甚至不知道自己的职权范围与法律规范的关系，从对当事人适用工商行政管理法规范到适用环境保护法规范再到适用食品卫生法规范都表明了这一点。法律以及法律关系之间的界限是非常明确和严谨的，这是每一个执法者都必须懂得的法律精神，如果不懂此点就必然带来执法的混乱。②当执法行为与管理事态发生冲突后，要把握法律规范背后的哲学道理，不能从纯粹的法律规范出发。一个法律规范往往有哲学前提、有道德依据，甚至内含政策精神，这些因素执法者必须领会，否则就会陷入机械主义和法律万能主义。本案中，卫生防疫机关片面理解了赵×行为的环境危害和对自己的不尊重，而没有认识到赵×的行为动机、行为的实质表现、行为的方式等都没有比较明显的社会危害性。本案执法人员没有领会法律精神的另一个表现，就是过多地考虑了不该考虑的因素，轻信赵×邻居的举报。行政执法是一体化的，本案中工商行政机关同样是一个执法主体，对卫生防疫机关而言，与工商行政机关应当有共同的执法倾向，就是维护好行政管理秩序，应互相配合、互相支持。但×县卫生防疫站是不懂得这一点的，从其对工商行政机关的态度可以看出来。

案例23　行政自由裁量权的适度行使

——丁××请求复议案

【案情摘要】

复议申请人：丁××

被申请人：×区公安分局

法定代表人：鄂×，×区公安分局局长

1995年6月4日，丁××在本市乘坐一路电车时，借人多拥挤之机，用事先准备好的剪刀将受害人肖×的辫子剪掉。肖×现年18岁，留有两条1尺多长的辫子。丁××将其两条辫子全部剪掉时，肖×并没有发觉，乘客李××看见了丁××剪掉肖×辫子的行为，但由于害怕报复没敢制止。丁××提前一站下车后，李××才告诉肖×："你的辫子被一男青年剪掉了。"肖×一摸两条辫子全没了大惊失色，问李××："那人在哪儿，快点告诉我！"李××回答在上一站下车了。肖×便喊司机停车，与李××一起下车找剪其辫子的男青年。在解放路口，李××认出了丁××，便指给肖×说："就是他。"肖×冲上前去一把抓住了丁××，并在周围群众的帮助下将丁××扭送到派出所。×区公安分局受理此案后，对案件进行了调查。原来丁××与肖×同为某职业技校的学生。肖×被认为是该校校花，丁××早就对肖×心怀不轨，又因自己条件差追求肖×被拒绝，于是就想出了毁掉肖×形象的主意。由于丁××与肖×不在一个年级，肖×并不认识丁××。丁××在交代时讲，就是想把肖×的形象搞坏。×区公安分局将丁××的行为认定为侮辱他人，干扰他人正常生活。依《治安管理处罚条例》第22条的规定处以丁××行政拘留15日，罚款200元。处罚决定作出后，丁××不服，向市公安局提起行政复议。丁××认为对其适用法律不当，他没有侮辱肖×，也未干扰她的正常生活，只是一般的治安违法行为，×区公安分局对其适用《治安管理处罚条例》第22条是不妥当的，对其处罚过重，显失公正。丁××认为自己的违法行为是相当轻微的，而且态度好，处以15日拘留和200元罚款过重。市公安局经过复议，认为丁××毁坏他人形象的行为适用《治安管理处罚条例》第22条并无不妥，认为丁××行为的情节是比较恶劣的，×区公安分局处以15日拘留和200元罚款适用法律恰当，故维持原行政处罚决定。对市公安局的复议结果丁××没有提起行政诉讼。

【提示与讨论】

本案的事实认定是值得讨论的，首先是丁××的行为性质的事实。丁××的行为究竟是什么性质的行为必须予以澄清。×区公安分局在对该案处理时曾有三种观点：第一种观点认为，丁××的行为属于扰乱公共场所秩序的行为。公共场所指车站、码头、闹市区、公共交通工具等，在上述地方制造混乱或者寻衅滋事，侮辱妇女，进行其他流氓活动的行为都属于扰乱公共场所秩序的行为。丁××剪掉妇女辫子，其行为属于在公共场所进行流氓活动。故认定为扰乱公共场所秩序的行为较为妥当。第二种观点认为，丁××的行为属于报复行为。理由是二人同在一个单位，丁××伤害的对象是早已确定的，而且事出有因，故认定为报复行为。扰乱公共场所秩序的行为其对象是不特定的，而本案行为人的对象是非常特定的，认定为报复行为更为妥当一些。第三种观点认为，丁××的行为属于侵犯他人人身权利的行为。理由是《治安管理处罚条例》规定的侮辱他人的行为、干扰他人正常生活的行为，显然是在特定情况下而言的，本案中丁××的目的是给受害人的形象造成伤害，是一种侮辱他人的行为，故将其行为认定侵犯他人人身权利的行为更为合适一些。大多数人认为第三种观点较为合理，故×区公安分局以侵犯他人人身权利的行为对丁××进行了处罚。其次，本案恶劣程度的事实必须正确认定，因为这关系到被处罚人承担什么样的处罚责任的问题。一种意见认为本案是比较轻微的违法行为，应从处罚种类中选择轻微的处罚种类，并以较轻的幅度处罚。另一种观点认为本案情节恶劣，应从重处罚。×区公安分局选择了后者。本案情节的恶劣程度读者们可以讨论。

与本案案件事实相关联的是本案的法律适用问题，即究竟是适用《治安管理处罚条例》第19条，还是适用第22条，或适用其他条文。《治安管理处罚条例》第19条是关于扰乱公共秩序行为的规定，其中第3项规定："扰乱公共汽车、电车、火车、船只等公共交通工具上的秩序的"。关于丁××的行为是否属于此项规定的情形，笔者认为其违法行为发生在公共汽车上，而且人多拥挤，以此项论之似乎有一定的道理。第4项规定："结伙斗殴，寻衅滋事，侮辱妇女或者进行其他流氓活动的"。对于丁××的行为是否属于侮辱妇女的行为，笔者认为，丁××的行为其加害人是特定的，而侮辱妇女的对象不一定是特定的，正因为如此，此类行为被归入公共秩序的行为之下。第22条是关于侵犯他人人身权利的规定，该条第3项规定："公然侮辱他人或者捏造事实诽谤他人的"，应受到处罚；第5项规定："写恐吓信或者用其他方法威胁他人安全或者干扰他人正常生活的"，应受处罚。丁××的行为符合此二项规定的行为性质，因此，×区公安分局适用《治安管理处罚条例》第22条是正确的。适用法律除了条文上的把握必须准确明白，还要把握违法行为情节的轻重，这是行政处罚做到过罚相适应的前提。本案丁××的行为的恶劣程度是否达到了必须以最高的处罚幅度处罚的程度，是有疑问的。因为丁××只是剪掉了肖×的辫子，并没有造成其人身或其他更严重的伤害。因此，×区公安分局选择最高的处罚幅度对丁××进行处罚是否恰当是值得商榷的。

本案是一个关于行政自由裁量权理论的典型案例。行政自由裁量权存在于两种情况之下，第一种情况是"空白地带"的行政自由裁量权。所谓"空白地带"是指法律规范没有规定，但行政管理必须予以处理的那些特殊事态。在此情形下，执法人员必须根据自己的判断选择一个标准，对案件予以处理，在选择时既要考虑法律原则，又要合情合理。此一范畴的行政自由裁量权，在行政法学理论中基本上被忽视了。本案中，此一类型的行政自由裁量权是存在的。丁××剪掉肖×辫子的行为，在《治安管理处罚条例》所列举的违法行为中是没有的。该行为究竟是报复行为还是流氓行为，或是侵犯人身权利的行为，法律都无明文规定，就是说此行为是被法律遗漏的“空白地带”，但行为本身必须受到行政权的作用，执法人员必须依法律原则进行选择，确定该行为的性质并予以处罚。本案中，此一部分的行政自由裁量权行使是合乎情理的，对丁××行为性质的认定并无大错。第二种情况是“幅度范围内”的行政自由裁量权。侵犯他人人身权利的行为依《治安管理处罚条例》第22条规定可以处1～15日的行政拘留，1～200元的罚款。1～15日是一个幅度，可以有15个选择；1～200元是一个幅度，可以有200个或者更多的选择。自由裁量权理论以及有关自由裁量权行使的法律原则要求选择必须适度，即不能使自己选择的处罚标准与行为性质应该承受的处罚结果不一致。本案中，×区公安分局在行政拘留手段上选择了上限，在罚款手段上选择了上限，笔者认为，这种选择是不适当的。因为在行政处罚中，只有当被处罚人的行为有从重情节时才可以作出这样的选择，而本案丁××并没有明显的从重情节。

第四节　行政法基本原则的实现

行政法基本原则的实现是指行政法基本原则中的权利义务规则由应然变为实然的状态，由存在形态变为实在形态的状态。实现与实施不同，后者指行政法基本原则在行政权和行政法中的具体运作过程，前者则是通过运作所获得的实际结果，如果说后者是一个实证性概念的话，那么，前者则是一个理性化概念，它其中可能包括了实证乃至实用成份，而它的最高追求则是一种理性的价值选择；实现和效力不同，效力指行政法基本原则对人、对事甚或对空间的规制程度，而实现则不单单包括它的具体规制环节，而是对规制环节的一个高层次的升华，如果说效力是行政法制度范围内的概念的话，那么，实现则是高于行政法制度的一个哲理概念，它其中可能包含着一定的效力属性，而它实质上却是对效力的一定理论提炼；实现与执行不同，执行是指行政主体在履行行政管理职能过程中对行政法基本规则内容的贯彻，而实现则是在行政主体和行政相对人双方面的作用下，使行政法基本原则的内容归位于权利与义务的关系之中，实现中可能包含着执行，但是它与执行相比是更为周延的概念系统。

第一，行政法基本原则的实现，要求行政法基本原则必须由主观规则转化为客观规则。法律规定在它是单纯的存在规则时，它是主观规则，即存在于人们意识中的一种心理上的联系，此时，法律规则所包含的权利义务是一种应然性的权利义务，就是尚未物质化的意识性的东西。行政法基本原则既然是法律宏观体系中的一个构成，它也就应当具有法律的一般属性，即作为主观范畴的存在物，至于该主观范畴对社会和行政权运行的威慑作用则是另一个问题，因为我们无法寻到客观标准来证明这种威慑作用，因此不能断然认为其有威慑作用就是客观的。行政法基本原则的实现则是其由主观到客观的过程，所谓客观化的过程就是说原则中所包含的禁止、许可、制裁等由意识上的联系化为了行为上的联系。一定的行为与一定的关系是规则由主观转变为客观的条件，易而言之，只有在一定的条件得到满足以后，规则才可以由主观到客观，而只有当规则客观化以后我们才可以说它已经被实现了。应当说明的是，行政法基本原则的客观化比起一般法律规则的客观化有着更为特殊的内涵，其客观化中的条件满足要比一般法律规则条件满足更为特殊一些。这种特殊性表现在其所需要的条件系数相对低一些，如果一原则制约了行政立法过程，而行政立法主体只有行政主体一方，此时，我们不能认为只有一方主体而事先确立的行政法基本原则未予以客观化，这是行政法基本原则实现的特殊性之所在。

第二，行政法基本原则的实现，要求行政法基本原则必须由抽象规则转化为具体规则。行政法基本原则抽象性是指行政法基本原则在行政法领域中对所有的规范、关系、行为都应当是适用的。同时，在法律规则中原则性条款和实施性条款的区别就在于原则性条款具有较大的抽象性，该抽象性表现为原则所追求的是一个整体，或者整体意志和利益上的一致，既不考虑个别，甚至也不考虑一些特定的部分，法律原则与一般的法律规则相比尤其注重整体。我们说，行政法基本原则的实现要求行政法基本原则由抽象到具体就是指对于整体性的行政关系，一般性的行政事态起作用的规则，必须化为对个案起作用的规则，必须在个案中体现自身所隐藏的科学内涵。作为一个普遍的法律原则，所有规则都应当得到遵守。个人在遵守、服从这些原则的精髓时，是对社会行为的一个分割，但不是对原则本身的一个分割，只是原则以同样的要求辐射到各个具体的个案中，辐射到各个人的具体行为中，尤其在对待反社会、反行政管理秩序的人的时候法律原则所体现的一致性更是如此。例如，在行政复议过程中保障法律、法规的正确实施是一个抽象化了的规则，在其处在抽象化的阶段时，其内容是否有物质意义是无法证明的，你不可能用一个公理说明写在纸上的这些规则是否制约了人们的行为，但当具体的行政复议活动开展以后，无论是正向的复议活动还是反向的复议活动都使这一原则变为具体的规则。当然，对于违反原则的行为或状态应当从另一角度看，即只有这些违反带来制裁的后果时，我们才可以说这一原则得到了实现。也就是说只有理想状态的实施才是我们所定义的客观状态。

第三，行政法基本原则的实现，要求行政法基本原则必须由指导性条款转化为操作性条款。行政法基本原则是对行政法规范的高度概括，它在绝大多数情况下是对行政法规范起指导作用的规则。尽管行政法基本原则和行政法的指导思想是两个不同范畴的概念，但行政法基本原则的指导性价值是低估不得的，作为一种指导，它可以成为具体规则实施的灵魂，它可以决定具体规则实施的方向，可以左右具体规则实施过程中的宽严程度等。同时，我们不能因此把指导价值和操作价值等同起来。原则在一般情况下由于其所具有的深度和分量使它处在指导地位。笔者认为，在法律体系中指导性条款如果没有后续的规则证明其已经起了指导作用，那么，其仍然处在未实现的状态之下，而只有将其由指导性条款变为操作性条款之后，其才可以说处于实现状态。在行政法基本原则实现中，原则性条款还可以依其它途径变为操作性条款，如指导操作性条款的实施等。

第四，行政法基本原则的实现，要求行政法基本原则必须由广延性条款转化为个案性条款。行政法基本原则是一个有着广延领域的概念系统，一方面，其存在于行政法关系中，即存在于行政主体和行政管理相对一方当事人结成的具体的管理与被管理关系中；另一方面，其存在于监督行政法关系中，即存在于有权对行政主体行为进行监督的主体与行政主体结成监督与被监督的法律关系中。它还存在于行政法规范的制定、修改、废止等立法行为中，以及行政法规范的具体实施中。这种非常大的覆盖面使其在领域上具有广延性，恰恰是这种广延性导致行政法基本原则从概念本身观察不具有对相关主体权利义务的约束力，正由于此，作为概括性、广延性的行政法基本原则应当说处于未实现状态。而作为实现了的行政法基本原则就必须在个案中具有意义，而且必须在个案处理中保持其内涵的相对确定。行政法基本原则的实现对于原则本身的广延是无足轻重的，关键在于这些广延的条款在个案中证明自身的价值，并促成法律本身所需要的一般性。

在行政法治实践中经常遇到以下几类问题：①行政法原则实现与行政立法精神的正确解读；②公民基本权利的平等实现；③行政自由裁量权的合理行使等。

案例24 行政法原则实现与行政立法精神的正确解读
——栾××不服上海市南汇区劳动和社会保障局不予受理工伤认定决定案[1]

【案情摘要】

原告（上诉人）：栾××

被告（被上诉人）：上海市南汇区劳动和社会保障局

---

〔1〕 参见张海棠主编：《2008年上海法院案例精选》，上海人民出版社2009年版，第399~402页。

2005年6月30日，原告栾××在无锡爱莲超市有限公司昆山分公司搬运货物时摔伤，导致腰椎压缩性骨折。2007年1月9日，栾××向被告上海市南汇区劳动和社会保障局（以下简称南汇劳动局）提出工伤认定申请，南汇劳动局于同日以栾××的申请超过法定申请时效为由，作出南汇劳认（2007）字第0014号不予受理决定。栾××不服，遂提起行政诉讼。

栾××诉称：其系上海国生实业有限公司的员工，被派往无锡××连锁超市有限公司负责促销。2005年6月30日上午在工作中摔伤，导致腰椎压缩性骨折。栾××在治疗期间，被告知上海××实业有限公司已为其申请工伤认定，并且上海××实业有限公司在此后按照半年一次的方式向栾××支付工伤期间的工资。2006年12月26日，第二次手术治疗结束后，栾××才被告知单位未为其申请工伤认定，故于2007年1月9日向南汇劳动局提出申请。栾××认为，其在工伤期间活动严重受限，又系单亲家庭，身边也无亲属为其办理工伤申请，所以其未在法定期限内申请工伤认定有正当理由，属时效中止，南汇劳动局应予受理，遂诉请撤销南汇劳动局的不予受理决定，责令南汇劳动局受理工伤认定申请。

南汇劳动局辩称：根据栾××递交的申请材料，栾××于2005年6月30日，在搬取货物时发生伤害，其于2007年1月8日申请工伤认定，已超过《工伤保险条例》第17条和《上海市工伤保险实施办法》第17条规定的申请时效。南汇劳动局作出的不予受理通知书事实清楚，证据确凿，适用法律正确，程序合法，请求驳回栾××的诉讼请求。

一审法院经审理后认为：栾××于2005年6月30日受伤，至2007年1月9日才向南汇劳动局提出工伤认定申请，显然已超过法定申请时效。栾××提出的超期申请的理由，无事实依据和法律依据，法院不予支持。遂判决驳回栾××的诉讼请求。

一审判决后，原告栾××不服，提起上诉。

二审法院经审理后认为：《工伤保险条例》第17条规定，职工发生事故伤害的，所在单位应当自事故伤害发生之日起30日内，向统筹地区劳动保障行政部门提出工伤认定申请。遇有特殊情况，经报劳动保障行政部门同意，申请时限可以适当延长。用人单位未申请的，工伤职工或者其直系亲属、工会组织在事故发生之日起1年内，可以直接提出工伤认定申请。根据上述规定，本案当事人在诉讼中所称的时效应为申请时限。该规定表明，申请工伤认定的时限可以适当延长。因此工伤认定部门对逾期申请工伤认定应调查核实申请人有无特殊情况，审查逾期申请理由是否正当成立，然后决定是否同意延长申请时限，以切实保护劳动者的合法权益。栾××向南汇劳动局提出工伤认定申请时距发生工伤伤害已经超过《工伤保险条例》第17条规定的1年申请时限，栾××称其超过1年申请时限，是因为其受伤后卧床不起，且用人单位告知其已申请工伤认定，期间栾××还收到用人单位按工伤支付的薪金，以致其误以为工伤认定部门已认定工伤。对栾××逾期申请工伤认定，南汇劳动局应当对栾××的逾期申请是否存在特殊情况，是否属于正当理由予以审查。现南汇劳动局在未予审查的情况下，即以栾××的申请超过法定申请时效为由，对其作出不予受理决定，属事实不清。原审判决维持被诉不予受理决定不当，应予纠正。南汇劳动局应当对栾××逾期申请事由进行审查，重新对其工伤认定申请作出处理。

【提示与讨论】

本案的争议焦点是受伤的劳动者超过法定申请时效向劳动行政部门提出工伤认定申请是否一律不予受理。而该争议焦点的关键问题是对我国《工伤保险条例》第17条规定的理解。该条第1款和第2款规定："职工发生事故伤害或者按照职业病防治法规定被诊断、鉴定为职业病，所在单位应当自事故伤害发生之日或者被诊断、鉴定为职业病之日起30日内，向统筹地区劳动保障行政部门提出工伤认定申请。遇有特殊情况，经报劳动保障行政部门同意，申请时限可以适当延长。用人单位未按前款规定提出工伤认定申请的，工伤职工或者其直系亲属、工会组织在事故伤害发生之日或者被诊断、鉴定为职业病之日起1年内，可以直接向用人单位所在地统筹地区劳动保障行政部门提出工伤认定申请。"对于该条规定，原审被告、一审人民法院和二审人民法院都有自己的理解。其中，原审被告和一审人民法院的观点一致，即原审原告超过法定申请时效向劳动行政部门提出工伤认定申请不应受理，因为根据该条规定，工伤的法定申请时效为1年。而二审人民法院的观点则截然不同，认为劳动行政部门应当审查受伤职工超过规定期限申请工伤认定是否存在正当理由，如果存在正当理由，则申请工伤认定的时限可以延长。本案中，原审原告向原审被告提出工伤认定申请时距发生工伤伤害已经超过1年的法定申请时限，原审原告称其超过1年申请时限，是因为其受伤后卧床不起，且用人单位告知其已申请工伤认定，其间原审原告还收到用人单位按工伤支付的薪金，以致其误以为工伤认定部门已认定工伤。对原审原告逾期申请工伤认定，原审被告应当对其是否存在特殊情况，是否属于正当理由予以审查。如果该理由成立，就应当予以受理，以切实保护劳动者的合法权益；如果该理由没有事实依据，则可作出不予受理的决定。据此，二审人民法院判决撤销原审被告的具体行政行为及原审人民法院的判决，责令原审被告对原审原告逾期申请的事由进行审查，重新对其工伤认定申请作出处理。

我们认为，二审人民法院的判决结果更加符合《工伤保险条例》的立法精神和宗旨，是一种合理的判决。《工伤保险条例》的立法目的是为了保障因工作遭受事故伤害或者患职业病的职工获得医疗救治和经济补偿，促进工伤预防和职业康复，使劳动者的权益得到更充分的保护。从条文的字面意思来看，《工伤保险条例》第17条只规定了用人单位申请工伤认定的期限可以适当延长，而对劳动者的申请，该法规定申请时限为1年，即使存在不可归责于劳动者的原因，也没有规定可以延长申请期限。因此，如果生硬地适用该条规定，则有违《工伤保险条例》的立法目的，不利于充分保护劳动者的合法权益。

案例25　公民基本权利的平等实现
——沈×不服×区劳动和社会保障局社会保障行政裁决案[1]

【案情摘要】

原告（上诉人）：沈×

被告（被上诉人）：×区劳动和社会保障局

第三人：×区某镇农村社会保险事业管理所

1993年6月15日，原告所在的人民政府发文对该乡、村办企事业单位实施职工养老统筹，并明确了享受乡退休养老金统筹的条件和养老金发放标准等内容。1995年，该地方人民政府制定《镇农村养老保险实施办法》，明确1995年1月1日前已退休的老人，仍按1993年文件执行。1996年2月1日起上海市开始实行农村社会养老保险。原告沈×于1993年6月按专业技术干部家属相关政策申办了农转居户口手续，并于1994年从乡办企业某厂退休后每月领取养老金256元，后提高至每月368元。2001年3月第三人接群众举报，认定原告不符合享受城镇职工养老保险的条件，并按原地方1993年起对乡、村企事业单位实施职工养老统筹的情况，将原告列入享受农村养老保险待遇范围，对原告月养老金按该镇镇办企业退休职工养老金标准调整为103.5元。2004年11月16日，原告向被告提出裁决申请：要求撤销第三人自2001年3月起将原告养老金减至103.5元的行为。被告于2005年1月20日作出行政裁决书，认为根据《上海市城镇职工养老保险办法》的规定，享受养老保险待遇的退休人员应当同时具备“达到法定年龄，按规定缴纳养老保险费，连续工龄或缴费年限达到法定年限”的条件。沈某因不具备享受条件，不符合享受城镇职工养老保险待遇的法定条件。第三人将沈某的退休养老金调整为镇办企业退休标准符合规定。遂裁决：沈×的裁决请求不予支持。

原告沈×诉称，被告将原乡镇政府文件作为裁决依据违背了劳动部在1995

---

〔1〕 参见应新龙主编：《2006年上海法院案例精选》，人民法院出版社2008年版，第245～250页。

年所发的309号文第98条规定的适用法律、法规、规章及其他规范性文件遵循的有关原则，且该两个文件的内容与《关于〈上海市城镇职工养老保险制度改革实施方案〉的决议》、《上海市城镇职工养老保险办法》等不符。原告应享受上海市劳动和社会保障局在1999年规定的本市退休（职）人员养老金每月460元的最低标准。故请求法院撤销被告所作的裁决。

被告×区劳动和社会保障局辩称，原告退休前的工作单位是乡办企业而非城镇企业，故其不能适用《上海市城镇职工养老保险办法》的相关规定。《关于对本区原在镇办（乡办）企业工作未纳入社会养老保险统筹的城镇居民退休（职）人员享受养老待遇的意见》适用的范围和对象是20世纪50～60年代在手工业社工作的老城镇居民，原告属于80年代后的政策性转居人员，不属该意见的适用范围。且该意见由各镇政府根据实际情况参照实施。原告按老城镇居民标准每月领取养老金368元没有法律依据，第三人已在接受群众举报后经查实将失误予以纠正。第三人根据原告实际情况每月发放养老金103.5元完全合法。

第三人×区某镇农村社会保险事业管理所述称，原告退休前系在乡办企业工作，在1993年6月政策性转居前是农民，1993年～2004年期间本市对政策性转居人员的养老保险没有专门规定，故对原告适用农村养老保险并不违法。被告所作裁决正确。

一审法院认为：①被告认定原告不属享受城镇职工养老保险待遇范围的合法性。《上海市城镇职工养老保险办法》第3条规定的适用对象是本市范围内城镇的机关、企业、事业单位及其在职人员、退休人员，即起决定作用的因素为用人单位的性质，而不是劳动者的户籍因素。虽然该办法对何谓城镇企业未作明确规定，导致理解上的分歧，也使原告以其所在辖区为区建制为由，提出该单位也应属于城镇企业。但是，原告退休前的工作单位属于乡办集体企业，不是原始建制城镇的企业，故该单位性质决定了原告不符合享受城镇职工养老保险待遇的条件。即使将原告纳入该办法考虑，也不符合第20条第1款享受养老保险待遇的退休人员应同时具备的“达到国家、本市规定的退休年龄；单位和本人按规定缴纳养老保险费；本办法实施前参加工作、连续工龄（包括缴费年限）满10年，或者本办法实施后参加工作、缴费满15年”的条件，因此，被告认定原告不符合享受城镇职工养老保险待遇的法定条件并无不当。②被告认可第三人将原告纳入农保范围未侵犯其合法权益。从上海市最初制定城镇职工养老保险，后又有了农村养老保险，直到2003年出台小城镇社会保险的实际情况来看，社会养老保险制度是有着一个逐步发展和完善的过程。因为在原告退休时，上海市除了城镇职工养老保险外，仅有农村养老保险，故被告依据原告退休前所在地方实施乡村企事业职工统筹的实际情况，裁决认定第三人将原告的退休养老金调整为镇办企业退休标准符合有关规定。因原告所在的乡办企业退休标准适用农村养老保险，故认定的调整行为并不侵犯原告的合法权益。当然，在上海市实施小城镇社会保险后，已明确将政策性转非人员的养老保险纳入该保险范围，故原告也可通过自愿参加小城镇保险来获取更大的利益。③对劳动者与农村社会养老保险承办机构发生养老保险争议的适用依据问题。本案是当事人不服劳动保障部门不予支持裁决请求提出的诉讼，争议焦点是原告应适用何种性质的养老保险待遇。对此，劳动和社会保障部《社会保险行政争议处理办法》（以下简称《处理办法》）是劳动保障部门处理当事人与经办机构为经办社会保险事务发生争议的专门规定。当然，《处理办法》在争议定性、处理程序规定等方面与上位法多有不一致之处，实际操作性不强。而《上海市农村社会养老保险办法》及《上海市人民政府办公厅关于加强农村社会养老保险工作的通知》的规定，则应该是被告认定原告不符合城镇职工养老保险或属于农村养老保险的依据。现被告直接按照农村养老保险的相关规定作为裁决的行政职权依据和执法程序规范有所不妥。虽两部规章规定根据不同的适用范围，处理方式有所不同，但在职责功能上均规定由劳动和社会保障部门履行相应职能，也未改变本案的定性和处理。

一审法院判决驳回原告诉讼请求。判决后，原告沈×以与一审同样理由提起上诉，二审法院判决维持原判。

【提示与讨论】

本案争议的焦点是关于城镇职工养老保险和农村社会养老保险的法律适用问题，即原告（上诉人）沈×是否可以依据《上海市城镇职工养老保险办法》的规定享受城镇职工养老保险待遇。一审人民法院和二审人民法院均认为原告（上诉人）沈×不具有享受城镇职工养老保险待遇的资格，其法律依据为《上海市城镇职工养老保险办法》第3条和第20条第1款的规定，其中第3条规定："本办法适用于本市范围内城镇的机关、企业、事业单位（以下简称'单位'）及其在职人员、退休人员。"第20条第1款规定："享受养老保险待遇的退休人员应同时具备以下条件：①达到国家、本市规定的退休年龄；②单位和本人按规定缴纳养老保险费；③本办法实施前参加工作、连续工龄（包括缴费年限）满10年，或者本办法实施后参加工作、缴费满15年。"本案的法律事实十分容易厘清，因为不论是从《上海市城镇职工养老保险办法》第3条的角度还是从《上海市城镇职工养老保险办法》第20条第1款的角度来判断，原告（上诉人）沈×均不符合适用该办法的适用条件，因此，一审人民法院和二审人民法院认定事实清楚、适用法律正确，它们的判决不存在任何争议。

但是，这个案件引发了笔者这样的思考，即我们将城镇职工养老保险制度和农村社会养老保险制度设定为两套完全不同的体系是否是合理的。我们知道，我国现有的农村社会养老保险制度与城镇职工养老保险制度是完全不同的两套体系，各地农村养老保险的缴费规模不同、待遇规范不同、统筹层次低，相比之下，城镇职工养老保险制度更加成熟。笔者认为，随着经济社会的发展变化，对农村养老保险制度和城镇职工养老保险制度进行协调和衔接是势在必行的，这是实现人人平等、切实保护劳动者切身利益的大事，因此其应当成为我国今后社会保障制度发展的方向。随着国家综合国力的提高，实行全国统一的养老保险制度是历史发展的必然。现在我们要做的就是不断寻找两者的衔接点，逐步实现统一全国养老保险制度的大目标。

笔者认为，本案中提到的上海市小城镇保险政策为针对不同群体的养老保险制度走向统一的社会养老保障体系提供了可能性。事实表明，农村社会养老保险制度的保障水平过低，无法适应如今上海市乡镇农村企业职工养老保障的需求，但是若选择城镇职工养老保险又超出了农村企业的承受能力，于是，小城镇保险政策的出台能够更好地满足农村企业参加社会保障的条件和需要。《上海市小城镇社会保险暂行办法》第 3 条规定："本办法适用于本市郊区范围内用人单位及其具有本市户籍的从业人员，以及经市政府批准的其他人员。原已参加本市农村社会养老保险（以下简称'农保'）的用人单位及其从业人员，应当适时参加本办法规定的社会保险。已与参加本市城镇社会保险（以下简称'城保'）的用人单位建立劳动关系，并参加城保的从业人员；用人单位招用原参加城保，并经协商一致继续参加城保的从业人员，不适用本办法。"这一条规定所设定的模式十分具有特色，它在一定程度上缩小了城镇职工社会基本养老保险制度和农村社会养老保险制度之间的差距，笔者认为这样的制度创新值得鼓励。

案例26　行政自由裁量权的合理行使
——上海××餐饮有限公司不服上海市工商行政管理局卢湾分局行政处罚案〔1〕

【案情摘要】

原告（上诉人）：上海××餐饮有限公司

被告（被上诉人）：上海市工商行政管理局卢湾分局

被告上海市工商行政管理局卢湾分局（以下简称卢湾工商分局）于 2007 年 4 月 24 日作出沪工商卢案处字（2007）第 030200610579 号行政处罚决定，认定原告上海××餐饮有限公司（以下简称××公司）发布的广告单页上采用的

〔1〕 参见张海棠主编：《2009 年上海法院案例精选》，上海人民出版社 2010 年版，第 359 ~ 364 页。

“主理四川、淮扬菜系列，精心烹制的中国名茶，弥漫着旧殖民地时期的气息”广告用语违背社会良好风尚，违反《广告法》第7条第2款第5项的规定，故依据《广告法》第39条的规定，责令原告停止发布、公开更正，并处以罚款人民币5540元的行政处罚。

原告××公司诉称：原告在下属餐厅内发布的广告中采用“旧殖民地时期的气息”词语，表述的是旧上海特殊的海派风格，是对特定历史时期建筑与装饰风格的描述。“旧殖民地时期”一词是对客观历史状态的反映，原告没有颂扬旧殖民地社会的主观意愿，故对该词语的使用不构成违背社会良好风尚，没有违反《广告法》的行为，被告作出的行政处罚决定主要证据不足，认定事实有误，适用法律不当，请求法院判决撤销被告作出的沪工商卢案处字（2007）第030200610579号行政处罚决定。

被告卢湾工商分局辩称：广告应该让其受众对其所介绍的商品或服务产生美好的联想，《广告法》第7条对广告用语规范亦作出相应规定，广告用语不能违背社会良好风尚是其规范之一。旧殖民地时期曾是我国历史上一段屈辱、困苦的历史时期，原告将“弥漫着旧殖民地时期的气息”语句用于其发布的广告中，容易让广告受众产生屈辱、灾难的联想，其传递的广告信息违背社会良好风尚，违反了《广告法》的相关规定，应予以处罚。被告作出的被诉具体行政行为认定事实清楚，定性准确，处罚幅度适当，执法程序合法，适用法律正确，请求法院予以维持。

一审法院经审理后认为：本案原、被告双方争议焦点在于被告对处罚事实的定性是否准确，即原告将“弥漫着旧殖民地时期的气息”语句作为广告用语是否构成《广告法》第7条第2款第5项所设定的“违背社会良好风尚”情节；被告作为广告监督管理机关，是否合理行使了自由裁量权。

中文汉字词语本身带有多义性的特点，多数社会公众理解的往往是一段语句中最突出的语义。一般情况下，当语言表述会造成多层文字涵义并存的时候，往往敏感的语义会占据上风，尤其在广告传播过程中其不良涵义便更易突出，这是由广告这一特定传播方式的性质、功能、特点所决定的，这也是《广告法》中设立相关禁止性条款对广告用语加以规范的立法目的之一。

广告用语是广告主向消费者传递信息、观念的载体，本案原告在商业广告中采用了“弥漫着旧殖民地时期的气息”的语句表述，其传递的信息容易让人产生广告在宣扬“旧殖民地时期”价值取向的误解。“旧殖民地时期”是一个具有特定政治、历史意义的词语，该词语本身所包含的消极、否定因素容易让一个曾经有过被殖民经历的国家中大多数社会公众产生屈辱、受压迫等不良印象，并可能由此感受到不同程度的内心情感伤害。为突出广告效果而强调所谓“旧殖民地时期”概念的做法，在当前社会历史条件下是不可能被社会主流价值观所接受的。需要特别指出的是，这种可能存在的不良印象和情感伤害的产生并不以广告主自身主观认识为要件。

当今信息时代，广告已经成为社会文化的一个组成部分，广告的传播功能要求广告用语严谨得体，其语言文字表述不能让公众产生违背社会良好风尚的歧义理解。虽然《广告法》对“违背社会良好风尚”没有详尽定义，然而社会的公序良俗仍然可以靠一般社会理念去理解。凡是不被社会主义社会主流价值观所接受的，必定存在违背社会良好风尚、违背社会公序良俗的不良因素。因此，在新闻媒体及消费者已经对原告发布的广告存在负面评价的客观状况下，被告出于对社会公众接受程度的考虑，而对原告发布广告的行为作出行政处罚，应属事实认定清楚，主观判断准确，适用法律正确，系合理行使行政管理的自由裁量权，并未违背或偏离《广告法》设定的立法目的和原则，执法目的正当。

“旧殖民地时期”是一个具有特定政治、历史意义的词语，与“20世纪二三十年代上海”、“旧上海”或者“老上海”等词语所表达的内涵及带有的感情色彩均存在明显差异。在绝大多数主流媒体及正规出版物中，对上海20世纪初某一特定时期进行客观描述时，均采用“20世纪二三十年代上海”、“旧上海”或者“老上海”等词语，而非“旧殖民地时期”，这一点即使是在原告提供的部分材料中也有所反映。这些相近词语的运用正说明了当今社会主流文化观念的价值取向，“旧殖民地时期”不等同于“老上海”，尤其在富有感情色彩的广告用语中，更不能互相替代。故本案原告以“旧殖民地时期”及与其涵义相近的类似词语在社会上被广泛运用为由，认为其发布的广告用语正当、合理的观点，法院不予采信。

综上，法院依据《行政诉讼法》第54条第1项的规定，判决维持被告卢湾工商分局作出的行政处罚决定。

一审判决宣判后，××公司不服，以与一审同样的理由向上海市第一中级人民法院提出上诉。

二审法院查明的事实、证据与一审法院相同。二审法院认为，被上诉人作出被诉行政处罚决定认定事实清楚、定性正确、执法目的正当，执法程序合法，依法应予维持。原审判决事实认定清楚，适用法律、法规正确。遂判决驳回上诉，维持原判。

【提示与讨论】

本案的案情并不复杂，原被告双方争议的焦点问题在于卢湾工商分局对原告广告用语的定性是否准确。该争议焦点牵涉到一个十分重要的行政法学理论问题，即如何认定行政执法过程中行政机关是否合理地行使了自由裁量权。自由裁量权是指国家行政主体在法律规定的原则和范围内有选择余地的处置权力。这些自由裁量权是从法学意义上说的，根据现行行政法律的规定，自由裁量权可归纳为以下几种：①在行政处罚幅度内的自由裁量权；②选择行为方式的自由裁量权；③作出具体行政行为时限的自由裁量权；④对事实性质认定的自由裁量权；⑤对情节轻重认定的自由裁量权；⑥决定是否执行的自由裁量权。从以上的分类可以看出，行政主体行使自由裁量权的范围是很广泛的，几乎渗透到行政执法的全过程。本案所涉及的自由裁量权类型就是对事实性质认定的自由裁量权。

要认定行政主体在实施行政处罚的过程中是否合理地行使了自由裁量权，可以从行政处罚自由裁量行为是否遵循了如下原则的角度来进行评判。其一，正当原则。正当原则是指行政处罚应符合立法本意，使行政主体能够根据具体情况作出公正、合理的选择和判断，以充分体现立法精神，保障社会公众利益。如果目的、动机不正当，必然导致行政处罚自由裁量权的滥用。其二，平等原则。平等原则要求同等情况同等对待，即在行使行政处罚自由裁量权时，要平等对待行政相对人，不得因为事实和法律原则以外的情况而歧视或优待任何人。在认定事实时，要坚持做到平等对待所有的行政相对人，在对事实、性质、情节、后果的确定上充分体现出人人平等，不得因行政相对人的身份特殊或与公务人员自身存在特殊利害关系而有所区别。其三，先例原则。先例原则是指行使行政处罚自由裁量权时，要保持标准的相对稳定性和连续性，对同一类违法行为的认定和处理要有相对统一的标准。如果对于同样的事情，处理结果前后不一致，就会在不同的行政相对人之间造成不公平。其四，适当原则。适当原则要求的是责罚相当，杜绝畸轻畸重现象。《行政处罚法》第 4 条规定，设定和实施行政处罚必须以事实为依据，与违法行为的事实、性质、情节以及社会危害程度相当。

在本案中，被告对原告所使用的广告用语的性质认定为不合法，认为该广告用语构成了《广告法》第 7 条第 2 款第 5 项所设定的“违背社会良好风尚”情节，这一认定行为显然是被告行使了行政自由裁量权。我们认为，被告的自由裁量行为是在法律、法规规定的范围内进行的，完全符合立法本意，也并没有违背上述四原则。而且，在认定过程中，被告始终以尊重立法精神、保障社会公共利益为宗旨，并在认定事实清楚、处罚幅度适当、执法程序合法、适用法律正确的基础上做出了最终的处罚决定。综上，法院做出维持被告具体行政行为的判决是正确的。

第四章 行政法律关系主体

行政法律关系主体是指行政法关系的参加者，即参与到行政法关系中来并承担义务和享受权利的自然人、法人或者其他组织，由行政主体和相对一方构成。前者指依法代表国家实施行政权的组织，属于管理一方；后者指依法接受国家行政管理的个人或组织，属于被管理一方。行政法律关系的主体不能等同于行政主体，行政主体是在行政职权、行政法的总范围内而论之的，而行政法关系主体仅仅是在行政法关系中论之的。行政主体可以成为行政法关系主体，而行政法律关系主体不一定都能成为行政主体，即是说行政法律关系主体的范围要比行政主体的范围大。行政法律关系主体符合一般法律关系主体的特征，如必须参加到某一法律关系中来，能以自己的名义承担义务，享受权利等。

第一节　行政主体

行政主体指能以自己的名义实施国家行政权，并对行为效果承担责任的组织。

第一，行政主体是一个学理概念不是一个法律概念。我国目前法律规范中还没有行政主体这样一个名词，《宪法》有行政机关的概念，而没有行政主体的概念。《行政诉讼法》和《行政复议法》等部门法中也使用行政机关的概念而没有使用行政主体的概念。即是说行政主体这一概念目前仅仅存在于行政法教科书和有关的行政法学论文中。

第二，行政主体是分析行政法现象的一个工具。在行政法治实践中，行政机关的概念还不足以包容所有行使行政权的部门或者单位，即一些部门或者单位本不是法律上规定的行政机关，但它们却行使着行政管理权，履行着行政管理职能，有时还像其他行政机关一样承担行政法上的责任。这样的组织不是严格意义上的行政机关，但与行政职权有密切联系，若在行政过程或行政救济中将他们叫做企业又不符合行政权归行政机关行使的理论。为了给非行政机关行使行政权一个有效的解释，学者们便发明了或者说是从别的国家借鉴了行政主体这一概念，由此，可以说行政主体是分析行政法现象的一个工具。

第三，行政主体是个动态概念。行政机关是法律表达中的一个静态概念，即是指某一个由法律规则设定的行政机关，而该机关具有法律上规定的成为行政机关的要件，它处在行政系统中的某一环节上，是庞大的行政系统中的一个角色，因此，行政机关组织体系的静态性使行政机关也有了相应的静态特点。行政主体的概念则与之不同，它指的是行政权在运作过程中的一个现象，只有当行政权处在运行之中，某一组织代表国家行使行政管理权时我们才使用行政主体这一概念。

第四，行政主体是一个关系概念。行政机关是法律规则认可的实体，如中央行政机关由国务院和国务院的各个部门构成，当我们分析部门行政机关时并不一定将它放在一定的关系形式之下，如当我们说工商行政管理机关是管理工商行政管理事务时，并没有考虑工商行政机关在行政过程中的关系形式。行政主体概念是在一定的关系形式中讨论的，或者是在一定的职权关系中讨论的，当某一机关或组织具有管理行政事务的职能，并因此而与其他对象发生关系时我们才给它冠以行政主体之名，职权关系在此情形下是行政主体存在的前提；或者是在一定的行政关系中讨论的，行政主体与行政相对人似乎是不能分开的两个概念，也就是说，我们在讨论某一机关或组织是行政主体时，立刻就会想到与它处在对应的一方的行政相对人。行政主体作为一个关系概念高度抽象了行政权的行使者、高度简化了行政过程中不同资格的职能承担者、高度简化了行政救济中不同组织作为被争议人或者被告的资格。

行政主体有以下法律属性：

第一，行政主体必须取得法律上的资格。行政主体资格是其成为行政主体的必要条件。我们在行政法中将行政主体分为行政机关和法律、法规授权的组织。行政机关取得行政主体资格的条件是：获得有权机关的批准，或者获得国家权力机关的批准，或者获得有权批准的行政机关的批准；有确定的名称，有法定代表人等，而且它的名称和法定代表人通过了相关机关的认可；有法定的编制，设置了内部机构等，行政机关存在于行政机构体系之中，它必须符合有关的编制规则；获得了财政经费，这是行政机关存在的物质条件；对外行使行政管理权的机关还必须依法向社会公布，或者在政府公报，或者在全国发行的其他报纸上公布。

授权的组织取得行政主体资格最为重要的条件是有法律、法规的明确授权。某个组织本不是行政机关，但法律、法规为了使国家行政管理职能的实现更加方便，便将一些国家行政权交由非行政机关行使。显然，法律明文将某一权力授予非行政机关是问题的关键所在。从理论上讲授权的组织取得资格还必须具备这样的条件，一是该组织必须具备履行行政管理职能的物质技术条件，二是该组织获得的授权决定应当予以公布等。我们认为，法律、法规授权的组织是在法律规定的前提下行使职权的，因此，该组织的其他要件没有必要予以关注，因为，法律、法规在授权时已经充分考虑了该组织的资格要件和行使行政权的可行性等问题。

第二，行政主体是行政职权的行使者。行政职权是指由国家创设的存在于行政系统内部的国家权力范畴。行政职权是国家权力的一种，是国家行政权的职位化的形式。我们知道，行政权是相对于其他国家权力而言的一个巨大的权力范畴，必须通过国家职位分配下去，每一个职位都与一定的职权密不可分。例如，乡镇人民政府就是一个行政职位，而乡镇人民政府这一职位之下包括了五个职权范围，各个职权范围都是从国家行政权中派生出来的。职权只有从法律规则变成了实实在在的权利义务关系时才具有意义，而行政主体就是将抽象的职权转化为权利义务关系的物质承担者，即行政主体是行政职能的行使者。这是行政主体法律意义的第二个方面。

第三，行政主体能够以自己的名义实施法律行为。行政主体能够以自己的名义实施法律行为是行政主体属性中最为关键的一点。行政主体在行政系统内部究竟是否具有行政主体资格并不十分重要，因为行政系统内部通过领导关系使每个行政机构或行政机关都能统一到行政体系中来，行政机构或者行政机关在行政系统内部无论作出什么样的行为，它都不会立刻带来行政法上的后果。行政机关在与行政机关以外的社会主体发生的关系才是具有实质意义的关系形式，说它具有实质意义是说行政主体与其他社会主体发生的关系具有明显的法律属性。在行政系统内部行政主体实施的行政行为都具有相对独立的属性，如一个行政机构作出一个行政行为，相对于其他机关或机构而言，这一行为当然应当归于行为实施者本身。能以自己的名义实施法律行为才是正确地说法，一方面，行政主体实施的行为对相对人或者其他社会主体具有法律上的拘束力，即使没有法律上的拘束力也会引起相关行政法关系的变化。另一方面，行政主体实施的行为会立刻给自己引起诸多方面的法律后果，如成为行政复议中的被申请人、成为行政诉讼中的被告、成为国家赔偿中的赔偿主体等等。因此，能够以自己的名义实施法律行为是行政主体属性的另一个重要方面。

第四，行政主体能够独立承担相应的法律责任。行政系统中的行政单位，如行政机构在行政系统内部经常承担责任，像行政机构因某一行为被管理它的行政机关责令改正等等，这实质上也是一种责任承担，但是，这样的责任叫行政责任，不叫法律责任。所谓法律责任是指以明确的法律形式出现并能够产生后续法律效果的责任。行政主体由于能够独立实施法律行为，因而也能对自己实施的行为承担法律责任。行政主体承担的法律责任是多层面的，一则，它可以因为实施了不当的民事法律行为而承担民事法律责任，行政法学理论中把行政主体的民事赔偿责任已经归入到了行政责任中，如国家赔偿法关于行政机关不当行使职权而引起的赔偿就使本来属于民事赔偿的责任形式行政法律化了。二则，它可以因为实施了不当的行政法律行为而承担行政法上的责任，其成为行政复议中的被申请人、行政诉讼中的被告就是明显例证。至于行政主体因实施犯罪行为是否应承担刑事责任则是一个需要探讨的问题，我们注意到《刑法》规定了滥用职权罪，对这一罪名承担刑事责任的是行政工作人员，但引起该罪的原动力还是对职权的不当行使。就是说，本该由行政主体以法人身份承担的刑事责任通过一定的形式转化为行政系统中的个人责任。

在行政法治实践中经常遇到以下几类问题：①行政职权的合理划分；②行政职权单方面性与不可处分性的关系；③行政主体职权的法定性等。

案例27 行政职权的合理划分
——大兴安岭森林火灾案

【案情摘要】

1987年5月6日至6月2日，我国最大的林区大兴安岭森林发生了特大火灾。在大兴安岭北麓森林大火肆虐，造成193人丧生，5万多人无家可归，5亿元的财产损失，60万公里的森林毁之一炬。早在1987年1月气象部门就预报，今年春季气候异常，林区受到贝加尔湖气流影响，风大且持续时间长，可燃物中含水量极低，一旦发现火情，其等级将要达到5级，该级别是强烈燃烧的级别。×副总理在三四月份来西林吉镇考察时就曾提醒要铲除各种火灾隐患。科学家也提出：林区防火设施太差，望塔、汽车、摩托车、电台、防火公路都缺乏，至于飞机空中灭火水平更低。特别是望塔和电台设置不够，甚至错报火警。然而，这些提醒有关部门只是口头宣传而已。有些地方甚至把经验丰富的专职灭火的森林警察调走，换上从来没救过火的“子弟兵”。5月6日，国家气象局提供的卫星图显示，14点10分，大兴安岭出现了两个火点，15点42分又增加了一个火点。然而，5月6日20点30分后，×林区防火办向林业部汇报说：“没有发生火情”。20点55分，林业部防火办打电话给×林区，对方才汇报说，此处5处起火。5月7日9时至15时32分，卫星云图显示火势在迅速蔓延。16点30分，×林区防火办却向林业部防火办汇报说，5个火点中，4处已被扑灭，另一处已被控制。事实是，19时大火已烧进了西林吉镇，21时烧到了图强镇，以后的燃烧便无法控制……大兴安岭森林起火的直接原因是非常简单和偶然的，左莲林场14林工电的一个作业组进行森林抚育，清理林中的灌木与枝蔓，其中一个19岁的农民违反割灌机的操作规程，点燃了机身和洒在地上的汽油，引起大火。但是，发生火灾与火势没有得到及时控制的根本原因却在森林行政管理主体职权划分存在严重问题等方面。大兴安岭林区是林业部的直属森林工业企业，由林业部直接领导。其行政隶属关系在林业部，而该地区的行政区域又归黑龙江省，黑龙江省在一定范围的某事务上也可以对林区行使职权。林区的地域范围又属内蒙古自治区，内蒙古自治区在一些行政管理事务上也可以对林区行使权力。这实际上使大兴安岭林区形成多头领导的体制。各行政主体都根据自己的需要向林区行使权力，黑龙江省要收利税，内蒙古自治区要收土地使用费，林业部要收管理费。而林区建设的责任却不十分清楚，都难以负起相应的责任。尤其护林防火建设资金来源常常不十分清楚，有扯皮现象。据有关部门统计，火灾前名义上几千万元的育林资金，经各环节扣除以后，真正用于森林保护的只占9%，用于防火的就更少了。林区的防火体制如同其他管理体制一样亦存在职能划分不清的问题。防火指挥部归属地方政府，森林警察隶属于武装警察部队，空降灭火队属东北航空护林局。火灾发生后，三股力量很难协调起来，发挥整体力量。

【提示与讨论】

大兴安岭森林火灾是当时我国建国以来发生的最大的一次灾害，如果将这一灾害归入自然灾害的范畴显然是不妥当的。尽管包括了天气干旱、气候反常、林木湿度低等自然因素，但这一灾害发生的直接原因和间接原因都与人为因素有关。直接原因是由于肇事者机械操作不当，间接原因则在于行政机关在职权划分上的不科学，而这一原因是所有原因的根本。森林管理是一个行政管理事项，对于该事项只能由一个机构行使职权。当然，在一个行政机构中可以依行政事项的细小区别设立分支管理主体，但各主体的行为应当是协调一致的。本案的客观事实是把林区管理人为的分割成不同的部分，而本案这些部分是不能分割的。无论行政隶属、版图、行政区划都必须围绕森林管理这一客观事项而确立管理关系，而大兴安岭森林行政管理主体职权的划分都没有奠基于客观的行政事项之上。本案还有一个问题就是行政主体如何处理尊重客观事实与服从上级指示的关系。气象部门早就有预报：今年气候反常，可燃物中含水量低等。科学家也有提醒：林区防火设施太差，望塔、汽车、摩托车、电台、防火公路都缺乏等，而对这些客观事实行政机关在行使职权时都完全忽视了。尤其一些行政主体为了讨好上级竟谎报事实。行政权行使不尊重事实是一大忌。

行政机关的职权划分必须以一定的法律规范为前提。对行政机关职权进行划分的法律规范是相关的行政组织法，在我国，《国务院组织法》和《地方各级人民代表大会和地方各级人民政府组织法》是主要的行政组织法规范。这些法律规范在划分行政机关的职权时，必须充分考虑到行政管理客观事项的情况。我国有关的行政组织法在对行政机关职权划分时对于具体的行政管理事项及其事项类型的分解不够，比较抽象、比较原则。如《地方各级人民代表大会和地方各级人民政府组织法》第59条规定，县级以上地方各级人民政府行使下列职权："领导所属各工作部门和下级人民政府的工作"，"改变或者撤销所属各工作部门的不适当的命令、指示和下级人民政府的不适当的决定、命令"，"执行国民经济和社会发展计划、预算，管理本行政区域内的经济、教育、科学、文化、卫生、体育事业、环境和资源保护、城乡建设事业和财政、民政、公安、民族事务、司法行政、监察、计划生育等行政工作"，"保护各种经济组织的合法权益"等。上述规定只给了一个基本的范围，而没有作进一步详细具体的规定，没有就各种职能机构行使的职权进行细化。各职能机构都是根据自己管理的事务规定职权范围的，其中许多职权的划分都只有行政规章的规定。而各职能机构在确定自己的职权范围时并没有从全局出发，不可能和其他机关处理好有关交叉性的行政事务管理的关系。如本案中，黑龙江省、内蒙古自治区、林业部并没有科学地划分各自的职权范围，对同一行政事项，三家都行使权力。这是我国行政组织法今后需要完善的地方。

笔者认为，行政职权的合理划分一直是我国行政法治实践的一个课题。长期以来，我国行政机关的职权在诸多方面表现出不科学性。一是职能交叉现象比较明显，即一个行政管理事项往往若干行政机关都有权管理，其结果是如果发现管理该行政事务有利可图，数个行政机关就同时对一个事项或一个行政事件行使权力，如果发现无利可图数个行政机关都会推卸责任，使一些行政事项处于行政权行使的空白之中。本案是一个典型的职能交叉现象。同是林业管理，且同是一片林区竟有三个以上的省部级机构对其行使权力。职能交叉的弊端既使行政管理事项管不好，又致发生问题以后无法追究责任，因为各自承担的责任范畴都不十分明确，都可能以正当理由予以推脱。二是各行政主体的职权分类不够科学。行政机构的职权是由其所管的行政事项决定的，客观的行政事项决定了行政机构的职权，又决定了每一个行政机构自身的存在。目标分解与综合是发达国家建立行政机构和对行政机构改革采用的基本方法。首先确定一个总体的行政目标，再将总目标分解成次目标，又将次目标分解成子目标等等。通过层层分解，根据存在的目标设立相应的行政机构，再根据各机构的目标确定职权范围。这样可以使同一类性质的行政活动归纳到同一个行政机构体系之下，杜绝踢皮球、打官司的现象，而且有利于建立指挥系统，使行政机关的职权行使牵一发而动全身。

案例28　行政职权单方面性与不可处分性的关系

——×煤炭局放弃职权案

【案情摘要】

×县是一个产煤县，全县有数十个煤矿。1992年4月，×矿区的山体有滑坡迹象。经常有土石从山坡滑下。矿区领导获知情况后，对山体进行了观察，并让有关的技术人员进行了勘测，发现山体背后30米处有一大裂缝，且裂缝有进一步扩大的趋势。一旦发生崩裂，整个矿区（包括工地与家属区）就会被土石覆盖，其后果不堪设想。1992年4月10日，矿领导向县煤炭局报告了情况，并要求立即疏散职工及家属。4月21日，煤炭局的局长和副局长赶到矿区，听取了矿区领导和技术人员的汇报。二位局长商议后，作出了这样的行政决定：矿区的生产不能因此停止，不要搞大疏散、大撤离，告诫职工不要因此事有紧张情绪。二位局长将指示告知职工后，引起了职工的强烈不满，但所有职工仍然坚持生产。给矿区下达指示以后，二位局长就回县城了。由于山体滑坡的迹象越来越明显，一些路段甚至已经堵塞，4月26日，矿长和矿区其他主要领导又赶到县城，要求引起煤炭局重视并汇报了一些具体情况，阐述了问题的严重性。煤炭局的二位局长和局里其他领导研究以后，以局的名义告诉矿领导：疏散群众之事我们局里无权决定，必须请示县委和县政府，待我们请示以后再向你们作答复。然而，矿区几位同志走后，煤炭局便把此事置之脑后，认为其与全县煤炭生产关系不大，没有向县政府和县委汇报×矿区滑坡一事的情况。5月5日，矿长又向煤炭局汇报了险情。煤炭局局长答应找一些专家查看一下险情，但此后，煤炭局并没有找专家查看，也没有作其他决定，没有采取任何防范措施。5月10日，矿区所在的乡政府和矿长联合写了一个汇报材料，称山体裂缝越来越大，有土石下滚现象，已经危及矿区安全生产。5月13日，矿区山体滑坡已几乎不可避免，情况十分危急，山体倾斜度可以用肉眼观察到，土石不断地往下滚。下午5点多钟，矿长向煤炭局长打电话告急，局长说：得马上召开紧急会议研究一下。煤炭局主要领导碰头以后决定：5月14日组织一行人，包括其他矿区的技术人员去考察一下。就在煤炭局作出这一决定后的3小时，已有部分山体滑坡，矿长一边布置险区工人停产，一边向煤炭区紧急汇报。煤炭局长说，你的决定很好，明天局里将派人进一步观察，现在夜已深，局里无法处理。5月14日凌晨4点50分，山体大面积滑坡，伴随一声巨响，数百万立方米的土石将矿区全部埋没，二百多名矿区职工和家属遇难。事后，煤炭局局长和其他责任人员被依法追究了行政和刑事责任。

【提示与讨论】

本案第一层次的案件事实是×矿区即将发生滑坡的事实。这一事实是客观的、不以人的意志为转移的，但人们必须对这一事实作出正确的判断，因为这一事实是后来发生其他行政事件的基础和前提。对这一事实的判断矿区领导是正确的，负责任的，这一事实被反馈于行政主体即本案中的煤炭局以后，煤炭局必须作出正确的判断，并以此作出有关的行政处理决定。这一事实可以说是本案中行政机关行使行政权的第一手材料。第二层次的事实是矿区领导将即将发生的客观事实汇报给其主管机构的基本情况。矿区领导作出正确判断以后及时将该事实反馈给了其主管机关县煤炭局。矿区的反映是及时的、客观的，而且也是负责任的，其前后口头汇报与书面汇报不下四五次。第三层次的事实是煤炭局及其有关领导对矿区发生的事情如何处理的事实。不论煤炭局的二位局长，还是煤炭局本身对于矿区发生的事情是十分清楚的。然而，其处理决定却是不负责任的。这一事实是其后来承担有关法律责任的前提。在行政职权的行使中，客观事实不只是一个方面，常常是一个有机联系的事实整体，每一个事实与另一个事实都有前后的逻辑联系。

本案的法律适用是必须认真研究的问题。首先，必须区分对煤炭局主要领导的法律适用和煤炭局作为一个行政机构的法律适用。煤炭局的两个局长和其他主要成员有明显的玩忽职守行为，应承担相应的玩忽职守责任。其在明知矿区要发生重大事故的情况下，却由于主观上的判断失误等未履行应当履行的职责，且情节恶劣，应追究其刑事责任。当然，两个局长和其他主要成员在责任的分担上可以有所不同。煤炭局作为一个行政机构应承担什么样的责任是值得引起关注的。目前我国尽管在组织法中有行政机关不得放弃职权的规定，然而，在行政法治实践中，行政机关放弃职权或自行处分职权以后，应承担何种法律责任则是法律上的空白。是由每个机构成员分担呢？还是由行政首长承担呢？还是撤销该行政机构呢？在刑事法律中，法人犯罪是目前研究的热点问题之一。那么，行政法亦应当关注行政机关违法的责任承担。既然法律对任意处分职权有禁止性规定，那么也应规定如果某机关处分职权以后该承担何种责任。让违法机关行政首长辞职，或者让该机关承担经济责任等都不是没道理的。其次，必须区分行政责任、民事责任和刑事责任之间的关系。行政主体和行政机关工作人员违法以后（笔者指的是行使职权过程中的违法），不能单单承担行政责任，即纪律处分的责任，还应承担民事赔偿责任，更重要的是承担刑事责任。本案中，煤炭局尽管是在职权行使中违法，但有关责任人还是要承担刑事制裁的责任。行政法治实践中，以行政纪律处分责任代替刑事处分的责任并不少见。

笔者认为，行政法关系中行政主体的职权具有单方面性。所谓单方面性就是指行政主体可以单方面的设定权利义务，单方面决定行政法关系的产生、变更和消灭。单方面性并不意味着行政机关可以超越法律，也就是行政法关系的单方面性是法律范围之内的单方面性，而不是法律范围之外的单方面性。行政主体可以单方面设定权利义务，但不能任意处分有关的行政职权，这是必须引起注意的。行政法治实践中，一些行政机关对行政法关系的单方面性没有正确的认识。似乎行政机关可以做一切事情和不做一切事情。其应当行使的职权必须行使，不能因故予以放弃。本案中，×县煤炭局明知矿区已经有滑坡的危险和迹象，且在事情非常紧迫的情况下，既没有向上级机关或有关部门反映情况，又没有采取果断措施予以处理。从矿区向其打报告之始，前后有20天左右的时间。但20天之内，县煤炭局没有采取任何有力措施，其尽管进行了研究，主要领导也到了矿区。然而，如此长的时间不作任何实质性的行政处理决定不能不说是不履行职责的行为。对于处分职权和不履行职责的理解，一定要看其是否实施了应当实施的行政行为，而不能看其口头上有何种许诺。本案中，煤炭局作了答复，也进行了检查，但没有采取有效措施处理行政管理事件，同样应以不履行职责论处。

案例29　行政主体职权的法定性
——沈××不服上海市普陀区住房保障和房屋管理局履行法定职责案[1]

【案情摘要】

原告（上诉人）：沈××

被告（被上诉人）：上海市普陀区住房保障和房屋管理局

第三人：上海万业企业股份有限公司

2008年5月12日，原告与第三人以单价18 808元（以下币种均为人民币）/平方米签约购买了本市远景路97弄30号×室房屋。次日，原告以考虑到自己家庭成员较多想换购本市远景路97弄36号×室为由，向第三人提出书面申请，并要求免除违约金。2008年5月30日，上海市普陀区房地产登记处受理了本市远景路97弄30号×室的网上备案撤回。2008年6月3日，原告与第三人重新签订了《上海市商品房出售合同》，以单价18 915元/平方米购买了本市远景路97弄36号×室，并享受"凭小孩出生证多享受1折，所以91折；送3年停车费"的优惠。2008年8月23日，原告签收了房屋交接书和入住交接单正式入住。2008年12月7日，原告向被告提交了《购房权益受损害并请求赔偿的申诉》，要求被告加强市场监管，保护消费者合法权益。2009年1月20日，原告向被告提交了《关于购房时开发商滥用合同解除权扰乱市场秩序的举报》，主要内容为"……在房价下降后，开发商滥用合同解除权，违背了民法的基本原则，扰乱社会经济秩序，违反社会公德和公序良俗，理应对同时购房的其他当事人进行赔偿。以我为例，远景路97弄36号×室和×室最终的成交价比36号×室（原告所购房屋）便宜了约60万元，造成了严重的市场秩序混乱和不公平现象。

---

〔1〕参见沈志先主编：《2010年上海法院案例精选》，上海人民出版社2011年版，第445～450页。

据此我要求开发商比照远景路97弄36号×室的做法，赔偿我经济损失共计人民币45万元整，另免费赠送一个产权车库”。2009年2月16日，被告向原告作出《书面答复意见书》，主要内容为“经查，现答复如下：你与开发商之间约定的购房合同价格是双方自愿达成的，因市场条件变化开发商调整楼盘销售价格属市场行为，你要求比照同一幢楼某室办理换购手续应通过与开发商协商处理。如协商不成，您可依法通过法律途径解决合同纠纷，维护您的合法权益”。2009年3月10日，被告向原告出具了《信访事项不予受理告知单》，主要内容为“我局已于2009年2月书面答复您编号为20090157号的信访件，并告知您通过司法途径解决合同纠纷，维护自身权益。根据《信访条例》第21条有关规定，该信访事项我局不予受理”。原告不服，遂提起行政诉讼。

原告诉称，原告于2008年5月12日在中远两湾城四期璀璨天成售楼处（以下简称售楼处）与第三人以单价18 808元/平方米签约购买了本市远景路97弄30号×室房屋。原告因不满意二楼的楼层，于次日去售楼处书面申请要求换购，并以单价18 915元/平方米换购了本市远景路97弄36号×室房屋，同年5月底到上海市普陀区房产交易中心办理了退房换购手续。同年8月，原告发觉中远两湾城四期房屋售价大幅下降，自己所购房屋单价高于其他购房者，故多次找第三人协商，要求比照其他购房者赔偿原告差价，未果。同年12月7日、2009年1月20日，原告向被告申诉、举报，反映第三人扰乱市场秩序和侵犯消费者权益，要求被告履行房地产市场行业管理和消费者权益保护的法定职责。被告于2009年2月16日书面答复原告，未履行原告所要求的法定职责。故请求判令被告在一个月内履行房地产市场行业管理和消费者权益保护的法定职责，责令第三人比照本市远景路97弄36号×室的做法，补偿原告直接经济损失共计45万元整，并免费赠送一个产权车库。

被告辩称，原告的诉讼主张，主要涉及与第三人的房屋买卖合同问题，不属于被告的职权范围。针对原告的举报，被告向原告出具了书面答复和告知书，已经在职责范围内履行了法定职责。故请求驳回原告的诉讼请求。

第三人述称，原告与第三人之间的《上海市商品房出售合同》是双方自愿达成的，合法有效。第三人向案外人出售本市远景路97弄36号×室，并不存在扰乱市场秩序和侵犯消费者合法权益的事实。原告诉请没有法律依据，请求予以驳回。

一审法院经审理认为，被告作为本辖区房地产转让的行政主管部门，应根据《上海市房地产转让办法》等相关规定依法履行法定职责。《上海市房地产转让办法》第4条第1款规定，区、县房地产管理部门负责所辖区域房地产转让的行政管理工作，业务上受市房地资源局领导。从《上海市房地产转让办法》第5章法律责任第50、51条的规定来看，授予了区、县房地产管理部门对违反《上海市房地产转让办法》行为的相关行政处罚的具体法定职责，但相关法律法规并未赋予被告具有责令开发商向购房者作出经济补偿的法定职责。本案中，被告向原告所作书面答复意见，告知原告“如协商不成，您可依法通过法律途径解决合同纠纷，维护自身权益”，并无不当。综上，原告所诉要求被告履行“在一个月内履行房地产市场行业管理和消费者权益保护的法定职责，责令第三人比照本市远景路97弄36号某室的做法，补偿原告直接经济损失共计45万元整，并免费赠送一个产权车库”的诉讼请求，缺乏法律依据。据此，依照最高人民法院《关于执行〈中华人民共和国行政诉讼法〉若干问题的解释》第56条第1项之规定，判决驳回原告沈××的诉讼请求。

一审判决后，沈××不服，以与一审同样理由提起上诉。

二审法院经审理认为，当事人申请行政机关履行法定职责，应在法律规定范围内，申请事项必须是法律法规明确规定由该行政机关承担的。本案中，上诉人要求被上诉人责令原审第三人比照远景路97弄36号某室的做法，补偿上诉人直接经济损失共计45万元整，并免费赠送一个产权车库的申请内容不属于被上诉人法定职责范畴，被上诉人告知其通过法律途径解决合同纠纷的答复并无不当。原审法院以上诉人起诉不作为理由不能成立，判决驳回诉讼请求并无不当，应予维持。二审法院判决驳回上诉，维持原判。

【提示与讨论】

本案是一个诉行政主体不作为的行政诉讼案件，其与作为的行政诉讼案件相比，诉讼标的具有一定的特殊性。

首先，不作为行政诉讼是行政诉讼的一大类型，其与作为诉讼共同构成行政诉讼的标的。不作为诉讼标的的最大特征是行政主体在履行职权中表现出某种消极态度，这种消极态度在行政法上讲，相对于国家机关其是对法律规定的职权的放弃，而相对于行政相对人则是没有很好地保护其法定权益。在作为诉讼的标的中，一方面行政行为是由行政主体主动实施的，另一方面，行政行为本身可能已经造成了对行政相对人的侵害，或者行政相对人认为该行为已经对其造成了侵害。此案中，行政主体的行政行为由于没有直接设定权利和义务，因此，本身不可能直接造成对行政相对人的侵害，因此，将这个标的定位为行政不作为是正确的。

其次，不作为行政行为的本质特征是行政主体对行政职权的消极对待，即没有履行法律规定的职权，或者对法律规定的职权采取了放任的和不负责任的态度。本案中，行政主体与原告之间形成了一种以行政职权为轴心的相互关系，这种关系是行政法律关系的一种，当作为行政相对人的原告没有从这种以职权为轴心的相互关系中获得益处时，其完全有理由认为行政主体对待职权的态度是消极的。事实上，行政主体的整个行为过程在形式上看并没有解决实质性问题，进一步讲，原告没有从行政主体的行为中获得利益。基于此，原告以行政主体不履行法定职责，或者以行政不作为行使诉权是合法合理的，这也正是一、二审人民法院都受理此案的原因。但是，原告在诉讼中只能行使诉权，至于行政主体的行政行为究竟是否在实质上真的属于不作为还须通过司法审查来得出最后结论。行政法律关系和行政诉讼法律关系是两种性质不同的法律关系，两种法律关系中权利与义务的认定由不同的机制解决，行政主体的行政管理权和行政相对人的诉权都不能取代司法审查权，这也正是原告的认识与法院判决常常形成巨大反差的原因。

再次，行政主体的法定职责必须具有法定性。在行政法中，有一个根本原则就是依法行政原则，这个原则由一些具体内容构成，其中最为核心的内容是行政主体的职权具有法定性。我们知道，行政主体的职权分为自由裁量的职权和羁束的职权两大类，在羁束职权的情况下，行政主体的职权法定是非常明显的，常常有明确的法律条文和法律典则对这样的职权作出具体规定。而在自由裁量的职权之下，行政主体的职权同样具有法定性，能够对这个职权作出规定的是一些法律原则或法律上的概括性授权。如果说在自由裁量的职权中，职权法定还有一定模糊性的话，那么，在羁束的职权中，行政主体的职权法定则是十分明显的，甚至可以具体到职权行使中行政行为的方式和行政行为的量度等。而本案中原告所诉的行政主体的职权恰恰是羁束的职权，即《上海市房地产转让办法》和其他房地产管理规范规定的具体职权。行政主体对这样的职权是否消极对待，人民法院在进行案件审理时对此认定并没有太大的难度。总之，职权法定是行政主体是否履行职权的判定前提，即是说，当法律没有赋予行政主体某种职权时，其自然而然地就不可能履行这样的职权，如果行政主体履行了法律没有明文规定的职权，就有可能构成另一种行政违法行为，即越权行为。

最后，行政主体的职权只能存在于行政过程中，只能通过行政法律关系进行框定。本案中涉及到多个法律关系，即既有行政法律关系又有民事法律关系。原告与第三人之间形成的房屋买卖法律关系是民事法律关系，这一范畴的关系由民事法律规范和法律典则来调整，在本案中，合同法就是调整原告与第三人之间房屋买卖关系的法律典则，原告与第三人之间主体上的权利和义务必须通过民事法律典则才能予以厘清。原告与行政主体之间的关系则是行政法律关系，第三人与行政主体之间的关系同样是行政法律关系，只有当原告或者第三人在房屋管理活动中发生权利义务关系时，行政主体的职权行使才具有合法性，如原告与行政主体进行房产登记，便通过行政主体形成一种行政法律关系。原告与第三人之间发生的民事法律关系与行政法律关系有质的区别，这种法律关系是民事主体之间发生的，如果平等主体之间发生了纠纷便须通过司法途径或者其他途径来解决，行政主体的行政行为是不可以介入到这个纠纷之中的，其介入后不论偏袒哪一方都是不合情理的，更为重要的是行政手段不能介入到民事法律关系中这是一个基本的法律原则。

综上，上列方面均表明本案人民法院一审与二审的判决都是合法合理的。

第二节 公务员

公务员是指存在于行政系统中，担任行政公职，执行国家公务的自然人。

第一，公务员是行政系统中的最小单位。行政系统是一个庞大的职权系统，在行政系统之中存在着各种各样的单位。行政机构体系可以说是行政系统的最大单位，是一个大的职权系统；行政机关是仅次于行政机构体系的单位，即能够以自己的名义从事行政管理活动，行使行政职权的国家组织；行政机构，指设立在行政机关内部的组织，它的单位小于行政机关；行政职位，即每一个行政机关或者行政机构赖以存在的职权形式，如局、厅、处、科等等，这些单位本身就有大小之分，但它要小于行政机关，因为它是分析行政机关或者行政机构的工具。公务员是行政系统的最小单位，若从职务关系的角度分析，公务员本身是公务关系的权力承担形式，但从行政机构的结构体系看它是行政系统的最小单位。

第二，公务员是以自然人的形式出现的。行政机构体系无论多么庞大，最终都是由一个一个的自然人组成的，自然人构成了行政系统中的元素，成了行政体系的构成分子。为什么要以法律规则对公务员设定诸多的权利义务、采用诸多的管理方式都是因为其是自然人这一事实。社会成员对行政系统的认同与否都集中在自然人这样一个决定性的问题上。当然，公务员作为自然人是被有关的规则强化了的，即它不是一般意义上的自然人，而是符合一定条件的自然人，如国籍的限制、学历的限制等等。

第三，公务员依法从事公务。公务员是一个法律用语，这是不争的事实。一则，公务员概念本身无论我们如何分析，如果没有法律的规定它就不复存在。如我国长期以来没有实行公务员制度，因此，我们在行政法中也就没有公务员的概念。在我国 1993 年施行《国家公务员暂行条例》后，行政法中才有了公务员的概念，公务员条例出台以前我们对公务员的研究也有很多，但这时的研究只是学理探讨。二则，公务员依法进入行政系统。三则，公务员依法从事公务活动。

第四，公务员以公共行政系统的意志为活动原则。公务员存在于政府行政系统中，这是必须强调的，因为从事公职的人员在一个国家有多个方面、多种类型。如在实行三权分立的国家，司法人员、立法人员都是从事公职的人员；在实行四权制的国家，审判人员、检察人员、立法人员也都是从事公职的；而在五权制的国家和地区，考试人员、司法人员、监察人员、立法人员也都是从事公职的。就公务员概念而论，仅仅限定在从事行政公职的人员之中。公务员存在于行政系统之中，其所体现的是国家公共行政系统的意志 ，必须以一国宪法和法律为公共行政系统确定的行为原则为指向。必须指出，理论界有一种说法认为公务员体现国家意志，我们认为这样的说法是不妥当的，我们知道，立法、司法等都是国家意志，若让公务员体现国家意志，公务员越权从事立法活动，公务员越权从事司法活动并不违法，因为这些意志也是国家意志的范畴。所以，公务员应当以行政系统的意志为活动原则。

公务员有下列权利义务：

公务员进入行政系统，取得了公务员身份以后，要享受相应的权利和履行相应的义务。公务员义务与权利是指因公务员具有公务员身份而产生的义务与权利，这些义务与权利是公务员相对于国家而言的，而不是公务员相对于行政管理相对人而言的。公务员的义务是指公务员任职后对国家所承担的必须作出一定行为或不为一定行为的责任。首先，公务员义务是公务员法的核心内容，是公务职务关系的实质要件。由于公务员义务本身的重要地位，一些国家和地区的公务员法制中有专门的公务员服务法，对公务员的义务作了专门规定，而笔者至今尚未发现哪一个国家制定了公务员权利法。其次，公务员义务具有法定性。各国公务员制度中都不乏公务员义务的规定，可以说公务员义务的法定性已成了公务员制度中的一个普遍现象。公务员在行政系统中是最小单位，其在一定程度上决定着行政权行使的质量，也关系到行政过程对社会公众的影响。为了强化行政的质量，国家对公务员义务作出严格规范就显得十分重要。因此，义务的法定性，就成为国家对公务员实行法律规制的手段。对于公务员而言，义务法定也有利于其不受行政系统的不当侵害。有些国家和地区用一个完整的法典规范公务员的义务，还有一些国家在完整法典中规定公务员的义务。有些国家的公务员法或制度中，规定了公务员违法的前提是公务员没有依法履行义务，这也是为什么要用法律明文规定公务员义务的一个原因，即必须做到过责有据、过责法定。再次，公务员义务与公务员身份相伴随。公务员担任行政公职以后就与国家形成了一种特别权力关系，其对国家可以主张相应权利，同时也要满足国家对它的要求，公务员义务就是在这种关系形式中形成的。即公务员担任行政职务是其履行义务的前提，一旦公务员不担任行政公职就没有必要再履行国家为公务员所规定的义务。不过，公务员的有些义务不能因为身份的丧失而丧失。例如，保守国家秘密的义务就不能因身份的丧失而丧失。公务员不担任行政公职时还须履行什么样的职务义务是一个需要探讨的问题。最后，公务员的义务在法律上表现为作为和不作为两类。所谓作为的义务是指公务员必须以积极的姿态去实施某种行为的义务，如“维护国家的安全、荣誉和利益”就是一个积极义务，公务员在任何情况下都须以积极的态度维护国家安全、荣誉和利益。所谓不作为的义务是指公务员不得实施某种行为的义务。

公务员的权利是指因公务员具有公务员身份而具有的可以要求行政机关作出某种行为或不作某种行为的资格。首先，公务员的权利和义务具有一定的对应性，这是法律原理的一般要求，也就是说公务员与国家建立特别权力关系后，向国家履行这样那样的义务，同时这些义务又带来了诸多的权利。在法律理论中，一般公民的权利和义务关系似乎以权利为始以义务为终，其义务是由权利带来的。《宪法》对公民权利义务的规定将权利排在义务的前面，既可以理解为公民义务是以其权利为基础的，又可以理解为公民权利重于义务。各国公务员法关于公务员权利义务的规定一般均将义务排在权利之前，如《瑞士联邦公务员法》第2章为“公务员的义务”，而“公务员的权利”则出现在第5章。我国《公务员法》也将义务排在权利之前。这样的排列顺序不是偶然的，它是从公务员与国家的权利义务关系中演绎出来的，即在公务员与国家关系中，国家处于主导地位，公务员处于从属地位。因此，公务员的义务是公务员权利产生的基础，二者在公务员法中的对应关系是很明显的。其次，公务员的权利具有双重属性。公务员的权利是归属于公务员个人的，也就是说，公务员个人通过享有权利而获得利益，这是问题的关键。不过，这只是公务员权利属性的一个方面。另一方面，公务员权利系为国家谋求公益而设。最后，公务员权利的绝大多数与职务相伴。与公务员的义务一样，公务员权利的绝大多数是任职期间才享有的。任何权利都有相关的权利主体，我们所讲的公务员权利的权利主体必然是公务员。但这只是一个笼统的说法，公务员担任行政职务才是其享受权利的主体资格条件。公务员职务关系消灭以后是否还享有与职务相关的权利在理论上是一个有争议的问题，有人认为公务员的义务不完全因身份的丧失而丧失，而公务员的权利则因身份的丧失而丧失。然而近年来也有学者主张公务员职务关系消灭之后仍然享有一部分原来属于公务员职务关系所派生的权利。公务员在任职期间为国家作了诸方面的贡献，其退职以后至少在生活方面应当有所保障。因此，公务员拿退休金、养老金以及抚恤金的权利在离职以后应当继续享有。

在行政法治实践中经常遇到以下几类问题：①公务员责任与行政机关责任的关系；②公务员的个人行为与行政机关行为的关系；③公务员享受权利的界限等。

案例30　公务员责任与行政机关责任的关系
——张×诉×县工商行政管理局侵权赔偿案

【案情摘要】

原告：张×，女，30岁

被告：×县工商行政管理局

1995年6月，张×用自行车驮带两筐自产小白菜约45公斤去×农贸市场出售。到×农贸市场后，张×由于急于出售，便没有到指定地点卖，而在存放自行车处出售。这时，在×农贸市场执勤的×工商所工商行政管理员王×以张×在场外交易为由将张×的秤杆和秤砣拿走。回到市场管理所办公室，王×倚在床边将凉鞋脱掉，张×此时赶到王×的办公室，向王×索要秤砣和秤杆，王×说："你已经违法了，等着接受罚款吧，你的秤算被我们没收了。"张×回答说："我没有违法，在哪儿卖不都一样。你把秤还给我，再不还我就把你的鞋拿走。"这时，张×便弯腰拿王×的鞋。王×急忙往回抢鞋，双方拉拉扯扯，并厮打起来。其他市场管理人员也赶过来，帮王×与张×厮打。在厮打过程中，工商所的三名市场管理人员手背及小手臂有轻微擦伤。张×全身多处受伤，软组织损伤面积较大，不得不住院治疗，用去医药费千余元。在厮打过程中，王×的凉鞋被夺回。工商所执法人员看张×受伤后便把秤还给了张×。张×出院后，要求×县工商行政管理局赔偿其医疗费1500元，误工补贴2000元，精神损失和其他费用4000元，总计人民币7500元。×县工商行政管理局作出书面裁决，本案王×和其他几位肇事者的伤害行为与工商行政管理局无关，不属行政赔偿的范围。故对张的赔偿请求不予受理。张×遂向×县人民法院提起行政诉讼，状告×县工商行政管理局及其王×等人。

×县人民法院受理此案后，在该案归于哪一类案件上发生了意见分歧。一些人认为本案是民事赔偿案件，王×和其他执法人员对张×的伤害行为是他们自己的违法行为，对他们个人的违法行为工商行政管理局不应承担赔偿责任。另一些人认为该案属行政赔偿，理由是王×的行为是行政执法行为，对于行政机关行使职权的行为行政机关应负责，而不能单由公务员个人负责。人民法院最后以行政赔偿判决工商行政管理局承担受害人的费用如下：①医疗费1500元；②误工补贴2000元。因《国家赔偿法》没有精神损失赔偿的具体规定，故张×4000元的精神损失费请求不予支持。

【提示与讨论】

本案所涉及的案件事实首先是张×的行为是否违法。该事实是较为明确的。国家工商行政管理机关在行政管理活动过程中，可以依法设定有关的权利义务。

本案中，工商行政管理所的执法人员根据有关市场管理的法律规范判定蔬菜交易场所是其执法权的体现，相对一方当事人必须服从。若有违反，其行为应当被视为违法。张×在摆放自行车的地方出售青菜是扰乱市场管理秩序的违法行为。其次是对张×违法行为的处理方式。说服和强制是行政执法中经常采用的方式。一般情况下，执法机关必须先采用说服的方法，在说服无效的情况下便可以采取强制的方法。但强制手段的采用必须符合法律规定的标准，否则属违法强制。本案中，王×等没收了张×的秤砣及秤杆是可以的，但必须符合法定程序，更不能对违法行为人施以人身伤害。王×没有采取法定程序没收秤砣与秤杆的行为，并在厮打中致张×受伤的行为都是违法的。再次是对于王×导致张×伤害的行为属何种性质的行为是人民法院需要认真认定的事实，即其属于民事侵害，还是行政侵害。综观本案的全过程，笔者认为认定为行政侵害较为妥当，因为整个行为都是基于行政机关行使职权而引起的，都发生在行政管理活动过程中。

人民法院受理此案后，适用民法的有关规定还是适用行政法的有关规定便成了本案适用法律必须首先解决的问题。适用法律的前提是确定案件中法律关系的性质。本案中张×与工商行政管理局及其执法人员王×的法律关系是本案适用《民法通则》赔偿，还是适用《国家赔偿法》赔偿的前提。王×和工商所的其他执法人员所履行的职责是工商行政管理职责，其所处的地位是管理者的地位，而张×所处的地位是被管理者的地位，二者的关系应当是管理者与被管理者的关系。此种关系不是在平等基础上形成的民事法律关系，而是一种以行政特权为基础的不平等关系。王×等代表工商行政管理机关可以命令张×不能在禁止的地方出售蔬菜，可以对其违法行为采取有关的管理措施。从该关系的本质特征看，是一种单方面的关系，而不是平等主体间的关系，也就是说王×等与张×的关系是行政法关系。既然如此，本案的赔偿问题就很清楚了，适用《国家赔偿法》是正确的。本案中，王×等执法人员行使职权中采用的手段、方法等都是行政法规范禁止的，但不能因此就将其与张×的关系归于民事法律关系的范围之内。《国家赔偿法》对行政机关及其工作人员违法或不当的行政行为规定了由国家承担赔偿责任。从这一规定看，法律给了执法人员一定的犯错误的机会，即执法人员犯了错误以后，由国家承担起责任。当然，不能把法律给予执法人员此种犯错误的机会理解为法律允许执法人员犯错误，而是说，执法人员出于维护管理秩序目的的行为不可能每一次都是严谨无误的，在比较轻微的范围内犯了错误国家将对执法对象负责。这一问题的深层理论还须探讨。本案人民法院关于张×有关精神索赔的请求不予支持是妥当的，因为当时《国家赔偿法》还没有规定有关精神赔偿的费用负担问题。

笔者认为，就公务员任职于国家行政机关而言，在一定意义上讲，行政机关是一个机构实体，从另一意义上讲，行政机关则是一个抽象的组合体，它是由若干不同层次，不同类型的公务员组成的。公务员代表行政机关作出一定的行政行为，行政行为的名义和承受结果都归于行政机关。如果公务员代表行政机关作出的行政行为是正确的、合法的，公务员和行政机关的关系就不显得有多么重要。而当公务员代表行政机关作出行政行为时，其行政行为是错误的、不适当的，这时行政机关和公务员之间的关系就显得特别重要。因为，对于错误的行政行为其责任由谁来承担？是完全由行政机关承担呢？还是完全由公务员承担呢？还是由二者分担呢？如果由二者分担的话，以什么原则为分担的准则呢？等等。这些问题是行政法治实践中面临的重要问题之一。在本案中，工商行政机关维护市场秩序是在其职责范围之内的，然而，王×采取强行没收张×的秤杆和秤砣以及对张×造成人身伤害都超出了合法、合理行使职权的范围。行政机关作为一个机构实体要对这一行为负责。然而，让行政机关负完全责任却是不妥当的，因为过错产生于公务员。那么，有故意和过失等主观过错的公务员承担一部分责任是应当的。正因为如此，《国家赔偿法》规定了国家行政机关对有过错的公务人员的追偿权。至于追偿权如何行使，是今后行政法治实践需解决的问题。

案例31　公务员个人行为与行政机关行为的关系
——商×诉×市×区公安分局案

【案情摘要】

原告：商×

被告：×市×区公安分局

法定代表人：辛××，×市×区公安分局局长

1991年5月9日下午5点半左右，商×从工厂下班回家，行至本厂大门外×浴池门口时，两个不明身份的人对商×讲："请你跟我们走一趟。"商×回答："什么事，你们是干什么的？"这两个人讲："我们是公安局的便衣，找你有点事。"商×便跟这两个人走进了×市×区公安分局治安科。此二人是该科的两位刑警张×和熊×。张×和熊×要商×交代刚才路过浴池时干了什么事。商×由于没有做什么事，便无从回答。张×和熊×对商×施以威胁，熊×还打了商×的脸。无奈之下，商×说："你们能否提示一下我究竟干了什么事。"张×和熊×说："你刚才路过浴池的时候，偷看女同志洗澡。"商×没有承认，张×和熊×看商×不承认，便说："你态度还不老实，得来点硬的。"张×和熊×又对商×拳脚相加。最后，在张×和熊×的威逼下，商×依此二人的授意，写了一个交代材料，承认有偷看女同志洗澡行为。张×和熊×用事先准备好的行政处罚决定书裁决对商×行政拘留7天。所依据的是《治安管理处罚条例》，由于处罚决定书

上没有写明商×有提起行政复议和提起行政诉讼的权利，商×亦不知自己可以请求复议和提起诉讼，商×在当时既没有请求复议也没有起诉。

商×7天的行政拘留执行完毕以后，由于其自觉冤枉，便在×律师的帮助下，向×市公安局提起行政复议。×市公安局复议后，维持了原来的处罚决定。商×及其代理人对复议决定仍不服，便向×区人民法院提起了行政诉讼。×区人民法院受理此案后进行了现场勘验和案件调查实验，发现证据不足，案件不能成立，判决撤销了×市×区公安分局对商×的行政处罚决定。×市×区公安分局败诉后，引起了市公安局有关领导的重视，在公安局的内部调查下，才查清了本案的真相。原来×区公安局治安科的科长周×与商×有个人恩怨，为了报私仇便让该科的张×和熊×对商×实施了处罚行为。

【提示与讨论】

本案的案件事实分为行政处罚的案件事实、行政复议的案件事实和行政诉讼的案件事实三个方面。本案行政处罚的案件事实就是×市×区公安分局对商×作出7日行政拘留所依据的事实。从本案的全过程以及人民法院最后的审判情况看，商×是没有实施偷看妇女洗澡行为的。有无此行为是其是否承担行政处罚责任的依据，如果商×确有此行为就应当接受公安机关的处罚，若无此行为，公安机关对其进行行政处罚就是违法行政。张×与熊×由于错误、甚至虚构了本案的案件事实，因而行政处罚行为便是错误的。本案行政复议机关应当认真审查×区公安分局在对商×进行处罚所依据的事实，看其是否能成立，还要审查处理过程是否有不当之处。本案张×和熊×为了获得惟一的证据——口供，不得不采取对人身施暴的手段。这些手段都是法律所禁止的，复议机关在复议中应当对此引起重视。然而，本案复议机关并没有认真审查上述事实，因而作出不当的行政复议决定就是不可避免的。本案中，人民法院对案件事实的认定是客观的，其为了把案件查清楚还进行了现场勘验，看商×有无偷看的迹象，并进行了调查实验。这些都是认定事实的正确做法。基于此，对处罚决定和复议决定都从根本上否定了。本案在行政处罚和行政复议阶段所依据的事实都是虚假的，只有对这些虚假事实进行否定，才能使案件的最后处理符合客观实际。

案件事实的认定和适用法律是一个既相联系又有一定界限的问题。有些情况下，案件事实和法律适用是前后连贯的，如案件事实成立，事实清楚，适用法律得当，这时二者就是前后连贯的；有时案件事实不清，适用法律模棱两可，这时二者也是连贯的，即错误的事实导致错误的法律适用。然而，在行政法治实践中，还有一种现象值得引起重视，就是虚假的案件事实可能有完整的法律适用。本案中，公安分局适用法律的行为应当说是难以找到实体上的毛病的，公安分局依《治安管理处罚条例》第19条关于“结伙斗殴，寻衅滋事，侮辱妇女或者进行其他流氓活动”的规定，裁决商×行政拘留7天。对于他们认定的商×的行为事实而言，这一法律适用是无可挑剔的。此点说明，在执法实践中案件事实的认定和法律的适用并没有绝对的必然联系。执法机关、复议机关、人民法院既要正确对待案件事实，又要正确对待法律适用。人民法院在审理此案时，并没有被公安分局和行政复议机关法律适用上的表面完整所迷惑，而是在肯定了本案事实的虚假后，依《行政诉讼法》作出了撤销行政处罚决定的判决，是一个非常恰当的法律适用行为。法律适用除注意实体规则外，还必须注意适用行为本身，即适用过程中的程序问题。本案中，行政处罚机关在对当事人进行处罚时，程序上也有许多不当之处，如必须告知被处罚人有提起行政复议和行政诉讼的权利，而本案中×市×区公安分局没有告知。在其没有告知的情况下，被处罚人商×在7天的行政拘留执行完毕之后，便在×律师的协助下提起行政复议，完全符合相关法律法规的规定。因此，本案商×请求行政复议和行政诉讼并不存在超过复议时效和诉讼时效的问题。

笔者认为，行政机关作出行政行为时，行为可以有两个表现：一是行政机关作为一个机构整体代表国家所为的行为；二是行政机关中的公务员的个人行为。此二行为从理论上较易区分：公务员的行为以所属单位的名义作出，属单位行为，以自己的名义作出，则属个人行为；公务员的行为是在他的职责范围内作出的，属于单位行为，如果超出职责范围则有可能是个人行为；公务员的行为是执行单位的命令或委托，不管单位的命令或委托是否超越权限，概属单位行为。然而，在行政法治实践中，行政机关作为单位的行为和公务员的个人行为并不容易区分，本案就是一个例子。从形式要件上看，×区公安分局以分局的名义对商×作出行政处罚是行政行为，即以单位名义出现的行为。而本案中，以周×为首的治安科是该行政行为的具体实施者。周×授意张×和熊×以虚构的事实将商×行政拘留。该行为尽管是以公安分局的名义作出的，但从实质看，这一行为应当是公务员个人的行为。理由是，从该行为发生的场合看，其并非发生在行政管理活动过程中，因为该行为与公安机关的职权行使没有必然联系，该行为不但不是在理顺管理秩序，反而是将行政管理秩序搞乱。从该行为的起因看并非基于公共关系，而是基于周×与商×的私人关系，作为私人关系看，应由民法等类型的法律调整，而不应由行政法调整。总之，周×的个人行为导致了该关系的发生，其只不过假借了行政行为的名义。对本案的责任应完全由周×、张×和熊×负责。在行政权行使中一些公务员假借行政机关名义实施个人行为，应视为虚假行政行为，对于虚假行政行为的性质和归属有待行政法学界深入研究。

案例32 公务员享受权利的界限
——汪×泄露国家机密案

【案情摘要】

1994年×省中考前夕，省×劳改大队管教处处长汪×为使其子能通过考试，借此次试卷在该队印刷厂印刷之机，要求在押犯石××为其窃取中考试卷，并口头答应石××将努力为其减刑。石××觉得能为汪×帮忙是求之不得的事情，便满口答应。汪×与石××多次密谋后，为石××创造了进入印刷车间的条件。1994年4月5日至4月10日，石××多次以各种借口在汪×的保护下进入印刷车间窃出中考试卷及部分标准答案。1994年4月11日，汪×利用工作之便，数次进入保密区避开其他管教干部，从石××手中取出盗来的中考试卷及标准答案。汪×将盗来的数学试卷及标准答案泄露给其子，致使其在参加考试时数学成绩名列该考区首位。在数学试卷改卷中，由于汪×之子的答卷与标准答案完全相同，引起了阅卷领导小组的注意。后经省教委调查，案件事实被查清。省劳改局法制处认为汪×的行为违反了《国家公务员暂行条例》第31条第9项关于“国家公务员不得泄露国家秘密和工作秘密”的规定，违反了《保守国家秘密法》(以下简称《保密法》)的有关规定，依《保密法》第31条的规定和《国家公务员暂行条例》第33条的规定给汪×开除公职的行政处分。汪×对省劳改局的行政处分决定不服向省监察厅提起申诉请求，认为他仅泄露了一门课程的考卷，并没有引起严重后果，对他采用开除的处分失之过重。省监察厅复议后维持了原来的决定。

【提示与讨论】

本案汪×的行为事实应当由两部分构成：①汪×滥用职权的行为事实。汪×作为劳改大队的管教人员其职责是管好服刑人员，并使服刑人员在服刑期间认真改造，以重新做人。然而汪×对自己握有的职权没有按该职权的宗旨和该职权要求的行为规范行事，而将该职权用于职权范围以外的事务中。其指使犯人偷盗试卷的行为是典型的滥用职权。这一行为事实省劳改局在处理时并没有予以认定，实属认定事实中的疏漏。②汪×泄露国家机密的行为事实。汪×把中考试卷告知其儿子的行为是泄露国家秘密的行为，而不是一个纯粹的营私舞弊行为。省劳改局认定汪×泄露国家秘密的行为事实是成立的。在一个案件中，行为人若有两个违法行为事实必须同时予以认定，而不能顾此失彼。除认定行为事实的性质外，对于情节也应当予以重视。本案汪×行为性质的情节应当说是比较恶劣的，不但影响了保密方面的管理秩序，而且也影响了劳改方面的管理秩序。其授意劳改犯盗窃试卷的行为是对劳改管理关系的破坏，且会在服刑人员中造成很坏影响，不利于本劳教大队今后的劳动改造工作。从本案的事实看，笔者认为，汪×的行为已经达到了追究刑事责任的程度。

本案在适用法律时，应当和本案的认定事实一样，分成两个部分。一部分是对汪×滥用职权的行为适用法律规范。其指使汪×盗窃正在印刷的中考试卷是滥用职权的行为，对此行为应适用《关于国家行政机关工作人员的奖惩暂行规定》和《国家公务员暂行条例》，对此行为追究行政纪律责任。另一部分是对汪×泄露国家秘密的行为的法律适用。此行为首先要适用《保密法》的规定。该法第3条规定："一切国家机关、武装力量、政党、社会团体、企业事业单位和公民都有保守国家秘密的义务。"第31条规定："违反本法规定，故意或者过失泄露国家秘密，情节严重的，依据刑法第186条的规定追究刑事责任。违反本法规定，泄露国家秘密，不够刑事处罚的，可以酌情给予行政处分。"《国家公务员暂行条例》也有不少泄露国家秘密的规定，并作为公务员的一项纪律，一旦违反将承担纪律处分责任。本案由于没有认定汪×滥用职权的行为事实，故没有追究这一部分行为的责任。关于泄露国家秘密行为的责任追究也是值得商榷的。违反保密法和有关保密制度的规定既有可能违反行政法，也有可能违反刑法，二者是量上的区别。若当事人的行为性质严重、情节恶劣达到了较大量，就违反了刑法的有关规定，应当追究刑事责任；若当事人的行为轻微、情节一般时还只停留在行政违法上。本案从行为性质看，应当说是比较严重的。其泄露的中考试卷，在密级程度上至少是"机密"级，而不是"秘密"级。违反"机密"级的国家秘密，将使国家安全和利益遭受严重损失。因此，笔者认为，本案应对汪×适用刑法处罚。监察机关受理汪×的申诉请求后，也存在法律适用问题，若本案发生在现在，则其应适用的是《行政监察法》的有关规定，而此案发生时该法还没有出台，监察机关适用的应是《行政监察条例》。

笔者认为，本案所涉及的理论问题是公务员的权利义务问题。公务员一旦担任公职后，就有三个与职务有关的法律行为：①权力。这是公务员代表行政机关行使的国家权力。行政机关有各种各样的国家权力，如强制权、处罚权等，这些权力归属于国家，而由行政机关行使。其实对这些权力的行使进行操作的是国家公务员，以此论之，国家权力的分子便是公务员。这一权力对公务员来讲是可以带来利益的，正因为如此，这一权力在行使时容易出现偏差。如汪×在本案中滥用职权的行为就属此情形。公务员权力的行使是有限度的，一旦超越了一定的限度就是权力的滥用。为了使权力行使统一在法律规范之中，《国家公务员暂行条例》规定了公务员的权利义务以及公务员行使职权应当遵守的纪律。公务员的权利有俸给、职位保障、批评建议、申诉控告等。②义务，即：有遵守法律、法规、依法执行公务、维护国家安全和荣誉、忠于职守、保守国家秘密和工作秘密、克己奉公等义务。这两方面是相互补充的。如果说公务员的权利规定了公务员担任公职以后可以有效行使权力的话，那么，公务员的义务则是对其行使权力的制约。除权利义务外，我国《国家公务员暂行条例》还规定了公务员的纪律，此其三。如公务员不能玩忽职守、贻误工作；不能压制批评、打击报复；不能弄虚作假、欺骗群众；不能对抗上级决议和命令；不能挥霍公款、浪费国家资财；不能泄露国家秘密和工作秘密，等等。这些都是对公务员行使权力的限制和制约。

第三节　个人和组织

个人和组织是指在行政法关系中相对一方的当事人，是与行政机关及其公务员相对应的一方的主体。个人包括中华人民共和国公民和在境内的外国人、无国籍人。组织包括国家组织、企业事业单位、社会团体及其他社会组织和在中国境内的外国组织，都可成为行政关系相应的一方的主体，享受行政关系中一定的权利和承担一定的义务。

第一，自然人。在行政法教科书中很少用自然人这一概念，一般用公民的概念，如《行政诉讼法》、《行政复议法》等。公民这一概念严格地讲是一个宪法概念，若把它直接在部门法律中使用似乎不甚严谨。例如，当我们在行政法中使用了公民的概念以后，那么外国人的身份就被排斥了。我国行政法理论中对行政相对人的解释是它包括公民、法人和其他组织，而在行政法治实践中外国人同样可以成为行政相对人。正因为使用公民的概念不周延，故应当在行政法学中用自然人的概念代替公民的概念。

第二，企业。企业是指从事生产或者经营活动的营利性组织。由于我国在很长一段时间实行计划经济，国营或国有企业占有很大的比重，在经济生活中占有非常重要的地位，它长期以来是行政法关系的当然主体。现在我国还处在经济的转型期，这种转型期从 1992 年我国作出推行市场经济的决定以后就开始了，目前转型过程并没有完全结束，无论这种转型结束与否都使私人型企业成为行政法关系的主体之一，所不同的是转型越深刻、越彻底私人企业在行政法关系主体中所占的比重就越大。

第三，经济联合体。这是指国内的或者在中国经营的国外经济联合体，它常常是由诸多企业（国有或私营）组成的经济性联合组织，这样的组织不是企业。他们在一定范围内从事着经济活动，其在行政法运作中具有独立的主体资格，而不是将权利义务分散到具体的企业组织中，对行政法关系的这一主体我国行政法学界研究得不多，也许，行政法学者会认为这应当是经济法学研究的问题。但我们认为，经济联合体在行政法关系中的权利义务、它和行政主体的关系形式与行政主体同一般企业的关系形式有较大差别，尤其是它与行政主体之间权利义务关系是一个新的时代问题，应当引起行政法学界足够的重视。

第四，事业单位。我国的事业单位是非常复杂的，有些事业单位是纯粹的事业单位，它履行的职能是纯粹的社会性职能。而有些事业单位则更像行政机关，如气象局，其在履行气象管理职能时，名义上是事业单位，实际上与行政机关没有多大区别。对这种事业单位的地位行政法学中采取了以授权组织定其名分的方式，这些事业单位在行政法关系中有时处于行政相对人的地位，有时则处于行政主体的地位。还有一些事业单位介于上述两种类型的事业单位之间，它们承担的职能更多的是公共事业职能，有时也扮演行政管理者的角色，如高等院校等。不论事业单位是以行政主体的身份介入到行政法关系中，还是以行政相对人的身份介入到行政法关系中，其都是行政法关系中不能忽视的主体。目前我国行政法学界一些学者对事业单位行政主体资格地位的研究就很有时代意义，应当指出的是，我国对事业单位作为行政相对人身份的研究还是一个空白。

第五，社会组织。社会组织有两种类型，一个是一般性社会组织，指一些分组人群为了适应和控制环境，实现某种特定目的而建立起来的集合体。它是个体实现价值的渠道，个体在加入社会组织时在一定范围内放弃了属于纯粹个体的权利。另一个是社会团体，其基本标志是必须建立组织、制定章程、确定机关、进行登记以行政法上的许可而成立。社会团体根据成立的宗旨和目的不同分为政治团体、文化团体、其他社会团体等等。社会团体我们认为是不营利的，这也是其与经济联合体的根本区别，工会、共青团、妇联、文联、社联等有着明显的针对性活动，其在从事的实体内容上都是非营利的。社会组织在我国是非常复杂的，有些社会组织从事的事务不但有政治性而且有行政性，对于不同类型社会组织的法律地位需要行政法学界认真予以澄清。

第六，社会利益集团。社会利益集团在它的起初无疑是社会学和政治学关注的问题，随着社会的发展，社会利益集团在国家政治生活和社会生活中扮演着越来越重要的角色。尤其在民主政治较为发达的国家，社会利益集团不但对立法、司法活动有所渗透，而且对行政过程也起着重要作用，对行政决策的影响是一个侧面，对行政过程的制约是另一个侧面。社会利益集团和一般社会组织相比，一是规模大，二是结构松散，利益是社会利益集团的纽带，利益组合关系越多利益集团也就越多。我们认为，社会利益集团已经成了行政法中的一个非常重要的现象，我国的一些重大的行政决策常常与利益集团的影响有关，若干方面的行政听证是让利益集团参与行政过程的一个手段，说明社会利益集团对行政法治的制约已经成为了行政法治和行政法学不能回避的问题。

第七，外国国家机构。国家由于是一个必须由相关机构代表的集合概念，因此，国家作为行政法关系主体亦不易理解。在行政职权行使过程中，即使有国家行为也是由相关的机构代理的，而当单一机构代为国家行为时常常能独立承担法律责任，其作为行政法关系主体亦属必然。我国行政主体出于某一方面行政管理需要而与外国国家机构发生联系时，外国国家机构也就成了行政法关系的主体。

第八，国际组织。国际组织的类型多种多样，有的是政治性组织，如联合国以及联合国安全理事会、国际人权组织；有的是经济性组织，如世界贸易组织、石油输出国组织、欧洲经济共同体等；有的是社会性组织，如联合国科教文组织、世界卫生组织、世界环境保护组织等。上列组织都可以成为我国行政法关系的主体，如我国有关机关承认世界人权组织有关规则的行为，其在与该组织发生关系时，该组织便是我国行政法关系的主体。2003 年我国非典危机期间，世界卫生组织对我国采取有关行为，当其作出这种行为时与我国有关行政机关发生的关系亦是行政法关系，其作为行政法关系主体的身份也就得到了证明。

在行政法治实践中经常遇到以下几类问题：①个人和组织的权益保障；②个人和组织积极履行法律的义务；③个人和组织作为相对一方的法律责任等。

案例 33 个人和组织的权益保障
——彭×被×副局长迫害案

【案情摘要】

彭×，女，系×研究所高级工程师。1994 年 4 月，彭×正承担一项部级重点科研课题。4 月 16 日，该研究所的主管机关×省化工局一行人员前来检查该项目试验研究的进展情况。化工局×副局长进实验室后，彭×由于实验太忙，便没有机会招呼×副局长一行。彭×平时少言寡语，当×副局长问其实验情况和生活情况时，彭×没发一言。×副局长认为彭×对他态度冷淡，是对领导的不尊重，该副局长向研究所所长授意将彭×调出这一科研课题组。1994 年 5 月彭×便被×副局长和研究所调出了课题组，让彭×从事所谓的基础研究。同年 6 月，部里组织有关科研人员准备对该课题进行鉴定。彭×得知此事后，便写材料向部里讲明该课题离鉴定还有较大距离。化工局×副局长听说彭×向部里反映了不能鉴定的情况后，更是火冒三丈。便以彭×有精神病为由将其暂时停职，并强行将彭×弄到精神病院令其住院治疗。其实彭×是一位事业心很强的女强人，在研究所她一直是一位科研骨干，在本领域内取得了一系列研究成就，在国内外学术刊物上发表科研论文五十余篇，有一项科研成果曾获部级二等奖。彭×平时为人忠厚，不看重个人利益，一心扑在事业上。由于其书呆子气，对社会上的一些不正之风，不但看不惯甚至还能挺身而出，正由于此点，得罪了局里好几位领导。在其被强行送进精神病院期间，多次写信向上级有关领导反映，但一直没有得到结果。彭×被强行治疗达2个月之久。由于彭×的缺席，其所承担的部级课题便一直没有完成。1994年10月，彭×一边上访，一边运用法律武器保护自己的合法权益，其不幸遭遇在社会上引起强烈反响，研究所一些青年科研人员向社会呼吁，并向省政府有关领导反映了彭×的情况。省委办公厅、省纪委、省监察厅等部门成立了一个专门调查组，对事件进行了认真调查，认定化工局×副局长等人的行为是一起迫害知识分子的严重事件。省政府责成省监察厅对该副局长和其他相关人员给予行政纪律处分。

【提示与讨论】

本案的案件事实可以从两个角度认识。一是从行政机关与行政管理相对一方、公务员与行政管理相对一方的关系认识。行政机关与管理相对一方的关系是在行政法规范规定之下的管理与被管理关系。个人和组织在法律规定的范围内活动，行政机关就应当予以支持，并保护其合法权益。本案中，×省化工局是忽视了这一关系特征的，而不适当地将其与个人和组织的关系扩大到行政法规范之外。公务员与个人和组织的关系也只能限定在行政法规范之内，只能限定在公务员履行职责和个人和组织履行法律义务的范围之内。本案中×省化工局×副局长对彭×采取的调动、强制治疗等行为，是行政法规范之外的行为，是该公务员的个人行为。二是从公务员行使职权时如何处理个性与行为合法性的关系来认识。从另一个角度看公务员也是普通的人，有普通人的个性。然而，公务员担任公职以后在其行使职权过程中就是代表公共意志的，不能将个人感情的好恶加进职权的行使中，本案中×省化工局×副局长把个人情感因素加进职权行使中，是完全错误的。公务员不能以管理相对方对自己个人的态度来判断相对方行为的性质，而应以相对方是否忠实履行义务为判断其行为性质的标准。本案案件事实的性质应当认定为利用职务上的机会加害于人。该副局长的行为是《国家公务员暂行条例》第31条所禁止的。

本案的法律适用问题是值得探讨的。省政府责成监察部门对×省化工局×副局长和其他相关人员进行处理是不大妥当的。监察机关所行使的是行政法制监督的权力，其在职权行使中所享有的权力，尤其享有的制裁权十分有限，依《行政监察条例》第24条规定："监察机关根据检查、调查结果，遇有下列情况，可以作出监察决定：①违反政纪按照管辖权限应当给予警告、记过、记大过、降级、降职、撤职处分的；②违反国家有关法律、法规的规定取得非法收入，依法应由监察机关没收、追缴或者责令退赔的；③已经给国家利益和公民的合法权益造成损害的，需要采取补救措施的；④对于忠于职守、清正廉洁、政绩突出以及控告、检举重大违法违纪行为的有功人员应予奖励的。前款所列情况，监察机关也可以提出监察建议。”监察机关行使的制裁权就只有行政处分和行政强制的权力。省政府责成监察机关对该局×副局长处理等于一开始就将违法行为人的行为限定在行政违法的范围内。这是有点主观臆断的。从本案的实际情况看，×省化工局×副局长违反了两个性质不同的法律，第一个是违反了行政法。《国家公务员暂行条例》第31条规定国家公务员不许“压制批评，打击报复”，而本案行为人实施了这一行为。以此条规定给予其行政处分。第二个是违反了刑法。行为人使彭×在精神病医院住2个月，是比较典型的限制人身自由的行为，应依刑法追究其刑事责任。

笔者认为，在行政法关系中，相对一方即个人、组织享有非常广泛的权利，如参加行政管理权，受益权，了解权，隐私保密权，合法、正当、平等保护的权利，协助行政权，批评、建议、控告权等。这些权利既是公民的宪法权利，同时又是一系列行政法规范予以具体保障的权利。行政机关和公务员既承担履行行政管理职能的责任，又承担保护个人和组织合法权益的责任。在行政法治实践中，一些行政机关和公务员对于履行管理职能的职责是领会比较深的，而对于保护个人和组织权益的职责却往往忽视。有的甚至认为手上握有的行政权力是无所不能的，常常利用行政权力加害于管理相对一方当事人。本案彭×作为一个高级知识分子，在本学科领域内取得了显著的成就。其作为一个普通公民的权益应当受到保护，其作为一个科研人员进行科学研究的权利亦应当得到保护。本案×省化工局作为主管部门在保护彭×权利方面是没有尽到职责的。个人和组织权益的保护是目前以至今后很长一段时间我国行政法学界和行政法治实践面临的重要课题。

案例34　个人和组织积极履行法律义务
——卓×诉×区税务局洪山税务所案

【案情摘要】

原告：卓×，男，×县杨湾村个体运输户

被告：×市×区税务分局洪山税务所

法定代表人：刘××，洪山税务所所长

1990年，卓×从东北×省贩运一火车皮苹果到×市销售，但以×厂自购为由，拒绝向税务机关缴纳税款。1991年12月，卓×又从西北×省运了一火车皮柿饼，以和上次相同的方式在本市贩卖。该市洪山税务所执法人员多次催缴税款，均被卓×拒绝。同年12月6日，洪山税务所联合洪山工商所将卓×没有销完的柿饼扣押，并强行让其补缴税款2000元。1992年12月，卓×又从东北×省贩运苹果一火车皮，总计30吨，以同样理由拒绝缴纳税款。洪山税务所经过多方查证，证明卓×属于无证经营性质，要求其依法纳税。卓×以种种方式予以抵制。基于上述情况，洪山税务所认定卓×的行为已构成偷漏税款的行为。于1993年1月联合工商部门对其货物实施扣押。无奈之下，卓×同意缴纳税保证金5000元，距应缴税款还有较大差距。洪山税务所在开具的收据上限卓×于1993年2月10日以前到洪山税务所办理纳税申报手续，但卓×未按期申报。1993年2月11日，洪山税务所按规定将卓×的保证金抵作税款入库。卓×对洪山税务所的处理决定不服，于1993年2月15日向×市税务局×区税务分局提出复议申请。

×区税务分局经复议后认定：洪山税务所的定性是准确的，处理是恰当的，遂于3月20日向卓×下达了复议决定：维持洪山税务所对卓×的处理决定。卓×对复议决定不服，于1993年3月21日向×市×区人民法院提起行政诉讼。诉称：被告所征税额是估算出来的，没有事实根据；其所销售的水果已亏本，不应缴纳税款。被告辩称：根据《税收征收管理暂行条例》第18条规定："纳税人发生纳税义务超过30日或者超过税务机关核定的纳税期限15日，未向税务机关申报纳税的，主管税务机关有权确定其应纳税额，限期缴纳。"原告在报税期限未报税，实属违法；营业税是以销售收入计税的，而不是根据销售人是否亏损而计税的，原告称没有营利便不缴税的说法不能成立。×区人民法院经过认真审理判决如下：洪山税务所适用法律正确、证据充分，维持原行政处理决定。判决后，原告、被告均没有上诉。

【提示与讨论】

洪山税务所在对相对一方当事人卓×处理过程中的事实认定，从总体上讲是客观的、准确的。首先，洪山税务所查清了卓×三次贩运行为，即两次从东北×省贩运苹果和一次从西北×省贩运柿饼，三次行为的认定都是客观的、有根据的。其次，洪山税务所查清了卓×行为的性质。卓×自称是直接销入×厂，是内销行为不应纳税。而洪山税务所没有被卓×的谎称所迷惑，通过认真调查，查清了事实真相。税务机关收集的材料都是第一手材料，为以后的复议和应诉提供了很大的方便。但有一点应当指出，洪山税务所应将卓×缴纳税款的数额计算出来，应将其三次贩运的总数统计出来再根据每次缴纳税款的数额算一个总数额。其将卓×的5000元抵作税款，从总体上来看是没有错的，卓×的5000元还不是应缴税款的总数。数字上的准确定量是行政机关在行政执法中必须做的事情，而不能估算大概。复议机关在复议时，既认定了卓×违法行为的事实，又认定了复议机关作出复议决定的事实，并作出准确的判断：洪山税务所的行政处理决定符合卓×违法行为的事实，是一个正确的处理决定，并因此维持了原具体行政行为。人民法院认定的事实有三个，即卓×违法行为的事实、洪山税务所行政处理决定的事实和复议机关对案件进行行政复议的事实。对三个范畴的事实准确认定以后，作出了公正判决。

本案洪山税务所适用《税收征收管理暂行条例》对卓×征税是正确的。依该条例第18条规定："纳税人发生纳税义务超过30日或者超过税务机关核定的纳税期限15日，未向税务机关申报纳税的，主管税务机关有权确定其应纳税额，限期缴纳。"依此条例，卓×3次贩运销售行为都应依法纳税。本案适用法律中，税务机关亦有不严谨的地方。当事人的贩运行为共有3次，即1990年11月从东北×省贩运苹果一火车皮；1991年12月从西北×省贩运柿饼一火车皮；1992年12月从东北×省贩运苹果一车皮。3次贩运销售行为都没有及时向税务机关缴纳税款，应当说有3个违法行为。对于3个行为应分别适用法律，根据各次行为在当时情况下的具体状况适用法律。这是法律适用中的一个基本的制度问题。而洪山税务所没有将3次违法行为分开考虑，一起计算税款是不严谨的。复议机关和人民法院在审理此案时都忽视了此点。

笔者认为，个人和组织在行政法关系中承担一系列的义务，这是与其享有的广泛权利相对应的。其主要义务有：协助行政管理的义务，例如，《药品管理法》规定："药品监督管理部门有权按照法律、行政法规的规定对报经其审批的药品研制和药品的生产、经营以及医疗机构使用药品的事项进行监督检查，有关单位和个人不得拒绝和隐瞒"；遵守行政管理秩序的义务，如任何个人或组织都不能违反交通规则、不能破坏生产生活秩序、教学科研秩序等；服从行政命令的义务，即有义务服从行政机关合法的指挥和命令。个人和组织的义务一旦被法律规范规定以后，就必须予以履行，而不能拒绝履行。本案中卓×的行为就是较为典型的拒绝履行法定义务的行为。依法纳税是《宪法》和《税收征收管理法》规定的每个公民的法定义务。只要个人和组织从事应缴纳税款的营业等活动，就应依法纳税。卓×进行的长途贩运属营业性活动，必须缴纳营业税和其他税款。不能以自己没有从此次经营中获得利益而拒绝纳税。在行政法关系中，个人和组织享有广泛权利的同时也要承担义务，不能只注重权利的享受而忽视义务的履行。

案例35　个人和组织作为相对一方的法律责任

——上海×钢铁发展有限公司不服上海市普陀区质量技术监督局行政处罚决定案〔1〕

【案情摘要】

原告（上诉人）：上海×钢铁发展有限公司

〔1〕 参见张海棠主编：《2008年上海法院案例精选》，上海人民出版社2009年版，第375～381页。

被告（被上诉人）：上海市普陀区质量技术监督局

2005年4月11日，被告上海市普陀区质量技术监督局（以下简称技监局）依职权对江苏省×集团公司承建的农工商118店二期扩建工程中使用的钢筋混凝土用热轧带肋钢筋进行检查时发现，该工程中使用的钢筋标志分别为“2TZ10”、“2ZT10”、“2TZ14”、“2BG16”、“2×16”、“HG10”、“MTG10”的7个批次的螺纹钢涉嫌存在严重的质量问题，被告遂采取了登记保存（封存、扣押）措施，并进行了监督检查抽样。被告向实际使用该钢材的施工方江苏省建设集团公司调取了发货单、相应的产品质量证明书和原始记录等材料，确认“2TZ14”ø14mm、“2BG16”ø16mm、“2×16”ø16mm钢材的销售方系原告。同月14日，被告送交上海市黑色金属质量监督检验站检验。同月28日，上海市黑色金属质量监督检验站出具检验报告，检验结果判定“2TZ14”ø14mm、“2BG16”ø16mm、“2×16”ø16mm螺纹钢为不合格产品。

同年5月8日，被告对江苏省×集团公司予以立案调查，并送达了通知书和检验报告，告知了产品质量检查结果。同月17日，向江苏省×集团公司陈××调查时其表示对检验报告无异议。同日，被告对原告予以立案调查，并送达了通知书。同月25日，被告向原告法定代表人周××进行调查时，告知了产品质量检查结果，周××表示无异议。周××承认，系原告向江苏省×集团公司销售了涉案的“2TZ14”ø14mm、“2BG16”ø16mm、“2×16”ø16mm等螺纹钢，并向被告陈述了上述钢材的销售价格、销售情况及盈利情况，认可销售给江苏省×集团公司“2BG16”、“2×16”两种钢材时，仅提供了一张生产商的产品质量证明书。同年6月15日，被告对周××调查时其拒绝说明具体的供货商。同月18日，原告提交了《关于农工商118店钢筋供应的情况的说明》。同年7月7日，原告（乙方）和江苏省×集团公司（沪）农工商超市项目部（甲方）签订了《关于上海×钢铁发展有限公司钢材质量问题处理的协议书》，该协议书中约定，“就乙方在2005年3月16日至2005年4月9日供应的钢材（2005年4月11日被技监局检查经测试存在质量问题）之事达成如下处理意见：①对乙方供应的以下五批被技监局测试认定的质量问题无意见，具体规格和数量如下：一是规格ø16mm（2×16）、数量8.532吨、送货日期2005年4月4日；二是规格ø16mm（2BG16）、数量14.22吨、送货日期2005年4月4日；三是规格ø14mm（2TZ14）、数量12吨、送货日期2005年3月16日；……②甲方本着实事求是的态度对技监局认定的以后无质量问题的钢材给予结账并另行约定日期分批付款，直至付清。③本着双方友好，甲方承诺不追究乙方影响甲方的单位名誉和为此影响工程进度、人工费用的损失。乙方承诺以上五批次钢材问题与江苏省×集团公司农工商超市项目部无关。同意技监局没收处罚款均由乙方负责。④以上条款甲乙双方认真遵守，决不反悔”。同年7月26日，被告向原告进行了行政处罚告知，告知其有陈述、申辩或要求公开听证的权利。原告表示，对所作的调查笔录有异议，处罚数额较大，无法承受，请给予重新考虑。原告提交了《关于要求减轻或免予行政处罚的几点说明》。同月28日，被告再次向江苏省×集团公司进行调查，陈××仍证实涉案钢材确实是原告提供的。

2005年8月2日，被告将此案移送上海市公安局普陀分局侦查后，以涉嫌销售伪劣产品罪、偷税罪移送上海市普陀区人民检察院审查起诉。2006年3月6日，上海市普陀区人民检察院以上海×钢铁发展有限公司和周××犯有偷税罪提起公诉。同月24日，上海市普陀区人民法院作出（2006）普刑初字第173号刑事判决。同年6月12日，上海市公安局普陀分局向被告出具了退回案件的公函，称“经区检察院审理，周××涉嫌销售伪劣产品的行为不构成犯罪。”现将周××涉嫌销售伪劣产品案退回你局依法处理”。

2006年6月13日，被告再次对原告予以立案，并向原告送达了通知书。同年7月14日，被告向原告法定代表人周××送达了行政处罚告知书，原告未提出陈述申辩意见，未要求听证。同年9月6日，被告作出了第2320060089号质量技术监督行政处罚决定，被告认定，原告于2005年3月16日、4月4日销售到农工商118店二期工地的钢号为“2TZ14”的ø14mm、“2BG16”的ø16mm和“2×16”的ø16mm的热轧带肋钢筋，经检测，被判为质量不符合保障人体健康和人身财产安全的国家标准的产品。经调查核实，该种不合格的ø14mm热轧带肋钢筋，共销售了12吨，该种不合格的ø16mm热轧带肋钢筋，共销售了22.752吨，货值共计128 297.26元，违法所得240元。遂依据《产品质量法》第49条“生产、销售不符合保障人体健康和人身、财产安全的国家标准、行业标准的产品的，责令停止生产、销售，没收违法生产、销售的产品，并处违法生产、销售产品（包括已售出和未售出的产品）货值金额等值以上3倍以下的罚款；有违法所得的，并处没收违法所得；情节严重的，吊销营业执照；构成犯罪的，依法追究刑事责任”之规定，决定给予下列行政处罚：①责令停止销售质量不符合保障人体健康和人身、财产安全的国家标准的热轧带肋钢筋；②没收不符合保障人体健康和人身、财产安全的国家标准的热轧带肋钢筋共26.752吨零130支；③处罚款151 037.26元；④处没收违法所得240元整。同年10月27日，原告申请行政复议。同年12月25日，上海市质量技术监督局作出（沪）质技监复决字（2006）第001号行政复议决定，维持了被诉行政处罚决定。原告不服，遂提起行政诉讼。

原告诉称：现场检查和抽查检验时原告不在场，被告查处的涉案三批不合格钢材不能确定是原告销售的，被诉具体行政行为处罚的对象错误。被告在对周×

×调查时，已经定性销售伪劣钢材，对原告起了重大诱导作用，故被告的取证方式违法，原告向被告自认销售过涉案三批钢材的调查笔录不能采信。施工方拖欠原告货款，原告担心催讨不到，迫于压力违心签订了《关于上海×钢铁发展有限公司钢材质量问题处理的协议书》。原告要求减轻或免于行政处罚，并不代表原告认可被告认定的事实。原告所销售的钢筋均提供了合格证明，与施工方的销售合同中明确要求施工方应先检测后使用，故被查处的钢筋属于待检测、待销售商品，被告以原告销售伪劣商品为由进行处罚理由不能成立，请求予以撤销。被告辩称：被告立案后，在对原告法定代表人周××进行调查时，告知了现场检查和抽查检验的结果，原告并没有提出异议。被告在向周××进行调查时，告知其享有陈述申辩、申请回避的权利等事项，取证方式合法。原告收回货款的问题，不能成为减轻责任或没有责任的理由。在行政处罚的幅度上，已经予以从轻处罚。对原告销售不合格的“2TZ14”ø14mm 螺纹钢，按其货值 1.5 倍进行罚款，并没收违法所得。对原告销售不合格的“2BG16”和“2×16”ø16mm 螺纹钢，按其货值 1 倍进行罚款。因此，被诉具体行政行为事实清楚，证据充分，适用法律正确，程序合法。原告起诉的理由不符合事实和法律规定，要求予以维持。

一审法院经审理认为：根据《产品质量法》第 8 条第 2 款的规定，被告具有作出质量技术监督行政处罚决定的法定职权，故被诉具体行政行为的执法主体合法。被告依法经过了管辖、受理、调查取证、审理、事先告知（征询是否听证）、作出行政处罚决定及送达等步骤，不仅符合《行政处罚法》第 31、32 条及一般程序、听证程序的规定，而且符合《技术监督行政案件办理程序的规定》的相关规定，故被诉具体行政行为程序合法。就被诉具体行政行为认定的事实部分，被告提供了现场检查笔录、登记保存（封存、扣押）决定书、涉案物品清单、监督检查抽样单、检验报告、对施工方的调查笔录、对周××的调查笔录和发货单、原始收料台账、产品质量证明书、情况说明、《关于农工商 118 店钢筋供应的情况的说明》、《关于要求减轻或免予行政处罚的几点说明》、《关于上海×钢铁发展有限公司钢材质量问题处理的协议书》等证据，经审查上述证据具有证据效力，在整体上能够形成相互印证的证据锁链，能够证明原告销售了涉案不合格钢材的事实，其销售不符合保障人体健康和人身、财产安全的国家标准、行业标准的产品的行为违反了《产品质量法》第 49 条的规定。故被诉具体行政行为认定事实清楚、证据确凿。被告对原告所作的行政处罚在法定幅度和范围内，量罚适当，适用法律正确。本案中，原告认为其法定代表人承认销售了不合格钢材的陈述系在被告的诱导之下所作的质证意见，缺乏证据证明。根据《产品质量法》第 33、34 条的规定，销售者应当建立并执行进货检查验收制度，验明产品合格证明和其他标识；销售者应当采取措施，保持销售产品的质量。根据此规定，原告作为销售者，负有保证销售产品质量合格的法定义务，不能因原告与施工方的约定而免除。因此，原告认为施工方应对原告提供的钢筋检测合格的质辩意见，于法有悖。综上，原告认为现场检查和抽查检验未经原告确认、其未销售涉案不合格钢材、被告处罚对象错误等意见，在被告立案后的调查及事先告知时，均未提出实质性的异议。故原告要求撤销被诉行政处罚决定的诉讼请求，缺乏事实证据和法律依据。据此，依据《行政诉讼法》第54条第1项之规定，判决维持被诉行政处罚决定。

一审判决后，上海×钢铁发展有限公司不服，以与一审同样理由提起上诉。

二审法院认为，《产品质量法》第55条规定，销售该法第49条规定禁止销售的产品，有充分证据证明其不知道该产品为禁止销售的产品并如实说明其进货来源的，可以从轻或减轻处罚。上诉人所销售的钢筋系国家强制标准调整的产品，且在被上诉人的行政调查过程中，其始终不能说明进货来源，故上诉人作为销售者不能免责，其不具有减轻处罚的情形。原审查明事实清楚、判决正确，上诉人的上诉理由缺乏事实和法律依据。二审法院判决：驳回上诉，维持原判。

【提示与讨论】

本案是围绕销售者的产品质量责任和义务问题而引发的争议。销售者的产品质量责任包括哪些内容，其承担产品质量责任的依据何在？这些都是我们必须要厘清的。因此，在分析本案的判决是否合法合理之前，我们有必要首先对有关产品质量责任的相关理论问题进行梳理。所谓产品质量责任是指产品的生产者、销售者以及对产品质量负有直接责任的人员违反产品质量法规定的产品质量义务而应承担的法律后果。按照《产品质量法》的规定，销售者应当采取措施，保持销售产品的质量；销售者销售产品，不得掺杂、掺假，不得以假充真、以次充好，不得以不合格产品冒充合格产品。同时，根据《产品质量法》的规定，判定生产者和销售者产品质量责任的依据主要包括三个方面：①默示担保条件。即国家法律、法规规定的产品质量要求。例如：产品不得存在危及人身财产安全的不合理的危险，须符合安全、卫生国家标准、行业标准中的安全卫生指标要求等等，法律对产品质量规定的默示担保条件，不得以任何形式予以排除和限制。②明示担保条件。即明示采用的产品标准，以及以产品说明、实物样品等方式表明的质量状况。明示担保是生产者、销售者自身对产品质量作出的保证和承诺，可以用产品说明、产品标识、广告、实物样品或者其他方式表示。③产品缺陷。即产品存在危及他人人身、财产安全的不合理的危险，并因此造成了用户和消费者人身伤害或者财产损失，产品存在缺陷是承担侵权赔偿责任的首要条件。产品质量不符合上述三方面规定之一的，生产者、销售者都应当依法承担相应的行政责任、民事责任甚至刑事责任。其中，对于违反默示担保条件和明示担保条件的，生产者、销售者要承担责任，且并不以是否造成损害后果为前提。对于产品缺陷而言，则只有造成了损害后果，才要承担赔偿责任。

本案中，原告上海×钢铁发展有限公司辩称自己与施工方在合同中已经事先约定施工方对这批钢筋要先检测后使用，因此其被查处的钢筋属于待检测、待销售产品，不应承担产品质量责任。这种观点是不能成立的，因为钢筋是国家强制标准调整的产品，而原告销售的钢筋质量不符合保障人体健康和人身财产安全的国家标准，其承担产品质量责任的依据是违反了默示担保条件，不因双方的约定而免责，也不以产品造成他人人身损害或财产损失的结果为要件。因此，根据《产品质量法》第49条的规定，可责令其停止销售违法产品、没收违法销售的产品、没收违法所得，并对销售者处违法销售产品货值金额以上3倍以下的罚款。此外，根据《产品质量法》第55条的规定，如果销售者有充分证据证明其不知道该产品为禁止销售的产品并如实说明进货来源的，可以从轻或者减轻处罚。但是，本案原告无法说明进货来源，因此不具有从轻或减轻处罚的情形。基于上述原因，一审人民法院和二审人民法院的判决结果是合理的。

第五章
行政行为

行政行为是行政法律行为的简称，是与民事法律行为或其他法律行为相对称的。其基本特征和要素有：①行政行为是国家行政机关所为的行为；②行政行为是行政机关行使职权、实施行政管理的行为；③行政行为是法律行为，是行政机关依据法律规定所作的直接、间接产生行政法律后果的行为。本章包括行政行为概述、行政行为分类、行政行为的内容、行政行为的效力、瑕疵行政行为等主要问题。

第一节 行政行为概述

行政法上的行政行为是指行政主体实施的由行政法规范调整或者应当由行政法规范调整的行政活动和行政手段。行政法上的行政行为具有下列本质属性。

第一，行政法上的行政行为是由行政主体实施的行为。任何行为都有对应的行为主体，没有主体的行为是不存在的。行政法上的行政行为是具有行政主体资格的机关或组织实施的。行政行为的实施者具有行政主体资格，是在法律上规定的合格行政主体。行政主体是在与行政相对人的关系形式中确定其地位的，一个没有与相对一方发生任何关系的行政机关，由于它是一个静态的机构构成，还不是我们在法律上讲的行政主体，因此，纯粹行政机关的行为不能算是行政法上的行为。相反，某一主体若不是行政机关，但它却具有行政主体资格，如法律授权的组织在授权下所为的行为都符合行政行为的主体要件。

第二，行政法上的行政行为是与行政法有关系的行为。在行政行为的学理分析中，相当一部分行为是行政法规范之外的行为，如行政主体在民事法律关系中的行为，行政主体所作的不发生法律效力的事实行为等。这些非行政法行为肯定不是行政法上的行为，行政行为与行政法发生关联以后才可被视为行政法上的行为。我们所指的与行政法的关联，一方面指该行为受到了行政法规范的规定、或者行政法规范赋予了行政机关实施这一行为的资格，另一方面应当受到行政法规范的规定。行政组织法赋予行政主体职权后，行政主体依行政职权实施诸多行为。一些行为有相应的行为法予以规定，一些尚未有相应的行为法予以规定。不能认为没有被行政法规范的行政行为都不是行政行为。由于立法技术等方面的原因，在一国的行政法治中肯定有一些行政行为本应受到法律的控制而没有受到控制。我们认为，应当受到行政法规范和调整的行政行为就应当是行政法上的行政行为。法律规范规定行政行为的广度和深度与一国行政法治水平有关。法治水平高的国家行政行为被纳入行政法规范的广度和深度要强一些，例如，有完整行政程序法的国家将行政决策等行为都纳入到了行政法规范的调整之中，而尚未制定行政程序法的国家至少行政决策没有受到行政法规范的规制。

第三，行政法上的行政行为以行政活动和行政手段为外形。行政行为是对行政过程中行政机关实施行为的概括，行为本身是行政机关的一种意思表示，而该意思表示对相对人的权益会产生影响。行政行为是以具体的形式出现的，这样的具体形式我们叫行政行为的外形。一种为行政管理活动，另一种为行政手段，即行政机关在行政过程中为实现行政职权而采用的各种手段。

第四，行政法上的行政行为是一个范畴概念。行政法上的行政行为是一个行为体系，即我们将多种行政手段和行政管理方法共同称为行政行为。正是这种范畴概念的特点使学者们不得不用诸多分类标准对行政行为进行理论分类。如我们将行政行为分为具体行政行为和抽象行政行为；一次行政行为和二次行政行为；禁止性行政行为与许可性行政行为；内部行政行为与外部行政行为；可诉行政行为与不可诉行政行为；程序性行政行为与实体性行政行为；原始行政行为与改变后的行政行为；有利行政行为与不利行政行为；羁束的行政行为与自由裁量的行政行为；终局行政行为与非终局行政行为；附款行政行为与无附款行政行为；强制行政行为与非强制行政行为；单方行政行为与双方行政行为；主行政行为与从行政行为；中间行政行为与最终行政行为；依职权的行政行为与依申请的行政行为；要式的行政行为与不要式的行政行为；作为行政行为与不作为行政行为；合法行政行为与违法行政行为等等。行政行为作为一种范畴概念对于我们完善行政行为法造成了很大的难度，究竟通过一部法典规范行政行为，还是针对每个行政行为制定规则就是理论界长期争论的一个问题。

在行政法治实践中经常遇到以下几类问题：①行政行为成立的实质要件构成；②行政行为成立的形式要件构成等。

案例36　行政行为成立的实质要件构成
——江×诉×县公安局收容审查案

【案情摘要】

原告：江×，×县炼油厂厂长

被告：×县公安局

法定代表人：刘×，×县公安局局长

1993年6月15日，张×以其个体企业红岩煤矿的名义与×县炼油厂厂长江×签订了3000万吨煤炭供销合同。合同明确规定红岩煤矿自1993年7月1日至1995年7月1日分期向炼油厂提供燃煤3000万吨，分三次交货，价值86万元。交货地点在炼油厂，运费由红岩煤矿负担。付款方式为每次到货后，10天内若对供货无异议便付清此次货款。合同对其他事宜也作了规定。1993年8月至1995年7月，红岩煤矿按合同向×县炼油厂供货总计3000万吨，而炼油厂仅向红岩煤矿付煤炭款15万元。红岩煤矿多次催还，炼油厂总是以种种借口拖欠，但没有否认拖欠煤炭款的事实。1997年5月4日，红岩煤矿向×县公安局报案，控告×县炼油厂及其法定代表人江×等以合同名义进行诈骗，骗取其煤炭款70万元。1997年5月15日，×县公安局以诈骗案立案侦查，传唤了江×，并于5月25日对江×进行了收容审查，于8月20日给江×所在的炼油厂和家属发出了《对被收容审查人家属通知书》。9月3日在×县公安局的配合下，红岩煤矿矿长张×与被收审人江×进行商议，并达成还款协议。协议达成后，×县公安局解除了对江×的收容审查。

江×被解除收审后，于1997年9月15日向×县人民法院提起行政诉讼，诉称：×县公安局对自己收容审查的行为是典型的公安机关插手经济纠纷的行为，是滥施行政强制措施，给本人造成了精神上、经济上、名誉上等方面的损失，且收审时间长达110多天。要求人民法院判决撤销×县公安局对自己的收审决定，并要求赔偿经济损失。×县公安局辩称：原告及其炼油厂利用经济合同进行诈骗，有重大嫌疑，本局立案侦查并无不妥。其利用合同骗取红岩煤矿巨额款项，对其进行收容审查，是正常的行使权力的行为。并请求法院驳回原告的起诉。×县人民法院认为：公安部于1985年发布了《关于严格控制使用收容审查手段的通知》，依该通知规定：收容审查的对象主要是有流窜作案嫌疑的；有犯罪行为又不讲真实姓名、住址、来历不明的。而本案中，被告对原告的姓名、住址、身份等是非常清楚的，对其收容审查在对象上是不合法的。依有关收容审查的规定，在收审期间24小时内必须通知其家属。要延长收审期限，必须报上级机关批准，收审期限最长不得超过3个月，而被告对原告收审期限长达110天，是违法的。因此，×县人民法院依《行政诉讼法》、《国家赔偿法》判决：①撤销被告×县公安局对原告江×的收容审查决定；②被告赔偿原告误工费、精神损害费5万元。判决后，双方当事人均没有上诉。

【提示与讨论】

本案的案件事实可以分成两个部分来分析，第一部分是×县公安局对江×进行收容审查的事实认定。江×及其炼油厂与张×及其红岩煤矿之间的合同及其合同纠纷的性质是公安机关在受理此案时首先要确认的事实。红岩煤矿与炼油厂之间的合同应当说是一份经济合同。合同双方当事人之间关于合同中的权利义务都是明确的，双方对对方的经济实力等情况也应当是熟悉的。这从合同履行过程中，张×和红岩煤矿给江×和炼油厂提供煤炭的事实可以清楚看出。江×没有履行合同主要是经济实力所限，其并没有否认合同的内容、没有否认欠江×煤炭款的事实，所以江×的犯罪事实是不成立的。再则，即使江×构成诈骗罪，公安机关也应当依法定程序追究其刑事责任，而不能采用收容审查的方式。第二部分是人民法院审理此案时的事实认定。主要是认定公安机关作出对江×收容审查具体行政行为的事实根据。收容审查的对象是明确的。无论是经济合同纠纷、还是诈骗罪，对江×都不能采用收容审查的方式，这是一个实质性问题。人民法院根据此点认为行政机关的具体行政行为是错误的，此一结论的得出是充分考虑行政机关具体行政行为的事实根据。

本案的法律适用主要涉及公安部《关于严格控制使用收容审查手段的通知》、国务院《关于将强制劳动和收容审查两项措施统一劳动教养的通知》、《国家赔偿法》等实体法和《行政诉讼法》等程序法。依前两个行政法律规范的规定，收容审查有"一个前提四种对象"，即在有轻微违法犯罪行为的前提下，包括四种对象：①不讲真实姓名、住址、来历不明的人；②有流窜作案嫌疑的人；③有多次作案嫌疑的人；④有合伙作案嫌疑的人。收容审查的上述四个标准就是公安机关作出收容审查具体行政行为时依据的实体规则。本案中，×县公安局对江×的收容审查行为是与上述要求相违背的。这从上面案件事实的分析可以清楚地看出。由于公安机关的具体行政行为适用法律规范错误，因而，人民法院将其行政行为予以撤销是正确的。人民法院在审查该案时适用了《行政诉讼法》、《国家赔偿法》，既符合实体规则，又符合程序规则。

笔者认为，行政机关行政行为的成立及其实质要件是最根本的，若实质要件不正确，行政行为必然是错误的。然而，一些行政机关在作出行政行为时，常常忽视了实质要件，本案就是一个典型的实质要件构成错误。一方面，公安部于1989年3月就发布了《关于公安机关不得非法越权干预经济纠纷案件处理的通知》，明文规定公安机关不得强行收审、扣押一方当事人作人质，并明确扣押一方人质的行为是违法行为。本案×县公安局收审江×的最终目的是追回江×欠红岩煤矿的煤炭款，这从县公安局在收审江×以后撮合了张×与江×重新达成还款合同行为事实可以证明。被收审人与张×重新达成还款合同后，公安局便把对江×的收审决定解除了，足见×县公安局收审的目的是追缴煤炭款，由此看出×县公安局这一具体行政行为在实质要件上是违法的。另一方面，其收审江×违背了公安部《关于严格控制使用收容审查手段的通知》精神。收审对象有四个条件，而江×不属四个条件的任何一个。在相对人没有法律禁止的行为情况下，行政机关适用相关的条款对其进行制裁是实体上的违法。本案提醒行政机关在作出行政行为时必须符合实体规则。

案例37　行政行为成立的形式要件构成
——郭××诉×县公安局行政拘留案

【案情摘要】

原告：郭××，女，×乡农民

被告：×县公安局

法定代表人：刘×，×县公安局局长

1993年9月1日，×县团结村小学正在举行开学典礼仪式。校长正在讲话时，本校学生肖××之母郭××背着一个背篓出现在主席台上，动手抢过话筒，企图阻止校长讲话。郭××是一农村妇女，目不识丁，但对学校对其子的收费极为不满。开口便问："×校长，你们学校为啥乱收费？一样的自费小学升初中，为啥×人的娃儿收320元，要收我儿子420元？我儿子成绩连续两学期都考了班上前5名，按去年开学典礼宣布的政策，该学期末退还我50元才对，为何还不退？"×校长回答："此事你找乡政府解决。"然后，二人发生了争吵和拉扯，×校长非常尴尬地逃离了主席台，郭××背着背篓紧追不舍，从学校校园一直闹到乡政府。这一天，正遇到县里领导来检查工作，乡政府×书记为了使事态不再扩大，对郭××解释道："人有差异，收费不合理但照顾关系情有可原。"但郭××仍然不听劝阻，并与乡政府有关领导发生口角，招致围观群众越来越多。乡政府×乡长对郭××解释："此项收费为升初中考试落榜者自觉缴纳的助学捐资费，若不情愿也可不交，让小娃退学不读就是了。"对此话郭××不服气，争辩说："九年制义务教育是全社会和家长的共同义务，谁也不能剥夺下一代学习的权利！"乡政府大院内围观的群众越来越多。为维护乡政府的体面和威望，乡治安员，亦是乡党委和乡政府的成员朱×便将郭××推出乡政府大院。郭××被推出后说了"是人民把你们喂肥了"等话。朱×从乡政府大院追出去给郭××上了手铐，将其抱头反铐，从上午10点钟一直铐到下午5点，并使其处在太阳的暴晒之下，也没有让郭××吃饭。当日下午乡政府治安室以"扰乱教学秩序"和"辱骂他人"两条理由报请×县公安局要求执行行政拘留处罚。×县公安局在没有制作裁决书、没有调查取证的情况下便以"扰乱教学秩序"为由将郭××行政拘留5天。

郭××被执行完毕后，向×县人民法院提起行政诉讼，要求撤销×县公安局的行政处罚决定，并赔偿其被体罚造成的身体和精神损失，并提出朱×给其上手锈的行为是违法的。

×县人民法院审理后认为，郭××有扰乱教学秩序的行为，但情节轻微，从其主观动机等方面看，社会危害性不大，乡政府治安员对其反上手铐并体罚的行为是错误的。×县公安局在没有调查取证的情况下，对其处以5日的行政拘留既不符合法定条件也没有依法定程序进行，同样不当。基于上述判决，撤销×县公安局对郭××行政拘留5日的行政处罚决定，并赔偿误工费等500元。双方当事人对该判决没有提出异议。

【提示与讨论】

本案的案件事实非常清楚，按照常理并不是一起复杂的案件，事实很容易认定。然而，本案在乡治安员朱×对郭××实施行政强制措施和×县公安局对郭××实施行政处罚阶段，乡政府和×县公安局对郭××行为事实的认定都是有错误的。乡政府治安员朱×对郭××实施的是行政强制执行措施，而且是直接强制。对于直接强制的采用而言，相对人必须有达到受强制的违法行为事实。依《治安管理处罚条例》的规定，被强制的人必须是有人身危险的人，如有打架斗殴、寻衅滋事、酗酒等行为。而本案当事人郭××只是和校长、乡政府领导摆事实、讲道理，只是其言词过于偏激。有些言词乡政府领导听了以后认为是对领导形象的损害、对其体面和威严的伤害。在此情况下，乡政府有关领导就认为郭××的行为比较恶劣，对其施以暴力。这是对案件事实的片面认识。其实郭××的行为还没有达到依法强制的程度。如果认为其扰乱教学秩序的话，那也只是以言语的方式为之的，而没有采取其他行为，可见，对其实施强制的客观事实是不存在的。×县公安局对郭××的拘留处罚同样缺乏事实依据。依《治安管理处罚条例》，扰乱工作秩序、教学科研等秩序的行为必须是致使上述秩序发生严重混乱，致使工作、教学科研等不能正常进行的行为。而本案中郭××的行为还没有达到这样的程度，其只是要求校方和有关领导给个说法而已。本案中人民法院对案件事实的认定是正确的、客观的，并依此作出了让双方当事人都心服口服的判决。

本案乡政府治安员朱×对郭××的人身约束不但谈不上适用什么法律，相反，其行为本身是违反法律的，是对行政职权的滥用。《治安管理处罚条例》和其他行政法规范关于行政强制手段的采用是有规定的，并作了严格的限制。一般情况下，直接限制人身自由的强制手段，其前提是相对人必须是有人身危险的人，如醉酒后疯狂的人，拒绝公安机关传唤的人，打架斗殴的人等。就是说，不采用强制手段不足以防止当事人对社会秩序造成的现实侵害。这个前提是任何机关使用行政强制手段的法定条件，如果在条件不具备的情况下使用该手段就是适用法律的错误或违法适用法律。×县公安局在对郭××适用《治安管理处罚条例》进行处罚时，同样没有准确适用法律。《治安管理处罚条例》规定的扰乱教学秩序的行为是一个法定概念，像刑法中的一个罪名一样。本案中，郭××的行为并没有达到承担行政拘留责任的程度。其从一开始就和有关的学校领导以收费问题讲道理，要求领导给一个说法，并没有其他的目的和动机，也没有采取非常手段制造混乱。在很多方面是由于乡政府的处理不当造成的。适用法律和认定案件事实一样是非常严肃的，必须认真调查取证，并根据案件事实准确适用法律。既要把握案件事实的质，又要把握案件事实的量，本案适用法律时，×县公安局忽视了法律规定的量的界限。《治安管理处罚条例》对处罚环节作了具体规定，而×县公安局并没有依法律规定的环节对郭××施行行政处罚。人民法院判决公安机关承担赔偿责任是符合《国家赔偿法》的。依该法，行政机关非法限制人身自由的强制措施和行政处罚给相对人造成损害的，应当承担赔偿责任。

笔者认为，行政机关在作出行政行为时，除必须依实体规则之外，还必须符合法定程序规则，程序规则包括行政行为作出的各种程序要件和一些条件。本案中，乡治安员朱×既违反了实体法的有关规定，又没有依程序规则适用强制手段。如关于给当事人戴手铐的方式，在一些行政法文件中是有规定的，只能前铐和后铐，而不能将当事人双手抱头反铐起来，更不能不让当事人吃饭。朱×在对郭××进行人身约束的过程中没有履行任何法定手续，亦没有征得公安机关的批准，是完全违背程序规则的。《治安管理处罚条例》关于行政拘留的程序作了下面诸环节的规定：一是传唤，即通过口头或书面形式传唤当事人到指定地点，接受公安机关的询问；二是询问，向当事人发问，由其陈述与案件有关的事实，询问时要制作询问笔录；三是取证，即收集证据，可以向证人收集，也可以向当事人收集；四是裁决，就是以裁决书的方式处罚当事人或者免除处罚；五是执行，在处罚决定作出后，将其予以执行的行为。上述五个环节是一套完整的程序规则，缺一不可。程序规则中的各环节都具有法律效力，对行政机关和相对一方都具有拘束力。本案公安机关省略了四个程序环节，直接对当事人作出处罚是违法的。行政法中的程序要件和实体要件一样都是必须予以遵守的。行政机关在作出行政行为时忽视不得。

第二节 行政行为的分类

所谓行政行为的分类，就是指依一定的标准和目的对行政行为的类型所作的理论上的划分。依据不同的标准可以有不同的分类。

一、抽象行政行为与具体行政行为

抽象行政行为，是行政主体制定和发布普遍性行为规范的行政行为。行政法学使用抽象行政行为这一概念，目的在于对行政主体实施的除具体行政行为之外的其他制定规则的行为作一种理论上的概括，从而阐明其不同于具体行政行为特点的法律制度。抽象行政行为具有下列法律特征：①对象的抽象性。抽象行政行为以抽象的、非特定的人或事为行为对象，即它针对的是一类人或事，而非特定的人或事。②效力的普遍性和持续性。抽象行政行为对调整范围的人或事具有普遍、持久、反复适用的法律效力。具体行政行为是指行政主体在实施国家行政管理时，除了制定普遍性的行为规范外，更重要的是将普遍性的法律规范、行为规则适用于具体的行政事态，是直接引起行政法律关系产生、变更或消灭的法律行为。在我国，首次正式使用“具体行政行为”的法律是1989年颁布的《行政诉讼法》，该法第2条规定，公民、法人或者其他组织认为行政机关和行政机关工作人员的具体行政行为侵犯其合法权益，有权依照本法向人民法院提起诉讼。具体行政行为具有如下法律特征：①对象的特定性。具体行政行为以特定的人或者事为对象，即它针对的是具体的人、确定的人（一人或者多人）或者具体的、确定的事（一事或多事）。②空间效力的特定性。③时间效力的已然性。具体行政行为不具有向后的效力，它只针对行为时的人或事有效，对以后将要发生的同类行为或事态没有拘束力。④法律效果的直接性。具体行政行为往往直接产生有关权利义务的法律效果。

二、职权行政行为、授权行政行为和委托行政行为

职权行政行为是行政机关根据宪法和法律规定的固有权力而实施的行政行为。职权行政行为相对而言具有较大的自主性，而且由行政机关直接对该行政行为负责。

授权行政行为是行政主体根据法律、法规的授权而实施的行政行为，这类行为是以行政授权为前提的，必须在授权的范围内严格实施。行政法上的行政授权是立法机关或者最高行政机关为了对行政权的行使进行有效整合将某一方面的行政管理事项或者某一项行政管理事项交给行政机关以外的组织去实施的法律行为。行政授权是对行政职权的整合，通过整合将不能由行政机构体系完成的事项归入到行政法治中，将行政机构体系的职权予以适当剥离，剥离后使一个或一些由行政主体管理的事项由另一个虽不是行政机关但能起到同样管理效果的机关管理；行政授权是一种立法行为，除了全国人民代表大会及其常务委员会可以作出行政授权外，国务院也可以就行政授权事项作出规定。但是国务院只有在全国人大及其常务委员会为其规定的可授权范围内才能再授权，即国务院要在行政法规中作出授权的规定必须先从立法机关制定的法律中寻找到授权的依据，如果国务院在没有授权依据的情况下将某一权力交给了其他主体，这便是行政委托而不是行政授权。行政授权的对象包括行政机构、企事业单位、基层群众性自治组织和社会团体。

委托行政行为是行政机关或非行政机关的组织经国家行政机关委托，在委托范围内实施的行政行为。这类行政行为建立在行政委托的基础上。行政委托是指行政主体在行政法的范围内将有关的职权或权利交由另一方代理人行使的法律行为。首先，行政委托是发生在行政法范围内的委托，行政主体的行为除了行政法上的行为外，还有民事法律行为和经济法律行为等，其在民事法律行为和经济法律行为中发生的委托关系不是行政委托。只有由行政法调整的行为而引起的委托关系才是行政委托，这是对行政委托法律范围的一个限定。其次，行政委托是一种内部行政法关系或者准行政法关系。行政委托关系不能够发生在行政主体与相对一方的行政法关系中，而只能发生在准行政法关系中。再次，行政委托是一种法律行为而不是简单的行政行为。行政委托的类型主要有职权常任型与临时性委托。若某一委托关系存在的时间比较长久，受托方因这一种长久性已经形成了行使委托方某一行政职权的惯性，而委托方对这种惯性已经有了先期的默许，使受托方对后期行为的履行几乎再不需要作出新的请求，我们把这种委托叫职权常任性委托。这类委托在行政委托中有较大的比例，在城市政府行政系统以及行政执法行为中，没有行政编制但负责执法的事业单位几乎都是职权常任性委托。临时性委托指就某一具体的行政事项或在某一非常时期，行政机关为了行使行政管理权的方便，委托其他主体行使其行政职权的情形。此种委托关系除了行政主体有职权上的法律依据外，再无别的具体依据。显然，此种委托关系既可以是由行政主体的指挥权调整的，又可能是由相关的民事法律规则调整的。在该委托关系下，委托方与受托方的结合是短暂的，就事论事的。行政委托大致上来说有以下几种分类：

内部委托与外部委托。内部委托指发生在行政系统内部的委托关系。行政系统内部的委托关系最主要地发生在平行的行政机构之间，即处于同一级别的行政机关在行政执法中为了某种需要而将自身的权力委托于其他行政机关的行为。此种委托不需要具体的法律规范规定，只要有行政权一体化的法律原则调控就可以建立这种正当的委托关系。所谓外部委托则是指发生在外部行政关系中的委托关系。行政主体在行使行政职权时与行政系统以外的组织，包括事业单位、企业单位等发生的关系叫做外部行政关系。行政主体将行政职权委托于行政系统内部以外的主体的委托就是外部行政委托。

概括性委托与个别性委托。概括性委托指行政主体所委托的职权是一个比较大的职权范围，而不涉及该职权范围内的具体事项。个别性委托可以是对某一个别职权的委托，也可以是对某一具体行政行为或某一具体事件处理的委托。

附款性委托与纯粹性委托。在行政职权行使中，行政主体被一定条件约束的都可以叫附款性职权，行政机关的固有职权尚存在这种附款，那么在行政委托中附款也是必然存在的，这些款项是对受托方行使职权的一个条件限制，当限制条件解除后，作为受委托的机关便失去了继续行使职权的机会。纯粹性委托是以委托关系中委托方对受托方不附有任何条件为据而划分的。一般笼统地将某一职权委托给受托方，受托方在行使权力时除考虑职权本身外，不再考虑其它条件。附款委托和纯粹委托是两种不同的委托方式，其最主要的不同是委托方对受托方控制的程度差别。前者委托方对受托方进行了必要的控制，而后者则更像全权委托。

可引起救济后果的委托和非救济性委托。非救济效果的委托指委托关系中的行政行为不可能进入救济状态。而可引起救济后果的委托指委托行为作出后，受托机关根据委托作出的行政行为能够被提起行政复议和行政诉讼。

三、内部行政行为和外部行政行为

这是基于行为的效力范围对行政行为所作的法律分类。内部行政行为是行政主体代表国家对隶属于自身的组织、人员和财物的一种管理。例如，上级公务员对下级公务员发布命令、指示，上级行政机关对下级行政申请报告的审批，行政机关对公务员的奖惩、任免、提升等人事决定等。外部行政行为亦称为公共行政行为，它是行政主体对社会行政事务的一种法律管理。如果说内部行为体现了国家的自我组织、管理，外部行政行为则体现了国家对社会的公共管理。如果说内部行政行为发生在行政主体之间、行政主体与公务员之间，那么外部行政行为则发生在行政主体与外部的行政相对人之间。划分内部行政行为与外部行政行为的法律意义基于下面的原理：

1. 虽然某些内部行政行为与外部行政行为在外部形式上是重合的，如内外均有许可和审批问题，但也有不少是截然分开的，如行政处分只能作为内部行政行为，行政处罚只能作为外部行政行为。

2. 外部行政行为不能直接对内部相对人发生法律效果，同样，内部行政行为也不能直接对外部行政相对人发生法律效果。

3. 行政相对人不服内部行政行为不能提起行政复议和行政诉讼。纵观世界各国，内部行政行为原则上不受司法审查；发生违法或不当等问题，主要依赖行政系统内部的自我救济。我国的行政复议法和行政诉讼法均将内部行政行为排除在调整范围之外。

四、依职权行政行为与依申请行政行为

以是否可以由行政主体主动实施为标准，行政行为可分为依职权行政行为和依申请行政行为。依职权行政行为，是行政主体依据自己的职权而无需行政相对人的申请就能主动实施的行政行为，也称主动行政行为或积极行政行为，大量的行政行为属于此类，如行政征收、行政处罚、行政指导等。依申请行政行为，是指行政主体只有在行政相对人提出申请后才能实施而不能主动实施的行政行为，又称被动行政行为或消极行政行为。如行政复议以外部行政相对人申请为前提、行政给付以当事人申请为前提，商标注册、专利许可等均属此类。

行政行为的这一分类有利于分析行政行为的实施条件。依职权行政行为不需要相对人的申请这一条件就能实施；依申请的行政行为只有具备相对人的申请才能启动行政行为，行政主体在未经申请就主动为之的行政行为无效。

五、羁束行政行为与自由裁量行政行为

以法律是否对行政行为严格规定，是否给行政主体留有选择、裁量余地为标准，可以将行政行为分为羁束行政行为和自由裁量行政行为。羁束行政行为是指在法律对行为条件有明确而详细规定的情况下，行政主体严格依照法律作出的行政行为。这种行为的特点在于行政主体对行政法规范的适用没有或较少有自主选择，行政主体无法参与主观意志，没有自由裁量余地。自由裁量行政行为是指行政主体对法律的适用具有较大选择、裁量余地的行政行为，之所以如此，是因为法律不可能对所有的行政行为都作出明确、详细的规定，故有时只规定一定的行为原则，或规定一定行为的裁量幅度，由行政主体行使对行为的方式、范围、种类、幅度等方面的自主选择权。行政行为的上述分类，是以行政行为受法律的拘束程度而言的，并非以行政主体对事实的认定是否具有裁量权为标准。就事实的认定而言，不论自由裁量行为还是羁束裁量行为，法律都不可能事先予以确定，只能在执法过程中由行政主体自行调查和认定。

区分羁束行政行为与自由裁量行政行为，对分析和评价行政行为的合法性和公正性具有一定的法律意义。在法律适用上，羁束行政行为一般只存在合法性问题，要么合法要么违法，不发生适当与否的问题，而自由裁量行政行为不仅存在合法性问题，而且还存在合理性、公正性的问题。从法律救济上说，羁束行政行为接受行政复议审查和司法审查，其范围基本上不受限制，而自由裁量行政行为则相反，受较大的限制。

六、要式行政行为与非要式行政行为

以行政行为是否必须具备法定形式为标准，行政行为可分为要式行政行为与非要式行政行为。要式行政行为，是指行政主体的意思表示必须具备法定方式才产生法律效果的行为。法定形式，是法律、法规、规章明确的书面文字和特定意义的后果等方式。例如，《行政法规制定程序条例》中规定了国务院制定行政法规这种抽象行政行为的方式，《治安管理处罚法》中规定了实施治安行政处罚这种具体行政行为的方式。法定形式有利于准确地载明行政主体的意思表示，体现公共行政管理的严肃性、权威性，分清责任，促进依法行政。非要式行政行为，是指行政法规范没有规定必须具备一定形式才能生效的行政行为。非要式行政行为在交通管理、铁路管理、航船管理、民航等行政管理方面以及紧急、危急情况下经常采用，但不得采取违法形式。非要式行政行为，由行政主体依自身职权自主决定行为方式。

行政行为的这一分类，有利于促使行政主体严格依法行政，并保证行政行为的责任明确。所以，公共行政中行政行为以要式为原则，非要式为例外。

七、作为行政行为与不作为行政行为

以其是否改变现有法律状态（法律上的权利义务关系）为标准，行政行为可以分为作为行政行为和不作为行政行为。作为行政行为，是指行政主体以其自身的行为积极改变现有法律状态的行政行为，如行政处罚、行政许可、行政征收、采取行政强制措施等。不作为行政行为，是指行政主体消极维持现有法律状态，通常表现为不履行法定职责的行政行为。

作为方式的行政行为与不作为方式的行政行为都是行政行为，都受行政法治原则的约束。作为方式的行政行为与不作为行政行为违法时，都应受到行政复议和行政诉讼的审查、监督。然而，行政复议机关在行政复议中以及人民法院在行政诉讼中，对它们的监督方式、手段都是有区别的：对于作为行政行为的违法，行政复议机关和人民法院可以作出撤销其行为的裁决；对于不作为的行政行为违法，行政复议机关和人民法院应作出履行作为义务的裁判或确认其不作为违法的裁判。

八、终局行政行为与非终局行政行为

基于行政行为是否具有行政终审性可以将行政行为划分为终局行政行为和非终局行政行为。终局行政行为是指依法律规定由行政机关最终裁决的行政行为。它具有两个特点：①这种行为表明行政机关拥有最终裁决权。就是说，终局行政行为一经作出，便具有最终的法律效力；行政相对人对终局裁决的行政行为不服，不能提起行政诉讼以寻求司法救济；②这种行为的终局裁决权是由全国人民代表大会或全国人民代表大会常务委员会制订通过的法律明确授权，不包括行政法规、地方性法规以及行政规章。

目前为止，我国仅有几部法律明文规定了行政机关的最终裁决权，例如，①《公民出境入境管理法》第 15 条规定，公民不服公安机关依据该法作出的行政处罚，可以申请行政复议或进行行政诉讼，如果申请行政复议则由复议机关终局裁决。②《外国人入境出境管理法》第 29 条规定，外国人不服公安机关依该法作出罚款和拘留的处罚，可以申请行政复议或进行行政诉讼，如果由公安机关行政复议则为终局裁决。[1] ③《行政复议法》第14条规定，对国务院部门或者省、自治区、直辖市人民政府的具体行政行为不服的，向作出该具体行政行为的国务院部门或省、自治区、直辖市人民政府申请行政复议。对行政复议决定不服的，可以向人民法院提起行政诉讼；也可以向国务院申请裁决，国务院依照本法的规定作出最终裁决。该法第30条第2款规定"根据国务院或者省、自治区、直辖市人民政府对行政区划的勘定、调整或者征用土地的决定，省、自治区、直辖市人民政府确认土地、矿藏、水流、森林、山岭、草原、荒地、滩涂、海域等自然资源的所有权或者使用权的行政复议决定为最终裁决。"

终局行政行为之外的行政行为均是非终局行政行为，行政相对人对非终局行政行为不服，可以依法提起行政复议或提起行政诉讼，或者既进行行政复议又进行行政诉讼，不受行政终局裁决的限制。终局行政行为与非终局行政行为这对范畴，与行政行为是否具有可诉性没有对应关系。终局行政行为是不可诉行政行为，但不可诉行政行为并不限于终局行政行为，非终局行政行为也并非全部可诉。

九、合法行政行为与违法行政行为

基于行政行为是否具有合法性，可以将行政行为划分为合法行政行为与违法行政行为。行政法的任务在于保障行政主体行政权力的合法行使，并排斥违法行政行为，但从范围上讲，违法行政行为与合法行政行为一样，同属于行政行为。合法行政行为系指符合法律、法规要求的行政行为，在行政诉讼上判断行政行为合法的条件是证据充分，适用法律、法规正确，符合法定程序，遵守权限，符合法定目的等。违法行政行为是指违背法律、法规要求的行政行为，如主要证据不足，适用法律、法规错误，违反法定程序，超越职权，滥用职权，不履行法定义务等。

合法行政行为与违法行政行为这对范畴的确立，不仅符合行政法的中心任务，即保障合法行政行为，实现依法行政，控制违法行政行为，还有助于划清行政行为的性质与行政行为的合法性、行政行为与行政行为有效性之间的界线。

十、有效行政行为和无效行政行为

依据行政行为的效力，行政行为可以分为有效行政行为和无效行政行为。符合有效构成要件的行政行为，具有法律效力，即为有效行政行为。相反，不符合有效构成要件的行政行为，不具有法律效力，便是无效行政行为。根据西方国家行政程序法的规定，当行政行为具有特别重大、明确的违法情形或行政行为的实

---

〔1〕 2013年7月1日起施行的《出境入境管理法》也作了终局复议规定。

施将导致犯罪或者根本不可能实施等无效情形时，行政行为自始无效、当然无效、绝对无效，因此行政相对人可视之无效，有权国家机关可依法定程序宣布该行为无效。在我国，最高人民法院《关于执行〈中华人民共和国行政诉讼法〉若干问题的解释》第57条第2款规定："有下列情形之一的，人民法院应当作出确认被诉具体行政行为违法或者无效的判决：①被告不履行法定职责，但判决责令其履行法定职责已无实际意义的；②被诉具体行政行为违法，但不具有可撤销内容的；③被诉具体行政行为依法不成立或者无效的。"

有效行政行为与合法行政行为并不等同。合法的行政行为都有效，但有效的行政行为未必都合法。因为行政行为的程序瑕疵，尽管是一种形式的违法，但可以补正，经补正后其效力便不受影响，此时并不当然无效。另外，即使有一些违法行政行为，但行政相对人在法定期限内没有申请救济，违法行政行为经过一定的时效便具有法律上的确定力、拘束力和执行力，然而这种有效的行政行为是不合法的。

除此之外，还可以区分为行政立法、行政执法和行政司法行为；实体行政行为和程序行政行为；单方面行政行为、双方面行政行为、多方面行政行为等等。

在行政法治实践中经常遇到以下几类问题：①内部行政行为与外部行政行为界限的区分；②职权行为与授权行为的区别；③职权行为与委托行为的关系等。

案例38　内部行政行为与外部行政行为界限的区分
——马×诉×县人民政府非法免职案

【案情摘要】

原告：马×，×县棉纺厂厂长

被告：×县人民政府

法定代表人：杨×，×县县长

马×1981年大学毕业后，被分到×县棉纺厂工作，任该厂技术科科长。1982~1985年该厂连年亏损。×县人民政府和县工业局针对该厂连年亏损的状况，采取了一些改革措施。首先对该厂厂长采取招标竞选的方式。马×在招标竞选中获得成功，担任了该厂厂长，并与有关部门签订了为期5年的承包合同。合同规定了×县人民政府与马×之间的权利义务关系。马×每年要上缴一定的利税，但有较大的经营自主权。承包2年后，×县棉纺厂职工平均每人收入3万元以上，是马×上任前的6倍多。厂方按合同上缴利税10万元。厂里的设备不断更新，固定资产在不断增加，每年有近万元利润。由于厂里的效益一年比一年好，自然也成了一些部门捞"油水"的对象。1987年6月×县人民政府为了买一辆拉达轿车需一笔资金，便把手伸到了该厂，马×尽管极力反对，但还是给了15万元购车款。×县人民政府有关领导的费用有时也拿到该厂报销。工业局和县政府一样也经常从该厂索取金钱和财物。1989年3月，×县人民政府要修建一栋办公大楼，由于资金短缺，便让×县棉纺厂拿出30万元资金以解急需。由于考虑到企业今后的发展，马×拒绝了×县人民政府的要求。就在马×拒绝后的第11天，×县人民政府和县工业局便到该厂进行所谓的民意测验。×县人民政府和县工业局事先放风说马×经济上有问题，要撤马×的职务，授意参加民意测验的人不投马×的赞成票。尽管如此，在参加民意测验66名职工中，还是有半数以上的职工投了马×的赞成票。×县人民政府和县工业局便以马×民意测验未过2/3多数为由，于1989年5月免去了马×棉纺厂厂长的职务。

马×对×县人民政府和县工业局的免职决定不服，向省工业局提起了申诉。马×认为其任职期间按时上缴利税，并按合同规定的内容履行有关义务。×县人民政府和县工业局对自己的免职决定缺乏事实根据，要求省工业局恢复自己的厂长职务。省工业局信访办批示马×，×县人民政府和县工业局的免职行为属内部行为，×县人民政府有此项权利，仅要求马×正确对待×县人民政府的决定。

无奈之下，马×于1990年4月向×县人民法院提起行政诉讼。诉称：其与×县人民政府的关系是合同关系，作为企业法人代表有独立的法律人格。×县人民政府和县工业局对本人的免职行为属干预企业自主权的行为，请求×县法院依法撤销×县人民政府的行政决定。×县人民政府和县工业局辩称，其对马×的任免行为属内部行政行为，人民法院无权受理等。×县人民法院认为该案属行政诉讼受案范围，认为×县人民政府对马×的免职行为属于侵犯企业经营自主权的行为。依法撤销了×县人民政府和县工业局的任免决定。对一审判决×县人民政府和县工业局不服提起上诉，二审裁决维持原判。

【提示与讨论】

本案的案件事实涉及到下列权利义务关系，这些权利义务关系的性质是本案案件事实的根本点。一是马×与棉纺厂的关系。依《全民所有制工业企业法》的规定，马×是棉纺厂的法人代表。“企业建立以厂长为首的生产经营系统。厂长在企业中处于中心地位，对企业的物质文明建设和精神文明建设负有全面责任。”厂长领导企业的生产经营管理工作行使的主要权利有：决定企业的行政机构设置；提请任免厂级领导干部；主管企业的经营活动等。厂职工代表大会有权对厂长进行监督。依上述权利义务关系，马×有权保护企业利益，有权对棉纺厂实施改革措施。二是棉纺厂与×县人民政府和县工业局的关系。依《全民所有制工业企业法》的规定，企业是一个独立的经济实体，享有广泛的权利，“企业有权拒绝任何机关和单位向企业摊派人力、物力、财力。除法律、法规另有规定外，任何机关和单位以任何方式要求企业提供人力、物力、财力的，都属于摊派。”依此权利义务关系马×代表企业拒绝×县人民政府和县工业局的摊派属合法行为。三是马×与×县人民政府和县工业局的关系，二者是一种行政合同关系，只能依合同的规定行使权利和承担义务。×县人民政府和县工业局无正当理由无权解除合同关系，尤其在马×忠实履行职责的情况下更不能如此。×县人民法院审理此案时认真审查了上述权利义务关系，依客观事实作出判决是正确的。

本案的法律适用问题是值得探讨的。首先是法院能否受理此案。如果受理此案，所依据的是哪一个法律规范。本案在原告提起诉讼以后，被告×县人民政府认为其对马×的免职行为是行政机关的内部行为，其有权任免企业的行政领导，作为内部行政行为来讲是不能提起行政诉讼的。法院依《行政诉讼法》第11条规定，认为×县人民政府和县工业局的行为属于干预企业经营自主权的行为。即是说×县人民政府免去马×职务的行为属于外部行政行为，属于行政诉讼受案范围。其实，×县人民法院在决定是否受理此案上适用了两个法律：一个是程序法，即《行政诉讼法》；另一个是实体法，即《全民所有制工业企业法》。前者规定了侵犯企业经营自主权的行为有可诉性，但什么是企业经营自主权，则必须通过《全民所有制工业企业法》这一实体法来确定。程序法和实体法在法律适用中有同样重要的地位。我国行政法治实践中，由于行政立法的状况，决定了同时适用某一单一法律的状况很少，常常是实体规则和程序规则的有机结合。其次是本案判决中的法律适用。判决中，人民法院自然适用上述两个法律，关键是认定×县人民政府行为的性质。依《全民所有制工业企业法》的有关规定，×县人民政府免去马×的职务是干预企业权益的行为，因此，判决×县人民政府和县工业局败诉。

笔者认为，本案所涉及的行政法学理论问题是内部行政行为和外部行政行为的关系问题，在行政法治实践中两类行为不易区分。内部行政行为与外部行政行为划分的标准是行为的作用对象。行政机关对于内部事务而为之的行为为内部行政行为，对外部事务而为之的行为为外部行政行为。内部行政行为包括内部机构管理行为、编制行为、人事管理行为等。外部行为包括对社会事务的管理行为，对公民、法人和其他社会组织进行管理或制裁的行为。在行政法治实践中，有些行为并不是非常明显的归于内部或外部行为之中的，本案×县人民政府和×县工业局对马×的免职行为就属一例。从行为形式上看，似乎是内部行为，因为棉纺厂不是私人企业，其主管部门是工业局，×县人民政府作为综合管理机关亦有权对企业进行管理。尤其在没有推行市场经济的社会背景下，企业厂长一般都是干部编制系列，表面上×县人民政府与企业是政府机关与特殊的公职人员之间的关系。然而，本案中由于马×与×县人民政府有承包合同，二者的权利义务通过承包合同联系在一起。棉纺厂是一个独立的法人组织而不是行政机关的附庸。行政机关免去其职务的行为是对其行使权力的行为，属外部行为的范畴。外部行为的范畴确定以后，其他的问题就容易解决了。

案例39　职权行为与授权行为的区别
——×市泡泡糖厂不服×市卫生防疫站行政处罚申请行政复议案

【案情摘要】

申请人：×市泡泡糖厂

法定代表人：索×，厂长

被申请人：×市卫生防疫站

法定代表人：黄×，×市卫生防疫站站长

1988年3月，×市泡泡糖厂在其主管部门市轻工业局的倡导下，扩大原糖厂的经营规模，准备在该市×区的一片空地上修建×市泡泡糖厂的分厂，其隶属关系仍属泡泡糖厂，只是原糖厂周围没空地，无法扩大规模，只得在所选空地上重新建一分厂。×市泡泡糖厂建厂行为既符合市轻工业局领导的意图，又在城建、工商等部门办理了合法手续。建厂行为本身是符合法律规定的。但是，该厂附近是市肿瘤医院，新厂距肿瘤医院仅30米。建厂期间×市泡泡糖厂没有意识到自己的选址要符合《食品卫生法（试行）》的有关规定，没有在卫生部门办理任何手续。1989年5月，该厂扩建的一期工程已基本完毕，已建了一个规模为3000平方米的生产车间。就在×市泡泡糖厂即将投入生产之际，×市卫生防疫站对×市泡泡糖厂的扩建行为提出了异议，并依《食品卫生法（试行）》的有关规定对×市泡泡糖厂作出了行政处罚决定。×市卫生防疫站认为：①×市泡泡糖厂的扩建行为应事先报本机关批准，其在没有得到本机关批准的情况下擅自扩大规模是违法的，因为×市卫生防疫站对×市泡泡糖厂有一定的主管权限；②×市泡泡糖厂的选址实属违法。根据《食品卫生法（试行）》和其他有关食品卫生法规规章的规定，食品企业、尤其直接食用的食品企业不能和医院等修建在一起。×市泡泡糖厂和肿瘤医院仅30米距离，难以保证所生产的泡泡糖达到卫生程度。鉴于上述事实作出下列处罚决定：①对×市泡泡糖厂罚款2.5万元；②糖厂扩建工程立即停止或者改作他用，不能投入生产。

×市泡泡糖厂对×市卫生防疫站的行政处罚决定不服向×市卫生局提起行政复议。×市泡泡糖厂称：其扩建糖厂是市轻工业局的意旨，办理了扩建糖厂的所有合法手续，认为×市卫生防疫站不属自己的业务主管机关，无权对自己扩建糖厂的行为指手画脚。请求市卫生局撤销×市卫生防疫站的行政处罚决定，保护其合法权益。×市卫生局经过复议认为：×市卫生防疫站有权检查和审批×市泡泡糖厂的扩建行为。根据是《食品卫生法（试行）》第33条规定的卫生防疫机关的职责，该条第4项规定："对食品生产经营企业的新建、扩建、改建工程的选址和设计进行卫生审查，并参加工程验收。"依此认为×市泡泡糖厂没有经得×市卫生防疫站的批准而扩建是违法行为，×市卫生防疫站对其处以罚款是正确的，但罚款2.5万元的数额失之过大，改为罚款1万元；但×市卫生防疫站第2项处罚决定，即认为其糖厂离医院太近不能使其投入生产的处罚决定没有法律依据，予以撤销。复议决定作出后，复议申请人没有向人民法院提起行政诉讼。

【提示与讨论】

本案中×市泡泡糖厂的行为有两处需要引起注意：①×市泡泡糖厂扩建糖厂的行为事实与若干行政管理机关的关系。即扩建糖厂的行为是在其主管部门市轻工业局的指示下进行的，该行为本身是行政命令的产物，但如果该行为是违法行为的话，糖厂当然应当承担责任。上级主管机关决定扩大糖厂规模的行为事实本身是没有错误的，但建厂的选址却是值得探讨的。《食品卫生法（试行）》第33条第4项的规定究竟应如何理解，该法既然规定卫生管理机关有权"对食品生产经营企业的新建、扩建、改建工程的选址和设计进行卫生审查，并参加工程验收"，说明食品生产企业的选择和其他企业的选择是有本质区别的，但这种区别在什么地方，该法没有明确规定，对此如何理解是本案案件事实认定的基础之一。糖厂在扩建时从城建、土地管理部门办理了有关手续，以某种意义上讲，其行为是得到轻工业局、城建部门、土地管理部门许可的。这些主管部门的许可行为与市卫生防疫站的处罚行为是什么关系，这无论从立法还是从行政法治实践的角度看都应当引起注意。②×市泡泡糖厂的扩建行为是程序违法的事实，还是实体违法的事实。如果只是没有从×市卫生防疫站办理审批手续则是一个程序问题，如果其选址本身错误则是一个实体问题。复议机关在本案的行政复议中认为×市泡泡糖厂的行为只是程序上的违法、而不是实体违法，所以只是改变了原行政处罚决定的有关内容，而未完全肯定或否定。

本案的法律适用是有探讨价值的，因为它涉及到行政机关在适用法律规范时如何对待法律条文中规定不十分明确的内容。本案所涉及的就是关于《食品卫生法（试行）》第33条的理解问题。"对食品生产经营企业的新建、扩建、改建工程的选址和设计进行卫生审查，并参加工程验收。"此款可以有下列若干解释：①可以解释为食品生产企业的选择必须经卫生行政部门的审批，否则任何选址行为都是违法行为；②可以解释为食品卫生管理机关的审批只是程序问题，对于选址没有多大意义；③可以解释为食品生产企业不能修建在有严重污染的地区；

④可以解释为食品生产企业不能修建在传染病盛行的地区；⑤可以解释为食品生产企业不能修建在水资源、土地资源缺乏食品本身所需要的微量元素地区，如缺碘地区、缺铁地区等；⑥像本案这样，食品企业不能修建在医院附近，等等。此条实体内容还可以再作别种解释。笔者认为无论行政机关还是司法机关在适用法律时，只能根据条文的限定解释条文，而不能有任何的发挥。本案×市卫生防疫站在对×市泡泡糖厂进行处罚时有扩大解释法律条文之嫌。复议机关把此条的规定限定在食品生产企业必须向有关卫生机关领取扩建许可证的程序范围之内是正确的。

笔者认为，本案×市卫生防疫站本不是一个国家行政机关，而是一个事业单位。其在本案中行使的行政处罚权是由《食品卫生法（试行)》授予的。该法第31条规定："卫生行政部门所属县以上卫生防疫站或者食品卫生监督检验所为食品卫生监督机构，负责管理范围内的食品卫生监督工作。铁道、交通、厂（场）矿卫生防疫站在管辖范围内执行食品卫生监督机构的职责，接受地方食品卫生监督机构的业务指导。"本条有几处授权其他机关行使卫生管理权的情形。×市卫生防疫站就是依此条取得对食品卫生的行政管理权的。授权的组织和职权的组织在行政行为的作出上是有区别的。授权的行政行为只能在特定的范围内作出，而职权的行政行为范围则要大得多；授权的组织在作出行政行为时不能超出法律授权的范围，如果超出了范围其行政行为就是违法的，或者其行为不能被视为行政行为。对于超出授权范围而为的行为，该机关要承担相应的行政法律责任。

案例40 职权行为与委托行为的关系
——高×等诉×县民政局案

【案情摘要】

原告：高×，男，28岁，系农民

刘××，女，22岁，系农民

第三人：刘×，男，24岁，系农民

高××，女，22岁，系农民

被告：×县民政局

法定代表人：何×，×县民政局局长

刘×与刘××系兄妹关系。高×与高××亦系兄妹关系。刘家和高家同属某乡农民，刘家住在刘家山村，高家住在四河村。两个村都是比较贫穷的地区。刘家与高家经济条件都比较差。1991年8月经人介绍刘×与高××相识，在交往过程中，二人关系良好，并有非法同居行为。就在二人交往一年，准备结婚之际，高××向刘×提出，称：其兄高×年龄已大，一直没有成家，主要是家里经济困难，娶不起婆娘；我与你结婚也不要财礼了，把你妹许配给我哥。后经刘家和高家大人协商，并在取得高×和刘××的同意后，高刘二家达成了换亲协议。刘×与高××结婚，高×与刘××结婚，双方互不收财礼。同时登记结婚，同时举行结婚仪式。1992年11月14日，原告刘×、高××，高×、刘××一起去其所在的×乡计生办申请结婚登记（该乡计生办是×县民政局委托办理婚姻登记手续的机关）。计生办审查了四原告的情况后，认为高家与刘家的婚姻属于换亲行为，是一种封建陋习，与农村精神文明建设格格不入，拒绝了刘×与高××，高×与刘××的婚姻登记申请。四原告对×乡计生办不准予登记结婚的决定不服，向委托×乡计生办进行婚姻登记的×县民政局提起了行政复议。

×县民政局根据《行政复议条例》关于"受委托的组织作出的具体行政行为不服申请复议的，由委托的行政机关的上一级行政机关管辖"的规定，将刘×与高××，高×与刘××的复议请求转给了地区民政局。地区民政局经过复议认为：四个申请人的婚姻登记中，只能准许一对，而不能同时取得结婚登记证。并认为同时取得结婚资格就是换亲行为，是封建陋习。根据刘×与高××来往时间长，相互了解深刻的事实，答应只给刘×与高××颁发结婚证书。刘家与高家协商后，便没有领取刘×与高××的结婚证书。由高×与刘××以原告身份向×县人民法院提起行政诉讼。×县人民政府受理此案后，进行了认真审查，调查了解了两家换亲的实际情况，认为刘×与高××已有感情基础，理应准予结婚。高×与刘××的婚姻登记并不是出于无奈，尤其刘××并没有抵制情绪，最后根据《婚姻法》的有关规定判决高×与刘××胜诉。并要求民政机关在一定期限内履行法定职责。

【提示与讨论】

本案案件事实分成三个部分：①计生办对刘×与高××、高×与刘××作出不准结婚决定的事实及根据。两家的婚姻是一种换亲行为此无疑问，然而，我国婚姻法和其他法律规范均没有换亲的解释和对换亲行为的禁止规定。就是说"换亲"这个词是一个日常生活中的用语，而不是法律上的用语，法律并没有赋予换亲特殊含义。以此而论，×乡计生办把双方的换亲行为定为不合法行为是没有根据的。②地区民政局对本案进行行政复议阶段的事实认定。复议机关在复议中，认为刘×与高××的婚姻关系应当成立，而高×与刘××的婚姻关系不能成立，同样是受"换亲"观念的影响。其没有从高×与刘××的实际情况出发，没有认真审查二人是否出于自愿而结婚，在事实认定上同样是有错误的，并作出了不准予高×与刘××结婚的决定。③人民法院审查此案时的事实认定。人民法院没有受"换亲"观念的困扰，而是从高×与刘××是否自愿结婚的实际出发的。因此，作出了正确的判决。

本案的法律适用必须先解决执法主体的资格问题，即×乡计生办能否适用《婚姻法》。计生办按其职权来讲，只能在一定的范围内管理计划生育工作，而不能负责婚姻登记问题。但是，本案中×乡计生办在×县民政局的委托下有婚姻登记的权力。婚姻登记是民政行政管理的范围，由民政行政机关履行婚姻登记的职责。民政部门为了执法的方便可以依法委托。因此，本案中计生办具有婚姻登记的资格。本案涉及到行政许可，当事人请求婚姻登记，向行政机关提起了申请，行政机关可以赋予其结婚的资格，也可以不批准当事人结婚。计生办所适用的法律是《婚姻法》，但本案在适用这一法律时，计生办对该法的一些基本内容没有正确理解。《婚姻法》第4条规定："结婚必须男女双方完全自愿，不许任何一方对他方加以强迫或任何第三者加以干涉。"依此规定，双方是否自愿是行政机关是否批准男女双方结婚的前提。至于此种自愿是出于什么动机、目的，行政机关是不应当予以考虑的。本案中×乡计生办对双方换亲有不正确的理解。复议机关在本案复议中所适用的程序法有《行政复议条例》等。人民法院审理此案适用的主要法律有《行政诉讼法》、《婚姻法》。本案依行政诉讼法规定属受案范围，民政局的行为是一种不作为的行政行为，对于不作为的行政行为人民法院有权受理。本案判决适用的实体法是婚姻法。该法关于禁止结婚的事项只有两项，一是直系血亲和三代以内旁系血亲；二是患麻风病未经治愈或患其他医学上认为不应当结婚的疾病。除上述两种情况外，当事人都有领取结婚证的资格。

笔者认为，职权行为和委托行为在行政法治实践中必须正确区分。职权行为的来源是法律赋予的，而委托行为的来源是职权机关委托的，作出行为的直接主体本身并没有此项权力；职权行为的责任由职权机关自身承担，而委托行为的责任不能由受委托者自己负责，应由委托机关负责。委托机关一般都是职权机关，而受委托的主体既可以是某种组织，又可以是个人。行政执法实践中有些职权只能委托给组织，且必须是特定组织。如《行政处罚法》中关于行政机关委托行政处罚规定了严格条件，只能委托给事业单位，而不能委托给企业单位。委托机关和受委托机关的权利义务关系是行政法学理论和行政法治实践中应当进一步探讨的问题。本案民政部门把婚姻登记事项委托给计生办的行为是否妥当是需要探讨的。因为《婚姻登记管理条例》第5条规定："婚姻登记管理机关，在城市是街道办事处或者省辖市、不设区的市人民政府的民政部门，在农村是乡、民族乡、镇的人民政府。"依此规定，本案委托关系并没有充分的法律根据。

第三节 行政行为的内容

行政行为的具体内容是通过行政行为法加以确定的，行政行为法是以规范行政行为为其本质属性的，其对行政行为的实施以及行政行为实施过程中诸关系进行调整。行政行为法对行政行为内容的规范具体包含下列范畴。

一、行政行为与行政主体的关系

行政行为是一定行政主体的行为，而一定行政主体在行政管理活动过程中也必然实施着一定行为。那么，行政行为与行政主体的关系就直接关系到一国行政法治的实质。行政法对行政权的控制既包括对行政组织的控制，还包括对行政行为的控制，行政法对行政权控制的技术显得十分重要，行政法如何处理行政行为与行政主体的关系便是一个非常好的控制技术。行政体制法设计了行政机关的体系结构，甚至也设定了行政机构体系的职权，而行政组织法由于是内部行政法它不可能将行政主体与行政行为对应起来。行政行为法作为调整行政关系的外部法可以确定行政行为与行政主体的对应关系，在行政行为法中对行政主体与行政行为等关系的确定有两种方式：

1. 行政行为法确定一定行为的对应主体。一是某一行政行为由所有行政主体或者行政机关对应，如广义上行政管理活动以及与这一活动有关的管理性行政行为。每一个行政机关都有权实施，不论是一级人民政府，还是人民政府职能部门，甚或行政系统中的其它构成主体。二是某一行政行为对应一类行政主体。在此种情况下，行政行为具有类别上的排他性，例如，各级人民政府可以发布行政命令，即作出发布行政命令的行政行为，而人民政府职能部门在一般情况下没有实施这一行政行为的资格。还如行政救助行为亦只对应一些行政机关，而其他行政机关没有与这一行为对应起来，它们没有实施这一行政行为的法律资格。三是某一行政行为只能由某个行政主体实施。例如行政拘留只能由公安机关实施，其他行政主体则没有实施行政拘留行为的资格，公安机关对行政拘留的专属性和排他性为行政法对行政过程的控制、为公众对行政行为的监督提供了非常明确的依据。

2. 行政行为法确定一定主体的对应行为。在行政法中一种方式是对某一行政主体从总体上确定一些行政行为。除这些行政行为之外该行政主体不能实施其他行为。例如，行政监察机关只能够对应行政监察行为，审计机关只能对应审计行为。总体上的对应使每一行政主体明确了本机构自设立以后所能够实施的行为范畴。我国每一个行政管理职能部门都有一些对应行为。这也使职能部门之间的行为范畴有了质的区别，如文化行政管理机关所能够实施的行政行为都是与文化管理有关的行为。另一种方式行政主体在执行某一法律时所能够实施的对应行为。例如，工商行政管理机关具有管理广告事务的职能，执行广告法就成了工商部门的一个执法职能，其在执行广告法时所能够实施的行政行为仅仅只有广告法规定的罚款、吊销执照等行政行为。

二、行政行为与行政事态的关系

行政行为的物质内容是行政管理事态，任何一个行政行为都不能例外，其必然是以行政事态为客观基础的，部门行政管理法对行政行为的设定都基于具体的行政事项。

1. 针对行政事态性质确定行政行为类型。行政事态在行政法治实践中是非常复杂的，它有多种多样的外在表现形式，我国每个行政管理职能部门都对应了一类行政管理事态，而每一类行政管理事态所对应的行政行为是不相同的，我国部门行政管理法基本上都将此一类事态的相应行为列举出来了。

2. 针对行政事态类型确定行政行为的性质。行政事态在行政管理过程中可以分成诸多类型。我们经常讲到的一般事态和非常事态就是两个比较典型的不同类型的事态。针对此两类事态行政行为法便确定了不同的行为性质。如果是一般性的行政事态，那么相对应的就是常态的行政行为。

三、行政行为的量

行政行为具有质和量两个方面，只不过是随着行政行为类型的不同其质与量在行政行为中的意义和地位有所区别而已。一些行政行为主要是质的问题，无法用数量标准衡量，如行政机关实施的行政检查行为其量的方面就显得不十分重要。有些行政行为必须有相应的量，没有量这样的行为就无法操作，如行政处罚中的罚款等。行政行为法必须对行政行为的量，尤其是具有量化标准的行政行为的量予以规定。对量作出规定的行政行为法大多体现在部门行政管理法中。如行政行为中金钱数额的确定、期限的量化、尺度的量化、区域的量化和其他因素的量化等。凡是可以计量的单位或者不可以计量但可以作出量的分析的都可以成为行政行为中量的要素，行政行为法对这样的要素都可以作出相应规定。

四、行政行为的实体要件

行政行为的成立具有实体要件和程序要件两个方面，某一行政行为能否成立必须以此两方面的要件为衡量标准，若符合实体要件和程序要件的行政行为则可以成立，反之，若不符合此一要件的则不能成立，从理论上讲，这两个方面的要件缺一不可。就实体要件而言，包括行政行为成立的主体要件，即某一行政行为的作出要求行政机关必须具有法律上的能力，必须具有法律资格。行政行为成立的客观要件，即行政行为的内容必须合法，且符合公共利益，行政行为的内容具有可操作性，即具有实现的可能，行政行为的内容必须确定等。

五、行政行为的程序要件

行政行为的程序要件指行政行为的作出必须符合一定的法律程序，行政程序包括下列方面的内容：

行政行为的方式，指行政行为以什么样的方式作出。例如《行政处罚法》第 34 条规定："执法人员当场作出行政处罚决定的，应当向当事人出示执法身份证件，填写预定格式、编有号码的行政处罚决定书。行政处罚决定书应当当场交付当事人。前款规定的行政处罚决定书应当载明当事人的违法行为、行政处罚依据、罚款数额、时间、地点以及行政机关名称，并由执法人员签名或者盖章。执法人员当场作出的行政处罚决定，必须报所属行政机关备案。"此条对行政处罚在简易程序下的行为方式作了规定。

行政行为的步骤。一个行政行为的作出有时是瞬间完成的，在这种情况下行政行为的步骤并不显得重要。绝大多数行政行为并不是瞬时性的，步骤对这类行政行为而言就成为一个不可缺少的要件。

行政行为的时限。如《环境影响评价法》第 22 条第 3 款规定："审批部门应当自收到环境影响报告书之日起 60 日内，收到环境影响报告表之日起 15 日内，收到环境影响登记表之日起 15 日内，分别作出审批决定并书面告知建设单位。"

行政行为的附款。行政行为的附款是行政行为的一个特殊问题，就是说不是任何一个行政行为都有附款问题，只有一小部分行政行为有附款，附款一般有下列情形：一是为行政行为中的权益关系附一定的条件，只有当满足了所附条件的情况下，这一行政行为才能发生法律效力。如要取得营业许可的行政相对人必须是具有良好设备这样的条件，才能营业。二是附有一定期限。三是附从义务，即在行政行为内容中附有使相对人负担新的义务，此项新的义务与行政行为没有直接关系。四是附保留撤销权。当行政主体作出对行政相对人有利的行政行为时，要求行政相对人依严格的标准享受该行为所设定的权利，若没有达到行政主体确定的标准，行政主体随时可以撤销这一行政行为。

在行政法治实践中经常遇到以下几类问题：①赋予权利行为的法定义务；②设定义务行为的法定权力；③设定义务行为中权力行使的连贯性等。

案例 41 赋予权利行为的法定义务

——××县人民政府阻挠地区公安处行政执法案

【案情摘要】

×县是一沿海县城，县内有一天然良港，有海外往来的优势。1991 年 5 月，

×县在正对港口的一块风水宝地上开发了一个对港经济开发区，同时建起了一个有600多个摊位的对港贸易市场。市场总体的经营范围被限定为大陆的工艺品、土特产品等。建立这一市场的决定是由××县人民政府作出的。一个月内500多个摊位就被全部承包，县工商行政管理局、文化局在××县人民政府的要求下，联合办公，给各摊主突击办理了营业执照和相关手续。该市场开始运行以后，××县人民政府为了集中管理设立了市场管理委员会，对市场的全部经营活动集中管理，其他任何职能部门便不能插手该市场的管理事务了。1993年4月，×地区公安处收到群众举报，反映该市场经营的都是“黄色商品”。4月12日，地区公安处治安科科长率数名便衣警察走进该贸易市场，发现除少数摊位出售民间工艺品和土特产品外，大部分摊位都在出售黄色扑克、画册、录像带、光盘、淫药等。更有甚者，科长一行在某摊位察看时，一少女向他们讲述这些淫药的功能；某摊位的摊主把他们带进隐蔽的房间，当场给他们试放黄色录像带，有西欧的、也有港台的。据此次秘密调查发现，该集贸市场80%的摊位都经营黄色物品。1993年4月18日，地区公安处决定对该贸易市场采取果断措施，公安干警迅速出击，在该市场某摊位当场查获复制淫秽录像设备一套；在某摊位查获黄色录像带200盒、淫秽粘贴纸500张，烫贴卡片236张；在某摊位查获性药50支，裸体画册59本等等。当场抓获10余名贩黄摊主，并准备将其带至×地区公安处进行处罚。然而，×地区公安处的行动不但没有得到×县人民政府、县公安局、县工商行政管理局等部门的支持，反而在他们的出击行动结束时，受到市场管理委员会的阻拦，并对案件的管辖权提出异议。××县人民政府一班人和县公安局带数十名干警对×地区公安处的执法人员的收缴行为和带走违法人员的行为进行阻拦。×县人民政府×领导声称：本集贸市场是本县改革开放的窗口，各摊主的经营是×县人民政府、县工商行政管理局、县文化局、县农业局批准的，都有合法手续。并称该市场效益很好，两年来向×县人民政府上缴了不少利税。每个经营者都有合法经营资格，×县人民政府有权保护他们的合法利益云云。由于×地区公安处人寡势单便没有带走10余名违法行为人，收缴的黄色物品亦被×县人民政府截留。后来此案在地区行署的批示下得到了妥善处理，追究了违法行为人的责任，并给予阻挠此案顺利办理的县政府一些责任人员行政纪律处分。

【提示与讨论】

分析本案案件事实要注意下列问题：一是行政命令和行政执法的关系。本案中，×县建立对港贸易市场是在×县人民政府行政命令的作用下形成的。×县人民政府对该贸易市场在诸多方面给予了关照。然而，当×县人民政府在关照该集贸市场时把国家有关的法律规范置于了脑后。尤其当×地区公安处执法人员对该贸易市场的违法行为采取制裁措施时，×县人民政府以行政命令对抗执法人员的行政执法行为。行政命令和法律规范的关系一直是困扰我国行政执法的一个问题，在法律规范与行政命令之间必须选择法律，任何行政命令都不能对抗法律。二是发展经济和行政执法的关系。本案中，×县人民政府建立该贸易市场的意图是发展地方经济，但是，发展经济不能与遵守行政法规范相抵触，一些行政人员常常把发展经济与执行法律对立起来，是完全错误的。本案中，×县人民政府在依法管理市场上，混淆了上列两对关系，作出了违反法律规定的选择。×地区公安处办理该案对案件事实的认定是准确的。为了搜集证据采取了秘密取证的方式，并认定了销售的黄色书刊、录像带、光盘、淫药等非法物品的具体数量，对待案件事实的态度是严谨的。

从职能上讲，本案法律适用的主体，应是多个执法主体，而不应当是公安机关这一单一执法主体。书刊、光盘、录像带等属于文化用品，是文化行政管理的范围，对其进行管理的机关是文化行政管理机构，即×县文化局或×地区文化局。近年来，国家发布了一些重要的文化市场管理规范性文件，如《关于整顿、清理书报刊和音像市场，严厉打击犯罪活动的通知》、《关于认定淫秽及色情出版物的暂行规定》、《关于重申严惩淫秽出版物的规定》等。其中一些是文化行政管理部门发布的，一些是文化部门、公安部门、工商行政管理部门联合发布的。这说明对文化市场上的违禁品若干行政管理机关都有权履行管理职能。因此，本案公安机关在适用法律对违法行为人进行制裁时应与文化行政管理机关联合执法，否则其执法主体身份就不是十分完整的。从级别上讲，应由县有关职能管理部门负责查处案件。×地区公安处有权对属于其下属机构管辖的行政事项进行管理，但笔者认为其在程序上应当事先告知县公安局，并得到县公安局的配合。不过本案有一个特殊因素，就是×县人民政府和县公安局都有严重的地方保护主义倾向，×地区公安处超越县公安局而执法可能是不得已而为之。如何处理执法中的地方保护主义是又一个需要探讨的问题，以超越职权的方式处理是否妥当是应当探讨的。本案适用的法律首先是有关文化市场管理的法律规范，其次是《治安管理处罚条例》，对于情节严重的可以适用《刑法》。

笔者认为，行政行为的内容之一是赋予相对一方当事人某种权利。一般有三种情况：一是获得为某种行为的权利。如行政机关向企业经营者发放营业执照的行为。相对一方当事人取得营业执照后，便有权从事企业经营活动。二是获得为某种行为的资格。如司法机关制定获得律师资格的条件与程序，根据法律、法规和规章的规定，授予某申请者律师资格的行为。三是获得某种特殊权利，如行政机关向退伍军人发放抚恤金的行为等。赋予权利行为同时伴随着行政机关相应的义务。一方面，行政机关赋予相对方权利后，具有对相对方权益进行保护的义务，该义务对象是行政主体。如行政机关向公民颁发了营业执照，就承担着保护其营业权益的法律义务。另一方面，行政机关赋予相对方权利后，负有对其权利行使行为进行监督的义务，该义务的对象是相对人一方。本案县人民政府赋予市场参与主体进行贸易活动的权利，既承担了对其权益进行保障的义务，又承担着监督其经营行为的义务。尤其县工商行政管理局、县文化局对取得销售文化用品摊主资格的人更应负责监督，履行监督的义务，而不能赋予其权利后放弃监督义务。赋予权利行为是法律行为，对其进行监督同样是法律义务，在行政法治实践中正确处理二者的关系是非常重要的。

案例42　设定义务行为的法定权力
——×公司走私案

【案情摘要】

1995年3月，×市海关接到群众举报，反映×公司从国外进口的8550只真空泵泵头有走私嫌疑。×市海关便派了三名执法人员黄×、王×和姚×对该批货物进行检查。该批货物按《海关法》的规定，首先必须接受一般性检查。群众举报后，行政机关便有权力要求其接受针对性检查，即对该批货物的一些特殊环节进行查验。1995年3月16日，上列三位海关执法人员对×公司下达了接受检查通知书，要求进口货物暂不作任何处理，停留在码头接受查验。由于此前例行手续的检查已经完毕，×公司对海关的接受检查通知书提出了异议。×市海关一方面对×公司的异议给予了答复，另一方面，在第三天便派黄×、王×和姚×对该批货物实行针对性查验。三位执法人员核对单证、发票和唛头等，准备开箱抽查。在抽查第一箱时，就发现货物有明显问题，经过仔细查验，执法人员发现原来货物与单证不符，不是真空泵泵头，而是一台台崭新的冰箱压缩机。三位执法人员增加了查验比例，连开数箱，均是冰箱压缩机，足有8000多台。根据海关税率计算标准：真空泵泵头进口税率是20%，而冰箱压缩机的进口税率为60%，税率差额达40%。根据《海关法》规定，此种行为为闯关走私行为，所逃的国家关税是巨大的，并且逃避了许可证的监督。这时，×公司负责运货的货主急了，便把三名执法人员分别拉到僻静地方，分头做工作，许诺只要报关单上盖个放行章，放他们过关，×公司将赠给辛苦费每人10万，现金支付，不要手续。三名执法人员没有答应。后又提出为三名执法人员免费装修房子等，均遭到了三名执法人员的拒绝。货主见执法人员软的不吃，又来硬的，先是摆出一副强硬的架势，对三位执法人员的查验行为提出异议，继而要挟说×公司将收买黑社会对付三名执法人员。然而，三名海关执法人员黄×、王×和姚×还是依法将此案立案，案值达1000多万元。×市海关在1995年4月对此案作出了如下处罚决定：没收全部走私货物；对该公司处以10万元罚款；将×公司主管人员和直接责任人移交司法机关追究刑事责任。

【提示与讨论】

本案×公司将8000多台冰箱压缩机谎报成真空泵泵头的行为是走私行为，该案件事实的认定是准确的，因为依海关行政管理法的规定进口真空泵泵头的税率是20%，而进口冰箱压缩机的税率是60%，其间有40%的利率反差。当事人的目的是逃避40%的利率，此种行为符合走私行为的一般特征。本案海关机关对于当事人货物的检查分成一般性检查和针对性检查两个基本环节。前者是海关机关例行公事性的检查，按一般的检查程序进行。在得到群众举报后，对其进行的针对性检查带有一定的强制性，将当事人的货物暂时扣留起来，是符合海关行政管理法规规定的行政强制措施的。本案案件事实的认定应当是非常简单的。然而，相对一方当事人在本案中的不正常行为给本案事实的认定提供了可以探讨的素材。就是说，行政执法人员对行政违法案件事实认定常常会遇到一些意想不到的因素，这些因素绝对不能成为案件事实客观与否的威胁。本案×公司货主先采用拉拢的手段试图收买执法人员，让其对案件事实作出错误的认定。在此种手段遭到拒绝以后，又采用威胁手段。行政执法人员都不为之所动，使案件事实始终没有发生出入，为案件的公正处理打下了良好基础。

本案适用的法律是《海关法》、《海关法行政处罚实施细则》、《进出口关税条例》。依《海关法》的规定，海关行政管理机关有权"检查进出境运输工具，查验进出境货物物品；对违反本法或者其他有关法律、法规的，可以扣留"，"查阅进出境人员的证件；查问违反本法或者其他有关法律、法规的嫌疑人，调查其违法行为。"《进出口关税条例》对关税的类别作了规定。具体的计算方式依《海关进出口税则》的规定执行。不同的进口商品在税率的计算标准上是不同的。本案中违法行为人以此种货物冒充彼种货物的目的是逃避关税，海关行政机关将其行为认定成走私，并适用《海关法行政处罚实施细则》（以下简称《实施细则》）对相对一方进行处罚，适用法律是正确的。该《实施细则》第24条规定："企业、事业单位、国家机关、社会团体违反海关法规，除处罚该单位外，海关还可以对其主管人员和直接责任人员分别处以人民币1000元以下的罚款。"本案在适用法律对相对一方进行处罚时，应当从重处罚。因为，本案违法行为的性质比较恶劣，以此物冒名顶替彼物，具有很大的欺骗性。本案货主在公司领导的授意下，对执法人员采用软硬兼施的手段等予以拉拢、威胁都属从重处罚情节。

笔者认为，本案海关行政管理机关有权对进出口货物进行检查和查验。履行此种行为是其职权范围内的事情。海关机关接到群众举报后，对其货物马上采取强制措施，令其不能离港、不得马上卸货等，都是在行政执法过程中强加给相对一方当事人的一种义务，此种义务的赋予是有法律根据的。行政机关为相对一方当事人设定义务的行为是行政执法实践中经常采用的手段。由于设定义务是对当事人强加精神或物质负担，因此在行政法治实践中，常常会遭到相对一方当事人的拒绝。行政执法难，大多正是表现在这一方面，这就要求行政机关在对相对一方设定义务时，要同时注意对自身权力的行使，行政机关的权力是一种国家权力。在设定义务时如何有效行使权力是行政法治实践的又一课题。如果权力行使得当，义务设定也就比较顺利，行政管理和行政执法亦就显得强而有力。反之，若设定义务时权力行使不力，就会使行政权行使处于被动状态。应当指出的是，设定义务过程中的权力行使应当始终不背离法律，哪怕是非常小的权力，也应当要做到有法律上的依据。《海关法》第4条第4项规定："在海关监管区和海关附近沿海沿边规定地区，检查有走私嫌疑的运输工具和有藏匿走私货物、物品嫌疑的场所，检查走私嫌疑人的身体；对走私罪嫌疑人，经关长批准，可以扣留移送司法机关，扣留时间不超过24小时，在特殊情况下可以延长至48小时"。可见，我国行政法规范关于设定义务时的权力行使的规则是有一些规定的，这就使义务设定中的权力行使具有了法定性。

案例43　设定义务行为中权力行使的连续性
——查封化肥再次流入市场案

【案情摘要】

1994年6月28日，×县标准计量局获悉一批假冒芬兰复合肥由东乡流入玉山，即派人前往玉山调查。据调查得知：这批假冒复合肥袋上标名为"芬兰产15×15×15复合肥"，共64吨，货值7万余元。经×省化肥产品质量监测中心检验，其有效成分为：含氮1.14%、含钾0.45%、含磷未检出，因此判定为假冒伪劣商品。该批复合肥是×县红壤开发物资供销公司卖出的，玉山已在10天前将这批肥料退回东乡。如果这批假冒化肥不被及时拦截再次转手，问题就严重了。×县标准计量局的执法人员匆匆从玉山赶回县红壤开发局追查，该局物质供销公司提供一条信息：这批化肥是东乡王桥供销社卖给他们的，肥料从玉山退回后已由王桥供销社拉走。计量执法人员找到王桥供销社主任王×，他交待这批化肥是从××县陆坊供销社购进的，这批假冒芬兰复合肥从玉山退回后已于一个星期前用拖拉机拖回放在东乡大塘村的一个仓库里。于是，×县标准计量局依法将这64吨假冒复合肥全部没收，原地封存。根据法律规定，×县标准计量局只能在本县区域内对假冒伪劣商品进行查处，此案超出了自己管辖的地域范围，后此案被移送地区标准计量局。案件移送后便石沉大海。××县陆坊乡是蚕桑基地，为保证完成今年的任务，乡里与供销社商议购进一批进口化肥。恰好，×地周×

×与陆坊乡供销社指导员石××相识。一日，周××对石××说：他手头有一批化肥很便宜，是内部价，×农资公司经理（该农资公司就是销售假芬兰复合肥而被查封的那家公司）见他生活困难，照顾给他的。于是，陆坊乡供销社在不知真假的情况下，将这批假冒化肥分两批买进，共114吨，以每吨800元价格购进。其中64吨以每吨1060元销往东乡，即被查封的那一批；另外50吨以每吨1300元销给陆坊乡当地农民。这50吨假冒化肥，陆坊乡于1995年5月28日至6月2日按政策赊销给农民，已在双抢前下到地里。农民用后不久，有的反映效果不佳，有的反映叶子黄了，有的要求赔偿损失。事发之后，××县人民政府采取了紧急补救措施：一是对陆坊乡供销社购进这批复合肥问题进行查处；二是责成陆坊乡供销社尽快追回销给陆坊乡当地农民的50吨化肥，如果用掉了，补给农民尿素且不准另收货款，以补回农民损失；三是由陆坊乡供销社退回东乡王桥供销社全部货款。原来这批假冒化肥就是早在1994年就已被标准计量局查封的那批假冒化肥。受害农民在向假化肥推销者提起民事赔偿的同时，状告×地区标准计量局，诉称：标准计量局查封了这批假化肥后，没有予以销毁，致这批化肥再次流入市场。认为他们的权益遭受侵害与标准计量局没有履行法定职责有直接关系，要求地区标准计量局承担一部分赔偿责任。对受害农民的诉讼请求，×县没有受理。此案最后仅以民事赔偿结案。

【提示与讨论】

本案是一起双重违法的案件，案件事实自然也是两个方面的。首先是相对一方当事人的违法，该违法行为又分成两个环节。第一个环节是×县标准计量局处理的，流入玉山县的假化肥即“芬兰产15×15 ×15复合肥”，这批化肥数量大，×省化肥产品质量监测中心检验，该化肥只含有氮和钾而没有磷，是典型的假冒伪劣产品。×县标准计量局对相对人违法行为的事实认定是严肃的，对该批化肥查封的行为也是正确的，发现自己在管辖权上存在问题时，移交地区计量局管辖亦完全符合法定程序。第二环节是周××再次销售被标准计量局查封的这批假冒化肥的违法行为事实。这一违法行为事实情节是恶劣的，明知是假冒伪劣产品且在行政机关已经查封的情况下，仍然大量销售并造成了直接的危害后果，对于此种行为除认定其民事赔偿责任外，还应追究其行政违法责任。其次是行政机关的违法。×县标准计量局的行为是合法的，其受理案件后，发现自己没有管辖权，在作出行政强制措施以免造成更大的社会危害后果之后，将案件予以移交是严格正确的执法行为。而地区标准计量局对于查封的化肥没有作进一步的处理，其行为显属违法。一则假冒伪劣化肥尤其假化肥必须予以及时销毁，而不能只采取简单的扣押措施，其没有及时处理，显属放弃职权的行为，正是由于他的行为才导致后来发生的事情。因此，人民法院应受理受害农民的行政诉讼请求。

本案适用的实体法是《农业法》。该法第34条规定："各级人民政府和农业生产经营组织应当建立健全农药、兽药、农业机械等可能危害人畜安全的农业生产资料的安全使用制度，教育农业劳动者安全生产。农药、兽药、化肥、种子、农业机械、农用薄膜和其他农业生产资料的生产者、销售者应当对其生产、销售的产品的质量负责，禁止以次充好、以假充真、以不合格的产品冒充合格的产品。禁止生产国家明令淘汰的农药、兽药、农业机械等农业生产资料。"第62条第1款规定："违反本法第34条第2款的规定，生产假农药、假兽药、假化肥的，销售明知是假的或者是失去使用效能的农药、兽药、化肥、种子，或者生产者、销售者以不合格的农药、兽药、化肥、种子冒充合格的农药、兽药、化肥、种子的，责令停止生产、销售，没收违法生产、销售的产品和违法所得，并处违法所得1倍以上5倍以下的罚款，可以吊销营业执照。构成犯罪的，依法追究刑事责任。"这些条文关于假冒伪劣农药、化肥等的禁止和制裁规定是非常明确的。地区标准计量局在受理此案后，应依法对违法行为人进行处罚，而不能仅采取查封的行政措施使案件终结。就是说，其本来应当适用法律而没有适用，导致假冒伪劣化肥又一次流入市场。人民法院对于受害农民的行政诉讼请求没有受理的行为，同样是适用法律不当。因为，依《行政诉讼法》的规定，公民、法人和其他社会组织认为行政机关应当履行而没有履行保护其合法权益的，可以向人民法院提起诉讼。本案地区标准计量局没有对查封的化肥进行处理，致农民权益受害，显系没有履行保护公民、法人和其他社会组织合法权益的法定职责，应当受到司法审查。

笔者认为，行政机关有权为相对一方当事人设定义务。所设定的义务依行政法学理论可以分为一般性义务，即依规定的个人、组织普遍应该承担的义务，如纳税、保密、遵守交通规则等义务；协助性义务，指依法规定的个人、组织因从事某种行为而带来的法定协助义务，如印铸刻字业、旅店业，要承担协助公安机关工作的义务；技术性义务；处罚性义务，即对不履行法定义务的个人、组织给予的惩罚等，当事人必须承受因自己的违法行为而招致的后果。本案×县标准计量局查封×公司假冒化肥的行为是对违法行为人设定的一种强制义务。在其把案件移送给地区标准计量局之后，地区标准计量局应在×县计量局对违法行为人强加义务的基础上，继续对当事人设定义务，即予以行政处罚。而且行政义务的设定有连续性。反过来说，行政机关对违法行为人设定义务是对行政职权的行使，应在设定义务的职权行使中保持权力的连续性。本案中地区标准计量局没有使权力的行使保持连续性，在行政管理的某一阶段放弃了职权。对于设定义务以后，放弃权力行使的行政机关应当承担法律责任。行政法治实践中，义务设定中保持行政主体权力行使的连续性是一个普遍性问题，应引起行政法学界的重视。

第四节　行政行为的效力

行政行为的效力是行政行为产生法律效果的前提条件，符合生效要件的行政行为，才能在实际生活中发生作用，并获得国家强制力的保障。不符合生效要件的行政行为，有瑕疵的可以撤销的行政行为以及失效的行政行为等，都不能也不应对社会生活和个人、组织的权利义务产生影响。

行政行为效力通常包括确定力、拘束力和执行力三个方面。行政行为的确定力是指已经生效的行政行为对行政主体和行政相对人所具有的不受任意改变的法律效力。行政行为的确定力包括实质确定力和形式确定力两方面。前者是针对行政主体而言的不可改变力，它要求行政主体不得任意改变自己所作的行政行为，这是因为行政行为是行政主体代表国家对行政相对人实施公务管理而所作的设定、变更或消灭权利义务的一种承诺。行政主体有义务信守并兑现自己的承诺，否则就损害了行政相对人对这种承诺的信任，而且损害国家公务管理活动的威信。形式确定力是针对行政相对人而言的不可争力，它要求行政相对人不得任意变更、撤销或废止已经生效的行政行为。实质确定力有利于使个人利益免受反复无常的行政专横或行政随意性的损害，形式确定力则有利于行政意志的实现和权利义务的稳定。行政行为的拘束力有广义和狭义之分，广义的拘束力可以与法律效力等同，而狭义的拘束力是与确定力、执行力并列的一种法律效力内容，是指已生效行政行为所具有的约束和限制行政主体和行政相对人行为的法律效力，否则应承担相应的法律后果。行政行为的执行力是指行政行为一经作出，就具有使其内容得以完全实现的法律效力。它主要表现为权利主体有权要求义务主体履行义务的法律效力，包括要求义务主体自行履行所负义务的法律效力。

行政行为具有法律上的效力首先必须具备行政行为的有效要件，又称行政行为的效力要件，是指行政行为合法成立发生确定力、拘束力和执行力所应具备的前提条件，具体包括：①行为权限合法，即权限要件。只有在行政主体法定权限范围之内的行为才是合法、有效的行政行为。权限要件要求行政主体必须在自己的事务管辖权、地域管辖权和级别管辖权的范围内作出行政行为，越权无效是行政法上的实体法原则。②行为内容合法，即内容要件。指行政行为的内容必须合法、真实，要求行政行为具有事实依据，意思表示真实、完整、准确，行为具有法律依据且适用法律、法规正确，而且行政行为的目的应当符合立法本意，不得曲解立法意图或违背法律的宗旨和原则。③行为程序合法，即程序要件。要求行政行为应当符合法定程序，行政行为既要符合行政程序规则制度，又要符合行政程序的基本原则。④形式要件，即作出行政行为应当具备法定的方式，尤其是要式行政行为，行政主体应严格按照法律要求的形式进行，否则就是违法、无效的行政行为。

在行政法治实践中经常遇到以下几类问题：①瑕疵行政行为的标准；②瑕疵行政行为的效力；③不当行政行为的及时撤销等。

案例44　瑕疵行政行为的标准
——×市熊口农技站诉×市工商行政管理局侵权案

【案情摘要】

原告：×市熊口农技站

被告：×市工商行政管理局

法定代表人：肖×，局长

1997年4月7日上午8时许，熊口工商所黄×等三名执法人员在检查熊口农资市场经营情况工作中，在未办理任何手续的情况下，从熊口农技站农化种经营部搬走农膜3件，此后未依法作出任何处理意见。1997年6月10日上午，公平交易分局副局长陈××，熊口工商所副所长王××一行六人在认为熊口农技站农化种子经营部有个人承包经营嫌疑的情况下，再次到农化种子经营部进行检查，由于对方不予配合，又恰逢该经营部刚进的一批农资商品在卸货，公平交易分局、熊口工商所在主要情况不明、违法事实不清、证据不足、理由不充分的情况下，未报市工商行政管理局批准，擅自将该经营部购进的农资商品（潜江尿素97袋，枝江尿素3袋，潜江磷肥194袋）予以扣押并转移到熊口供销社封存。在给当事人开具了两张已经作废的暂扣物品清单后，公平交易分局、熊口工商所既没有补办有关手续，又没有抓住时机开展进一步的调查工作。事发后当事人曾向主管部门（农业局）反映了情况，其主管部门也曾与工商行政管理局进行了联系，但没有得到明确的答复和意见。

6月24日，当事人以工商行政管理局执法人员程序违法、滥用职权为理由向×市人民法院提起诉讼。提出请求事项四条要求：①被告向原告公开赔礼道歉，挽回不良影响；②被告迅速返还所扣押的商品；③被告赔偿因此案给原告造成的经济损失5000元；④被告承担本案全部诉讼费用。鉴于上述情况及原告所提供的有关证据，结合《行政处罚法》的有关规定和《行政诉讼法》第11条第1款第2项的规定，原告的起诉符合《行政诉讼法》第41条所规定的条件，×市人民法院行政庭依法受理此案（6月24日）。×市人民法院认为×工商所执法人员在行政执法工作中未按程序规定出示执法证件，表明身份；执法人员两次对原告实施行政强制措施未向当事人告知实施理由、违法事实，以及法律依据，同时还没有送达书面通知，未告知当事人复议或者诉讼的期限和途径；执法人员滥用职权，侵犯了当事人的合法经营权和财产权，依法作出如下判决：①被告在审判后10日内返还所扣押的原告的农资商品（潜江尿素97袋，枝江尿素3袋，潜江磷肥194袋）；②赔偿因其扣押行为给原告造成的经济损失5000元。本案诉讼费全部由被告承担。宣判后双方均服判。

【提示与讨论】

相对人的违法行为和行政机关对相对人进行处理所作的行政行为应当是相互对应的，这是行政机关作出行政行为时在认定事实方面的前提条件。本案被处罚人的行为事实和熊口工商所对其作出处理决定的行为事实就是不对应的。正因为如此，本案的案件事实在许多方面充满了矛盾。尽管案情并不复杂，但工商所的处理决定使案件事实复杂化了。首先，工商所对相对人的行为事实并没有全部查清，如被处罚人是否属于承包经营，从案情和相关材料来看，主要违法事实等没有查清，没有搜集能够证明案件事实的有力证据，尤其对当事人采取行政强制措施更是没有事实根据的。其次，熊口工商所在对此案的调查处理中无权以自己的名义对当事人作具体行政行为，是行政越权行为，因为其是受×市工商行政管理局委托而行使职权的。但在案件办理中，该工商所是以自己的名义行使处罚权的。本案案件事实的认定在很大程度上加进了执法人员的一些主观因素。工商所采取强制措施在很大程度上是受个人感情影响的。在整个过程中，熊口农技站没有积极配合是工商所扣押其农资商品的根本原因，如果当事人能够积极配合，很可能工商所不会采取强制措施。此案提醒行政执法人员，在认定事实时必须从案件的实际情况出发，而不能从个人好恶出发。若相对一方当事人抵制或不配合可以采取其他法律手段，而不能采取对案件本身进行非常规处理的手段。

本案的法律适用有下列问题：①法律适用主体资格有缺陷。熊口工商所不能成为行政强制措施适用的主体，依《行政处罚法》和《工商行政管理机关行政处罚程序暂行规定》的规定，采取扣留、封存等行政强制措施的应报经县（市）局局长批准，并由县（市）局采取强制手段，而受委托行使工商权的熊口工商所无权采取强制措施。②适用的实体法有问题。根据国家工商行政管理局、农业部《关于加强肥料、农药、种子市场管理的通知》（工商市字［1993］第373号）第4项规定，对未经登记注册，无照经营或超范围经营肥料、农药、农作物种子的应依照《企业法人登记管理条例》的规定给予警告、罚款、没收非法所得，责令停业整顿，扣缴或者吊销营业执照的处罚。也就是说法律、法规对上述违法行为没有规定扣押措施，熊口工商所采用扣押手段是适用法律中的实体错误，是一种滥用职权的行为。③适用法律时，违反了有关程序规则。行政机关在对违法行为人实施行政强制措施时，要依法制发法律文书。该案被告不但没有相关的法律文书，且没有出示执法证件，表明执法身份。没有告知当事人实施强制措施的理由、事实依据，没有送达书面通知书，没有告知当事人有提起行政复议和提起行政诉讼的权利等。基于行政机关错误的法律适用，人民法院依有关实体法和《行政诉讼法》，撤销原行政行为，并让行政机关承担赔偿责任是准确的法律适用行为。

笔者认为，行政行为成立必须符合法定条件，不符合法定条件在行政法学理论中称之为行政行为瑕疵。瑕疵的行政行为是不能发生法律效力，也不能对相对人产生法律后果的。行政行为瑕疵的标准是一个基本的行政法学理论和行政法治实践问题。主观瑕疵是行政行为瑕疵的标准之一，其中包括两个方面：一是行政行为主体本身不合格，如本案熊口工商所采用强制手段就是一个不合格的执法主体。二是行政行为超出了本机关的职权范围，如本案熊口工商所不能以自己的名义处罚相对人而予以处罚。客观瑕疵是行政行为瑕疵的另一标准。客观瑕疵中包括内容瑕疵和行为对象瑕疵两个方面。内容瑕疵指行政行为的内容不合法，如本案在没有充分的法律依据的情况下扣押相对人的农资商品。行为对象瑕疵指行政机关行政行为的对象错误，如本案当事人经营化肥的行为，即便是违法的，也不能采取扣押等行政强制措施。程序瑕疵是行政行为瑕疵的又一种表现。本案执法人员没有表明执法身份，没有制作处罚决定书，没有告知相对人相关的权利等都是程序瑕疵的表现。行政行为只要存在上述瑕疵中的一种就不能发生法律效力。在行政执法实践中，行政行为的瑕疵有时是单一的，即或者主观瑕疵、或者客观瑕疵、或者程序瑕疵，有时是综合的，即同时在上述三个方面或两个方面都存在瑕疵。本案尽管简单，但行政行为的瑕疵是三个方面同时具备的。

案例45　瑕疵行政行为的效力
——×通信公司不服×出入境检验检疫局进出口商品检验管理行政处罚决定案〔1〕

【案情摘要】

原告（上诉人）：×通信公司

被告（被上诉人）：×出入境检验检疫局

×通信公司于2003年1月25日和26日从上海×机场进口两批外国产手机散件，该两批货物的实际目的地为上海，但原告在报检单上填为北京。1月28

〔1〕 参见刘华主编：《2005年上海法院案例精选》，人民法院出版社2007年版，第197～202页。

日，原告的报检代理人向机场局报检，机场局向原告出具了入境货物调离通知单，并告知原告及时与目的地检验检疫机构即北京局联系。2月8日，原告将货物送至上海×装配公司。2月28日原告开始组织加工生产。3月19日，原告请北京局将检验事宜转回上海局。3月21日，北京局发函请上海局检验。4月15日，原告向被告提出检验申请，被告当天即到×装配公司查勘，发现原告已对进口手机进行加工装配，×装配公司证实已加工完毕约3.3万台。

2003年8月22日，被告对原告作出行政处罚决定，认定原告于2003年4月15日向被告报检两批于同年1月进口的手机成套散件，共计3.57万台，其中3.3万台手机成套散件，原告未经检验就擅自加工装配使用，违反了《进出口商品检验法》第5条之规定。依据该法第33条之规定，决定对原告处以罚款人民币150.46万元，并告知原告如不服本处罚决定，可以自收到之日起60日内申请行政复议，或向人民法院提起行政诉讼，但复议和诉讼不影响处罚的执行。原告对该处罚决定不服，申请复议。复议机关于同年11月20日作出行政复议决定，维持原行政处罚决定。原告仍不服，诉至法院。

原告诉称：根据《出入境检验检疫机构实施检验检疫的进出境商品目录》规定，纳入法定需检验目录的进口商品是手持式无线电话机，计量单位为台，指的是手机整机，而原告进口的是手机散件，不属法定需检验进口商品，原告将散件组装成整机再进行检验也并无不当；“使用”是指对商品性能的利用，被告认定原告加工装配散件的行为是对手机的使用，没有依据；原告未经检验加工装配的手机数量为3.29万台，而非被告认定的3.3万台，每台手机的价值为110美元，被告认定的数量和价值均不准确；原告于2003年1月28日就已委托报检代理人履行了各项报关报验手续，由于北京和上海两地检验部门相互推诿，不及时履行职责，致使检验推迟，而手机市场的时效性很强，原告为避免经济损失，只得开始加工装配；被告在告知原告行政处罚决定后，未组织听证，程序违法；被告行政处罚决定书中告知原告的起诉期限为60日，违反《行政诉讼法》第39条关于提起行政诉讼的期限为3个月之规定。故要求撤销该行政处罚决定。

一审法院经审理认为：原告所进口的手机散件应属法定需检验的进口商品。根据《出入境检验检疫报检规定》第18条之规定，入境货物应向入境口岸、指定的或到达站的检验检疫机构办理报检手续。本案中原告货物的实际目的地是上海，原告应向上海的检验检疫机构报检。但由于原告2003年1月28日在入境货物报检单上填写的目的地为北京，机场局向原告出具入境货物调离通知单，并告知原告与北京局联系检验事宜，机场局的做法符合规定。原告如系误填或要求在上海检验，应向机场局说明，并要求变更。原告未要求变更，则应向北京局办理报检事宜。原告如转而要求在上海检验，则应在两地检验机构协商一致后，向上海的检验检疫机构申请检验。被告在3月21日收到北京局的公函后，与原告取得联系。原告于4月15日向被告报检，被告于当日进行检验，符合法律规定。原告在多次说明中均承认，由于原告所委托的报检人误填目的地，在庭审中又称，是由于北京局这次不肯按惯例到上海来检验，导致未能及时向上海局办理报检手续。由此可见，无论原告出于何种动机或原因，均未依照法律规定及时向有关检验检疫机构办理报检手续，由此所引起的延误检验的后果应由原告自己承担。

根据被告提交的证据以及原告在庭审中的陈述可以确认，原告存在未经检验就擅自加工装配进口货物的事实。至于被告所认定的原告违法使用的数量，由于原告4月16日情况说明中所承认的3.29万台与剩余2700台相加为3.56万台，而原告实际进口3.57万台，两个数据并不吻合。而被告根据×公司的证明，认定原告到4月15日已加工完毕3.3万台，未加工的2700台，两个数据可以吻合，故法院采信被告对原告未经检验加工装配的数量为3.3万台的事实认定。

被告提交的行政处罚告知书已告知原告“可在3日内进行陈述、申辩或提出听证要求”，该告知书有原告公司员工于2003年8月18日的签收记录，原告逾期未提出听证要求，应视为自动放弃听证。被告确有告知诉权不完整之处，但这一问题仅影响原告起诉权的行使，不影响该处罚决定的合法性。但被告对此应引起重视，并在今后工作中杜绝此类问题。

综上所述，被告作出的行政处罚决定认定的主要事实清楚，证据充分，适用法律正确，程序合法，依法应予维持。依照《行政诉讼法》第54条第1项之规定，判决维持被诉行政处罚决定。

一审判决后，原告不服提起上诉，后又撤回上诉，二审法院裁定准予原告撤回上诉。

【提示与讨论】

概括来说，本案原告共提出了四项理由要求撤销×出入境检验检疫局进出口商品检验管理行政处罚决定，包括手机散件不是法定检验进口商品、加工装配行为不是法律规定的“使用”行为、未及时检验是由于北京和上海两地检验部门相互推诿所致、被告未组织听证且行政处罚决定书中告知的起诉期限不符合法律规定。其中第一项和第三项理由是比较容易辨明的，根据《出入境检验检疫机构实施检验检疫的进出境商品目录》以及我国以往对进口商品检验检疫的惯例，原告所进口的手机散件应属法定需检验的进口商品，原告所提出的第一项理由是不成立的。根据原告在庭审中的陈述，其因为自身理由未能及时向上海局办理报检手续，造成检验延误，因此其提出的第三项理由也是不能成立的。至于原告提出的第二项和第四项诉讼理由，笔者认为有必要进行更进一步的探讨。

1. 关于未经检验加工、装配手机散件的行为是否属于法律规定的“使用”行为。根据《进出口商品检验法》第5条：“列入目录的进出口商品，由商检机构实施检验。前款规定的进口商品未经检验的，不准销售、使用；前款规定的出口商品未经检验合格的，不准出口。”那么，本案中通信公司未经检验加工装配手机散件的行为是否属于商检法第5条规定的“使用”行为呢？通信公司认为，“使用”是指对商品性能的利用，其加工装配散件的行为不属于商检法所规定的“使用”行为。被告×出入境检验检疫局则认为，原告的行为已经构成对手机散件的“使用”。法院最终认可了出入境检验检疫局的观点，应当说法院的认定是有理由的。商检法之所以规定法定检验进口商品未经检验不准销售、使用，是为了进一步强化法定检验进口商品必须经过检验的法律严厉程度，避免因商品未经检验而销售、使用最终产生检验机构无法检验的结果。本案通信公司未经检验擅自加工装配的行为已经产生了妨碍检验甚至检验不能的后果，应当认定为法律规定的“使用”行为。

2. 关于瑕疵行为的效力。被告×出入境检验检疫局所出具的行政处罚决定书中已告知原告可在3日内提出听证，原告逾期未提出听证要求，应视为自动放弃听证。但被告在行政处罚决定书中所告知的起诉期限60日违反了《行政诉讼法》关于提起行政诉讼的期限为3个月的规定，使得被告的行政处罚行为存在一定的瑕疵。瑕疵行为的效力是行政法上一个值得深入探讨的问题，笔者这里不展开论述，就本案而言，被告行政处罚行为中的瑕疵程度较轻，影响的只是原告的诉权且未造成实际损害后果，不足以因此而推翻整个行政处罚行为。

案例46　不当行政行为的及时撤销
——×市市场经营者状告×市政府案

【案情摘要】

早在1982年，×市××镇××村民得到地方政府及有关部门的支持，跋山运沙填平了一块3000平方米的河塘泽地，投资万元造就摊位百来个，建起了可以说全国首创的小商品批发市场。这之后，该小商品市场带动该镇境内的20多个各类市场形成，几经扩建，发展到相当大的规模，同时更名为阳关小商品批发市场，由原来的集市日农历每月三、八改为一、二、三、六、七、八为集市日。1990年市工商行政管理局插手要接管，在无奈之下经营者只有与市工商行政管理局达成包盈不包亏的交接协议。原先市场摊位管理费的毛收入中，经营者上缴工商行政管理局20%，上缴镇政府10%，余下归村里。工商行政管理局接管后，加上新建的东交易区，村里只能得17%。几年来，村里一直履行着协议。1992年，村里献出良田22亩，又专为市场配套设施投入600多万元，兴建了停车场、饮食一条街、联合托运市场、宾馆、招待所等。当地政府为扶持市场，拆迁民房百余间，新建三座几十米宽的桥梁和三条马路。阳关小商品批发市场的发展极为迅速，目前已占地4.6万平方米，建筑面积4.2万平方米，有现代化商业楼、固定摊位6000多个，临时摊位上千个，年成交额10亿多元，年创利税千万元以上（不包括集体国有企业），商品业务辐射全国20多个省市，集市日旺季高峰期可达10万多人。1992年阳关小商品批发市场加入全国工业品市场联络会，多次被评为省、地、市“文明集贸市场”，后又被评为1991～1992年度全国“文明集贸市场”和×省“十大工业品市场”之一。然而，经营者预料的灾难终于降临了。

1990年工商行政管理局接管小商品市场后，于1992年投资2200万元，在市场东边建成交易区。招标后的事实证明：摊位过剩，但决策者却要在××小镇西边距市场千米之遥的×国道旁再建一座“商业城”。“商业城”原来打算向×地区各县集资兴建，耗资4亿元，占地200亩，搞成“×地区的工业窗口”。“商业城”立即对阳关小商品批发市场造成威胁。1993年8月份，经营者曾申请提前招标，被市工商行政管理局否定了。但“商业城”却在媒介上连续刊登招商广告，允诺3年税费减免、办理城镇户口。特别是9月3日的广告，直接违背了1993年7月23日国务院《关于加强税收管理和严格控制减免税收的通知》。市里领导还说过，如果“商业城”的优惠政策仍不足以吸引“小市场”的摊位，“商业城”就要用行政措施强行转移。现在，“小市场”经营者已经脚踏两船心不定，有400多名经营者已转移到“商业城”。“商业城”由于仓促施工，质量欠佳，造成一主梁断裂，眼看不能如期开业，只能延期。现在，市政府压制“小市场”按期（11月14日）的招商工作，并废除了市工商行政管理局在8月25日给“小市场”按期招商的复函，指定“小市场”于1994年1月份方可招标，这样，××村农民便失去了黄金招商季节。村民认为他们原来养了只“鸡”，后来让我们只能捡“蛋”，现在连“蛋”也不让捡了。该村有816人，办市场前有350多亩耕地，这十几年占去大半，现在只剩60多亩了。如果市场没了，他们的生活将面临困难。他们要求市政府要顾全农民的利益，尊重他们建场的权利和发展的历史现实，排除不正当的行政措施，尊重经营者的意愿，切实维护“商业城”与“小市场”的公平合理竞争。

1993年9月9日，××村民委员会收到市政府的复函后，再次上书×市工商行政管理局，对其三点意见提出异议，并就此陈述三条理由。几日后，市政府正式下文，推迟阳关小商品市场定于每年11月4日的投招标工作，规定市场于1994年1月份方可招标，同时将小商品批发市场的服装的摊位从原有的1720摊，压缩至600～800摊，只许少设不许多设。1993年10月20日，××村村民16人，到×市工商行政管理局、市政府上访，要求小商品批发市场按期招标和保留现有的服装摊位。副市长徐××接待了上访农民，试图说服村民应当服从全局。两天后，副市长徐××来到小商品市场，市场协管员（村民）纷纷要求面见，被拒绝。后村民强烈要求，双方进行了交谈，但谈话没有结果。1993年10月底11月初，村民几十人分别到××省会和北京的国务院信访办、人民日报社等单位，递交了上访书。此间，阳关小商品批发市场上，因推迟招标日期，摊位原有经营户租期已到，新的经营户急于到位，双方纠纷升级，发生流血事件。

【提示与讨论】

本案案件事实的复杂程度远远超过了案件本身。本案的行政法关系是×市政府、×市工商行政管理局和××村阳关市场经营者。如果把问题简化，该法律关系有两造：一是政府机关，一是管理相对一方当事人。本案要澄清就是要正确认识这对行政法律关系中的权利义务关系。×市政府及其工商行政管理机关是该法律关系的主体之一，依行政法原理享有广泛的行政管理权，有权为相对一方当事人赋予权利和设定义务，这是毫无疑问的。然而，从另一方面看，他们的权利赋予行为和义务设定行为是应当有限度的，而不能任意设定权利和赋予义务。本案×市人民政府对阳关市场经营方向的调整行为属于干预经济事务的行为。其没有把阳关市场经营者视为法人组织，更没有给其独立经营的资格，行为显系不当。相对一方在此法律关系中虽受政府及其工商部门的管理，但在承担义务的同时享有独立经营、不受任何外界非法干预的权利，其从事市场经营是法律和政策范围之内的事情，因此有权对市政府的干预行为提出异议。×市政府以发展地方经济为借口采取试免税款、办理城镇户口的行为也是不当的，是《税收征收管理法》和《户口登记条例》所禁止的。本案案件事实还有一些深层次的问题需要讨论，如发展经济与遵守法律的关系，考虑全局利益与保护个人和组织的权利关系等。

本案×市人民政府和市工商行政管理局对阳关小商品市场采取的管理措施在诸多方面是没有法律依据的。行政执法中的法律适用必须作全面理解、全面认识，而不能片面理解。行政法治实践中，一些行政机关及其执法人员把法律适用仅理解在行政机关采取强制、处罚等行政制裁中，即认为只有行政强制、行政处罚等存在法律适用，而其他的行政执法行为法律适用则不那么明显。这实际是对行政法律适用的误解。行政机关在履行管理职能时，处处都存在法律适用问题。本案×市人民政府是从对经济进行管理的角度认识自己对阳关市场采取的行政行为的。其没有意识到日常的管理行为同样是适用法律，同样必须依法律规范的规定对待阳关市场的经营者。本案×市人民政府对政策的考虑多于对法律的考虑。如果依后来颁布的《反不正当竞争法》的规定，×市人民政府的行为应是违法行为，该法第7条规定："政府及其所属部门不得滥用行政权力，限定他人购买其指定的经营者的商品，限制其他经营者正当的经营活动。政府及其所属部门不得滥用行政权力，限制外地商品进入本地市场，或者本地商品流向外地市场。”总之，政府干预经济的行为是反不正当竞争法所禁止的。本案由于阳关市场经营者没有采取诉诸司法途径的手段，因而使本案没有能够迅速进入行政诉讼途径，而得到迅速解决。

笔者认为，本案×市人民政府对于行政管理相对一方当事人采取的行政措施，尽管没有行政处罚、行政强制手段那样更像具体行政行为，但该措施无疑是一种具体行政行为，而且是行政法治实践中比较多见的具体行政行为。该行为的形式要件首先存在明显缺陷，是一种典型的政府干预行为，没有采取法定的行为方式，通过一个简单的行政命令就改变了若干市场参与主体在法律上的权利义务关系。从实体上看，该行政措施亦无充分的法律依据，是一起以行政命令侵犯公民经营权的行为。×市人民政府首先通过×市工商行政管理局接管该市场，不但管理了该市场的市场秩序，而且管理了该市场经营者的业务活动，非法插手经济事务。后来×市人民政府又直接作出决定建立商业城，区域就在阳关市场所在的村，并没有征得村民和村民委员会的同意。像×市人民政府采取行政手段插手经济事务在行政法治实践中非常多见。像本案这样的行政措施是早就应当予以撤销的，但本案中的非法行政措施迟迟没有得到撤销。在我国，从法律规定的形式看，有权撤销行政措施的机关很多，如上级行政机关、监察机关、人民代表大会、人民法院等。然而，像本案这样模棱两可的行政措施的撤销主体是谁并不是非常明确的。本案村民一直上访至国务院信访办，不能不使人深思不当行政措施的撤销主体问题。

第五节　瑕疵行政行为

瑕疵行政行为是指行政主体作出的欠缺法定构成要件的行政行为。这类行为往往仅具备了行政行为的形式要件，却不具备行政行为的实质要件。在行政法治实践中，瑕疵行政行为有许多种类和不同的表现形式，本节要讨论的是几种主要和常见的瑕疵行政行为。包括：以抽象行政行为出现的行政主体不当利益合法化行为、行政放弃职权行为、行政误用职权行为、行政滥用职权行为等。

一、行政主体不当利益合法化

行政主体不当利益的合法化就是指行政主体通过一定的手段使那些不属于自己、不合乎理性、不符合道德理念的利益取得法律外形的行为过程。行政主体不当利益合法化的主体要素是行政主体，即行政主体是不当利益的受益者，合法化的整个过程就是在行政主体的操纵下完成的。行政主体不当利益合法化的主观要素是有意识的活动过程，而不是下意识的被动性行为过程；行政主体不当利益合法化的客观要素是使不当利益取得了法律上的认同，由实质上的不当变为实质上的恰当；行政主体不当利益合法化的后果是行政主体通过制定规则权或参与制定规则权而从国家、社会或相对一方当事人获取了利益，而且是较大范围的利益。

行政主体不当利益合法化的运作过程是以行政主体为本位的，行政主体在不当利益合法化的全过程中起着十分重要的作用。而不当利益合法化过程的实现是行政主体对行政权不当行使的结果，因此，我们分析行政主体不当利益合法化的途径必须以行政权及其行使为轴心，离开行政权力基础行政主体便不可能使不当利益取得合法地位。无论什么样的不当利益合法化途径都是对权力的一种运用，或者可以说是直接用权力塑造不当利益，并得到相关规则认同。具体而言，行政主体不当利益合法化的途径有：通过不当行使提案权而为之的合法化、通过不当行使行政管理规则制定权而为之的合法化、通过不当行政裁量而为之的合法化、通过规避上位规则而为之的合法化、通过解释权而为之的合法化。

行政主体不当利益的合法化有着深层次的经济、体制和社会原因。从经济结构上看，我国的市场经济结构没有完全形成，在诸多方面还存在着浓烈的计划经济色彩，而这样的经济结构必然使政府行政系统与经济关系保持一种行政上的隶属关系，或者说其对经济进行计划的行为与自身利益有着千丝万缕的联系；从体制方面看，尤其微观行政体制方面看，政府在许多环节上既是市场活动的介入者又是市场活动的裁判者，也就是说其介入到某一市场活动中并为这一活动中的游戏制定规则，此种运行模式必然会使不当利益存在并最终合法化；从社会因素方面看，公众参与管理各种社会事务的机会在我国还不够充分，其在与行政主体的力量对比关系上尚处于下风，这就使不当利益合法化有了底蕴。因此，要解决行政主体不当利益合法化问题，必须作系统性的长远打算，运用各种各样的手段，就目前来讲最主要的是：强化利益关系的市场机制调节、根除各种形式的行政垄断、抗辩式地方立法提案权制度的确立、直接行政立法模式的尝试、行政法规范解释权重构等。

二、行政放弃职权

行政放弃职权指行政主体对法律赋予他的行政职权擅自处分的情形。行政放弃职权是一个法律概念。即行政职权本身是法定的，而在这种法定职权的情况下行政主体基本上没有自由裁量的余地；行政放弃职权是对职权的擅自处分；行政放弃职权在行为上的表现是行政不作为；行政放弃职权是一种非法行为。从行政法治实践看，非法行政的危害后果常常大于不当行政的危害后果，此点提醒我们对于行政放弃职权必须给予高度重视。

行政放弃职权的主体是行政主体或行政责任人，在不当行政职权行为中，有些是单一主体，即只有行政主体才能成为违法主体，或者只有公务人员才能成为违法主体。而行政放弃职权的主体是复合主体，行政主体和公务人员都可以成为行政放弃职权的责任主体。行政放弃职权在客观上是对行政管理的消极对待，这种消极对待是对行政职权的蔑视。行政放弃职权主观上是由故意引起的。行政放弃职权的行为后果具有不可测性，行政主体一旦放弃了某种行政职权，其所造成的危害后果在绝大多数情况下不可以做出正确判断。正因为这一点，各国法律关于行政放弃职权没有规定直接以结果进行评判的责任，只要行政主体或公职人员放弃了行政职权就必须对放弃行为本身负法律责任，而不仅仅对放弃行为所产生的危害后果负法律责任。

《行政复议法》与《行政诉讼法》关于行政不作为的规定有3种情况：第一种情况是“认为符合法定条件，申请行政机关颁发许可证、执照、资质证、资格证等证书，或者申请行政机关审批、登记有关事项，行政机关没有依法办理的”；第二种情况是“申请行政机关保护人身权利、财产权利、受教育权利的法定职责，行政机关没有依法履行的”；第三种情况是“申请行政机关依法发放抚恤金、社会保险金或者最低生活保障费，行政机关没有依法发放的”。这三种行政不作为的表现形式基本上成了我国行政法学界关于行政不作为研究的始点和终点。学者们对行政放弃职权表现形式的理解也基本上局限在上列范畴中，这可以说是我国行政法学界关于行政不作为与行政放弃职权研究的偏向。这三种情形实际上只是一个范畴的东西，是一种放弃职权的三个不同的表现形式，也就是说，这三种表现中行政机关所放弃的仅仅是行政许可权或者行政审批权。而依行政放弃职权的构成要件和行政放弃职权在行政法治实践中的表现，行政放弃职权存在于诸多范畴中，甚至几乎每一种行政职权都有被放弃的可能，我们将行政放弃职权概括为下列范畴：放弃行政处置权、放弃行政制裁权、放弃行政许可权、放弃的行政管理权等。

三、行政误用职权

行政误用职权就是对行政职权的错误使用，进一步讲，就是指行政主体在履行行政管理职能，进行行政管理活动，行使行政管理权的过程中，对法律规则为其确定的行政职权作了错误的判断，以错误的行为改变了行政相对人的权利义务关系，并带来了错误的社会效果和法律后果的情形。随着社会的发展，政府行政系统的管理技术不断改进，如由全面干预式的管理到宏观调控式的管理就是这种变化和改进的一个例证。而方法的改变并不必然反映管理领域的减少，在一些发达国家行政职权客观表现的外延反倒越来越广。而我国行政系统的职权行使则更加广泛，概率论的原理告诉我们，政府职权越广泛，行政误用职权的表现就越宽泛。对于诸多的误用职权的情形必须从理论上进行概括。综合我国行政法治的状况将行政误用职权概括为：真空地带行政事务处理中的误用职权、职权交叉性行政事务处理中的误用职权、利益对立的相对人赋权中的误用职权、冲突规则选择中的误用职权、法律援用中的误用职权。

行政误用职权已经不单单是行政机构体系中职权行使者的个人问题，也不单单是某个行政主体的问题，而是一个与行政机构体系有关的同时与行政主体、具体的权力行使者等都有关联的、全方位的问题。如规则制定权混乱的立法体制、行政职权定性不确定、行政权柔性化的限权不力、规则认识不足的行政意识低下、行政管理具体规则欠明确的部门行政法滞后等等。

行政误用职权对全面实现行政法治的危害性是巨大的，可以说，行政越权、行政滥用职权等违法行为的数量要比行政误用职权的数量少得多，同时，行政误用职权比其他违法使用职权的行为更加隐蔽。再则，行政超越职权、行政滥用职权国家已经建立了相应的救济制度对其进行校正和补救，如行政诉讼制度、行政复议制度都有相应的制度校正行政滥用职权等，而行政误用职权还没有较为完善的法律制度对其进行补救。因此，必须构架出一个能够从根本上根除行政误用职权的规则体系，如行政立法权合理划分、行政职权的定性与分配、行政法规范的操作技术完善、行政主体法律意识的提高等。

四、行政滥用职权

行政滥用职权是指行政主体在行使行政权力或履行行政管理职能的过程中对法律赋予的行政职权不规范或者超常规的使用。行政滥用职权不仅仅停留在行政主体行使行政自由裁量权的领域内，其实，行政自由裁量权中的滥用职权只是行政滥用职权概念中一个非常小的部分，绝大多数的行政滥用职权发生在行政主体行使自由裁量权的范畴之外。《行政复议法》第 28 条第 1 款第 3 项中的第 4 目规定“超越或者滥用职权的”，第 5 目规定“具体行政行为明显不当的”，在这一规定中将行政滥用职权和行政自由裁量权的不当行使是并列规定的，我们认为“具体行政行为的明显不当”才是自由裁量权范畴的东西，而滥用职权甚至是一个独立于自由裁量不当行使的概念。

行政滥用职权的表现形式有：①行政职权不能对应承受主体。如果行政主体的行政职权与恰当的承受主体对应时，行政主体的职权就是一种合法而正当的职权行使，反之，当行政主体的职权不能对应承受主体时，我们就可以认为行政主体滥用了行政职权。②行政职权不能对应法律义务。在行政法中，行政主体的权利实际上被转化为了行政职权，也就是说，每一种行政职权在运作过程中，在施加于被管理者的过程中都必然相应地对应了一个义务，该义务就外部行政法关系而言是针对个人、组织等相对一方当事人，就内部行政法关系而言则是针对下级行政机关或行政机关工作人员。从法理学的角度看，法律义务有相对义务和绝对义务之分，行政主体的职权若能与相对义务或绝对义务对应时，我们就可以认为其是正当的职权行使行为，反之，若行政主体的职权既不能与相对义务对应又不能与绝对义务对应，我们就可以说，行政主体的这一职权行使是对职权的滥用。③行政职权不能对应法律权利。法律权利是与法律义务相对应的一个概念，行政主体的职权不能与法律义务对应时我们认为这样的职权是滥用职权，那么，行政主体的职权若不能对应相关权利时，其职权同样是可以归入滥用职权范畴的。显然，行政职权与行政相对人权利的对应同样是职权正当与否的衡量标准。行政主体若通过行政职权将不该赋予的权利赋予了某个行政相对人，将不该剥夺的权利予以剥夺，导致其职权不能和行政相对人的权利对应同样是行政滥用职权。④行政职权不能对应正当程序。依正当程序理论和相关原则，行政机关在行使行政职权时，要依严格的程序规则为之，若背反了程序规则无论实体如何都应视为对职权的滥用。事实上，在绝大多数行政行为中，程序和实体的关系是相辅相成的，即程序瑕疵必然导致实体上的瑕疵。一方面，正当程序与公正的结果有关，另一方面，正当程序对利害关系人的权利有直接影响。

行政滥用职权究竟应当承担怎样的法律责任，或者责任如何分配等十分关键的问题在我国行政法治实践和行政法学界却是不甚明确的。《国家赔偿法》是一部非常重要的行政责任和刑事赔偿责任的法律，其中在确定行政赔偿责任时是以“非法”、“违法”等为依据的，而没有对“行政滥用职权”的责任作出具体规定，在一些单行的有关行政机关法律责任的法规中也没有滥用行政职权的专门规定。我们认为，行政滥用职权是由行政主体所为之的，是行政机关从法律赋予他的权力中扩张出来的，因此，行政滥用职权的责任，尤其直接责任应当由行政主体承担。所谓行政主体承担指由行政主体以行政机关的名义承担。同时，由于行政主体是由行政公职人员构成的，行政行为即使是以行政机关的名义作出的，也不能排除行政公职人员在行政行为作出中的作用，因此，在法律规则设计有关的责任时，常常将行政主体的责任与行政机关工作人员的责任连结在一起。行政滥用职权由于是在行为人主观故意的支配下而为之的，又由于行政主体在滥用行政职权时有一种表现形式是其行为不能和行政相对人的权利对应，亦即行政主体从各种各样的动机出发常常将不能剥夺的权利予以剥夺，将不该赋予的权利予以赋予。行政主体滥用职权的行为不是给特定行政相对人造成了伤害，而是给特定行政相对人带来了利益，当然，行政主体则通过丧失原则的做法使自己同时获得利益，这时行政主体和行政相对人都获得了利益而法律秩序或者更大范围的利益就都遭到了侵害。在行政滥用职权的责任追究中应当建立一种不当受益者的权益返还责任，让通过行政主体滥用行政职权而获得利益的行政相对人返还所得到的权益。

在行政法治实践中经常遇到以下几类问题：①规范性文件的合法性；②行政越权与行政滥用职权的区分；③行政放弃职权的法律责任等。

案例47 规范性文件的合法性
——上海×会计学校不服上海市黄浦区劳动和社会保障局工伤认定案[1]

【案情摘要】

原告：上海×会计学校

被告：上海市黄浦区劳动和社会保障局

第三人：陈××

第三人陈××系退休教师，自2002年起受聘于原告上海×会计学校（以下简称商业会计学校）处任代课教师，原告每月按实际教授课时支付第三人课时费。2005年11月15日中午，第三人教学结束欲离校回家，在原告校园内走道上行走时，被迎面奔跑而来的该校学生周××撞倒在地，经上海第二医科大学附属第九人民医院诊断为左肱骨外科颈骨折。因原告未在第三人发生事故伤害后的30日内向被告上海市黄浦区劳动和社会保障局（以下简称黄浦区劳动局）提出工伤认定申请，第三人于2006年8月15日直接向被告申请工伤认定。被告于当月24日受理后，因原告与第三人对是否存在劳动关系发生争议，在第三人向上海市黄浦区劳动争议仲裁委员会申请仲裁后，被告即于同年9月21日中止工伤认定审查。嗣后，上海市黄浦区劳动争议仲裁委员会以该争议不属仲裁受理范围为由，作出黄劳仲（2006）决字第148号不予受理决定。第三人即向法院提起民事诉讼，要求确认其与原告间存在事实劳动关系。因该诉讼请求未涉及其他实体内容，人民法院不予受理，故法院于同年11月23日作出驳回第三人起诉的民事裁定。2006年12月18日，被告恢复工伤认定审理，经调查核实，于2007年1月10日作出黄劳认结（2006）字第0292号工伤认定结论，认定原告与第三人之间存在特殊劳动关系，依据《工伤保险条例》第14条第1项的规定，认定第三人于2005年11月15日发生的事故属于工伤，并在10日内将《工伤认定书》送达原告和第三人。原告对此不服，向黄浦区政府提出行政复议，并在复议期间一并提出要求对《关于特殊劳动关系有关问题的通知》和《关于本市工伤认定中涉及劳动关系确认问题处理意见的通知》两个文件的合法性进行审查。黄浦区政

[1] 参见张海棠主编：《2008年上海法院案例精选》，上海人民出版社2009年版，第403~407页。

府于2007年3月12日将上述两文件转送上海市人民政府。同年4月20日，市政府作出《关于对〈上海市劳动和社会保障局关于特殊劳动关系有关问题的通知〉等两个规范性文件的审查意见》，认为两个文件均不违反相关法律规定。黄浦区政府经审查被告作出的工伤认定结论后认为，被告的工伤认定行政行为事实清楚，程序合法，符合法定权限、适用法律正确，于同年6月22日作出维持黄劳认结（2006）字第0292号工伤认定的行政复议决定。原告仍不服，遂于同年7月3日向法院提起行政诉讼。

原告诉称：第三人陈××为原告聘用的退休人员，其与原告间只存在劳务关系，而非劳动关系，即第三人并非《工伤保险条例》所定义的职工，不应适用《工伤保险条例》的规定，故第三人于2005年11月15日发生的事故不应认定为工伤。原告认为被告适用法规错误，故诉请法院撤销被告作出的黄劳认结（2006）字第0292号工伤认定的具体行政行为。

被告黄浦区劳动局辩称：第三人陈××在原告上海×会计学校处从事有偿劳动，并接受管理，根据上海市劳动和社会保障局《关于特殊劳动关系有关问题的通知》的规定，双方已形成特殊劳动关系。被告根据查明的事实，认定第三人于2005年11月15日在原告学校内不慎被学生撞伤，属工伤事故，符合《工伤保险条例》第14条第1项的规定。因此，被告认为其作出的工伤认定事实清楚，证据确凿，程序合法，适用法律正确，请求法院予以维持。

一审法院经审理认为：首先，第三人陈××的伤害事故虽因他人民事侵权引起，但已经符合了申请工伤认定的法定条件，故在构成获得侵权赔偿的民事救济和申请工伤认定进而取得工伤保险待遇行政救济的竞合时，权利人享有选择救济方式的权利。并且依据《上海市工伤保险实施办法》第44条的规定，当第三人获得民事赔偿后，应当相应返还依工伤保险待遇已取得的补偿。因此，无论第三人提出民事损害赔偿与否，均不妨碍被告依第三人的申请依法作出工伤认定。其次，上海市劳动和社会保障局于2003年4月发布的《关于特殊劳动关系有关问题的通知》，明确规定了用人单位使用退休人员形成特殊劳动关系。该通知是上海市劳动和社会保障局在其行政职权范围内，针对本市劳动力市场的实际状况，为解决实际问题而作的规定。该规范性文件业经上海市人民政府审查，认为符合相关行政法规、规章的基本精神，未创设新的法律关系，不违反法律规定。本案第三人系原告雇用的退休人员的事实，既有被告出示的工作人员胸卡、会议通知、工资存单等证据予以证实，又有第三人本人的陈述相印证，原告对该节事实亦不曾否认，故根据上述规范性文件的规定，第三人与原告之间已形成特殊劳动关系。再次，《工伤保险条例》仅将企业、有雇工的个体工商户及其职工或者雇工作为适用对象，但《上海市工伤保险实施办法》结合本市实际情况，已经扩大了工伤保险的适用范围。该办法第 2 条规定，“本办法适用于本市行政区域内的企业、事业单位、国家机关、社会团体和民办非企业单位、有雇工的个体工商户（以下统称用人单位）及其从业人员”。同时该办法第 62 条还规定，“用人单位聘用的退休人员发生工伤的，由用人单位参照本办法规定支付其工伤保险待遇”。故原告作为事业单位，其聘用的退休人员发生事故伤害的，属于《上海市工伤保险实施办法》的适用范围。综合上述理由，法院依照《行政诉讼法》第 54 条第 1 项之规定，判决维持被告黄浦区劳动局 2007 年 1 月 10 日作出的黄劳认结（2006）字第 0292 号工伤认定的具体行政行为。

一审判决后，原告上海×会计学校不服，以与一审同样理由提起上诉。

二审法院经审理认为：原审判决认定事实清楚、适用法律正确。遂依据《行政诉讼法》第 61 条第 1 项规定，判决：驳回上诉，维持原判。

【提示与讨论】

本案争议焦点在于：①第三人对其受伤是否有权通过申请工伤认定获得救济；②原告与第三人之间是否存在特殊劳动关系；③被告作出的工伤认定结论适用法律是否正确。我们认为，在上述三个争议焦点中，关键问题在于聘用的退休人员因工作受伤害是否应当认定为工伤。

就第一个问题而言，从我国目前的现状来看，退休人员返聘或去其他单位工作是极为普遍的现象，但由于现行法律对超过退休年龄的职工与用人单位之间是否形成劳动关系的问题并没有作出明文规定，因此不同地区在实际操作中对此问题的态度也有所差异。一种观点认为，所聘用的退休人员与用人单位之间不存在劳动关系，不应纳入工伤行政确认范围，主要理由是：①退休人员已不再是劳动法意义上的劳动者，劳动关系不能成立；②退休人员受聘后与用人单位形成的关系不具备劳动关系的特点；③退休人员再次聘用遭受事故伤害的，其受伤待遇应通过民事诉讼渠道解决。另一种观点则认为，所聘用的退休人员与用人单位之间存在劳动关系，属于工伤行政确认范围。主要理由是：①退休人员有劳动的权利，所提供的劳动在性质上与其他劳动者并无二致，工作中遭受事故伤害应受到同样的保护；②劳动法对劳动年龄只有下限规定，对上限并无明文规定，将退休人员排除在劳动关系之外于法无据。本案中的原告和被告便分别持上述两种观点。原告认为不应认定为工伤，主张通过民事救济途径解决这一纠纷；而被告则认为原告和第三人之间形成的是一种特殊劳动关系，进而认定第三人遭受的损害为工伤。我们认为，两种观点都有各自的道理，被告的观点能否被法院认可，关键还要看其作出此种认定有无法律依据。

本案中，被告将第三人的伤害认定为工伤的法律依据是上海市劳动和社会保障局 2003 年 4 月 25 日发布的《关于特殊劳动关系有关问题的通知》（以下简称

《通知》)，根据该《通知》的规定，用人单位聘用退休人员即构成特殊劳动关系，进而聘用的退休人员因工作受伤害可认定为工伤。这就引申出另一个问题，即作为政府部门的规范性文件，《通知》是否违反法律规定、能否作为审理本案的适用依据？我们知道，长期以来社会上将标准劳动关系以外的用工形态一概称为"劳务关系"，或将其完全排除在法定劳动标准适用范围以外，或简单归入标准劳动关系。这既不利于保障劳动者的合法权益，又不利于妥善处理劳动争议。《通知》界定特殊劳动关系就是为了维护劳动力市场的正常秩序，理顺用工关系，明确其劳动标准的参照适用，规范劳动争议处理的相应规则。因此，《通知》界定特殊劳动关系并非创制一种新的劳动法律关系，而是适应当前规范劳动力市场需要所设置的市场规则，故不违反法律规定。法院认定该规范性文件的合法性及对其在本案中的适用予以确认是合理的。

从上述两个方面的分析可见，本案被告将本案第三人所受的损害认定为工伤，其法律依据是合法的，因此，本案法院所作出的判决结果是合理的。

案例48　行政越权与行政权滥用的区别
——×粮油购销公司请求×市税务局行政复议案

【案情摘要】

1991年9月，×镇开发公司与该镇居民黄×口头协商，由开发公司组建一粮油购销门市部，实行独立核算，自负盈亏，每月向开发公司上交100元。1991年10月5日，粮油购销门市部在未办理营业执照的情况下正式开业。11月10日，×市税务局城区市场征收处根据群众举报对粮油购销门市部的粮油经营情况进行了检查，查明该门市部在本市销售黄豆、绿豆等商品25多万公斤，价值40多万元，其中包括黄×1990年个人销售的10万多元。×市税务局城区市场征收处审查以后发现，按临时经营10%的税率计征应缴营业税41 723元，城建税3120元，扣除已缴营业税900元，合计应补缴营业税、城建税43 943元。同时，还查出粮油购销门市部在经营过程中，违反发票管理规定，不使用统一发票，以白条领取销货款，未按规定办理纳税申报手续等问题。在市场征收处检查期间，该门市部于1991年11月20日在当地税务所补开了《固定工商业户外销证》，但此证无持证人姓名也无单位名称。根据上述事实，1991年11月28日，市场征收处以×税字（91）第×号文，对粮油购销门市部下达《偷税案件处理决定书》。并限其于1991年12月6日前缴清税款，并对其未按规定办理纳税申报手续和违反发票管理规定的行为分别处以5000元和6000元的罚款。

粮油购销门市部不服市场征收处的处理决定，在缴清税款和罚款后，于1991年12月16日向×市税务局提起行政复议，称：我们纳税应当在×县税务机关，而不应在市场征收处所在地；黄×1990年未缴纳的税款不该由粮油购销门市部承担。×市税务局受理了申请人的复议请求，对案件事实进行了认真审查，认为：①粮油购销门市部经销粮油，属无证经营，根据（89）国税流字151号文件的规定，应在经营地按临时经营征收营业税。②外销证不合法，一是没有持证姓名或持证单位名称；二是根据财政部（83）财税字13号文件，按照税法的规定，到外省市经销业务的外销证，应由市、县税务局核发，而粮油购销门市部的外销证是税务所核发的。③原案中对降低减少的收入税款应除去，临时经营不征收城建税，所征多余税款应予退还，黄×个人缴纳部分应由其本人承担，最后合计应退税款16 432元。

【提示与讨论】

本案城区市场征收处对纳税人作出的具体行政行为在认定事实上存在明显混乱。本案中应当有两个纳税主体：一个是粮油购销门市部，其经营粮油购销应交营业税、城建税等。另一个是黄×在1990年个人从事粮油购销活动期间，应向税务机关缴纳营业税等。而城区市场征收处没有将两个纳税主体分开，使黄×应缴纳的税款混入了粮油购销门市部应缴纳的税款之中，使其承担了本来不该承担的义务。该案件事实应当是非常清楚的，然而税务管理机关没有完全澄清该事实，致使该法律关系中权利义务混乱。个人的经营行为和企业法人的经营行为是两个性质不同的行为，在执法实践中，行政机关必须予以区分。本案复议机关在复议中对案件事实的认定也存在问题。本来作出原行政行为的机关认定临时经营应缴纳城建税是正确的，而复议机关则错误的认定粮油购销门市部不缴城建税，忽视了临时经营行为的性质。本案在复议阶段案件事实中关键部分是城区市场征收处是否有权征税和作出5000元和6000元的罚款。按税收征收管理法律规范的规定，1000元以上的罚款应由县级以上税务机关处罚，而市场征收处无此权力，但这一事实被×市税务局在行政复议时忽视了。

本案的法律适用包括城区市场征收处的法律适用和×市税务局的法律适用。城区市场征收处在本案中是第一次作出行政行为的机关，其在本案中适用的法律是《税收征收管理暂行条例》，适用的行政规章是财政部（83）财税字13号文件，适用的其他行政管理规范性文件是国家税务总局制定的（89）国税流字151号文件。依上述税收征收管理的法律规范，对从事商业零售临时经营的，应以6%的税率计征营业税，而城区市场征收处以10%的税率计征粮油购销门市部的营业税是适用法律错误。此案中的两个纳税人是两个不同的纳税主体，在对其适用法律时也应以两个行政管理相对人的身份分别适用法律，而不能把两个不同的相对人合在一起适用，这既是实体问题，又是有关的程序问题。复议机关依《行政复议条例》受理相对人的复议请求，首先适用了《行政复议条例》，然后适用了作出原行政行为的机关适用的实体法。其在适用法律时有两个不妥：一是把相对人应当缴纳的城建税错退了，依（89）国税流字151号文件的规定临时经营亦应缴纳城建税，而复议机关退还城建税的做法显然是适用法律错误。二是对原机关适用法律有误的地方没有予以纠正。如原机关在税率计算上错误，复议机关并没有予以纠正，原机关对当事人处罚时超越了行政职权，复议机关也没有予以纠正。

笔者认为，如果从深层次进行理论分析的话，本案牵涉到行政机关滥用职权与行政机关超越职权的关系问题。滥用职权和超越职权在行政法学界以及行政法治实践中谈的很多。然而，二者的定义是什么，尤其二者的区别是什么，却鲜有系统研究。笔者认为，滥用职权大多是由行政机关工作人员实施的，即行政机关中的行政首长或直接责任人实施的，而行政越权在大多数情况下是由行政主体实施的，即以行政机关的名义实施的。当然，笔者所讲的是一般情况，而不是绝对的。这是滥用职权和行政越权在主体上的区分。滥用职权超出了法律范围之外，就是说，在滥用职权情况下，行政主体的行为是法律所禁止的，或者是法律所不认可的；而行政机关超越职权则是在某项法律规定的范围内实施的行为，只是这一行为的权力应由另一个机关行使，而不应由行为实施者行使。如本案中罚款1000元以上应由县级以上税务机关实施，而不应由城区市场征收处实施。城区市场征收处实施了应由比其更高一层的行政机关实施的行政行为。滥用职权的社会危害大于行政越权。上面两点决定了滥用职权情况下，行为性质是违法的，而行政越权情况下，行政行为性质并不是法律禁止的，只是行为主体不合格而已，由此可以说滥用职权的社会危害性大于行政越权。当然，从严格意义上讲，滥用行政职权和行政越权都是违法的。前者的违法性质是双重的，既是行为方面的违法，又是主体方面的违法；后者只有主体违法。如何正确区分滥用行政职权和行政越权的关系是一个必须进一步探讨的问题。

案例49 行政放弃职权的法律责任

——×餐饮有限公司诉×公安派出所不履行法定职责案[1]

【案情摘要】

原告：×餐饮有限公司

被告：×公安派出所

2002年7月2日，原告×餐饮有限公司与×股份有限公司上海分公司（以

〔1〕参见刘华主编：《2005年上海法院案例精选》，人民法院出版社2007年版，第203～209页。

下简称×公司）签订了《租赁合同》和《商铺铺位补充协议》，约定×公司将本市陕西北路×场地出租给原告使用。后原告在租赁场地开办咖啡馆。

2003年11月13日9时43分，原告的工作人员陈××向“110”报警，报警主要内容为“盗窃”。9时46分，被告的工作人员到达咖啡馆现场。10时10分，×公安分局刑事侦查支队的工作人员到场，勘查结论为“该咖啡店位于陕西北路×地一楼的西南角，卷帘门被拉起，室内显得较为凌乱，卫生间的墙壁破损，吧台和更衣箱也有不同程度的损坏，地面上留有少量碎石块和一些书报杂志”。10时25分，刑事侦查支队的工作人员询问了×物业管理有限公司副经理朱×，朱反映“保安说是昨天晚上21时许，这里的开发商的人带了民工过来将这个咖啡馆的东西搬走的”。13时15分，被告工作人员询问了陈××，陈××陈述了发案及财物损失的情况。同日，被告出具了报警回执单，事由为“故意毁坏财物”，主要内容为“2003年11月13日上午8:30许报案人到陕西北路×地咖啡馆发现店内所有物品不见了，有三名外地民工，在店内敲墙，后报警。现报案人称，其店内的装修物品，店内设备等物，价值人民币96万元。另有店内保险箱一个（装有12万现金）也一同丢失。总价值人民币108万元。”被告根据《刑事诉讼法》第84条第3款之规定，以刑事案件予以受理。

同月14日、19日，×物业管理有限公司和×公司分别向被告出具了被搬走的咖啡馆实物清单。同月20日，被告向原告告知咖啡馆内的物品被×公司搬到了陕西北路×地四楼。同日，被告工作人员询问了×公司的上级公司副总经理陈×，陈称搬迁咖啡馆的东西“是行使我公司和×餐饮有限公司的合同的合法权益，是合法收回自己的场地。希望政府有关部门进行协调，协调不成我公司准备再诉讼解决”。同日，×公安分局向控告人陈××出具了不予立案通知书，对2003年11月13日提出控告的×公司强行侵占一案，经审查认为系合同纠纷，根据《刑事诉讼法》第86条之规定，决定不予立案。同月25日，原告申请复议。同月28日，被告及其他相关部门对原告和×公司之间的纠纷进行了协调。次月5日，×公安分局出具了复议决定书，经审查认为没有犯罪事实，原不予立案决定正确，根据《刑事诉讼法》第86条之规定，决定维持原不予立案决定。

原告诉称：原告向×公司租赁了场地，并于2003年1月1日开办咖啡馆，同年8月25日，×公司突然单方面要求解除租赁合同，次月15日以后咖啡馆被迫暂停营业。同年11月12日夜至13日凌晨，不法人员（11月28日×公司承认是其指使所为）强行闯入咖啡馆，拆走四扇玻璃大门，砸毁厨房与部分墙壁，店铺内包括一台四门冰箱及两台工作冰箱、五台煤气灶灶具、双门烤箱、制冰机、咖啡机、音响设备、名酒名画等大部分设备及装修在内达60万元以上财物被破坏和盗劫。原告报警后，被告没有处罚违法人员。原告认为，①×公司在2003

年 11 月 12 日晚采取的砸毁并搬走原告咖啡馆内财物的行为，不符合法律规定的留置条件，是违反治安管理的行为。被告认为情节特别轻微没有法律依据。②被告称对陈×进行了口头批评、教育、训诫不符合事实，也从未向原告告知。故请求判令被告依照《治安管理处罚条例》履行法定职责，处罚侵害原告合法权益的违法人员。

被告×公安派出所辩称：针对被告接到的报警，被告根据《治安管理处罚条例》已经履行了法定职责。2003 年 11 月 13 日，原告工作人员陈××向被告报警的故意毁坏财物案，不符合刑事立案条件，但属于治安行政案件的受案范围。×公司根据合同对原告行使留置权，主要是双方民事方面的纠纷。原告报案称财物损失达 108 万元，不必然构成情节严重。×公司采取的行为有不当之处，但属于《治安管理处罚条例》第 16 条第 1 项情节特别轻微可以免予处罚的情形。故被告根据《治安管理处罚条例》第 4、5 条，对双方进行了调解，并在协调会上对陈×进行了口头批评、教育、训诫。被告认为，×公司与原告之间存在合同纠纷，×公司虽具有违反治安管理的行为，但情节特别轻微，可以免予处罚。原告与×公司之间的纠纷，应通过民事诉讼途径解决。故要求驳回原告的诉讼请求。

本案被告接到报案后应当如何识别×公司的行为性质，是判定被告是否应当履行相应法定职责的前提条件。法院经审理认为：关于被告履行法定职责的问题，被告诉讼中称，对原告 2003 年 11 月 13 日报案的故意损坏财物一案，已经对陈×作了口头批评、教育、训诫，这一事实，既没有在 2003 年 11 月 20 日询问陈×的笔录中反映，也没有在 2003 年 11 月 28 日进行调解时以书面方式固定。从被告的证人陈×的证言来看，只能反映被告告诫双方要克制。因此，被告称对陈×进行口头批评、教育、训诫的事实，缺乏证据证明，不予采信。

被告接到原告 2003 年 11 月 13 日故意损坏财物一案的报案后，没有作出相应的治安管理处罚，其理由在于×公司的行为情节特别轻微可免予处罚。被告的执法理由依法不能成立。根据《治安管理处罚条例》第 2 条的规定，被告依法负有对“尚不够刑事处罚，应当给予治安管理处罚的，依照本条例处罚”的行政职责。违反治安管理的行为，有的就是由民间纠纷引起。判断一个行为是否违反《治安管理处罚条例》，是否应给予治安管理处罚，并不完全取决于起因，而应当根据行为的性质、情节、造成的损害程度以及产生的社会危害等因素进行综合判断。本案中，虽然×公司与原告之间为场地租赁事宜产生合同纠纷，但应当通过民事诉讼的途径解决纷争。而×公司在未经原告同意的情况下，于 2003 年 11 月 12 日晚上单方面进入原告的咖啡馆，实施了侵犯了原告合法的财产权的行为。民事主体实现自身的权利，应当在法律规定的幅度和限度内进行，应当遵守法律法规，违反《治安管理处罚条例》就应当承担相应的行政法律责任。综合本案案情来看，×公司采取的行为不利于维护社会秩序，被告称×公司的行为虽然违反《治安管理处罚条例》但情节特别轻微可以免予处罚，于法于理均难以成立。根据《治安管理处罚条例》第15条“机关、团体、企业、事业单位违反治安管理的，处罚直接责任人员；单位主管人员指使的，同时处罚主管人员”的规定，被告应当履行相应的法定职责。需要指出，原告2003年11月13日故意毁坏财物的报案，含有刑事和治安行政案件报案的双重内容，被告接受报案后需要进行甄别。被告作为×公安分局的派出机构，在×公安分局作出不予刑事立案决定后，办理治安行政案件应当遵循合法、公开、公正、及时的原则，履行相应的法定职责。

据此判决如下：被告×公安派出所应在本判决生效之日起一个月内，对2003年11月13日原告×餐饮有限公司报案后接到的故意毁坏财物治安行政案件，依法履行作出治安管理处罚的法定职责。

【提示与讨论】

本案是一个典型的行政不作为案件，所谓行政不作为，是指行政机关负有法定行政义务，应当履行保护行政相对人人身权、财产权的法定职责而不履行，给行政相对人造成损害的行为。在行政诉讼中判断行政机关的行为是否构成行政不作为要综合考察两个方面的标准，一方面，行政机关是否负有法定行政义务，是否应当履行保护行政相对人某项人身权或者财产权的法定职责；另一方面，行政机关是否没有履行该法定职责。用这两条标准来分析本案中×公安派出所的行为，可以很清楚地判明公安派出所是否构成行政不作为。

1. 公安派出所是否应当对×公司进行治安处罚。判断公安派出所是否应当对×公司进行治安处罚的关键，在于认定该公司的行为是否违反了《治安管理处罚条例》，如果违反了《治安管理处罚条例》，公安派出所就应当对其进行处罚。本案中，×公司因租赁合同纠纷与原告×餐饮有限公司发生争议，将本案原告所租赁店面内价值数十万元的装修物品、店内设备砸毁、擅自搬走，给原告造成较大经济损失。其行为符合《治安管理处罚条例》第23条第4项所规定的故意损坏公私财物的行为的构成要件。公安派出所仅以产生纠纷的原因是民事合同纠纷为由认定×公司的行为属于情节特别轻微可以免予处罚的情形是不符合《治安管理处罚条例》的相关认定标准的。认定这一行为是否构成治安违法应当从行为人的主观认识、具体行为、损害结果等多方面进行判断。本案中×公司虽然是基于租赁合同纠纷而实施了行为，但是其主观上具有损害原告合法财产权益的故意，客观上实施了严重损害原告财产权的较为恶劣的行为，给原告造成了数十万元的经济损失，不能认定为轻微治安违法行为。公安派出所应当对其进行治安处罚。

2. 公安派出所是否履行了法定职责。本案中公安派出所接到报警后立即指派工作人员到场勘查，询问了相关人员，出具了报警回执单并以刑事案件予以受理，后因了解到×公司系因租赁合同纠纷实施了破坏、搬运行为，决定不予立案。那么公安派出所的这些行为能否排除其不作为责任呢？笔者认为不能。因为公安机关负有侦查普通刑事案件和处理治安违法案件的双重职责，当×一行为尚不足以刑事责任论处的时候公安机关应当判定该行为是否应以治安违法案件论处。本案公安派出所作出不予刑事立案决定后，没有对×公司进行治安处罚，应当认定为不履行法定职责的行政不作为。

值得注意的是，《治安管理处罚法》已于2005年8月28日通过，自2006年3月1日起施行，《治安管理处罚条例》于2006年3月1日废止，今后治安管理处罚案件应当适用《治安管理处罚法》的有关规定。

第六章

行政立法

行政立法作为一个学理概念有广义和狭义两种理解：广义上指国家机关制定有关国家行政管理的规范性文件的活动；狭义上指国家行政机关依照法定权限和程序制定具有法律效力的规范性文件的活动。本书是在狭义上理解行政立法的。

第一节 概 述

行政立法是指国家行政机关依法定权限和法定程序制定行政法规、规章的行为。

第一，行政立法的主体是国家行政机关。只有国家行政机关的立法行为才是行政立法行为，至于国家权力机关制定有关行政法律，地方权力机关制定有关地方性法规的行为，尽管其内容涉及到国家行政管理事项，也应排除在行政立法行为之外。

第二，行政立法的主体只能是有权的国家行政机关。依据我国宪法规定，中华人民共和国国务院是最高国家行政机关，地方各级人民政府是地方国家行政机关。但并非从中央到地方的各级政府都能行使行政立法权，只有依据宪法和法律规定，享有行政立法权的主体，才能进行行政立法。有的地方行政机关尽管可以在其权限范围内制定一定的规范性文件，但不能称为行政立法行为。

第三，行政立法是行政机关按照立法程序所为的行为。按照立法程序这是行政立法与其他行政行为的区别。行政立法要经过规划、起草、讨论、表决、通过和公布等过程，这也是行政立法行为与权力机关立法行为的相似之处，当然，后者比前者要经过更为复杂、繁琐的程序。

绝大多数国家在其宪法或立法机关制定的基本法中承认了行政机关的立法权，然后以一定的方式对其进行约束和监控。一般有三种方式：

第一，委任式，立法机关把自己难于行使的立法权交给行政系统行使并通过法律程序办理委任手续，有些委任是长期性的，就是制定有关的委任法规，对于长期的、大面积的行政管理事项作出委任，由行政机关制定该领域的行为规则。有些则是阶段性委任，就是对某一个单一事态或单一性行为作出委任的一种委任方式。委任制下，行政机关的立法权范围小，阶段性强。

第二，授权式，立法机关授予行政机关制定一定法律规范的权力，授权式又有两种情形：法律上的授权和事实上的授权。前者指立法机关制定某种法律在法律上规定行政机关对该领域的立法权，后者则是指就某个事项通过书面或口头形式授予行政机关立法权。一般来讲，法律上的授权其程序性强，行政机关因此而得到的立法权限也更大一些。甚至有些立法权是永恒的。事实上的授权行政机关的立法权力要弱一些，但此种授权灵活性强，可以充分体现国家政权行使过程中的应变原则。

第三，留有余地式，即在国家制定宪法和其他法律文件时，对立法权不作绝对性的规定，在处理有关立法的事项时，给行政机关留有余地，既没有写明行政机关制定的法律规范的权力，也不禁止行政机关行使一定的立法权，如果在行政权行使过程中，行政机关承担了立法职能可视为合法。上述两种方式都从法律上对行政立法进行了认可，行政机关也因此取得了制定有关法律规范的权力。行政系统承担部分立法职能在法律上的可能性是非常重要的，如果立法机关不在立法制度上、法律规范上明示或暗示行政机关承担部分立法职能的权力，就必然使行政立法在实践上阻塞，进而对政府的立法行为和行政行为都产生不良后果。我国实行的是人民代表大会制度，人民代表拥有非常高的权限，其他任何国家机构都必须服从人民代表机关的意志。行政系统尽管具有独立的特性，但它不能有独立于人民代表机关的意志，我国国家制度的这一大前提，说明在我国解决行政立法在法律上的可能性更为重要。因此一方面允许行政机关承担部分立法职能，另一方面，对行政机关承担立法职能的范围、职责、程序必须作明确限制。除宪法上关于行政机构立法权的规定外，立法机关还可以制定专门性的法律对行政立法作详细规定，有些国家有专门的法规标准法，在这类法律中甚至对各类行政立法的行文方式等一些极度具体的事项也作了规定。我国也有一些这方面的立法，但还不太系统。总之，行政系统承担立法职能，从法律原则上来讲是可能的，如果与立法机构合理划分职权是不可能产生法律冲突的。

行政系统承担立法职能具有事态上的可能性。立法概念和立法行为的成立在客观事态方面需要具备两个条件，这两个条件使立法行为有了客观事态上的可能性。两个方面的条件缺一不可，如果没有这两个条件即使有可能性和其他方面的确定性，立法行为同样难以完成，这两个条件是：

第一，行政管理的客观事态必须达到一定的量，足以使制定出来的法律规范能够有较大范围的覆盖领域。现代行政管理所包含的领域越来越广，每个领域的事务越来越多，关系也越来越复杂。所以这方面的条件已基本具备，甚至有一定的超越性。行政系统内部由于形成了巨大的系统，本身就需要一定的管理规则，而且是带有普遍意义和长远性的行为规则。行政系统内部的管理是行政事态的一个不可缺少的方面，这方面总的原则和方略由立法机关规定是无可非议的。但是，内部诸多的具体行为准则和行事规则行政系统内部确立则较为合适，或者在立法机关确定规则尚不成熟的条件下，由行政系统首先确定适应性规则。可见，单就行政系统内部的客观事态而言就具备了相当大的规模，符合立法的量的要求。行政系统的外部管理其规范和体系更大一些，除行政大系统面临全部领域的行政管理外，各个职能部门也有独立的管理系统，且有些管理系统的事态有膨胀之势。

第二，行政系统对所管理的事态的认识必须达到一定的程度，即能够掌握本管理系统的发展方向。现代行政管理属性之一就是科学性。人们在管理的发展逻辑上，是从必然王国到自由王国不断深化的过程。传统行政管理人们仅凭经验、直觉认识管理对象，处理行政管理过程中遇到的各种问题。而现代行政管理人们更多的是依科学手段和严密的逻辑思维处理管理事务，各种各样的管理科学理论和科学手段广泛使用，且在确立行政系统的行为规则时，大胆引用科学性、技术性的行为规范。总之，行政系统对于所管理的客观事态的认识已经达到了相当完善的地步。这一点是立法机构不能比拟的，就是说，从对管理事态认识的角度讲，行政机关更深刻一些。

在行政法治实践中经常遇到以下几类问题：①行政立法的规制事项；②行政立法的撤销及撤销主体等。

案例50　行政立法的规制事项
——×省人大撤销×市人民政府行政规章案

【案情摘要】

1997年11月25日，×市人民政府发布了《×市公路养路费征收管理办法》（1997年11月25日×市人民政府第×号令发布），对于×市公路养路费的征收管理事项作了全面规定，该办法共39条，规定的有关内容十分详细，例如：第1条规定："为了加强本市公路养路费征收管理工作，保障公路养路和路况改善的资金来源，根据《公路法》和国家有关规定，结合本市实际情况，制定本法。"第10条规定："除本章另有规定外，下列机动车辆应缴纳养路费：①领有统一牌证（包括临时牌证、试车牌证）的各种客货汽车、特种车、牵引车、简易汽车（含农用运输车）、挂车、拖带的平板车、轮式拖拉机、摩托车（包括二轮、侧三轮）等，以及领有企业内部牌证上公路行驶的车辆；②军队、公安、武警系统参加地方营业运输、承包民用工程及包租给地方单位和个人的车辆；③军队、公安、武警系统内企业的车辆；④外资企业、中外合资企业、中外合作企业的车辆；⑤驻华国际组织和外国办事机构的车辆；⑥外国个人在华使用的车辆；⑦临时入境的各种外籍车辆。”第 11 条规定：“对下列机动车辆暂定免征养路费：①下列单位自用的 5 人座以下的小客车、二轮、侧三轮、摩托车：一是由国家财政部门直接核拨行政经费的县级以上（含县级）党政机关、人民团体；二是由教育部门或党政机关举办并由国家预算内教育经费直接开支的学校（不包括学校下属的企事业单位和企事业单位举办的各类学校）。②外国使、领馆自用的车辆。③只在城建部门修建、养护、管理的市区道路固定线路上行驶并执行市公交总公司统一票价的公共汽车、电车。④经市征稽机构核定的设有固定装置的下列专用车辆：一是城市环卫部门的清洁车、洒水车；二是医疗卫生部门的救护车、防疫车、采血车；三是环保部门的环境监测车；四是公安、司法部门的警车、囚车（设有囚厢）、消防车；五是防汛部门的防汛指挥车；六是铁路交通、邮电部门的战备专用微波通信车。⑤由国家预算内国防经费开支的军事装备性车辆。⑥公路和城市道路养护管理部门的养路专用车。⑦民政部门由社会救济福利费开支的养老院、福利院等的生活用车。⑧经市公路主管部门核准临时免征养路费的其他车辆。本条前款所列车辆，如改变使用性质、超出使用范围、变更使用单位、参加营业运输的，均应缴纳全额养路费。”第 12 条规定：“对下列机动车辆暂定减征养路费，但在改变减征条件超出减征范围时，应缴纳全额养路费：①第 11 条第 1 项所列单位的自用货车和 6 人座以上的客车减半计征；②第 11 条第 1 款第 3 项所列的公共汽车、电车，跨行公路 10 公里以内的按全额的 1/3 计征，跨行公路超过 10 公里不足 20 公里的按全额的 1/2 计征，跨行公路超过 20 公里的按全额计征；③领有本市牌证，不准载客、载货、供培训汽车驾驶员教学专用的教练车，按自重吨位减半计征；④经市公路主管部门核准临时减征养路费的其他车辆。”1998 年 5 月 × 省人民代表大会在社会各界的反映下，与 × 市人大常委会共同审查了 × 市人民政府制定的《× 市公路养路费征收管理办法》，认为该《办法》作为一个地方政府制定的行政规章既超越了有关的行政立法权限，又在内容上缺乏充分的法律根据，尤其上述条文关于公路养路费的征收与减免的规定缺乏充分的法律依据，于 1998 年 5 月 16 日撤销了 × 市人民政府制定的《× 市公路养路费征收管理办法》。

【提示与讨论】

本案中 × 市是一个省会城市，依《宪法》的规定，省人民政府所在地的城市有管理本行政区域内行政事务的权力。《地方各级人民代表大会和地方各级人民政府组织法》第 60 条规定：“省、自治区、直辖市的人民政府可以根据法律、行政法规和本省、自治区、直辖市的地方性法规，制定规章，报国务院和本级人民代表大会常务委员会备案。省、自治区的人民政府所在地的市和经国务院批准的较大的市的人民政府，可以根据法律、行政法规和本省、自治区的地方性法规，制定规章，报国务院和省、自治区的人民代表大会常务委员会、人民政府以及本级人民代表大会常务委员会备案。”依此宪法和政府组织法的规定，×市人民政府是有权制定行政规章的，然而，行政规章的制定必须有法律上的依据，或者根据法律，或者根据行政法规，或者根据地方性法规。本案×市人民政府制定的《×市公路养路费征收管理办法》缺乏上述诸方面的法律依据，其中一些内容不符合市场经济的要求，带有明显的计划经济色彩，如第11条关于养路费免征的规定，“由国家财政部门直接核拨行政经费的县级以上（含县级）党政机关、人民团体”的小客车、二轮、侧三轮摩托车；“由教育部门或党政机关举办并由国家预算内教育经费直接开支的学校”的小客车、二轮、侧三轮摩托车免征养路费的规定；第10条关于养路费征收的一些内容又有些乱收费的规定。基于上述事实，×省和×市人民代表大会撤销×市人民政府的这一规章是有事实根据的。

本案在适用法律时，必须首先明确《×市公路养路费征收管理办法》在实体上和程序上是否违法。依《公路法》的规定，公路养路费征收管理的规定是不应当由市人民政府制定的。该法第36条规定：“公路养路费采取征收燃油附加费的办法。拥有车辆的单位和个人，在购买燃油时，应当按照国家有关规定缴纳燃油附加费。征收燃油附加费的，不得再征收公路养路费。具体实施办法和步骤由国务院规定。燃油附加费征收办法施行前，仍实行现行的公路养路费征收办法。公路养路费必须用于公路的养护和改建。拥有车辆的单位和个人缴纳公路养路费的，由交通主管部门发给公路养路费收讫标志；公路养路费收讫标志应当放置在车辆的明显位置。没有公路养路费收讫标志的车辆不得在公路上行驶。”从此条的规定看，首先×市人民政府没有制定公路养路费收缴办法的权力，该条明文规定养路费征收的实施办法由国务院制定，×市人民政府制定《×市公路养路费征收管理办法》的行为是一种行政立法的越权行为。该办法的一些实体内容与《公路法》关于养路费征收的精神也有相悖之处，如该办法对于附加燃油费等没有作出任何规定，违背了公路法的精神。×市人民代表大会撤销×市人民政府规章的行为符合宪法规定。《宪法》第104条规定：“县级以上的地方各级人民代表大会常务委员会讨论、决定本行政区域内各方面工作的重大事项；监督本级人民政府、人民法院和人民检察院的工作；撤销本级人民政府的不适当的决定和命令；撤销下一级人民代表大会的不适当的决议……”

笔者认为，本案涉及的理论问题有两个：①地方行政立法和中央立法的关系；②行政立法与立法的关系。地方行政立法是由省人民政府、较大的市的人民政府和省人民政府所在地的市人民政府行使的。其立法行为必须符合中央立法的基本原则和要求，地方行政立法的来源和根据是中央立法的授权。从立法主体资格看，其主体资格是由全国人民代表大会制定的法律赋予的，如《地方各级人民代表大会和地方各级人民政府组织法》第60条规定："省、自治区、直辖市的人民政府可以根据法律、行政法规和本省、自治区、直辖市的地方性法规，制定规章，报国务院和本级人民代表大会常务委员会备案。省、自治区的人民政府所在地的市和经国务院批准的较大的市的人民政府，可以根据法律、行政法规和本省、自治区的地方性法规，制定规章，报国务院和省、自治区的人民代表大会常务委员会、人民政府以及本级人民代表大会常务委员会备案。"此条赋予了省、较大的市、省政府所在地的市的人民政府制定行政规章的资格，同时也规定了规章制定的基本程序。从立法的实体内容看，必须符合中央立法的基本要求。本案中《公路法》第36条将公路养路费征收具体办法的制定权赋予了国务院而不是省、市人民政府，在实体法没有赋予地方政府此方面的立法权时，其在该领域制定规章就是一种立法上的超越职权行为。地方行政立法同时涉及到与立法的关系，应当由立法解决的问题是不能以规章的形式出现的。笔者认为，假若本市有关公路养路费的规定予以规范化，应当以地方性法规的形式出现，行政规章规定的事项大多是有关行政管理的具体事务，而本案所涉及的是有关公民和其他社会组织缴纳养路费的权益问题，即有关公民权利和义务问题，以立法的形式出现较为妥当。

案例51　行政立法的撤销及撤销主体
——×省人大常委会撤销×省人民政府规章案

【案情摘要】

1991年8月31日×省人民政府发布了《×省征收排污费办法》，其中若干条文是乱收费项目，并有违反《环境保护法》的内容。例如第5条规定："排污费和超标准排污费按照所排放污染物的数量和浓度分类计算。同一排污口含有两种以上超标准污染物的，按照各污染物的收费标准分别计算，但收费种类不得超过三种，在实际收费时取收费标准高的种类。排污者有两个以上排污口的，分别计算。"第6条规定："对达到排放标准或排放标准以下的排污者，从达到之日起，按照实际达标天数停止征收超标准排污费。对降低或者减少污染物排放浓度、数量或者种类的排污者，从降低或者减少之日起，减征排污费或者超标准排污费。因停产不排放污染物的，按照实际停排天数减少排污费。"第7条规定："对具有下列情况之一者，增收超标准排污费：①《环境保护法》生效后投产或者使用的工程项目措施，排放污染物超过排放标准的，增收1倍的超标准排污费；②有污染物治理设施而不运行或者未经环境保护部门批准擅自拆除，排放污染物超过标准的，增收2倍的超标准排污费；③在风景名胜区、自然保护区、水源保护区、海上特殊功能保护区、居民文教区、疗养区和其他具有特殊经济文化价值的保护区域内排放污染物的，超过排放标准的，增收3倍的超标准排污费；④环境保护部门责令限期治理的项目，逾期未达到治理要求，仍超标准排放污染物的，增收3倍的超标准排污费；⑤自本办法生效之日起2年内排放污染物仍未达到排放标准的，从第3年起，每年按上年征收标准递增10%征收……”第15条规定：“市、县、自治区环境保护部门应当按季度统计排污费和超标准排污费的使用情况，并上报省环境资源厅。征收的排污费和超标准排污费的50%作为排污者治理污染的补助资金，16%作为市、县、自治区治理污染的贷款基金，10%作为省治理污染的贷款基金，20%作为市、县、自治县环境保护部门业务活动的补助资金，7%作为省环境资源厅业务活动的补助资金。滞纳金、排污费中的增收部分，超标准排污费中的增收部分的70%作为市、县、自治县治理污染的贷款基金，20%作为市、县、自治县环境保护部门业务活动补助资金，10%作为省环境资源厅业务活动补助资金。罚款所得作为市、县、自治县的业务活动资金。……”×省人民代表大会在全体会议开会期间在一些代表团的提议下对这一规章进行了审查，一致认为该规章属乱收费性规章，在诸多收费项目和收费项目的使用上违反了《环境保护法》的规定，后由省人大常委会撤销了这一规章。

【提示与讨论】

地方省级人民政府有权制定行政规章这是没有疑问的，但是，地方政府的规章制定权是十分有限的，其所制定规章的实体内容必须符合法律、行政法规和地方性法规的规定。尤其在制定一些涉及到公民、法人和其他社会组织权利义务的规章时，必须有上级法律文件上的根据，否则，该规章就是违法的，就不能发生法律效力。本案×省人民政府制定的《×省征收排污费办法》就没有充分的根据，一些内容的确定带有很大的随意性，如第7条关于增收超标准排污费的规定，其中第3项“在风景名胜区、自然保护区、水资源保护区、海上特殊功能保护区、居民文教区、疗养区和其他具有特殊经济文化价值的保护区域内排放污染物，超过标准的，增收3倍的超标准排污费。”首先，上述增收排污费地域范围的确定从何而来，人们不得而知，上述区域是否就一定包括哪些范围等都没有充分的事实和法律根据。其次，增收3倍的量化标准又是从何而来，人们也不得而知，是否可以确定为3倍、4倍、5倍等都是难以找到根据的。第15条关于排污费使用的规定也缺乏依据，甚至还有违法之嫌。依《环境保护法》的规定，排污费的征收使用应当专款专用，不得挪作他用。而本案中，×省人民政府规章把排污费的使用一分为三，是违反环境保护法的。从本案×省人民政府行政规章的性质看，应当说是一个乱收费的地方规章，其中许多内容与国务院关于禁止乱收费、乱摊派的文件精神相悖。

本案适用的实体法是《环境保护法》，该法第28条规定："排放污染物超过国家或者地方规定的污染物排放标准的企业事业单位，依照国家规定缴纳超标准排污费，并负责治理。水污染防治法另有规定的，依照水污染防治法的规定执行。征收的超标准排污费必须用于污染的防治，不得挪作他用，具体使用办法由国务院规定。"依此条规定排污费的征收及征收标准应由国务院制定，排污费的使用办法从原则上讲专款专用，具体办法由国务院制定。省级人民政府是没有权力确定排污费的征收事宜的，更无权以规章的形式确立具体的收费标准，无权确定排污费的使用。其制定此一规章的行为属于行政越权行为。实体内容上确定的一系列项目也与《环境保护法》的精神不一致。《环境保护法》的宗旨在于保护自然环境，其中确立收费制度和罚款制度只是一种手段，而不是目的。而×省人民政府制定的《×省征收排污费办法》的主要目的在于收取公民、法人和其他社会组织的费用，不是理顺环境保护行政管理关系，显然是一个违法规章。本案所适用的程序规则是《宪法》第104条的规定，该条规定县级以上地方各级人民代表大会有权撤销本级人民政府不适当的决定、命令。×省人民代表大会撤销本级人民政府的违法规章符合法定程序。

笔者认为，从实体内容上讲，行政立法必须符合法律、行政法规和地方性法规的精神，更不能有违反上述法律文件的情形。本案×省人民政府制定的《×省排污费征收办法》在实体内容上是违法的，是一个缺乏实质要件的行政立法，此类行政立法在行政法治实践中由于有瑕疵是不能发生法律效力的。对于这类规章必须予以撤销。然而，我国还没有制定出立法法，对于有关不当行政立法的撤销没有作严格的程序上的规定，一个错误的行政规章如何发现也没有对应的监督机制。在行政法治实践中，常常是受该规章约束的管理相对一方当事人，由于其合法权益受到该规章的侵害，此时要么通过行政诉讼，要么通过举报向有关部门反映，而这些都不是规章监督和撤销的程序规则。违法规章是否能及时得到发现，发现以后是否能及时得到撤销等问题都是有待解决的。在我国法律明确规定的行政规章的撤销主体仅有上级人民代表大会和同级人民代表大会。而对于上级人民政府撤销下级人民政府规章的权力没有明文规定，尤其省人民政府是否可以撤销省会市人民政府的规章法律没有明文规定。学者们一般只是从上下的指挥和命令关系推论省人民政府可以撤销省会市人民政府的规章。总之，行政规章的撤销，行政规章的撤销主体是行政法学界应当关注的理论问题之一。

第二节 行政立法的体制

行政立法体制指国家行政立法机关的体系及其立法权限的划分。行政立法体制是整个立法体制的一部分。我国现行立法体系在纵的方面分为中央立法和地方立法两大层次。

一、行政立法主体和权限

行政立法的主体和权限是行政立法体制中的实体性要素，即行政立法体制的实质性要素，在行政立法体制中起主要作用。根据我国现行宪法、组织法和立法法的规定，行政立法主体及其权限分工如下：

1. 国务院。国务院是我国最高国家权力机关的执行机关，是我国最高的行政立法主体，有权依照宪法和组织法赋予的权力立法，同时，又享有依最高国家权力机关和法律授予立法的权力。

2. 国务院的组成部门。这些行政立法主体在我国1982年《宪法》第90条中称为“各部、各委员会”，它是国务院组成部门的泛称。依照职权和依照法律授权立法，全国人大及其常委会不能特别授权它们进行立法。

3. 各省、自治区、直辖市人民政府。这类行政立法主体也是依职权和依法律授权立法，全国人大及其常委会也不能特别授权它们立法。

4. 省会所在地的市、自治区政府所在地的市及经国务院批准的较大市的人民政府。在我国，经过国务院批准的较大的市有齐齐哈尔、大连、鞍山、抚顺、吉林、唐山、包头、大同、邯郸、青岛、淄博、无锡、淮南、宁波、洛阳、本溪、苏州、徐州等市。这类行政立法主体，是依职权立法的。

我国《宪法》第89条第1项规定，国务院“根据宪法和法律，规定行政措施，制定行政法规，发布决定和命令”。因此，国务院制定行政法规，是根据宪法赋予的职权在其权力范围内进行的。国务院职权范围内的事，国务院都有权进行行政立法。国务院可以制定行政法规，规定各部和各委员会的任务和职责，统一领导各部和各委员会的工作，并且领导不属于各部和委员会的全国性的行政工作；统一领导全国地方各级国家行政机关的工作；等等。另外，宪法和地方政府组织法也对国务院各部委和地方政府的规章制定权限作了规定。《宪法》第90条第2款规定：“各部、各委员会根据法律和国务院的行政法规、决定、命令，在本部门的权限内，发布命令、指示和规章。”《地方各级人民代表大会和地方各级人民政府组织法》第60条规定：“省、自治区、直辖市的人民政府可以根据法律、行政法规和本省、自治区、直辖市的地方性法规，制定规章，报国务院和本级人民代表大会常务委员会备案。省、自治区的人民政府所在地的市和经国务院批准的较大的市的人民政府，可以根据法律、行政法规和本省、自治区的地方性法规，制定规章，报国务院和省、自治区的人民代表大会常务委员会、人民政府以及本级人民代表大会常务委员会备案。”

二、行政立法形式

行政立法形式是行政立法体制的形式性要素，根据行政立法的外在表现形式能很清楚的知道某一行政法律规范的制定机关及其法律的效力等级和适用范围。

1. 行政法规。行政法规是国务院制定的法律规范的总称。根据《行政法规制定程序条例》的规定，行政法规的名称一般称“条例”，也可称“规定”、“办法”等。国务院根据全国人民代表大会及其常务委员会的授权决定制定的行政法规，称“暂行条例”或者“暂行规定”。《立法法》第56条规定：“国务院根据宪法和法律，制定行政法规。行政法规可以就下列事项作出规定：①为执行法律的规定需要制定行政法规的事项；②宪法第89条规定的国务院行政管理职权的事项。”由此，国务院可以根据宪法与法律，在其职权范围内制定有关政治、经济、教育、科技、文化、外事等各类行政法规。

行政法规的制定分为依职权制定与依授权制定，这两者的行政法规制定权限有所不同。依职权制定行政法规是指国务院直接依据宪法和法律规定的职权，制定行政法规的行为。其职权主要来自《宪法》第89条所规定的国务院行使职权范围内的事项，涉及政治、经济、文化、教育、科技、外事、民族、宗教等各个领域，所以国务院依职权的行政立法，其职权范围相当广泛。有必要说明的是，国务院依职权的行政立法中，有一部分是根据宪法和法律的规定，制定执行性的法律规范性文件。所谓执行性的法律规范性文件，是指为了执行和贯彻落实宪法和法律的相关规定而制定的法律规范性文件。执行性的法律规范性文件是相对于自主性的法律规范性文件而言的。自主性的法律规范性文件是指国务院不是为了执行与贯彻落实立法机关的法律，而是根据其职权范围自主制定的法律规范性文件。依授权制定行政法规是指国务院不是根据宪法与法律的直接规定，而是根据法律的授权或全国人民代表大会及其常务委员会的专门授权决定，并仅就被授权的行政事项制定行政法规的行为。其职权的来源不是直接来自宪法与法律的规定，而是来自法律的附带授权或立法机关的专门授权决定。《立法法》第9条规定：“本法第8条规定的事项尚未制定法律的，全国人民代表大会及其常务委员会有权作出决定，授权国务院可以根据实际需要，对其中的部分事项先制定行政法规，但是有关犯罪和刑罚、对公民政治权利的剥夺和限制人身自由的强制措施和处罚、司法制度等事项除外。”第10条还规定：“授权决定应当明确授权的目的、范围。被授权机关应当严格按照授权目的和范围行使该项权力。被授权机关不得将该项权力转授给其他机关。”这些规定都说明了国务院依授权制定行政法规时的权限来源和范围，它相对国务院依职权的行政立法行为要受到更多的限制与约束。国务院根据全国人民代表大会及其常务委员会的授权决定制定的行政法规，称“暂行条例”或者“暂行规定”。

2. 部门规章。部门规章是指国务院各部、各委员会、中国人民银行、审计署和具有行政管理职能的直属机构，根据宪法、法律和国务院的行政法规、决定、命令，在本部门的权限范围内，所制定的行政法律规范性文件的总称。部门规章是行政规章中的一种，是我国法律体系中的一种法律形式，它是与有关地方政府制定的地方性政府规章相区别的。部门规章的效力低于行政法规，所以部门规章的制定，必须根据法律和国务院的行政法规、决定、命令来进行，并不得与之相抵触。

部门规章的制定主体是特定的。根据我国《立法法》第 71 条的规定，有权制定部门规章的行政机关有两类：一类是国务院所属的各部、各委员会、中国人民银行、审计署。国务院所属的各部、各委员会是国务院的重要职能部门，它们分别负责领导和管理全国性的某类或某方面的行政事项。其中，国务院的各部主要负责领导和管理全国具有专业性的行政事项，如司法部、公安部、外交部、财政部等；国务院的各委员会主要负责领导和管理全国具有综合性的行政事项，如国家发展和改革委员会、民族事务委员会等。另一类是具有行政管理职能的国务院的直属机构。具有行政管理职能的国务院的直属机构是国务院根据工作需要设立的主管某项专门业务的直属机构，如宗教事务管理局、民航总局等，这些直属机构的行政首长不是国务院的组成人员，其法律地位略低于国务院所属的各部、各委员会。

部门规章的内容具有单一性与执行性。部门规章都是就有关全国性的某一专门的行政事项而制定的行政法律规范性文件，它们的内容没有行政法规内容的全面与广泛。根据《立法法》第 71 条的规定，国务院各部、各委员会等职能部门根据法律和国务院的行政法规、决定、命令，在本部门权限范围内制定的部门规章，其所规定的事项应当属于执行法律或者国务院行政法规、决定、命令的事项。部门规章的立法主体的权限来源以及权限范围都有较大的限制性。首先，部门规章的立法主体只能在其行政管理职权范围内，对一定的行政事项制定规章，不能超越其职权范围、对不属于其权限范围内的行政事项制定部门规章。如果行政管理实践中需要制定部门规章的行政事项超越了某一职能部门的权限范围，涉及两个或者两个以上职能部门的权限，就应当提请国务院以行政法规的形式加以规范，或者由有关的职能部门共同制定部门规章。其次，制定部门规章的权限只能在国务院各职能部门的职权范围内，但并不是说各职能部门可以就其职权范围内的一切事项来制定部门规章，它还应当根据需要，为执行法律和国务院行政法规、决定、命令所必需，否则就不应制定部门规章。这样既有利于减少不必要的行政管理付出，又可避免部门规章之间产生不应有的冲突。最后，部门规章的制定，要有宪法、法律和国务院行政法规、决定、命令的依据，这是制定部门规章权限的根本来源，也是保证国家法制统一的要求。

3. 地方政府规章。地方政府规章是指省、自治区、直辖市和较大的市的人民政府，根据法律、国务院的行政法规和本省、自治区、直辖市的地方性法规，在其权限范围内制定的行政法律规范性文件的总称。地方政府规章是行政规章中的一种，也是我国法律体系中的一种法律形式，它是与国务院各部、各委员会及其直属机构制定的部门规章相区别的。地方政府规章的效力低于行政法规和地方性法规，所以地方政府规章的制定，必须根据法律、国务院的行政法规和地方性法规来进行，并不得与之相抵触。

地方政府规章制定主体具有法定性。只有法律规定的地方政府才有权制定地方政府规章。与其制定主体的法律地位相对应，地方政府规章的效力次于行政法规和地方性法规。根据我国《立法法》第 73 条的规定，有权制定地方政府规章的行政机关有两类：一类是省、自治区、直辖市人民政府，它们是全面负责领导和管理地方性行政事务的。另一类是较大的市。这里所称的较大的市，是指国务院根据经济、文化等综合性审查而批准的符合标准的较大城市，它们是全面负责本地区的行政事务的领导与管理工作的。

地方政府规章的内容具有执行性与地方性。根据《立法法》第 73 条的规定，地方政府规章规定的内容应当是“为执行法律、行政法规、地方性法规的规定需要制定规章的事项”或者“属于本行政区域的具体行政管理事项”。因此地方政府规章的内容有的是执行法律、行政法规、地方性法规，具有执行性；有的是关于地方性行政管理事项，它们的内容没有行政法规内容的全面与广泛，也没有部门规章内容的全国性，而具有地方性。

地方政府规章效力具有区域性。省、自治区、直辖市人民政府和较大的市人民政府，是地方政府规章的制定主体，它们在行政管理过程中，为了执行法律、国务院的行政法规和地方性法规，就其职权范围内的行政事项制定地方政府规章。地方政府规章只在本行政区域内有效，对非本行政区域没有拘束力，更不能施行于全国，其效力具有区域性。

行政法治实践中经常遇到以下几类问题：①行政立法的效力等级；②法律适用中上位法与下位法、一般法与特别法的关系处理等。

案例52 行政立法的效力等级
——张×诉×市广播电视局案

【案情摘要】

原告：张×，个体经营户

被告：×市广播电视局

法定代表人：周×，×市广播电视局局长

1994年5月，×市广播电视局在对该市娱乐性营业场所进行扫黄打非大检查时，发现原告张×经营的“七彩灯歌舞厅”有违法经营现象，遂于本月21日发文要求“七彩灯歌舞厅”将其卡拉OK播放节目一览表送于广播电视局审核。“七彩灯歌舞厅”接到×市广播电视局的送审通知后，认为×市广播电视局审查其节目播放情况的行为属于越权行使职权，因为文化部早在1993年就制定了《营业性歌舞娱乐场所管理办法》，该办法第4、14条均规定歌舞厅的营业活动由文化行政管理部门主管，其播放的卡拉OK光盘都经文化局审查过，并贴有文化局的审核证。依文化部制定的这一管理办法，×市广播电视局的行为属于行政越权行为，故对×市广播电视局的通知没有予以理睬。1994年7月1日，×市广播电视局与×市公安局到“七彩灯歌舞厅”检查，发现其中一些光盘内容低下，甚至有些是禁止播放的。×市广播电视局于当日查扣了“七彩灯歌舞厅”的所有光盘，并作出罚款5000元的行政处罚决定。

对于×市广播电视局的查扣行为和行政处罚决定，“七彩灯歌舞厅”经营者张×不服，于1994年7月5日向×市人民法院提起行政诉讼。诉称：其经营的“七彩灯歌舞厅”一向守法经营，光盘经文化行政主管部门的审查，并贴有审核证，被告对这些事实均置之不理。认为依文化部制定的《营业性歌舞娱乐场所管理办法》第4、14条的规定，×市广播电视局是没有权力对其履行管理职能的，更不能对其进行行政处罚。其行为是行政越权行为，侵犯了其经营自主权。请求人民法院判决撤销×市广播电视局的行政强制措施和行政处罚决定，并要求赔偿因被告的强制行为造成的经济损失。被告×市广播电视局辩称：早在1982年12月23日国务院就发布了《录音录像制品管理暂行规定》，该规定明确规定音像制品的管理工作由广电行政管理部门主管，卡拉OK节目审查和节目经营许可证也由广电部门负责办理。原告的卡拉OK光盘属于音像制品的范围，属于广播电视局的主管范围，因此我局要求原告“七彩灯歌舞厅”送检光盘，并对其采取强制措施和作出行政处罚决定都是有法律根据的，行为并没有超越职权。请求法院依法判决维持其对原告所作的具体行政行为。

×市人民法院经审理，认为文化部制定的《营业性歌舞娱乐场所管理办法》的一些内容与国务院的《录音录像制品管理暂行规定》的内容是相冲突的，原告以该办法为据，认为被告是越权行为的说法不能成立，法院不予支持，根据《行政诉讼法》和《录音录像制品管理暂行规定》判决维持×市广播电视局的具体行政行为。判决后，原告没有提起上诉。

【提示与讨论】

本案案件事实的首要环节是原告"七彩灯歌舞厅"及其张×的经营资格的取得和经营行为是否合法。张×的经营资格是从文化行政管理部门取得的，卡拉OK光盘是经文化行政管理部门审核的。根据国务院《录音录像制品管理暂行规定》，音像制品的管理工作由广电行政部门主管，以此论之，原告张×是不具备合法经营资格的。但是，原告的经营行为和光盘的审核情况确实经过了行政机关的批准和审核，也有法律上的依据，即文化部制定的《营业性歌舞娱乐场所管理办法》。从这个角度看，原告的经营资格应当说是合法的。笔者认为，法律规范之间的冲突及其所导致的后果不能让当事人承担相应的责任，由于法律规范之间的冲突和行政机关之间的权力交叉才导致原告经营资格上的问题，对于这类问题究竟如何看待还需理论界进一步探讨。本案实体上的问题是原告的经营行为是否有违反实体法的状况。×市广播电视局对原告的光盘进行审查检验后，发现其有低劣节目而且有禁止播放的节目，显然，存在实体上的违法行为。这一违法行为的事实只要成立，行政主管机关是有权进行行政处罚的。因此，×市广播电视局对原告采取强制措施和行政处罚在实体上是合法的。原告根据《营业性歌舞娱乐场所管理办法》的有关规定认为被告不是主管机关，有行政越权行为的事实是不能成立的。尽管在国务院《录音录像制品管理暂行规定》制定时，并无光盘这一音像制品，但无论如何都不能否认光盘的音像制品性质，就是说其也属于《录音录像制品管理暂行办法》的调整范围。而该办法将音像制品的主管权限赋予了广播电视行政管理机关，而不是文化行政管理机关。

本案的法律适用是以行政机关对管理相对一方当事人的法律适用为前提的，即人民法院作出行政诉讼判决的法律适用和行政机关作出具体行政行为的法律适用有一种逻辑上的连贯关系。行政机关在作出具体行政行为时适用法律正确，人民法院有权维持其行政决定，反之，行政机关在作出具体行政行为时适用法律错误，法院则有权撤销其行政行为。本案行政机关的法律适用有两个环节，一是文化行政管理部门适用《营业性歌舞娱乐场所管理办法》审核"七彩灯歌舞厅"光盘的行为。×市文化局适用该办法的行为不能说是错误的，因为上级机关制定的规章其有义务予以执行。规章本身错误的责任不能由负责执行的基层行政机关负责。至于上级机关错误的行为下级机关应如何对待的问题我国法律并没有明确规定。依据我国宪法确定的下级服从上级的管理原则，上级行政机关制定的规章或规范性文件在撤销以前，下级行政机关应当予以执行。二是广播电视部门适用

《录音录像制品管理暂行规定》对原告的光盘实施审核并对其违法行为予以制裁的法律适用。其法律适用从总体上讲是正确的，但对原告作出罚款5000元的处罚决定似乎缺乏充分的法律根据。因为依《音像制品管理暂行规定》的规定，对于国家禁止播放的音像制品而播放的可以没收违法所得、吊销其经营许可证，或者并处违法所得5倍以上10倍以下罚款，而×市广播电视局的5000元罚款缺少相应的依据。×市人民法院在适用法律时，选择了国务院的《录音录像制品管理暂行规定》而没有选择文化部的《营业性歌舞娱乐场所管理办法》是妥当的。

笔者认为，行政立法的效力等级问题是行政法治实践中经常遇到的问题，本案就涉及到国务院制定（或国务院批转）的行政法规与规章的效力等级问题。从理论上讲，行政立法的效力等级应当是十分明确的，即高层次的行政立法效力高于低层次的行政立法，行政法规的效力高于规章的效力。然而，在行政法治实践中，一方面由于各职能部门不断强化本部门对所管理行政事务的管理权，另一方面由于高层次的行政立法的原则性强，对一些具体问题可能没有作出详细的规定，因而低层次的行政立法常常在行政执法中取代高层次行政立法的地位。本案文化部制定的《营业性歌舞娱乐场所管理办法》第14条规定："营业性歌舞娱乐场所使用的激光视盘（录像伴奏带），由各省、自治区、直辖市文化厅（局）审批。"该规章的内容与国务院批转的《录音录像制品管理暂行规定》的内容是不一致的。国务院的这一行政法规把录音录像制品的管理权赋予广电行政管理机构。正是由于文化部的行政规章使音像制品行政执法陷于混乱，行政管理机关和管理相对一方当事人无所适从。应当指出的是，由于文化部制定的这一部门规章与高层次的行政立法发生矛盾，故而是没有法律效力的，但此种类型的规章给相对一方当事人带来的损失究竟由谁承担，即由行政执法机关承担还是由相对一方当事人承担？还是由规章制定机关承担？在我国法治实践中以及理论界并没有得到解决，而这一问题不解决，就会给行政执法活动、行政审判活动带来麻烦。

案例53 法律适用中上位法与下位法、一般法与特别法的关系处理

——×化工有限公司不服×工商分局行政处罚案[1]

【案情摘要】

原告（被上诉人）：×化工有限公司

被告（上诉人）：×工商分局

×工商分局于2003年7月14日对×化工公司作出行政处罚决定。处罚决定

[1] 参见刘华主编：《2005年上海法院案例精选》，人民法院出版社2007年版，第215～219页。

认定该化工公司于2003年4月至5月，未经国家主管部门审批取得危险化学品经营资格和未经过工商行政管理部门登记注册，擅自经销进口危险化学品，累计销售数量101.1吨，销货款1 109 815.34元，无违法所得。该化工公司的行为违反了《危险化学品安全管理条例》第57条第4项的规定，×工商分局作出罚款人民币40万元的处罚决定，于2003年7月9日对该化工公司作了书面告知，于同年7月14日作出行政处罚决定，并将决定书向该公司送达。×化工公司不服行政处罚，向上海市工商行政管理局提出行政复议。上海市工商行政管理局于2003年12月1日作出沪工商复决字（2003）第51号复议决定，维持了原行政处罚决定。×化工公司向法院提起诉讼。

原告×化工公司诉称：其是民营企业，从2003年4月开始从事危险化学品的经营活动，因无文件渠道，故对如何办理危险化学品经营许可证一无所知。但其在经营过程中未产生任何危险后果，也无违法所得。现×工商分局对其罚款40万元，处罚不公。该工商分局不是按照《安全生产法》的规定处罚，而是按照《危险化学品安全管理条例》处罚，属适用法律不当。请求撤销该工商分局作出的行政处罚决定。被告×工商分局及其委托代理人辩称：该化工公司在设立前就以其他公司的名义从事危险化学品经营活动，且违法所得数额巨大。该公司的违法行为具有连续性，故该工商分局在全面审查的前提下进行处罚，过罚相当。《安全生产法》第9、32条赋予工商行政管理机关按照《危险化学品安全管理条例》有关规定进行处罚的职权。故该工商分局所作行政处罚，执法主体适格，认定事实清楚，执法程序合法，适用法律正确，处罚幅度适当，请求维持行政处罚决定。

本案的争议焦点是，工商行政机关能否适用《安全生产法》。对此，法院经审理认为：

《安全生产法》第94条规定："本法规定的行政处罚，由负责安全生产监督管理的部门决定；予以关闭的行政处罚由负责安全生产监督管理的部门报请县级以上人民政府按照国务院规定的权限决定；给予拘留的行政处罚由公安机关依照治安管理处罚条例的规定决定。有关法律、行政法规对行政处罚的决定机关另有规定的，依照其规定。"

该法条是对《安全生产法》所规定的行政处罚的决定机关所作的规定，在文义上并无歧义。本案中，工商行政机关适用法律错误的原因在于，没有正确理解该法条中的例外规定。法律规范中的例外规定往往以"但书规定"或者"另有规定"的形式表述。该法条中的"有关法律、行政法规对行政处罚的决定机关另有规定的，依照其规定"部分，正是一例外规定。对于例外规定，把握住其核心内容是正确理解适用的基础。该条规定中的"另有规定"，其核心词语是行政处罚的决定机关，因此，该条的含义应当是允许其他法律、行政法规对行政处罚的决定机关可以作与《安全生产法》第94条不同的规定，而不是允许对行政处罚的内容作与《安全生产法》不同的规定，即除了负责安全生产监督管理的部门依照《安全生产法》的规定实施行政处罚外，其他法律、行政法规规定的有权机关也可依照《安全生产法》的规定实施处罚，而不是其他法律、行政法规规定的有权机关不按照《安全生产法》的规定实施处罚。

本案中，首先，《危险化学品安全管理条例》这一行政法规规定了工商行政机关有权对擅自经营危险化学品的行为进行处罚，故工商行政机关有权依据《安全生产法》的规定实施行政处罚，工商行政机关认为其不能适用《安全生产法》的主张不能成立；其次，《安全生产法》并没有允许对违反该法行为的处罚，其他法律、行政法规可以作不同的规定，如果存在不同的规定，就构成了法律规范的冲突。一审法院据此判决撤销×工商分局的行政处罚决定。

一审判决后，×工商分局不服，提起上诉。

二审法院认为，原审法院据此以适用法律不当为由判决撤销行政处罚决定，并无不当。二审法院判决驳回上诉，维持原判。

【提示与讨论】

这是一起因理解法条文义存在偏差而导致的错误适用法律的案例。一审法院以适用法律不当为由判决撤销被告（×工商分局）对原告（×化工有限公司）的行政处罚是正确的。

要深入分析本案的审判思路，我们首先必须搞清楚一般法与特别法的适用问题。一般法和特别法的划分，是从法的效力范围着眼的。一般法是针对一般人或一般事项，在全国适用的法；特别法是针对特定的人或特定的事项，在特定范围适用的法。按照法律适用的一般原则，在特别法和一般法都有规定时，特别法优先于一般法适用；在特别法没有规定而一般法有规定时，应适用一般法来补充特别法。应当强调的是，只有当"特别法和一般法都有规定"时，才能优先适用特别法，而当"特别法没有规定而一般法有规定"时，只能适用一般法而不能适用特殊法。在本案中，相对于作为一般法的《安全生产法》而言，《危险化学品安全管理条例》是特殊法，如果被告（某工商行政管理分局）要优先适用《危险化学品安全管理条例》，则其前提是《安全生产法》和《危险化学品安全管理条例》都授予工商行政管理部门行政处罚的权力。但是仔细分析《安全生产法》第94条的法条文义，我们不难发现，该条并没有直接授予工商行政管理部门行政处罚的权力，而是允许其它法律、行政法规对行政处罚的决定机关作出不同于《安全生产法》本条的规定，即《安全生产法》允许《危险化学品安全管理条例》将工商行政管理部门规定为行政处罚的决定机关。同时，《安全生产法》也没有规定工商行政管理部门可以按照其他法律、行政法规作出行政处罚决定。也就是说，本案被告（某工商分局）虽然根据《危险化学品安全管理条例》的规定享有了行政处罚权，但是却不能依据《危险化学品安全管理条例》的规定进行行政处罚。因此，法院认定被告适用法律错误是正确的。

至于被告所称其处罚决定的依据是《危险化学品安全管理条例》第57条第4项，本人认为这属于上位法与下位法之间的冲突问题。因为从法律位阶上来看，《安全生产法》属于“法律”，而《危险化学品安全管理条例》属于“行政法规”，相对于《安全生产法》是下位法。虽然《危险化学品安全管理条例》第57条规定工商行政管理部门可以据此进行行政处罚，但是由于此规定与《安全生产法》存在冲突，因此，在法律适用过程中，必须以上位法为准，即只能适用《安全生产法》关于行政处罚的有关规定。

第三节　行政立法的原则和程序

行政立法的原则是指行政立法应遵循的行为准则。《行政法规制定程序条例》第3条规定：“制定行政法规，应当遵循立法法确定的立法原则，符合宪法和法律的规定。”《规章制定程序条例》第3条规定：“制定规章，应当遵循立法法确定的立法原则，符合宪法、法律、行政法规和其他上位法的规定。”它们确立了行政立法应当遵循的原则。主要有：法制统一原则；立法公开与公正原则；科学合理原则；适用原则等等。

行政立法的程序就是国家行政机关在制定、修改和废止行政法规或行政规章的进程中必须遵循的程序。行政立法是行政行为的组成部分，应该体现行政行为迅速、高效的特点，因而行政立法的程序与权力机关的立法程序相比较，更为简便、灵活。同时，要求行政立法程序的科学化、规范化，这是健全行政法治，保障行政法规和行政规章的质量的基本途径之一。

行政立法程序由宪法、法律作出原则的规定，再由配套的法规、规章作出具体、周密、完备的规定，既防止程序的任意性，又使程序有较强的可操作性。目前，我国已颁行了《行政法规制定程序条例》、《规章制定程序条例》、《法规规章备案条例》以及一些地方关于行政立法的程序性规定。由于我国行政立法的层次比较复杂，因而关于行政立法的程序不同层次应当有不同的要求。从现有行政法律文件的规定看，至少可以区分行政法规的制定程序和规章的制定程序。

一、行政法规的制定程序

行政法规的制定程序是指国务院制定、修改与废止行政法规的步骤、次序和方式。根据《立法法》、《行政法规制定程序条例》和《法规规章备案条例》的规定，我国行政法规的制定程序基本如下：

1. 行政法规的立项。国务院制定行政法规是有计划性的，主要有编制立法规划和计划。编制立法规划以五年计划，叫五年规划，编制立法计划以一年计划，称年度计划。国务院的立法规划和计划包括编制行政法规和法律草案的立法规划和计划。国务院的立法规划和计划，是根据我国的具体国情，以及国民经济和社会发展的五年计划的各项基本任务来具体进行的。根据《立法法》第57条规定："行政法规由国务院组织起草。国务院有关部门认为需要制定行政法规的，应当向国务院报请立项。"国务院于每年年初编制本年度的立法工作计划，国务院有关部门认为需要制定行政法规的，应当于每年年初编制国务院年度立法工作计划前，向国务院报请立项。国务院有关部门报送的行政法规立项申请，应当说明立法项目所要解决的主要问题、依据的方针政策和拟确立的主要制度。国务院法制机构应当根据国家总体工作部署对部门报送的行政法规立项申请汇总研究，突出重点，统筹兼顾，拟订国务院年度立法工作计划，报国务院审批。列入国务院年度立法工作计划的行政法规项目应当符合下列要求：适应改革、发展、稳定的需要；有关的改革实践经验基本成熟；所要解决的问题属于国务院职权范围并需要国务院制定行政法规的事项。对列入国务院年度立法工作计划的行政法规项目，承担起草任务的部门应当抓紧工作，按照要求上报国务院。国务院年度立法工作计划，是具有指导性的规定，由国务院法制机构负责组织实施和监督，在执行过程中，国务院法制机构可根据客观形势和工作任务发展变化的实际需要，对年度立法工作计划进行及时的、适当的调整。

2. 行政法规的起草。国务院对列入五年规划和年度计划的行政法规项目组织起草。行政法规由国务院起草。国务院年度立法工作计划确定行政法规由国务院的一个部门或者几个部门具体负责起草工作，也可以确定由国务院法制机构起草或组织起草。行政法规需要实施办法或实施细则配套的，二者应当统一考虑，并同时进行起草工作。起草行政法规，除应当遵守立法法确定的立法原则，并符合宪法和法律的规定外，还应当符合下列要求：①体现改革精神，科学规范行政行为，促进政府职能向经济调节、社会管理、公共服务转变；②符合精简、统一、效能的原则，相同或者相近的职能规定由一个行政机关承担，简化行政管理手续；③切实保障公民、法人和其他组织的合法权益，在规定其应当履行的义务的同时，应当规定其相应的权利和保障权利实现的途径；④体现行政机关的职权与责任相统一的原则，在赋予有关行政机关必要的职权的同时，应当规定其行使职权的条件、程序和应承担的责任。行政法规在起草的过程中，应当注意以下几项具体要求：①听取意见。《立法法》第58条规定："行政法规在起草过程中，应当广泛听取有关机关、组织和公民的意见。听取意见可以采取座谈会、论证会、听证会等多种形式。”《行政法规制定程序条例》第12条规定：“起草行政法规，应当深入调查研究，总结实践经验，广泛听取有关机关、组织和公民的意见。听取意见可以采取召开座谈会、论证会、听证会等多种形式。”说明行政法规的起草过程听取意见这一程序是不可缺少的。起草实践中，行政法规的起草部门应当深入调查研究，向有关组织和个人，尤其是向那些有丰富经验的人员和有利害关系的组织和个人征求意见。要善于总结实践经验，广泛听取有关机关、组织和公民的意见。听取意见可以采取座谈会、论证会、听证会等多种形式。②衔接与协调。起草行政法规，起草部门应当就涉及其他部门的职责或者与其他部门关系紧密的规定，与有关部门协商一致；经过充分协商不能取得一致意见时，应当在上报行政法规草案送审稿时说明情况和理由。另外，起草行政法规时，起草部门应当将涉及有关管理体制、方针政策等需要国务院决策的重大问题提出解决方案的，报国务院决定。最后，行政法规起草中，还应该注意与有关法律、行政法规的衔接和协调。一般而论，对于同一事项，如果要作出与其他行政法规不一致的规定时，应在上报草案时，专门提出并说明情况与理由，由国务院决定。③清理相应的行政法规。起草时，必须对现行的内容相同或基本相同的行政法规进行清理。如果现行的行政法规将被起草的行政法规所取代，必须在草案里说明从何时起废止被取代的行政法规，不要使用“与本法规相抵触的以本法规为准”之词句，因为这样就要求人们必须费力地去查找与之相抵触的立法，是相当麻烦的，不利于人们对该行政法规的掌握与实施。④认真斟酌文字与行政法规名称。法律规范要求结构严谨、条理清楚、用词准确、文字简明。行政法规的起草必须注意这一要求，必要时可请语言专家和法律专家协助斟酌用语与文字。另外，要注意行政法规所使用名称的区别，不能张冠李戴。行政法规的名称有条例、规定、办法等。“条例”是指对某一方面的行政事项和行政工作作比较全面和系统规定的行政法规；“规定”是指对某一方面的行政事项和行政工作作部分规定的行政法规；“办法”是指对某一行政事项和行政工作作比较具体规定的行政法规。国务院根据全国人民代表大会及其常务委员会的授权决定制定的行政法规，称“暂行条例”或者“暂行规定”。

还有，起草部门向国务院报送的行政法规送审稿，应当由起草部门主要负责人签署。几个部门共同起草的行政法规送审稿，应当由该几个部门主要负责人共同签署。起草部门将行政法规送审稿报送国务院审查时，应当一并报送行政法规送审稿的说明和有关材料，其中“说明”是指立法的必要性、确立的主要制度、各方面对送审稿的主要问题的不同意见；“有关材料”主要包括国内外的有关立法资料、调研报告、考察报告等。

3. 行政法规的审查。《立法法》第59条规定："行政法规起草工作完成后，起草单位应当将草案及其说明、各方面对草案主要问题的不同意见和其他有关资料送国务院法制机构进行审查。"根据《行政法规制定程序条例》第17条规定，国务院法制机构主要从以下几方面对行政法规送审稿进行审查：是否符合宪法、法律的规定和国家的方针政策；是否符合《行政法规制定程序条例》的具体要求；是否与有关行政法规协调、衔接；是否正确处理有关机关、组织和公民对送审稿主要问题的意见，以及其他需要审查的内容。对于行政法规送审稿的制定条件尚未成熟、主要制度存在较大争议而起草部门未与有关部门进行协商或者不符合签署要求、没有提交行政法规送审稿的说明及有关材料的，国务院法制机构可以缓办或者退回起草部门。国务院法制机构应当将行政法规送审稿或者行政法规送审稿涉及的主要问题发送国务院有关部门、地方人民政府、有关组织和专家征求意见。重要的行政法规送审稿，经国务院批准，要向社会公布，征求意见。就行政法规送审稿涉及的主要问题，深入基层，听取意见；组织专家、有利害关系的单位和公民举行听证会，充分听取不同的意见。对送审稿涉及的主要制度、方针政策、管理体制、权限分工等有不同意见的，应当进行协调。力求达成一致意见；不能达成一致意见的，应当将争议的主要问题、有关部门的意见以及国务院法制机构的意见报国务院决定。

行政法规草案由国务院法制机构主要负责人提出提请国务院常务会议审议的建议；对调整范围单一、各方面意见一致或者依据法律制定的配套行政法规草案，可采取传批方式，由国务院法制机构直接提请国务院批准。

4. 行政法规的决定与公布。决定阶段，也就是审议通过阶段。《立法法》第60条规定："行政法规的决定程序依照中华人民共和国国务院组织法的有关规定办理。"根据《国务院组织法》的有关规定，国务院的法制机构应当向国务院提出审查报告和草案修改稿，审查报告应当对主要问题作出说明。行政法规草案，由国务院常务会议审议并作出决定，或者由国务院审批。行政法规草案经国务院通过、总理签署后，即进入公布与备案阶段。《立法法》第61条规定："行政法规由总理签署国务院令公布。"第62条规定："行政法规签署公布后，及时在国务院公报和在全国范围内发行的报纸上刊登。在国务院公报上刊登的行政法规文本为标准文本。"行政法规一般由国务院发布，并由国务院总理签署国务院令予以公布。国务院令的内容包括发布机关、序号、行政法规名称、通过或批准日期、发布日期、施行日期、签署总理姓名等项。但有些行政法规经国务院批准后，也可以由国务院有关主管部门发布，并由该部门的主要负责人签署发布令。发布行政法规不能使用公布令。行政法规签署公布后，应及时按照《立法法》的规定在国务院公报和有关全国性发行的报纸上进行刊登，使之为民众所知晓，但以国务院公报上刊登的行政法规文本为正式文本。

行政法规应当自公布之日起 30 日后施行，但是涉及国家安全、外汇汇率、货币政策的确定以及公布后不立即施行将有碍行政法规施行的，可以自公布之日起施行。另外，行政法规附有实施办法或实施细则的，该实施办法或实施细则应当在行政法规发布的同时或稍后即行发布，其施行日期应当与行政法规的施行日期相同。行政法规应当在公布后的 30 日内由国务院办公厅报全国人民代表大会常务委员会备案。

二、规章的制定程序

规章的制定程序包括部门规章制定程序和地方政府规章制定程序。部门规章的制定程序是指国务院各部、各委员会、中国人民银行、审计署以及具有行政管理职能的国务院直属机构在制定、修改、废止部门规章时，必须遵循的步骤、次序与方式。地方政府规章的制定程序是指省、自治区、直辖市的人民政府和较大的市人民政府在制定、修改、废止地方政府规章时，必须遵循的步骤、次序与方式。

根据《立法法》第 74 条的规定，国务院部门规章和地方政府规章的制定程序参照行政法规的制定程序，并具体由国务院加以规定。国务院于 2001 年 11 月 16 日公布了《规章制定程序条例》，关于规章的制定程序具体规定如下：

1. 规章的立项。国务院部门内设机构或者其他机构认为需要制定部门规章的，应当向该部门报请立项。报送制定规章的立项申请，应当对制定规章的必要性、所要解决的主要问题、拟确立的主要制度等作出说明。国务院部门法制机构应当对制定规章的立项申请进行汇总研究，拟订本部门年度规章制定工作计划，报本部门批准后执行。年度规章制定工作计划应当明确规章的名称、起草单位、完成时间等。国务院部门应当加强对执行年度规章制定工作计划的领导。对列入年度规章制定工作计划的项目，承担起草工作的单位应当抓紧工作，按照要求上报本部门决定。年度规章制定工作计划执行中，可以根据实际情况，在实际实施的过程中，对其进行调整，并应当对拟增加的规章项目进行补充论证。

省、自治区、直辖市和较大的市的人民政府所属工作部门或者下级人民政府认为需要制定地方政府规章的，应当向该省、自治区、直辖市和较大的市的人民政府报请立项。报送制定规章的立项申请，应当对制定规章的必要性、所要解决的主要问题、拟确立的主要制度等作出说明。省、自治区、直辖市和较大的市的人民政府法制机构应当对制定规章的立项申请进行汇总研究，拟订本部门年度规章制定工作计划，报本级人民政府批准后执行。年度规章制定工作计划应当明确规章的名称、起草单位、完成时间等。省、自治区、直辖市和较大的市的人民政府应当加强对执行年度规章制定工作计划的领导。对列入年度规章制定工作计划的项目，承担起草工作的单位应当抓紧工作，按照要求上报本级人民政府决定。年度规章制定工作计划执行中，可以根据实际情况，在实际实施的过程中，对其进行调整，并应当对拟增加的规章项目进行补充论证。

2. 规章的起草。部门规章由国务院部门组织起草，国务院也可以确定规章由其一个或者几个内设机构或者其他机构具体负责起草工作，也可以确定由其法制机构起草或者组织起草。起草规章可以邀请有关专家、组织参加，也可以委托有关专家、组织起草。

地方政府规章由省、自治区、直辖市和较大的市的人民政府组织起草，省、自治区、直辖市和较大的市的人民政府也可以确定规章由其一个或者几个部门具体负责起草工作，也可以确定由其法制机构起草或者组织起草。起草规章可以邀请有关专家、组织参加，也可以委托有关专家、组织起草。

规章在起草过程中，应当注意以下要求：

第一，充分听取相关意见。起草实践中，规章的起草部门应当深入调查研究，向有关组织和个人，尤其是向那些有丰富经验的人员和有利害关系的组织和个人征求意见。善于总结实践经验，广泛听取有关机关、组织和公民的意见。听取意见可以采取书面征求意见、座谈会、论证会、听证会等多种形式。起草的规章直接涉及公民、法人或者其他组织切身利益的，有关机关、组织或者公民对其有重大意见分歧的，应当向社会公布，征求社会各界的意见；起草单位也可以举行听证会。听证会依照下列程序组织：听证会公开举行，起草单位应当在举行听证会的30日前公布听证会的时间、地点和内容；参加听证会的有关机关、组织和公民对起草的规章，有权提问和发表意见；听证会应当制作笔录，如实记录发言人的主要观点和理由；起草单位应当认真研究听证会反映的各种意见，起草的规章在报送审查时，应当说明对听证会意见的处理情况及其理由。起草规章，涉及其他部门的职责或者与其他部门关系紧密的，起草单位应当充分征求其他部门的意见。如有不同意见，应当充分协商，经过协商还不能取得一致意见的，起草单位应当在上报规章送审稿时，说明情况与理由。起草部门报送审查的部门规章送审稿，应当由起草部门主要负责人签署。几个部门共同起草的规章送审稿，应当由该几个部门主要负责人共同签署，起草单位应当将规章送审稿及其说明、对规章送审稿主要问题的不同意见和其他有关材料按规定报送审查。其中“说明”是指立法的必要性、规定的主要措施、有关方面的意见等情况；“有关材料”主要包括汇总的意见、听证会笔录、国内外的有关立法资料、调研报告等。

第二，衔接与协调。规章起草中，还应该注意与有关法律、行政法规和其他规章的衔接和协调。一般而论，对于同一事项，如果要作出与其他规章不一致的规定时，应在上报草案时，专门提出并说明情况与理由。法律、法规已经明确规定的内容，规章原则上不作重复规定。

第三，清理相应的规章。起草时，必须对现行的内容相同或基本相同的规章进行清理。如果现行的规章将被起草的规章所取代，必须在草案中说明从何时起废止被取代的规章，不要使用“与本规章相抵触的无效”或“以本规章为准”之词句，因为这样就要求人们必须费力地去查找与之相抵触的立法，是相当麻烦的，不利于人们对该规章的掌握与实施。

第四，认真斟酌文字与规章的名称。法律规范要求结构严谨、条理清楚、用词准确、文字简明。规章的起草必须注意这一要求，必要时可请语言专家和法律专家协助斟酌用语与文字。另外，要注意规章所使用名称的区别，不能张冠李戴。规章的名称不能使用“条例”，其名称一般有“办法”、“规定”、“实施办法”和“实施细则”等。

3. 规章的审查。规章送审稿由法制机构负责统一审查，其主要从以下几方面对规章送审稿进行审查：是否符合宪法、法律、法规和其他上位法的规定；是否切实保障了公民、法人和其他组织的合法权益；是否做到了权利与义务、职权与职责的统一；是否利于政府职能的正确转变；是否体现了精简、统一、效能的原则；是否与有关部门规章协调、衔接；是否正确处理有关机关、组织和公民对规章送审稿主要问题的意见；是否符合立法技术要求以及其他需要审查的内容。

对规章送审稿的制定条件尚未成熟、主要制度存在较大争议而起草部门未与有关机构或部门进行协商或者不符合签署要求、没有提交规章送审稿的说明及有关材料的，法制机构可以缓办或者退回起草单位。

法制机构应当将规章送审稿或者规章送审稿涉及的主要问题发送有关机关、组织和专家征求意见。就规章送审稿涉及的重大问题，深入基层，听取意见，召开有关单位、专家参加的座谈会、论证会，听取意见，研究论证；组织有利害关系的单位和公民举行听证会，充分听取不同的意见。有关机构或者部门对规章送审稿涉及的主要措施、管理体制、权限分工等问题有不同意见的，法制机构应当进行协调。力求达成一致意见；不能达成一致意见的，应当将争议的主要问题、有关机构或者部门的意见以及法制机构的意见上报本部门或者本级人民政府决定。

规章草案和说明由法制机构主要负责人签署，提出提请本部门或者本级人民政府有关会议审议的建议。法制机构起草或者组织起草的规章草案，由法制机构主要负责人签署，提出提请本部门或者本级人民政府有关会议审议的建议。

4. 规章的决定与公布。根据《立法法》第75条规定：“部门规章应当经部务会议或者委员会会议决定。地方政府规章应当经政府常务会议或者全体会议决定。”说明部门规章草案经部务会议或委员会会议通过、部门首长签署后，即进入公布与备案阶段。地方政府规章草案经政府常务会议或者全体会议通过、政府首长签署后，即进入公布与备案阶段。《立法法》第76条规定："部门规章由部门首长签署命令予以公布。地方政府规章由省长或者自治区主席或者市长签署命令予以公布。"第77条规定："部门规章签署公布后，及时在国务院公报或者部门公报和在全国范围内发行的报纸上刊登。地方政府规章签署公布后，及时在本级人民政府公报和本行政区域内发行的报纸上刊登。在国务院公报或者部门公报和地方人民政府公报上刊登的规章文本为标准文本。"部门规章一般由部门发布，并由部门首长签署命令予以公布。地方政府规章一般由相应的地方人民政府发布，并由省长或者自治区主席或者市长签署命令予以公布。公布规章的命令应当载明该规章的制定机关、序号、规章的名称、通过日期、施行日期、部门首长或者省长、自治区主席、市长署名以及公布日期等项。部门规章签署公布后，应及时按照《立法法》和《规章制定程序条例》的规定，在国务院公报或者部门公报和有关全国性发行的报纸上进行刊登。地方政府规章签署公布后，应及时按照《立法法》的规定在本级人民政府公报和本行政区域内发行的报纸上刊登，使之为民众所知晓。

规章应当自公布之日起30日后施行，但是涉及国家安全、外汇汇率、货币政策的确定以及公布后不立即施行将有碍规章施行的，可以自公布之日起施行。另外，规章附有实施办法或实施细则的，该实施办法或实施细则应当在规章发布的同时或稍后即行发布，其施行日期应当与规章的施行日期相同。规章应当在公布后的30日内报国务院备案。地方政府规章应当同时报送本级人大常委会备案；较大的市的人民政府的规章，还应同时报送省、自治区的人大常委会和人民政府备案。上述接受备案的机关，对地方政府规章进行审查的程序，由各接受备案的机关自行规定。

在行政法治实践中经常遇到以下几类问题：①行政立法对立法的补充及与行政执法的关系；②行政规范性文件内容的合法性及违法的责任追究等。

案例54　行政立法对立法的补充及与行政执法的关系

——郑×诉×市计划生育委员会案

【案情摘要】

原告：郑×，现年60岁，系×市退休职工

被告：×市计划生育委员会

法定代表人：干×，×市计划生育委员会主任

郑×1958年与赵×结婚，婚后一直没有生育子女。赵×与郑×结婚属再婚，

曾与前夫生有一女。该女随赵×一起到了郑×家，并对郑×以父亲称呼，三人关系融洽。1984年11月因意外原因郑×与赵×离婚。1981年该女亦已出嫁，后与郑×没有来往。1991年1月，×市×区为郑×办理退休手续时，确定其退休金为原工资的70%。郑×当即提出异议，要求享受终身无子女待遇。其以《×省计划生育条例》（由×省人民代表大会常务委员会第×次会议通过）第27条的规定为据，该条规定："婚后无子女或者领取《独生子女证》后子女死亡又不再生育，且均未收养孩子的夫妻，可以领取《终身无子女证明书》。年老退休时增发相当于原工资10%的奖励费，但是奖励费与退休金总和不得超过本人原工资额；系农民的，在年老丧失劳动能力时，除按当地规定享受有关福利待遇外，由乡（镇）人民政府或者村民委员会每月增发一定的奖励费。"郑×要求以此条规定给其10%的奖励金。办理退休手续的×区民政部门认为郑×的情况比较特殊，与《×省计划生育条例》第27条规定的情况不完全一致。依该条例规定享受终身无子女待遇的条件：一是婚后无子女；二是子女死亡后不再生育。而郑×尽管婚后没有生育子女，但其与赵×共有一女，其与该女属继父女关系。是否依该条例第27条的规定给郑×办理享受终身无子女权益手续，民政部门没有作结论，请示×市计划生育委员会。该市计划生育委员会经研究认为郑×的情况不符合《×省计划生育条例》第27条的规定，不能向其颁发《终身无子女证明书》。也就是说，郑×不能享受终身无子女优惠待遇。

郑×向该×区人民法院提起行政诉讼，状告×市计生委。郑×诉称：①我一生没有生育过子女，至今没有亲生骨肉，符合国家的计划生育政策。②我尽管与赵×结婚时赵×带有一女，但该女与我没有血缘关系，与我关系一直不密切。③我与赵×于1984年离婚，离婚后赵×之女就与我没有来往，并不认为我是他的继父。基于这些理由，郑×要求法院判决维持其享受终生无子女的合法权益。×市计划生育委员会以《×省计划生育条例》第27条为据，认为郑×与赵×之女有继父女关系，不属终身无子女不能享受此待遇。×区人民法院认为，郑×未生育子女，与赵×的姻亲关系也已不存在，而《×省计划生育条例》对郑×的情况未作规定，郑×能否享受终身无子女待遇是行政执法中的新问题、新情况。因此，×区人民法院向×省人大常委会作了请示。省人大常委会向法院解释说，《×省计划生育条例》第41条规定："×省人民政府可以根据本条例规定实施细则，报省人大常委会备案，并负责对本条例进行解释。"因此，要求×区人民法院请示×省人民政府，省人民政府由于没有制定本条例的实施细则，使该情况缺乏法律依据。但×省人民政府研究后认为郑×可以享受终身无子女待遇。法院依此判决×市计划生育委员会败诉。

【提示与讨论】

本案×区人民法院对案件事实的认定是谨慎细心的，并没有被法律规定与行政管理现实之间的矛盾冲突所迷惑。本案中，原告郑×的情况确实比较复杂：一则郑×没有生育子女是否就属于终身无子女的情况必须澄清。没有生育子女但可以通过收养建立收养关系从而取得子女；可以通过与有子女的人建立婚姻关系而取得继父资格。×县法院在案件事实的认定上对此点作了充分的考虑，而没有立即断定郑×就是终身无子女者。二则，郑×与赵×的婚姻关系解除后，是否与赵×之女的继父女关系亦相应解除，这一问题应当说是比较复杂的。笔者认为，应根据实际情况而定，从法律形式看，婚姻关系和继父女关系并没有绝对的必然联系，也就是说，婚姻关系的解除不是继父女关系解除的必要条件。郑×与赵×离婚后，若赵×之女仍愿意与郑×保持继父女关系，此关系就应当是成立的；若赵×之女不愿意和郑×保持继父女关系，则这一关系就不复存在。本案×市计划生育委员会片面理解了法律上的形式要件，而忽视了法律关系的客观状况。×区人民法院并没有受制于法律的形式要件，而是从郑×与赵×之女的实际关系状况出发的。×省人民政府对于郑×情况的解释也是从实际出发的，因为从客观实际看，郑×实际上仍为无人照顾的状态之下，而赵×之女对郑×不履行任何义务也并不是没有道理的，基于郑×的实际情况，×市人民法院作出让其享受终身无子女待遇的解释是符合法治精神和法律原则的。

本案所适用的法律首先是《婚姻法》，该法第21条规定："继父母与继子女间，不得虐待或歧视。继父或继母和受其抚养教育的继子女间的权利和义务，适用本法对父母子女关系的有关规定。"依此条规定继父母与继子女的关系同父母与子女关系。但是，本条只是对继父母与继子女关系已经确立以后的规定，而对于继父母与继子女关系的成立与解除婚姻法并没有明文规定，适用此条似乎不十分妥当。本案中，郑×与赵×之女在郑×与赵×离婚后其继父女关系是否存在是案件的关键。也正是由于这一事实的不清导致计划生育管理机关与郑×之间的行政纠纷，也导致法院判决无从作出。而《×省计划生育条例》第27条规定的内容也无法解决郑×与赵×之女间父女关系的性质。在此种情况下，笔者认为行政执法机关应领会法律的精神实质。《×省计划生育条例》第27条规定："婚后无子女或者领取《独生子女证》后子女死亡又不再生育，且均未收养孩子的夫妻，系职工的，年老退休时增发相当于原工资10%的奖励费，但是奖励费与退休金总和不得超过本人原工资额……"此条的精神实质有两个方面：一是鼓励公民实行计划生育，少生优生，对于少生少育的要从物质和精神上予以奖励；二是对于因无子女而使生活陷于困境的公民予以社会保障，使其不至于因无子女而使生活比常人艰难。本案中，郑×没有生育子女，即充分体现了计划生育政策。又在年事过高时身边无人照顾，符合社会救助的条件，基于此种现实与法律的精神实质，使其享受终身无子女待遇于理于法都是说得过去的。故本案的法律适用应当说是正确的。

笔者认为，本案所涉及的理论问题有两个：一是行政立法对立法的补充；二是行政立法与行政执法的关系。行政立法对立法有补充作用：当立法规定的内容不十分具体时，行政立法可以使其具体化；当立法规定的内容比较原则时，行政立法可以从实际出发灵活规定；当立法对一些需要调整的社会关系有所空缺时，行政立法可以补充相关的空隙。本案×省人民代表大会常务委员会制定了《×省计划生育条例》，该条例是一个地方立法，所规定的内容抽象性较强，需要由×省人民政府制定实施细则，如该条例第41条规定的实施细则由省人民政府制定。×省人民政府制定实施细则的行为就是一个行政立法行为，它对×省人大常委会的地方性立法有补充作用。本省人民政府没有制定《×省计划生育条例》实施细则导致行政执法无所适从，可见行政立法对立法的补充作用是十分重要的。行政立法和行政执法的关系也十分密切，如果行政立法的内容完善，行政执法就会有章可循，反之，行政立法出现空缺，行政执法也会遇到障碍。本案×省人民政府在《×省计划生育条例》出台后没有及时制定相应的实施细则，使一些原则性的法律条文得不到细化，从而给郑×与×市计划生育委员会之间行政纠纷的解决带来一定难度。

案例55 行政规范性文件内容的合法性及违法的责任追究
——×省人民政府撤销×市人民政府规范性文件案

【案情摘要】

1994年11月，×省人民政府组织由省物价局、监察厅等部门组成的整治乱收费联合检查组，对该省管辖的×地×市人民政府越权批准市人民医院及市其他医院扩大收费项目，提高医疗收费标准问题及市人民医院乱收费行为进行了检查处理。据调查了解，从1992年开始，×市人民医院以改革试点为名，以筹集资金建造外科大楼为由，要求提高医疗收费标准。1992年10月，×市人民政府发文，越权批准该市所有医院扩大收费项目，提高收费标准。提价面为30%，提价幅度为50%，该文件从1992年12月1日起正式实施。×市人民医院在市政府规定的基础上又擅自上调了收费幅度。据查，该医院从1992年7月至1994年8月，仅门诊部就多收费达100多万元，收费项目提价面高达95%。对此，省物价局指出：医疗收费属省管项目，未经主管部门批准，不得擅自提价。而且医疗卫生事业属公益性事业，牵涉到全社会的福利，不宜提高收费标准，要求立即纠正。但该医院一直有禁不止，照收不误。×市人民医院和其他医院扩大收费项目，提高收费标准之举在社会造成极坏影响，加重了就医者的经济负担和公费医疗开支。检查组进驻×市后，听取了×市人民政府、市物价局、监察局、卫生局和人民医院等单位的汇报后，对×市人民医院和其他医院的收费问题提出了严肃的批评，指出×市人民政府行文批准市人民医院和其他医院提高医疗收费标准和扩大收费范围是行政越权行为，必须立即先停止该规范性文件的执行，然后对收费单位予以清理。1994年12月1日×省人民政府在查清案件事实的基础上，发文撤销了×市人民政府（1992）×号文件，指出医疗收费一律按省物价局、省卫生厅批准的收费标准执行，同时还公布了医疗常见项目收费标准，让全体市民对该市医院的收费项目进行监督。

【提示与讨论】

本案案件事实有两个环节，而且这两个环节是联系在一起的。第一个环节是×市人民医院和其他医院乱收费的案件事实，第二个环节是×市人民政府制定医疗费收费标准的案件事实。×市人民政府发布的关于×市医疗费收费标准的文件是一个规章以下的行政管理规范性文件，此一性质的文件是行政法的渊源之一，其可以对管辖范围内的一些行政事项作出规定，但只能规定法律、行政法规和规章作了原则规定而须进一步具体规定的事项。如果法律、法规规定应当由规章以上的行政法规范规定的事项，其他行政管理规范性文件就不得再作规定。依国家有关法律、法规和×省人民政府发布的《×省医疗机构管理规定》的规定，医疗费的收费标准应由省人民政府和省卫生行政管理部门、省物价局等部门确定。本案中的×市人民政府是没有权力确定医疗费收费标准的，所以，无论从程序上讲，还是从实体上讲，×市发布医疗费收费标准的规范性文件都是违法的，构成了违法事实。如果单就从执行此文件的角度看，×市人民医院违法行为性质并不十分严重，其执行规范性文件的行为不能说是违法的。但是，该医院在×市人民政府规范性文件规定的标准基础上又提高了收费的百分比，实际多收了相当大的违规费用，这一行为与×市人民政府的规范性文件没有多大关系，其责任应由×市人民医院承担。当然从深层次讲，正是由于×市人民政府的规范性文件才导致了×市人民医院和其他医院的乱收费，一个错误的抽象行政行为往往导致许多错误的具体行为。

本案的法律适用问题，主要是×市人民政府和×市人民医院在医疗乱收费中的责任分担问题。《×省医疗机构管理规定》第2条规定："本规定所称的医疗机构，是指国家、公民、法人和其他组织举办的医院、门诊部、诊疗所、医疗协作联合体等医疗卫生保健机构（含个体开业行医）。本省行政区域内的医疗机构均适用本规定。"此条说明对×市人民医院和其他医院进行管理时是适用该规定的，其属该规章的调整范围。该规章第27条规定："医疗机构必须严格执行国家规定的医疗服务收费标准。医疗服务收费标准由省卫生和物价行政主管部门归口管理。”此条是对医疗收费问题的规定，其将医疗收费的权限限定在省级人民政府职能部门，×市人民政府没有此项权力。×省人民政府撤销×市人民政府的规范性文件所依据的直接法律渊源就是该规章。×市人民医院在×市人民政府规章的基础上加大收费标准，对于加大部分的责任应由其承担。可以依法没收所收费用，可以对有关的责任人员给予纪律处分。然而，对×市人民政府的违法规范性文件采取简单的撤销行为似乎是不完善的，因为这一规范性文件已经给管理相对一方当事人造成了侵害，对于该规范性文件造成的侵害，发布规范性文件的机关是否应承担行政赔偿责任，是一个值得探讨的问题。

笔者认为，本案所涉及的行政法理论和实践问题是行政规范性文件实体内容的合法性问题。规章以下的行政管理规范性文件在我国行政法体系中的比重相当大，这些规范性文件对社会关系的调整非常直接，在诸多方面比规章以上的行政法渊源与公民、法人和其他社会组织的权益更为密切。但是，在我国行政法治实践中，无论理论上，还是行政执法中，规章以下行政管理规范性文件都是一个薄弱环节。没有调整规范性文件制定行为的专门法律、法规，因此，导致在行政法治实践中一些行政管理规范性文件在实体内容上违反规章以上的行政法文件。本案×市人民政府制定的关于×市医疗费收费标准就非常典型，是一个乱收费的行政法规范。在高层行政法确定的医疗收费标准的基础上提价面达到30%，提价幅度达到50%，违法行为的程度是比较大的。我国行政法制中，关于具体行政行为违法的责任追究有明确的法律规定，而抽象行政行为违法的责任则没有完整的制度。如本案×省人民政府仅采取撤销该规范性文件的处理措施，即是说，只解决了这一规范性文件以后不再侵害相对人权益的问题，而没有解决该规范性文件已经侵害了的相对人权益的救济问题。可见其他规范性文件的内容违法及责任追究是我国行政法学界和行政法治实践面临的又一课题。

第四节　行政立法的效力

行政立法的效力主要指行政立法对于个人、组织的拘束力、强制执行力以及对于人民法院审判活动的适用力。

行政立法权是宪法和法律赋予的，同时要受到法律规范的约束这是无庸怀疑的。然而，行政立法权作为一种国家权力亦必须具有权力概念的普遍属性，是一种法律意义的权力，对社会，对管理相对一方当事人或对政府行政人员都有拘束力。因此，行政立法的效力可以从如下方面体现出来。

一、有效力

行政立法的有效力是指行政立法的行为以及行政立法的行为结果会产生相应的社会效果，而且它所产生的社会效果与法律产生的社会效果具有同样意义。行政立法与立法相比当然不能同日而语，二者从产生法律的角度讲是相同的，都制定与社会有关的行为规范，但二者产生的法律规范的后果则是不同的。立法机关产出的法律显然高于行政机关产出的法律，但从立法和行政立法对社会组织、公民、法人以及其它社会主体发生的影响看则具有相同的效果，都可以改变公民、法人和其他社会组织的权利义务关系，都可以作出一些禁止性规定限制相对人的行为。近年来行政立法的迅速发展使立法和行政立法所产生的社会后果的数量对比关系发生了变化，即由原来立法机关主要规范社会行为变为由行政机关主要规范社会行为。这个事实是不容忽视的。国务院通过行政法规规定了相当一部分行政管理关系和其它社会关系，而行政系统的职能部门在这方面的作用也相当明显。如果把我国国务院制定的行政法规、国务院各部、各委员会制定的行政规章汇集起来，其数量远远超过了全国人大及其常委会制定的基本法。如果再加上省、较大的市、省政府所在地的市的人民政府制定的规章，那么，行政规章无论绝对数还是相对数都超过了法律。还应当说明一点，行政管理的规范性文件所规定的权利义务关系既具体又直接，从这个意义上讲，它的社会效果比法律的社会效果更明显一些。另一点，法律规定的一些权责关系还必须通过其它行政管理规范性文件付诸实施，或者对其扩充规定，或者以操作规则实现法律规定的内容，这说明在有些情况下，法律的有效性要通过行政立法来实现。

二、确定力

法律的主要任务是安排社会生活的总的原则，甚至安排一些未来的事项，其所涉及的具体问题显然没有行政立法多。行政立法所规定的问题往往是十分具体的，所反映的权利、义务常常具有严格的羁束性，即没有任何裁量余地或者裁量余地比较小。如国务院制定的有关税务征收的行政法规。详细列举了各种物品或商品的税目情况，甚至连征税过程中的计算公式也列举出来，这一点是法律所不可能做到的。行政立法的这一特性充分反映了行政立法的确定力特点。行政立法的确定性特点除具有上述意义外，还包括对某种不确定的社会事态、行政管理事态、公民权利义务关系进行确定的含义。在行政管理实践中，常常存在许许多多的复杂情形，尤其市场经济使得一些旧的东西过时，新的东西尚未被普遍承认，但新的东西确实是进步的，适应社会潮流的。在此情况下，行政立法就应当承担确定功能，给不断变化、捉摸不定的社会状况贴上确定性的标签。从深层意义上讲，每一个行政管理法规的出台都意味着确定了某种状态。还应指出，行政立法中所规定的状态应当是确定的，即是说行政立法所规定的内容、所确定的权利义务关系、所认可的社会结构等，任何人在任何情况下都不能对其任意解释或变通执行，使行政立法的科学内涵发生变化。

三、拘束力

拘束力是行政立法又一重要的法律表现，它是指行政立法一旦依法成立，或者说一旦行政管理规范性文件既符合法定秩序，又没有内容上的违法就必然产生拘束作用。行政立法的拘束作用是非常普遍的，行政立法文件中所涉及的各主体都应积极履行该法所规定的义务。公民是行政立法中的主要权利义务主体，公民的经济、文化、社会、政治等方面的权利都要从法律规范中寻找，而行政立法覆盖面最广，包括有关公民权利义务的内容最多。如果行政管理法为公民规定了某个方面的义务，公民就应当积极履行，而不能以任何借口逃避义务。如果行政管理法规定了公民某个方面的权利，公民便取得某种能力，这种能力任何其它主体都不能剥夺。社会组织同样要受行政法规定的约束。社会组织的成立必须依据有关管理法规取得资格，如果没有依法登记便可视为非法组织，而社会组织一旦成立就必然要行使权利和承担义务，它的权利义务同样具有法律属性。行政机关制定的有关社会组织的活动规则、社会组织的权责关系以及各社会组织在业务活动中的法律规定都是社会组织的重要约束因素。这是行政立法对社会组织的拘束力。企事业单位在我国也是一个非常重要的市场主体，尤其企业承担着生产以及其它方面的社会职能，对社会经济生活有很大的影响，对市场经济的形成和发展也有非常重要的作用。事业单位承担了经济活动以外的其它所有社会活动，如教育、文化、科技、体育、卫生、商业等，有着重大的社会功能。行政立法对企事业单位的拘束力也是相当明显的。国家关于企业有许许多多的行政管理规范调整其各个方面的关系，事业单位由于行业复杂、单位类型广泛等，所牵涉的行政管理法规更多一些，如我国各行政管理职能机构都制定了大量的本行业的行政管理法规范。行政立法对于其它国家机关也有拘束力，立法机关对于行政立法有监督权，可以依法定程序监督行政立法行为并审查行政法规定的内容。但是，在一个行政管理法规范既没有违反法律规定的程序又没有违反法律规定的内容的情况下，这一行政立法文件对于立法机关也有拘束力，这是不能怀疑的。因为合法的、不具备撤销条件而没有被撤销的行政立法文件必然具有法律属性，是行政机关法律权力的表现，既然是法律权力就有普遍意义的约束力。

行政立法体系较为复杂，行政立法的法律文件其种类也很多，这就决定了行政立法拘束力的复杂性和多层级性。大体可以概括为如下几种情形。①全国性的行政立法在全国有效。如国务院制定的行政法规就对全国的市场主体有相同的拘束力。行政法规的效力显然要高于行政规章或其它行政管理规范性文件的效力。②全国性但具有部门意义的行政立法只在全国范围内的某个行业，某个部门有效，对该部门产生拘束力，如部委规章。③地方规章只在本地区内产生拘束力。省、较大的市、省政府所在地的市的人民政府有行政规章的制定权，这是对地方行政机构管理权限的确认。但是，各地情况不同，对于各地的规范性文件也应当予以限定，使其在本辖区内发生法律效力，而不能拘束本行政区域以外的管理相对人。

四、执行力

行政权与立法权相比是一种执行性权力。立法是对国家意志的表达，而行政是对国家意志的执行。行政立法的法律价值的首要点在于这种权力是对立法及其立法权的执行，行政立法无论如何不能够从立法中独立出来。立法是行政立法存在的根基，行政立法的成长不能离开这个根基，所以，执行力是行政立法的又一重要法律表现。对于一个行政立法有效性和客观价值的判定要看其对法律的执行状况。行政立法执行力还有一层意思就是行政立法中所规定的权利义务关系相对一方当事人应当不折不扣地予以执行。如果有违反的情形就应当以国家权力进行强制。执行力和为了达到执行的目的采取一定的强制手段都是行政立法效力的表现。

在行政法治实践中经常遇到以下几类问题：①规章的溯及力；②政府规章的法律正当性审查等。

案例56 规章的溯及力

——董×诉×区房屋土地管理局履行法定职责案〔1〕

【案情摘要】

原告（上诉人）：董×

被告（被上诉人）：×区房屋土地管理局

2004年5月19日，原告以《上海市政府信息公开规定》（以下简称《信息公开规定》）第7、11条规定为依据，委托律师向被告提出书面申请函，要求被告按《信息公开规定》的要求，向原告提供原告父亲及全家在1968年7月16日迁出原住所岳阳路×弄14号前的有关原始房地产资料供原告查阅。被告于2004年5月23日向上述房屋的现有产权人某集团有限公司发出征询函，要求该公司在3日内对上述房屋产权的相关原始资料是否同意公开给予答复，该公司未予答复。2004年6月7日，被告属下的档案中心以书面形式正式答复原告，以“该

〔1〕 参见应新龙主编：《2006年上海法院案例精选》，人民法院出版社2008年版，第265～269页。

处房屋原属外产，已由国家接管，董某不是产权人”为由，决定不予提供查阅。原告不服，于2004年6月18日提起行政诉讼。

原告诉称，要求判令被告履行信息公开的法定职责，向原告提供上述房屋在1947年9月1日至1968年7月16日期间原告父亲购买产权及后被政府接管的相关档案资料。

被告辩称，原告及其父亲不是该房的产权人，故没有权利查阅其他人原始房地产档案资料。《信息公开规定》于2004年5月1日生效实施，本案仅在程序上适用该规定，实体上对本案并无溯及力。

一审法院经审理认为：原告的行政诉讼主体资格成立。原告系依据《信息公开规定》认为被告不依法履行政府信息公开义务起诉的，该规定并未对公民查阅政府信息的资格有任何限制。被告拒绝向原告提供相关信息，依照《信息公开规定》第32条第2款的规定，原告享有起诉的权利。根据《立法法》第84条不溯及既往的规定，《信息公开规定》作为规章依法不具有溯及力，但这种溯及力是指对于《信息公开规定》施行前政府机关不公开政府信息的行为，不认为其违反了《信息公开规定》，但《信息公开规定》第2条所指的政府信息范围，应当既包括该法施行前也包括施行后形成的政府信息。被告认为《信息公开规定》只能适用于该规章施行后形成的政府信息，对实施前形成的政府信息公开只能从程序上适用的观点有误，不予采纳。被告对原告申请公开房地产档案的要求不予提供查阅，并不违反我国档案管理法律、法规的规定，也没有违反《信息公开规定》对被告履行公开政府信息义务所规定的法定职责。首先，原告要求查阅利用的房地产资料是在上海市房产总登记以前形成的，根据《上海市房地产登记资料查阅暂行规定》第18条的规定，该资料的性质属档案，也即属于政府信息中的档案，因此是否可以公开除了要遵循《信息公开规定》的一般要求外，还应根据档案管理法律、法规的特别规定办理，这也符合《信息公开规定》第10条第1款第6项即“法律、法规规定免于公开的其他情形”之规定；其次，原告要求查阅的房地产档案一直由被告机关保存管理，未向档案馆移交过，故其档案的性质属于国家所有、被告机关保存的档案。对这类房地产档案的利用，《档案法实施办法》第22条第5款明确规定：“机关、团体、企业事业单位和其他组织的档案机构保存的尚未向档案馆移交的档案，其他机关、团体、企业事业单位和组织以及中国公民需要利用的，须经档案保存单位同意。”《上海市档案条例》第33条也规定，法人、其他组织以及个人利用其他组织保存的档案，应当经有关组织同意。由此可见，对这类档案的是否公开利用，法律、法规将决定权授予给了档案保存单位，除非法律、法规有公开的特别规定，否则保存单位对是否公开利用具有考量决定权。被告拒绝原告的查阅要求并未违背法律、法规及规章的要求，且也符合《信息公开规定》第10条第1款第6项的规定，原告要求被告履行法定职责向其提供上海市岳阳路某弄14号在1947年9月1日至1968年7月16日期间原告父亲购买产权及后被政府接管的相关档案资料的理由不能成立。法院判决驳回原告董×的诉讼请求。

一审判决后，原告不服，以与一审相同的意见提起上诉。

二审法院经审理认为，原审法院所作判决并无不当，应予维持。判决驳回上诉，维持原判。

【提示与讨论】

本案是一个典型的政府信息公开行政案件。我国有关政府信息公开的行政法制度是近几年才逐步建立起来的一种新的行政法制度，2004年1月20日上海市人民政府发布《信息公开规定》，成为我国最早制定政府信息公开规定的地方省级人民政府。直到2007年1月17日，国务院通过《政府信息公开条例》，才有了全国性的政府信息公开行政法规。就本案而言，由于诉讼发生于2007年之前，所以不能适用《政府信息公开条例》，只能适用《信息公开规定》。

或许是因为本案所涉及的行政行为发生在《信息公开规定》正式施行后不久，作为被告的行政机关尚未适应政府信息公开这一新型行政法关系，被告上海市×区房屋土地管理局在处理原告提出的信息查阅申请时存在着一些问题，比如回复不规范、未说明救济途径、拒绝理由欠妥等。实际上，本案被告对于原告的信息查阅申请可以有两种处理办法，而且两种办法都可以非常妥当：①被告可以拒绝原告的信息查阅请求。根据《上海市房地产登记资料查阅暂行规定》第18条，原告要求查阅的房地产资料属于上海市房产总登记和地籍普查以前的资料，其查阅应当按照档案查阅的有关规定执行。而《档案法实施办法》第22条第5款和《上海市档案条例》第33条均规定，利用尚未向档案馆移交的档案须经档案保存单位同意。据此，被告既可以同意让原告查阅利用相关房地产资料信息，也可以不同意原告查阅利用该信息。但是，被告拒绝原告的信息查阅请求时，必须遵循《信息公开规定》的相关程序，即被告应当书面答复原告其申请公开的信息是否存在，该信息属于公开范围还是免予公开范围，拒绝公开申请同时应当说明理由和救济途径。而本案被告对原告的书面答复显然没有满足上述要求，在执行《信息公开规定》方面存在瑕疵。②被告可以同意原告的信息查阅请求。被告之所以没有同意原告的信息查阅请求，很重要的原因之一是由于错误地理解了《信息公开规定》第14条的有关内容，根据该条规定，“要求提供的政府信息属于本规定第10条第1款第2、3项情形，可能影响第三方权益的，除第三方已经书面向政府机关承诺同意公开的外，政府机关应当书面征询第三方的意见。第三方在要求的期限内未作答复的，视作不同意提供。”被告认为原告要求提供的政府信息属于该条规定的应当书面征询第三方意见的范围，故向相关房屋的现有产权人书面征询意见，未获答复，于是拒绝了原告的信息查阅请求。事实上，《信息公开规定》第14条所规定的应当书面征询第三方意见的信息只有两种，一是属于商业秘密或者公开可能导致商业秘密被泄露的信息，二是属于个人隐私或者公开可能对个人隐私权造成不当侵害的信息。本案原告要求公开的信息并不属于上述任何一种，被告完全没有必要征询房屋现有产权人意见，完全可以自行决定同意原告的信息查阅请求。可见，行政机关在理解和执行信息公开相关法律、法规、规章方面还有不少需要完善的地方。

案例57　政府规章的法律正当性审查
——李×不服上海市市政工程管理局行政征收案[1]

【案情摘要】

原告：李×

被告：上海市市政工程管理局

2005年8月11日，原告驾驶江苏牌照小轿车在沪宁高速公路上海出口处江桥征收稽查站进入上海时，被告根据《上海市贷款道路建设车辆通行费征收管理办法》（以下简称《征收管理办法》）的规定由其下属征收站向原告收取了通行费人民币30元，并出具收据凭证。收据显示收款单位为上海市市政工程管理局，收费用途是“偿还贷款”。通行费专用收据上还注明：本票系对进入本市机动车辆收取的贷款道路通行费凭证，出入各道口时实行单向一次征收，凭票过境，入境一次，收费一次。境内7日有效，超过7日仍未出境的车辆，按本市车辆标准缴费。同时，通行费专用收据上注明了收费标准。

原告诉称：被告向原告作出的征收行为违法。该行为所依据的《征收管理办法》的规定内容明显违反了《公路法》、《城市道路管理条例》、《收费公路管理条例》和国务院办公厅国办发［2002］31号文的规定，被诉征收行为属国务院明令禁止的将非贷款、非经营性道路与贷款和经营性道路捆绑收费、平摊收费的行为，同时也没有公开告知收费年限。故请求法院确认被告向原告征收通行费的具体行政行为违法，并要求被告退还通行费人民币30元。

被告辩称：《征收管理办法》系上海市人民政府根据法律规定在其行政职权范围内制定的地方规章，在本市范围内实施执行。该规章的内容与上位法不相抵触，且符合上海行政区划地域空间小、交通流量大、道路拥堵严重的实际状况。

[1] 参见张海棠主编：《2007年上海法院案例精选》，人民法院出版社2008年版，第365～369页。

被告依据《征收管理办法》作出的被诉具体行政行为认定事实清楚、程序合法，适用法律正确，请求法院驳回原告的诉请。

根据《立法法》第73条的规定，上海市人民政府作为直辖市人民政府可以根据法律、行政法规及地方性法规，制定规章。因此，上海市人民政府制定并实施《征收管理办法》，并未超越立法法赋予地方政府的法定权限。国务院《收费公路管理条例》第59条规定："本条例施行前在建的和已投入运行的收费公路，由国务院交通主管部门会同国务院发展改革部门和财政部门依照本条例规定的原则进行规范。具体办法由国务院交通主管部门制定。"明确了按照该条例所设立的原则和目的对已有的收费道路加以规范的要求。《收费公路管理条例》第29条亦规定了收费公路管理以"不得造成车辆堵塞"即保障交通流畅为原则。上海市人民政府结合上海实际交通拥挤状况，制定的《征收管理办法》这一地方规章与高位阶法《公路法》、《城市道路管理条例》、《收费公路管理条例》中涉及的有关贷款道路征收车辆通行费的规定不存在抵触，符合法律法规设立贷款道路征收车辆通行费内容的特定目的和原则，符合公共利益。该规章规定的收费方式不存在国办发［2002］31号文所规范和制止的为追求地方和部门利益有意加重群众负担的目的，相反，有利于城市交通秩序的顺畅，有利于实现公平与效率的平衡。从这一评判标准考虑，《征收管理办法》作为地方规章与整个道路管理法律体系具有统一性，其规定的内容应成为被告作出具体行政行为时必须遵循的规范性依据。

本案中，首先，被告上海市市政工程管理局作为上海市贷款道路建设车辆通行费征收的行政管理部门，经《征收管理办法》规章授权具有向本市及进入本市的机动车辆征收通行费的执法主体资格，法院对此予以确认。其次，被告在具备收费许可证的条件下，事先在收费口明确公示收费标准，向行政行为相对人作出释明，事后按《征收管理办法》的规定向原告出具收据凭证，收费程序正当、合理，法院对此亦予以确认。最后，被告根据《征收管理办法》第4、9条的规定及沪市政计（2003）869号通知所确定的标准，向进入本市的原告车辆征收30元通行费，未超出法定的征收种类和幅度，收费站点的设置亦符合国务院《收费公路管理条例》第29条的规定要求，被告相关答辩意见能够成立，法院确认被诉具体行政行为认定事实清楚，且执法目的与动机并无不当。

综上所述，被告作出的向原告征收通行费的被诉具体行政行为认定事实清楚，适用法律、执法程序和执法目的并无不当。原告要求确认被诉具体行政行为违法之诉请，法院不予支持。此外，原告要求被告退还通行费人民币30元之诉请，因缺乏相应的事实证据及法律依据，法院亦予以驳回。据此，依照最高人民法院《关于执行〈中华人民共和国行政诉讼法〉若干问题的解释》第56条第4

项之规定，判决驳回原告李×要求确认被告上海市市政工程管理局向原告征收上海市贷款道路建设车辆通行费的具体行政行为违法的诉讼请求；驳回原告李×要求被告上海市市政工程管理局向原告退还上海市贷款道路建设车辆通行费人民币30元的诉讼请求。

【提示与讨论】

本案的案情并不十分复杂，因此比较容易认定该行政征收行为中的法律关系。其中，涉及到一个非常具有价值的行政法理问题，即政府规章的法律正当性审查问题。我们知道，近几年来下位法和上位法相抵触的现象屡屡发生，有相当一部分是涉及政府规章与行政法规及法律相抵触的情况。在绝大多数情况下，当部门规章与行政法规及法律发生抵触时，其法律正当性就会受到挑战。某一部门规章是否具有正当性，直接关系到它是否具有法律效力，是否能够在现实生活中普遍适用等一系列重大问题。

根据法律位阶的一般原理，在法律体系内部，上位阶法律与下位阶法律之间在价值选择上是一个统一体，上位阶法律是下位阶法律发挥效力的依据和基础，下位阶法律不得同上位阶法律相冲突。在宪政秩序的框架下，由于宪法在一国法律体系中居于最高的法律位阶，因此，任何法律规范只有以宪法为基础，才能获得正当性的根据。基于此，下位阶法律的正当性需要从以下两个层面加以考察：①合法性层面，②合宪性层面。只有同时具备这两个层面的要件，下位阶法律才是具有正当性的。

那么如何才能够使制定的法律规范具有正当性（即既具有合法性又具有合宪性）呢？我们认为，解决这个问题不能仅从法律规范本身去寻找答案，还必须考查法律规范的形成过程。概而言之，任何法律规范（包括部门规章在内）要想获得法律正当性，都必须满足以下两个要件：①立法主体需具有正当性。因为法律的正当性首先来源于立法者拥有立法的资格权力，这种权力决定了它所颁布的命令具有强制约束力。如我国《宪法》第58条规定："全国人民代表大会和全国人民代表大会常务委员会行使国家立法权"。这些规定意味着除了宪法明确授权的机关以外的机关不能进行立法，否则制定出来的法律不具有正当性。除了法律以外，在一国的法律体系中还存在着大量的法规、规章，这些法规、规章的制定主体也必须具有正当性，即必须获得法律的授权。没有获得法律授权的机关、组织不能制定法律规范，否则不具有正当性。②法律规范在形成过程中必须具备目的的正当性、内容的正当性以及程序的正当性。其中，目的的正当性在于法律必须符合保护公民合法权利的目的，并且有助于公共利益的维护和社会福祉的增进；内容的正当性在于当行政法规、部门规章等下位阶法律为执行法律需要把法律具体化而制定实施细则时，其内容必须符合法律的精神和原则；程序的正当性在于立法机关在实施立法活动时必须遵循法定的程序规则。

厘清了法律正当性这一行政法理之后，我们再来看本案中争议焦点——《征收管理办法》是否具有法律正当性。本案审判机关上海市卢湾区人民法院认为，首先，该《征收管理办法》的制定主体是适格的，其次，其不存在与上位阶法律相抵触的情形，符合目的正当性、内容正当性等要求。因此，法院判定上海市的该政府规章是正当的，应作为被告做出具体行政行为的法律依据。基于此，法院做出了驳回原告诉讼请求的判决，我们认为该判决结果是合理的。

第五节　行政法规、规章以外的行政规范性文件

行政规范性文件是指国家行政机关为执行法律、法规和规章，对社会实施管理，依法定权限和法定程序发布的规范公民、法人和其他社会组织行为的具有普遍约束力的政令。行政规范性文件是一种特殊政令，而不是行政立法；行政规范性文件不是一般政令，而是一种具有普遍约束力的政令；行政规范性文件是行政机关为执行法律、法规、规章，对社会进行管理而实施的一种抽象行政行为；行政规范性文件是行政机关发布的用以对社会进行管理、规范公民、法人和其他组织行为的政令。

第一，行政规范性文件是我国行政法体系的有机构成。法律作为一个总的概念就其本质而论是对国家意志的一种表达，而国家意志具有抽象性和具体性之分。一般而论，作为国家立法机关所表达的国家意志是比较抽象的国家意志，而具体的国家意志还需要诸如行政机关等这样的执行机关来表达。行政规范性文件属于抽象行政行为的说法虽然并没有错，但这种说法是就行政规范性文件的产出过程而言的，而不是从行政规范性文件对社会成员的关系而言的。总之，行政规范性文件不能被简单的视为是一种政府行为，也不能简单的视为是行政法制度中的一种现象，或者行政法的一种规制对象，而应不折不扣的视为我国行政法体系的构成部分，视为行政法的一个基本法源。若能确立行政规范性文件作为行政法有机构成部分的地位，我们便能够像制定《立法法》那样制定对行政规范性文件进行有效规制的规则，或者我们在修改立法法时加进对规范性文件进行法律调整的内容。对其名分确定以后进行约束的方便程度要比其在没有相应名分下进行约束来得方便一些，这是不言自明的道理。

第二，行政规范性文件应以规范名称和制定主体相结合确定其等效。行政规范性文件的制定主体有三种情形。第一种情形是无规章制定权的行政主体享有行政规范性文件的制定权，如广大的地级市和县级市的人民政府、乡镇人民政府、

省级人民政府职能部门等；第二种情形是有规章制定权的行政主体享有行政规范性文件制定权，如省、较大的市的市的人民政府，国务院的职能机构等；第三种情形是有行政法规制定权的行政主体享有规范性文件制定权。无规章以上行政法文件制定权的机关制定的规范性文件可以依机关的等级不同而确定其等效，但其制定的规范性文件其地位显然是低于行政规章的。而有行政法规制定权的机关制定的行政规范性文件其地位如何却是有必要认真思考的，这一问题的复杂性使一些学者对这一问题常常采取不大严肃的回避态度，如有学者就将行政规范性文件限制在没有规章制定权的行政主体制定的规范性文件之中。行政规范性文件在法律地位中最为突出的就是其等效问题，所谓等效就是指其在行政法规范体系中与其他法律形式的关系，而不是指其对人、对事、对空间、对时间的效力。由于制定主体的复杂性便出现了最高行政机关和高级行政机关制定规范性文件的状况，这便引出了较高地位的行政机关制定的行政规范性文件其效力是否要低于比制定机关地位低的行政机关制定的行政规章，具体地说，省级人民政府、国务院职能部门制定的行政规章是否要高于国务院制定的行政规范性文件。这样的问题在我国行政法治实践中已经遇到过，在规章和国务院的规范性文件冲突以后究竟何者效力为大，这一问题在行政法理和有关的行政解释中还没有一个满意的说法。笔者认为，在我国行政规范性文件法律制度还不健全的情况下，应当采取比较折衷的处理方式：①原则上行政规范性文件在规章的地位之下，将其作为行政法的渊源，但必须排列在规章之后。②若最高行政机关发布的规范性文件在实施中与规章有冲突则可以由有关部门交由最高行政机关处理，不过依我国行政系统中低层行政机关服从高层行政机关的原则，在没有相应的机制解决高层机关规范性文件与规章冲突的制度下，低层行政机关应当服从高层级行政机关的规范性文件。随着我国政府法制的完善是否应当严格限制各种行政法文件的对应主体则是一个值得探讨的问题，例如，是否可以严格地将行政规范性文件的制定权限制在尚无规章、行政法规制定权的行政主体之中，若某个行政主体有权制定行政规章以上的行为规则，是否应限制其制定行政规范性文件的权力，这些问题都是应当从理论上予以阐释的。

第三，行政规范性文件具有次级强力性。行政规范性文件在诸多方面亦具有强制力，且强制力的形式表现得极为复杂。目前我国行政规范性文件包括了形形色色的强制条款。行为规则所具有的强制力最能反映其在规则体系中所处的地位，因此，行政规范性文件强制力的确定就成为其法律地位的重要内容。我们认为：①必须确立行政规范性文件具有强制力的地位，若不给行政规范性文件一定的强制力其就很难发挥对社会关系进行调整和对社会事态进行规制的作用。②行政规范性文件的强制力必须限制在一定的范围内。例如，《行政处罚法》就限制了行政规范性文件对行政处罚的设定权。我们认为是否采取限制措施是无关紧要的，而最为关键的是必须把行政规范性文件的强制力与规章以上行政法规范确定的强制力衔接起来，使其具有次级的强制力。所谓次级强制力就是其他行政法渊源已经规定了强制手段的情况下，行政规范性文件只能结合本地的实际对上位规则的强制性予以具体化，这要求规范性文件在确定强制手段等时必须有充分的上位行政法依据，而目前我国行政规范性文件在此方面存在许多问题，既享有次级的强制力又必须严格的确定强制力的范围是行政规范性文件法律地位的又一属性。

由于规范性文件具有非常重要的调控功能，因此，行政规范性文件与行政机关的行政措施不是同一意义的概念。但是，不能因行政规范性文件对社会关系具有调控功能而将其混同于行政法的其他渊源形式，行政规范性文件规制和调整方式主要表现在下列方面。

第一，规制和调整领域的正式规则剩余性。《立法法》第 1 条规定："为了规范立法活动，健全国家立法制度，建立和完善有中国特色社会主义法律体系，保障和发展社会主义民主，推进依法治国，建设社会主义法治国家，根据宪法，制定本法。"其明确指出了该法的目的是规范政府的立法行为，该法随后对目前我国法律形式作了列举规定，其所列举的法律形式有：法律，即由全国人民代表大会及其常务委员会制定的行为规则；行政法规，即由国务院制定的调整行政活动关系的规则；地方性法规，就是由省、较大的市的人大及其常委会制定的规则；规章，包括中央规章和地方规章两个范畴，前者由国务院的部委制定，后者由省、较大的市的人民政府制定；自治条例和单行条例，即在少数民族地方适用由民族自治机关的人民代表大会制定的有关的行为规则。上列反映在立法法中的法律形式我们可以称为正式规则。显然，行政规范性文件由于没有被立法法所认同和调整，故而，其只是正式规则以外的规则。关于正式规则所能够规制的事项和所能够调整的社会关系，立法法都作了列举规定，如第 73 条规定："……地方政府规章可以就下列事项作出规定：①为执行法律、行政法规、地方性法规的规定需要制定规章的事项；②属于本行政区域的具体行政管理事项。"显然，规章以上的法律渊源形式所能够规定的事项行政规范性文件就不能再作出规定，否则既多此一举又有越权之嫌。所以，规范性文件调整方式的第一个方面就是规制和调整正式规则所剩余的事项。所谓剩余的事项是指正式规则对这些事项没有必要作出规定而不是正式规则来不及规定的事项。就是说，在对社会关系进行规制和调控的过程中，每一种法律形式都有其规制对象的相对确定性，如民事、刑事方面的社会关系一般只能由法律作出规定。而由于立法技术等方面的限制，常常是某一形式的正式规则来不及对应当规定的事项作出规定，对于这种来不及规定的事项不能视为剩余事项，也就是说，行政规范性文件不能对规章以上规则本该规定但尚未规定的事项作出调整。这是规范性文件调整方式中最为基本的。

第二，规制和调整过程的随机性。所谓调整过程是指行为规则与社会事态结合的方式以及结合后所表现出来的关系形式。我们知道，任何属于法律渊源的行为规则都必须对应一定的社会关系和社会事态，如果把法律规则作为一个外壳看待的话，其所涉及的事态则是它的内核。抽象的法律规则与客观事态的结合便构成了法律规则与调整事态的基本行为状态。考察行为规则的规制程度便有了两个方面的变量：①行为规则与客观事态是如何结合在一起的。我们发现，不同层次的法律规则与社会事态在结合过程中表现出了极大的不同，一般来讲，行为规则的层次越高，其与客观事态的结合过程就愈缓慢，即其既不能迅速与社会事态紧密地联系在一起，又不能迅速对新的社会事态作出感应。如宪法规则是一个国家社会生活中最高的行为规则，然而，宪法在起初对社会事态的规制就表现得较为迟缓，而对新变化的社会事态也难以及时作出感应。反之，行为规则的层次越低其与社会事态的结合就愈加敏捷，如规章在规范社会关系时就要比法律灵敏得多。②行为规则与客观事态结合在一起以后解除的程度。行为规则与社会事态的结合会随着时间的发展而变化。而这种变化也因行为规则层级的高低不同而有所不同。行为规则的层次越高其与已经结合的社会事态之间的关系愈难以解除，反之，行为规则层次越低其与社会事态之间的关系就愈容易分离。我们将这种结合过程缓慢而结合以后关系形式相对牢固的状态称之为稳定性调整，而将结合过程快捷，结合以后关系形式表现松散的状态称之为随机调整。不言而喻，行政规范性文件对社会事态的调整过程是以后者出现的，即其对社会关系和社会事态的规制和调整是随机性的。这从行政规范性文件的数量、内容等可以得到印证。同时，我们可以通过一个规范性文件的内容看到这种调控过程的随机性，规范性文件调整过程的此种随机性是规章和其他法源所不具备的。

第三，规制和调整对象的弱普遍性。任何行为规则的规制对象都不外三个方面：①一定的地域范围，就是在多大的地域范围内发生作用，对多大的地域范围有法律上的规制意义，如地方政府规章只能在其所辖的区域内发生作用；②一定的人和组织范围，就是其对什么人或者什么类型的组织发生作用，如税务行政规范的行为规则只对纳税人有法律意义；③一定的事件，就是其对什么样的事件发生作用。如物价管理的规章只对物价方面的事态发生效力。上列三个方面都有特定性与非特定性、普遍性与非普遍性之分，所谓特定性就是指其所对应的是具体的人、具体的事、具体的区域。所谓普遍性就是指其对应的人、事、区域是非特定的。人们常常在论证法律规则时认为法律规则是一些普遍性规则，在行政法学领域人们普遍认为具体行政行为针对特定的人、特定的事，而作为规范性文件针对的是非特定的人、非特定的事。其实这种说法有一定的缺陷。我们注意到，在行为规则所涉及的人、事、区域等方面有时既不是特定的又不是普遍的，而介于特定与普遍之间的并不在少数。也就是说，行为规则有时所涉及的是一些介于普遍与特定之间的情形。行政规范性文件所规制的对象大多都是这种具有一定普遍性但又不完全普遍的人或事，我们将这种介于普遍与特定之间的情形叫做弱普遍性。如果说规章以上的行政法法源主要是普遍适用的话，那么，规范性文件则是一种弱普遍性的适用，这从深层次反映了行政规范性文件既属立法又属行政行为的特点。

在行政法治实践中经常遇到以下几类问题：①低层规范性文件对高层规范性文件的服从；②规范性文件的效力；③规范性文件的行政复议等。

案例58　低层规范性文件对高层规范性文件的服从

——×省人民政府撤销×市人民政府规范性文件案

【案情摘要】

×省人民政府为了加强省会城市生猪屠宰管理，实施放心肉工程，于1998年8月25日以×政办函〔1998年〕×号文件对该市生猪屠宰市场作出了一些规定，该文件第2项规定："目前，少数个体屠宰户肉品经营户曲解×省人民政府×政电〔1998年〕×号文件精神，公开销售私宰肉品，并抵制工商管理执法人员检查，这些行为是错误的，必须坚决制止和纠正。根据国务院有关文件的精神，确定生猪屠宰定点中，要防止国有肉联厂家经营的倾向，要根据实际需要，合理确定定点数量，只要达到规章条件，允许多种经济成分竞争。根据全省全面推行生猪定点屠宰的实际，凡是经批准的定点屠宰厂（场）屠宰或经畜牧部门检查合格的（生猪）白肉，凭屠宰厂（场）证明和检疫证明可以进城交易；未经批准的定点屠宰厂（场）屠宰、检验及私屠滥宰的（生猪）白肉，禁止进城交易。×市要加大工作力度和宣传力度，针对当前出现的问题，采取有效措施，切实加以整改，进一步加强生猪定点屠宰及肉品市场管理工作，确保人民群众吃上放心肉，确保市场肉品正常供应，确保肉品价格基本稳定。"就在×省这一生猪屠宰管理规范性文件出台后的第6天，即1998年8月31日，×市人民政府便发布了一个相应的规范性文件，名为：《×市人民政府关于进一步加强生猪屠宰管理的紧急通告》。该通知第2项规定："禁止外埠和本市其他区县的白条猪肉进入城区销售。"显然，×市人民政府的这一规范性文件不但没有贯彻×省人民政府的文件精神，反而有意与×省人民政府的文件相对抗。依×省人民政府的文件，外地猪肉可以进入×市市场进行销售，而×市人民政府的文件则禁止外地猪肉进入×市市场销售，是一个典型的地方保护主义的规范性文件。由于两个文件之间的冲突使外地生猪经营商贩无所适从。×市规范性文件在第4项还作出这样的规定："宾馆、饭店及生猪肉制品加工经营单位和机关、团体、部队、学校、企业、事业单位，应建立健全肉品购销登记管理制度，不得购买非本市和非定点屠宰厂或无证照经营者销售的肉品。"此规定给外地生猪经营者到×市经营带来很大麻烦，一些商贩纷纷向×省人民政府反映。1998年11月×省人民政府依法撤销了《×市人民政府关于进一步加强生猪屠宰管理的紧急通告》中的一些内容，允许外地合格猪肉进入×市销售。

【提示与讨论】

本案×市人民政府发布《×市人民政府关于进一步加强生猪屠宰管理的紧急通告》这一事实应从两个方面来认识。第一个方面是×市人民政府发布该文件的行政行为。第二部分是该文件的具体内容。×市人民政府发布该文件的行为性质应当认定为对抗上级指示的行为。×省人民政府发布的《关于×市加强生猪屠宰管理实施放心肉供应工作有关问题的通告》旨在一方面规范×市的生猪屠宰和销售市场，让市民吃上放心肉，另一方面旨在搞活×市乃至于全省的经济，允许外地猪肉进行交易。而×市人民政府发布的紧急通知，其宗旨不是贯彻×省人民政府的文件精神，而是对抗×省人民政府的文件精神，且有极强的针对性，主要是限制外地生猪进入×市交易。与×省人民政府维护生猪屠宰与销售秩序，搞活市场的宗旨完全相反，是典型的下级对抗上级的行为。×市人民政府发布的这一紧急通知从内容上讲是没有法律根据的。在实质上属于地方保护主义的行政管理规范性文件。尤其市场经济下，发布带有明显地方保护色彩的行政行为与国家的法律和方针政策唱反调，其性质、情节都是恶劣的。基于上述两个方面的基本事实，×省人民政府撤销其通告的行为就是理所当然的。

×省人民政府在《关于×市加强生猪屠宰管理实施放心肉供应工作有关问题的通告》第1项中规定："近年来，你市认真贯彻落实国务院发布的《生猪屠宰管理条例》及有关文件精神，按照'定点屠宰、集中检疫、统一纳税、分散经营'的方针，采取有效措施，加强肉品市场管理，制止生猪屠宰点过多过乱及滥屠滥宰现象，在全市实现了定点屠宰；同时实行肉品市场'划片供应、分区管理'的办法，基本保证了广大群众吃上'放心肉'，维护了群众的利益，工作是有成效的。"第2项规定外地生猪可以在×市销售。从这些规定看，×省人民政府撤销×市人民政府规范性文件所适用的行政法规是国务院制定的《生猪屠宰管理条例》和×省人民政府制定的上述规范性文件，所适用的程序规则是《地方各级人民代表大会和地方各级人民政府组织法》第59条的规定，该条规定县级以上地方各级人民政府有义务执行上级国家行政机关的决定和命令，规定行政措施，发布决定和命令。上级行政机关有权领导下级行政机关的工作，有权改变或者撤销下级人民政府的不适当的规定、命令。根据上述实体法和程序法×省人民政府撤销×市人民政府的规范性文件，适用法律是准确的。

笔者认为，本案中×省人民政府发布的《关于×市加强生猪屠宰管理实施放心肉供应工作有关问题的通告》和《×市人民政府关于进一步加强生猪屠宰管理的紧急通告》都是规章以下的行政规范性文件。从性质上讲，两个属于同一性质的行政法渊源，但是，行政规范性文件的数量、种类都要多于规章以上的行政法渊源，其复杂程度也大于规章以上的行政法渊源。规章以上的行政法渊源其效力等级从名称上就可以反映出来，如行政法规低于法律、地方性法规低于行政法规、规章低于地方性法规等。而行政管理规范性文件本身也有一个效力等级上的差别。如本案中两个规范性文件之间就存在效力等级上的差别。×省人民政府制定的规范性文件的效力高于×市人民政府制定的规范性文件。由于规范性文件有高层与低层之分，在层次关系上必须保持严谨性。低层必须服从高层，更不能与高层的精神相对抗。本案×市人民政府制定的低层规范性文件公然与比它层次高的×省人民政府的规范性文件相对抗，是一种典型的行政违法行为。其内容旨在保护地方的狭隘利益，与宪法原则也是背道而驰的。行政规范性文件由于属抽象行政行为的范畴，因而，在我国还不能通过司法程序纠正错误、违法的行政规范性文件，只有通过人民代表大会的监督和上级人民政府的监督予以纠正，在此方面尚未有严格的程序规则。本案×省人民政府发现×市人民政府的规范性文件有不当行为后，及时予以撤销是正确的。

案例59　行政规范性文件的效力
——葛××不服被告中国银行业监督管理委员会上海监管局金融行政处罚案[1]

【案情摘要】

原告（上诉人）：葛××

被告（被上诉人）：中国银行业监督管理委员会上海监管局

2001年12月，中国人民银行下发了《中国人民银行关于加强对农村信用社监管有关问题的通知》（银发［2001］396号，以下简称396号文），该文明确规定“农村信用社今后不得再与证券公司、投资公司等机构进行委托债券投资活动”。但上海市南汇区农村信用合作社联合社（以下简称南汇联社）在明知396

[1] 参见张海棠主编：《2007年上海法院案例精选》，人民法院出版社2008年版，第370～376页。

号文规定的情况下，仍委托证券公司买卖国债。2004年7月，被告中国银行业监督管理委员会上海监管局（以下简称上海银监局）对南汇联社2002年1月份以来国债投资新增额以及2004年3月末南汇联社国债投资情况进行了现场检查，认定南汇联社从2002年起在证交所市场通过购买国债收取券商提供的固定收益率的债券投资行为，违反了396号文的规定，属违规投资行为，并认定原告葛××作为南汇联社副主任对此负有直接领导责任。2005年4月1日，被告作出《行政处罚意见告知书》，拟对原告作出取消金融机构高级管理人员任职资格5年的行政处罚，并于4月8日向原告发出。原告于4月11日提出听证申请，被告于4月29日举行听证会。在听取原告的申辩和陈述后，被告扣减了原告任南汇联社副主任之前的违规投资金额，并相应调减了处罚年限，于8月23日作出了取消原告金融机构高级管理人员任职资格3年的行政处罚决定，并于9月6日送达原告。另查明，被告亦对南汇联社原主任陆××作出了取消其金融机构高级管理人员任职资格3年的行政处罚。

原告葛××诉称：被告作出的沪银监罚字［2005］9号行政处罚决定认定事实不清，依据不足，程序不当。原告任职期间所发生的国债投资决策由南汇联社资产负债管理委员会作出，不应由原告直接负责；南汇联社营业范围包括买卖政府债券，故11 600万元国债投资业务未超业务范围经营；处罚决定书所依据的396号文未下发到南汇联社，不应作为处罚依据；被告逾期送达行政处罚决定，构成程序违法。故原告要求法院撤销被告作出的沪银监罚字［2005］9号行政处罚决定书。

被告上海银监局辩称：原告违法事实清楚，证据确凿。南汇联社没有通过全国银行间债券市场购买并在中央国债登记结算有限公司办理登记、托管手续的国债投资行为违反了396号文；南汇联社国债业务由资产负债管理委员会决策，但原告于2002年3月25日被授权分管国债投资业务，负责该项业务的日常管理，且原告作为决策成员之一在资产负债管理委员会的决策会议上，在明知396号文规定的情况下对上述违规业务并未表示反对，并在相关国债投资划款凭证上签字，故原告应对南汇联社的违规国债投资行为承担直接领导责任。此外，被告作出的处罚依据正确、量罚合理，程序合法，故请求法院予以维持。

法院经审理认为：

1. 上海银监局适用396号文认定南汇联社超业务范围经营事实清楚、证据确凿。396号文是中国人民银行下发给各分行、营业管理部的通知，396号文明确农村信用社不得再与证券公司、投资公司等机构进行委托债券投资活动。但南汇联社在知晓上述禁止性规定的情况下，仍委托证券公司在上海证券交易所市场开展国债投资业务。故被告适用396号文认定南汇联社超业务范围经营，根据《金融违法行为处罚办法》第9条第1款“金融机构不得超出中国人民银行批准的业务范围从事金融业务活动”作出该处罚。从其性质来看，396号文不属于国务院部门规章，只是国务院的职能部门为了实施行政措施而作出的规范性文件。但在执法实践中，行政机关往往将其作为具体行政行为的直接依据，本案便是如此。对人民法院而言，这类规范性文件不是正式的法律渊源，因而在合法性审查中对人民法院不具有法律规范意义上的约束力。但是，对这类规范性文件一律摒弃是不恰当的。那么，396号文是否合法、合理、适当呢？从2003年《中国人民银行法》第2条第2款的规定来看，中国人民银行是国务院领导下的金融业监督管理机关，因此，人民银行有权对各分行、营业管理部作出金融监管方面的指示和命令。而396号文正是中国人民银行在2001年下发的关于加强对农村信用社监管的通知，因此396号文的制定并未超越中国人民银行的法定职能，故不存在违法的问题。另外，从其内容上来看，396号文的规定也是合理的，396号文提出，农村信用社债券投资应立足当地，服务“三农”，在确保支农资金需要的前提下，资金仍有富余的，才可以适当用于债券投资；但债券投资的种类必须限于国债、政策性金融债券等，交易市场必须是银行间债券市场，且必须在中央国债登记结算有限公司开立托管账户。可以说，396号文对农村信用社债券投资的业务范围和投资渠道的严格规定，一方面吻合了农村信用社取之于农、用之于农的设立初衷，另—方面，也可以切实防范投资风险。所以，在判断本案南汇联社是否违规经营时，法院承认了396号文的效力，从而认定本案被告作为目前银行业的监督管理机关，以396号文为依据认定南汇联社超业务范围经营是正确的。

2.《金融违法行为处罚办法》可以适用于南汇联社的违规行为。原告提出，《金融违法行为处罚办法》第31条第1款规定：“对证券违法行为的处罚，依照国家有关证券管理的法律、行政法规执行，不适用本办法。”南汇联社买卖国债系证券违法行为，因此，被告适用《金融违法行为处罚办法》第9条第1款处罚原告是错误的。单从该办法第31条的规定和南汇联社的违规买卖国债现实来看，原告的主张似乎是有道理的。但对法律条文的解释和运用，还需结合立法背景、宗旨、上下文以及其他相关法律法规的规定来看。首先，从立法背景来看，广义上的金融业包括银行业、证券业和保险业，目前对这三大行业的监管机关已相继设立，分别有银监会、证监会和保监会。因此，办法第31条主要表明，对由中国证券监督管理委员会和中国保险监督管理委员会分别监管的证券机构和保险公司违法行为的处罚不适用该办法，以此区分三大行业。其次，从《金融违法行为处罚办法》第2条和第3条的规定可以看出，该办法主要适用于对中国人民银行（现为银监会）所监管的金融机构违反金融管理规定的行为的处罚。南汇联社系先由中国人民银行上海分行后由被告监管的金融机构，其国债投资违反的是中国人民银行的金融管理文件，故被告就南汇联社的违法行为根据该办法对其高级管理人员实施处罚并无不当。再次，南汇联社不构成证券违法行为。南汇联社的国债投资，违反的并不是证券法律法规，而是银行监管部门的规定。证券法律法规对投资主体并无限制，因此南汇联社委托证券公司在上海证券交易所市场从事国债投资并不违反证券法律法规关于投资主体、渠道、种类的规定，但是，南汇联社作为银监会监管下的金融机构，其业务范围由银监会批准，投资方式和种类也必须服从银监会的监管，其对396号文的违反，构成了金融违规行为。因此，原告认为南汇联社构成证券违法故不适用办法的主张不能成立。

3. 行政处罚决定逾期送达不影响处罚决定的合法性。原告提出，被告在8月23日作出处罚决定，9月6日才送达，送达已经超过了《银监会行政处罚办法》中7日内应送达的规定，故被告程序违法。从该规定的内容来看，被告的送达确已逾期，但该逾期送达并不足以以程序违法为由否定本案行政处罚决定的合法性。理由在于：首先，行政诉讼意义上的程序违法具有严格限定，一般的瑕疵如不影响相对人的合法权益则不能轻率地挂以“程序违法之名”。因为行政执法所强调的程序，目的在于通过程序正义辅佐实体正义，只要是以正当法律程序作出了行政决定，该行政决定就不构成程序违法。正当法律程序建立在自然公正原则基础之上，其意义就是公正行使权力，要求行政机关对当事人作出不利的决定时，必须听取当事人的意见，正当的法律程序虽然没有一定的模式，但最低限度是当事人应具有申辩的机会，在不同的程度内参与到行政决定的程序。具体而言，当事人在受到对其不利的处理决定前，有权进行陈述和申辩，另外，行政机关还必须对其拟作出的行政决定说明理由，让相对人知晓整个行政决定的过程、根据和理由。允许当事人陈述和申辩，既可以是正式程序如听证，也可以是非正式程序，但无论何种程序都必须保障当事人充分发表意见的权利。本案中，被告在作出行政处罚决定之前对原告进行告知，并应原告的申请举行了听证会，在听取原告的申辩意见后，扣减了处罚年限，故被告的处罚未违背正当法律程序。其次，行政决定一经作出即有确定力和执行力。其是否公正、合法、合理，以作出之日之前的程序和实体证据为判断依据，而不以其后的送达和执行作标准。送达逾期固然是违反了法律法规关于送达时间的规定，但逾期与否对当事人的权益没有任何影响，也不影响当事人的救济权利。因为行政相对人起诉期限的计算以其知晓行政行为的内容时起算。因此，不能因为逾期送达就认为处罚决定构成应予撤销的理由——程序违法。当然，在合法性审查中，虽然逾期送达并不影响行政行为的合法性，却影响了行政机关的形象，应当在诉讼过程中向行政机关指出。

法院根据上述认定的事实和判案理由，根据全国人民代表大会常务委员会《关于中国银行业监督管理委员会履行原由中国人民银行履行的监督管理职责的决定》、《银行业监督管理法》第47条、《金融违法行为处罚办法》第9条以及《金融机构高级管理人员任职资格管理办法》第28条第1款以及《行政诉讼法》第54条第1项之规定，判决维持被告上海银监局于2005年8月23日作出的取消原告葛××金融机构高级管理人员任职资格3年的沪银监罚字（2005）9号行政处罚决定。

原告葛××对一审判决不服，在法定期限内上诉于二审法院。之后，上诉人自愿提出撤诉申请，二审法院经审查，裁定准许上诉人撤回了上诉。

【提示与讨论】

本案是围绕中国人民银行制定的规范性文件的适用问题而引发的争议。围绕这一问题，本案的关键问题具体表现为以下三点：①被告上海银监局是否可以依据中国人民银行制定的规范性文件对原告的违规行为进行定性；②如果被告可以依据该规范性文件对原告的行为进行定性，那么，对于原告的违规行为被告是否可以适用《金融违法行为处罚办法》进行处罚；③如果被告可以依《金融违法行为处罚办法》对原告进行处罚，那么，其处罚行为是否合乎法律的实体性和程序性规定。从这三个问题的相互关系来看，它们之间是相互联系的。如果前一个问题的答案是否定的，那么就没有回答第二个问题的必要，也就是说，前一个问题的成立是后一个问题存在的前提。笔者认为，本案的焦点在于中国人民银行制定的规范性文件的适用，或者说该案的焦点在于中国人民银行制定的规范性文件的效力，该效力涉及对原告的拘束力、对被告行政处罚行为的执行力以及对人民法院审判活动的适用力三个层面。而其它两个问题相对而言则是较为容易处理的。在讨论中国人民银行制定的规范性文件的适用问题之前，我们首先必须对规范性文件进行定性。

从理论层面来看，中国人民银行下发的396号文件属于行政规范性文件。行政规范性文件是指国家行政机关为执行法律、法规和规章，对社会实施管理，依法定权限和法定程序发布的规范公民、法人和其他社会组织行为的具有普遍约束力的政令。从性质上来看，行政规范性文件是一种特殊的政令，其特殊性表现为其具有普遍的约束力。在实际生活中，行政主体在很多情况下都会直接依据行政规范性文件实施各种具体行政行为，从而实现行政规范性文件的约束力，实现贯彻落实宪法、法律、行政法规、地方性法规和行政规章的原则和要求。既然396号文件属于行政规范性文件，因此自然具有普遍的约束力，进而被告可以依据该文件对原告的违规行为进行定性。

从国家关于此类问题的规定来看，最高人民法院2004年5月印发的《关于审理行政案件适用法律规范问题的座谈会纪要》中指出："规范性文件不是正式的法律渊源，对人民法院不具有法律规范意义上的约束力。但是，人民法院经审查认为被诉具体行政行为依据的具体应用解释和其他规范性文件合法、有效并合理、适当的，在认定被诉具体行政行为合法性时应承认其效力。”可见，人民法院在审理案件过程中也是承认行政规范性文件的效力的。

从这两个方面的分析可见，原告以该文件没有下发到南汇联社，不应作为行政处罚依据的看法是站不住脚的。上海市浦东新区人民法院肯定了被告396号文件对原告所具有的约束效力，进而维持了被告的行政处罚决定，这一判决结果完全符合法律的规定。

案例60　规范性文件的行政复议

——汤×不服×区教育局中考查分和阅卷处理申请对规范性文件审查案[1]

【案情摘要】

2002年7月21日，本案申请人汤×认为其当年中考成绩有误，以书面形式向×区教育局提出申请，要求复查政治、数学、物理、化学、英语等考试科目的试卷。区教育局中招办经研究后书面答复称，学生申请查分应当在规定时间内到指定地点提出，并由工作人员对卷面成绩进行核查，根据该市教育委员会和教育考试院的有关文件规定，不能对答题内容进行复查，因此拒绝为汤×查阅试卷。汤×认为区教育局拒绝为其查分和阅卷违反了《教育法》的有关规定，属违法行为，遂向×区人民政府申请行政复议，要求区人民政府责令区教育局为其查分和阅卷，同时提出对区教育局所依据的市教育委员会和市教育考试院的规范性文件的审查申请，要求确认这两个文件违法。

区人民政府受理汤×行政复议申请后，依据《行政复议法》第26条和其他有关规定，向市教育委员会发出《规范性文件转送处理函》，请市教育委员会审查处理。与此同时，区人民政府依法中止了审查。

市教育委员会收到区人民政府的信函后，依照《行政复议法》有关规定对区教育局所依据的两个文件进行了审查。市教育委员会经审查后认为：

1. 申请人具有对被申请人所依据的两个文件提出一并审查的权利。根据《行政复议法》第26条规定，行政复议申请人在申请行政复议时，可以一并提出对该法第7条所列有关规定的审查申请。本案中，区教育局所依据的市教育委员会的规范性文件及市教育考试院的规范性文件属于《行政复议法》第7条所列的范围。申请人在要求区人民政府责令区教育局为其查分和阅卷的同时要求对上述

[1] 参见青锋主编：《京津沪渝行政复议案例介绍与专家评析》，上海人民出版社2004年版，第300～304页。

两个文件进行审查，符合法律的规定。

2. 市教育委员会有权对该两个文件进行审查。根据宪法和组织法规定，各级人民政府和政府部门都有权审查、撤销自己发布的规范性文件。本案中，由于被审查的规范性文件之一是由被申请人区教育局的上级人民政府部门即市教育委员会制定发布，由市教育委员会自己审查，符合法律规定。对于由市教育考试院发出的文件，由于市教育委员会作为市人民政府教育行政主管部门，负有依法管理本市教育的法定职责，由其对该规范性文件是否合法作出判断，符合法律规定。

3. 该两个规范性文件符合有关法律法规的规定。根据《教育法》第 14 条规定，领导与管理中等及中等以下教育是省级教育行政管理部门的法定职权。本案中，市教育委员会是市政府主管教育的职能部门，依法负有领导与管理全市范围内教育工作的法定职权，为规范辖区内中等学校高中阶段招生统一文化考试，有权制定文件对有关工作进行规定。市教育考试院是承担辖区内高等、中等学校的统一考试、招生、自学考试及部分社会考试工作的事业单位法人。为保证考务工作的正常与顺利，有权制定具体工作操作规范。因此，两单位都属制定上述两个规范性文件的合法主体。这两个文件的制定和发布参照了国家教育部有关考务管理的规定，程序符合规范、内容合法有效。据此，市教育委员会认为上述两个文件合法。《行政复议法》第 26 条规定，有权处理的行政机关应当在 60 日内依法处理。据此，市教育委员会作出了该规范性文件合法、有效的判断，并在《行政复议法》规定的 60 日内向行政复议机关发出《市教育委员会关于对某区人民政府转送处理的规范性文件进行审查的复函》。×区人民政府收悉市教育委员会审查复函后，即恢复了对该具体行政行为的审查。

【提示与讨论】

《行政复议法》第 7 条将“行政规范性文件”通过行政复议而启动审查机制的规定是我国行政复议制度的一大突破，即由原来仅仅可以审查具体行政行为拓展到可以审查一定范围的抽象行政行为。然而，这一制度的法律规定在诸多方面还存在问题，本案在行政复议过程中遇到的问题就是一例。本案所涉及的主要问题是究竟谁是行政相对人一并提起的行政规范性文件的“有权处理的行政机关”。《行政复议法》及其相关法规都没有对“有权处理的机关”作出解释，由此也产生了不同的看法。

一种观点认为，我国宪法和政府组织法对我国行政机构体系进行了设计，形成了层级性的行政机构体系，各个层级之间自上而下是一种监督和被监督的关系，下级行政行为的适当与否其监督权应当在上级行政机关，各个行政机关自己对自己而言最多是一种自我约束而不是监督。《行政复议法》规定对规范性文件的审查实际上是要对规范性文件的制定过程和内容进行有效监督，以避免规范性文件违法，避免违法的规范性文件对行政相对人的权益造成侵害。从这个立法宗旨看，“有权处理的机关”不应当是规范性文件的制定机关，而应当是行政规范性文件制定机关的上级机关。行政监督是对权力行使的一种制约，就权力制约而论，内部自我制约固然是重要和必要的，但是，内部制约是不适合于对行政行为进行审查之理论的。《行政复议法》对行政复议的管辖规定得很明确，根据复议管辖的一般原则，行政机关的行政行为由上级行政机关管辖，如第13条第1款规定：“对地方各级人民政府的具体行政行为不服的，向上一级地方人民政府申请行政复议。”由作出行政行为的机关管辖的情况只是管辖原则中的一个例外，这一例外仅仅限于该法第14条的规定，即“国务院各部门或者省、自治区、直辖市人民政府”，从行政复议管辖原则的规定看，只有省级以上人民政府有审查自己所作行政行为的合法性的权力。就本案而言，行政相对人提出市教育委员会制定的规范性文件的审查权或者是该市人民政府，或者是国务院教育行政主管部门，而不应当是制定这一规范性文件的市教委。因此，某区人民政府受理行政相对人的复议请求后，应将《规范性文件转送处理函》转送给市人民政府或者教育部，由它们审查市教委制定的规范性文件的合法性。

另一种观点认为，由于《行政复议法》没有规定规范性文件复议审查中，行政复议机关应将规范性文件送至上级人民政府或制定机关审查，某区人民政府送至某市教委处理并无不当。从立法原理来看，广义的立法包括制定、修改和废止三个内容。有权制定规范性文件的权力，当然也具有审查规范性文件的权力。同级人民政府与上级主管部门可以对规范性文件进行监督与审查，但不能因此而否认制定主体的审查权。无论是来自上级的监督，还是源于自身的纠错，都是审查规范性文件的有效途径。本案中，被审查的规范性文件之一是由市教育委员会制定发布，因此由市教育委员会自己审查，也是符合规定的。对于由市教育考试院发出的文件，由于市教育委员会作为市人民政府教育行政主管部门，负有依法管理本市教育的法定职责，由其对该规范性文件是否合法作出判断，符合法律规定。但是，制定规范性文件的上级机关进行审查可能更好一些。即使由制定机关进行审查，也应当在规范性文件处理决定中写明自己有权处理这一规范性文件的具体依据，不能笼统地讲“根据宪法和组织法规定”。

总之，行政规范性文件的行政复议问题还在尝试和探索阶段，其中诸多操作层面的问题还需从理论上进行深入探讨。国务院或者全国人大尽快出台相关的解释是当务之急。

第七章

行政执法

行政机关通过采取三方面的活动，来实现行政目的。这三方面的活动是指：行政机关所采取的抽象行政行为，即制定规范性文件的行为，这是行政机关为了执行国家权力机关制定、发布的法律、决议，依照法定权限和程序制定行政规范性文件的活动；行政执法行为，即行政机关为了执行法律、法规、规章和其他具有普遍约束力的决定、命令，直接对特定的相对人和行政事务采取措施，影响相对人的权利义务，实现行政管理职能的活动；行政司法行为，即行政机关作为争讼双方之外的第三者，按照准司法程序审理行政争议或民事纠纷，裁决特定案件的活动。广义的行政执法，包括上述三方面的活动；狭义的行政执法，仅指第二种行政行为。我们所指的行政执法即狭义的行政执法。

本章的主要内容有行政执法概述；行政处理决定与行政监督检查；行政强制执行与行政处罚、行政许可与确认等。

第一节　行政执法概述

行政执法指主管行政机关依法采取的具体的直接影响相对一方权利义务的行为，或者对个人、组织的权利义务的行使和履行情况进行监督检查的行为。行政执法是行政机关与个人、组织之间发生的法律关系，是双方法律关系，一般以行政机关单方意思表示为特点。

行政执法的主体是行政机关，是法定的执行法律、法规，行使行政权力的国家机关；行政执法的对象是特定、具体的相对人或行政事务；行政执法的目的是执行、实施法律、法规，将法律、法规适用到具体的人和事，使法律规范的要求在现实生活中得以实现，完成国家行政管理职能；行政执法内容是行政机关依法实施具体行政行为，直接影响相对人的权利和义务；行政执法的模式可分为三类：第一类是行政机关通过下达命令，制作决定，采取措施等形式，依法将法律法规和规章等具有普遍约束力的决定、命令适用于具体的人和事；第二类是行政机关通过告诫、希望、建议等形式，将法律法规等具有普遍约束力的决定、命令适用于特定公民、法人；第三类是行政机关与相对人通过合意形式，确立双方权利义务，以实现行政机关为公益而设定的目标，具体适用法律法规和其他具有普遍约束力的决定、命令。

行政执法可作如下分类：

一、以执法主体的身份为标准：职权主体执法、授权主体执法、委托主体执法和综合主体执法

执法主体的身份指行政主体以何种执法资格形式出现，依此标准就有上述四类主体的执法。职权主体是那些基于宪法和组织法的规定，在其成立时就具有行政职权并取得行政主体资格的组织，它们的执法行为就是职权主体执法。授权主体是因宪法、组织法以外的法律、法规的规定而获得行政职权，取得行政主体资格的组织，也就是说一个机关或组织在其设立时无行政职权，或无该行政职权，事后通过法定程序赋予其行政职权或某种新的行政职权，它们的执法行为就是授权主体执法。委托主体执法是某组织或个人得到法定行政主体的委托而以委托方的名义实施的行政执法行为。在委托主体执法中其行为效果由委托方行政主体承担。综合执法主体执法是指在行政执法过程中，当行政事态所归属的行政主体不明或需要调整的管理关系具有职能交叉的状况时，由相关机关转让一定职权，并形成一个新的有机的执法主体，对事态进行处理或对社会关系进行调整的执法活动。行政主体的执法行为若有明确的法律规范规定、行政事态的管理和管辖若有清楚的职能承担者、行政管理关系若是一个单一的关系形态，就没有行政综合执法可言，在这个意义上讲，行政综合执法既是出于对行政管理事态有效处理的考虑，又从一个侧面反映了行政机关组织体系中职责范围不健全这一事实。

二、以执法主体的地位为标准：高层行政机关的执法和低层行政机关的执法

以执法主体的地位为标准即以行政执法主体在我国行政机构体系中所处的层级为标准。依据我国现行宪法和法律，行政机关从中央到地方分为不同层级，我们习惯于将省级以上的行政机关称之为高层行政机关，而将其以下的行政机关称之为低层行政机关。当然，高层行政机关和低层行政机关是一个相对而言的概念，是层次高低的区分。高层行政机关的执法就是指省级以上的行政机关所为的执法行为，如省级人民政府的执法；相应的，低层行政机关执法指其以下的行政机关所为的执法行为，如县级人民政府的执法。一般而言，低层行政机关的执法是一种更为贴近社会生活实践的执法行为，直接影响到管理相对一方的状况。

三、以执法主体的活动区域为标准：一般执法和职能执法

行政执法主体的活动区域即行政执法主体职能涉及的领域范围。我国行政执法一般来讲，涉及的范围和领域甚广，政治、经济、文化、国防、外交、财政、金融、公安、民政、工商、税务等无所不包。一般执法和职能执法就是以行政执法主体活动涉及的范围大小为标准的。一般执法即行政执法主体的职能涉及的事项非常宽泛，包括的领域很多；职能执法也可以称为专业执法，即由各级人民政府的职能部门所为的执法行为，它们一般涉及某一行政管理领域的专门事项，负责某一方面的专门业务。例如，国家税务管理机关的执法就属职能执法，它专门负责税收方面的管理事宜，如依法征税，促使纳税人正确履行纳税义务，对日常税收活动进行组织、管理、检查和制裁违法行为，制定税收行政规章和规范性文件。其职能不能涉及税务以外的其他领域。相应的其他机关也一样。

四、以执法主体的组建形式为标准：权力机关产生的执法主体执法和行政机关组建的执法主体执法

依据我国宪法和法律的规定，行政执法主体的组建有两种方式：由权力机关产生和行政机关自行组建。一般而言，国务院和地方各级人民政府及其职能部门都必须由权力机关产生。如《国务院组织法》规定，国务院组成部门的设置，由全国人民代表大会决定，在全国人民代表大会闭会期间，由全国人民代表大会常务委员会决定。而行政机关自行组建的行政主体是指有关行政机关或组织的设立可以由相应行政机关决定，无须经权力机关的同意。如国务院直属机构是国务院设立的主办各项专门业务的行政管理部门，由国务院自行设置，无须国家权力机关批准。

五、以执法的依据为标准：依法律、法规的执法和依规范性文件的执法

在我国现行的立法体系中除宪法因为过于原则还没有成为行政执法的直接依据外，法律、行政法规、地方性法规和行政规章都可以成为行政执法的直接依据。还有大量的行政执法是以规范性文件为依据的。依法律的行政执法指行政执法行为是依据全国人大或全国人大常委会即最高国家权力机关制定的法律而作出的；依法规的行政执法指依地方国家权力机关根据体现本行政区域特点和需要的地方立法作出的行政执法；依规章的行政执法则是指依据法定的地方各级人民政府所制定的地方政府规章或国务院各部委制定的部门规章而进行的行政执法；而依规范性文件的行政执法是指依各类国家行政机关为实施法律、执行政策在法定权限内制定的除行政法规、行政规章以外的具有普遍约束力的决定、命令及行政措施而为的行政执法行为。

六、以执法对社会事务的作用为标准：积极执法和消极执法

执法对社会事务的作用即行政执法的结果给社会事务带来的影响。行政主体的执法行为是行政主体执行国家法律和政策的外在行为表现，那么在执行过程中，受行政主体自身素质、执法环境、执法对象和执法条件等因素影响，行政主体的执法行为带来的结果不都是同一的，一般可以有两种大的表现形式：积极执法和消极执法。所谓积极执法指行政主体的职权或公务行为给相应社会事务产生了良性影响，使之运转达到了较以往更佳的状态或趋势，如使社会经济、文化协调发展，提高了整个国家和民族的文明程度，确保良好稳定的社会生活秩序，满足人民群众日益提高的经济文化生活需要等。消极执法则与之相反，行政主体的执法行为不仅没有使社会事务朝良性化方向发展，反而因这种行为导致社会事务良好状态的破坏，如地方行政执法主体以规范性文件形式出现的乱摊派、乱收费行为，不仅加重老百姓的经济负担，也会因此滋生老百姓的一些不良意识和情绪。

七、以执法对法律关系的作用为标准：创造性执法和保护性执法

法律关系指法律规范所确认的具有权利义务内容的具体社会关系。行政执法对法律关系的作用一般就是行政主体通过实施一定行为而最终影响到这种权利义务关系——产生新的权利义务关系、变更现有权利义务关系或消灭现有权利义务关系等。创造性执法是指行政主体通过其执法行为而产生了一种新的法律关系，导致了行政机关与公民、法人之间或公民、法人彼此之间或公民、法人与国家之间等的新的权利义务关系，而这种权利义务关系是以往法律关系中所不存在的。保护性执法则是指行政主体的执法行为既不创设新的法律关系，也不变更或消灭已有法律关系，而是对现存法律关系的维护，使之继续存在和发展。

八、以执法对相对人的权益为标准：有利于相对人的执法和不利于相对人的执法

行政执法中行政主体的行为均指向相对一方的公民、法人和其他社会组织，也就是说它必然要对相对人产生这样那样的影响，主要是权益方面的影响，有的是直接权益的影响，有的是间接权益的影响，以此来达到实现行政管理的目的，否则也就失去了行政执法的意义。我们从行政执法作用于相对人权益的效果是否有利于相对人的角度，将其分为有利于相对人的执法和不利于相对人的执法。有利于相对人的执法指行政主体的执法行为对相对人的权益产生了积极作用，即通过这种行为赋予了相对人实现某种愿望或获得某种权益的可能性，对相对人而言意味着他可以为某种行为或得到了一定的物质待遇等；不利于相对人的执法指行政主体的执法行为对相对人的权益产生了消极作用，即通过这种行为赋予了相对人必须作出一定行为，不得作出一定行为的责任或剥夺了相对人的某种利益。

九、以执法的起动因素为标准：政策起动的执法和法律起动的执法

执法的起动因素是指引起行政主体实施一定行政行为的原始动因。在行政执法实践中，一般来说任何行政主体的执法行为都是基于一定的起因的，只不过合法正当的执法行为正确贯彻了这种起动因素的意图，而违法或不当的执法行为歪曲了这种起动因素的意图。所谓政策起动的执法指行政主体的行为是为了贯彻党和国家的大政方针或上级行政机关的命令指示等，如国务院指示地方各级人民政府必须加强行政综合执法，那么地方国家行政机关所开展的行政综合执法工作就是以此政策为动因的。法律起动的执法就是行政主体为了贯彻实施国家法律而为的执法行为。行政机关作为与权力机关相对的执行机关，其主要职能就在于将立法运用于具体的社会事务而使法律规范的内容得以实现，法律规范的效力得以体现。应该说行政主体大多数情况下的执法行为都是以法律为起动因素的。

十、以执法与法律关系的内容为标准：赋权性执法与设定义务性执法

法律规范中最多的是赋权性规范和设定义务性规范，一般来说确认性规范较少。所以行政执法内容中较为多见的也是赋权性执法和设定义务性执法。前者指行政执法主体通过一定的行为赋予相对人某种权利，如工商行政管理机关通过颁发给某个体工商户营业执照的行为赋予其从事某种生产经营的权利。后者指行政执法主体通过一定的行为为相对人设定某种义务，如税务机关通过税收行为给公民设定了必须向国家交纳税收的义务。赋权性执法与设定义务性执法都是站在相对人的角度观察的。因为权利和义务是相对的概念，权利相对义务而言，义务相对权利而言，如果换一角度可能赋权性执法与设定义务性执法就会向相反的方面转变。

十一、以执法中的法律关系客体为标准：以物为客体的执法和以行为为客体的执法

法律关系客体是法律关系所指向的对象。在行政法关系中，行政主体和相对方的公民、法人以及社会组织等形成的关系往往建立在一定的客体基础之上，或物或行为。以物为客体的执法行为针对的是与相对方有关系的物，如某道路交通管理部门认为公民甲某的房屋属违章建筑物，决定拆除甲某房屋，此时，道路交通管理部门和甲某之间形成的法律关系是基于违章建筑物，执法行为也是指向违章建筑物。以行为为客体的执法行为针对的是由相对方实施的行为。如某环境保护部门因某造纸厂违法排放污水造成环境污染而给予其罚款。该法律关系的产生基于造纸厂的排污行为，那么环境保护部门的执法就是针对此排污造成环境污染的行为的。

十二、以执法过程的物质要件为标准：运用执法工具的执法和不运用执法工具的执法

行政执法工具是指行政执法机关在行政执法活动过程中使用的能够对相对一方当事人权益产生影响的物质性器具、器械和其他达到目的的物理手段。它首先是行政执法的物质实力，看得见、摸得着；其次是行政执法的非人格性要素，即不体现意志因素、身份因素等；再次是行政执法过程中运用的，即只有在一定时空内行政主体使用的工具才是行政执法工具。行政主体在行政执法中有的是运用执法工具的，如《人民警察法》第 11 条规定：“为制止严重违法犯罪活动的需要，公安机关的人民警察依照国家有关规定可以使用警械。”所以人民警察的执法绝大多数情况下是运用执法工具的执法。但许多情况下行政主体的执法不运用执法工具，而是通过人格性要素发挥作用的。

十三、以执法的作用对象为标准：内部行政执法和外部行政执法

内部行政执法与外部行政执法是以行政执法行为作用对象为标准的。行政系统内部，行政机关对内部事务包括机构、编制、人事等等的管理和监督，行政系统内上下级行政机关和同级行政机关之间发生的各种工作关系等，都属于行政管理的内容，我们称之为内部行政执法行为。外部行政执法行为是指行政机关对行政系统以外的，即对被管理的个人、组织所作的执法行为。在行政执法行为中，大部分行政执法都是涉及外部行政行为的。内部与外部行政执法行为之间并非互为关联、相互隔绝的，它们往往会相互影响，有些外部行政执法行为的完成依赖于内部行政执法行为，如工商行政机关的处罚行为有时需要有上级机关的审批，在内部审批程序完成以前，外部行为无法生效。在这种情况下，内部行为对外部行为具有制约作用。当然，有时行政机关的内部行为的完成也会依赖于一定的外部行为。

十四、以执法过程中行政主体的意志为标准：羁束性执法与裁量性执法

以行政执法行为受法律约束的程度或行政主体运用自由意志的程度为标准，可以将其分为羁束性执法和裁量性执法。羁束性执法指严格受法律的具体规定约束、行政主体没有一点自由选择余地的执法，如税务机关严格按法律规定的税种、税率征税，不能有任何变动。裁量性执法指法律只规定原则或一定的幅度或范围，行政主体根据原则或在法定幅度内，根据具体需要和实际情况，可以自主作出的执法行为，如公安机关对公民予以治安管理处罚中的罚款，就可以根据情况，在法律规定的200元以下的幅度内自由选择具体数额。羁束性执法和裁量性执法分别运用于不同事务，前者通常针对需要严格统一控制、稳定性较强的事务，后者通常针对情况比较复杂、变化多、需要灵活处理的事务。

十五、以执法过程中涉及的规范性质为标准：实体性规范制约的执法和程序性规范制约的执法

行政法律规范是由实体规范和程序规范两部分构成的，实体规范主要指那些涉及公民、组织等的权利义务的规范。程序性规范指规定由行政行为的方式、步骤所构成的行政行为过程的规范。行政执法过程中，行政主体有时是以实体性规范为标准进行执法，有时是以程序性规范为参照物进行执法。但行政法规范的实体内容和程序内容相互依存，不存在没有实体内容的行政程序，也不存在不通过程序就能实现的行政实体内容，两者是同一行政执法行为的两个方面。前一种行为一般受实体性规范制约，后一种行为则受程序性规范制约。

十六、以执法空间范围为标准：涉外执法和境内执法

随着现代社会经济、文化的发展和国际交往的日益加强，行政执法所涉及的空间范围亦不断扩大，越来越多的涉外执法涌现出来。所谓涉外执法是指执法对象涉及到中国以外的其他国家和地区的执法，如被管理的相对一方当事人为具有外国国籍的自然人或依外国法律登记注册的法人，或者行政执法的某些事项牵涉到外国公民或组织。与之相反，境内执法是指被管理的相对一方公民、法人或社会组织均具有中国国籍，而且执法对象与外国没有构成相应利益关系的执法。如中国海关对进入中国境内的中国船舶的检查就是一种境内执法，而对入境外国船舶的检查就是涉外执法。

十七、以执法的时间范围为标准：经常性执法和临时性执法

经常性执法指行政主体的执法行为已融入到公民的日常生活和法人、社会组织等的日常经营活动中，它具有执法机构、人员的稳定性、执法行为的长久性、连贯性等特点。行政执法中绝大多数属经常性执法，如交通民警的道路交通管理行为、税务人员的纳税行为、工商管理人员的市场管理行为等。临时性执法是因为某一临时事件的发生或某一特殊时期的需要而开展的执法活动，它具有短暂性、突发性、不连贯性等特点。如某地发生暴力事件，有关执法人员赶赴现场进行人员疏散和相应救援工作。除此之外，也还有一些日常的临时管理行为。

十八、以执法中涉及的行政行为性质为标准：制裁性行政执法、许可性行政执法和奖励性行政执法

行政执法中行政主体采取的不同性质的行政行为给管理相对一方带来完全不同的后果。制裁性行政执法是行政主体对违反行政管理秩序或不履行法律法规赋予的某种义务但尚未构成犯罪的个人或组织予以制裁的行政行为。其通过制裁而剥夺或者限制违法行为人一定的权利或利益，使其人身权或财产权受到一定的损失，从而达到预防、警戒和制止违法行为的目的。许可性执法是指行政机关根据相对人的申请，以书面证照或其他方式允许相对人从事某种行为，确认某种权利，授予某种资格和能力的行为。例如：行政机关发放营业执照，允许相对人从事某种经营活动的行为等。奖励性行政执法是指行政机关或者法律、法规授予奖励权的组织依照法定的条件和程序，对为国家和社会作出重大贡献的单位与个人，给予物质或精神鼓励的具体行政行为，其目的是表彰先进、鞭策后进，充分调动和激发人们的积极性与创造性。

十九、以执法所追求的伦理目标为标准：文明执法和普通执法

执法的伦理目标是指行政主体执法时所具有的道德理念和守法意识。文明执法是指法律规定的执法主体不仅严格依照法律规定的职责权限、管理事态、程序和形式实施法律，而且执法中贯穿了一种高于法律理念的伦理道德责任。例如，行政机关对管理相对一方的公民耐心服务、礼貌服务、微笑服务等。应该说，在文明执法之下，在政府行政系统和公民之间注入了更多的“人性”因素。而普通执法是指行政机关及其组织的通常状态的执法行为。它不能完全等同于文明执法的一个相反概念，因为普通执法一般情况下行政主体没有违背法律的规定或主观上没有有意要违背法律规定，只是普通执法中行政主体没有贯彻那么多的行政伦理意识或观念，即在行政系统和公民之间缺乏“人性”因素。

二十、以执法过程的刚柔性为标准：强制性执法和说服性执法

强制性执法和说服性执法表现出来的刚柔性其实也是执法方式上或手段上的区分。前者是指公民、法人或其他组织不履行行政机关依法所作行政处理决定中规定的义务，有关国家行政机关依法强迫其履行义务或达到与履行义务相同的状态的行为。强制性执法一般基于两种情形：一种是相对方从事法律所禁止的行为，如在规定不得建筑住宅的土地上建设住宅；另一种是不履行依规定必须履行的义务，如应纳税而不纳。说服性执法是行政执法主体在公民、法人等不积极履行义务时，采取宣扬国家法律、政策，教育其自觉守法的方式来促使公民、法人等主动履行义务的行为。它与强制性执法的主要区别在于并不对相对方的人身、财产采取强制措施，而是通过口头上说服的方式让相对方自己去履行义务。

二十一、以执法是否使用法律文书为标准：使用法律文书的执法和不使用法律文书的执法

是否使用法律文书的执法是以执法结果是否表现出书面形式作为区分标准的。执法实践中，有的执法需要书面文件即法律文书的形式，而有的执法不需要书面文件形式。如：交通警察对违章骑车的人予以口头警告，此时就是不使用法律文书的执法；而环境保护部门对违章排放废水废气的某工厂处以较大数额的罚款，此时就必须以书面形式出具罚款凭证等。一般来说，绝大多数执法要以法律文书的形式出现，这样便于对执法主体进行监督，规范执法。

二十二、以执法者的个人素质为标准：熟悉法律程序的执法和对法律程序似是而非的执法

执法者的个人素质主要指行政执法人员对国家法律、法规、规章等的了解程度和掌握情况。由于我国以往行政法治的不健全，行政执法者是通过不同渠道进入行政系统的，那么这些人员的法律素质也是参差不齐的，有的可能非常熟悉有关的法律制度，有的可能对法律制度一知半解，还有的可能完全不通晓法律法规现状等。因此，执法实践中必然带来了熟悉法律程序的执法和对法律程序似是而非的执法。前者指行政执法者在行政执法过程中严格按照法定程序、格式要求执法，如公安机关在搜查某一犯罪嫌疑人的住所时，按规定出示搜查证并在有见证人在场的情况下进行。后者指行政执法者对法定程序并不熟悉，结果在执法中表面上好像依照了法定程序，实际上没有依照法定程序。如有关的行政机关对当事人处以较大数额罚款，在当事人没有要求听证的情况下该机关作出当事人放弃听证的决定。好像行政机关的做法没错，实际上，当事人根本不知道有听证的权利，是因为行政机关没有履行告知的程序。

二十三、以执法是否与经济利益挂钩为标准：行政收费性执法和非行政收费性执法

如果以行政执法是否带来直接的经济利益为标准，那么它就分为能带来经济利益的执法和不能带来经济利益的执法。前者就是我们说的行政收费性执法，此种执法以管制为手段、以收取一定的费用为目的。如道路交通管理部门设置在各种道路、桥梁上的收费站，其形式上是对来往车辆进行检查、管制等，实际都要收取一定的道路交通管理费用。后者就是我们说的非行政收费性执法，此种执法以维持良好的社会秩序为目的，其采用的管制手段与执法的目的是一致的。如城市交警的执法，他们每天都要疏通车辆，监督车辆、行人是否遵守交通规则，为城市公众创造良好的生活、工作秩序，但并不以收取费用为目的。

二十四、以行政执法与经济秩序的关系为标准：调控性执法和管制性执法

经济秩序是一国经济发展和运行的状态及结果。随着现代社会的发展，“行政国”的出现致使政府部门对社会管理的领域越来越广泛，在这些管理领域中对经济生活方面的管理应该是涉及最多的。对经济秩序的调控性执法是指政府对经济秩序并不采用强制手段施加任何压力，而是从宏观方面进行政策、法律等的灌输、引导，为经济发展提供各种信息等。而对经济秩序的管制性执法是指政府对经济秩序并不从宏观方面引导，而是从微观上进行干预，如对企业的生产、经营等具体环节进行管制等。在市场经济下，经济秩序更多的是靠市场调节，所以行政执法应以调控性执法为主。

二十五、以行政执法的财政来源为标准：财政拨款制行政执法和独立核算制行政执法

行政执法必须以一定的经济基础和物质条件为前提，没有相应的经济基础和物质条件行政执法便无法展开。据有关学者调查，越是现代化的国家行政执法中的经济消耗就越大，即经济现代化和行政执法的消耗是一种正向的比例关系。那么，从行政执法中行政主体的财政来源看，便有两种类型的行政执法：财政拨款制行政执法和独立核算制行政执法。前者指行政主体的财政来源是由国库支付的，通过一定的财政制度将行政执法所需要的费用拨给行政机关。后者指执法过程中行政主体所需经费由行政主体自己通过一定的渠道解决，一般以先前的执法行为维持后续的执法行为。在罚没收入与行政机关的经济核算挂钩的体制下，行政执法便是独立核算制。应当说，在这两种执法方式中，前者是合乎执法规律的，而后者是不妥当的，行政执法中的腐败现象等大多是从独立核算制的执法格局中产生。

二十六、以行政执法的社会效果为标准：在社会上造成声势的执法和处理个别问题的执法

行政执法是一种社会性行为，其与现实社会必然发生这样那样的关系，最为显著的关系形式是执法都或多或少具有一定的社会效果。根据社会效果程度的不同我们可以将行政执法分为造成社会声势的执法和处理个别问题的执法。所谓造成社会声势的执法是指该执法行为主要是营造一种社会氛围并在社会上造成一种声势，使相关的社会成员引起足够重视，如行政机关在社会治安综合治理中的执法，工商行政管理总局通过 3. 15 在央视上造成打假声势的执法。此种执法并不算计一城一地的得失，而是要对广大的社会成员造成影响。由于我国法律制度中有以教育为主的原则，所以此类执法在行政执法中占有重要地位。而处理个别问题的执法一般就事论事，其对社会的影响仅在于个别环节甚至个别成员等狭小方面。

二十七、以行政执法是否能够进入诉讼程序为标准：可进入诉讼程序的执法和不能进入诉讼程序的执法

行政权是国家政权体系中一个较为独立的权力，其在国家政治生活中所起的作用是巨大的，甚至超过了其他国家权力。难怪乎有人将现代国家称之为“行政国”，这是一个方面。另一方面，现代民主进程要求行政权必须受到其他国家权力的约束，司法审查就是对行政权约束最为典型的手段。这样便产生了行政权自身的价值与行政权社会价值之间的张力。那么，理性化的解决问题的方法便是正确处理对行政权进行司法审查的范围，换句话说，无论如何都不可能将所有的行政行为或者所有的不当的行政行为都纳入司法审查的范围。据此，我们便可以将行政执法分为可进入诉讼程序的执法和不能进入诉讼程序的执法。前者是指司法机关可以进行司法审查的执法行为，后者指司法机关不能够进行司法审查的执法行为。加入 WTO 以后，一些传统的不能进行司法审查的执法行为则要逐渐地被纳入司法审查的范围，对此行政主体必须有一个清醒认识。

二十八、以行政执法是否能够引起行政赔偿责任为标准：引起赔偿责任的执法和不引起赔偿责任的执法

1994 年颁布了《国家赔偿法》，该法第一次把行政机关的不当执法行为纳入了国家赔偿的范畴。然而，即便是不当的行政行为也不一定全都要承担赔偿责任。这就使我们能够以此为标准将行政执法行为分为引起赔偿责任的执法和不引起赔偿责任的执法。行政执法中的不当行为若能够引起行政赔偿责任就是引起赔偿责任的执法，如《国家赔偿法》规定的处罚、强制等对相对人人身和财产造成侵害，相对人便可要求行政主体承担赔偿责任。行政执法的不当行为尽管侵犯了相对人的权益但不承担赔偿责任的就是不引起赔偿责任的行政执法。我国对行政误导的执法没有规定承担赔偿责任，因此，行政误导即使不当，行政主体也不因此承担赔偿责任。

二十九、以行政执法在行政管理中所处的环节为标准：决策性行政执法、执行性行政执法、咨询性行政执法、信息性行政执法和监督性行政执法

现代行政管理分为决策、执行、信息、咨询和监督五个环节，与之相对应行政执法也可以分为决策性行政执法、执行性行政执法、信息性行政执法、咨询性行政执法和监督性行政执法。所谓决策性行政执法指行政主体的执法行为本身就是一种行政决策，如行政主体决定召开某一方面的听证会。执行性行政执法指执法行为本身不具有决策性，是对已决定的东西的一个执行，行政强制执行的执法其执行性特征非常明显。信息性执法是指行政主体为公众提供某种信息的执法行为，如行政主体向行政相对人提供有关经济发展和社会发展的信息等，此类执法行为在经济全球化以后显得十分突出，其相对量不断增加，如何完善此类执法行为是我国行政法治应当关注的课题。咨询性行政执法常常发生在一些特殊的行政管理活动中，其与行政相对人的了解权有关，与立法机关的质询权有关，此种执法行为下行政主体要对有关的事项作出答复。监督性行政执法则是指行政主体对行政相对人履行义务行为的督促，它常常附着于另一个行政执法行为之下。此一分类对于健全和完善行政执法机制有重大意义。

三十、以行政执法中行政相对人的类型为标准：对公民的执法、对社会组织的执法、对企事业单位的执法和对外国人的执法

行政执法行为是在行政主体和行政相对人相互作用的情况下完成的，因此，要研究行政执法、有效规范行政执法必须对行政执法中行政相对人的状况进行分析。依我国有关法律规定，行政执法以相对人为标准可以分为：对公民的执法，指对宪法和法律规定的自然人的执法，如某人违反税收征管法，税务行政机关对其追缴税款并进行处罚的执法行为；某一时期内执法行为所涉及的自然人人数可以成为测试行政法治的一个指标；对社会组织的执法，就是以社会组织为对象的执法，市场经济推行以后，各种各样的社会组织不断涌现，致使对社会组织的执法从执法中的个别现象变为了一种普遍现象；对企事业单位的执法，即以企事业单位为对象的执法，行政主体的这类执法将随着我国加入 WTO 而必然有所变化，包括执法方式和执法内容等方面的变化；对外国人的执法，《行政诉讼法》、《行政复议法》规定的“公民、法人和其他社会组织”的概念中并没有包含外国人，但是，这并不影响行政执法实践中涉及外国人的情况。此一分类是我们对行政执法量化研究的重要思路。

三十一、以行政执法的运作模式为标准：常规执法和突击执法

行政执法运作模式是指行政执法在实施过程中的方式、套路、价值追求等内在因素。根据行政执法所追求的价值目标、采取的方式和遵循的套路，可以将其分为常规执法和突击执法。在常规执法的情况下，行政主体追求一种理性的、严格的程序价值，并依法律规定的具体环节进行和缓式运行，并达到对某方面社会事务作出理性处理的目的。突击执法则是以临时性的政策理念等为指导的，并采取一些较为极端的方法而为之。我们认为，作为一国的行政执法而论，应当是一个有序的、循序渐进的过程，不是非常时期、不是非常事态都应该强调常规执法的作用。因为行政法治秩序的形成在常规执法的情况下才是有可能的。不是非常时期和非常事态则应尽可能避免突击执法，因为突击执法所起的作用常常是一些短期效果，甚至会使执法对象产生逆反心理。

三十二、以行政执法中行政主体投入的方向为标准：全盘执法和专项执法

行政主体的行政职能之下有许多分支职能，例如，工商行政机关的总体职能是维护工商管理秩序，维护市场经济秩序，保证市场的有效运行。但在这一总体职能之下，有许多具体的职能，如保护消费者权益、打击假冒伪劣产品、管理商标、物价等。在行政执法中，行政执法机关在力量分配下便可以有两种情况：①将力量分配于其职权之下的所有行政管理事项，兼顾各个方面的工作环节和执法环节；②将力量集中于某一具体方面的执法之中，其中包括人力、物力、财力等方面的投入。此二种分配方式对于行政管理的总体效果来讲是不同的。我们知道，行政主体的力量是一个常数，若以 10 作为单位的话，那么，10 个力量的不同分配所取得的实际效果则有所不同，以工商机关为例，若将 10 个力量都投入到打假中，那么，其他方面的事项则必然会有所疏忽。因此，行政主体执法中的力量分配是很有学问的。我们所讲的全盘执法就是将 10 个力量分配合理，兼顾各个方面工作的执法，而专项执法则是指将一个行政主体的 10 个力量都投入到一个执法事项的执法。

三十三、以行政执法过程受到的监控程度为标准：独立执法和受到监控的执法

行政执法过程中除了行政主体和行政相对人的关系外，还存在着行政主体与其他机关以及行政机关之间的关系形式。行政执法实践中，有些行政执法只存在行政主体和行政相对人之间的单一关系，如果说有其他关系的话也是非常间接的，如在日常的行政执法中，只有行政主体与行政管理相对一方当事人，在此类执法中行政主体的执法行为相对比较独立，其执法的权威性得到了明显的体现。而另一些行政执法不单单是行政主体和相对人之间的关系，还存在着行政主体与其他机关的关系，例如，在专项执法中，行政主体的执法常常受到某一专项执法领导小组的制约，其在执法过程中除了行使法律规定的权力外，还要考虑相关机关的意志和指示。由于我国是议行合一的政权体制，行政主体必须服从国家权力机关的意志，因此，在相当一部分执法中，行政主体必须受到权力机关的监控。又由于我国党政关系在诸多方面融为一体，故而，行政执法中受到监控的执法所占比例并不在少。那么，如何处理独立执法与受到监控执法的关系将是我国行政法治面临的又一问题。

三十四、以行政执法发生法律效力的状况为标准：发生终局效力的执法和可进入救济程序的执法

行政行为的作出和行政行为的效力是两个不同的概念，即行政主体作出的行政行为不一定都是立即发生法律效力的行为，事实上在行政执法中相当一部分行政行为作出后并不会发生法律效力。因此，我们可以行政行为作出后是否能够直接发生法律效力为标准将其分为终局效力的行政执法和可进入救济程序的行政执法。前者指行政执法主体的执法行为一旦作出就约束行政相对一方当事人，当然对行政主体也具有约束作用。例如，行政机关在紧急情况下的处置行为，商标主管机关对于商标权的认定行为。后者指行政主体作出执法行为后，还不能对行政相对人产生拘束力，在行政相对人对此种行为提出异议的情况下，行政主体的执法行为的生效需进入另一个法律程序，我们将这一程序叫做救济程序。随着社会的发展，应当说，行政主体作出的行政行为能够发生终局效力的将越来越少，而可进入救济程序的则越来越多。

三十五、以行政执法的自主程度为标准：自主执法和请求执法

此分类标准是以行政执法中行政主体的执法行为与行政相对人的请求权为依据的。在行政执法中，有些执法是由行政主体自动决定并自动为之的。我们把这些行政主体自动决定并自动为之的执法叫做自主执法。对于自主执法，行政主体可以自行决定执法行为的开始和终结。如行政主体决定进行指导或者行政奖励的行为，这样的执法具有单方意志性。有些执法则是在行政相对人的请求下而为的，即行政相对人没有请求行为，执法活动就不可能展开，此种执法一般与行政相对人的私权有关，如行政相对人申请结婚登记而民政行政机关根据行政相对人的请求进行审查并颁发结婚证书的执法方式。

在行政法治实践中经常遇到以下几类问题：①行政执法主动性与合法性的关系；②行政执法的确定力；③行政执法中的法律适用等。

案例61　行政执法主动性与合法性的关系
——齐××诉×县交通局行政赔偿案

【案情摘要】

原告：齐××，系个体货运车司机

被告：×县交通局

法定代表人：韦×，×县交通局局长

1995年7月2日凌晨2点，齐××驾驶一辆东风大卡车，车上装满原煤，当车行至×乡一个下坡路段时遭到×县交通局局长韦×一行人的拦截。韦×大喊："停车，接受检查!"由于韦×及其他交通局执法人员未穿制服也未出示指挥棒和其他证件（韦×一行并非值岗执法，而是路过此地时，私下决定检查该车辆），加之卡车正在爬坡，齐××继续行使，没有及时停车。韦×一行人追上卡车。韦×强行上车抓住方向盘强令齐××停车，并对齐××说："叫你停车你不停，必须扣车处罚。"韦×强行倒车，由于其是喝完酒以后执法的，神情恍惚，将卡车车轴扭断。卡车停在公路上无法移动。此车是齐××贷款购买的新车，有行车手续，并缴纳了养路费，有合法行车证。韦×发现车轴已断，便和其他执法人员一同离去。第二天，齐××请求韦×及×县交通局赔偿车轴，并称要到法院去告。韦×即派人给该卡车换了新轴，并将车子开进×县交通局大院，连煤带车露天放在交通局大院内。并吩咐没有局里的正式通知此车不准启动放行。之后，齐××多次要求处理问题，×县交通局均没有理睬。

1995年10月11日，即该车被扣100天之后，齐××向×县人民法院提起行政诉讼，诉称：其经营个体运输手续齐全，没有违法行为，对于×县交通局的检查也没有拒绝，而×县交通局无正当理由将我的车子扣了100天，我的车子本是新车，交通局扣了我的车子后，没有妥善保管，致原煤里的硫磺已将车子腐蚀，被告应依法承担赔偿责任，请求人民法院作出公正判决。×县人民法院审查认为：韦×及其他执法人员对齐××的卡车履行检查职能，其行为是合法的，但弄断车轴并将车子扣留100余天是违法的，理应赔偿损失，判决×县交通局赔偿齐××1330元。判决后，齐××和×县交通局均不服提起上诉。齐××认为赔偿1330元不能弥补其经济损失。×县交通局认为扣车行为是合法的，至于没有及时处理是由于齐××一向态度暧昧，没有及时提出处理要求等。二审人民法院认为，韦×酒后开车弄断车轴应当承担赔偿责任，×县交通局长时间扣车不作处理没有法律依据，应承担齐××因停车造成的部分经济损失，判决×县交通局承担齐××车辆修理费1500元；原煤损失费5000元；3个月的车运损失费1万元。判决作出后即发生法律效力。

【提示与讨论】

对于本案案件事实认定应注意三个方面的问题：①齐××的运输行为是否合法。从案件情况看，齐××有合格的驾驶执照，办理了运输的基本证件准运证，且按期缴纳了养路费，运输行为是合法的。至于在韦×等交通局执法人员拦截时，齐××没有及时停车是否属违法行为的问题，应基于当时当地的情况认定。齐××被拦截的那一路段既没有停车标志，又是上坡路段，显然不是停车受检的地方，加之韦×等人拦车时无任何执法标志，齐××没有立即停车应当说并不违法。②韦×等执法人员的拦车行为是否合法。韦×等人拦截车辆并没有法定的执法任务和义务，是在突发情况下拦截他人车辆的。并且在拦车过程中没有出示任何执法证件，不足以表明其执法身份，韦×醉酒的事实足以证明其拦截车辆的随意性。从这个角度看，其拦车行为很难说是正当的执法行为。③交通局扣留齐××车辆的行为是否合法。韦×等人拦截齐××车子后并没有发现齐××有违法行为，扣车的理由主要是损坏了齐××的车子恐无法交代，加之齐××以控告相要挟，这些法律规范之外的原因才导致齐××的车子被扣。上述三个事实说明，交通局拦截扣留齐××车辆的行为符合行政违法行为的一般要件，是一起违法执法行为，对于这种行为执法机关和直接责任人理应承担法律责任。

本案×县人民法院是以行政案件处理的，把韦×等数名交通局行政人员的行为视为行政行为，并以行政赔偿的方式处理此案。然而，笔者认为本案韦×和其他数名执法人员的行为更像民事行为。首先，其当天并没有执法任务，行政机关没有赋予其在当时当地条件下拦截他人车子的权力。其次，其拦车行为并没有明显的执法动机，既未发现该车有违法的迹象，也不是在检查站附近，根据本案的实际情况，韦×等人的拦车行为在很大程度上是出于一时的冲动，韦×醉酒的事实似乎能说明此点。×县人民法院之所以以行政诉讼解决此案，主要原因在于该车被扣在交通局大院内，正是由于韦×的扣车行为才使本案由民事案件转化成了行政案件，此种转化在很大程度上是人为因素造成的。如果此案以行政案件处理的话，适用的实体法是《道路交通管理条例》，即必须查明齐××的行为是否违反了《道路交通管理条例》的有关规定，×县人民法院通过对齐××的行为进行审查并没有发现其有违反此法的行为，因此判决×县交通局败诉就是顺理成章的。

笔者认为，本案从正面分析的话，×县交通局局长韦×及其执法人员的行为是一种主动执法行为，行政执法与民事行为相比有一特点就是其主动性。在民事行为中如果没有发生纠纷，执法机关就没有必要积极主动地适用法律而履行执法行为。而行政执法则不然，作为执法主体要积极地将法律的规定适用于行政管理事项中。执法行为对于执法人员而言是一种职责，是一种义务，必须主动为之。

本案的韦×和其他执法人员在没有执法任务的情况下对运输车辆进行检查，从正面看是一种积极的执法行为，表现为主动采取执法措施等。然而，行政执法的主动性与行政执法的合法性是统一的。不能将执法的主动性与合法性分割开来。本案以韦×为首的执法人员在主动执法时，忽视了执法的合法性。拦截车辆的行为非常主动，但既不适时又没有出示有效的执法证件。扣留车辆的执法行为亦很主动，但对于扣留的车辆没有予以妥善保管，也没有采取处理措施，对执法的主动性与合法性关系的割裂非常典型。这是行政法治实践中必须正确处理的问题。

案例62　行政执法的确定力与强制力
——×县人民政府撤销马×乡行政决定案

【案情摘要】

×县马×乡盛产石墨，该乡境内有许多石墨矿，各矿生产的石墨矿砂一直是全县境内的60家碳素石墨生产企业的原材料。马×乡人民政府为统一货源独家经营，成立了马×石墨总公司。1997年7月2日，马×乡人民政府与毗邻的×市三×乡（该乡也是石墨产地）人民政府联合发布了《关于加强石墨资源管理的联合公告》，规定“两乡人民政府授权各自的石墨公司对本乡的石墨产品统一经营管理，实行统购统销，其他个人不得从事经营活动，各矿洞生产的石墨矿砂，按乡属分别由石墨公司统一收购，统一销售”，“石墨销售外运，应随车持有本乡石墨公司开具的‘放行证’或其他证件。对途经本乡装有石墨的车辆，两乡的检查人员有权进行检查，凡无‘放行证’的一律予以没收，并视态度情节处以100元~500元罚款。”1997年9月马×乡人民政府又发布了《关于对石墨统购统销的规定》（马政发〔1997年〕第××号），规定“凡属我乡管辖生产石墨砂、石墨块的矿山企业，必须自觉服从统购统销的归口管理，不允许擅自销售给个体经营者或其他集体单位，违者执行经济上罚款和行政处理。”1997年10月，马×乡政府未经×省人民政府批准擅自在途经该乡的公路路段非法设立检查站，同时授权马×乡石墨总公司行使“行政执法”与“行政处罚权”，对装运石墨的车辆进行检查。对违反本乡规定的单位和个人，除没收、罚款、收取管理费外，还对有关人员进行吊打或对单位领导予以撤职。

马×乡人民政府的行为激起了众多经营者的不满。×地区人民政府和工商行政管理局收到了×县25家碳素石墨企业的联名举报信，要求有关部门查办马×乡政府的非法行为。×县工商行政管理局在上级有关部门的批示下，着手查办此案，在认真调查取证的基础上，认为马×乡政府的行为违反了《反不正当竞争法》第7条关于“政府及其所属部门不得滥用行政权力，限定他人购买其指定的经营者的商品，限制其他经营者正当的经营活动”以及“政府及其所属部门不得滥用行政权力，限制外地商品进入本地市场，或者本地商品流向外地市场”的规定，认定马×乡的上述规定阻碍了石墨原料的正常流通，损害了其他石墨生产企业的自主权，违反了《反不正当竞争法》第7条的规定，并依该法第30条作出如下决定：①撤销马×乡人民政府1997年7月2日发布的《关于加强石墨资源管理的联合公告》，拆除设立在本乡公路的检查站；②撤销马×乡1997年9月发布的《关于对石墨统购统销的规定》；③没收马×乡石墨总公司依照上述两个文件收取的石墨通行管理费及罚款。

【提示与讨论】

本案案件事实的关键是马×乡政府制定的两个规范性文件的性质及采取的行政行为的性质。其在《关于加强石墨资源管理的联合公告》中规定：“两乡人民政府授权各自的石墨公司对本乡的石墨产品统一经营管理，实行统购统销，其他个人不得从事经营活动，各矿洞生产的石墨矿砂，按乡属分别由石墨公司统一收购，统一销售”，“石墨销售外运，应随车持有本乡石墨公司开具的‘放行证’或其他证件。”在《关于对石墨统购统销的规定》中规定：“凡属我乡管辖生产石墨砂、石墨块的矿山企业，必须自觉服从统购统销的归口管理，不允许擅自销售给个体经营者或其他集体单位，违者执行经济上罚款和行政处理”。这些内容是典型的政府插手经济事务，并实行经营垄断的违法行为。其授权马×乡石墨总公司对本乡境内的车辆进行检查，对石墨进行统购统销都是不正当的竞争行为。从法律上讲，地方政府有管理本行政区域内行政事务的权力，但必须依法管理，不能违反法律规定，采取地方保护主义或打击外地经营者在本地的经营活动。

本案马×乡人民政府的行为属于不正当竞争行为，从行政职权的运行情况看，属于滥用行政权的行为。《反不正当竞争法》第7条规定：“政府及其所属部门不得滥用行政权力，限定他人购买其指定的经营者的商品，限制其他经营者正当的经营活动。政府及其所属部门不得滥用行政权力，限制外地商品进入本地市场，或者本地商品流向外地市场。”马×乡人民政府违反的实体法就是上述规定，×县人民政府适用《反不正当竞争法》对其进行处理适用该法律是正确的。不正当竞争的违法行为在绝大多数情况下适用法律的主体是工商行政管理机关。本案中究竟由×县工商行政管理局对马×乡人民政府制裁，还是由×县人民政府进行制裁，即谁为合格的法律适用主体是必须澄清的。尽管工商行政管理机关承担着制裁不正当行为的职责，但《反不正当竞争法》第30条将政府机关不正当竞争行为的制裁权都赋予上级机关。“政府及其所属部门违反本法第7条规定，限定他人购买其指定的经营者的商品、限制其他经营者正当的经营活动，或者限制商品在地区之间正常流通的，由上级机关责令其改正；情节严重的，由同级或者上级机关对直接责任人员给予行政处分。被指定的经营者借此销售质次价高商品或者滥收费用的，监督检查部门应当没收违法所得，可以根据情节处以违法所得1倍以上3倍以下的罚款。”可见，本案的法律适用主体应当是×县人民政府。应当指出，本案×县人民政府在制裁幅度的选择上是值得商榷的，马×乡人民政府的违法行为及性质是比较恶劣的，影响面也很大。应选择比较严厉的制裁手段对其进行制裁，如除撤销其文件、没收其违法所得外，还应当追究主管领导和其他责任人员的责任，或者处以1倍以上3倍以下的罚款。

笔者认为，本案中有两个方面的行政行为：一个是马×乡人民政府的行政行为；一个是×县人民政府的行政行为。此二行政行为都可以用来解释行政执法行为的确定力与强制力问题。行政执法行为具有确定力，即行政执法行为一经有效确定，非依法不得变更和撤销，确定力包括对相对一方的确定力和对行政机关的确定力两个方面。确定力的实质在于保证行政执法的稳定性。但是，行政执法的确定力是基于合法性而言的，合法的行政执法行为具有确定力，而非法的行政执法行为就不具有确定力。以此论之，行政执法的确定力并不是一个绝对意义的概念。本案中马×乡人民政府的行政执法行为是违法的，因而不具有确定力，法定机关随时可以依法定程序对其撤销和变更。行政执法行为具有确定力的同时还具有拘束力，即行政执法行为确定的权利义务关系不论对行政机关还是对相对一方当事人都具有拘束作用，不能违背行政执法行为确定的权利义务。拘束力和确定力一样，也是基于合法性而言的，是合法基础上的拘束力。不能错误的认为只要是行政机关的执法行为就可以拘束相对一方当事人。本案中，马×乡人民政府的执法行为由于是错误的，其就不能拘束相对一方当事人。而×县人民政府的执法行为由于符合法律规定，不论对相对一方当事人，还是对行政机关本身都具有拘束力。

案例63 行政执法中的法律适用

——孙×不服×区工商行政管理分局工商行政处罚案[1]

【案情摘要】

原告（上诉人）：孙×

被告（被上诉人）：×区工商行政管理分局

被告×区工商行政管理分局（以下简称×工商分局）于2004年8月9日作出行政处罚决定书，认定原告孙×挂靠×装饰工程有限公司（以下简称工程公司），并以该公司上级单位×建筑有限公司（以下简称建筑公司）代理人的名义

〔1〕 参见应新龙主编：《2006年上海法院案例精选》，人民法院出版社2008年版，第270～275页。

与×包装造纸公司（以下简称包装公司）签订建筑装饰工程合同，非法获利人民币67 000元。被告以原告行为构成无照经营与商业贿赂为由，根据上海市人民政府《上海市取缔无照经营和非法交易市场暂行规定》（以下简称《取缔无照经营暂行规定》）第8条、《反不正当竞争法》第22条的规定，对原告孙×作出责令停止经营、没收非法所得人民币690 459.40元，并罚款人民币40 000元的行政处罚决定。原告于2004年10月8日申请复议，上海市工商行政管理局于2004年12月31日作出复议维持决定。原告仍不服，遂诉至法院。

原告孙×诉称：首先，被告认定原告无照经营缺乏事实与法律依据。原告受聘于工程公司，且受该公司及其建筑公司的授权参加包装公司建筑装饰工程招标工作，并担任该工程的常务经理一职，原告上述行为系职务行为而非个人行为；但被告否认上述事实，认定原告系通过挂靠行为承揽建筑装饰工程。原告认为，即使上述行为系挂靠行为，也只是建筑活动中的挂靠行为而应受《建筑法》调整，被告却将其混同于无照经营行为，适用《取缔无照经营暂行规定》对原告进行处罚，显然违背事实且适用法律错误。其次，被告认定原告贿赂行为构成商业贿赂缺乏法律依据。原告的贿赂行为系建筑招标活动中的贿赂行为，应受《招标投标法》的调整；但被告却适用《反不正当竞争法》与国家工商行政管理总局《关于禁止商业贿赂行为的暂行规定》（以下简称《禁止商业贿赂暂行规定》），错误认定原告行为系商业贿赂行为并加以处罚，显系适用法律错误。再次，被告在执法过程中还通过胁迫、私下交易等不法手段获取证据，执法程序违法；被告未经审计便认定原告获利达690 459.40元，这不仅与原告仅获利30万元左右的事实相左，而且亦无法律依据。综上所述，原告认为被告所作具体行政行为超越并滥用了法定职权、认定事实不清、适用法律错误、违反法定程序，请求法院依法判决撤销。

被告×工商分局辩称：①被告认定原告无照经营有充分的事实与法律依据。原告与工程公司并不存在聘用关系，原告通过挂靠行为承揽上述装饰工程，在既无资质又无执照的情况下从事建筑经营活动，该行为显然违反了《取缔无照经营暂行规定》第2条第1款之规定，完全符合无照经营的构成要件；原告诉称建筑活动中的挂靠行为只受《建筑法》的调整系对该法的片面理解，对无资质的经营活动确属于该法的调整范畴，但对无执照的建筑活动则属于《取缔无照经营暂行规定》的调整范畴。②原告诉称其贿赂行为系建筑招标活动中的贿赂行为，而非商业贿赂行为，故只能适用《招标投标法》，原告这一主张缺乏事实与法律依据。一方面，本案从未提交过任何原告贿赂行为与招标投标行为有关的事实证据，从而没有该法的适用余地；另一方面，原告承揽建筑装饰工程活动亦属于营利性服务活动的范畴，原告在从事建筑服务活动中的贿赂行为当然属于商业贿赂行为。③被告在执法过程中并不存在以违法手段获取证据的事实，对被告非法获利数额的认定亦有明确的依据。综上所述，被告认为本案具体执法行为并无不当，请求法院予以维持。

一审法院经审理认为：依据《取缔无照经营暂行规定》第13条第1款、《反不正当竞争法》第3条之规定，被告对无照经营行为与不正当竞争行为具有监督管理的职权。根据《取缔无照经营暂行规定》第2条第1款、第8条之规定，凡在本市从事经营活动的单位和个人，都必须向工商行政管理机关申领营业执照，对个人从事无照经营的应当责令终止经营活动，没收违法所得，并可处以1000元以下的罚款。本案查明的事实表明，原告因不具备从事建筑装饰工程的资质，同时也未向工商行政管理机关申办相应的营业执照，遂通过挂靠行为承接建筑装饰活动。被告认定该行为系无照经营行为，并责令原告停止经营、没收非法所得，于法有据。原告认为建筑活动中的挂靠行为应受《建筑法》的调整，只有建筑行政管理部门才有权进行监管。对此，法院认为，依据法律、法规与规章的授权，不同行政管理部门对建筑活动领域有着各自的监管职权，对建筑活动中的挂靠行为、无资质行为建筑行政管理部门有权进行监管，而对建筑活动中的无照经营行为、不正当竞争行为工商行政管理部门则有权进行监管，二者并不矛盾。因此，原告上述理由不能成立。

根据《反不正当竞争法》第8条、第22条以及《禁止商业贿赂暂行规定》第9条之规定，经营者通过行贿手段销售或者购买商品的，监管部门可以根据情节处以1万元以上20万元以下的罚款，有违法所得的，予以没收。本案的事实原、被告均无异议，双方的争议焦点在于原告行贿行为是否构成商业贿赂。对此，一审法院认为，原告的解释并不符合《反不正当竞争法》的立法本意，该法第2条明确规定：经营者从事市场交易活动中的不正当竞争行为，包括从事商品经营或者营利性服务（统称商品）的经营活动，均受该法调整。本案原告承揽建筑装饰工程，属于从事市场交易活动之行为，原告通过行贿手段从事上述经营活动，当然构成商业贿赂，被告依据《反不正当竞争法》与《禁止商业贿赂暂行规定》对原告作出没收违法所得、并罚款人民币40 000元的行政处罚，适用法律并无不当。综上所述，被告对原告所作行政处罚决定认定的事实清楚、证据充分、适用法律与执法程序并无不当。依照最高人民法院《关于执行〈中华人民共和国行政诉讼法〉若干问题的解释》第56条第4项之规定，判决驳回原告孙×要求撤销被告×工商分局作出行政处罚决定的诉讼请求。

一审判决后，原告不服，提起上诉。二审法院对一审认定的事实和证据予以认可，判决驳回上诉，维持原判。

【提示与讨论】

本案的事实认定并无太大问题，难点在于法律适用方面。

1. 原告挂靠工程公司并以建筑公司代理人的名义承揽建筑装饰工程的行为，应当适用《建筑法》还是《取缔无照经营暂行规定》进行处罚？原告认为应当适用前者，被告工商行政管理部门则适用了后者。笔者认为，工商行政管理部门的做法是正确的。《建筑法》第65条第3款规定："未取得资质证书承揽工程的，予以取缔，并处罚款；有违法所得的，予以没收。"并未规定罚款的具体数额。而《取缔无照经营暂行规定》第8条则规定："……个人从事无照经营的，应当责令终止经营活动，没收非法所得，或没收商品、价款，并可视情节处以1000元以下的罚款、没收经营工具。"这是在上位法规定的行政处罚的种类和幅度的范围内所作的具体规定。工商行政管理部门有权依据该规定对原告的无照经营行为进行处罚。

2. 原告先后向包装公司副总经理刘××行贿人民币67 000元的行为，应当适用《招标投标法》还是《反不正当竞争法》？笔者认为应当适用《反不正当竞争法》。《招标投标法》第53条规定了投标人向招标人或者评标委员会成员行贿的行政处罚具体方式，但根据该法第25条规定："投标人是响应招标、参加投标竞争的法人或者其他组织。依法招标的科研项目允许个人参加投标的，投标的个人适用本法有关投标人的规定。"因此，第53条所规定的行政处罚是针对符合第25条规定的投标人的，而本案原告既非法人、其他组织，也非科研项目允许参加投标的个人，不属于《招标投标法》所规定的投标人范围，不能适用第53条进行处罚。《反不正当竞争法》第22条则规定了对经营者商业贿赂行为的行政处罚具体方式，该法第2条规定："经营者在市场交易中，应当遵循自愿、平等、公平、诚实信用的原则，遵守公认的商业道德。本法所称的不正当竞争，是指经营者违反本法规定，损害其他经营者的合法权益，扰乱社会经济秩序的行为。本法所称的经营者，是指从事商品经营或者营利性服务（以下所称商品包括服务）的法人、其他经济组织和个人。"原告孙×属于《反不正当竞争法》所规定的经营者范围，适用《反不正当竞争法》对其进行行政处罚是适当的。此外，原告提出招标活动中的贿赂行为不应当被认定为商业贿赂行为，这一认识是错误的。商业贿赂行为是一种典型的不正当竞争行为，《反不正当竞争法》针对商业贿赂专门进行了规定，这是一种一般性规定。《招标投标法》也规定投标人不得向招标人或者评标委员会成员行贿，这是针对招标投标活动中商业贿赂行为的特别规定，不表示招标投标中的贿赂行为就不属于商业贿赂行为范畴。

第二节　行政处罚

行政处罚是国家行政机关依法对违反行政管理秩序而尚未构成犯罪的公民、法人或其他组织所实施的一种惩戒行为。行政处罚的主体是特定国家行政机关。并不是所有的国家行政机关都可以作出这种行为，即拥有行政处罚权的行政机关和经法律、法规授权的组织，才有处罚权。行政处罚的对象是行政相对人，即行政处罚只能对违反行政管理秩序的公民、法人或其他组织作出，不能针对行政机关及其工作人员作出，除非后者以行政相对人的身份出现。行政处罚针对的是行政违法而不是犯罪行为。行政处罚是行政机关对违反行政法律规范的行为的制裁，而不是对违反其他法律规范行为的制裁。行政处罚所制裁的是违反行政法律规范但没有构成犯罪的行为。如果行政相对人的行为已经构成了犯罪，就属刑事制裁范畴。行政处罚是一种法律制裁，通过对违法人的惩戒，使其以后不再重犯。

一、行政处罚的原则

1. 处罚法定原则

它包含三层意思：处罚实施主体法定；行政机关是否拥有处罚权，拥有多大的处罚权，要视法律、法规的具体规定；处罚程序法定。

2. 公开、公正原则

“公开”有两层含义：一是有关行政处罚的规定要公布，使公民事先了解；二是对违法者依法给予行政处罚要公开。程序公开体现在《行政处罚法》具体条文上有以下三个方面：①行政机关在作出行政处罚决定时，应当告知当事人作出行政处罚决定的事实、理由及依据。当事人有权陈述和申辩，行政机关必须听取当事人的意见，否则行政处罚不能成立。②行政机关作出责令停产停业、吊销企业营业执照、较大数额罚款等行政处罚决定前，应当告知当事人，当事人对违法事实的认定与行政机关有重大分歧，当事人要求听证或者行政机关认为有必要听证的，行政机关应当组织听证。③行政处罚的实施一般应采取书面形式。处罚决定应当在宣布后当场交付当事人，当事人不在场的，行政机关应依法送达。

公正原则是指行政处罚必须以事实为根据，以法律为准绳。处罚的轻重应与违法行为的事实、性质、情节以及社会危害程度相当。防止行政处罚的偏私和畸轻畸重。

3. 处罚与教育相结合原则

处罚与教育相结合不仅体现在《行政处罚法》中，它也是我国执法和司法普遍适用的一条原则。《行政处罚法》第5条规定："实施行政处罚，纠正违法行为，应当坚持处罚与教育相结合，教育公民、法人或者其他组织自觉守法。"《行政处罚法》还规定："不满14周岁的人有违法行为的，不予行政处罚，责令监护人加以管教；已满14周岁不满18周岁的人有违法行为的，从轻或者减轻行政处罚。"都体现了处罚和教育相结合。

4. 保障当事人权利原则

保障当事人权利原则可以说是《行政处罚法》的一条总原则，它贯穿于行政处罚过程的始终。行政处罚的设定、行政处罚的程序都体现了这一原则。其具体含义是：在行政处罚中，相对方当事人享有申辩权、听证权、申请复议权、行政诉讼权、要求行政赔偿权。这五项权利说明：未经正当法律程序，任何人的权利不能被剥夺；相对人对自己合法权利具有防卫的权利，在权利受到侵害时可得到法律的救济；它是对行政机关依法行政的鞭策。

5. "一事不再罚"原则

《行政处罚法》第24条规定："对当事人的同一个违法行为，不得给予两次以上罚款的行政处罚。"此规定第一次在我国行政法制度中确立了一事不再罚原则。尽管一事不再罚只适用于罚款这一特定行政处罚中，但该原则确立以后，在行政处罚实践中常常遇到一些似是而非的问题，不同的行政机关对一事不再罚有不同的认识。

二、行政处罚的种类和设定

（一）行政处罚的种类

《行政处罚法》将行政处罚的种类确定为以下7类：

1. 警告。警告是申诫罚的一种形式，指行政机关或者法律、法规授权的组织对轻微违法行为人的谴责和告诫。这种形式适用极为普遍，仅在治安管理领域，就适用于侵犯他人人身权利、侵犯公私财物、扰乱公共秩序、妨碍公共安全等数十种行为。

2. 罚款。罚款是指行政机关对违法行为人在一定期限内令其承担一定的金钱给付义务的处罚形式。罚款是剥夺相对人财产权的处罚，适用范围十分广泛，几乎为所有的行政机关采用。

3. 没收违法所得。没收即收归国有，没收违法所得是行政机关将违法行为人的违法所得和非法收入收归国有的处罚形式。没收违法所得和罚款都是指向相对人的财产权利，但两者适用的情形不同。没收的财物本身就是属于非法所得的财物，因而，仅适用于有违法所得的违法情形，而罚款无此条件要求。

4. 没收非法财物。没收非法财物是行政机关将违法行为人非法占有的财物收归国有的处罚形式。非法财物通常包括：从事违法活动的物品，违法工具、用具、违禁品等。没收非法财物必须注意两个方面的问题：一是没收的物品必须是非法财物，对于相对人的合法财产不能随意没收；二是没收的非法财物必须依法上交国库或通过法定方式加以处理，行政机关不得私分、出售或毁坏。

5. 责令停产停业。责令停产停业是指行政机关对从事非法生产经营活动的行政管理相对人的一种处罚，包括停止生产和停止营业两种情形。在我国现行的法律、法规中，责令停产停业的处罚形式很多。责令停产停业是限制和剥夺相对人行为能力的处罚形式，目的是要求行为人停止正在进行的生产经营和各种业务活动。它与罚款、没收财物等剥夺和限制行为人的财产权的处罚不同。责令停产停业的处罚仅适用于较为严重的违法行为。即生产、经营者实施了比较严重的违法行为，而且带来了比较严重的后果。责令停产停业通常有一定的期限要求，即受处罚人在一定期限内纠正了错误，即可以恢复生产和经营。

6. 暂扣或吊销许可证、执照。暂扣或吊销许可证、执照是指行政机关暂时扣押或取消违法行为人已经获得的从事某项活动或业务的资格证书，限制或剥夺其从事某项特许活动的权利的处罚。一般常见于交通、环境保护等行政管理领域。暂扣或吊销许可证、执照是最为严厉的行政处罚之一，直接关系到相对人的人身和财产权。它的实施意味着工商企业、个体工商户等的停产停业，其生产经营权随之丧失，生产经营者的财产权即被限制。同时也影响其作为法人或个体工商者继续存在的权利，实质上剥夺或限制了其人身权。暂扣或吊销许可证、执照是一种资格能力罚，仅适用于实行许可证的领域内的违法行为，且是已经取得了许可证、执照的公民、法人或者其他组织。

7. 行政拘留。行政拘留是指公安机关对违反行政管理秩序的公民，在短期内剥夺其人身自由的处罚形式。行政拘留具有如下特点：①行政拘留是最严厉的行政处罚形式，其行使机关、适用范围和对象都受到严格的法律限制。例如，根据《治安管理处罚法》只有县级以上公安机关才有行政拘留权。②行政拘留的实施机关只能是公安机关，其他机关无权实施。③行政拘留是对行为人人身自由权的剥夺。

8. 法律、法规规定的其他行政处罚。

除上述主要行政处罚种类外，法律、法规还可规定其他的行政处罚形式。

（二）行政处罚的设定

我国《行政处罚法》颁布以前，在行政处罚权设定上存在几个方面的问题：首先，设定主体混乱，许多行政机关甚至社会团体等在没有法律、法规依据的情况下随意设定行政处罚；其次，处罚设定权的界限划分不清，往往存在处罚设定极不一致的现象；第三，设定的行政处罚种类繁多，内容混乱，甚至互相矛盾。《行政处罚法》对此进行了规范。

1. 设定行政处罚的机关。依据《行政处罚法》的规定，我国有权设定行政处罚的机关有以下几类：

（1）全国人大及其常委会。全国人大及其常委会制定的法律可以设定任何形式的行政处罚，可以通过法律规定受处罚行为的范围、处罚的种类、幅度等。这既是立法权的体现，也是控制和规范行政处罚设定权的必然要求。

（2）国务院。国务院制定的行政法规可以设定除限制人身自由以外的行政处罚，即可以设定警告、罚款、责令停产停业、暂扣或吊销许可证、执照、没收违法所得、没收非法财物的行政处罚。

（3）省、自治区、直辖市的人民代表大会及其常务委员会，省会市的人民代表大会及其常委会，国务院批准的较大的市的人民代表大会及其常委会，全国人大授权的特区市人民代表大会及其常委会。这些地方国家权力机关可以通过制定地方性法规设定除限制人身自由、吊销企业营业执照以外的行政处罚。

（4）国务院各部、委员会，国务院授权的具有行政处罚权的直属机构。按照《行政处罚法》的规定，部门规章可以在法律、行政法规规定的行政处罚行为、种类、幅度内作出具体规定。尚未制定法律、行政法规的，规章对违反行政管理秩序的行为，可以设定警告或一定数量的罚款的行政处罚。罚款的限额由国务院规定。有行政处罚权的直属机构设定行政处罚适用本条规定。

（5）省、自治区、直辖市人民政府和省、自治区人民政府所在地的市人民政府以及国务院批准的较大的市人民政府，经全国人大授权的特区市人民政府。其可以在法律、行政法规、地方性法规规定的行政处罚的行为、种类、幅度内作出具体规定。尚未制定法律、行政法规或者地方性法规的，对违反行政管理秩序的行为，可以设定警告或一定数量罚款的行政处罚，罚款的数额由省、自治区、直辖市人大常委会规定。

2. 行政处罚的设定权。根据上述情况，享有行政处罚设定权的主体很多，而且设定机关性质、层级均有差异。为了避免设定权行使的冲突矛盾，必须对设定权作适当划分。

（1）法律对行政处罚的设定权。法律是指由全国人大及其常委会制定的规范性文本，除宪法以外它在我国法律体系中居于最高地位。因此，法律有权根据需要设定任何一种形式的行政处罚。《行政处罚法》第9条规定："法律可以设定各种行政处罚。限制人身自由的行政处罚，只能由法律设定。"说明有关人身罚的行政处罚，其他层级的规范性文件无权设定。

（2）行政法规的设定权。《行政处罚法》第10条规定："行政法规可以设定除限制人身自由以外的行政处罚。法律对违法行为已经作出行政处罚规定，行政法规需要作出具体规定的，必须在法律规定的给予行政处罚的行为、种类和幅度的范围内规定。”这一方面是因为法律对行政处罚的规定过于原则和抽象，对行政管理的细节问题不可能全部覆盖，需要行政法规加以补充；另一方面是由国务院的地位决定的，行政法规对处罚的设定权必须受到法律的限制。

（3）地方性法规的设定权。地方性法规是省、自治区、直辖市、省会市、国务院批准的较大的市的人民代表大会及其常委会制定的规范性文件。地方性法规设定行政处罚权表现为两方面：①《行政处罚法》第11条规定的“地方性法规可以设定除限制人身自由、吊销企业营业执照以外的行政处罚”；②《行政处罚法》第11条第2款规定的“法律、行政法规对违法行为已经作出行政处罚规定，地方性法规需要作出具体规定的，必须在法律、行政法规规定的给予行政处罚的行为、种类和幅度的范围内规定。”

（4）规章的设定权。规章包括部门规章和地方政府规章两类。《行政处罚法》分别对部门规章和地方政府规章的处罚设定权作了规定，既有授权，又有限制。部门规章的处罚设定权可以分为创设和规定权两部分。创设就是法律、行政法规对违法行为及其处罚未作规定的，部门规章可以设定警告和罚款两种处罚，但罚款限额由国务院规定。规定权是指法律、行政法规对行政处罚行为、种类、幅度已经作出规定，部门规章在其范围内作出具体规定，仍然要受法律、行政法规规定范围的限制。

国务院直属机构也可以规定警告和罚款的行政处罚，罚款的具体限额由国务院规定。

地方政府规章的处罚设定权也是两部分：创设和规定权。创设是指法律、法规没有规定处罚的情况下，对违反行政管理秩序的行为可以创设警告和一定数量罚款的行政处罚，但罚款限额由省级人大常委会规定。规定权是指法律、法规已经规定了的处罚，地方规章将其进一步具体化，不能超越法律、法规规定的界限。《行政处罚法》第14条规定：“除本法第9条、第10条、第11条、第12条以及第13条的规定外，其他规范性文件不得设定行政处罚。”即除法律、行政法规、地方性法规和规章可以设定行政处罚外，其他规范性文件不得设定行政处罚。

三、行政处罚的实施机关

行政处罚的实施机关是指具有行政处罚权并实施行政处罚权的行政机关及法定组织。依据《行政处罚法》的规定，包括行政机关、法律、法规授权的实施机关、委托机关。

（一）我国行政处罚法规定的享有行政处罚权的机关种类

1. 国务院各部、委、行、署、直属机构和部委管理的国家局。它们是中央的主要行政处罚实施主体。

2. 地方各级人民政府，包括省、自治区、直辖市、市、县、乡人民政府。一般省级人民政府只在本辖区内重大问题上实施一定范围的行政处罚权，县、乡两级政府实施行政处罚较多。

3. 地方各级人民政府的职能部门。地方各级人民政府根据宪法和法律规定，根据工作需要，都设立了若干部门，承担某一方面的行政管理事务。如公安、工商、税务、环保、交通、海关、卫生等，相应的享有某一方面的行政处罚实施权。

（二）法律、法规授权的实施机关

法律、法规授权的实施机关，是指行政机关以外的，经法律、行政法规授权而享受有并能行使行政处罚权的组织。《行政处罚法》第 17 条规定："法律、法规授权的具有管理公共事务职能的组织可以在法定授权范围内实施行政处罚。"

1. 事业单位。事业单位的组织类型复杂，有的本身就是公务组织。这些单位经法律、法规授权后，就可以成为行政处罚主体，如卫生防疫站、食品卫生检验所。

2. 企业单位。企业一般不从事公务活动，也不享有管理公共事务的权力。但是，在特定情况下，由于法律、法规授权，它也可以成为行政处罚主体，如铁路运输部门。

3. 社会组织。社会团体、群众组织等经法律、法规授权，可以享有部分行政处罚权。

（三）委托实施机关

委托实施机关是受行政机关委托行使行政处罚权的组织。我国《行政处罚法》对委托处罚作了肯定。《行政处罚法》第 18 条规定，行政机关依照法律、法规或者规章的规定，可以在其法定权限内委托符合法定条件的组织实施行政处罚。

1. 受委托组织以委托的行政机关的名义作出行政处罚决定，而不是以自己的名义独立行使处罚权，也不能担任行政复议的被申请人或行政诉讼的被告，其处罚行为的法律责任由委托人承担。这也是行政委托与法定授权的根本区别之所在。

2. 行政机关委托实施行政处罚必须符合法定条件，必须依法律、法规、规章的规定进行。

3. 委托实施处罚必须有正当理由。如行政机关因执法任务过重，在人员、经费不足等情况下，可以委托其他组织实施处罚。委托处罚的范围受严格的法律限制，一般来说，限于较轻微的、事实清楚的行政处罚，而重大的行政处罚不宜委托。

4. 受委托组织接受行政机关委托后，不得再委托其他组织或个人实施行政处罚，即只能是一次委托，不得多次委托。

5. 委托行政机关对受托组织实施行政处罚行为进行监督，并可依法收回或撤销委托。

四、行政处罚的程序

（一）简易程序

简易程序是指行政机关对于违法事实确凿、情节简单的行政处罚事项当场进行处罚的行政处罚程序。它最大的特点是程序简单，行政执法人员发现违法行为后即可当场处罚，不需要经过复杂的调查取证。

（二）一般程序

一般程序是指简易程序和听证程序以外的，应适用的程序。行政处罚主体作出行政处罚，除了可以当场处罚的以外，必须依照法律规定的一般程序去实施，否则即属于违法，所作出的处罚无效。

行政处罚的一般程序必须经过以下步骤：①收集证据；②告知当事人行政处罚的事实、理由和依据；③听取当事人的陈述、申辩；④作出处理决定；⑤制作并送达处罚决定书。

（三）听证程序

我国行政处罚中的听证程序是指行政机关在作出行政处罚决定前，为了查明案件事实，通过公开方式举行的由有关利害关系人参加的，广泛吸取各方意见的活动的程序。

听证应符合以下条件：

1. 行政机关作出责令停产停业、吊销许可证或者执照、较大数额罚款等行政处罚决定。轻微的行政处罚行为一般不需要听证。这里涉及到两个方面的问题：一是听证程序的适用受到严格限制，并非所有行政处罚案件都可以适用听证；二是在听证程序的适用中行政机关拥有较大的自由裁量权，尤其“较大数额罚款”可以要求听证，这里的较大数额是个弹性很大的概念，往往由行政机关确定。

2. 当事人要求听证的，行政机关才组织听证。对于当事人没有提出要求举行听证的，行政机关一般不会主动要求听证。但在行政机关认为实行听证有利于查清事实，对违法案件予以正确定性时，也会主动组织听证。

五、行政处罚的执行

依据我国《行政处罚法》的规定，行政处罚决定依法作出后，当事人应当在行政处罚决定的期限内，予以履行。当事人对行政处罚决定不服申请行政复议或者提起行政诉讼的，行政处罚不停止执行，法律另有规定的除外。

行政处罚的执行是指有关国家机关强制当事人履行行政处罚决定义务的制度。《行政处罚法》设专章对此作了规范，确立了行政处罚执行的具体制度和措施。

（一）行政处罚决定权和执行权相分离制度

处罚权交由与行政事务直接发生关系的机关负责，执行权交由相对专门化的机构负责，使履行管理职能、直接行使管理权的机关只负责对违反行政法的当事人行使取证、审议和裁决的权力，而把处罚决定的实施权交由另一机关行使。

（二）处罚权与执行权相分离的几种例外情形

1. 依法给予20元以下的罚款的。20元以下的罚款数额很小，适用决定与收缴分离制度对行政效率和当事人的综合利益都有负面影响。

2. 不当场收缴事后难以执行的。主要有两种情况：一是对异地人员的处罚，如不当场收缴，以后执行起来非常困难；二是被处罚的当事人当时无法证明其身份。

3. 在边远、水上、交通不便地区，行政机关及其执法人员依照《行政处罚法》第33、38条的规定作出罚款决定后，当事人向指定的银行缴纳罚款确有困难，经当事人提出，行政机关及其执法人员可以当场收缴罚款。

（三）强制执行制度

当事人拒不执行行政处罚决定时，行政机关可依法采取强制其执行的措施。一般可采取人身性强制措施和财产性强制措施。前者主要是强制拘留；后者主要有滞纳金、拍卖扣押财产抵缴罚款、通知银行划拨或扣款。无强制执行权的行政机关在作出行政处罚法律文书后，应向人民法院提出强制执行申请。人民法院对案件审查后决定予以执行的，应于一定期限内向被处罚人发出执行通知书，责令其在指定的期间履行处罚义务。被处罚人拒不履行处罚义务的，则由人民法院执行人员依法实施强制执行措施。

依《行政处罚法》第52条的规定，当事人确有经济困难，需要延期或者分期缴纳罚款的，经当事人申请和行政机关批准，可以暂缓或者分期缴纳。

在行政法治实践中经常遇到以下几类问题：①行政处罚合法合理原则中的度；②行政处罚中处罚与纠正相结合原则的运用；③行政处罚法律适用的准确性；④行政处罚决定的合法性等。

案例64　行政处罚合法与合理的度

——×市电缆厂被×市工商行政管理局行政处罚案

【案情摘要】

1995年6月2日，×市绝缘电线厂向×市工商行政管理局举报，反映本市电缆厂采用不正当手段获取绝缘电线厂G×生产工艺、经营信息的秘密，要求追究电缆厂的法律责任，保护其合法权益。×市工商行政管理局根据绝缘电线厂的请求，于同年7月2日正式立案，对电缆厂的行为进行调查。在广泛收集证据的基础上查明：×市绝缘电线厂从1986年起就与×科研所建立了联合开发缆线经营的业务往来关系，并将G×生产技术作为双方合作突破的主要课题。1988年6月，G×生产技术及系列产品正式通过×省科学技术委员会鉴定，符合标准，随后投放批量生产。数年来用户反映良好、市场竞争力强，为该厂带来了较好的经济效益。1991年3月，×市绝缘电线厂将G×系列产品的技术资料、经营信息等列为厂级保密资料存入档案室，并对车间的生产、工作人员制定了保密守则，规定：凡该厂掌握G×技术及生产过程的技术人员和工人不得向其他单位和个人提供技术、资料、生产过程等。1987年，×市绝缘电线厂的职工李×担任该厂焊接车间业务员，负责G×产品的销售和产品质量的跟踪服务。李×在这期间掌握了G×技术的全部资料、数据、生产过程及其技术，并熟悉了产品的销售渠道。1992年李×办理了停薪留职手续，于1994年8月找×市电缆厂厂长周×商议G×生产技术和销售渠道，并以收取3万元费用为条件，帮助×市电缆厂建起G×生产线。周×知道×市绝缘电线厂是G×专利的所有人，向李×提起专利权问题，李×说×市绝缘电线厂没有申请该产品的生产专利，出了问题我来负责。双方协商后决定×市电缆厂提供资金及厂房等，李×负责技术和销售。1994年10月，在李×的直接参与下，×市电缆厂建厂房8间，组织资金15万元进行G×生产设备的制作及安装，1994年12月投入生产。一年多来，×市电缆厂共生产G×产品3万吨，以每吨4.1万元的价格销售，销售对象大多是李×在绝缘电线厂期间建立的业务往来关系户。

基于上述事实，×市工商行政管理局根据《反不正当竞争法》第10条、第25条等的规定，对×市电缆厂和李×作出如下行政处罚：①责令×市电缆厂停止违法行为，不得再制造、销售G×产品；②×市电缆厂的行为属于侵犯他人商业秘密的行为，处以5万元罚款；③李×出卖G×技术对×市绝缘电线厂造成了损失，赔偿1万元；④×市电缆厂和李×在×市商业性报纸上向×市绝缘电线厂公开道歉。

【提示与讨论】

本案是一起侵犯他人商业秘密的案件。本案中掌握G×生产技术和产品生产线的是×市绝缘电线厂，是这一商业秘密的权利人，任何组织或者个人不得侵犯其权益。×市电缆厂同是企业，但不能生产别人依合法途径取得的独占产品。G×生产技术是×市绝缘电线厂的拳头产品，如果侵犯就意味着其经营权受到极大侵害。基于此，该厂将该产品确定为厂级秘密。×市电缆厂明知×市绝缘电线厂对该产品有独占权仍非法生产，侵权行为是不证自明的。×市绝缘电线厂的职工李×是本案权利人的组成部分，他不是一个独立的市场主体，不属于经营者的范畴，但李×确实有泄露他人商业秘密的行为，该行为是违法的。然而，其违法行为的事实究竟应归于哪一类却是一个值得探讨的问题。《反不正当竞争法》禁止泄露他人商业秘密，但该法的宗旨和适用范围是独立的市场主体，是针对市场行为而言的。李×的行为从一定意义上讲是违反《职工劳动纪律管理及奖惩规定》的行为，应由×市绝缘电线厂依《职工劳动纪律管理及奖惩规定》的规定给予开除或其他处分。本案×市工商行政管理局在对李×的行为认定时，显然是从反不正当竞争法的有关规定入手的。在对×市电缆厂进行处罚的同时给予李×行政处罚应当说是情理之中的，因为只有让其承担一定的经济责任才能真正起到对其制裁的目的。再则，李×的行为本身是从谋求非法利益入手的，其动机是获得金钱利益，对其处以罚款才能起到打击经济违法行为的作用。

本案工商行政管理机关对×市电缆厂和李×进行处罚适用的是《反不正当竞争法》第10条、第25条的有关规定。该法第10条规定："经营者不得采用下列手段侵犯商业秘密：①以盗窃、利诱、胁迫或者其他不正当手段获取权利人的商业秘密；②披露、使用或者允许他人使用以前项手段获取的权利人的商业秘密；③违反约定或者违反权利人有关保守商业秘密的要求，披露、使用或者允许他人使用其所掌握的商业秘密。第三人明知或者应知前款所列违法行为，获取、使用或者披露他人的商业秘密，视为侵犯商业秘密。本条所称的商业秘密，是指不为公众所知悉、能为权利人带来经济利益、具有实用性并经权利人采取保密措施的技术信息和经营信息。"本案×市电缆厂和李×的行为完全符合本条规定，构成了侵犯他人商业秘密的行为。对于此类行为该法第25条规定："违反本法第10条规定侵犯商业秘密的，监督检查部门应当责令停止违法行为，可以根据情节处以1万元以上20万元以下的罚款。"工商行政管理机关在对违法行为人进行处罚时从本条的规定出发，有机结合了×市电缆厂和李×违法行为的情节给予处罚，其过责是相适应的。

笔者认为，《行政处罚法》关于行政处罚的适用规定了一系列原则，其中公正原则是非常重要但又难以把握的。公正原则的实质就是要求行政机关行政处罚时在合法与合理之间选择一个比较恰当的度。本案对×市电缆厂的处罚有合理与合法的度，《反不正当竞争法》第25条关于罚款规定为1万元以上20万元以下就是一个很大的幅度。在这个范围内选择可以说是合法的，而具体选择什么样的数额则是合理问题。本案根据违法行为人行为的量（3万吨，每吨4.1万元）确定罚款数额为5万元是比较恰当的，也就是说是合理的。对李×的处罚更存在合理与合法的关系问题。依《反不正当竞争法》，李×的行为是侵犯企业权益的行为，但该法涉及的主体（尤其关于商业秘密权利人的规定）是独立的市场经营者，有独立法人资格的市场主体，李×似乎不在制裁范围。在这种行为人既实施了违法行为，对他人造成了侵害，又无明确法律规定予以打击的情况下，×县工商行政管理局还是对其处以罚款1万元，是将合法性与合理性有机结合的表现。李×既有违法行为的动机，又实施了违法行为，同时也给他人造成了侵害，如果×县工商行政管理局不予追究显属放纵违法行为，不利于理顺工商行政管理关系。总之，行政处罚中合法和合理的度是行政处罚公正原则的基本内涵，行政执法机关必须准确把握。

案例65 行政处罚中处罚与纠正相结合原则的运用
——索×、丁×运载违章被处罚案

【案情摘要】

索×、丁×系个体运输户，1997年9月10日，二人各驾驶一辆东风牌大卡车，从×县开往×省会城市。二人所运货物为×县卷烟厂生产的卷烟，其与卷烟厂签订了运货合同。由×县运往×省会城市，每次运货每辆车×县卷烟厂将有三名押运员押运。从1996年1月起，索×、丁×一直帮卷烟厂运货。在以前的运货中，索×、丁×遵守《道路交通管理条例》运载卷烟没有超高，驾驶室仅乘坐三人（包括司机）。1997年9月10日的运货装载是由×县卷烟厂购销处操作的，装货高度超过了《道路交通管理条例》规定的4米高度，实为4.8米。由于每辆车有三名押运员押运，致驾驶室有四人乘坐。当车行至×市南大门时，被执法人员何××、易××等拦截，对该车装运情况进行了全面检查。检查后发现有两处违反《道路交通管理条例》和《×省道路交通管理处罚办法》的违法行为。一是此两辆车违反规定载人，一辆车多载一名。二是该车货运装载超高，各超高0.8米。何××、易××等向索×、丁×介绍了道路交通管理的有关规定，指出有两处违法行为并表示要对其进行处罚：一是罚款；二是装载货物超高部分予以卸货，被卸货物由索×与丁×自行处理。索×、丁×知晓此一处罚的严重性后，向押运员说明情况。索×、丁×与卷烟厂押运员向两名执法人员表示，可以多交罚款，但不要让其卸货，即对于超高部分只作罚款的处理。何××与易××商量后表示同意，两辆车子各罚款250元后放行。索×与丁×行至本市大桥路检查站时，被交警拦截，索×与丁×解释在前一检查站已被处罚，请求交警放行。交警杨××等依《×省道路交通管理办法》对索×、丁×罚款20元外，责令其将超载部分的货物卸掉，并暂扣二人的驾驶证。

【提示与讨论】

本案案件事实是比较简单的，依《道路交通管理条例》第30条规定，机动车载物，必须遵守有关规定。该条第1款第3项规定："大型货运汽车载物，高度从地面起不准超过4米，宽度不准超出车厢，长度前端不准超出车身，后端不准超出车厢2米，超出部分不准触地。"第33条规定，机动车载人必须遵守有关规定。该条第1款第1项规定"不准超过行驶证上核定的载人数。"第2项规定"货运机动车不准人、货混载。"依上列规定，本案执法人员何××、易××对案件事实的认定是正确的，一则索×与丁×的东风长车运载高度超过了4米，为4.8米，超高0.8米；二则驾驶室超员，货运车驾驶室只准乘坐3人，这是核定人数，而索×与丁×的车子各超1人。行政机关在施行行政处罚时，首先遇到的问题就是对案件事实的认定，有些案件事实是比较复杂的，在此情况下，行政处罚就必须进入一般程序，要经过调查、取证、审查等环节。有些案件的案件事实则较为简单，容易查清。本案就是一例，在此情况下，行政机关适用简易程序进行处罚即可。当然，法律、法规有其他限制的例外。

本案适用的法律有两个：一是《道路交通管理条例》；二是《治安管理处罚条例》。前者第80条规定机动车违反车速或装载规定的"除依照《中华人民共和国治安管理处罚条例》的规定处罚外，可以并处吊扣1个月以下驾驶证。"后者第28条规定："有下列违反交通管理行为之一的，处5元以下罚款或者警告：①驾驶机动车违反装载、车速规定或者违反交通标志、信号指示的；……"这是本案适用的两个基本法。另外，×省人民政府制定的《×省道路交通管理处罚办法》也是办理本案的法律依据之一。该办法第5条规定："违反车辆载人、载物和其他规定，有下列情况之一的，处20元以下罚款、警告，对机动车驾驶员可以并处吊扣1个月以下的驾驶证……②机动车辆超额载人的；③车辆载物超长、超宽、超高未经许可或超重的……"本案对违法行为人两次处罚所适用的法律规范都是明确的。但何××、易××在适用法律时违反了法律的规定，因为依上述法律丁×与索×的行为即使合并执行每人也只能罚款40元。而本案执法人员罚款数超过了法定幅度的6倍之多，是典型的乱罚款行为。相比之下，桥头检查站的执法人员对于丁×和索×的处罚是正确的，除对其罚款外，还及时阻止了其继续违法的状态，将超高部分的货卸掉。

笔者认为，自1996年10月1日起，《行政处罚法》正式实施。该法是规范行政处罚的重要法律规范。行政机关在对管理相对方当事人进行行政处罚时，除考虑各管理领域的法律规范外，还要适用《行政处罚法》。本案执法人员适用了《道路交通管理条例》、《治安管理处罚条例》，但没有适用《行政处罚法》的有关规定。《行政处罚法》第5条规定："实施行政处罚，纠正违法行为，应当坚持处罚与教育相结合，教育公民、法人或者其他组织自觉守法。"此条说明，行政机关在实施行政处罚时，要把实施处罚和纠正违法行为结合起来。然而，本案执法人员何××、易××在对丁×和索×实施处罚时，只实施处罚手段，而没有纠正其违法行为。其应当在向丁×、索×罚款后，让其超高部分卸货，恢复到4米以内，驾驶室所超人员不能再继续乘车。纠正违法行为从某种意义上讲是行政处罚的最终目的。同时，还要注意处罚与教育相结合，在对相对人进行处罚时，要向其讲清行政违法的危害性，使其以后不再违法。一些行政执法人员受经济利益的驱动，只进行处罚而不纠正违法行为，不对当事人进行教育。这些都是行政处罚实施中应当注意的问题，理论界应探索一种机制制约上述行为。

案例66　行政处罚法律适用的准确性
——黄××诉×县林业局案

【案情摘要】

1997年12月，黄××等驾驶一辆东风牌汽车，进入×省森林保护区，该区森林资源丰富。黄××等事先伪造了木材出山证、准运证等虚假证件。汽车开进林区后黄××等以出高价的手段从林区农民处购买木材，其采取分散购买的手段，共从10户农民购买了30立方米木材。后用伪造的出山证骗过林区检查人员将木材转移出山。又用伪造的假准运证，企图蒙骗设在林区公路的运输检查站。当黄××的木材运输车辆行至×县河口检查站时，被检查站执法人员查获。在审查中，发现黄××的准运证、出山证都是假证件，黄××等交代了从林区农民收购木材并以假证出山及运输的全部事实。×县林业局根据《森林法》和《×省森林管理条例》等的规定对黄××进行了行政处罚。×县林业局认为，黄××的违法行为有三个事实，适用《×省森林管理条例》中的三个条文，分别处罚，合并执行：①依《×省森林管理条例》第11条禁止任何人从林区农民处收购木材的规定，对黄××罚款3000元（该条例规定从林区农民处收购木材罚款数为违法所得的2~5倍）；②黄××无出山证将木材转移出山，并制造假证件，罚款2000元（该条例关于无证出山和假证件的罚款数为违法所得的1~3倍）；③黄××无证运输，依《森林法》规定罚款3000元（《森林法》关于无准运证运输的罚款数为违法所得的2~5倍）。三项合并共对黄××等罚款8000元。

黄××对×县林业局的行政处罚决定不服，依《森林法》第24条的规定直接向人民法院提起行政诉讼。诉称：根据《行政处罚法》，当事人一个违法行为只能处以一次罚款的规定，×县林业局只能从上列三项处罚决定中选择一个，而不能合并执行。合并执行属一事多罚，因为本人的违法行为事实只有一个，即从林业局运回一车木材。要求人民法院作出公正判决。×县人民法院审理认为黄××的行为事实尽管分成三段：收购、转移、运输，但综观其全部行为应属一个违法行为，而不能按三次处罚，判决撤销×县林业局的①、②项处罚决定，维持第

3 项。判决后，双方均没有上诉。

【提示与讨论】

本案案件事实认定的根本点在于黄××的违法行为究竟是一个还是三个。从形式上看，黄××实施了三个违法行为，且这三个违法行为在《森林法》和《×省森林管理条例》中都有规定。从林区农民处收购木材的行为是法律所禁止的，其实施了这一行为，是一个单独的违法行为。然后在没有出山证的情况下，将木材转移出山，这个行为也是法律禁止的，实施这一行为应当说又是一个单独的违法行为。在没有准运证的情况下，将木材从林区运输出去也是一个独立的违法行为。三个违法行为如果割裂开来看的话，都是独立的、完整的，让其对三个违法行为承担三个法律责任似乎也是妥当的。但是，对于行政违法案件事实的认定不能片面看待，不能采取形而上学的态度，而应从客观实际出发，对全案进行综合分析和考察。本案如果立足于全局的话，就会发现黄××的三个违法行为只是一个行为过程中的三个环节，从其最后要取得一车木材的非法利益这一角度看，三个环节不能分割，缺少了任何一个最终目的就不能达到。即如果不收购木材其就失去了木材的来源，如果不转移出山就不可能进一步进行运输，如果没有运输就不可能最后获得利益。因而笔者认为，本案黄××的三个行为只是一个违法行为的三个环节，应按一个违法行为追究责任。此案提醒我们，对于行政违法行为事实的认定应全面权衡。

本案所适用的实体法是《森林法》和《森林法实施细则》以及×省人大常委会制定的《×省森林管理条例》。《森林法》第 28 条关于林区农民的木材砍伐作了规定："……农村集体经济组织采伐林木，由县级林业主管部门审核发放采伐许可证。农村居民采伐自留山和个人承包集体的林木，由县级林业主管部门或者其委托的乡、镇人民政府审核发放采伐许可证。……"依此规定，林区农民的木材经营被纳入森林法的调整范围，×省人大常委会根据这一精神作出禁止从林区农民处非法收购木材的规定是有根据的。黄××从林区农民收购木材的行为显属法律禁止的行为。《森林法》第 33 条规定："从林区运出木材，必须持有林业主管部门发给的运输证件，国家统一调拨的木材除外。经省、自治区、直辖市人民政府批准，可以在林区设立木材检查站，负责检查木材运输。对未取得运输证件或者物资主管部门发给的调拨通知书运输木材的，木材检查站有权制止。"《×省森林管理条例》关于本省木材的管理作了详细规定。本案中黄××收购木材、转移木材、运输木材的行为都是该条例所禁止的。本案在适用法律时，关系到如何理解上述法律规定的精神和当事人违法行为之间的关系，即把当事人的三个违法行为割裂开来适用法律，还是将三个行为作为一个整体适用法律。×县人民法院的判决应当说是正确的，其把当事人运输木材的行为作为一个整体来看，只选择三个处罚中最严厉的一种，做到了过责相适应。

笔者认为，行政处罚过程中的法律适用是有一定灵活性的。造成此种状况的原因有时是由违法行为的复杂性决定的，有时则是由法律规范本身的伸缩性决定的。在法律适用有多种方案可以选择的情况下，行政处罚机关必须作出正确判断，使法律适用达到最大限度的准确。本案对黄××的违法行为如何适用法律就有两种可供选择的方案。第一种方案就是×县林业局所选择的，把黄××的三个行为视为三个违法行为，分别处罚，合并执行。第二个选择就是从严厉的处罚中选择一种，而不是合并执行。在两种选择都有一定根据的情况下，行政处罚机关必须认真考虑行政处罚的有关原则。我国行政处罚法有一个原则叫过责相适应。即违法行为人的社会危害程度和其承担的行政违法责任的程度要一致起来，不能够畸轻畸重。本案黄××从头至尾都是围绕一车木材而实施违法行为的，其通过违法行为所获得的利益充其量只是一车木材，而不会有比这更大的社会危害。如果让其承担三个行为的责任显然失之过重，反而不利于从根本上制裁违法行为。本案还涉及到行政处罚适用中的一事不再罚原则，所谓一事不再罚就是指对于当事人一个违法行为只能给予一次罚款的行政处罚。本案当事人的行为究竟认定成一个违法行为事实，还是认定成三个违法行为事实就成为贯彻一事不再罚原则的关键。《行政处罚法》确定此项原则的目的在于保护违法行为人的合法权益，防止行政机关乱罚、滥罚。从上述案件事实的分析我们可以看出，对黄××处罚一次是妥当的。

案例67　行政处罚决定的合法性
——×综合经营部不服×区环境保护局行政处罚案[1]

【案情摘要】

原告（上诉人）：×综合经营部

被告（被上诉人）：×区环境保护局

×综合经营部（以下简称经营部）系个人独资企业，2002年4月取得营业执照，经营范围为销售食品。×区环境保护局（以下简称环保局）检查发现经营部有违反《建设项目环境保护管理条例》的行为，于2004年4月对经营部作出行政处罚决定，认定经营部在未报批环境影响评价，需要配套建设的环境保护设施未与主体工程同时设计、同时施工、同时投产使用，需要配套建设的环境保护设施未经验收合格的情况下，擅自于2002年4月起在本市医学院路26号进行

---

〔1〕参见刘华主编：《2005年上海法院案例精选》，人民法院出版社2007年版，第220～224页。

食品经营的行为违反了《建设项目环境保护管理条例》第9条、第16条、第23条的规定，依据《建设项目环境保护管理条例》第28条的规定，决定对经营部作出责令停止使用，并处罚款人民币4000元的行政处罚。经营部不服，在缴纳罚款后，提起行政诉讼，请求撤销环保局的行政处罚决定。

原告诉称，被告对不属于“建设对环境影响的建设项目”适用《建设项目环境保护管理条例》错误；被诉的行政处罚决定认定事实不清，被告所举证据不能证明原告具有违法事实；被诉的行政处罚决定责令停止使用不明确，不知所云，使原告无所适从；故请求撤销被告作出的行政处罚决定。

被告辩称，原告从事带有加工性质的食品经营，产生的噪音、废水和固体废弃物会对环境造成影响，应当依法报批环境影响评价文件；经营部未报批环境影响评价文件，也未执行“三同时”制度，擅自进行食品经营，依法应受到处罚；故请求驳回原告的诉讼请求。

本案被诉具体行政行为的合法性取决于其是否符合行政处罚法的规定，即行政处罚决定认定事实是否清楚，适用法律是否正确。对此，二审法院审理认为：

被上诉人在原审时所提交的现场检查笔录、询问笔录、信访处理单、经营部的营业执照和执法程序证据，以及相关的法律、法规依据，与被诉行政处罚决定相关联，真实、合法。上述证据和依据能够证明上诉人的经营状况等基本情况，能够证明被上诉人具有作出被诉行政处罚决定的法定职权，及被上诉人作出被诉行政处罚决定的立案、调查、告知、听证、送达程序符合规定等事实。但上述证据和依据尚不能够证明被诉行政处罚决定事实清楚，适用法律正确。

被上诉人认定上诉人擅自进行食品经营，而相关证据证明上诉人的经营行为是得到工商行政管理部门的许可的，并不存在擅自经营；被上诉人认定上诉人违反《建设项目环境保护管理条例》第9条、第16条、第23条规定，在未报批环境影响评价，需要配套建设的环境保护设施未与主体工程同时设计、同时施工、同时投产使用，需要配套建设的环境保护设施未经验收合格的情况下，进行食品经营违法，但上述三条规定并未对进行食品经营应当报批环境影响评价作出规定，也未对进行食品经营需要实行环境保护“三同时”并验收合格作出规定。因此，被上诉人认定上诉人违法，证据和依据均不足，故被上诉人作出的被诉行政处罚决定认定事实不清。

被上诉人依据《建设项目环境保护管理条例》第28条对上诉人作出责令停止使用，并处4000元的罚款的行政处罚。由于被上诉人认定上诉人违法的事实不清，证据和依据不足，导致被上诉人依据《建设项目环境保护管理条例》第28条规定对上诉人实施行政处罚不当，故被上诉人作出被诉行政处罚决定适用法律错误。本案被诉行政处罚决定第一项处罚内容仅为责令停止使用，该处罚决定并未确定停止使用的对象，因此，行政处罚设定上诉人义务不明确，不具有可执行内容，故不能成为合法有效的行政行为。

综上所述，被上诉人作出的被诉行政处罚决定不合法，依法应予以撤销，原审判决维持不当，上诉人的上诉理由成立，上诉请求应予以支持。据此，依据《行政诉讼法》第61条第3项、第54条第2项第1目、第2目之规定，判决如下：撤销上海市×区人民法院的行政判决；撤销被上诉人于2004年4月27日对上诉人作出的行政处罚决定。

【提示与讨论】

本案是关于行政处罚合法性问题的一个比较典型的案例，二审法院判决撤销被告（×区环境保护局）对原告（×综合经营部）作出的行政处罚决定是正确的。本案争议的焦点问题是被告作出的行政处罚决定是否具有合法性，即行政主体作出行政处罚所基于的事实是否清楚、所适用的法律是否正确等。

1. 我国《行政处罚法》第30条明确规定："公民、法人或者其他组织违反行政管理秩序的行为，依法应当给予行政处罚的，行政机关必须查明事实；违法事实不清的，不得给予行政处罚。"也就是说，行政处罚决定必须依据行政相对人违法事实的存在。我们知道，"违法事实"是在过去的时间里发生的某种活动，具有不可再现性，行政机关必须根据所收集的证据来推定违法事实的存在与否。因此，行政主体在作出行政处罚的过程中所收集的证据便成为关键因素。证据要具有证明力必须同时满足合法性、真实性和关联性三个属性。证据的合法性是指证据以合法的程序收集又以合法的形式表现出来，即来源合法、表现形式合法；证据的真实性是指证据能够客观地反映案件的真实情况；证据的关联性是指证据必须与需要证明的案件事实或其他争议事实具有一定的联系。本案中，尽管被告所提出的证据具有合法性、真实性，但是由于这些证据与违法事实之间没有关联性，无法证明被诉行政处罚决定所认定的违法事实的存在，因此导致该证据缺乏证明力，也就意味着被告作出该行政处罚决定所认定的主要事实并不清楚。这构成了二审法院判决撤销被告行政处罚决定的原因之一。

2. 我国《行政处罚法》第3条第2款规定："没有法定依据或者不遵守法定程序的，行政处罚无效。"对于行政相对人来说，"法无明文规定不为过，法无明文规定即可为"，只要没有法律规定禁止行为人行为的，行政主体便不能对相对人追究任何法律责任。这就要求行政主体在对相对人进行行政处罚时，必须要有法定的明文依据。本案中，被告对原告进行行政处罚的依据为《建设项目环境保护管理条例》，但是该条例并没有明文规定原告在进行食品经营过程中必须报批环境影响评价，也没有明文规定食品经营需要实行环境保护"三同时"并经验收合格，所以被告基于这个理由适用此条例是错误的。这构成了二审法院判决撤销被告行政处罚决定的原因之二。

第三节 行政许可

行政许可是指政府行政系统在特定当事人的请求下对法律禁止的状态或法律不予许可的状态赋予其在广延领域内取得权利或利益的行政行为。行政许可具有广义和狭义之分，广义的行政许可既包括行政系统内部低层行政机关对高层行政机关请求行为的审批，又包括对行政相对人请求行政主体获得某种权益的行为之审批。狭义的行政许可仅指特定行政相对人请求行政主体获得某种权益的行为，本书所指行政许可限于后者。行政许可中的当事人指请求权益的主体，这些主体有个人和组织两种类型，个人指单个公民请求一定权益的情况，组织则指法人、社团请求权益的状况。个人请求权益的状况在行政法中大多是以行政许可的形式出现的，也就是说行政许可中的当事人不仅是以组织、社团身份出现的特定行政相对人，也包括单单作为个人而出现的当事人。行政许可存在于法律禁止的状态和尚未许可的状态两种情况之下，前者指法律本来对某种权益的取得设立了禁止规则，若要取得权利必须由有权的行政主体对禁止状态予以解除。后者指法律未允许个人和组织从事某种活动，其在未许可的情况下要取得权益必须首先取得行政主体的认可方有资格为特定行为。随着民主进程和行政法治化水平的提高，行政许可应当多见于前者，而不应当多见于后者。

一、行政许可的性质

1. 行政许可具有政府管制性。行政许可最为本质的属性就在于它是一种政府管制，即它是以公权的形式干预属于市民社会范围的东西，属于特殊形态的私权范畴的东西。因为，它突出的是政府对社会生活，尤其对经济活动具体范围等的决定，行政许可的政府管制性是非常重要的，因为它最终决定着政府行政系统对市场运行的态度。

2. 行政许可具有行政监控性。行政权行使中的权威性是不能怀疑的，其可以在诸多方面对社会生活进行监控，可以为诸多社会生活事务设计运行模式，其中行政许可就具有这样的属性。我国法律规范在设立行政许可事项时常常赋予行政机关这样的监控权限，行政许可所体现的行政监控性是对行政管理权的一个肯定，因为这种监控是在法律规定权限范围内的监控，而不是无原则地通过设计行政许可而为的监控。

3. 行政许可具有秩序维护性。行政许可涉及的事项都是若干主体相互作用的关系形式，如高等学校和教育机构设立的审批就关系到教育主体与受教育者之间联系和其他社会关系。演出机构的设立就涉及到观众、演员、演出机构之间的联系。行政许可的基础在于使这些关系形成为一种理性的关系模式，而此种模式的建立就是对社会秩序的一种维护。应当说明的是社会秩序是一种由法律设计并法律化了的秩序，而不是纯粹由行政手段设计并行政化了的秩序，在对行政许可进行研究时，必须把行政秩序和法律秩序区别开来。

4. 行政许可具有利益保护性。行政许可的内容既有物质的成分，又有精神的成分，属于经济权范畴的行政许可都具有物质内容，属于非经济权范畴的行政许可都或多或少地具有精神内容，正因为如此，行政许可与利益的保护有着直接关系。除国家利益、社会利益、行政相对人利益外，行政许可中还有行政主体的利益，尤其在行政主体设立的行政许可事项中其利益关系更加明确。我们认为，行政许可中的利益关系是以国家利益和行政相对人利益的保护为根本的，行政主体的利益只有在与国家利益、社会利益一致时才有进一步保护的必要，否则，即会使行政许可以各种形式的狭隘利益保护为根本。

二、行政许可的类型

如果说行政许可的概念和性质是对行政许可基本内涵的揭示的话，行政许可的类型则是对行政许可外延的揭示。

1. 法律性行政许可与行政性行政许可。依行政许可的决定权和表现形式可以将行政许可分为法律性行政许可与行政性行政许可。在绝大多数情况下行政许可都应当由立法机关决定，我们可以将立法机关决定的行政许可叫做法律性行政许可。换句话说，法律性的行政许可的法律规范形式是全国人民代表大会制定的基本法和全国人民代表大会常务委员会制定的一般法。行政性行政许可的决定权在政府行政系统，如国务院关于实行行政处罚权相对集中试点城市资格的审批决定。行政性行政许可在渊源上看是以行政法规或其他规范性文件的形式决定的。法律性行政许可与行政性行政许可的分类有较大的理论意义，它可以使我们在对行政许可制度进行规范时进行有效取舍，如行政性行政许可在目前的行政法规范体系中占的比重过大，今后应强化法律规范对行政许可的决定权等。

2. 禁止性行政许可与许可性行政许可。依行政许可的法理基础可以将行政许可分为禁止性行政许可与许可性行政许可。前者指法律对某种状态作出了禁止性规定，此时有关的当事人就失去了与禁止状态有关的权利，若行政相对人要获得禁止状态下的权利，就必须通过法律程序对此种禁止状态进行解除。当然，在行政法上行政禁止可以分为可欲性行政禁止与不可欲性行政禁止，只有在可欲性行政禁止的情况下，当事人才可以通过行政许可取得相应权利。我们把行政相对人通过解除禁止状态的行政许可而取得相应权利的情况叫做禁止性行政许可。许可性行政许可是指法律虽然没有规定禁止状态，但也没有规定许可状态，相对人若要取得未经许可状态下的权利就必须通过行政许可这一法定程序。此一分类对于我们选择我国行政许可制度的模式有巨大好处，依现代法理精神或法治理论的要求，法律未予禁止的，公众都可以从事，只有在法律禁止的状态下公民才不可以从事，依该理念我国行政许可不应以许可性行政许可为主，而应以禁止性行政许可为主，就是说，法律或法规应重点解决行政禁止的问题，并根据行政禁止的状态确定行政许可的内容。

3. 管理权的行政许可与请求权的行政许可。依行政许可的运作动力可以将行政许可分为管理权的行政许可与请求权的行政许可。行政法关系的形成要么是由行政主体决定而发动的，要么是由行政相对人决定而发动的，两种不同的起因都可引起行政法关系的产生、变更和消灭，传统行政法理论中认为仅行政主体有权决定行政法关系产生、变更和消灭的说法有一定的片面性。对一个行政许可事项而言，情况也是如此，即有些情况下，行政许可是由行政主体发动而产生的，在目前我国行政法制度中，这两种行政许可都是存在的，从数量上看，依请求权而发动的行政许可要多一些，这主要是因为行政法规范在我国以对行政相对人的私权管制为主。

4. 经济性事项的行政许可与社会性事项的行政许可。依行政许可的实体内容可以将行政许可分为经济性事项的行政许可与社会性事项的行政许可。凡行政许可涉及经济内容我们就称之为经济事项的行政许可，凡行政许可涉及经济事项之外其他内容的就是社会性事项的行政许可。计划经济体制之下，经济事项的行政许可占有非常大的比重，市场经济下，经济事项的行政许可则应当越来越少，尤其加入世界贸易组织后政府更应当注重对经济的宏观调控，而不应以传统的行政许可手段管理经济，目前一些地方对行政许可事项进行清理，其重点亦应该放在对经济性行政许可事项的总量控制上。而社会性事项的行政许可应当进一步强化，可持续发展战略、经济与社会的协调发展、社会的信息化等都促使我们必须强化社会性行政许可事项。

三、行政许可的设定原则

行政许可的设定是指确定行政相对人从事的社会事项必须经过行政主体审批的行为。行政许可设定的事项是行政相对人所从事的社会事项，即行政许可与行政相对人的日常行为有关。行政相对人作为一般的社会成员生活在社会中从事这样那样的活动，有些活动是为了生存之需要，有些活动是为了娱乐之需要，有些活动则是为了满足其他方面的需要；行政许可设定的事项在设定前是一种自由状态，行政相对人可以选择实施，也可以选择不实施，可以选择以此种方式实施，也可以选择以彼种方式实施；行政许可的设定是由设定者实施的一种禁止或者半禁止的行为，通过设定行为行政相对人丧失了在设定领域里从事某种活动的自由，至少再要从事这样的活动必须依一定的行为方式而为之；行政许可的设定是设定者对社会关系的安排，个人作为一个社会成员存在于复杂的社会过程中，其在不同的行为特性中处在不同的社会关系的层次之中，而社会关系的安排是形成社会机制的基本手段，行政许可设定则具有安排社会关系的能力。

行政许可的设定原则是指有权设定行政许可的主体设定行政许可时应当遵循的行为准则。《行政许可法》第 11 条规定："设定行政许可，应当遵循经济和社会发展规律，有利于发挥公民、法人或者其他组织的积极性、主动性，维护公共利益和社会秩序，促进经济、社会和生态环境协调发展。"这一条文是对行政许可设定原则作出的专门而集中的规定。《行政许可法》还有一些条款同样对行政许可设定的原则作了规定。例如第 4 条规定："设定和实施行政许可，应当依照法定的权限、范围、条件和程序。"第 5 条第 1 款规定："设定和实施行政许可，应当遵循公开、公平、公正的原则。"综合上述规定，行政许可的设定原则有下列各项。

1. 设定权法定原则。设定权法定原则是指行政许可的设定权必须由法律规范予以规定，将整个设定活动纳入到行政法治的轨道。设定法定原则要求行政许可的设定主体必须法定化，即某一主体要取得设定行政许可的权力必须有法律上的明文规定，没有法律的授权则不能取得设定行政许可的资格。设定权法定原则要求行政许可所设定的事项必须是法律规定可以设定的事项，法律禁设的事项任何主体都无权擅自设定；设定权法定原则要求设定行为本身依法定程序和法律规定的主客观要件而为之。设定权法定原则既是行政法治原则在行政许可设定中的体现，又是依法行政原则对行政主体行为过程的一个具体要求。

2. 设定公开原则。公开原则既是行政许可实施的原则，又是行政许可设定的原则。所谓公开设定是指享有行政许可设定权的国家机关对行政许可设定的内容必须予以公开，有关设定的规定和设定的具体内容应当向社会和行政相对人公布，未经公布的行政许可事项不得成为行政许可的依据，行政机关不能因此约束行政相对人的权利与义务。由于行政许可是有关机关的造法行为，依《中华人民共和国立法法》的规定，有关的立法必须经过法定程序颁布施行，这一原则的实现在行政法治实践中并没有太大障碍。

3. 设定公平原则。行政许可的设定涉及到两个范畴的关系：一是设定机关与设定事项中相关行政相对人之间的关系，尤其在政府行政系统享有设定权的情况下，涉及到行政系统与公众之间的关系；二是行政许可设定事项中权利义务人之间的关系，如一个行政许可会有不同的利益主体介入，那么，不同利益主体之间就是一个独立的关系范畴。设定公平原则便是对行政许可所涉及到的上述两个范畴关系的控制，要求有权机关设定的行政许可使许可事项的权利义务主体保持公平；使行政许可设定主体与许可事项的权利义务人保持公平。

4. 设定公正原则。公正原则在行政法中已形成了一些共识，普遍认为其包括实体公正和程序公正两个方面，前者要求行政过程中的实体规则应当既正当又合理，正当与合理共同构成了实体上的公正。后者则要求行政程序应当能有效保护行政相对人的合法权益，行政程序的有效性是程序公开的基本含义。行政许可设定中的公正同样包括实体公正和程序公正两个方面。

5. 科学设定原则。行政许可设定是有权机关对社会关系的设计和调整，可以说，每一个许可设定都与较新的社会事态和社会关系有关联。有时正是新的社会事态和社会关系的出现导致了行政许可设定行为的发生。行政许可设定所面临的社会事态和社会关系的新颖性表明行政许可的设定必须遵循科学原则。《行政许可法》要求设定行政许可必须遵循经济和社会发展规律，必须促进经济、社会和生态环境的协调发展，这实际上是对科学设定原则的肯定。

6. 私权保护原则。行政许可设定说到底关系到私权与公权的关系问题。如果说某一事项没有以设定行政许可的形式进行调控的话，那么，对于与该事项有关的个体而言便是自由的，其私权得到了保障。反之，若某一事项被国家有关部门通过行政许可设定权予以干预，那么，与该事项有关的个体则或多或少丧失了在该事项中的自由权。因而，所设定的事项体现了公共权力的意志。由此可见，行政许可设定正是在公权与私权的这种相互关系中体现了它的社会价值。这里有两个思维进路可以选择：一是设定行政许可从体现公权力的权威性出发，由此出发的话要求国家尽可能多的设定行政许可；二是设定行政许可从保护私权出发，由此出发则要求政府能不设定行政许可的就不予设定。《行政许可法》指出，设立行政许可应当“有利于发挥公民、法人或者其他组织的积极性、主动性”便是对私权保护原则的肯定。

7. 秩序保障原则。行政许可设定是国家维护社会秩序，有效利用资源和促进公共安全的重要手段。国家诸种证照的生效都是为了防止不合格的主体、不合格的行为在一些关系公共利益的场合出现。有序的社会生活是人类生存的基础，而保障社会生活的有序性则是立法机关和行政主体共同承担的责任。行政许可设定对于秩序保障的作用是非常明显的。

8. 可操作原则。指行政许可法设定的行政许可必须具有可操作性，其中涉及到的权利义务必须明确。《行政许可法》第 18 条规定：“设定行政许可，应当规定行政许可的实施机关、条件、程序、期限。”

四、设定行政许可的行政客体

设定行政许可的行政客体是指设定行政许可所涉及到的行政管理事态。《行政许可法》第 12 条列举规定了行政许可设定的事态范围。《行政许可法》在列举这些事态范围时没有使用“应当”一词，而使用了“可以”一词，即行政许可设定所涉及的行政客体不是一定要予以设定的，而是既可以设定又可以不设定。这些行政客体包括下列方面：

1. 需要依照法定条件予以批准的事项。有些行政客体是政府行政系统必须予以控制的，这些控制事项与公共利益的关系密切，甚至与公众的安全等有关，对于这类事项行政相对人必须在符合法定条件的情况下才可取得从事此类活动的资格。这类行政客体的取得与申请人自身条件有关，不符合相应条件的行政相对人便不能取得从事此类活动的资格，同时，此类许可一旦取得，行政相对人没有转让的权利，即属于排他性的行政许可事项。这类行政许可事项具体包括：其一，国家安全和公共安全的事项。破坏国家统一和对国家统治权构成威胁的行为都是妨害公共安全的行为，行政相对人从事的活动若与国家统一和政权稳定有关联便必须申请许可证，如行政相对人要从事有关的情报信息等活动就必须经过许可。其二，经济宏观调控的事项。经济宏观调控是国家在市场运作的基础上对有关的经济行为作出的宏观控制和宏观管理。经济活动包括资源配置和资源格局的分配等，这种类型的事项虽为经济事项，但不能完全通过市场机制调节，政府有必要在一定范围内进行干预，总量控制、布局控制、资源配置控制都必须以行政许可或颁发许可证的手段为之。其三，人身健康和生命财产安全的事项。此类事项我们通常叫危险行业的事项，如食品卫生许可、药品生产经营许可、麻醉药品的生产使用供应许可、放射性药品的生产许可等。

2. 需要赋予特定权利的事项。这类许可一般有相应的数量限制，行政主体赋予行政相对人特定权利时有行政自由裁量权，可以根据行政相对人的具体情况赋予权利。有学者认为此类行政许可事项可以在权益获取人与其他利害关系人之间进行转让。此类行政许可事项具体包括：其一，有限自然资源的开发利用事项。有限自然资源是指具有一定量化指标不可再生的资源，例如土地、矿藏、水流、海域、森林、山岭、草原、荒地、滩涂、湖泊等可开发利用但又具有有限性的自然资源权益的取得必须受到行政许可制度的管制。其二，公共资源的配置事项。公共资源是指属于全体或较大范围社会成员共享的资源，例如，公共交通、公共通信、公共环境等资源，此类资源的经营和利用亦应通过行政许可制度进行控制。其三，有关的市场准入事项。市场准入在一般情况下是自由的，就是通过自由市场机制调节市场主体的市场准入行为，但是，直接关系公共利益的垄断性行业的市场准入则实行许可制度，例如，电力、铁路、邮政、民航以及其他公用事业。

3. 需要确定特殊主体资格的事项。《行政许可法》第12条第3项规定：“提供公众服务并且直接关系公共利益的职业、行业，需要确定具备特殊信誉、特殊条件或者特殊技能等资格、资质的事项”可以设定行政许可。提供公共服务的行业指有偿提供公共服务的一些特殊行业，如从事律师、会计师、医师等特殊的公共服务行业。此类行业的从业人员的主体资格都有相应的条件要求，若达不到条件，这些从业者就不能为公众提供有效的、高质量的公共服务。许可制度对此类行业作出资格限制是理所当然的。此类许可事项包括下列范围：其一，主体具备特殊信誉的事项，即只有具备一定的信誉度才能从事此类事项，例如要求某种资格的鉴定部门。其二，主体具备特殊条件的事项，例如，从事律师业的经营者其主体必须通过国家司法考试，是否通过司法考试就是对此职业进行的条件限制。其三，主体具备特殊技能的事项。从事一些公共服务事项需要具备特殊技能，例如，建筑施工企业必须具有修建房屋的建筑技能，否则便不能从事建筑业。

4. 需要对技术规范进行审定的事项。现代高科技的广泛运用使一些特殊的工业品以及其他产品为公众带来了巨大方便，但同时这类产品又存在着一些安全方面的问题，为了公共安全、人身健康、生命财产安全，国家对这类产品的生产规定了一系列的技术标准和技术规范。这些技术标准和技术规范要通过检测、检验、检疫等方式进行审定，对于达到技术标准的方予以许可。此类事项具体包括：其一，需要进行检验的事项，例如，对食品、药品进行技术指标和技术规范的检验；其二，需要进行检测的事项，例如，对锅炉、压力容器等设施进行技术指标和技术规范的检测；其三，需要进行检疫的事项，例如，食品、药品等就需要进行卫生等技术指标的检疫。

5. 需要获得法律人格的事项。市场主体以及其他社会主体要取得合法地位必须取得法律上的人格。《行政许可法》第 12 条第 5 项规定：“企业或者其他组织的设立等，需要确定主体资格的事项”是可以设定许可的事项。即企业取得法人资格需要经过许可，社会组织取得从事某种活动的法律资格需要经过许可。显然，此类许可事项具体包括：其一，企业取得法人资格的事项；其二，社会组织取得主体资格的事项。

6. 法律、行政法规规定可以设定行政许可的其他事项。这是《行政许可法》在列举了行政许可设定客体的具体范围后留下的一个空隙。上列五类不一定能够覆盖行政许可设定事项的所有范围，行政管理事态的复杂性和多变性都决定了有关的列举还不足以将行政许可设定的事项予以穷尽。留一个空隙有利于今后立法对社会事项和行政许可的调控。应当说明的是，其他的许可设定事项只能由法律、行政法规规定。

五、对抗设定行政许可的机制

对抗设定行政许可的机制是指对通过立法和行政手段设定行政许可的制度予以对抗的一些社会机制。作为一种机制它存在于社会之中，并有正当的途径对社会事务进行自我调节；对抗设定行政许可是这种机制的固有特征，即此种机制不需要通过立法和行政手段设定许可事项。《行政许可法》第 13 条规定："本法第 12 条所列事项，通过下列方式能够予以规范的，可以不设行政许可：①公民、法人或者其他组织能够自主决定的；②市场竞争机制能够有效调节的；③行业组织或者中介机构能够自律管理的；④行政机关采用事后监督等其他行政管理方式能够解决的。"此条规定表明可以设定行政许可的客体将可以通过下列机制对抗行政许可的设定：

1. 公众能够自主决定的机制。设定行政许可的客体是一个相对的概念，既可以通过许可机制调整这些事项，也可以通过许可机制之外的机制调整这些事项。公民、法人或者其他组织能够自己决定可以设定行政许可客体的事项，便没有必要一定设定行政许可。公众的自主决定本身就是一种机制，此种机制随着社会的发展会被运用得越来越多，它是宪法关于公民权利在行政法控制中的体现。法律对有关社会事态的控制，行政主体对有关行政事态的控制是以公众的自主选择为基础的，当公众能够自主选择某种事项时，这样的事项就没有必要以行政许可的形式予以控制，例如《招标投标法》第 12 条规定："招标人有权自行选择招标代理机构，委托其办理招标事宜。……招标人具有编制招标文件和组织评价能力的，可以自行办理招标事宜。……"招标人通过自己的行为自主选择，国家便没有必要设定行政许可。

2. 市场机制。市场经济和计划经济是两种类型的经济体制，越是实行计划经济政府的行政审批就越多。市场机制和政府干预是一个相对立的概念，因此，通过市场能够决定的事项国家就没有必要设定行政许可。

3. 非政府组织的调节机制。行政职权剥离是近年来行政职能转变的一个结果，所谓行政职权剥离是指行政机关在一些行政管理领域要逐渐淡出，将权力转移到非政府机关手中。各种各样的行业组织和中介机构的涌现，以及这些组织承担行政职能的广泛性就是政府职能转变的一个例证。行政组织和中介机构与相关社会主体的关系是在自愿的基础上形成的，其与相关主体的权利义务关系是在自律而不是强制的基础上得到执行的，因此，能够通过行业组织和中介机构调节社会关系的就没有必要设定行政许可。

4. 非禁止机制。行政许可是以行政禁止为前提的，许可从其本质上讲是对禁止事项的解除。行政禁止或者我们通常意义上讲的行政审批只是行政主体管理社会事务的手段之一，而不是所有管理手段。在行政禁止手段之外还存在大量其他的管理手段，例如，行政主体通过行政指导、行政监督等手段同样可以达到对行政事务进行管理的目的。行政禁止的管理手段虽有利于方便行政管理权的行使，但其管理的实际社会效果并不一定比行政指导、行政监督更明显。《行政许可法》规定，“通过实施事后监督等其他行政管理方式能够解决的”可以不设行政许可，例如行政主体对从事生产或经营活动的市场主体可以通过加强事后监督监控其生产经营活动，其管理效果常常比行政许可的效果更好。

六、设定行政许可的权力分配

设定行政许可的权力分配是指哪些主体享有行政许可设定权以及能够在多大的范围内设定行政许可事项。行政许可的设定是一项立法行为，因此，《行政许可法》关于行政许可设定权的规定是通过法律渊源的形式表现出来的，即何种类型的法律渊源可以设定何种类型的行政许可。通过法律渊源的形式表达行政许可的设定权比直接规定某一主体有多大范围的设定权要科学一些，因为此种表述使行政许可设定权与立法行为结合起来，更体现了行政许可设定权的规则性。

1. 法律的设定。法律可以设定《行政许可法》第 12 条规定的所有涉及行政许可客体的事项。

2. 行政法规的设定。行政法规对行政许可的设定受到一定条件的限制，即只有在法律没有设定的情况下，行政法规才可以设定行政许可。《行政许可法》第 14 条第 2 款规定：“必要时，国务院可以采用发布决定的方式设定行政许可。实施后，除临时性行政许可事项外，国务院应当及时提请全国人民代表大会及其常务委员会制定法律，或者自行制定行政法规。”国务院作为行政法规的制定主体除可以以行政法规的形式设定行政许可外，还可以用行政规范性文件的方式设定行政许可。规范性文件设定的行政许可应当迅速上升为法律或者行政法规。行政法规还可以对法律设定的行政许可事项作出具体规定。

3. 地方性法规的设定。地方性法规设定行政许可除了受《行政许可法》第 12 条规定的客体限制外，还必须是上位法律没有设定的许可事项，即在法律、行政法规对可以设定行政许可的客体没有设定时，从法律对社会关系的有效调控出发，地方性法规可以设定行政许可事项。地方性法规在我国法律体系中所处的地位决定了它对行政许可的设定必须受到下列条件的限制：其一，上位法律没有设定的事项；其二，应当由国家统一确定的公民、法人或者其他组织的资格、资质的行政许可；其三，企业或者其他组织设立的登记及其前置性行政许可事项；其四，其设定的行政许可，不得限制其他地区的个人或者企业到本地区从事生产经营和提供服务，不得限制其他地区的商品进入本地区市场。

4. 政府规章的设定。与《行政处罚法》关于政府规章对行政处罚的设定不同，《行政许可法》对政府规章设定行政许可的状态作了区别对待，依该法规定，只有省、自治区、直辖市人民政府才享有行政许可的设定权。但对其设定行政许可作了下列限制：其一，上位法律没有设定行政许可的事项，若法律、行政法规、地方性法规已经设定了行政许可，省、自治区、直辖市人民政府规章则不得对同一事项再设定行政许可；其二，应当由国家统一确定的公民、法人或者其他组织的资格、资质的行政许可；其三，企业或者其他组织设立的登记及其前置性行政许可；其四，不得限制其他地区的个人或者企业到本地区从事生产经营和提供服务，不得限制其他地区的商品进入本地区市场；其五，仅仅能够设定临时性行政许可，即实施未满一年的行政许可，《行政许可法》第15条规定“尚未制定法律、行政法规和地方性法规的，因行政管理的需要，确需立即实施行政许可的，省、自治区、直辖市人民政府规章可以设定临时性的行政许可。临时性的行政许可实施满一年需要继续实施的，应当提请本级人民代表大会及其常务委员会制定地方性法规”。

5. 下位法可以对上位法设定的行政许可作出具体规定。即行政法规可以在法律设定的行政许可事项范围内，对实施该行政许可作出具体规定；地方性法规可以在法律、行政法规设定的行政许可事项范围内，对实施该行政许可作出具体规定；规章可以在上位法设定的行政许可事项范围内，对实施该行政许可作出具体规定。同时，下位法在对上位法设定的行政许可事项作出规定时必须受到两个条件的限制：其一，不得增设行政许可；其二，不得增设违反上位法的其他条件。

在行政法治实践中经常遇到以下几类问题：①许可证颁发职责的积极履行；②特殊许可的适度作出；③行政许可审查中的形式性审查与实质性审查等。

案例68　许可证颁发职责的积极履行
——沈××等不服×区卫生局行政决定申请复议案

【案情摘要】

复议申请人：沈××、张××等

被申请人：×区卫生局

法定代表人：陶×，×区卫生局局长

沈××，男，66岁；张××，男，67岁。沈××与张××以前同属×医院主治医生，二人具有高级职称。1994年10月，沈××、张××相继退休后，二人协商组织一批退休老医师办一个个体医院。沈××、张××二人共组织具有高级职称的退休老医师6名，并照顾到各种科目。1994年12月1日，沈××、张××二人向×区卫生局提交了下列申请材料：①设立医院的申请书；②设置医院的可行性研究报告；③医院的选址报告和有关建筑状况的报告。所提供的材料是完整的，符合《医疗机构管理条例》第10条、第16条的有关规定。×区卫生局将沈××、张××提供的申请材料进行了认真的审查，发现主治医师都是年龄超过65周岁的退休人员，认为以这样的阵容从事行医治病活动，实属不现实。遂于1994年12月20日对沈××、张××等作出不予批准的书面答复。

沈××、张××等对×区卫生局的答复不满，向×市卫生局提起了行政复议，称：其即将开办的医院是一个高水平的医院。理由是，其绝大多数医师都身怀绝技，以张××为例，其40年代毕业于北京×医科大学，在治疗肺癌等方面有较高水平。在×医院期间，就自制了治疗肺癌的药物，并通过国家级鉴定，临床效果良好。1988年该药品还获得过市级二等奖。沈××、张××还称，其申请办医院，①符合医疗机构的基本标准；②适合的名称、组织机构和场所；③与开展业务有关的经费、设施、设备和其他从业人员；④相应的规章制度。这些情况都反映在向×区卫生局提供的论证报告中，并称依《×省医疗机构管理规定》不得申请开业行医的情形只有三种：全民所有制和集体所有制医疗机构的在职人员；因道德品质败坏或严重医疗过错，被开除公职或撤销从事医疗工作资格者；精神病患者及患有其他不适宜开业行医的疾病者。我们申请开医院不属于上述禁止的情况，×区卫生局以我们年老而不发给开业许可证的行为是没有法律根据的，要求×市卫生局责成×区卫生局为我们颁发开业许可证。×市卫生局经过复议认为，沈××、张××的复议请求有法律和事实根据，×区卫生局以其年老不颁发许可证的行为违反了《医疗机构管理条例》第10条、第16条和《×省医疗机构管理办法》第8条、第9条的规定，作出撤销×区卫生局的行政决定，并责成×区卫生局向复议申请人沈××、张××发给行医开业许可证。

【提示与讨论】

本案案件事实认定中的一个实质问题就是必须正确区分法律上的事实和现实生活中的事实之间的关系和区别。法律上的案件事实存在于法律规范之内，受法律规范的调整，其具有明显的法律效力。必须围绕法律的规定认定案件事实。现实生活中的事实存在于法律规范之外，它与法律事实的区别在于不受法律规则的限制。在绝大多数情况下，法律上的案件事实和现实生活中的事实是一致的。但是，还有相当一些事实是可作法律上的案件事实和现实生活中的事实之分的。本案如果从客观现实看，沈××、张××都属六旬老人，开业行医显然有一定的困难，×区卫生局从常理出发，不给其颁发行医许可证似乎是合乎情理的。然而法律上的案件事实却与此是相反的。《医疗机构管理条例》和《×省医疗机构管理办法》关于能否开业从事医疗活动的规定在资格上是这样限定的："获得高等院校毕业文凭，在国家集体医疗机构连续从事本专业工作5年以上者"；"持有有效的主治医师或主治中医师任职资格证书者"；"持有有效的医师或中医师任职资格证书者"；"经过县以上卫生行政主管部门考核，对某种疾病治疗确有特长者"。上述条件只要具备一个就有开业资格。禁止的情况上面已经说过。当事人申请开业行医，只要符合法律的这些规定，且不存在法律禁止的情况，在其他手续齐全的情况下，卫生行政管理机关就应当为其颁发行医许可证。年龄的状况，有关卫生行政管理法规并没有规定，在法律上讲就不属于相关因素，对此行政机关亦不应作为一个条件考虑。本案×区卫生局显系考虑了与法律无关的因素。因此，对案件事实作了错误的认定。

1994 年 2 月 26 日，国务院第 149 号令发布了《医疗机构管理条例》，该条例是规范医疗机构的最主要的行政法规范。第 9 条规定："单位或者个人设置医疗机构，必须经县级以上地方人民政府卫生行政部门审查批准，并取得设置医疗机构批准书，方可向有关部门办理其他手续。"此规定确立了公民、法人设立医疗机构的整体程序，即由主管卫生机关办理相关的法律手续。第 10 条规定："申请设置医疗机构，应当提交下列文件：①设置申请书；②设置可行性研究报告；③选址报告和建筑设计平面图。"第 16 条规定："申请医疗机构执业登记，应当具备下列条件：①有设置医疗机构批准书；②符合医疗机构的基本标准；③有适合的名称、组织机构和场所；④有与其开展的业务相适应的经费、设施、设备和专业卫生技术人员；⑤有相应的规章制度；⑥能够独立承担民事责任。"这两条是关于公民、法人和其他社会组织开业行医的实体条件，只要符合这些条件，卫生行政机关就有义务为其颁发许可证。第 12 条规定："县级以上地方人民政府卫生行政部门应当自受理设置申请之日起 30 日内，作出批准或者不批准的书面答复；批准设置的，发给设置医疗机构批准书。"本案×区卫生局在法律适用的程序上是正确的，完全符合法定程序，但在实体上是错误的。《×省医疗机构管理办法》对卫生行政机关颁发批准证书的实体规则和程序规则作了更为具体的规定。复议机关根据上述法律规范撤销×区卫生局的行政决定，适用法律是正确的。

笔者认为，本案是一个行政机关向公民、法人和其他社会组织作出行政许可行为的案件。行政许可是行政机关对社会事务进行管理的基本手段之一。行政许可的前提是法律规定了某种禁止状态，一般社会成员如果没有具备法律规定的条件就不能够从事法律所禁止的事务。本案中的开业行医在一般情况下是法律禁止的。即是说，一般社会成员不能从事这样的活动，只有符合法律条件时，才能从事此类活动。行政许可行为的作出以当事人具备一定的条件为前提，只要具备法律规定的条件就应当取得相应的资格。所以，条件的审查就成为行政许可行为的关键。本案中，×区卫生局全面审查了沈××、张××的开业行医资格，以年龄过大为由予以拒绝是不合法的。法律上规定的条件具有法定性和不可更改性，任何行政机关不得随意改变法律、法规规定的条件。本案×区卫生局就是在法律规定的条件之外，对当事人强加了新的条件，此种强加是违法的。我国当时由于还没有制定行政许可法，致行政许可行为在行政法治实践中较为混乱。尤其行政许可是在当事人申请下而作出的行政行为，一些行政机关对待此类行为常常不够主动，该颁发许可证的不予颁发。有的甚至对公民、法人的许可请求置之不理，这都是违反行政法原则的，是行政法上的不作为行为。行政机关如何积极去履行颁发许可证的职责是行政法治实践面临的重要课题之一。

案例69 特殊许可的适度作出
——于××、常××诉×乡人民政府案

【案情摘要】

原告：于××，男，37岁，系农民

原告：常××，女，33岁，系农民

被告：×县×乡人民政府

原告于××1992年与前妻离异，后结识原告常××。常××之夫1991年在一次车祸中丧生。二人结识后，经过一年多的来往，产生恋情，并决定结婚。于××所在村距常××所在村有10余里路，决定结婚后，常××去于××家生活。常××有两个小孩，大的是男孩，当年4岁，小的是女孩，当年仅1岁。常××的公婆及其他族人得知常××要嫁到于××家，便给于××和常××做工作，要求于××到常××家生活，做上门女婿。原因是常××的丈夫去世后，其家族断了根。公婆及其族人的要求遭到于××、常××的拒绝。其族人后来又提出，常××可以去于××家，但必须把两个孩子留下。公婆及其族人把这些情况向常××所在的村委会作了汇报，并要求村委会不要向常××开结婚介绍材料。1994年3月，于××、常××向×乡人民政府申请结婚登记，该乡人民政府依程序要求其从村委会开具婚姻状况证明。该村委会拒绝开具任何证明，乡政府以没有村委会的婚姻状况证明为由，拒绝为于××、常××颁发结婚证书。于××、常××在结婚无望的情况下，于1994年5月7日起连续向×县妇联反映，要求×县妇联及有关机关依据《妇女权益保障法》、《未成年人保护法》的规定保护其合法权益。×县妇联通过县人民政府要求×乡人民政府给于××、常××颁发结婚证。×乡人民政府通过调查发现，常××的婆家确系单传，常××之夫去世后，其家已无壮年劳力，只有常××之公婆二位老人，便再次劝说于××、常××在常××家生活，否则将不向其颁发结婚证。至1994年8月，×乡人民政府还是没有给二原告颁发结婚证。无奈之下，1994年10月，于××、常××向×县人民法院提起行政诉讼，请求×县人民法院保护其合法权益，责成×乡人民政府向其颁发结婚证。

二原告诉称：依《婚姻法》有关规定，我们有自愿结婚的权利，有选择到

夫家或到妻家居住的权利。×乡人民政府劝我们到常××家与常××的公婆一起生活是受封建思想影响的结果。再则，常××的两个小孩都是未成年人，交给常××的公婆抚养于情于法都说不过去，因此，除要求到于××家生活外，还要求带走两个未成年的小孩。×县人民法院审理认为：依1994年1月12日国务院批准、1994年2月1日民政部令第1号发布的《婚姻登记管理条例》第5条规定，×乡人民政府有为于××、常××颁发结婚证的职责。该条规定："婚姻登记管理机关，在城市是街道办事处或者市辖区、不设区的市人民政府的民政部门，在农村是乡、民族乡、镇的人民政府。"该条例第13条还规定："申请结婚登记的当事人受单位或者他人干涉，不能获得所需证明时，经婚姻登记管理机关查明确实符合结婚条件的，应当予以登记。"再根据《婚姻法》的有关规定判决，×乡人民政府在判决后的30日内履行法定职责，为于××、常××颁发结婚证书。判决作出后，×乡人民政府为于××、常××颁发了结婚证书。

【提示与讨论】

本案涉及到四个行为事实：①原告于××、常××之间婚姻关系的事实。双方在各自丧偶以后，有无结婚的权利，如果有的话是否要附带一定的条件，是否要受原婚姻关系的制约等。很显然，《婚姻法》关于公民婚姻自由权的规定是绝对的、不受任何条件限制的。该法第3条规定："禁止包办、买卖婚姻和其他干涉婚姻自由的行为。……"第8条规定："登记结婚后，根据男女双方约定，女方可以成为男方家庭的成员，男方也可以成为女方家庭的成员。"这些规定说明，于××与常××的结婚权利是不能受到外部干涉的，既可以到于××家生活，也可以到常××家生活，以双方的约定为惟一条件。②常××婆家及族人的行为。此行为是明显干涉他人婚姻自由的行为。当然，其家庭状况令人同情，可以通过其他途径予以解决，而不能以强迫手段留住常××及子女。③常××所在的村委会的行为，该行为是违反《婚姻登记管理条例》第9条规定的，该条规定当事人所在的单位有义务为结婚申请者出具婚姻状况的证明。正是由于该村民委员会的行为使乡政府找到了借口。④×乡人民政府的行为。其是履行行政管理职能的机关，为结婚申请人依法颁发结婚证是义务，不履行该义务就是行政法上的不作为。至于常××所在的村委会不开具常××婚姻状况证明材料是不能成为其不履行职责的理由的。上述四个方面的事实是×县人民法院审理此案必须首先弄清楚的。

本案的法律适用分为×乡人民政府在为于××、常××颁发婚姻证明时的法律适用和人民法院审理此案时的法律适用两个部分。×乡人民政府适用的法律主要是《婚姻法》和《婚姻登记管理条例》。《婚姻法》第7条规定："要求结婚的男女双方必须亲自到婚姻登记机关进行结婚登记。符合本法规定的，予以登记，发给结婚证，……”《婚姻法》第4条、第5条、第6条是有关男女结婚的条件规定，其条件主要是：男女双方自愿；男年满22周岁、女年满20周岁；不得有法律禁止的情形，如患某种疾病的，有某种血缘关系的等。除了这些条件外，别的因素都不能成为行政机关不准予当事人结婚的理由。本案×乡人民政府以村民委员会不开具证明为理由，不给于××、常××颁发结婚证是错误的。婚姻登记机关关注于××、常××的家庭情况是无可厚非的，针对常××婆家的情况，可以向于××、常××做思想工作，但不能因此而阻碍于××、常××的婚姻关系。此一法律适用表明，实体法在法律适用中处于优先地位，而在程序规则与实体内容发生不一致时应当优先选择实体规则。本案村民委员会不出具常××婚姻状况的手续只是一个程序问题，而实体规则是常××、于××有结婚的权利。基于此，《婚姻登记管理条例》第13条规定：“申请结婚登记的当事人受单位或者他人干涉，不能获得所需证明时，经婚姻登记管理机关查明确实符合结婚条件的，应当予以登记。”此案显然把实体规则推到程序规则之上。程序与实体的关系是行政机关适用法律时必须认真对待的问题。×县人民法院对本案判决适用的法律先是《行政诉讼法》，即其必须清楚本案常××、于××的诉讼请求是否属人民法院的受案范围。婚姻权利属于公民人身权的范畴，作为婚姻登记机关而言，有义务履行保护公民婚姻权的职责，不予保护就是没有履行法定职责。《行政诉讼法》规定，公民、法人和其他社会组织认为行政机关没有履行保护人身权等权利的法定职责时，可以向人民法院提起行政诉讼，依此规定，人民法院受理此案是应当的。×县人民法院在审理过程中正确适用了有关婚姻管理的部门行政法，从而作出了正确的判决。

笔者认为，行政许可行为是行政行为中较为复杂的一种，我国关于行政许可的立法散见于各个部门行政管理法规之中。在行政法治实践中，保障公共安全的许可、保障人身健康的许可、维护社会良好风尚的许可、维护交通安全的许可、保护重要资源和生态环境的许可、调控进出口贸易的许可、加强城市管理的许可、发展国民经济的许可等都得到了普遍重视，而一些特殊形态的许可常常被忽视。本案相对一方当事人申请结婚登记证书，行政机关为其颁发结婚登记证书的行为就是一个行政许可行为。此类许可由于其自身的特点，行政机关对其有一些不正确认识，有的甚至认为颁发结婚证的行为不属行政许可的范围。《行政诉讼法》对此也没有明确规定，致该行为的可诉性在行政法治实践中受到怀疑，一些人认为该行为人民法院不应受理。笔者认为，这些观点是不正确的，行政许可从实质上看是行政机关赋予相对人从事某种特殊事务的权利，使其获得从事某种活动的资格。结婚证的颁发意味着男女双方取得了成为夫妻关系组成家庭的资格，其与行政许可的本质并无二致。诸如此种特殊的行政许可，行政执法活动中还有许多，行政机关如何对待此种特殊形态的许可是我国行政法治实践的又一课题。

案例70　行政许可审查中的形式性审查与实质性审查

——钟×不服×工商局作出的准予股东变更登记案[1]

【案情摘要】

原告（被上诉人）：钟×

被告（被上诉人）：×工商局

第三人（上诉人）：陆×

第三人（上诉人）：×信息技术有限公司

第三人（上诉人）：任××

第三人（上诉人）：任×

2003年12月29日，×工商局核准×信息技术有限公司注册成立，该公司的企业类型为国内合资的有限责任公司；同时确认公司股东为钟×和陆×，钟×拥有公司90%（计人民币180万元）的股权，陆×拥有公司10%（计人民币20万元）的股权，公司法定代表人为赵×。2004年9月6日，第三人×信息技术有限公司向被告×工商局提出变更公司股东的申请，被告审核后于同年9月9日作出准予变更登记的被诉具体行政行为，变更后×信息技术有限公司的股东为第三人陆×及第三人任××，原告钟×原所持有的90%股权中80%的股权（计人民币160万元）被无偿转让给第三人陆×，另10%的股权（计人民币20万元）被无偿转让给第三人任××。2004年11月7日，×信息技术有限公司再次向被告×工商局申请变更股东，变更后的股东为第三人任××及任×，原股东陆×将其持有的×信息技术有限公司的90%股权（计人民币180万元）无偿转让给第三人任×。2004年，原告钟×得知第三人陆×冒用其签名，将原告所持有的股份悉数无偿转让给第三人陆×和第三人任××，被告×工商局在接受×信息技术有限公司提交的公司股东变更申请后，未按法定要件进行全面审查，尤其是第三人×信息技术有限公司所申请的公司变更登记事项，直接关系到公司股东的变更和涉及原告钟×所拥有的90%股权无偿转让的重大利益。同时，×信息技术有限公司提交给被告的股东变更申请材料所涉及的内容既非原告所知，“钟×”的签名亦非原告所签，且无法定代表人签署的变更登记书面申请，被告×工商局认定事实错误，其所作出的核准第三人×信息技术有限公司股东变更登记的决定与法相悖，故原告钟×向法院提起行政诉讼，要求撤销被告于2004年9月9日作出

[1] 参见应新龙主编：《2006年上海法院案例精选》，人民法院出版社2008年版，第256～264页。

的准予变更登记决定。

原告钟×诉称，×信息技术有限公司由原告及第三人陆×于2003年共同出资组建，公司注册资金为人民币200万元，公司法定代表人为赵×。2004年底，第三人陆×利用掌管公司公章之便，冒用原告签名，将原告所持有股份悉数无偿转让给第三人陆×和任××，被告×工商局未尽审核义务，错误地核准了该公司股东变更登记，侵犯了原告的合法权益，请求法院撤销被告于2004年9月9日作出的核准×信息技术有限公司股东由原告钟×、第三人陆×变更为第三人陆×、任××的工商登记。

被告×工商局辩称，根据有关证据证实，第三人×信息技术有限公司在提出股东变更申请时所提交的申请材料中所有钟×的姓名确非原告所签；但依据有关规定，被告对申请人就申请事项所提交的申请材料，予以形式上的审查，即审查申请材料是否齐全，是否符合法定形式。至于申请材料中，×信息技术有限公司申请股东变更登记时提供虚假材料而引发实质内容的不真实，其后果应由申请人承担。故被告对第三人×信息技术有限公司提出股东变更申请时所提交的材料而作出的准予股东变更登记的具体行政行为认定事实清楚、适用法律正确，请求法院予以维持。

第三人陆×述称，第三人×信息技术有限公司向被告提交的申请股东变更材料中有关钟×同意并认可的签名，确非钟×本人所签，是由于原告钟×只是×信息技术有限公司的名义股东。×信息技术有限公司实际是由×科技有限公司（该公司法定代表人为第三人陆×）与×数码技术有限公司（该公司法定代表人为本案第三人×信息技术有限公司的法定代表人赵×）共同出资组建。因第三人×信息技术有限公司是内资企业，而赵×籍贯在台湾省，故不能担任内资企业的股东，因而选择在×数码技术有限公司工作的原告钟×作为×信息技术有限公司的股东。×科技有限公司与×数码技术有限公司签订的《业务合作确认协议》约定：第三人×信息技术有限公司的股权实际控制为×科技有限公司，原告钟×作为×数码技术有限公司的代表，只是将其身份证明借给×科技有限公司以作工商注册登记，并非实际股东。钟×所持有的名义上的股权，实际也由×科技有限公司所拥有，×科技有限公司的法定代表人（即第三人陆×）可以在任何时间对原告钟×拥有的股东名分及持有的股权进行变更并持有。该协议还约定，×信息技术有限公司的股东变更及股权的无偿转让，无须原告钟×认可。故被告×工商局对第三人×信息技术有限公司作出的准予股东变更工商登记的决定，正确合法，请求法院予以维持。

第三人×信息技术公司任××、任×的述称与第三人陆×意见相同。

一审法院经审理认为：

1. 根据《行政许可法》第34条第1款“行政机关应对申请人提交的申请材料进行审查”，第3款“根据法定条件和程序，需要对申请材料的实质内容进行核实的，行政机关应当指派两名以上工作人员进行核查”的规定，被告在审查第三人×信息技术有限公司提交的股东变更申请材料时，不应只作形式审核，而应对申请材料是否符合法定条件等实质内容进行全面审查。尤其是涉及申请变更内容直接关系到公司股东钟×重大股权利益的无偿转让事项，×工商局更应谨慎审核，并依法定要求指派两名以上工作人员对钟×股权无偿转让的真实意愿及对相关申请材料签名的真实性进行核查。

2. 根据《公司登记管理条例》第24条规定，公司申请变更登记，应当向公司登记机关提交“公司法定代表人签署的变更登记申请书”。×信息技术有限公司在向被告×工商局提交公司股东变更申请的材料中，并无法定代表人赵×签署的变更登记申请书。由此可见，×工商局也未对申请材料的完备性进行审查。

3. 第三人陆×主张原告钟×并非真正股东，钟×仅为×数码技术有限公司职工，陆×并提供了×科技有限公司与×数码技术有限公司签订的《业务合作确认协议》。该民事协议对于原告钟×的股东身份是否具有拘束力？第三人根据该民事协议的条款约定，能否任意处分原告钟×所持有的股权？①从时间上来看，被告×工商局作出核准×信息技术有限公司注册成立的日期为2003年12月29日，而×科技有限公司与×数码技术有限公司之间的《业务合作确认协议》签订于2004年5月10日。因此，×信息技术有限公司不但注册成立在先，而且×工商局在作出核准该公司注册成立行为的同时，也确认了钟×系×信息技术有限公司的股东及拥有股权的份额，故该民事协议不能否定原告钟×经被告×工商局核准登记后所取得的股东身份和持有的股份。②×科技有限公司与×数码技术有限公司签订的民事协议，系私法调整的范畴，而被告×工商局依据行政法律规范所作出的行政许可，为公法调整的范畴，对外不但具有公示性，而且私法调整的范畴不能抗衡具有国家行政强制力保障的公法调整的范畴。故本案在民事行为与行政登记行为效力优先的判断中，法院肯定了工商注册登记的优先效力。

根据法律法规的上述规定，被告×工商局作为负有法定审核义务的行政机关，在接受第三人×信息技术有限公司提交的公司股东变更申请后，应按法定要件进行全面审查。但被告提供的证据经庭审展示及质证，证实了第三人×信息技术有限公司向被告提交公司股东变更申请的材料中，并无法定代表人赵×签署的变更登记申请书，尤其是×信息技术有限公司所申请的公司变更登记事项，直接关系到公司股东的变更和涉及钟×所拥有的百分之九十股权无偿转让的重大利益；同时，第三人×信息技术有限公司提交给被告的股东变更申请材料所涉及的内容既非原告所知，作为股东“钟×”的签名亦非原告所签，故被告作出具体行政行为时所依据的证据，缺乏真实性和合法性的法定必备要件。鉴于被告×工商局未按法定要件对第三人×信息技术有限公司提交的股东变更申请材料的实质内容予以审核，导致了其对事实的认定错误，因此，被告所作出的核准第三人×信息技术有限公司股东变更登记的决定与法相悖，一审法院根据上述认定的事实和判案理由，依据《行政许可法》第34条第1款、第3款及第36条，《公司登记管理条例》第24条第1款第1项，《行政诉讼法》第54条第2项第1目之规定，判决撤销被告×工商局于2004年9月9日作出的准予×信息技术有限公司原股东钟×、陆×变更为股东陆×、任××的变更登记的具体行政行为。

第三人×信息技术有限公司、陆×、任××、任×对一审判决不服，在法定期限内上诉于二审法院。

上诉人×信息技术有限公司、陆×上诉称，本案变更登记手续齐备，一审被告并不存在行政违法及过错；钟×对本次变更登记完全知情且有授权，若钟×认为自己拥有股权，完全可以陆×为被告提起股权确权的民事诉讼；此外，本案另两位上诉人任××、任×经变更登记已持有股权，需承担公司义务和风险，该两人在法律上可被认为是善意第三人，从维护善意第三人的利益角度，本案变更登记也宜维持。故请求二审法院撤销原判，改判驳回钟×原审的诉讼请求。

上诉人任××、任×上诉称，该公司股权通过合法变更，其两人已持有股权，需承担大量义务和风险，其两人可被认为是善意第三人，从优先维护善意第三人的利益角度出发，本案工商登记应当得到法律保护。故请求二审法院撤销原判，改判驳回钟×原审的诉讼请求。

被上诉人钟×在二审中辩称，其从未委托他人代为转让股权，也未委托任何人办理本案变更登记手续，原审被告×工商局违反了法律规定的审查义务；被上诉人的股权是被无偿转让的，上诉人任××等未支付过对价，并非善意第三人；原审判决正确，请求二审法院维持原判。

原审被告×工商局在二审辩称，原审被告作出的变更登记行政行为符合法律规定；原审被告已注意到股权无偿转让协议，但对无偿转让股权的变更登记法律并未规定登记机关负有特别的审查义务。原审被告同意上诉人的上诉请求，请求二审法院维持原审被告作出的被诉具体行政行为。

二审法院经审理后，确认一审认定的事实和证据，并认为上诉人×信息技术有限公司、陆×、任××、任×上诉所称的任××、任×是否为善意第三人的问题与本案不属同一法律关系，不属本案被诉具体行政行为合法性审查范围，相关当事人可依法另行解决。原审判决并无不当，故依照《行政诉讼法》第61条第1项之规定，驳回上诉，维持原判。

【提示与讨论】

本案是围绕股东变更登记这一事实而引发的争议，因此，在对本案进行讨论之前必须先对股东变更登记这一行为进行定性。从理论层面来看，这一行为兼有行政许可和行政确认的某些性质。行政许可和行政确认是两个联系最为密切的行政行为，有时两者呈现着互相重合的状态，有时两者又呈现紧密衔接的状态，同时两者也存在一定的区别，即笔者认为行政许可的行为对象是许可行政相对人获得为某种行为的权利或资格，主要是作为性的行为，而行政确认是指对行政相对人既有法律地位和权利义务的确定和认可，主要是指身份、能力和事实的确认等。通过概念上的比较，我们认为将股东变更登记这一行为定性为行政许可更合理一些。从法律规定层面来看，我国《公司登记管理条例》第26条规定："公司变更登记事项，应当向原公司登记机关申请变更登记。未经核准变更登记，公司不得擅自改变登记事项。"同时《行政许可法》第49条规定："被许可人要求变更行政许可事项的，应当向作出行政许可决定的行政机关提出申请；符合法定条件、标准的，行政机关应当依法办理变更手续。"通过这些条文的规定，笔者认为工商行政管理机关作为公司的登记机关对公司股东变更所实施的登记行为，是国家公权力对公司所实施的管理。同时，公司变更登记是指公司改变名称、住所、法定代表人、经营范围、企业类型、注册资本、营业期限、有限责任公司股东或者股份有限公司发起人的登记，因此有限公司股东发生变化属于公司变更事项的范畴，进而属于《行政许可法》第49条所规定的变更行政许可事项的情形之一，必须受《行政许可法》条文的约束。因此从这个角度来讲，股东变更登记亦属于行政许可行为。

搞清楚了本案中行政行为的定性问题，接下来我们就可以确定本案的性质以及争议焦点。

本案是关于行政许可审查问题的一个比较典型的案例，其涉及的法律问题很多，如工商局对公司申请变更登记的申请材料是应当进行形式审查还是应当进行实质审查，民事行为与行政行为的效力优先性如何认定，等等。通过分析不难发现，本案争议的焦点问题是工商局作为公司登记机关在对公司股东变更登记事项进行审查时，究竟应当履行形式性审查义务还是实质性审查义务。形式性审查是指登记机关仅对申请材料的形式要件进行审查，即审查材料是否齐全、是否符合法定形式，对于申请材料的有效性、真实性不作审查。实质性审查是指登记机关不仅要对申请材料的形式要件是否具备进行审查，还要对材料的实质性内容的真实性和合法性进行审查。由于《公司法》、《公司登记管理条例》并未对公司股东变更登记的审查方式作出明确规定，因此，实践中对公司登记机关应采取何种方式对股东变更登记进行审查存在一定的争议。笔者认为，公司登记机关在对公司股东变更登记事项进行审查时，应当履行实质性审查义务，这不仅是维护市场经济秩序的需要，更是保护善意第三人合法权益的需要。一审法院关于撤销×工商局作出的准予×信息技术有限公司股东变更登记的判决以及二审法院维持原判的判决都是基于这一考虑而作出的。

第四节 行政强制

行政强制是行政主体为了维护行政管理秩序，依照法律、法规的规定，即时采取强制措施，或者在相对一方当事人不履行特定行政法上的义务的情况下，为迫使其履行义务或者达到与履行义务相同的状态，而通过强制方法所实施的具体行政行为。依据《行政强制法》的规定，行政强制包括行政强制措施和行政强制执行两个方面。

一、行政强制措施

行政强制措施是指行政机关在行政管理过程中，为制止违法行为、防止证据损毁、避免危害发生、控制危险扩大等情形，依法对公民人身自由实施暂时性限制，或者对公民、法人或者其他组织的财物实施暂时性控制的行为。

1. 行政强制措施是一种具体行政行为，不能理解为物理意义上的手段和方法。

2. 行政强制措施是一种暂时性措施，不是对当事人人身、财产权利的最终处分。

3. 行政强制措施是为了便于行政决定的作出或者行政目的的实现而采取的，不能作为制裁手段。[1] 行政强制措施可以针对人身，也可以针对行为、财产和场所而实施。《行政强制法》第 9 条规定："行政强制措施的种类：①限制公民人身自由；②查封场所、设施或者财物；③扣押财物；④冻结存款、汇款；⑤其他行政强制措施。"具体而言包括：

（1）强制检查。是指行政主体为了实现行政目的，依据法定职权，对一定范围内的行政相对人强制进行的、可能影响该相对人权益的检查、了解等收集信息的活动。强制检查的主要方式是盘问检查、询问查证、搜查、现场检查、诊验或留验、检定等。

（2）强制检疫。是指有关行政主体为了防止人类、动物、动物产品、植物

---

〔1〕 参见《中华人民共和国行政强制法》，法律出版社 2011 年版，第 2 页。

以及植物产品的传染性疾病从外地或者传染病区传入本地区，依法对出入境的交通工具和人员、国内交通工具、出入境的动植物等进行检查、留验、隔离、监测等的一种行政强制手段。

（3）强制保全。是指行政主体在由于相对一方的行为可能使行政决定难以作出或者作出的行政决定难以执行的情况下，依法对相对人的财产或者物品予以强行限制的行政强制手段。具体手段主要是查封、扣押、冻结等。

（4）强制戒毒。是指对吸食、注射毒品成瘾的人员，在一定时期内对其强制进行药物治疗、心理治疗和法制教育、道德教育，使其戒除毒瘾。如《禁毒法》第38条规定，吸毒成瘾人员有下列情形之一的，由县级以上人民政府公安机关作出强制隔离戒毒的决定：①拒绝接受社区戒毒的；②在社区戒毒期间吸食、注射毒品的；③严重违反社区戒毒协议的；④经社区戒毒、强制隔离戒毒后再次吸食、注射毒品的。对于吸毒成瘾严重，通过社区戒毒难以戒除毒瘾的人员，公安机关可以直接作出强制隔离戒毒的决定。吸毒成瘾人员自愿接受强制隔离戒毒的，经公安机关同意，可以进入强制隔离戒毒场所戒毒。

（5）强制取缔。是指依法具有强制取缔权的行政主体对法律、法规所规定的取缔对象所实施的一种行政强制措施。如《宗教事务条例》第43条第1款规定："擅自设立宗教活动场所的，宗教活动场所已被撤销登记仍然进行宗教活动的，或者擅自设立宗教院校的，由宗教事务部门予以取缔，没收违法所得；……"

（6）封锁。是指国家行政主管部门为了将可能扩大的危急事态预防或者控制在尽可能小的范围之内，以减少人身、财产的损失，针对国内某些地区发生的特殊情况而采取的使之与外界断绝往来的行政强制措施。如根据《国境卫生检疫法实施细则》的有关规定，在国内或者国外检疫传染病大流行的时候，国务院卫生行政主管部门应当报请国务院下令封锁陆地边境、国境江河等有关区域，对来自国外疫区的船舶、航空器，没有经第一入境港口、机场检疫的，不准进入其他港口和机场。

（7）隔离。是指将染疫人员收留在指定的处所，限制其活动并进行治疗，直到消除传染病传播的危险。如卫生部发布的《卫生系统实验动物管理暂行条例》第14条规定："实验动物发生烈性传染病流行时，应立即上报卫生部实验动物检定中心，同时采取严格的隔离消毒措施，以免传染病的蔓延。如有拖延或隐瞒不报者，所在单位要承担责任。"

（8）强制带离现场。是指行政主体将在现场有危险的人强行带离现场的措施。如《广播电影电视大型、重大活动安全管理办法》规定，遇有行凶、闹事和散发反动宣传品、呼喊反动口号等破坏行为时，应采取果断措施将嫌疑人带离现场，稳定活动场所的秩序。

（9）强行驱散。是指行政机关对违反社会治安秩序或者危害公共安全的人，采取强制手段将其驱散，以稳定社会秩序，保护公共安全的一种行政强制手段。如《集会游行示威法》规定，有非法集会游行示威并不听制止情况的，人民警察现场负责人有权命令解散，拒不解散的，人民警察现场负责人有权依照国家有关规定采取必要的手段强行驱散，对拒不服从的人员应当强行带离现场或立即予以拘留。

（10）紧急疏散。这是指由于发生灾害、事故等突发性事件而将可能受其影响的人员或者财物分散到安全地带的紧急措施。如《破坏性地震应急条例》规定，在临震应急期，有关地方人民政府应当根据实际情况，向预报区的居民以及其他人员提出避震撤离的劝告；情况紧急时，应当有组织地进行避震疏散。

除上述所列之外，行政强制措施的常见手段还有：强制约束、紧急免疫接种、立即拘留、交通管制、特别管制、收容教养、强制销毁等。

二、行政强制执行

行政强制执行是指行政机关或者行政机关申请人民法院，对不履行行政决定的公民、法人或者其他组织，依法强制其履行义务的行为。

1. 行政强制执行以公民、法人或其他组织不履行义务为前提。行政强制执行不是行政主体在履行行政职责时原本就期望着的一种行为，只有在行政相对方不履行行政义务，致使行政管理活动无法正常进行时，行政主体才不得已而为之。如果在法定期限内行政相对方履行了义务，或者行政相对方不履行义务的事实状态尚未持续至法定期限之外，则行政主体应保持必要的容忍，不得采取行政强制执行措施。

2. 行政强制执行的主体是行政机关或人民法院。《行政强制法》第34条规定："行政机关依法作出行政决定后，当事人在行政机关决定的期限内不履行义务的，具有行政强制执行权的行政机关依照本章规定强制执行。"第53条规定："当事人在法定期限内不申请行政复议或者提起行政诉讼，又不履行行政决定的，没有行政强制执行权的行政机关可以自期限届满之日起3个月内，依照本章规定申请人民法院强制执行。"另外，我国现行部门法有关行政强制执行的规定，也涉及到此两种情形。但大部分行政强制执行权由人民法院行使，只有少数法律、法规规定行政机关自身拥有强制执行权，如《海关法》、《兵役法》、《治安管理处罚法》等。

3. 行政强制执行的目的在于实现义务的履行，迫使公民、法人或其他组织履行行政法上的特定义务。为此，行政强制执行应以行政义务为限，不能超过相对人所承担的行政义务的范围。

4. 行政强制执行必须考虑到对相对人基本生存条件的保障和维护，在相对人的行为危害到公共利益而不得不对其采取行政强制执行时，必须做到行政强制对相对人权益的侵害要明显小于所要维护的公共利益和公共秩序。即使在为了维护公共利益而有必要牺牲相对人个人权益的情况下，也应当选择对相对人权益侵害最小的强制手段。

5. 行政强制执行的对象是物、行为或人身。行政强制执行可以针对一切妨碍行政行为执行的对象而进行。具体而言，行政强制执行的对象依法可以是人，如强制隔离；也可以是物，如强制查封、扣押；还可以是人的行为，如强制拆迁、专利实施强制许可等。

6. 在行政强制执行中可以执行和解。《行政强制法》第42条规定："实施行政强制执行，行政机关可以在不损害公共利益和他人合法权益的情况下，与当事人达成执行协议。执行协议可以约定分阶段履行；当事人采取补救措施的，可以减免加处的罚款或者滞纳金。执行协议应当履行。当事人不履行执行协议的，行政机关应当恢复强制执行。"

行政强制执行一般分为间接强制执行和直接强制执行两种。

1. 直接强制执行。所谓直接强制执行是指当义务主体逾期拒不履行其应履行的义务时，行政机关对其人身或者财产施加某种强制，以达到与履行义务相同状态的行政强制措施。根据行政法律规范的有关规定，直接强制执行的常见手段主要有：

（1）强制传唤。如公安机关对违反治安管理的人，可以发传唤证传唤，也可以口头传唤。对无正当理由不接受传唤或者避免传唤的，公安机关可以强制传唤。

（2）强制拘留。如《治安管理处罚法》规定，受拘留处罚的人应当在限定时间内，到指定的拘留所接受处罚。对抗拒执行的，可以强制执行。

（3）强制服役。如《中华人民共和国兵役法》规定，有服兵役义务的公民拒绝、逃避征兵和军事训练的，经教育不改，基层人民政府应当强制其履行兵役义务。

（4）强制收缴。如《居民身份证法》第17条规定，有下列行为之一的，由公安机关处200元以上1000元以下罚款，或者处10日以下拘留，有违法所得的，没收违法所得：①冒用他人居民身份证或者使用骗领的居民身份证的；②购买、出售、使用伪造、变造的居民身份证的。伪造、变造的居民身份证和骗领的居民身份证，由公安机关予以收缴。

（5）强制收购。如《中华人民共和国金银管理条例》规定，公民违反本条例的规定，将金银计价使用、私自买卖、借贷抵押的，由中国人民银行或者工商行政管理机关予以强制收购或者贬值收购。情节严重的，工商行政管理机关处以罚款或者没收。

（6）强制拍卖、划拨。如《行政处罚法》规定，当事人逾期不履行行政处罚决定的，行政机关可以将查封、扣押的财物拍卖或者将冻结的存款划拨抵缴罚款。

除上述情况外，强制收兑、强制结汇、强制变卖、强制扣缴等也是较为常见的直接强制执行的手段。

2. 间接强制执行。所谓间接强制执行是指实施强制执行的行政机关不通过自己的直接强制手段迫使义务人履行义务或者达到与履行义务相同的状态，而是通过某些间接手段达到上述目的的强制执行方式。间接强制执行又可以分为代履行和执行罚两种。

（1）代执行是指在行政法律关系中，负有义务的一方当事人拒绝履行法定义务，行政机关为了使行政法律关系得以实现，而采取的一种行政强制措施，是行政执法实践中经常采用的一种强制手段，但是，代执行也只有在一定条件下才能实施，即它成立须具备以下条件：

第一，代执行的成立，要求当事人必须具有法定义务。国家行政机关在行使行政管理权的过程中，往往会与管理相对一方当事人形成一种权利义务关系，而履行义务的一方就是被管理的一方，即公民、法人或其他社会组织。行政法律关系中的义务我们可以概括为两类：①法定义务，即法律、行政法规、行政规章和地方性法规等所规定的义务；②职权义务，指行政机关通过自己的具体行政行为，要求当事人承担的义务。上述两种义务都具有法律效力，当事人必须履行，只有当事人积极履行了义务，行政机关的行政管理才得以实现。代执行成立的首要条件就是要求当事人必须负有上述义务，否则，行政机关就不能施行代执行这种强制措施。

第二，代执行的成立，必须是当事人拒绝履行法定义务。行政管理实践中，经常会出现公民、法人和其他社会组织拒绝履行义务的现象。这种拒绝履行义务的情形大致有以下几种：①行为人故意违法（国外称之为行政犯）。违法行为如果从国家法制的角度看是对法律的践踏，而如果从行政管理角度看，则是没有履行行政法上的义务，就是说，所有行政法上的违法行为都是以不履行法定义务的形式表现出来的。②行为人拒绝履行行政处理决定。如行政机关做了某单位搬迁房屋的决定，该单位拒绝搬迁。③消极对抗。这是最常见的一种不履行义务的行为，即对行政机关的处理决定，既不公开表示反对，又不积极执行，或者答应执行，但终究没有作出行为。上述三种情况，性质是一样的，都是当事人拒绝履行法定义务的表现。

第三，代执行的成立，要求当事人承担的义务具有可替代性。行政法上的义务和民法上的义务有着本质的区别。民法上的义务是在两个民事主体之间产生的，一般来说，和国家利益没有直接联系，而行政法上的义务则是在作为国家代表的行政机关和被管理一方之间产生的，相对方当事人履行义务与否直接对国家利益产生影响。因此，为了使国家管理正常进行，相对方当事人的义务必须迅速及时地予以履行。正因为如此，就产生了在必要时，让他人代替当事人履行义务的制度，但这种替代性行为必须具备两个条件：①这一义务由他人代替履行，不致于损害权利人的利益，可以达到由义务人履行的同样目的；②这一义务必须是行政法上的作为。行政法上的义务包括物、行为和金钱给付这三种。物和金钱的给付这两种义务是不可以代替的，例如让某人交出某种物件、材料、某种物品，或者让其将罚款按期交来等，当事人如不执行，行政机关在绝大多数情况下只能采用执行罚和强制行政征收这两种强制手段来促使当事人履行，而对于以行为作为标的的义务，行政机关就可让他人代为履行。如某人或某单位具有搬迁其违章建筑的义务，但该单位拒绝履行，这时，这种搬迁房屋的行为是他人可以代替的，行政机关可让他人代为履行。这一点是代执行能否成立的关键所在。

第四，代执行的成立，要求义务人承担执行后果。让他人代为履行义务的目的是为了避免国家的损失，保障国家行政管理正常进行，但是，这种他人代为履行义务的行为并没有终止原义务人的违法行为，也就是说，对义务人的违法行为并没有作出必要的法律制裁。因此，法定义务履行完毕后，行政机关作为行政管理的主体必须对原义务人作出相应的制裁，给代为履行义务的人以物质上的弥补，包括：代执行的执行费，例如，搬迁房屋时的合理搬迁费，拆除违章建筑的拆除费等；代执行人的工资、生活费；误工补贴，即代执行人由于代替履行义务而耽误了其原来的工作，要求义务人给予的补贴；其他费用，例如，在履行义务过程中，遇到特殊情况支付的费用。以上费用的征收是由行政机关进行的，为了减少矛盾，不能由代执行人直接征收。代执行的这一条件也有力地打击了法定义务人的违法行为，使其对违法行为的后果负责。

第五，代执行的成立，要求行政机关依照法定程序进行。代执行的法定程序，由如下环节组成：①行政机关必须依法确定义务，即当事人是否应承担此种义务，以及承担的条件和期限等，都应该根据行政法律、法规和规章来确定。②行政机关把已经确定的义务以书面的或口头的方式（一般是书面方式）告知当事人，包括义务特征、履行期限、不履行的后果等。③决定代执行。如果告知后，义务人没有在规定的期限内履行义务，行政机关即可进入新程序，就是决定代执行。既可以是行政机关直接代执行，也可以要求第三代为执行，具体方式由行政机关根据方便原则决定。④征收费用，这是最后一环。待义务履行完毕后，行政机关合理计算执行过程中的费用，然后告知义务人，令其按期交纳。如果义务人拒绝交纳，行政机关可通过扣发工资、变卖财产等方式达到征收费用的目的。

（2）执行罚。执行罚是指行政机关在行政管理活动过程中，法定义务人对于不能由他人代为履行只能由他自己履行的义务不及时履行时，有权的国家行政机关为了达到使其履行义务的目的，而采用的课以财产等给付义务的办法。这种强制办法，带有处罚当事人的意思，因此，称为执行罚。执行罚具有下列基本特征：

第一，主体的特定性。施行执行罚的只能是国家行政机关，即具有行政管理权的国家行政机关，包括以下几类：一是各级人民政府，即国务院、省、县、乡；二是职能性行政机关，主要指负责工业、农业、科教文卫、国防、外交、公安等事务的行政机构；三是法律授权行使管理权的国家机关，如卫生防疫部门，由法律授权行使卫生检疫行政管理权；四是被委托行使行政权的组织。除上述机关和组织外，其他任何机关和组织都无权施行执行罚这种强制措施。

第二，对象的特定性。执行罚是对特定对象行使的，从宏观的角度看所有被管理的公民、法人和组织都可以成为执行罚的对象，而从微观的角度看执行罚的对象只能是特定的人或组织，首先，它是某一具体行政行为的相对一方当事人；其次，有执行罚所要求的事态存在，即行政机关不能随意采用执行罚这种强制手段，而必须根据客观情况。一般来说，公民是执行罚的主要对象，实践中，社会组织、行政机关以及其他国家机关也可能成为执行罚的对象，但须具备上述条件。

第三，范围的特定性。执行罚作为一种强制手段，与其他强制措施一样，发生在一定场合、一定范围，即必须发生在当事人拒绝履行法定义务的情况下，当事人积极履行义务的行为、违反行政法的行为都不适用执行罚。对于已构成行政违法的当事人，行政机关要严格按照行政处罚或者行政处分的有关规定施行行政处罚或行政处分，不能与执行罚相混淆。

执行罚和其他强制措施一样，必须具备一定的条件才能成立，依据我国行政法律、法规和规章的有关规定，执行罚须具备下列条件才能成立。

第一，以当事人不履行法定义务为前提。宪法和法律赋予行政机关高度的行政管理权，行政机关管理权能是随着行政法律关系的实现而实现的，行政法律关系的实现必须以被管理的相对一方当事人履行义务为前提，当事人承担的义务可分为两种：法定义务与行政机关依职权设定的义务，对于这两种义务，相对方当事人必须无条件履行，但是，在行政执法实践中往往会出现公民、法人或组织，基于对法律的不正确理解或基于对自己利益的保护而拒绝履行法定义务的现象，在这种情况下，行政法关系就难于实现，行政机关为了使法律得以实施、法定义务得以履行，需要采取一系列强制措施，执行罚就是在这种情况下产生的。

第二，当事人承担的义务具有不可替代性。行政法关系中的义务与民事法律关系中的义务有质的区别，最突出的区别表现在，行政法关系中的义务不履行可能导致他人、集体利益的损害，关系到国家管理的质量，而民事法律关系义务的不履行只对个人或单个组织产生影响。因此，为了使行政法中的权利义务顺利实现，法律对行政法上的义务作了分类，并规定了在当事人拒绝履行义务时的具体措施。即把义务分为可替代性和不可替代性两大类。前者指当事人承担的义务可由他人代为履行，并且代为履行有同样效果，后者指该义务非当事人履行不可，别人不能代替。对于前者如当事人拒绝履行，行政机关可采取代执行的措施，而对于后者行政机关只能采取执行罚或直接强制的方式，这就是执行罚与代执行的显著区别，如某人患有艾滋病行政机关要求其检查，当事人因此负有检查的义务，此种义务是任何人也代替不了的，很显然实行代执行的方式仍然不可能使行政法关系中的权利义务得以实现。对这一要件，行政机关一定要正确掌握，只有对不可替代性义务的义务人才能施行执行罚。

第三，义务的完全履行是最终界域。执行罚的目的是使法定义务得以实现，因而义务是否实现就成为确定是否采用执行罚的条件。此外，行政机关施以执行罚是否是最终手段，也是执行罚要件应包括的问题。由于执行罚是要使当事人履行义务，如果当事人在行政机关采用执行罚这种强制措施后仍不履行义务，行政机关就可以继续采用这种措施，这就是说执行罚具有反复施行的特点，这是它和代执行、行政处罚的根本区别。行政处罚实行“一事不再理”原则，而执行罚只能以义务的最终履行为原则。行政机关执法实践中要灵活掌握，可以渐进性对当事人施行。换言之，一次执行罚后如果法定义务当事人仍未积极履行义务，则可采用二次加重、依次加重的原则。多次施行后，还没有引起当事人的重视，便可发展为直接强制即采用限制人身或财产自由的方式促使当事人履行义务。

第四，依照法定程序。执行罚是一种法律行为，能产生行政法上的效果，也能引起当事人权益的变化。因此，合法性成为执行罚又一不可缺少的要件，它要求行政机关严格依法定程序办事。①告知法定义务人应履行的义务以及如不按期履行义务时应承担的法律后果；②如当事人届期没有履行义务，即可责令其交纳罚款或事先告知其处罚方式；③如果当事人不积极履行新的义务，行政机关可强制征收或采取其它直接措施；④反复告知、反复加罚，直至义务履行为止。

由于执行罚是一种较严厉的行政行为，而且它往往与一定的金钱或财产相联系，因此，如果运用不当很可能侵害公民、法人和其他组织的合法权益。而且，从我国行政执法的实践来看，一些行政机关或行政机关工作人员为了本部门、本地区的利益而采用执行罚，也就是说，执行罚已经成为行政执法中地方保护主义者和行业保护主义者经常采用的一种强制方式。因而，必须对滥用执行罚的情况进行研究以澄清滥用执行罚的法律责任。

第一，施行机关欠缺行为能力。行政机关行为能力欠缺有三种状态，①独任制机关的公职人员非有效任用，或者已被革职免职，均缺乏公务人员要件；②合议制机关，行政决定的作出不够法定人数，或有多余人员参加；③行政机关的意思表示不是独立作出的，而是在胁迫诱骗或欺诈下作出的。这种情况下行政机关作出的决定均为无效，执法实践中，有的行政人员为了小集团或个人利益而在欠缺行为能力的情况下作出的执行罚决定是对执行罚的滥用。此种滥用执行罚的后果，应由直接责任人承担。

第二，施行机关超越权限。我国法律对行政权的行使作了明确分工，包括上下级和部门之间两种分工，各机关有自己的职权范围，如果行政机关行使了职权范围外的权力就是行政越权。执行罚是由特定机关行使的，即管理某一方面事务的机关，在其管理范围内对不履行义务的当事人有施行执行罚的权力，而且只能在具体的事件中行使。越权的执行罚主要指行政机关本不应施行执行罚而施行之，此种越权行为是非法的，相对一方当事人可以通过复议或诉讼等途径要求有关部门追究施行机关的法律责任。

第三，施行对象错误。执行罚的施行仅限于不履行法定义务，并且此种义务具有不可替代性的法定义务人。行政机关对不具有法定义务的当事人，或者法定义务可以代由他人行使的当事人施行了执行罚就是施行对象的错误，它一方面可能侵害公民、法人的合法权益，另一方面，也可能放纵违法行为，给国家造成损害。对象错误的执行罚亦应视为无效。

第四，内容瑕疵。执行罚以能促使当事人履行义务为限度，行政机关对执行罚的决定和执行都要注意程度，过轻不利于行政法上义务的实现，过重则侵害当事人的合法权益，二者都是不当的，都与行政法宗旨不一致。内容瑕疵的执行罚，是滥用执行罚的又一表现形式。

第五，不符合法定程序。行政法包括行政实体法和行政程序法两个组成部分。实体法规定行政机关行政管理活动中的权利和义务，行政程序法规定权利义务实现的方式和途径。在行政法体系中，行政程序法的比重很大，它对行政机关的各种行政行为都作了规定。行政机关要实现行政法中的权利义务，必须严格依照法定程序。执行罚的施行也不例外，也应受程序的限制，它包括行政机关执行罚决定的形式、期限、地点、手续等。现实中，一些行政机关不依法定程序施行执行罚，是对执行罚的滥用。对不合程序的执行罚，当事人有权申请复议和提起行政诉讼，有关机关有权追究施行机关的法律责任。

上列诸种均是对执行罚的滥用滥施，执行罚对他人造成侵害的要承担责任。

除当事人可以申请复议和申请行政诉讼外，权力机关、行政机关都应要求滥施执行罚的机关纠正其行为。

在行政法治实践中经常遇到以下几类问题：①直接行政强制的条件；②代执行的程序等。

案例71　直接行政强制的条件
——江××、井××诉×县公安局收容审查案

【案情摘要】

原告：江××，井××

被告：×县公安局

法定代表人：刘×，系×县公安局局长

1991年4月3日，×县灯泡厂职工江××经人介绍结识了女青年井××。二人在热恋中发生了两性关系。该厂厂长得知此情况后，认为江××与井××属于流氓鬼混行为，命令该厂保卫处注意江××与井××的行踪，并让厂保卫处向派出所作了报告，决定由厂保卫干部陈×等人员负责将江××和井××抓获审查。陈×等人接受这一任务后，便在暗中跟踪江××。1991年5月9日晚9点钟，陈×派人监视江××的寝室。晚上11时许，监视人员发现江××的宿舍灯光已熄灭，便立即报告了陈×。陈×随即率领数名保卫干事奔向江××的宿舍，在敲门不开的情况下，就一脚将门踢开。数人一拥而上，陈×拿出手铐，强行将只穿三角裤衩和汗衫的江××和井××捆在一起。江××请求穿上衣服，陈×等则认为捉奸要成双，穿上衣服就无证明了，命江××和井××披着衣服，押至了数里路以外的×派出所，×派出所作完笔录后，便将二人交给了×县公安局。×县公安局执法人员讯问江××和井××是否有金钱交易（即卖淫嫖娼）。江××和井××一再解释他们是恋爱关系没有其他交易。×县公安局以案件有待调查为由于1991年5月10日制作了《收容审查通知书》让江××和井××填上姓名，即对二人进行收容审查。×县公安局没有将《收容审查通知书》送给江××和井××亲属。5月17日，×县公安局才以有待进一步审查为由解除了对江××、井××二人的收容审查。

江××与井××被解除收容审查后，向×县人民法院提起行政诉讼，认为×县公安局对其收容审查无任何理由和根据，时间长达7天之久，侵犯了其人身权，要求法院判决×县公安局赔偿其精神和经济损失，并恢复其名誉。×县公安局辩称：江××和井××一则有流氓鬼混之嫌；二则有卖淫嫖娼之嫌，本局对其收容审查是为了查清案件事实，对其收容审查的决定有事实根据和法律根据。×

县人民法院经审理认为，原告不属于《关于将强制劳动和收容审查两项措施统一于劳动教养的通知》所规定的收容审查范围，×县公安局在实施收容审查时也有违反法定程序的情形。判决：①撤销×县公安局1991年5月10日作出的对江××和井××的收容审查决定；②×县公安局赔偿江××和井××精神损失和经济损失费共5200元。判决后，原被告均没有提起上诉。

【提示与讨论】

法律上的案件事实必须是有证据或其他事实依据的事实，而不能是假想的或者主观推理出来的事实。本案中，江××和井××的同居行为在性质上与流氓鬼混行为、卖淫嫖娼行为有着本质的区别。江××和井××建立恋爱关系有二三个月，二人的同居应当说是男女青年谈恋爱过程中的越轨行为，目前我国尚无法律规定禁止或制裁这类行为。流氓鬼混至少不是以将来成为夫妻为目的的，《治安管理处罚条例》规定了这类行为的概念和性质以及应承担的法律责任。卖淫嫖娼一方是以营利为目的，另一方则是以取得肉体满足为目的的；双方之间是一种金钱与肉体的交易，根本谈不上建立恋爱关系，并进而发展为婚姻关系。本案中的江××和井××本身就已建立了恋爱关系，而且有一定程度的公开，×厂保卫处的跟踪行为就能证明这一事实。×县公安局由于受灯泡厂的影响，先入为主，一开始就对江××与井××的行为有错误认识，在江××、井××二人不承认，×县公安局搜集不到证据的情况下，对江××和井××采取收容审查的强制手段无疑是错误的事实认定。×县人民法院以江××和井××关系的实际情况为出发点，结合×县公安局采取的不当措施对案件事实作出了准确的认定。

本案×县公安局对江××和井××作出收容审查的决定在适用法律上是完全错误的。收容审查是一种行政强制手段，依国务院国发（1980）56号文件《关于将强制劳动和收容审查两项措施统一于劳动教养的通知》第2条规定，收容审查仅适用于下列人员：①对于有轻微违法犯罪行为又不讲真实姓名、住址、来历不明的人；②有轻微犯罪行为又有流窜作案、多次作案、结伙作案嫌疑需收容查清罪行的人。江××、井××首先是身份明确的人，而不是不讲真实姓名、住址、来历不明的人；同时，二人的行为是清楚的，不存在犯罪问题，不属需收容查清罪行的人。根据这个法律文件的规定，×县公安局的收容审查决定是无根据的，这是本案中×县公安局的实体违法所在。本案×县公安局的行为也违反了有关的程序规则。收容审查决定作出后，公安机关必须及时（24小时以内）通知被收容审查人的家属或者其所在的单位。本案×县公安局没有给被收容人家属和单位送达通知书，是典型的程序违法。×县人民法院依《行政诉讼法》的规定受理此案，并依有关的实体法作出公正判决：撤销×县公安局错误的具体行政行为，并赔偿因其收审行为给江××和井××带来的精神和物质损害。

笔者认为，直接行政强制是行政强制中最严厉的一种，它直接关系到公民、法人和其他社会组织的人身权和财产权。行政机关既可以对人身采取直接强制，也可以对财产采取直接强制。直接强制对当事人的权益造成的影响是直接的、现实的。由于此点，一些发达国家对直接强制都作了严格规定，尤其对直接强制的条件往往规定得非常具体。我国行政法律关于直接强制有一些规定，但直接强制的条件在我国并不十分具体完善。本案中的收容审查是直接强制的一种形式，国务院在《关于将强制劳动和收容审查两项措施统一于劳动教养的通知》中关于这一强制规定了两个条件，这两个条件就是收容审查这一行政强制的基本规则，不依该规则的收容审查措施就缺乏基本的法律要件。×县公安局对江××和井××采取收容审查措施没有考虑上述条件，因而其行为是行政违法行为，人民法院判决撤销是符合法律规定的。应当指出，鉴于我国直接行政强制，尤其对人身直接强制条件的不完备性，《行政诉讼法》规定对于当事人人身进行强制的，当事人在提起行政诉讼时，原告与被告等所在地的法院均有权管辖。这一规定有利于救济直接行政强制对当事人权益的侵害。

案例72　代执行的程序规则

——郭××诉×县交通局案

【案情摘要】

原告：郭××，系个体工商户

被告：×县交通局

法定代表人：张×，系×县交通局局长

郭××是一个体餐馆店主，1981年郭××在其住宅旁依合法手续修建了两间大平房，并开始经营餐馆。1985年郭××的两间平房前被确定为×××国道的一个路段，郭××的平房离国道外侧基准线24米。由于当时郭××的房子是平房，对国道交通没有多大影响，×县交通局也未曾向郭××指出其建筑是违章建筑。1997年5月，由于国道上汽车越来越多，郭××的生意一片兴隆，郭××想趁机扩大经营规模，把原来的小店改为规模大一点的路边店。经土地、房管等部门的批准后，拆掉了原来的两间平房。在此基础上建起了一栋三层楼的房子，面向国道，是一典型的路边店。1998年6月，郭××的房子竣工，并在7月份正式营业。1998年11月，×县交通局在对×××国道两旁的建筑、障碍物等进行检查时发现郭××的三层楼房有一部分在本省《×省公路管理条例》规定的禁止线上。楼房正面前端有1米超过了禁止线，门前的平台有1.5米超过了禁止线。×县交通局于1998年12月15日给郭××下达了《违章建筑拆除通知书》，在通知书中写明了违章建筑的具体情况，要求其拆除1.5米的平台与1米的楼房。郭××收到通知书后，与×县交通局多次协商，请求只拆除1.5米的平台，而不拆除1米楼房，并解释说，该楼房前端1米一旦拆除，整栋楼就不存在了。×县交通局经研究后认为，郭××的房子是否为违章建筑是其是否拆除房子的关键，为了加强对国道的管理，若其是违章建筑就必须予以拆除。最后决定限郭××于1999年4月15日前拆掉楼房的违章部分。×县交通局确定的期限届满后，郭××仍没有拆掉1.5米平台和1米楼房。1999年4月18日，×县交通局书面告知郭××，如果在5月1日前还不拆掉建筑的违章部分，交通局将强制拆除，并指出拆除费用由郭××负担。至1999年5月1日，郭××还没有拆掉其违章建筑，×县交通局在×建筑队的协助下，强行拆掉了郭××楼房的违章部分，并于1999年5月30日向郭××征收了拆房费用。

郭××对×县交通局的行政强制措施不服，于1999年5月2日向×县人民法院提起了行政诉讼，诉称：其有合法的建房手续，土地、房管部门都批准了，且该房子的绝大部分并没有在禁止线上，其对国道交通无任何影响，请求×县人民法院判决×县交通局赔偿其经济损失8万元。×县人民法院根据《国家赔偿法》第56条、《×省公路管理条例》第15条的规定判决：维持×县交通局的行政处理决定，对原告郭××的赔偿请求不予支持。

【提示与讨论】

对本案事实的认定要注意三个问题：①郭××修建房子的行为是合法行为还是非法行为。郭××在修建三层楼的房子之前，向城建部门和土地管理部门提出了申请，而且得到了这两个机关的批准，从形式上看，具备了修建房子的合法手续。但是，由于郭××的房子在特殊的地域范围内，除了经城建、土地管理部门批准外还应向交通管理机关提出申请，取得交通管理机关的批准。城建机关和土地管理机关在本案中有越权之嫌，其至少应当在发给郭××建房证之前与交通管理部门取得协商。此案在一定程度上讲，土地管理机关和城建机关是有责任的。我国由于职能机关之间的职能划分有交叉重叠等现象，常常使管理相对一方当事人无所适从。此一问题应成为行政法学界关注的问题之一。②郭××的房子是否属于违章建筑，此问题是本案的关键。郭××的房子绝大部分在《×省公路管理条例》确定的禁止线外，房子整体中只有1米在禁止线内，无论这一米是否对国道会带来什么影响，都不影响该1米建筑的违法性。《×省公路管理条例》的严格量化标准是具有法律效力的。因此，无论如何郭××的1.5米平台和1米在禁止线内的楼房都是违章建筑。③×县交通局的代执行行为是否正确。此问题是人民法院审判此案必须作出最后结论的问题。×县交通局享有行政强制执行的权力，其依法采取间接行政强制手段是合法的。基于上述事实，×县人民法院判决维持×县交通局的行政行为是正确的。

本案适用的法律主要是《公路法》和《×省公路管理条例》。前者第56条规定："除公路防护、养护需要的以外，禁止在公路两侧的建筑控制区内修建建筑物和地面构筑物；需要在建筑控制区内埋设管线、电缆等设施的，应当事先经县级以上地方人民政府交通主管部门批准。前款规定的建筑控制区的范围，由县级以上地方人民政府按照保障公路运行安全和节约用地的原则，依照国务院的规定划定。建筑控制区范围经县级以上地方人民政府依照前款规定划定后，由县级以上地方人民政府交通主管部门设置标桩、界桩。任何单位和个人不得损坏、擅自挪动该标桩、界桩。"后者对×省范围内公路两旁的建筑作了规定，依其规定国道两旁建筑物的禁止线是25米，省道是20米，县道是15米。上述规定都是具有法律效力的。《×省公路管理条例》确定的25米禁止线就是一个严格的定量标准。同时，《公路法》第77条规定，对于在公路两旁禁止线内构筑建筑物的，应当责令停止其违法行为，并处以3万元以下的罚款。本案×县交通局正确适用上列法律规范，对郭××采取强制手段是正确的。

笔者认为，代执行是行政机关行政执法时经常采用的手段。由于我国没有制定系统的行政强制执行法，故没有对直接强制、间接强制、强制征收等强制措施作出具体规定。但是，在一些行政法文件中，关于上述强制手段是有规定的。如本案中×县交通管理机关对郭××采取代执行的间接强制手段是有法律依据的。《公路法》第82条规定："违反本法第56条规定，在公路建筑控制区内修建筑物、地面构筑物或者擅自埋设管线、电缆等设施的，由交通主管部门责令限期拆除，并可以处5万元以下的罚款，逾期不拆除的，由交通主管部门拆除，有关费用由建筑者、构筑者承担。"×县交通局在郭××不履行法定义务的情况下，请×建筑队协助将郭××的房子拆掉是对代执行手段的有效适用。代执行作为一种间接强制措施受严格的程序规则限制。尽管我国法律没有专门的代执行程序规则，但在行政法治实践中还是要遵循一定的环节。如首先告知相对一方当事人所承担的法定义务，然后在其不履行义务的情况下告知行政机关将采取代执行手段，之后是代执行的实施，执行完毕后再向原义务人追缴费用。代执行的协助主体、费用征收等是我国行政法理论和行政法治实践应当解决的问题。

第五节 其他具体行政行为

一、行政处理决定

行政处理决定是行政机关依法针对特定对象所作的具体的、单方面的、能直接产生法律效果的决定，是行政机关运用极广泛的一种执法手段。

二、行政监督检查

行政监督检查是指行政机关为实现行政管理职能，对个人、组织是否遵守法律和具体行政处理决定所进行的监督检查。

三、行政确认

行政确认是指行政机关通过行政权对有争议和疑问的事实和行政法律关系所作的一种判断。它包括如下三种情况：①对于有争议的事实作出行政上的判断。例如，某种事实是否存在，关于某种事实的诸种观点中何者是正确的、何者是错误的。②对于行政法律关系作出认可。行政法律关系中的权利义务关系常常并不是非常明确的，在争议很大的情况下，行政机关可以根据行政职权以事实为依据作出认定。③在行政法律关系之外的权益出现争议的情况下，由行政机关作出某种职权认可。此种认可对于当事人来讲属于民事性权益，但就行政机关的认可行为而言仍属于行政行为。行政法上的确认行为是准法律行为中的一种特殊形态，之所以说它特殊，是因为此种行为既可以离开法律行为独立存在，又可以附属于法律行为。不像绝大多数准法律行为那样难以脱离法律行为而独立存在。在谈论行政行为的效力时，常常谈到其确定力，确认行为作为一种准法律行为就可对确认的事实和法律关系产生实质性的确定力。

行政确认的主体是行政机关，它是一种具体行政行为；行政确认的内容是个人、组织的法律地位和权利义务关系；确认是行政机关的行政行为，但其所确认的个人、组织的法律地位和权利义务，依其性质可以是行政法律关系，也可以是民事法律关系。

行政法治实践中经常遇到以下几类问题：①行政处理决定的适时作出；②行政处理决定的准确性；③行政监督检查的法律效力；④行政确认的拘束力；⑤行政确认中同一事实与同一理由的认定等。

案例73　行政处理决定的适时作出

——×铁路局局长处理×售票员案

【案情摘要】

1991年，×市火车站售票处和行李托运处秩序一片混乱，一些不法分子与铁路系统职工勾结在一起合伙控制车票，趁机垄断车票，致旅客从售票窗口难以买到车票，不得不从黑市高价购票。购票旅客对此极为不满，多次向有关部门反映。该火车站职工还借代办快件托运，垄断行李托运，勒索旅客钱财。对于以垄断托运为难旅客的行为，旅客只能忍气吞声。1991年4月一些旅客向×铁路局举报了该火车站的违法经营情况和不法分子在该火车站的疯狂行为。×铁路局局长对此事十分重视，亲自带领四名执法人员到该火车站查处情况。其没有暴露身份，装扮成普通旅客，到售票窗口排队购票，结果排了一上午队，发现该窗口只卖出去十余张票就挂出票已售完的牌子。局长一行到窗口问售票员；"怎么卖了十几张票就没有票了?"一位女售票员态度生硬，局长便说："你拿着人民的生的，吃着人民的熟的，怎么这等态度?"该售票员回答："我就是这种态度，怎么样，我早就干烦了。"局长让随行人员记住了该售票员的号码。当日下午，局长一行到行李托运处，"托运"一台彩电，他们一到行李托运处就有人围上来揽生意。局长一行问我们没有车票能否托运。一服务人员说："没有车票照样可以托运，但必须交服务费。"局长一行与行李托运员达成协议，交20元代办费后托运了彩电。下午3点50分，局长一行与该火车站站长等领导人员会面，并表明了身份。局长命令站长将当日上午售票的售票员召集到办公室，局长说："我是×铁路局局长，今天上午你说你已经干烦了，我现在决定让你离开铁路系统。"该火车站根据局长的决定开除了该售票员。之后，局长又要站长把今天办理托运的服务员召集来，要求站长严肃处理。×铁路局局长采取这一行动后，该火车站的售票、托运等秩序有了根本性好转。

【提示与讨论】

本案×火车站售票处和行李托运处的行为都是违法行为，这一事实是无需讨论的。依《铁路法》的规定，铁路运输企业向旅客公开提供车票是其基本义务，某些职工与不法票贩相勾结，垄断车票的行为是违反《铁路法》的行为。同样，代办行李托运也是铁路运输企业的基本义务，而该火车站利用旅客托运的机会大发横财的行为是应当受到法律制裁的。本案案件事实的认定应明确一个法律关系，就是×铁路局局长及其他执法人员与售票员和行李托运员间的法律关系，即该关系属于内部行政法律关系还是属于外部行政法律关系。从表面看，×火车站是隶属于×铁路局的，铁路局执法人员与铁路系统职工是内部行政法关系。其实，×铁路局局长及其执法人员应当是行政执法人员，而火车站的售票员和行李托运员应是受其主管的相对一方当事人。因此，他们的法律关系应当视为外部行政法律关系。局长及其执法人员对售票员和行李托运员的处理决定亦应当是行政机关对管理相对一方当事人的处理决定。这一事实如果不搞清楚，本案的法律适用问题也就无从谈起。本案案件事实的认定还应注意×火车站领导人员和以火车站名义出现的违法行为问题。单单认定售票员和行李托运人员的违法行为是不够的。售票员一个上午只售10余张票的行为是否是火车站的内部决定、收取行李代办费是否属火车站的规定等都应当予以查清，因为，它们牵涉到法律责任的承担问题。

本案所适用的实体法是《铁路法》。该法对铁路运输企业的权利义务关系从车票出售到行李托运都有明文规定。×市火车站垄断车票，无法律根据收取行李托运费等都是非常典型的违法行为。此类行为的社会危害面广、影响坏，给旅客带来一系列麻烦，严重侵害了旅客的合法权益。对于如此严重的违法行为，仅处理该企业中的个别职工或个别部门似乎是不够的，没有做到过罚相适应。本案应承担责任的是×火车站，其作为一个法人组织应对其违法行为承担责任。当然，追究售票员和行李代办处等直接责任人员的责任也是应当的。本案法律适用需要讨论的是程序问题，①×铁路局局长微服私访的行为是否符合法定程序，因为依我国法律的有关规定执法人员在执法时必须表明执法身份，局长一行在没有表明执法身份的情况下执法是否妥当，是值得讨论的。②×铁路局局长是否为本案适格的执法主体，是值得讨论的。我国行政机关内部有严格的层级结构，各行政机关都有自己的职责范围，本案售票员和行李托运处的直接主管机关并不是×铁路局局长，其执法行为是否越权也值得讨论。③×铁路局局长是在没有遵循任何法律程序的情况下，对×售票员进行处理的方式是否妥当亦应当引起注意。由于我国行政执法较之其他执法灵活性大，此类执法在实践中并不少见。

笔者认为，行政处理决定在行政机关的具体行政行为中占的比重是最大的。与其他行政行为相比有较大的灵活性，本案就是一例。×铁路局局长与数名执法人员微服私访，没有采取法定的法律形式和程序，而采取了简单灵活的执法手段。从一定意义上讲，比完全依程序的执法行为来得更有意义一些，所付出的执法成本也要小一些。而且行政处理决定的作出如果非常适时，其社会效果往往好于依程序的执法。但是，对于此种执法行为，法律是否应当予以认可却是一个深层次的理论问题。因为执法者的素质在我国高低不一，水平参差不齐。悟性低的执法人员很可能在不依法定程序执法的同时伤害相对方当事人的合法权益。我国法律是否能够作出一些规定，对行政处理决定作出分类，什么样的处理决定可以不受程序规则约束，适时作出，什么样的行政处理决定必须严格依法定程序作出都是今后应当解决的问题。

案例74　行政处理决定的准确性
——夏×不服税务稽查队处罚决定请求行政复议案

【案情摘要】

复议申请人：夏×，某食品站职工

复议被申请人：×市税务局稽查队

法定代表人：朱××

1988年元月，夏×与×食品站负责人胡×一起承包该站，并规定年上缴利润3000元。经营一段时间后，因效益不好，胡×与夏×商定各自经营，平均分担利润各缴1500元。1988年3月，夏×以“×贸易公司”（无任何证照）的名义开始经营家用电器，经营期间该食品站未向夏×提供资金、发票和证照。1988年12月，夏×曾向当地税务所口头说过自己经营家电一事，但未提供任何数据。税务员李×说：“经营家用电器要交营业税。”1989年7月19日，夏×向税务所申报了销售额1.8万元，按3%的税率缴纳了营业税540元（不含城建税、教育费附加）。1989年9月，个体税收大检查中，市税务局稽查队对夏×的经营情况进行了检查。经查，夏×在1989年3月至1989年8月共销售“皇神牌”录音机150部，获销售收入45 331元，除申报的1.8万元外，其余均未向税务机关申报纳税。同时，夏×还向其他三个单位索要销售发票三联，且采用单项填写手段隐瞒收入6200元。对此，市税务局稽查队于10月7日作出决定：①对夏×销售收入按临时经营10%补税；②对夏×未申报的税款和隐瞒收入的行为按偷税论，处以所偷税款2倍的罚款；③对违章使用发票罚款3000元，并下达了“纳税检查通知书”和“违章处理通知书”，限其当年10月30日前入审。1990年3月26日，夏×虽将全部补税罚款缴清，但仍不服处理结果，1991年4月3日向×市税务局提出申请，要求复议，4月5日×市税务局复议委员会予以立案。复议委员会于1991年5月2日作出复议裁决：①对夏×经营“录音机”所取得的收入改为按30%征收营业税；②对夏×利用发票的偷税额处以所偷税5倍的罚款；③对夏×违章使用发票的罚款由3000元改为2000元。夏×对复议决定没有提出异议。

【提示与讨论】

本案案件事实由三部分构成：第一部分是夏×违反《税收征收管理暂行条例》，没有依法纳税的事实。税务稽查队查处夏×在1988年3月至1989年8月共销售“皇神牌”录音机150部，获销售收入45 331元，除申报的1.8万元外，其余均未向税务机关申报纳税。夏×还采取利用虚假发票的方式，隐瞒收入6200元，这些违法行为事实是清楚的。如何对其进行处罚决定于其营业行为的性质，临时性营业和非临时性营业税率不同。第二部分是税务稽查队对夏×作出行政处理决定的案件事实，税务稽查队依《税收征收管理暂行条例》的规定不是一个完整的执法主体，没有对相对一方当事人进行行政处罚的资格，处罚权在×县税务局。其三项行政处理决定已经超越了行政权限。第三部分是×市税务局对案件进行行政复议的事实。由于税务稽查队不具有独立的执法主体资格，因而本案严格地讲不能通过行政复议解决，而应通过其他执法监督形式解决。本案从时效上讲，已超过了复议时效，该案是1989年9月查处的，查补的税款罚款限10月30日前入审。而缴清税款罚款的时间是1990年3月26日。当事人1991年4月3日提起行政复议时，中间已经相隔了13个月，就是说夏×已经失去了提请行政复议的权利。

本案在适用法律的主体上存在问题。税务稽查队是税务机关内部设立的税务行政机构，不具有独立的行政主体资格，依《税收征收管理暂行条例》的规定，稽查队只能在案件查处中起作用，而不能独立地作出行政处理决定。《税收征收管理暂行条例》第37条规定，对有漏税、欠税、偷税、抗税行为的，按照下列规定处理：①漏税，是指纳税人并非故意未缴或者少缴税款的行为。对漏税者，税务机关应当令其限期照章补缴所漏税款；逾期未缴的，从漏税之日起，按日加收所漏税款5‰的滞纳金。②欠税，是指纳税人因故超过税务机关核定的纳税期限，未缴或者少缴税款的行为。对欠税者，税务机关除令其限期照章补缴所欠税款外，并从滞纳之日起，按日加收所欠税款5‰的滞纳金。③偷税，是指纳税人使用欺骗、隐瞒等手段逃避纳税的行为。对偷税者，税务机关除令其限期照章补缴所偷税款外，并处以所偷税款5倍以下的罚款；对直接责任人和指使、授意、怂勇偷税行为者，可处以1000元以下的罚款。④抗税，是指纳税人拒绝遵照税收法规履行纳税义务的行为。对抗税者，税务机关除令其限期照章补缴税款和处以所抗税款5倍以下罚款外，并可以根据纳税人的具体情况，加罚50 000元以下的罚款；对直接责任人和唆使、包庇、支持抗税行为者，可处以1000元以下的罚款。此条既规定了本案法律适用的主体，又规定了法律适用的实体规则。本案法律适用中还有一个问题就是税务稽查队对夏×追缴税款时使用的税目、税率不当。夏×在承包期间超出了经营范围，但对超出经营范围的收入按临时经营征税，是缺乏法律依据的。对夏×进行直接管理的当地税务所也有一定的法律责任，其知道夏×要经营家用电器却只说经营家用电器要缴营业税，没有对其经营情况和应缴税款的情况进行查实，不能不说是一种失职行为。

本案有两个行政处理决定。

1. 税务稽查队对夏×偷税和伪造发票行为作出的处理决定，其中有三项，①对夏×销售收入按临时经营10%补税。这一决定是不严谨、不准确的，因为《税收征收管理暂行条例》关于偷税行为没有这样的计算标准，此种计算方式是税务执法人员自己制定的标准，而不是法律设立的标准。②对夏×偷税的行为处以2倍的罚款，此一处理决定事实根据不充分，其没有计算出夏×偷税的实际数额，既然不知道实际数额便决定处以2倍的罚款显然是不精确的，税收征收管理法规关于5倍以下罚款数额的适用范围是1万元以下的偷税行为。③对违章使用发票的行为罚款3000元，对违章使用发票，税收征收管理法规没有专门规定，而将其归入了偷税行为之中。因而，对于该行为应以偷税行为论处，而不能单独处理。从以上可以看出，税务稽查队的行政决定存在诸多问题。

2. ×市税务局的行政复议决定，亦有三项，①对夏×经营录音机所得的收入按30%征收营业税。此一处理决定在税收征收管理法规中亦难以找到依据。②对夏×利用发票的偷税额处以所偷税额5倍的罚款，此决定符合《税收征收管理暂行条例》的规定。③对夏×违章使用发票的罚款由3000元改为2000元，此项纠正的根据是什么，也不清楚。此案中两个行政机关的两个具体行政行为在很多方面都存在问题：一是缺乏严密性，本案的数个具体行政行为只有少数可以找到法律依据，而绝大多数没有法律依据。二是缺乏严谨性。这些行政行为都是量化了的，作为定量化的行政行为必须严谨，每一个数据的确定都应精确，符合法定程序。行政处理决定较之其他行政行为要灵活一些，但不能因其具有灵活性而丧失严谨性。

案例75 行政监督、检查的法律效力
——马××等不服×市工商行政管理局请求行政复议案

【案情摘要】

申请人：马××、龚××

被申请人：×市工商行政管理局

法定代表人：李××局长

申请人马××、龚××于1995年9月约定以6.6万元的价格从×市经济协作开发总公司汽车贸易部购买一辆东风牌自卸汽车，实际付款4.2万元（龚出资3万元，马出资1.2万元）。尔后，马××要求销车方出具7.6万元的发票。1995年12月，该汽车贸易部请×市×单位劳动服务公司开具了价款7.6万元的销售发票。1996年元月，龚××、马××发现所购汽车系拼装车后，打算将此车出售。同年2月，龚××准备以6.7万元的价格将此车销售给×市×镇居民叶×时，因该车质量问题未能成交。之后，龚××提出将此车卖给×盐厂，但因厂方资金困难又未成交。同月14日，以6.8万元的价格将此车销售给×个体运输户李×，实际售价6.1万元，并约定卖方承担办理汽车牌照的责任。同年7月9日，当龚××、马××、李×将此车开到×市公安局车辆管理所办理车牌照时，被×市工商行政管理局城区经济检查队依法查扣。经东风汽车公司东风牌汽车×市技术服务站鉴定，此车系拼装汽车。对于当事人销售假冒东风牌汽车的行为×市工商行政管理局依《投机倒把行政处罚暂行条例》第3条第1款第6项和《投机倒把行政处罚暂行条例施行细则》第5条、第115条等规定对龚××、马××作出如下处罚：罚款3000元，上缴国库。当事人必须自收到本处罚决定书之日起15日内履行上述处罚决定，逾期不缴纳罚款的，按日加处3%的滞纳金。

马××、龚××对×市工商行政管理局的行政处罚决定不服，于1997年8月28日向×省工商行政管理局提起行政复议，称：其在本案中是受害者；其以

东风牌汽车的价钱购买了拼装车，以购买的价钱将其卖出不构成投机倒把行为。×省工商行政管理局受理此案后，进行了认真的调查取证。查明：龚××与马××于1995年9月约定共同出资购买一辆东风牌自卸汽车，由马××具体办理购车事宜。同月15日马××与×市经济协作开发总公司汽车贸易部签订协议，约定以6.6万元的价格，分期付款的方式从该单位购买一辆东风牌自卸汽车。其后，马××分三次，共付4.2万元给该单位，其中龚××出资3万元，马××出资1.2万元，于同年9月15日第一次付款时提走汽车。1996年元月，龚××与马××发现所购汽车系拼装车后，打算将此车出卖。在办证过程中被×市工商行政管理局查扣。×省工商行政管理局复议后认为：该车本是假车，而马××、龚××明知该车是假车，仍以真车出售。马××和龚××售车的事实成立，有违法故意，基于上述事实作出复议决定：维持×市工商行政管理局的行政处罚决定。复议决定作出后，当事人没有提起诉讼。

【提示与讨论】

本案中马××、龚××的行为性质是否为投机倒把是全案的关键。马××与龚××从×市经济协作开发总公司购车的行为是合法的购买行为，在其购车过程中，由于没有认清车的质量而购置了假车，在这一阶段马××与龚××是受害者。但其受害以后应通过其他途径挽回损失，或者向工商行政机关举报，或者要求卖方赔偿损失等。而马××与龚××采取了将此车售与他人的做法，尽管其认为以买价售出不属于投机倒把，但其买车和卖车过程中的价格差距并不是本案认定其行为性质的事实依据，所依据的是其所卖假东风牌汽车的性质。依《投机倒把行政处罚暂行条例》第3条第6项的规定，其行为属投机倒把行为。该条关于投机倒把是这样界定的，以获取非法利润为目的，违反国家法规和政策，扰乱社会主义经济秩序的行为，属于投机倒把行为。该条第6项将“制造、推销冒牌商品、假商品、劣质商品、坑害消费者，或者掺杂使假、偷工减料情节严重的”行为视为投机倒把行为。马××与龚××的行为符合该条的规定，至于其购买假车而为受害者则是另外一个问题。不能因为自己是受害者而从事违法行为。

本案除适用《投机倒把行政处罚暂行条例》第3条外，还要适用《投机倒把行政处罚暂行条例施行细则》的有关规定。该细则第5条规定：“《条例》第3条第1款第6项中的‘推销’包括出售或者倒卖；‘冒牌商品’是指假冒他人产品的产地、厂名或者代号的商品；‘假商品’是指商品名称与商品质地不符，以假充真的商品；‘劣质商品’是指主要指标不符合标准，影响正常使用的商品。”第15条规定对投机倒把行为，工商行政管理机关应当视情节轻重给予处罚，“属于《条例》第3条第1款第6项所指行为的，限价出售物品，没收非法所得，没收物品，没收销货款，处非法所得2倍以下或者经营额20%以下的罚款；对未取得非法所得的，处10万元以下的罚款。”并规定各种处罚手段可以并处。从上述条文规定看，工商行政机关对龚××和马××的行政处罚偏轻，其没有通过倒卖车辆而获得实际利益，但此种情况的罚款幅度是10万元以下。根据其倒卖车辆的标的对其罚款3000元显然失之过轻。本案行政复议机关所适用的实体法与行政处罚机关适用的实体法是一致的，适用的程序法是《行政复议条例》。从本案可以看出，行政机关适用法律的行为并不十分简单，在适用法律时既不能过重，也不能过轻，如果过重会侵害相对一方当事人的权益，如果过轻则会使公共利益遭受损失，甚至放纵违法行为。

笔者认为，行政监督检查一般并不直接影响个人、组织的实体权利义务，而只能是监督检查个人、组织是否正确行使或履行法律、法规规定的权利义务或行政处理决定所规定的权利义务，如果发现公民、法人和其他社会组织不正当行使权利或不履行法定义务，行政机关则可以另行作出相应的制裁措施，其目的是一致的，即实现国家的行政管理职能。在行政执法实践中，行政监督检查和行政处理决定是有机联系在一起的。有时先进行监督检查，然后根据监督检查的结果作出行政处理决定，有时先作出行政处理决定再检查监督行政决定的执行情况。监督检查行为与当事人的权利义务尽管不十分密切，但同样是法律行为，具有法律效力。本案×市工商行政管理机关就是在广泛的监督检查的基础上发现了龚××与马××的违法行为，并在此基础上对其作出了相应的处理决定。同样，×省工商行政管理局在行政复议过程中亦依法进行了相应的监督检查，并获得了比原行政行为作出时更为细致的材料，才使本案得以正确处理。

案例76 行政确认的拘束力
——向××诉×县土地管理局案

【案情摘要】

原告：向××，男，58岁，系农民

被告：×市土地管理局

法定代表人：韦×，土地管理局局长

第三人：张××，女，系×市市民

1983年，原告向××为了响应活跃农村经济尽快走致富道路的号召，想在公路边的水渠上面搞一点小房子做生意。向××与一组农民张××（女，60岁）商量，要求在张××房屋的东侧空地建货亭，张××同意。向××本人说曾经村长余××一组干部等批准，1983年9月房子建成。1986年冬季张××突然要求向××将房屋拆除，向××认为事情的原因是这样的，因张××的全家户口已于1982年转到市汽车修配厂，房子空了几年，1986年冬，张××将房子卖给其妹

(外乡人)，其妹搬来之后，生产队该分给她田地，她也想在同一地基上建房做生意。向××不同意，向××称“此地既不属于我所有，也不属张××所有”，从而引起纠纷。×市土地管理局作出如下处理决定：①向××未按个人建房申请报批程序办理建房用地手续，擅自占地建房是违背国务院1982年2月13日颁布的《村镇建房用地管理条例》的；②向××系三组村民，在本组有住房而又在一组异地建房是违背市政府有关规定的；③遵照《中共中央、国务院关于加强土地管理制止乱占耕地的通知》（中发〔1986〕7号文）、《××省人民政府关于加强土地管理制止乱占滥用土地的再次紧急通知》（×政发〔1986〕3号文）的精神，我市在1986年7月至9月对农村个人建房非农业建设用地进行全面清理时，查出向××擅自占地建房是违背国家有关规定的，未予清理和发给土地使用证，也未获得合法的土地使用权。向××擅自占地建房是违背土地管理法规的。经研究决定限向××在接到处理决定通知后10日内将房屋予以拆除。

原告向××不服×市土地管理局×土字（1987）15号，遂向×市人民法院提起行政诉讼。原告诉称：其3间货亭所占土地属集体所有，建货亭时已经村委会、村组和住户同意，并非采取欺骗手段擅自占地建房，不同意拆除货亭。第三人辩称：原告货亭所占地原已由大队决定由其管理并且已取得了合法的土地使用权，请求给予法律保护。×市人民法院查明：第三人张××原系××村一组村民，在本组有住房4间（坐北朝南），位于本市××镇至××乡的公路西侧，其住房东山坪与公路之间有××村的排水渠道（上宽3米）。1977年，××村建成新农村后，曾决定由靠近水渠的各户负责管理各自住房山坪以外的空地和排水渠护坡，1983年，原告征得张××的同意（但未经村委会和村组两级组织批准），在张的住房东头占用排水渠面和部分空地，建造了2间经商货亭，此后又搭建1间，共占地53.92平方米。1986年土地清理中，原告与第三人对该块土地的使用权发生纠纷，同年8月8日×市土地管理局将该地的使用权确认给张××，并于1987年8月17日的“土字〔1987〕15号文件”决定，责令向××拆除其货亭。×市人民法院认为：公民对集体所有的土地只有依法取得使用权，才受法律保护。原告属三组村民而在一组建经商货亭，既未经当时的有关组织批准，又未取得合法的使用权，与当时和现时的法律、法规均不相符。“土字〔1987〕15号文件”决定并无不妥。根据《土地管理法》第6条第2款、第45条的规定判决如下：①驳回原告向××的诉讼请求；②维持×市土地管理局“土字〔1987〕15号文件”决定，原告向××在本判决生效后15日内将其3间货亭拆除；③受案费30元由原告承担。

一审判决后，向××不服，上诉到××市中级人民法院，上诉人称：①上诉人的3间房屋是在1983年国家大力提倡搞活经济的形势下修建的。1983年，国务院的《村镇用地管理条例》并未严格执行，当地亦无明确的审批土地使用权的专门组织，而上诉人在建房前已请示了主管当地事务的村长和队长并经第三人张××同意。当时，上诉人请示村长时，村长答复："既然你已取得张××同意，我当然没有什么意见。"请示队长时，队长说："大队和张××本人既已同意，我没什么意见。"就这样向××将房屋建起来。从建房到发生纠纷前的1986年9月，村委会及张××本人和当地群众均未表示异议。村长不但未表示反对，还对上诉人建房提出具体要求，即要求与张××的房子之间留2米宽的过道，村长对此可证明。②1977年××村建成新农村后，只决定由接近排水渠边各住户负责管理各自住房山坪以外的空地和排水渠坡，并未表明这些住户对此土地享有使用权。因此，张××对上诉人之间的宅基地没有使用权，不存在上诉人侵犯其使用权的问题。而且，张××全家户口已于1983年以前迁到××市汽车修配厂，并将原有房屋于纠纷前分别出卖给秦××和张××。依《土地管理法》第38条第3款之规定，张××不再享有其房屋宅基地使用权，其对上诉人3间房屋宅基地使用权进行纠缠是无理由的，而×市土地管理局无视这一基本事实和法律的明文规定，作出张××享有该地使用权的违法决定，×市人民法院的判决书对此决定没有依法作出纠正，也没对该土地使用权之归属作出明确判决。③×市人民法院所维持的×市土地管理局〔1987〕15号文件的决定中说上诉人在本组原有住房而又在一组异地建房是违背市政府的有关规定的。当时，上诉人一家共有5口人，只有两间小房（共42平方米），远不能满足合理的住房要求，加上现在引起纠纷的3间房（共53.92平方米），共95.92平方米，根本没超过市政府所规定的住房标准。况且，××村建设用地是村规划调整，村委会行使直接决定权，因此，土地管理局的决定是错误的，×市人民法院不仅没有撤销反而维持土地管理局文件决定。④所争议的3间房屋既未占用耕地，也未对渠道排水及村民通行、公路交通造成妨碍，相反还便利了村民从渠道上通行。同样在渠道上建房的远非上诉人一家，只要求上诉人拆除而不及于其他，是有悖于法律的公正性的。⑤本村为平原地带，周围都是良田耕地，如果拆房再建，不仅要费人力、物力、财力，还要占用现有耕地，于国家、集体、个人都没好处。被上诉人作了针对性答辩。×市中级人民法院审理认为一审法律认定事实正确，适用法律无误，判决维持一审判决。

【提示与讨论】

本案的案件事实主要是认定向××的房屋以及所占土地的性质和归属。向××与张××发生的争执不是房屋产权问题，而是房屋所占土地的权属问题。第三人张××主张向所建房屋的土地归她所有，其理由是该地属于其屋前屋后的土地。根据1962年国家公布的农村人民公社土地60条的规定，张××对其屋前屋后的土地是有主张权的。但是，1982 年 2 月国务院发布了《村镇建房用地管理条例》，该条例对农村土地管理另有规定，其规定村民建房用土地必须经土地管理部门批准，依此规定，张××对向××建房的土地是没有主张权的。向××在其房子东侧建房征得其同意并不等于与其签订了建房合同。向××对其房子的土地是否有主张权是本案的焦点。在《村镇建房用地管理条例》公布以前，农村村民建房用地多采取与有关单位协商的方法，与集体达成协议后就可以使用土地。而在该条例颁布以后，任何单位或个人占有农村集体土地必须依法定程序申请，并征得土地管理机关的批准。向××与村委会等村组干部的协议是没有法律效力的，其建房占地的行为属于乱占土地的行为，该地属于集体所有。

本案×县土地管理局是合格的法律适用主体。《土地管理法》第 13 条规定："土地所有权和使用权争议，由当事人协商解决；协商不成的，由人民政府处理。全民所有制单位之间、集体所有制单位之间、全民所有制单位和集体所有制单位之间的土地所有权和使用权争议，由县级以上人民政府处理。个人之间、个人与全民所有制单位和集体所有制单位之间的土地使用权争议，由乡级人民政府或者县级人民政府处理。……"此条赋予了县土地管理局确认土地权属的权力。×县土地管理局所适用的实体法是《土地管理法》和《村镇建房用地管理条例》。《土地管理法》第 38 条规定："农村居民建住宅，应当使用原有的宅基地和村内空闲地。使用耕地的，经乡级人民政府审核后，报县级人民政府批准；使用原有的宅基地、村内空闲地和其他土地的，由乡级人民政府批准。"《村镇建房用地管理条例》对村民建房用地规定了更为详细的审批手续。向××在没有办理任何审批手续的情况下，擅自建房显属违法。×县土地管理局将其房屋所占土地所有权确认给集体是合法的。一审、二审人民法院依《行政诉讼法》和《土地管理法》的规定受理此案是正确的。《土地管理法》第 13 条规定，对于人民政府土地权属争议处理决定不服的，"可以在接到处理决定通知之日起 30 日内，向人民法院起诉。"行政机关的行政确认权，对于公民、法人和其他社会组织的权利义务有直接影响，显属《行政诉讼法》规定的受案范围。

本案是一个因行政机关的行政确认行为而引起的案件。行政确认是行政机关履行行政管理职能时的一项基本权力。行政确认行为在行政行为中是很常见的，包括对身份的确认、对能力的确认、对资格的确认、对事实的确认等。由于行政确认是行政行为的一种，它与其他行政行为一样会产生法律效力，对被确认的事项有公定力，确认以后对相对一方当事人的权益有拘束力。由于该行为的法律属性，我国行政管理的某些领域已有专门的法律规范规制行政机关的确认行为，如在土地行政管理方面，国家土地管理局 1989 年 7 月 5 日发布了《关于确定土地权属问题的若干意见》，其中对于土地权属的确认作了一些规定。本案中，×县土地管理局作出的确认行为就是确认向××是否对其房屋所占土地享有请求权。×县土地管理局依有关法律作出了符合法律规定的行政确认，该确认对相对方当事人有拘束力，不经法定途径是不能予以变更的。有关行政确认行为的理论在我国是比较薄弱的，行政法治实践中关于行政确认的拘束力问题有一些不太正确的理解，一些人认为行政确认行为是一种政策性的行政行为，其拘束力不如行政强制、行政处理等行政行为强大，这种看法是不正确的。

案例77　行政确认中同一事实与同一理由的认定

——傅××不服上海市房地产登记处不动产异议登记行政案[1]

【案情摘要】

原告：傅××

被告：上海市房地产登记处

第三人：沈×

原告傅××与第三人沈×于1997年3月24日登记结婚。本市房地产管理部门于2003年5月28日核发的沪房地黄字（2003）第004939号《房地产权证》载明，原告系本市陆家浜路413弄×号×室房屋的权利人。2008年10月10日，第三人以与原告存在夫妻关系为由，向被告提出对上述涉案房屋的异议登记申请，并提交了结婚证、军官证等材料。被告上海市房地产登记处经审查，于同日向第三人出具异议登记收件收据，依据《物权法》第19条第2款的规定，作出不动产异议登记。此后，法院于2008年10月14日受理第三人提起的涉案房屋所有权确认之诉。原告知悉后不服前述异议登记，遂诉至法院。

2006年4月10日，第三人填写登记申请书，并向被告提交了公安机关立案决定书、接报回执单、军官证等材料。被告于同日对涉案房屋出具其他文件（备案）收件收据，作出文件备案登记。因涉案房屋确权案被法院受理，2008年5月4日，被告依照第三人的申请以及提交的（2008）黄民四（民）初字第429号受理案件通知书、民事起诉状、军官证等材料，出具文件备案注销收件收据，注销了文件备案登记。同日，被告依据第三人申请以及提交的上述材料，出具已受理权属争议的证明文件收件收据，作出已受理权属争议的证明文件登记。2008年5月13日，因法院（2008）黄民四（民）初字第429号案件变更为（2008）黄民一（民）初字第1307号，被告依据第三人的申请以及提交的案号变更函，出具限制登记的注销收件收据，注销了限制登记。次日，第三人提出已受理权属

〔1〕参见沈志先主编：《2010年上海法院案例精选》，上海人民出版社2011年版，第438～444页。

争议的证明文件登记申请，并提交了（2008）黄民一（民）初字第1307号案件已于2008年5月4日受理的受理案件通知书、民事起诉状、案号变更函、军官证、结婚证等材料，被告于同日对涉案房屋出具了已受理权属争议的证明文件收件收据，作出已受理权属争议的证明文件登记。此后，因原告与第三人离婚案件尚在审理过程中，涉案房产是否系夫妻共同财产应在离婚案中一并处理，第三人提起的确权诉讼被法院裁定驳回。同年9月2日，第三人提出限制登记的注销申请，并提交（2008）黄民一（民）初字第1307号民事裁定书、（2008）沪二中民一（民）终字第2089号民事裁定书，被告于当日15时47分对涉案房屋出具了限制登记的注销收件收据，注销了限制登记。同日，第三人提出异议登记申请，并提交了（2008）沪二中民一（民）终字第2216号离婚案开庭传票、（2008）沪二中民一（民）字第2089号民事裁定书、第三人郑重声明、军官证等材料，被告于当日15时16分对涉案房屋出具了异议登记收件收据，作出不动产异议登记。后因离婚案件终审维持一审不予准许离婚的判决，原告于同年10月8日申请注销涉案房屋的异议登记，并提交了原告与第三人签订的协议书、原告身份证复印件、（2008）沪二中民一（民）终字第2216号民事判决书等材料，被告于同日出具了异议登记的注销收件收据，注销了异议登记。

原告诉称，原告系本市陆家浜路413弄×号×室房屋的唯一产权人。2008年10月10日，上海市房地产登记处在撤销之前的不动产异议登记后，又受理了沈×以与原告夫妻关系为由提出的对前述房屋的异议登记。原告认为，被告违反了有关房地产登记机构对同一申请人就同一事由再次申请异议登记应不予受理的规定，且未通知原告，侵害了原告作为房屋产权人的合法权益，遂提起行政诉讼，请求法院判决撤销被告于2008年10月10日所作对本市陆家浜路413弄×号×室房屋的不动产异议登记具体行政行为。

被告辩称，现行房地产登记法律规范并无对同一申请人就同一事由再次申请异议登记应不予受理的规定，也没有房地产登记机构须在异议登记后通知权利人的内容。被告作出的被诉具体行政行为认定事实清楚，证据确凿，程序合法，适用法律正确，请求法院予以维持。

法院经审理认为，依照《上海市房地产登记条例》（2003年5月1日起施行）的相关规定，被告上海市房地产登记处具有负责本市房地产登记日常工作，并负责包括不动产异议登记在内的其他房地产权利登记的行政职权。本案中，被告于2006年4月10日、2008年5月4日、5月13日先后受理第三人对涉案房屋的“文件备案”、“已受理权属争议的证明文件”登记，属于《上海市房地产登记技术规定（试行）》6.2条规定的登记范畴，以申请人提交人民法院、仲裁机构已受理房地产权属争议和行政机关已受理土地权属争议的证明文件为前提要件，登记类别不同于被告于2008年9月2日、10月10日所作异议登记。《上海市房地产登记条例实施若干规定》及《上海市房地产登记技术规定（试行）》均有关于不受理同一申请人再次以同一事项申请异议登记的规定。依照对以上法律规范的目的解释，登记机构不予受理申请人就同一事项再次提出异议登记系为防止申请人在异议事由经裁决后重复申请，滥用异议登记权，以恶意损害权利人对不动产之处分权。因原告与第三人离婚案件终审判决不准离婚，原告申请注销了被告于2008年9月2日所作的异议登记。而第三人对于涉案房产的权利主张因法院判决不准离婚而未作实体处理，即其异议事由未经裁判机关终局处置。第三人继而在同年10月10日申请异议登记并未滥用权利，被告经查阅第三人提交的有关原告不认同其对涉案房屋具有权利的材料，受理第三人提出的不动产异议登记申请并准予登记并无不当。相关房地产登记法律规范亦无登记机构应当在异议登记后通知登记权利人的规定，被告在异议登记后未通知原告不影响被诉具体行政行为的合法性。但被告在作出与本案被诉异议登记有牵连的登记行为时，于2006年4月10日所出具的其他文件备案登记所列申请权利人不当，于2008年9月2日分别出具限制登记的注销收件收据、异议登记收件收据的时间上发生误差，存有行政瑕疵，应予改进。被诉不动产异议登记查明第三人系涉案房地产权利利害关系人的事实清楚，异议登记程序合法，适用法律规范亦无不当。法院依照最高人民法院《关于执行〈中华人民共和国行政诉讼法〉若干问题的解释》第56条第4项之规定，判决驳回原告傅××的诉讼请求。

一审判决后，双方当事人均未上诉，判决已发生法律效力。

【提示与讨论】

不动产异议登记是行政确认行为的一种，行政确认行为在行政法上的地位究竟如何，如其应当归到哪一类行政行为之中，其是否还包容了其他具体行政行为等问题在行政法学中并未形成一个共识。我国有关法律规范对行政确认的规定也相对较乱，这也正是这一行为容易引起争议的原因所在。行政确认从其法律形式上讲更像是一个程序行为，之所以这样说是因为这个行为本身是程序性的，是以一个具体行政行为或者某一实质性的权利义务为前提的。但是，行政确认行为在行政法中却有着非常重要的实质内容，一方面，对于行政确认行为所涉及到的行政相对人而言，与其客体上的权利和义务有直接关系，如本案中第三人多次申请登记的确认行为就从一个侧面保护了其对所确认房产的部分所有权；另一方面，对于行政确认行为所涉及到的利害关系人具有同样意义，本案原告就因为第三人的异议申请行为而丧失了对异议房产的部分所有权。当然，从更深一层的意义上讲，行政确认行为是行政主体履行行政管理职能的重要手段，是对有关行政秩序进行规范的方式方法。正因为如此，行政确认在行政法治实践中是普遍存在的。

行政确认有诸多具体形式，本案中第三人申请房产异议登记的行为以及行政主体予以登记和确认的行为就是最为普遍的行政确认行为。总之，行政确认的理论是我们分析本案的理论前提，通常情况下，行政确认必然涉及到行政相对人的物质权益和其他权益，正因为如此，《物权法》关于房产登记中的异议登记作了规定，尽管异议登记涉及的权利是民事性质的，但异议登记行为本身却是一个不折不扣的行政行为，这个行为的意义在于通过行政手段将有关的权益关系予以厘清，将行政相对人产权方面的威胁予以解除。本案中第三人正是通过异议登记达到了原告不能单方处置所登记财产的目的。

本案中，第三人的登记行为不止一次而是多次，当然，最为实质的登记是2008年10月10日的异议登记，正是这一次登记阻止了原告单方面对房产的处置。其中存在一个行政主体的多次登记行为究竟是否符合法律规定的问题。行政法学理论中，同一事实、同一理由只能引起一个行政行为，而不允许行政主体在同一理由、同一事实的情况下实施两个以上的行政行为，这是一个基本的行政法学理论。但是，在这中间有一个问题就是究竟如何理解同一事实和同一理由这一概念。在笔者看来，同一事实、同一理由是一个绝对意义上的“一”，就行政相对人而言其前后两次所提出的理由和所依据的事实并没有质的变化，这里边的质是就与其权益关系的状况而言的。即行政相对人第一次的事实、理由与第二次的事实、理由所企求的结果一样，所获得权利和义务一样，而且行政主体在前一次中已经给予了重视，此种情况下再次提出的理由和事实就应视为同一事实和同一理由。反之，若行政相对人第二次提出的事实、理由虽然与第一次没有质的区别，但能够为自己带来极大的利益，这种情况下就不能以同一事实、同一理由论处之。因为，表面看似相同的东西却会带来完全不同的结果。本案第三人2008年10月10日所进行的异议登记行为在事实和理由上与前几次是相同的，都是以房产和对房产的部分所有权为依据的。但是，最后一次的登记行为是在二人婚姻关系进入紧张乃至于危机的情况下申请异议登记的，其在法律上所取得的结果是不能与前几次相比的，从这个意义上讲，2008年10月10日的登记还不能以同一事实、同一理由进行的登记论之。

同时，这里存在一个前法与后法的关系问题，《上海市房地产登记技术规定》6.2.3规定：“原申请人就同一事项再次提出异议登记的，登记机构应当不予登记。”这个规定是明确的，即对于异议登记在同一事实和理由的情况下只能登记一次或者不能再进行登记。但是，这个规定的时间早于《上海市房地产登记技术补充规定》，而这个补充规定恰恰是为了贯彻《物权法》的精神而专门制定的，在这个规定中亦没有提到同一事项依同一理由只能登记一次的规定。依据后法优于前法的法律原则，房产登记机关在2008年10月10日对第三人再进行的登记是完全合法的。基于此，人民法院作出原告败诉的判决是正确的。同时，人民法院对被告具体行政行为的一些瑕疵也给予了高度重视，如“但需指出的是，被告在作出与本案被诉异议登记有牵连的登记行为时，其在判决书中写到的：于2006年4月10日所出具的其他文件备案登记所列申请权利人不当，于2008年9月2日分别出具的限制登记的注销收件、异议登记收件收据的时间上发生误差，存在行为瑕疵。被告对此应引起重视，并在工作中切实改进，以进一步提高依法行政水平”。笔者认为，人民法院除了应当在判决书中反映了这些内容外，还应当作一个专门的司法建议，通过司法建议的方式让行政主体提高其行政行为的合法性与合理性。

第八章

行政合同

行政合同既有国家行政的特点，又有合同的一般特点，行政特点与合同特点的结合构成了行政合同的特征：行政合同的双方当事人中，必有一方是行政机关；签订行政合同的双方当事人地位不同；签订行政合同的目的在于实施国家行政管理的目标，行政合同的内容涉及到国家和社会的公共事务；行政合同以双方当事人意见表示一致为成立要件，不能以行政命令强迫当事人签订行政合同；在行政合同的履行、变更或解除中，行政机关享有行政优先权；行政合同在法律上的救济手段不同。

第一节　行政合同的概念和种类

行政合同是带有行政性质的合同，指行政机关之间，或行政机关与个人、组织之间，为实现国家行政管理的某些目标而依法签订的协议。

一、行政合同原则

1. 对等原则。行政合同尽管不同于经济合同、民事合同和商事合同，但其仍不失为合同的一种，具有其他合同所具有的共性，符合合同的本质特征，亦强调合同双方当事人地位平等，当事人平等地遵守合同中权利和义务，同等地享受权利，同等地履行合同规定的义务。当然，行政合同与民事合同或其他合同相比，亦有它特殊的地方，其特殊性体现在合同范畴、合同原则、合同订立标准的确立上，国家或作为国家代表的行政机构享有决定权。如果说行政合同具有单方面性的话，亦在于此。例如，土地承包合同在确定范围、原则、内容等问题上，国家或主管行政机构显然有决定权，但是，合同一旦订立，无论相对一方当事人还是行政机关都须按合同履行义务，不能随意解除合同而剥夺承包人的承包权。行政合同的对等原则要求行政合同订立以后，双方当事人应受到法律同等的保护，享受对等的权利并对等地履行义务。

2. 目标原则。目标原则是行政合同与其他合同的区别之一。在民事、经济、商事等合同中，政府不能为合同确定目标，不同的法律关系主体在自愿的基础上，从各自的利益出发，经过要约、承诺、协议等环节便可订立合同，它是分散的、无严格目的性的。而行政合同必须与国家的政治目标、行政目标、经济目标等有机地结合起来，并受上述目标的限制。以此而论，行政合同具有鲜明的政策规定性，不同的历史时期、国家不同的发展阶段，行政合同表现出了极大的社会差异性，这是一方面。另一方面，每一行政合同亦可或多或少地归于行政管理大系统之内。对管理相对方当事人来讲，签订行政合同的目的是为了自身及团体的利益。对于行政机关而言，签订行政合同则是为了实现行政目标。目标原则为行政合同划定了必要的范畴，并提醒行政机关以是否利于国家和行政管理最终目的的实现为标准来决定是否参与行政合同。

3. 诚信原则。行政合同由于与行政目标、国家利益密不可分，故其履行的质量直接关系到行政管理和国家的方针政策，无论哪一方违约或不及时履行合同，都会对国家利益和社会利益造成极大损害。但民事、经济、商事合同即使一方没有按规定履行也只影响双方当事人，而不会直接损害国家利益。所以，发达国家的行政合同制度都把诚信、忠实履行等作为一项重要原则。该原则体现在行政机关方面就是依法行政原则的具体化，要求行政机关积极主动承担合同的内容，履行合同中的各项义务，不能以权谋私，以行政权力撤销、撕毁合同。在管理相对人方面则是宪法中公民守法原则的具体化，不能享有多于合同的权利，更不必履行多于合同的义务，不能对行政机关有依赖心理。

4. 竞争原则。行政合同中当事人一方总是行政机关，没有行政机关的参加行政合同不可能成立和存在。相对的另一方当事人往往是两个以上，甚至若干个，是不特定的。行政机关在签订行政合同时应把竞争作为一项原则，鼓励合同双方当事人间公平、合理的竞争。如在签订房地产使用合同时，采用招标办法，以众多投标人中的最高额者为合同的另一方当事人。

二、行政合同范畴

1. 工程承揽合同。国家根据工业、交通、科技等发展的需要把本属国家管理和经营的大中小型工程交由企业、法人或其他有能力的经济组织经营和承建，并与之建立行政合同关系。

2. 房地产使用合同。房地产本属国家所有，政府行政部门对其行使管理权。使用权和所有权绝大多数是分离的，使用方对房地产的使用权必须以行政合同形式取得。该类行政合同20世纪90来代以来得到了迅速发展，范围日益广阔。

3. 土地征收合同。我国土地的所有权除由国家行使绝大部分外，集体也有一定的权利，这是我国宪法明文规定的。宪法虽然规定了国家可根据需要征收、征用土地，但不能因此得出结论——政府行政机关对集体土地的占有是绝对的。国家对集体所有土地的征收仍应以行政合同的形式进行。一则调动了集体的积极性，二则增强了行政机关的责任心。

4. 公用负担合同。国家为了发展经济，发展公益事业，可以从社会集资，通过社会力量办好福利事业。例如集资办学，集资建房，集资修建公共设施等，这类集资活动不能用行政命令解决，亦须以行政合同进行。国家和参与集资的相对方当事人签订合同，并规定一定的条件，防止乱摊派、乱收费，保证专款专用。

5. 政府采购合同。政府采购合同也称“国家订货合同”或“公共采购合同”，是指政府为了实现其职能和公共利益，而与企业签订的物资购买合同。国家订货合同不同于行政机关为满足自身需要而签订的民事购销合同，因为这类合同签订的直接目的是为了满足国家机构正常运转的需要，具有很强的行政性。为了确保国家大型采购任务的完成，发挥政府采购的宏观调控作用，在行政采购关系中行政主体拥有对行政合同的指挥权、对合同对方当事人的选择权、合同履行中的监督权以及根据情势变化而变更或者单方解除合同的权利等。

6. 行政协助合同。即行政机关通过行政合同，从经济发展较快、较富裕的地方集聚资金，并将资金用于落后地区，可缓解地区间的贫富悬殊。

7. 行政委托合同。行政职能转变后，行政机关重在宏观调控，微观方面的行政性事务逐渐由社会组织、公民等自行管理。换言之，行政机关可将一些微观行政活动交由行政性组织完成，可以通过签订委托合同的方式授予其权力并使之承担义务。

在行政法治实践中经常遇到以下几类问题：①行政合同中权利义务的双向效力；②委托合同中委托方与受托方协定的明确性；③非典型行政合同的认定等。

案例78 行政合同中权利义务的双向效力

——邓×等五村民诉×乡人民政府案

【案情摘要】

原告：邓×等五人，系罗×村村民

被告：×乡人民政府

法定代表人：曹××，系×乡乡长

第三人：班××，罗×村村党支部书记

第三人：杨××，罗×村村长

第三人：黄××，坡×村党支部书记

第三人：班×，塘×村党支部书记

1984年，××县罗×乡拉铺林场招标，罗×村村民邓×等五人，以60 600元中标，双方签订了为期16年的承包合同。有耕耘必有收获。随着艰辛的投入，承包方收入渐渐增多，但也招来了不少麻烦事。个别村干部看到有利可图，想来个“上山打猎，见者有份”——入伙；未能如愿后便制造种种借口，企图毁约收回林场；一些眼红的村民甚至放火烧毁了100多亩木苗；林场附近一些村屯又以山界不清为由，纠集村民拔掉已种下的杉木苗2000多株，给承包方造成近2万元的经济损失。事情反映到乡政府，但迟迟未得到处理，结果，事态愈演愈烈。1993年2月11日，×县计委下达给拉铺林场预砍指标150立方米。不久，承包户取得砍伐许可证后，便请来民工采伐。没料到罗×村党支部书记班××和该村村长杨××、坡×村党支部书记黄××、塘×村党支部书记班×等4名村干部，居然策动不明真相的200多名群众，连夜开赴拉铺林场，把林场已砍伐的木头抢劫一空。第二天上午，罗×、坡×、莲×村500余人，手持刀斧涌向林场，将400多亩的杉木几乎砍光，哄抢木材约200立方米。面对如此严峻的局面，五个承包人想到运用法律作为“护身符”，他们要求乡政府制止村组干部的违法行为，维护其承包权。乡政府认为五村民尽管与乡政府有合同，但村组干部作为村里工作的负责者有权对土地、山林等行使管理权，故表示村组干部的处理并无不妥。

五村民对乡政府的处理不服，状告到×县人民法院，要求维护其行政合同关系，并向第三人提出了民事赔偿请求。×县人民法院审理认为乡政府撕毁行政合同是违法的，判决维持五原告与乡政府的合同关系，并判决第三人应承担12 507.34元的赔偿责任。其中杨××承担3752.2元、黄××承担3126.84元、班×承担1 876.1元。判决后双方均服判决。

【提示与讨论】

本案案件事实有三个方面需弄清楚：①邓×等五村民与乡政府关于拉铺林场的承包合同关系，该承包合同是一个行政合同。依行政法律关系的基本理论，行政合同中必有一方是行政机关，其在行政合同关系中具有单方面性，但此单方面性是有限的。行政机关在行政合同关系中同样要承担一定的义务，并且不能随意废止合同。×乡政府与邓×等五村民关于拉铺林场的承包关系是受法律保护的，这是本案的基点。②数个村的村支部书记和村长怂恿村民哄抢邓×等五村民承包的林场木材的行为。该行为如果说轻微一点是民事侵权行为，如果说严重一点则属于违法行为。因为邓×与乡政府的承包关系确立以后，拉铺林场的所有收入就归承包方所有，村组乃至于乡政府都无权将林场的收入据为已有。③乡政府对于村组干部的侵权行为和邓×等五人请求保护的行为不予理睬的事实。该事实既可以说是乡政府任意撕毁行政合同，又可以说是不履行保护公民权益的法定职责，是一种行政违法行为。×县人民法院审理此案认定事实是正确的。先确定×乡人民政府撤销合同的违法行为，确认此案中行政合同关系的法律效力。再追究第三人的民事侵权赔偿责任。甚至应当追究毁坏邓×等村民树苗的行为者的刑事责任。

本案所适用的程序法是《行政诉讼法》。先确定邓×等五村民的状告是否属行政诉讼受案范围。《行政诉讼法》第11条规定，公民、法人和其他社会组织认为行政机关侵犯其人身权、财产权可以向人民法院提起行政诉讼。本案×乡人民政府所侵犯的是公民对山林的承包权，显属行政诉讼受案范围。在行政法治实践中，因行政合同引起的纠纷，人民法院一般都以行政案件对待，用行政诉讼程序处理。本案所适用的实体法可以参照有关民事合同的法律规范，分清双方当事人在合同中的权利义务关系。我国目前尚无一部统一的行政合同法，因此给行政执法，尤其人民法院对行政合同案件审判的法律适用带来一些麻烦。好在我国一些省市制定了有关行政承包合同的法律规范。本案中，×省就制定了《×省农业承包合同管理条例》。该条例就成了人民法院判决此案的主要法律依据。由于该条例是由省人民代表大会制定的地方性法规，因而可以作为行政审判中的法律依据。本案对于第三人法律责任的追究主要适用有关的民事法律规范。本案是一个行政诉讼附带民事诉讼的案件，人民法院在适用法律时，首先要确认行政机关的具体行政行为是否合法，把行政违法责任弄清楚以后，再确定相应的民事责任，是合乎程序规则的。

笔者认为，行政合同是行政机关履行行政管理职能的手段之一，随着市场经济的深入，此种手段会在行政执法中起到越来越重要的作用。行政合同关系中的权利义务，与一般行政法律关系中的权利和义务是有区别的。在一般行政法律关系中，主体的权利义务有比较明显的不对等性，即行政机关可以单方面决定行政法关系中的权利义务，可以单方面决定行政法律关系的产生、变更和消灭。而行政合同一旦成立，其中的权利义务就是一种双向的关系形式。不论对公民、法人和其他社会组织，还是对行政机关都有拘束力。行政机关对这一效力必须有正确认识。本案中，×乡人民政府在与邓×等五人对拉铺林场的承包关系确立以后，就形成了两方面的权利义务关系。作为相对方的邓×等有合法经营、并上交有关利税等义务，而作为乡政府，则有保证其经营条件等义务。任意撕毁合同的行为显然是将行政合同法律关系等同于一般的行政法律关系。对于这两个法律关系的区分是行政执法机关在行政执法中必须正确把握的，也是人民法院在行政审判中必须正确认定的。

案例79 委托合同中委托方与受托方协定的明确性

——×市工商行政管理局与×市农药检定所案件受理纠纷案

【案情摘要】

王××从1984年起受聘于×农药制品厂，任该厂推销员之职。1993年2月，王××促成×农药制品厂与×县农用品公司签订了“合作经营协议”。1993年3月，王××以个人名义在×市租用了一间房屋，设立了联络处。从1993年6月起，王××私下开始从事农药推销活动。到1994年2月止，销售金额已达80多万元，个人非法所得7万余元。王××的销售行为都是个人行为，其签订的合作协议并未完全履行。1994年2月，其又以联络处的名义与×县农用品公司签订了“经营风险承包合同”。王××与×县农用品公司签订的所谓风险合同实质上是由该公司提供发票印章、银行账户等便利条件，并按王××销售药品额的1.4%收取所谓的管理费。而王××利用×农用品公司提供的便利条件，并完全由其自行组织资金、人员、场地等开展经营活动。从1994年3月到1995年1月，王××使用×县农用品公司按合同提供的发票、印章、银行账户等便利条件大肆推销农用药品，销售金额达200多万元，非法所得15万。在经营期间，为扩大销售，其采用给付高额回扣的不正当竞争手段销售农药，在一年多的时间内共支付回扣高达30余万元，占农药销售量的16%。收到回扣的单位有农用品经销公司、农药供应站等。王××无营业执照、无农药经营许可证，利用×县农用品公司提供的发票、账户等便利条件从事农药经营，违反了有关农用药品管理的规定和《反不正当竞争法》的有关规定。×市农药检定所收到举报后，对王××非法经营农药的行为进行查处，发现王××经营农药的行为违反上述法律外，农药本身还存在质量问题。对王××上述两项违法行为依《农业法》第33条、第34条和《反不正当竞争法》第22条的规定王××处以3万元的罚款。×市农药检定所对此案作出处理的同时，×市工商行政管理局亦收到类似举报，并决定立案处理。×市工商行政管理局在查处过程中获取×市农药检定所的处理材料，遂认为×市农药检定所有越权行为，工商行政管理局认为×市农药检定所对本案无处理权。两机关因此发生了纠纷，×市工商行政管理局向×市农业局反映情况，认为农药检定所无独立执法主体资格，要求委托它的市农业局承担有关行政越权的法律责任。由于×市农业局与×市农药检定所的行政委托书仅写明委托农药检定所履行有关农药管理职能，×市工商行政管理局认为农药检定所的处罚权是由×市农业局委托的，应由农业局承担法律责任。后经双方协商，×市农业局撤销了农药检定所的处罚决定，将所罚款项和全部案件移交给工商行政管理机关处理。

【提示与讨论】

本案案件事实中，违法行为人王××有两个违法行为：①违反《反不正当竞争法》的规定，利用非法手段推销商品的行为，在推销商品中利用向购物方支付回扣的不正当做法促其购买自己的商品，是一种以贿赂手段推销商品的行为，是《反不正当竞争法》所禁止的；②其推销假农药，违反了《农业法》和《×省农药管理条例》的规定。王××的违法行为是明显的，问题在于由哪一个机关受理此案，对王××的行为进行处罚。《反不正当竞争法》的执法主体是工商行政管理机关，农药检定所执行此法的执法主体是不合格的。王××销售假农药的行为属于违法行为，既违反了农业法，又违反了《产品质量法》。农药检定所可以是农业法的执法主体，而产品质量法的执法主体主要是工商行政管理机关。工商行政管理机关认为本案应由其处理是正确的，但农药检定所对其生产劣质农药的行为也有一定的处理权，不能算行政越权。本案的特殊性在于农药检定所是受×市农业局委托的，但没有委托其进行行政处罚，故实施行政处罚显系超越委托的权限，对此应承担越权的法律责任。

《农业法》第34条规定："各级人民政府和农业生产经营组织应当建立和健全农药、兽药、农业机械等可能危害人畜安全的农业生产资料的安全使用制度……农药、兽药、化肥、种子、农业机械、农用薄膜和其他农业生产资料的生产者、销售者应当对其生产、销售的产品的质量负责，禁止以次充好、以假充真、以不合格的产品冒充合格的产品。禁止生产国家明令淘汰的农药、兽药、农业机械等农业生产资料。"《反不正当竞争法》第8条第1款规定："经营者不得采用购物或者其他手段进行贿赂以销售或者购买商品。在账外暗中给予对方单位或者个人回扣的，以行贿论处；对方单位或者个人在账外暗中收受回扣的，以受贿论处。"上述两个法律规范是行政机关办理此案适用的主要行政法规范。《农业法》关于销售假农药的行为规定的制裁幅度是违法行为人违法所得1倍以上5倍以下的罚款。《反不正当竞争法》关于以贿赂手段推销产品的责任是1万元以上20万元以下的罚款，并可以没收违法所得，构成犯罪的追究刑事责任。本案适用法律有两个需探讨的问题：①法律适用主体问题，即本案当事人销售假农药的行为应由农业主管机关追究法律责任，还是由工商行政管理机关追究法律责任，从本案的具体情况看，当事人的行为以售假为主要行为表现，由工商行政机关追究法律责任要妥当一些。②对于王××的违法行为是作为两个违法行为处罚，还是作为一个违法行为处罚。笔者认为王××以贿赂销售商品是一个独立的违法行为，销售假农药本身又是一个违法行为，应分别追究两个行为的法律责任。

笔者认为，本案在案件的主管上发生了纠纷，纠纷的主体由工商行政管理机关与农药检定所转移到工商行政机关与×市农业局方面。转移的原因在于×市农业局与×市农药检定所建立了一种委托关系。×市农业局是委托方，而×市农药检定所则是受托方。此关系是一种行政合同关系，即行政机关与事业单位在某一行政管理事务方面所建立的行政合同关系。作为行政合同而言，其应符合一般合同的特征，明确委托方与受托方之间的权利义务关系，且应以书面形式成立合同关系。本案×市农业局与农药检定所的行政合同关系，在合同的权利义务上不是十分明确，只规定农药检定所有权管理农药事务，而没有就农药检定所的行政处罚权作出明确规定，导致既可以作出×市农业局委托农药检定所行使行政处罚权的解释，也可以作出×市农业局没有委托农药检定所行使行政处罚权的解释。此种类型的行政合同，如果权利义务不明确就会带来混乱，尤其在受托方实施了违法行为以后，究竟由委托方承担责任，还是由受托方承担责任，常常会引起争论。因此，不论何种类型的行政合同，其中的权利义务都应以书面形式详细规定下来。

案例80　非典型行政合同的认定

——朱×不服×市药品监督管理部门行政奖励案[1]

【案情摘要】

2000年初，一些热心支持药品和医疗器械打假的社会团体、企事业单位及个人捐款建立了打击假劣药品专项奖励资金，×市药品监督管理局于3月15日公布了《打击伪劣药品专项奖励办法（试行)》（以下简称《试行办法》)，并依此成立由该局相关处室、行业协会、企业代表等组成的奖励资金管理委员会。奖励资金管理委员会负责评定、审批奖励，奖励资金管理委员会办公室承担奖励的日常事务。

2000年4~6月，朱×携13岁的女儿到×市看病，其女被诊断为神经性耳聋，经医生推荐，先后两次外购并使用了×保健品有限公司出售的“脑利素”生长因子药治疗耳病，购药款为3200元。据朱某讲，其女使用该药后，听力不但没有好转，反而严重下降。

同年9月3日，朱×向×市药品监督管理局写信，署名举报×保健品有限公司出售的“脑利素”生长因子药有假药嫌疑。

同年11月1日，×市药品监督管理局经审查认定，×保健品有限公司在未取得《药品经营企业许可证》的情况下，擅自经营注射用基因工程白介素-Ⅱ等无批准文号的生物制品等，其行为违反了《药品管理法》第10条、第33条第2款第2项之规定。×市药品监督管理局依据《药品管理法》第50条第10款、第52条和《药品管理法实施办法》第48条、第51条之规定，作出《行政处罚决定书》，责令其停止无证经营药品的行为，没收其违法经营的药品和违法所得人民币133 358元，罚款人民币133 358元。

2002年1月10日，奖励资金管理委员会召开会议讨论7个案例的10名举报有功人员的奖励问题。按照《试行办法》第3条关于“物质奖励的奖励数额在

[1] 参见青锋主编：《京津沪渝行政复议案例介绍与专家评析》，上海人民出版社2004年版，第196~200页。

该罚没款总额的10%以内”的规定并结合举报事项的实际情况，同意对每个举报有功人员奖励1000元，总额1万元。朱×等两人因在×保健品有限公司无证经营案中“提供了准确的重要线索”而各获1000元奖金。同年2月4日，以市药品监督管理局稽查处的名义，书面通知申请人领取奖励。

另据了解，朱×曾因使用医生推荐的药物造成听力下降的问题与医院交涉，医院支付给本案申请人9800元以作补偿。

朱×领取奖励资金后，以×市药品监督管理局奖励低于《试行办法》的规定，向×市政府申请行政复议，要求奖励26 671.6元以及在罚没款中退回申请人购买假药款3200元。

本案处于受理阶段时，行政复议机关曾就是否受理该案产生过不同意见。

第一种意见认为本案不应受理。主要理由是，本案申请人指向的行为不应视为具体行政行为，而是奖励资金管理委员会作出的行为，故不应受理。他们认为，行政复议法规定的是公民、法人或者其他组织对行政机关作出的具体行政行为不服才能申请行政复议，而申请人提供的材料表明，奖励资金来自于医药企业的捐赠，决定奖励事项的奖励资金管理委员会非行政机关，而是由行政机关、行业协会、医药企业代表组成。因此，奖励行为并不是由行政机关作出的具体行政行为，充其量带了一点行政色彩。对这一本质上非行政机关作出的行为，理应不能申请行政复议。

第二种意见认为本案应当受理。主要理由有三，其一，奖励行为是一种给予行为，这种行为也有可能对被奖励人的合法权益产生不利影响，在特定条件下，奖励行为也可能具有侵害性，应当予以救济；其二，本案中的奖励数额虽由奖励资金管理委员会讨论决定，但被奖励人收到的领奖通知书上署的却是×市药品监督管理局稽查处，该行为可视为行政机关作出的具体行政行为，具备了行政复议申请的形式要件；其三，根据《行政复议法》的立法精神，行政机关对外的行为应当纳入行政复议的受理范围。

经研究，行政复议机关采纳了第二种意见，依法受理了本案。

复议机关经审查认为，《药品管理法》等有关法律法规中，未规定对举报有功人员给予奖励，但被申请人为加大打击假劣药品力度，鼓励举报制售假劣药品，采取了对举报有功人员进行奖励的措施，应当说不存在法律障碍。至于奖励何人、奖励多少当属奖励资金管理委员会行使的权利。被申请人为此制定了规范性文件，建立了监督机制。就本案而言，虽然申请人认为1000元奖金太低，但奖励申请人1000元，符合《试行办法》关于其物质奖励的奖励数额在该案罚没款总额的10%以内的规定。

被申请人为了加大打击假劣药品力度，采取了奖励办法，应当承认出发点是好的，但应当淡化奖励的行政色彩，因为奖励资金来自于民间资金，由行业协会具体运作似更趋合理，同时也可避免行政争议。

根据本案被申请人作出行政奖励决定的具体行政行为事实清楚、适用依据正确、程序合法、内容适当的特点，该案最后予以维持。

【提示与讨论】

笔者认为本案是一个有关行政合同的案件。

×市药品监督管理局发布的《试行办法》规定，对于举报有功人员给予一定数额的奖励实际上不单单是一个行政奖励问题，而且是其对社会以及行政相对人的一个承诺，即只要行政相对人满足了行政机关设定的条件，他就可以得到行政机关的奖励，这种要约与承诺的行为实际上是一种合同行为。

所谓合同行为是指行政机关与行政相对人为实现国家行政管理的某些目标而依法签订的协议。行政合同既有国家行政的特点，又有合同的一般特点，行政特点与合同特点的结合构成了行政合同的特征。由于合同的一方是行政主体且与行政机关的职权行使有关，一旦行政主体与相对一方当事人形成了要约和承诺的关系就属于行政法上的契约关系。在这种合同关系中，行政相对人若与行政主体发生了纠纷，就可以通过行政复议或者行政诉讼等途径予以救济。由于《中华人民共和国行政复议法》没有将行政合同中的纠纷关系排除在受案范围之外，1999年11月24日最高人民法院审判委员会第1088次会议通过的最高人民法院《关于执行〈中华人民共和国行政诉讼法〉若干问题的解释》中对行政诉讼的受案范围进行了排除，而在所排除的行政行为中并不包括行政合同行为，而在人民法院的行政审判实践中，因行政合同引起的行政诉讼并不少见，既然行政诉讼的受案范围包括行政合同，那么，行政复议也应当将行政合同作为受案范围。所以，行政复议机关受理这一案件是正确的。

本案中行政相对人请求行政复议的标的是加大奖励的力度，因此，行政复议审查的焦点也就集中在奖励的数额上。《试行办法》第3条规定："物质奖励的奖励数额在该罚没款总额的10%以内"，这一规定又牵涉到一个重要的理论和实践问题就是行政机关的行政自由裁量权问题。行政自由裁量权存在于两种情况之下，第一种情况是："空白地带"的行政自由裁量权，所谓"空白地带"是指法律规范没有规定，但行政管理必须予以处理的那些事态。在此情形下，执法人员必须根据自己的判断选择一个标准，对案件予以处理。在选择时既要考虑法律原则又要考虑合理性。第二种情况是"幅度范围内"的行政自由裁量权，即行政机关可以在法律规定的幅度内的自由选择。如本案行政机关对行政相对人的奖励可以在1%～10%之间选择，本案中行政机关选择给行政相对人1000元奖励，在规定的范围内，因此这样的选择并无不当。

同时，笔者认为，行政机关给予行政相对人奖励时，也可以作出更有利于相对人的选择。这涉及到行政自由裁量权行使中的适度原则，即在法律幅度的范围内适度选择。依现代文明法治的理念，行政机关在行使自由裁量权时应当尽可能地有利于行政相对人。在行政制裁案件中，行政主体应选择最低或者相对较低限度的制裁措施，而在行政奖励或者其他有利于相对人的行政行为中应当选择最高或者较高的限度。当然，这是一个渐进的过程，有赖于法律制度的进一步完善以及行政法治水平的进一步提高。

第二节 行政合同行为

行政机关签订、履行、变更或解除行政合同的各种活动构成了行政合同行为。行政合同行为同样属于行政行为，它是国家行政权运行的体现，并直接产生法律效果。与一般行政行为不同的是，它是一种双方合意的行为，它的作出须以合同双方当事人协商一致为前提。通常包括：行政合同的缔结与履行；行政合同的变更与解除；行政委托与代理；行政合同纠纷的处理程序和途径等环节。

一、行政合同的缔结

订立行政合同主要采取招标、邀请发价、直接磋商等方式。当事人在这些方式下签订行政合同应当遵循公平竞争、增进效率、公正、公开等原则。

1. 招标，是指行政主体向社会公众发布通知或者公告，邀请公民、法人或其他组织在条件平等和机会均等的情况下参与竞标，以便确定合同相对人并与之签订行政合同的行为。从法律性质上看，招标其实仅仅是一种要约邀请，其作用是邀请投标人投标即促使其发出要约，之后还要经过投标、开标、验标、评标、定标等几个阶段才能最终签订行政合同。由于这种方式可以有效杜绝营私舞弊和防止财政经费的浪费，因而已经成为我国行政合同签订中最重要的方式。

2. 邀请发价，是指行政主体选择其认为合适的相对方，并且向其发出邀请，希望与其进一步协商并签订行政合同的行为。这种方式往往与招标一并使用，在投标人数众多时，行政主体综合考察投标人的资金状况、信用程度和履约能力，并不一定与标价最低的相对方缔结合同，而是邀请他认为适当的人发价，这就使得被邀请方居于比其他竞争者更为有利的地位。以这种形式缔结行政合同一般也应以公开的方式进行。

3. 直接磋商，是指行政主体直接与公民、法人或者其他组织进行协商，签订合同。这种方式在民事合同中最为常见，在行政合同的签订过程中则必须受到法律、法规的限制。例如，有些国家的法律就直接规定，行政主体只有在下述情况下才能以直接磋商的方式订立合同：需要保密的合同；需要利用特殊的高度专门技术的合同；招标和邀请发价没有取得预期结果的合同；需要使用专利权和其他专有权利的合同等。

行政主体通过上述方式之一选定合同当事人后，即可与之签订行政合同。行政合同一般采用书面形式。

二、行政合同的履行

行政合同的履行，是指合同当事人按照合同的约定，全面完成各自承担的合同义务，使得合同关系得以全部终止的整个过程。合同履行是全部行政合同法律制度的核心，是合同法律约束力最集中的体现，也是实现行政合同目的的惟一途径。行政合同的履行必须遵循以下原则：

1. 实际履行原则。这一原则是指当事人必须按照合同规定的标的履行行政合同，不能任意变更标的或者用违约金和赔偿损失等方法代替合同的履行。实际履行并不意味着绝对履行，如果出现了法定的特殊情况，如国家政策调整、不可抗力等，则行政合同当事人也可以依法免除履行责任。

2. 亲自履行原则。这一原则也被称为自己履行原则或履行主体不可替代原则，是指在行政合同的整个履行过程中，相对方必须亲自履行合同，不能任意变更履行主体也不得由他人代为履行。这是因为，行政主体为了实现公共利益选择相对方签订合同，是基于对相对方履约能力的充分信赖，同时也说明，除了相对方之外，其他人不可能按照行政主体的期望圆满履行合同。因此，合同一经签订，非经行政机关同意，相对方即应全力以赴地履行合同，不得寻机退出或借故推诿，更不得以偷梁换柱或转包盈利等非法方式变更合同主体，损害国家利益。

3. 全面适当履行原则。全面适当履行原则是对实际履行原则的补充，是行政合同履行的一项最根本的要求，也是判断、衡量合同履行程度和确定违约责任的尺度。这一原则是指，当事人必须按照合同关于标的、数量、质量、价款或报酬、履行地点、履行期限、履行方式等的约定，正确而完整地履行自己的合同义务。这一原则要求合同当事人在任何条款上都不得违反合同规定，不能只履行合同的部分条款；不能只注重合同的结果而忽略实现这一结果所需的过程；不能对合同的内容任意进行变更。对于不全面适当履行合同的相对方当事人，行政主体有权给予行政制裁；对于不全面适当履行合同的行政主体，合同相对方有权提出赔偿请求（行政主体依法行使行政优益权的情况除外）。

三、行政合同的变更和解除

行政合同的变更，是指在行政合同签订之后，鉴于政策调整、事实变化以及合同所依据的法律、法规修改等原因，当事人对涉及合同主体、客体、内容的部分条款作出相应的调整、修改、补充和限制。行政主体为了满足公共利益的需要行使裁量权，单方面变更合同的情况，也属于行政合同的变更。行政合同变更后，原合同即不再履行，双方当事人按照变更后的合同条款行使权利、履行义务。行政机关单方面变更行政合同的，应对相对方因此受到的损失给予适当的补偿。

行政合同的解除主要有两种方式：①由行政主体出于公益的目的单方解除合同；②由双方当事人协议解除合同。与一般民事合同不同，行政合同的单方解除权只能由行政主体依法享有，也就是说，无论出现何种情况，合同相对方当事人只享有就解除合同与行政主体进行磋商的权利或者要求赔偿和补偿的权利，而不享有单方解除合同的权利。行政合同解除后，双方当事人之间的合同关系终止。除双方协商解除合同的情况外，行政主体单方解除合同造成相对方损失的，应对相对方的损失给予补偿。

四、行政合同的终止

行政合同的终止，是指因为一定的法律事实的出现，使得当事人之间的权利义务关系不复存在。合同终止后，原债权人不得再主张合同债权，债务人也不再负有合同义务，债权债务关系归于消灭。行政合同的终止主要有下述情形：①行政合同履行完毕或者合同规定的期限届满；②双方当事人协商一致解除合同；③行政主体依法行使行政优益权，单方解除合同；④出现不可抗力，致使合同完全不能履行而解除；⑤行政主体因相对方根本违约而解除合同；⑥因行政机关有严重过错，相对方提出申请的情况下，人民法院依法裁决解除合同。

现行《合同法》规定，民事合同终止后，依据诚实信用原则及交易惯例，合同当事人还负有一定的后合同义务，如通知、保密、协助等义务。《合同法》的这一规定对行政合同适用也有价值。行政合同终止后，当事人一方应当协助另一方做好善后工作；相对方对其在合同履行过程中所知悉和掌握的国家秘密、商业情报等负有保密的义务，不得向外泄露。

在行政法治实践中经常遇到以下几类问题：①行政主体履行合同义务的持续性；②行政合同纠纷的救济途径等。

案例81　行政主体履行合同义务的持续性
——82户农民状告乡政府案

【案情摘要】

××市连山区陈相公屯乡丁屯村有村民组14个，541户人家，1976口人。人均耕地1.1亩，共有果树76 570余株，人均果树38株，年平均产水果150公斤。水果收入占全村收入的70%，是丁屯村农民的主要经济来源。1982年丁屯村实行家庭联产承包责任制后，全村14个村民组按人口比例将集体果树全部承包给各户，承包期定为5年。1986年又将果树承包期延长至2000年，并签订了承包合同。但是，从1991年春开始，乡政府和村委会的某些领导，以一些群众认为果树分配不合理为由，在没有全面征求意见的情况下，主观决定先后将14个村民组的果树全部打乱重分，强行中止了1986年签订的承包合同，让农民重新签订合同。但有82户农民拒绝签订新合同，并开始向区、市上访、告状……乡政府在将果树打乱重分的过程中，农户们始终坚持要按法律办事，但该乡、村的领导干部根本不听农户的合理要求，有的领导干部甚至说："什么法不法的，我说的就是法，你们愿意到哪儿告就到哪儿告，到头来，还得我说了算……"农民们在没有办法的情况下，上访到连山区政府和××市政府有关部门，然而市政府有关部门仍然支持和维护乡、村的错误做法。为此，要求维持原承包合同的农户在阻止重新分配果树时，遭到拘留和殴打，从而使矛盾激化。由于个别领导干部法律常识的缺乏，以权代法，习惯于长官意志，听不进不同意见，因而引发丁屯村农民先后集体到省政府、国务院信访办上访、告状。

1993年年初，×副省长得知此事后，亲自过问，立即作了指示，要求××市政府妥善解决，并将处理情况及时上报。××市政府对省政府领导的指示作了认真细致的研究，组成了联合调查组，深入到丁屯村进行全面调查，根据调查的情况，提出了不再推翻1991年承包合同的同时，给予受有损失的群众一定的经济补偿的意见。这样，82户有意见的农民有33户同意重新签订合同，但仍有49户农民拒不签订新承包合同。理由是：自1982年承包果树近10年的时间，我们精心栽培的果树现每年的收入已达1万元，效益刚刚好转，而重新分配的果树年收入仅能达到1000元；以前不好好伺弄果树的人、弃果经商的人如今要分到我们用血汗培养了10年的好果树，我们咽不下这口气。所以，坚持要求恢复到1986年承包合同。遂又上访到省政府和国务院信访办。对此，省农牧业厅和省信访办会同××市政府及连山区政府的领导，共同商定解决办法，并从当地实际情况出发，提出了处理意见：①1986年签订的果树承包合同有效，农民上访告状有理。因人口变化和合同不完善，本应在维护原承包合同的基础上，做一些小的调整和完善。但由于发包方对农业承包合同的严肃性认识不够，对法律、法规学习掌握得不够，采取了打乱重分的错误做法，应承担违约责任。②在原合同被违约解除之后，新的承包关系已经形成，并有91%的农户签订了新合同。在8个村民组已执行了2年，有6个村民组已执行一年，因此，不宜恢复原合同。③根据《××省农业集体经济承包合同条例》第27条"发包方擅自变更或者解除合同的，要赔偿对方经济损失"的规定和第28条"由于领导机关和业务主管部门的过错致使合同不能执行或者不能完全执行，领导机关和业务主管部门要依照有关法律、法规的规定承担责任”的规定，要给因此造成经济损失的农户以适当的赔偿。因多次上访造成生活困难的，要给予适当的困难补助。最后文件还重申：如有不服上述处理意见的，可按照仲裁程序和诉讼程序向农业承包合同仲裁委员会申请仲裁，不服仲裁可再向人民法院起诉。后仍有5户农民不服，向人民法院起诉。×县人民法院审理后恢复1986年的合同状态。

【提示与讨论】

本案案件事实经过若干个复杂的环节，只有在最后一个环节的案件事实认定上是符合法律规定的、准确的。丁屯村村民1982年实行联产承包责任制后，与乡政府签订的合同属行政合同的范畴，该合同的期限是5年，1986年村民在原合同的基础上与乡政府将期限延至2000年，该合同具有法律效力，没有法律规定的情况，任何机关或者个人无权终止该合同。1991年，乡政府和村委会强行终止1986年的合同显属违法行为。对于这一违法行为有关机关和政府部门没有及时予以处理，使纠纷延续3年之久。1993年年初，联合调查组将改变1986年合同内容的1991年的合同视为有效合同或者按1991年合同履行权利义务的处理方式亦无法律依据。其理由是形成的事实难以改变，此说是无道理的，关键是要认定1991年合同的性质。1991年合同由于改变了1986年合同的内容，因而可以说是一个违法的、无效的合同，不能因为该违法合同既成事实就维持其违法性。省农牧业厅和省信访办作出的三点处理决定尽管比联合调查组的处理得当一些，但仍然没有按照法律中的权利义务来处理。维持1991年合同的做法同样是错误的。尽管有大多数承包户接受了这一处理决定，但不能因此认为其处理就是正确的。×县人民法院对案件的来龙去脉审查以后，将5户农民的诉讼请求恢复到1986年的合同状态，案件事实的认定是正确的。本案提醒行政机关，在执法过程中对案件事实的认定贵在分清是非关系，分清违法与非法，而不能盲目适用法律。

本案所适用的法律规范是《××省农业集体经济承包合同条例》。该《条例》确立了×省联产承包责任制的基本内容，规定了承包方与发包方之间的权利义务关系。陈相公屯乡政府任意解除与农民签订的联产承包合同违反了国家有关法律和×省地方性法规的规定，对此行为应承担一定的法律责任。至少必须改变错误的行政行为。本案数级行政机关在处理时，都没有准确地适用法律。依×省制定的承包责任制的地方性法规：“发包方擅自变更或者解除合同的，要赔偿对方经济损失”，“由于领导机关和业务主管部门的过错致使合同不能执行或者不能完全执行，领导机关和业务主管部门要依照有关法律、法规的规定承担责任”，乡政府应当对82户村民3年内没有享受所承包土地的利益负责，赔偿其3年的经济损失，包括上访费用等。然而，本案即便是省农牧业厅和省信访办的三项处理决定也没有准确地适用法律。笔者认为本案准确的法律适用应当是让承包农户恢复到1986年的合同状态，并要求乡政府和部分村干部赔偿受害农民的经济损失。适用法律有合法性与合理性的关系问题，但在合法性与合理性发生冲突时，如果有明确的法律规定，当然应当选择合法性。本案中数个行政机关处理此案都沉湎于所谓的合理性之中，是不利于普及法治的。

笔者认为，行政合同中的权利义务关系是一种法律上的权利义务关系。行政主体不能因为处于行政管理主体一方的地位而无视合同中的权利义务。履行合同义务对行政主体来讲应当是一贯的、持续性的，而不能是一时一地的。本案丁屯村村民与乡政府1982年签订的合同在履行中没有遇到困难，行政机关没有改变合同中的权利义务。而1986年合同的期限是15年，即到2000年，这15年期间，无论发生什么问题，合同各方都要遵守合同中的权利义务。承包农民由于忠实合同义务而从中获得了利益，此种利益的获得对国家来讲并不是坏事，对乡政府来讲亦应说是好事，乡政府不但应当鼓励农民遵守合同中的权利义务，自己也应当作遵守合同规则的表率。陈相公屯乡政府发展承包农民致富后，就采取了吃大锅饭的政策，将承包农民的土地予以分割，是典型的不持续履行合同义务的表现。由于掌握行政管理权，行政机关处于比公民、法人和其他社会组织有利的地位，一些行政机关据此经常改变行政合同关系。这在我国行政执法实践中，几乎成为一个普遍问题。基于此，强调行政主体合同履行中义务承担的持续性，很有实践意义。

案例82　行政合同纠纷的救济途径
——江××诉×乡人民政府案

【案情摘要】

原告：江××，系张家港村村民

被告：×乡人民政府

法定代表人：廖××，×乡乡长

1982年5月，江××依联产承包责任制的规定与×乡人民政府签订了一个承包乡渔场的行政合同，期限为15年，依合同规定江××每年向×乡人民政府上交3000斤鱼作为承包金。自1986年江××承包以来，该渔场状况良好，江××每年都能按时上交3000斤鲜鱼，并在1990年×村修建学校时捐款3000元。该合同内容规范、权利义务明确，且双方在合同履行期间都忠实履行义务。由于江××通过承包已经致富，1994年1月，×乡人民政府提出要提高承包指标。并称1986年的物价与1994年的物价相去甚远，交3000斤鱼底价太低，以应进一步完善合同为理由要求修改原合同内容。遭到江××的拒绝后，此事暂时搁置。1994年年底，江××如期上交了3000斤鲜鱼。1995年4月，×乡人民政府以江××

多生一胎、违反计划生育政策为由，派人从江××所承包渔场强行打捞鲜鱼5000斤，以每斤4元的价格出售。并强行将江承包的渔场转包给副乡长之弟任××，×乡人民政府终止了与江××的合同，与任××签订了新的合同。将原来合同中承包人上交3000斤鲜鱼，改为上交4000斤。江××对×乡人民政府终止合同的行为不予接受，多次向×乡人民政府反映，×乡人民政府都予以拒绝。

1995年5月，江××向×县人民政府提起行政复议，要求恢复原合同关系。称：承包责任制是党的富民政策，本人承包以来守法经营，并按质按量履行合同中的权利义务。违反计划生育政策是事实，但此与承包渔场无任何关系，要求×县人民政府保护其合法权益。×县人民政府经过复议认为：×乡人民政府作为履行行政管理职能的机关有权决定本乡范围内村民的权利义务关系，在认为1986年合同严重不公正的情况下，可以对合同内容进行调整。但×乡人民政府以江××违反计划生育政策为由终止合同行为欠妥。故作出以下行政复议决定：①维持×乡人民政府作出的终止承包合同的行政决定；②×乡人民政府归还强行打捞江××5000斤鱼出售款。

行政决定作出后，江××不服，遂于1995年5月20日向×县人民法院提起行政诉讼。诉称：其与被告×乡人民政府签订的承包合同是有效合同，应受法律保护，×县人民政府的行政复议决定后一部分可以接受，而更为关键的前一部分是错误的。被告辩称：原告江××尽管每年上交鲜鱼3000斤，但该渔场效益良好，以前的承包指标显失公正，×乡人民政府作为行政管理机关改变此合同关系是职权范围内的事情，请求人民法院维护×乡人民政府的行政管理权。×县人民法院审理认为：公民对集体所有的水域的承包经营权受法律保护，任何单位和个人不得侵犯。原告江××与×乡人民政府的承包合同权利义务明确，双方互无欺诈，属有效合同，应受法律保护。×乡人民政府擅自终止合同的行为是违法的。江××违反计划生育政策的行为与其承包权无关。判决如下：①原告江××与×乡人民政府的合同属有效合同，应继续履行；②被告×乡人民政府退还江××5000斤鱼款。判决作出后，被告上诉至中级人民法院，二审维持原判。

【提示与讨论】

本案案件事实的认定有两个根本点：①×乡人民政府与江××的渔场承包合同是否为有效合同。合同的有效与否关键在于是否符合法定要件，法定要件包括实质要件和形式要件两方面，实质要件看合同实体内容是否有法律禁止的情形或违反公共道德的情形。本案行政合同中实体内容上不存在违法情形。形式要件主要看合同是否符合法定的形式要件，如双方当事人是否签字，是否以法定的方式作出。还要看合同的形成是否符合法定程序，如双方在签订合同时是否出于自愿，是否为双方真实意志的表示，是否有强迫，是否有欺诈行为，等等。本案×

乡人民政府与江××的合同不存在上述问题。合同5年来的执行情况就可以证明此点。合同签订以后，其外部环境和外部条件在不断的变化之中，此种变化如果影响到原合同中的权利义务，也只有通过双方协商才能改变合同的义务，而不能单方面改变。毫无疑问，江××与×乡人民政府的合同在1986年签订时利益关系是一种情形，而1991年又是一种情形，无论如何双方都得忍受人为因素以外的变化。②×乡人民政府是否有权改变合同中的权利义务关系。×乡人民政府是履行行政管理职能的机关，对江××有行政管理权，但不能因此改变与江××的行政合同关系。因为有关改变合同中权利义务的客观事实并不存在。上述两方面明确以后，此案的解决就容易多了。×乡人民政府把江××违反计划生育政策与解除合同关系结合起来既无法律上的依据，又显现出其对行政权行使的无知。×县人民法院审理此案时对案件事实的认定是正确的。

《农业法》第12条规定："集体所有的或者国家所有由农业集体经济组织使用的土地、山岭、草原、荒地、滩涂、水面可以由个人或者集体承包从事农业生产。国有和集体所有的宜林荒山荒地可以由个人或者集体承包造林。个人或者集体的承包经营权，受法律保护。发包方和承包方应当订立农业承包合同，约定双方的权利和义务。"第13条规定："除农业承包合同另有约定外，承包方享有生产经营决策权、产品处分权和收益权，同时必须履行合同约定的义务。承包方承包宜林荒山荒地造林的，按照森林法的规定办理。在承包期内，经发包方同意，承包方可以转包所承包的土地、山岭、草原、荒地、滩涂、水面，也可以将农业承包合同的权利和义务转让给第三者。承包期满，承包人对原承包的土地、山岭、草原、荒地、滩涂、水面享有优先承包权。承包人在承包期内死亡的，该承包人的继承人可以继续承包。"这两条规定反映了承包合同中承包方权利的绝对性和广泛性。任何随意改变承包合同的行为都是有悖于法律的。本案人民法院审理时必须首先适用《农业法》的这一规定。本案适用法律时除了确认×乡人民政府解除合同关系的责任外，还要追究其行政侵权行为的责任，其擅自决定将承包人的鲜鱼5000斤以4元价格出售，给江××造成了直接经济损失，×县人民法院在判决退还售款的同时，还应当要求行政机关赔偿因此造成的其他损失。

笔者认为，本案牵涉到的问题是行政合同的救济问题。江××与×乡人民政府在合同的权利义务关系中发生了纠纷，此种纠纷的实质是行政机关利用行政职权侵犯当事人的承包权。我国没有制定行政合同法，尚未规定系统的行政合同救济制度，但不能因此对行政合同纠纷置之不理。行政机关和人民法院要根据行政合同纠纷的性质依不同的途径解决其纠纷。如果是双方之间在有关权利义务问题上发生纠纷则可以选择行政调解的方法予以救济。如果由于行政机关的侵权行为致当事人权益受到侵害，或导致本不该终止的合同关系终止，则可以通过行政复议或行政诉讼的途径解决。解决行政合同纠纷应像解决其他行政纠纷那样，首先通过行政复议解决，在行政复议未能最终解决时则通过行政审判解决。本案此两种救济制度对解决江××与×乡人民政府的合同纠纷都起到了积极作用，尤其是×县人民法院的行政判决使该纠纷得到了彻底解决，维护了相对一方当事人的合法权益。

第九章
行政指导

行政指导是一种不具强制性的行政活动，其在现代行政中占着越来越大的比重，已成为现代政府施政的中心；行政指导可以防止行政机关和相对方之间的关系失衡；行政指导可以促进社会主义民主的发展；行政指导可以推动行政法治的发展；行政指导不直接涉及相对方的权利义务；行政指导是行政机关单方面的意思表示，属于单方行为；行政指导一般适用于较大幅度的弹性的管理领域；行政机关进行行政指导时必须适用法律优先的原则；行政指导是一种外部行政行为。

第一节　行政指导概述

行政指导是指行政主体在职权或其所管辖的事务范围内，为适应复杂多变的经济和社会生活需要，基于国家的法律和法律原则，适时灵活地采取非强制手段，在行政相对方的同意或协助下，实现一定行政目的的行为。由于行政指导是行政主体在实现行政管理职能时采用的基本手段，与其他行政行为相比不具有直接的强制力，因而理论界普遍认为即便是错误的行政指导行政主体对其亦不负法律上的责任。此论无疑为行政主体的误导行为提供了依据，亦为行政主体规避法律提供了说法。因此，在行政法治实践中，应正确区分行政指导与行政误导。

行政误导从行政权运行过程考察属于行政指导，其是一种特殊的、变态的行政指导行为。

一、行政主体实施了行政指导行为

行政主体的误导行为其首要环节是对行政管理相对一方当事人实施了属于行政指导范畴的行政行为。其可能是向相对一方当事人发出了一个信息，可能是书面或口头说服相对一方当事人为某种行为或不为某种行为。应当指出，行政误导中的行政指导行为是由行政主体实施的，而不是由行政人员以个人名义实施的，其本身是一种职权行为而非个人行为，之所以要指出这一点，是因为在行政指导制度中，行政首长或行政领导人员的指导行为亦包括在内。行政误导中的行政指导行为常常是正式的、具有严格程序要件的甚至是要式的指导行为，这也是使行政误导行为得到行政法制度关注的前提。

二、行政主体实施的指导行为是仅符合主观要件的行为

行政指导成立的一般要件可以分为主观要件和客观要件两个方面。主观要件包括两项内容：①实施行政指导的机关必须具有法律上的能力，如指导行为的作出或者符合多数规则或者符合行政首长负责制的组织原则；②实施行政指导行为的机关所指导的事项属于该机关的职权范围，不是越权指导的状况。客观要件包括三个方面：①行政指导行为的内容必须合法，若行政机关授意相对一方当事人实施法律禁止的行为，其所指导的内容就是不合法的；②行政指导所涉及的具体事项具有实现的可能和发生法律效力的可能，若行政主体所指导的事项不能实现或不能完全实现就可视为内容不合法，现实中，一些行政主体从极“左”观念出发让相对一方为目前条件下不可能实现的事情的情形是经常发生的。行政主体的一些指导行为有可能实现但法律不予保护，不能发生正当的法律效力，此时亦可视为内容瑕疵；③行政指导行为的内容必须确定，即必须在一定地段、一定时段或针对一定事件，若不确定其就不符合客观要件。行政误导行为在于行政主体在实施行政指导行为时仅符合主观要件，即属其职权范围内的事项、符合法定的决定程序，而不符合客观要件，行政误导中的行政指导其客观上要么内容不合法，要么内容不可能实现，要么内容不确定。

三、行政主体实施的指导行为客观上影响了相对一方当事人的权益关系

行政指导行为作出以后，行政管理相对一方当事人既有可能根据所指导的内容为一定的行为或不为一定的行为，也有可能对所指导的事项不予理睬。是否理睬决定于两个方面：①行政指导行为的强弱程度，如果行政指导行为具有较大的强度，则相对一方当事人选择的权利就小些，实施行政指导内容的可能性亦大一些，反之，若行政指导的强度较小，相对人实施行政指导内容的可能性亦就较小；②相对人对行政指导的认同程度，认同的程度高其实施指导内容的可能性就大些。行政主体实施了行政指导行为，相对一方当事人不为所动，或者依所指导的内容而行为时获得了利益，此时便不为误导。属于误导的行政指导是在当事人依该指导行为而行使权利或承担义务时带来了权益关系上的不快，甚至是权利上的侵害。误导行为所造成的侵害仅指接受指导行为的相对一方当事人的侵害，而不包括被指导人获益后对另一当事人造成的侵害。

应当说明的是，行政主体的行政误导既可能是对权益倡议人的指导，也可能是对被保护人的指导。前者是指行政主体对某一要求实现某种权利的人的指导，在其倡议权益后，行政主体依其倡议的权益所为的指导，如某企业提出一个扩大生产规模的动议，行政主体依此动议而指导其扩大生产规模。后者指受行政机关保护的相对一方当事人在没有任何倡议的情况下，行政主体为了给其带来利益而对其实施了指导行为。上述两种情况都有可能使接受指导者受到损害，对上述两

种情况应作同样看待。指导行为对被指导人造成伤害是行政误导成立的结果性条件。

四、行政主体实施的指导行为与相对方的损害有直接的因果关系

因果关系是追究法律责任时必须考虑的因素，无论在刑法理论还是在民法理论中，因果关系都占有非常重要的地位，行政法中同样必须重视这一理论。行政误导能否成立亦必须考虑错误的行政指导行为与相对一方损害间的因果关系。在这一因果关系中要求行政指导行为必须引起相对一方当事人的行为，进而使依指导行为而实施个人行为的相对方造成了侵害。这一过程有三个相互联系的环节，第一环节是行政主体的指导行为，第二环节是相对一方当事人的行为，相对一方的行为是由行政主体的指导行为引起的，并且是按照行政主体指导行为的内容而为之的。一般地讲，误导行为都有一个相对确定的内容，这一内容制约了相对一方当事人的行为，行政主体就对相对一方当事人的行为负有责任，若没有制约，或只是部分制约，行政主体就不应负责或不应完全负责。就是说，相对一方当事人在依行政主体的指导行为而作为或不作为时，改变了原指导行为的内容，此时其所改变部分的内容就不应视为与指导行为有因果关系。此一点在行政法治实践中一定要认真把握。第三个环节是相对一方的物质或精神损失，该损失是由第一环节和第二环节派生出来的，若该损失具有单独存在的价值就不应视为与前二环节有因果关系。同时，指导行为与相对方的损害结果之间必须有直接的因果关系，即指导行为造成的间接损失不应视为指导行为的结果。行政主体的指导行为与相对方当事人损害结果的因果关系要件应视为行政误导中的程序性要件。

在行政法治实践中经常遇到以下几类问题：①行政指导行为的作出要有充分的事实依据；②行政指导手段的多样性、灵活性等。

案例83　行政指导行为的作出要有充分的事实依据
——高×与×县政府指导农民发展林业案

【案情摘要】

1986年9月，高×被选为×县县长。该县属于山区县，山多地少，全县30余万人散居在3 124平方公里的山谷、沟壑之中。全县除11%的耕地，20%的村庄、道路、河流裸露面积外，70%的面积系荒草野坡。人民群众生活贫困，全县每年不得不吃国家财政110万元，属全省14个贫困县之一。高×上任以后，就到各乡镇、村组认真调查，走访了不少老领导，并深入到人民群众中收集第一手材料，并要求县科委、县农业局、县经委三家召开各种各样的研讨会，并要求提交关于该县今后发展的论证报告，为县政府今后的决策提供科学依据。1987年5

月，上述三个职能部门在调查研究的基础上写成了本县发展的初步论证报告。

报告认为该县以前之所以没有发展起来，主要是因为没有抓住本县山多地少的特点，必须靠山吃山，提出本县必须大胆地在山区发展林业的意见：①本县是个山区，东西长420华里，南北宽80多华里，地广人稀、山大沟深、交通困难，全县居民散居在近3000多个村庄和山窝，耕种着50万亩土地，长期从事落后的单一经营，生产发展缓慢，生活水平低下。以1987年前的30多年为例，全县农业总产值平均递增仅仅为3%；社会总产量平均每年递增2.1%；社会购买力1981年全县人均仅有110元。十一届三中全会以来随着农村联产承包责任制的推行，生产有了较大发展，但这个水平和全省、全区的水平相比差距很大。因此，必须靠山吃山，吃山养山，以林业致富是条出路。②山区的自然优势为林业生产的兴起和发展奠定了物质基础。本县大部分地域处在×山林区，山多坡广，土厚水丰，气候谐和，雨量较多，是发展林业的有利条件。全县宜林面积180万亩，除有林面积外，还有荒山80余万亩，草坡100多万亩。这些荒山、荒坡、草坡等都可以种树造林。另外，还有废弃的山庄200多个，弃耕土地2万多亩，6户以下的山庄窝铺600多个。周围有宜林荒山50多万亩。还有不少山林都为林业生产的发展提供了条件。从全县发展的长远规划看，林业生产是大头，地位重要。到20世纪末实现工农业总产值翻两番的战略目标为2.7亿元，要实现这个目标，农业总产值将占到66%，达1.8亿元。而在农业总产值中，50万亩耕地所产的粮、棉、油总产值到那时最高能达到3600万元，仅占农业总产值的20%，其余将有70%只能靠林业生产提供。到2000年全县的荒山绿化后，集体和群众的山林、树木、经济树和林产品加工等都会变成取之不尽的财源。因此，本县要重点发展林业，致富的潜力在山上。③一批靠林业致富的乡村、集体和农民起了典范作用，将吸引更多的农民植树造林。如×村从1970年开始四旁植树2万株，10年后的1980年全村自伐杨树800株，收入2万元。群众造林的势头更大了……高×全面审核了三个部门关于在本县发展林业的论证报告，觉得有根有据，1987年6月县长办公会议通过了关于×县发展林业的决定。下一步就是说服、指导农民接受县政府发展林业的决策。绝大多数村组对县政府关于发展林业的指导予以响应，也有一些村组认为，发展林业需要的周期长、见效慢而没有积极的响应。高×提醒乡镇干部不能强迫，只能说服疏导，让农民领会发展林业的道理。11年后，即1998年该县以林业为主，全面发展，被评为全省先进县。

【提示与讨论】

本案高×与县人民政府为了改变全县的落后面貌，对于全县的经济发展提出了新的思路，即以发展林业为主，带动其他产业。县政府在提出这一发展战略时，进行了充分的论证，且有详实的资料佐证，并结合了本县的自然环境和历史发展。论证报告从三个方面对发展林业的根据进行了说明，如从 1981 年之前的 30 年全县工农业总产值平均递增率仅为 3%，粮食总产量平均每年递增 2.2%，以此证明如果单纯发展农业是没有出路的。再以全县荒山、荒坡等有待发展林业的数据推论出若要发展林业，前景一片大好。第三部分又通过典型事例证明发展林业的可行性。有这些充分的科学根据和事实根据，×县政府的行政指导行为就不可能犯太大的错误，事实证明，县政府指导农民发展林业的指导行为是正确的，也正是由于这一指导使该县摆脱了贫困，成为了全省的先进县。

本案在行政指导过程中尽管没有指出适用哪一个法律规范，但本案×县政府在进行行政指导时还是有根据的。最大的根据是十一届三中全会关于实行开放搞活、联产承包的经济政策。行政指导的法律适用与其他行政行为的法律适用有显著区别。其他行政行为的作出，行政机关必须寻找到明确的成文法根据，如行政机关在对相对方作出许可决定时，必须看相关的部门法有无类似规定，作出行政处罚、行政强制、行政裁决等行为时都是如此。而行政指导的作出不一定有具体的成文法上的依据，它可以依法律原则，可以依公共道德准则，可以依一些科学原理，更可以依党和政府的有关方针、政策。事实上，相当一部分行政指导行为在作出时都充分考虑了党的政策。本案×县人民政府关于鼓励农民发展林业的行政指导就是依据有关富民政策作出的。行政指导要有明确的要求，让相对方做什么或者不做什么，但这种要求不具有强制性，相对一方可以接受，也可以不接受，行政机关不能采取强迫手段，这是行政指导适用法律时必须注意的问题。本案高×和县人民政府的做法是正确的。

笔者认为，行政指导行为与其他行政行为相比还有一个特点就是具有较大的主观性。其他行政行为的作出由于受法律规范的约束，主观性相对较小，如行政机关在对公民作出行政处罚行为时，必须依某个法律规范，必须依法定的程序，必须在法定幅度内选择，等等，此种行为使人为因素减少了许多。而行政指导由于不产生直接的法律效力，公民亦无法定途径进行救济，行政机关对于行政指导的责任心，要比对于其他行政行为的责任心小得多。正因为如此，行政机关在作出行政指导行为时，常常受到主观因素的制约，有些甚至是行政领导的一时冲动。基于此，笔者认为行政机关在作出行政指导行为时，必须有充分的事实依据，没有充分的事实依据就不要作出指导行为，盲目指导是一定要避免的。本案×县人民政府的指导行为就是应当提倡的。高×上任以后并没有立即作出某种行政行为，而是让三个职能部门对本县的发展进行认真论证。其在掌握了充分的事实根据后，作出了发展林业的指导行为，由于事实根据充分，该指导行为为农民致富带来了巨大好处。

案例84 行政指导手段的多样性、灵活性
——×派出所正确指导缓解民间纠纷案

【案情摘要】

×市×区×派出所多年来在正确行政指导、化解民间纠纷方面做了不少工作，被×省命名为全省先进派出所。现举两例说明其行政指导。在×村，有两个同姓的兄弟，共一个曾祖父，以前是一个大家族，以后便分家另起炉灶。家族的其他支系都相继撤出祖父留下来的老宅院。只剩下了堂兄弟薛×和薛××，薛×住老宅院的前屋，薛××住在后屋。在两屋房中间尚有东西两间厢房的旧基。东房地基属薛×，西房地基属薛××。但是，在薛××的房后仍有薛×的一块基地。这些都是祖先流传下来的基业。两家为此也常常发生争执。薛×倒灰、倒垃圾，都需要通过薛××家，薛××家常关门不理，矛盾日深。1993年6月5日，薛××的妹妹出嫁，按当地旧俗，迎新娘必须走正门，即从薛×家通行。当新娘行至薛×家堂屋时，薛×的妻子将一个大碗摔在新娘脚下，满地都是碎碗碴。薛××家对这一举动恨之入骨，认为薛×是扫人家的兴。双方为此大打出手。薛×的妻子同薛××的妹妹都被打成轻伤，并双双住进了医院。两家的矛盾持续了很长时间。并且从此以后，薛×把自己家的灰土、垃圾统统堆放在薛××的东窗下，因为此属薛××的地盘。薛×以牙还牙把自己的同类脏物统统堆放在薛××后门两侧，因为那儿属于自己的地盘。一个不大的院子里堆积了两大堆脏物。矛盾最后发展到双方各自向对方家门口倒脏物。两家的矛盾一触即发。×派出所在村干部的要求下出面了。干警们首先组织村干部等把两大堆垃圾打扫干净，清理出院门。然后又分头同薛×、薛××夫妇谈心，规劝双方都必须克制，必须从团结的愿望出发，并指出其行为的违法性和危害性。双方在派出所干警的正确引导下都表示了对对方的宽容，使十几年的矛盾得以化解。

贾×，女，30岁。1986年与屈×结婚。婚后夫妻感情很好。1993年，屈×患肺癌去世。贾×于1996年与本村青年林×打算结婚组织新的家庭。当贾×向其公婆提出要改嫁后，遭到了极力反对。并提出了三个理由：①贾×嫁到屈×家是换亲的结果（屈×的妹妹嫁给了贾×之兄），如果要改嫁，屈×的妹妹也要与贾×之兄离婚。②屈×害病期间，为治病欠了不少债，贾×必须继续住在屈家还清别人债务。而且公婆提出的债务数额巨大，贾×一时无法拿出来。③公婆年迈，需要人来照顾，屈×已死，贾×是重要的负担赡养义务的人。矛盾一时无法解决。无奈之下，贾×搬来了其娘家人，好与公婆理论理论。在矛盾一触即发时，派出所的干警出面对此纠纷的解决进行引导，并提出了解决方案：一方面，劝贾×不要鲁莽，要心平气和地对待公婆；另一方面以《婚姻法》为武器，规劝贾×的公婆，贾×有再嫁的权利，非法干预是触犯法律的行为。谈到债务，派

出所认为贾×公婆所提巨大数额，没有根据，不能以债为名，为难贾×。派出所干警又同林×商量，要林×付一笔钱给贾×的公婆，以作为贾×的赡养费，并清偿有据的全部债务。贾×亦答应只将自己结婚时的东西带走，夫妻共同生活其间的所有财产全部留给公婆。双方最后都同意了派出所的调解方案，又化解了一起纠纷。

【提示与讨论】

本案×派出所两次处理民间纠纷的行政行为属于调解纠纷的行政指导行为。两个案子的纠纷有共同之处，即都是民间纠纷，作为矛盾性质讲都是非对抗性矛盾。但两个案子各有其特殊性。×派出所干警在处理两起案子时，采用了不完全相同的方法。之所以会采用不同的方法，其根本原因在于对两个案子的案件事实都搞得比较清楚。在第一个案子中，薛×与薛××属于一般的民事纠纷，至于谁是谁非是很难下一个准确结论的。但是，派出所对薛×和薛××互相向对方家里倒垃圾的行为都是持否定并予以严厉批评态度的。对于此类纠纷必须首先把双方各自的错误认定清楚，并要看其错误的程度性质。派出所认为双方的过错都是由于赌气引起的，不会有实质上的或者有法律上的是非问题。因而，维持了两家原来的民事法律关系。在第二个案子中，派出所干警先分析了是非曲直，认为贾×公婆无论如何有理，干预他人婚姻自由的行为都是绝对错误的，解决这一纠纷的前提就是必须肯定贾×有再嫁的权利，在此基础上才能谈下一步的问题。其根据双方的经济实力，要求林×付一定的钱给贾×之公婆，尽管此一调解方案没有法律根据，但效果很好。贾×、林×愿意接受，贾×之公婆也感到满意。可见，行政指导必须首先弄清所指导的行政事态的客观状态，即案件事实。

两个案件的法律适用是耐人寻味的。在第一个案件中，×派出所并没有向双方当事人指明其以何种法律规范解决他们之间的纠纷，但该派出所调解此案适用的法律规范是明显的。其首先适用《民法通则》的有关规定，并把案件的性质限定在民事纠纷的范围内。同时，又向双方当事人指明了侵害别人权益的行为已不是简单的民事违法问题，并以严厉的口气告诫双方当事人向他人门前倒垃圾已触犯了法律。其次，派出所还适用了《民间纠纷处理办法》，这是一个行政法规，是由国务院制定的，该法在其总则部分规定了调解民间纠纷必须以化解双方当事人之间的矛盾为主旨，而不能使矛盾激化。派出所的方案是非常成功的，其原因在于该方案使矛盾双方都达到了心理上的平衡，同时亦没有以牺牲法律为代价。第二个案件从一定意义上讲是一起干预婚姻自由而可能引发更大矛盾的案件。案件的起因是贾×公婆违反婚姻法的行为，派出所先严厉指出了干预他人婚姻自由应承担法律责任。同时，也没有肯定贾×请娘家人的行为就是正确的，反而，给贾×指出不能采取过激行为，要冷静等。派出所既很好地适用了《婚姻法》，又很好地适用了其他民事法律规范，而其行为并不显得机械。

笔者认为，行政指导在行政行为体系中有非常重要的地位，与其他行政行为相比，适用的范围广，手段灵活、不受程序规则的约束，在行政执法中是不可取代的。上列两案，×派出所采用了两种不完全相同的指导方法却收到了同样的社会效果。在薛×和薛××纠纷案中，派出所根据双方关系的根源，双方矛盾的性质，双方在纠纷中各自应负的责任，要求双方都要对对方表现出极大的宽容，以理服人。试想一下，若派出所用另一种办法，即给予对方当事人向别人门前倒垃圾的行为处以罚款，那么可能是另一个结果，即纠纷不但没能及时解决，反而会进一步激化矛盾。本案说明×派出所抓住了行政指导的一些实质。在贾×与其公婆纠纷案中，×派出所一方面和解，使双方得到谅解，这是由该纠纷仍属民事纠纷的性质决定的，另一方面，在和解的同时，又是非分明，对于贾×的公婆干预婚姻自由的行为给予了严厉批评，使当事人首先感觉到自己理亏，其对谁是谁非以及错误的严重程度掌握得十分恰当。两个行政指导采用了两种方法，所得到的效果却是一样的。可见，行政指导在行政执法中的地位是低估不得的。

第二节　行政指导的种类

行政指导依据不同的标准，可分为不同的种类，主要有如下几类：

一、决策性行政指导与执行性行政指导

以行政指导与行政执法的关系来分，可以分为决策性行政指导与执行性行政指导。相对立法机关的立法行为而言，行政主体始终处于执行的地位。而对于执行的理解不能片面地停留在具体的执行阶段，而必须把它看成一个有机的整体。行政执法分为行政决策和行政执行两个方面，前者是指行政主体为了实现法律内容和法律精神而从可供选择的方案中进行选择的行为；后者指在法律规定明确的状态下行政主体付诸行为的状态。决策性行政指导就是指行政主体在行政执法的大环节上通过方案的制订，并以此方案指导相对一方当事人的行为，如行政主体制定一个具有普遍约束力的行为规则，指导相对一方从事某种行为。决策性指导涉及的面要广一些，因为决策行为常常是具有普遍意义的行政行为。所谓执行性行政指导就是指行政主体在某一已经有法律根据的执法行为中引导相对一方当事人从事某种具体的活动或者不从事某种具体的活动。

二、实现行政战略的行政指导与获取局部利益的行政指导

以行政指导与行政管理权行使诱因的关系来分，可以分为实现行政战略的行政指导与获取局部利益的行政指导。行政法在实施过程中有一个与其他部门法的

不同之处在于其主动性，即是说刑法、民法常常是在案件发生以后执法才将其付诸实施，而行政法在绝大多数情况下行政机关必须主动为之，其必须把法律规定积极地适用于管理事态，如税务机关必须主动适用《税收征收管理法》以收取税款。行政法的这一特点决定了行政权在行使中常常是具有诱因的。行政主体在实施一个行政行为时，常常是在某种因素的引诱下而进行的。实现行政战略的行政指导是行政主体以实现行政权的战略目标为出发点而实施指导行为。如第九届三次全国人民代表大会决定对西部进行大开发，一些行政主体为了实现这一战略目标，为了使自己的管理行为与该战略目标符合而指导其所管理的企业向西部大量投资。在获取局部利益行政指导的情况下，行政主体实施指导的诱因是为了给其所保护的区域利益、部门利益、地方利益带来好处。获取局部利益的行政指导是一种较为特殊的行政指导，因为此种行政指导可能在一时一事或短期内给被指导人带来利益，而被指导者在获取利益后必然对指导行为采取默认态度。

三、主观主义的行政指导与经验主义的行政指导

以行政指导与行政主体主观认识的关系来分，可以分为主观主义的行政指导与经验主义的行政指导。行政主体在履行行政管理职能作出行政行为时，应以法律为依据，以行政管理的客观状态为基准，并对需要处理的行政事项作出准确判断，选择适当行政行为，但有时由于某种外在的或内在的原因，或者是行政主体主观认识上有误，或者是采取的客观行为不当，都会导致行为的变形。主观主义的行政指导是指行政主体依据某种抽象理论指导本来就十分复杂的行政事态，并独断地指示相对一方当事人依行政主体的主观认识而为一定的行为。经验主义的行政指导则是指行政主体从先前处理一些行政事态的经验出发并用先前的处理方式指导新的行政事态的处理，并引导相对一方当事人依其指导行为而活动。主观主义的行政指导与经验主义的行政指导带来的效果可能是正面的，也可能是负面的。

四、政绩式行政指导与管理创新方式行政指导

以行政指导的社会效果来分，可以分为政绩式行政指导与管理创新式行政指导。行政指导行为的结果可以从两个方面看，一个方面是行政指导对于相对一方当事人来讲带来精神或物质的后果，此一结果通过指导行为转移到被指导者身上；另一个方面是行政指导对机构乃至于行政权带来了后果，此方面有两种情况，有时行政指导的结果是为行政机关中的主要领导者创造了政绩，而该政绩是以损害相对一方当事人的权益为代价的。管理创新式行政指导是指行政主体在实施管理过程中，为了使管理更有效而大胆尝试新的管理方法，并指导相对一方从事某种活动。

除此之外，还可以按行政指导有无具体的法律依据为标准，分为有法律根据

的行政指导和无法律根据的行政指导；按行政指导的对象是否具体为标准，分为普遍的行政指导和个别的行政指导；按行政指导的功能差异为标准分为管制性行政指导、调解性行政指导和授益性行政指导；等等。

在行政法治实践中经常遇到行政指导与行政命令的界限等类型的问题。

案例85　行政指导与行政命令的界限
——×县人民政府干预农民权益案

【案情摘要】

1989年冬，×县一些村民联名向×省人民政府反映×县人民政府搞形式主义、命令主义，不尊重农村发展规律和农民自主权的问题。×省人民政府对农民反映的情况极为重视，组成联合调查组对×县人民政府的一些做法进行了调查，经调查查明如下事实。①县政府为全县农民勾画了一幅四季图。春天到来后，县人民政府就强调让农民适时早种，把农民当成什么也不懂的大老粗，哪一天种什么、哪一村种什么、哪一家种什么都给农民规定死了。如果不按县人民政府的决定耕种，轻者罚款，重者还会被弄到乡里办学习班。更让农民不能接受的是×年春播时，县人民政府说市领导要到×乡检查工作，这天恰巧下大雨，无法下地干活，但为了迎接市领导，县人民政府还是要求此乡农民冒雨下地。到了夏天，县人民政府又要让农民往地里送粪，培肥利地本无错误，可是，有的农民没有积那么多肥，乡领导为执行县里的指示就让无粪农民送土，若不送一亩地则罚款200元。农民土地承包到户，挖土也不好挖，为了不被罚款，一些农民只好在责任田里卷土堆。秋天到来后，县政府又让农民抢秋茬子，有的人家秋收还没有完，根本抢不上，但不抢不行，这样使一些农民的秋粮还来不及收就忙于不重要的抢茬子中。冬天刚到，粮食任务就下来了。除了国家规定的任务外，还要农民交教师集留、村集留、办公室提留，等等。②该县本是一个以丘陵为主的县，地势不平，道路曲折。然而，县人民政府不顾这一客观现实，让农民“修方块田，建十字路”，即把田地修成方方正正、平平整整的方块，道路要笔直。要农民每家出主要劳动力平整土地，如果无人就出钱，把一些本来肥沃的土地全剥了皮。农民对此苦不堪言。③让全县农民把厕所全部改装成水泥结构的地下排水式厕所。该县在×省来讲不算一个富裕县，每户单就改造厕所这一项就得用去2500元。农民对此极为不满，但县人民政府还是在全县采取了一刀切。×省人民政府根据调查的情况，先后撤销了该县8个不当的行政决定。

【提示与讨论】

本案介绍的×县人民政府的行政指导行为存在非常严重的问题，其在行政指导过程中至少犯有下列错误：①主观主义。县政府不从客观事态的实际出发，不作深入的调查研究，凭自己的主观判断给该县农民设计四季图。由于其指导行为与客观现实相去甚远，因而可以说是较为典型的主观主义。主观主义的实质就是思考问题脱离客观现实，只从个人的主观愿望出发。②形式主义。县人民政府把本来多变的行政管理事态统一化，农民形象地称此种形式主义为其设计的四季图。为了迎合上级领导的意图，竟让农民冒雨到田间作业。为了追求形式上的完美，竟然在全县搞什么方块田，下水道式厕所等。在行政执法中诸如此种类型的形式主义是非常多见的，尤其在行政指导行为中极易发生。③命令主义。我们知道，行政指导是一种柔性的行政行为，即行政机关只能以劝说的手段促使相对一方当事人以自己的意图行事，而不能把本应以说服方式实施的内容用强制手段予以实施。本案中×县人民政府只能对农民的生产活动，尤其具体的播种活动进行指导，而不能以强制手段让农民依自己设计的方案去做。行政命令和行政指导的最大区别在于行政命令的适用范围所涉及到的是法律严格规定的事项，而行政指导所涉及的则是法律没有严格规定，或规定具有很大政策性的事项。本案中农民的生产耕作活动，在大多数情况下属于技术问题，受技术规则的调整，而不能用法律规范调整。×县人民政府的错误就在于把本该受技术调整的事态法律化。行政指导所依据的事实应当是所管理的行政事态的基本特征，而不应当是主观因素。

本案×县人民政府对行政指导行为的认识是不够的。所实施的三个行政行为本来都属于行政指导的范畴。第一个行政行为是指导农民如何按季节进行田间作业。很显然，×县人民政府只能管理农民以正确的态度对待农业生产，并让其按质按量向国家缴纳公购粮，而具体的生产活动只是×县人民政府引导范围内的活动，而不是严格的管理活动。引导本身必须尊重行为者本身的意见。为农民设计四季图的做法显然是对农民实施强制性的管理，使农民在耕作的方式、方法上也要按×县人民政府的行政行为去做。这个问题在一些基层行政机关的管理行为中经常能够见到，如一些县盲目强行在农民中推广新品种，让农民用×县人民政府已造好的化肥、农药。×省人民政府就曾决定在全省推行所谓“林粮间作”、“懒棉花”等。这种命令主义显然超出了行政命令行为本身应当具有的范围。第二个行政行为是在全县实行方块田。农民的田块状况、道路状况既受自然环境的制约，又受历史条件的影响，对于此类问题一定要从当地农民的本身要求出发，除非是牵涉到国家重点建设项目需要改变当地的状况，否则绝不能采取人为手段改变自然环境。×县人民政府推行方块田给农民造成的精神压力和物质压力是可想而知的。第三个行政行为是实行所谓的标准化厕所，此行政决定近乎荒唐，对于该县的农民来讲，恐怕当务之急是解决温饱问题，而不是厕所问题。×县人民政府统一厕所的行为是典型的本末倒置行为，且将这一行政行为强行予以推行。

三个行政行为都应以谨慎地指导农民为出发点，而×县人民政府则不是这样。×省人民政府在对农民反映的情况进行认真的调查研究后，决定撤销×县人民政府的行政决定是正确的。其所适用的法律规范除各个行政管理部门的法律规范外，还有政府组织法的有关规定。

笔者认为，本案所涉及的问题是行政指导与其他行政行为的界限问题。在现实中，经常遇到的是行政指导与行政领导、行政指导与行政命令、行政指导与行政合同等概念的关系。行政指导与行政领导的主要区别是：行政领导的主体是国家管理活动中的各级领导者，而行政指导的主体是行政主体；行政领导是国家行政管理活动中各级领导者领导活动的总和，而行政指导是行政机关在其所管辖的事务范围内，基于国家的法律或法律精神，用非强制性的手段取得相对方的同意或协助而实施的管理行为；行政领导是行政组织的领导活动，它有严格的组织和纪律的要求，对行政领导必须严格服从，而行政指导是行政机关对行政相对方的指导活动，对相对方不具有约束力和强制力。行政指导与行政合同的区别在于：行政指导是单方面的行为，而行政合同是行政机关和行政相对方意思表示一致的产物；行政指导中行政机关可以直接形成某种法律关系，而行政合同必须经相对方的同意才能产生新的法律关系。行政指导与行政命令的区别在于：行政命令是强制性的行政行为，相对一方必须服从，其受法律强制力的保护，而行政指导是引导性行政行为，其效力不受法律强制力的保护。行政指导与上述概念在理论上的界限是很清楚的。但是，在行政法治实践中，何种行政事项应当属于行政指导的范畴，何种行政事项应当成为行政命令或行政领导或行政合同的范畴都是一个需要探讨的问题。笔者认为，法律规范严格作出规定并规定了行政机关有什么样权力的事项应依法行事。凡有一定伸缩性，国家规定了一定幅度，行政机关可以选择方式方法的，则可归于行政指导之下。本案所涉及的问题，法律不可能作出明确规定，也没有必要作出明确规定，行政机关以行政指导为之便可，而无须采取行政命令的方式解决。

第三节 行政指导与行政法治

行政法治原则是行政法的基本原则，一切行政活动都应受行政法治原则的制约。但由于行政指导行为是在没有具体的法律条文依据的情况下采取的，行政指导的合法性问题就成为人们关注的焦点，行政指导既应遵循合法性原则，又应遵循合理性原则。

我国行政法治实践中还没有行政误导的责任追究制度，这与理论界对这一问题研究的滞后性有关，理论界占统治地位的观点是行政指导是不发生法律效力的行政行为，因此行政主体便不应承担法律责任。我们认为，此种观念到了必须改变的时候了。

一、行政误导行为不能因其错误性而改变其行政行为的性质

有人认为行政误导常常是由不健全的行政主体、独断专行的行政机关工作人员、不良的行政管理方法所致，因而误导行为很难说是行政法理论中的行政行为。我们认为，不健全的行政机关，例如，需要合议才能作出行政决定的行政机关达不到法定人数；独断专行的行政人员，例如，个别行政领导仗其权势而为指导行为，这是另一个范畴的问题。上述两种情况下的行政指导可以不视为行政行为，因为它是一种个人行为，相对方当事人可以通过民法等予以救济。然而在行政法治实践中，绝大多数指导行为并不是上述情形，而是以行政主体的名义实施的，甚至常常以规范性文件的形式出现。行政法理论中的行政行为是一个中性词，不能简单地视为褒义词。就是说，行政行为概念中既包括合法的，又包括不合法的行政行为。行政误导行为的大前提是其错误性，由此而导致不合法性。行政主体的构成人员有犯错误的可能，行政主体本身也有犯错误的可能。不能简单地将正确的行政指导归为行政主体，而将错误的行政指导归为行政主体中的构成人员，即不能将错误的行政行为个人行为化。这是一个基本前提，即是说，行政误导行为是否为行政行为，是我们研究行政误导行为责任的前提。若行政误导行为不是行政行为，当然就不应承担相应责任。

二、行政误导不能因其是政府行为而改变其作为错误行为的性质

行政误导是行政指导的一种变态，由于它不像其他具体行政行为那样直接发生行政法上的效果，因此，行政指导行为就被一些行政执法人员和学者视为不可能出现错误的行为。一般认为行政主体的违法行为或不当行为只有在侵害了相对方当事人的权益，甚或当事人对其侵害性提出异议时，此行为才能发生。而行政指导是一种鼓动或劝说行为，指导内容是否实施还有赖于当事人的选择，基于此，人们认为行政指导行为是不可能出现违法或不当的。此观点显然不能成立，一方面，行政指导发生法律效力或客观效力的情况并不少，由于我国行政法治规范不健全，加之行政机关具有广泛的行政自由裁量权，因此运用行政指导行为而改变相对方当事人权利义务关系的状况是十分多见的。另一方面，我们还有一个特殊的文化传统，老百姓对政府的认同程度非常高，人们一般把行政机构视为“父母官”，表明老百姓对政府的任何行为在诸多情况下都是不可能作出选择的，更不可能对行政决定有所选择。因此说行政指导行为不发生直接效力因而不可能犯错误，这是不能成立的。造成这种错觉的原因在于我国没有一套行政法制度调整行政指导行为。误导行为的错误性一旦确定以后，下一步就是在“违法”和

"不当"之间确定误导行为的具体性质。行政误导行为不论是违法还是不当都应属不合法，既是不合法的政府行为，应承担法律责任当在情理之中。

三、行政误导不能因其是行政指导而改变其迫使当事人的性质

行政指导不具有行政强制、行政处罚、行政许可等明显的强制性，但是，行政指导行为所形成的行政法律关系不像行政合同行为所形成的行政法律关系那样是完全平等的，它仍然符合行政法律关系的一般特征，是一种单方面的行政法律关系，即行政主体在这一法律关系中仍然占有主导地位，仍然可以通过行政指导改变相对一方当事人的权利义务关系。只不过对当事人权益关系的改变在大多数情况下是以隐蔽的形式出现的。行政指导行为的法律关系和其他明显强迫性行政行为所形成的行政法律关系相比，行政主体的单方意志性只是强迫程度不同而已，实质上仍是行政主体将自己的意志强加于相对一方。在我国行政法制度没有专门确立行政指导的行政法律关系之前，必须将这一法律关系和其他行政行为形成的行政法关系同样看待，这样才能从理论上确立有效的行政法律关系制度。如此说来，行政主体的误导行为应与其他行政行为一样，适用诸如复议、诉讼赔偿等救济制度，否则行政主体将会把其他强迫手段变为类似于行政指导的迫使手段，以逃避相对人提起行政复议或行政诉讼。

四、行政误导不能因其实施的柔和性改变其对相对方权益侵害的因果关系

《国家赔偿法》规定公民、法人和其他组织因个人行为引起的损害，行政机关不承担赔偿责任。该法所规定的就是一种因果关系问题，在行政主体与损害结果之间没有因果关系的情况下，行政主体当然不承担赔偿责任。损害结果是个人引起的就是指个人的行为与损害结果之间有因果关系。那么，笔者认为，《国家赔偿法》规定的个人行为是受个人意志支配的行为，是个人作出的完全判断，并在能完全控制自己意志的情况下所为的行为。行政指导行为是一种比较柔和的行政行为，或者是一种刚其里柔其表的行政行为，正是这种表面的柔和性使人们误认为损害结果与行政主体的行政指导无直接因果关系。当然，行政指导行为作出后，在大多数情况下是由相对一方自愿实施的，相对方实施指导行为的内容时就瞬间、就浓缩了的时间段看是独立的、单一的意志。然而，相对一方当事人的行为是行政主体行为的后续行为，是对行政主体指导行为的一个延续。我国法律并不是仅追究实施者的责任，教唆者、授意者对实施者的行为同样要承担责任。以此论之，行政主体的指导行为尽管不一定直接造成相对人权益的侵害，尽管显得比较柔和，但其与损害结果之间的因果关系是否定不了的。行政误导与相对方损害结果之间的因果关系是行政指导承担法律责任的前提条件，此问题不明确，行政误导的责任追究制度便难以建立。由于在行政误导行为中，相对方当事人对损害结果的发生亦有责任，因此，可以考虑建立连带责任追究制。

五、行政误导不能因为没有明确的法律规范调整而规避法律

我国行政法治实践所关注的主要是一些熟悉的行政行为，如行政强制、行政处罚、行政许可等。这些行为呈刚性，对相对方当事人权益的侵犯比较明显，国家在这样的行政法治背景下制定了行政处罚法、行政许可法、行政强制法等，而对于一些对相对人权益产生隐性影响的行政行为则关注不够。例如，行政奖励行为也有侵犯相对方权益的可能。这些行为在行政法治实践中运用的概率绝对不会比行政处罚、行政强制低。关于行政指导的规范化问题，关于行政误导的法律责任问题，国家还没有相关法律调整，由于没有现成的法律规制此行为，因而便成了行政主体规避法律的一个借口。目前我国法律中关于行政指导的授权是很多的，但法律在授予行政机关行政指导权时没有规定如何对之进行制约，以致出现了法律漏洞。我们认为，应参照《国家赔偿法》、《行政复议法》、《行政诉讼法》的有关规定赋予当事人对行政指导提起复议、诉讼、要求赔偿的权利，以使这一重要行政行为得到救济。

行政误导的责任追究应区别于一般违法行政行为的责任追究，应以司法介入原则、责任自负原则、因果有序原则、过错均分原则、法律推责原则、补偿有限原则为指导。

在行政法治实践中经常遇到以下几类问题：①行政指导合法与合理性的统一；②行政指导行为的不可诉性等。

案例 86　行政指导合法与合理性的统一
——×市电业局诉×市价格事务所案

【案情摘要】

1994 年 6 月 14 日，在×市花园饭店，×市无线电传呼频率号公开拍卖在此举行。×市价格事务所受×市无线电管理委员会委托，主持拍卖“无线电传呼频率×号”，主拍人由价格事务所丁××担任。×市公证处派人参加了拍卖活动，并依法进行公证。下午 2 时 30 分，拍卖开始，主拍人喊道：“现在报价开始，起价 18 万元。”2 分钟后，×仪器仪表公司举起价牌 18 万元。过了一会儿，×公司举起报价 20 万。×市电业局随后高举报价牌，叫价 22 万元。时间过了 10 分钟，叫价仍停在 22 万元上。此时，主拍人却说还会有更高的报价，鼓动说：“电业局报价 22 万元，还有报价没有，我最后再问三遍，不能等得时间太久啊！”接着主拍人连问了数次，叫价仍未再升高。3 时 30 分，主拍人将拍卖场上的铜锣敲响，并举起右手宣布成交。几乎同时，×市仪器仪表公司站起来举起了报价牌，叫价 24 万。于是拍卖场上出现了风波。公证员亦不知所措。为慎重起见，主拍人宣布通过电视录像进行鉴定。1小时后，公证员和主拍人宣布：由于主拍人喊声有误而此次拍卖无效，重新拍卖。拍卖场上掌声又起，×市仪器仪表公司以24万元的价格与价格事务所成交。电业局的代表愤然退场，以示抗议。电业局对价格事务所的拍卖决定不服，向有关部门反映情况，其认为，拍卖开始后，主拍人报出起价18万元，接着有人报价18万、20万，此时我局报价22万，约10分钟仍无人报价，此时主拍人敲锣，宣布成交。买卖关系应当说已经成立，但后又宣布第一锣无效，价格事务所又从22万元拍起，结果以24万元成交，其应承担违约的法律责任。

此次纠纷在×市产生了极大影响。×市政府为了使纠纷得到及时解决，作出了一个带有指导性的行政行为：即由×市无线电管理委员会再给电业局批一个频率，以使仪器仪表公司和电业局双方都得到需要的频率。市政府的指导方案可以说是一个折衷的方案。然而，×市电业局对×市人民政府提出的方案不予认同，向×市人民法院提起诉讼，状告×市价格事务所，×市人民法院以司法程序判决×市价格事务所败诉，并赔偿电业局的经济损失。

【提示与讨论】

行政指导以功能差异为标准，可以分为管制性行政指导、调解性行政指导和授益性行政指导等类型。管理性行政指导是指行政机关为了维护和增进公共利益，对妨碍社会秩序、危害公共利益的行为加以预防、规范、制约的行政指导。如行政机关在采取直接行政强制措施之前，往往提醒当事人要履行法律规定的义务。在用强制手段实现行政管理目标与用指导手段实现行政管理目标的选择上，应尽可能选择后者。此类行政指导可分为事前劝告、更正劝告和对申请人进行劝告等。调整性行政指导是指行政机关对行政管理相对一方出现的利害冲突提出指导性意见，以使双方都能接受从而化解纠纷的指导。授益性、促进性行政指导是指行政机关为保护和增进行政相对方利益而为的指导。本案属于第二种形态的行政指导，即调解性行政指导。×市人民政府为了化解电业局与价格事务所的纠纷、缓解电业局与仪器仪表公司的纠纷，提出指导性的行政调解方案，其初衷是好的。但是，不论何种类型的行政指导，行政机关都必须在弄清事实的基础上作出，本案×市人民政府在指导这一民事纠纷解决时，对于案件事实并没有彻底弄清楚。案件中的三方当事人之间的民事法律关系亦没有弄清。三方当事人是×市价格事务所、市电业局和市仪器仪表公司，在三者的民事法律关系中必然存在是非曲直，行政机关要对三者的纠纷作出正确的指导，必须将三方当事人的是非曲直辨别清楚，否则其行政指导就难以达到预期的效果。

行政指导的法律适用较之于其他行政行为的法律适用有较大的灵活性。本案×市人民政府在出面协调电业局、价格事务所和仪器仪表公司的纠纷时，并没有指出来适用哪一个法律规范。但其行为从总的指导思想上看是想缓和各方当事人之间的矛盾冲突，提出的纠纷解决方案是比较折衷的，但其没有参考有关民事法律规范的规定。本案起诉到人民法院以后，人民法院严格适用我国民法的有关规定，判断是非曲直，再作出最后的处理。法院认为第一次击锣后拍卖已经成交，主拍人在电业局报出22万元的最高价后，宣布再问三遍而问了四遍击锣，本身就增加了其他竞买人的叫价竞买机会，已构成了对电业局作为竞买人合法权益的侵害。因此下面进行的拍卖行为无效，应承担民事责任。因而判决价格事务所赔偿电业局8000元，诉讼费及其他费用2万元也由价格事务所承担。从本案人民法院的判决结果我们可以看出，行政指导是具有极强伸缩性的行政行为。本案依行政指导解决纠纷的结果与人民法院判决解决纠纷的结果存在极大的差别。从而提醒我们，行政机关在行政指导中的法律适用是需要研究的理论和实践问题之一。

笔者认为，由于行政指导是一种极具政策性的行政行为，因此，行政机关在作出行政指导行为时，必须把合法性与合理性有机地结合起来。合法性要求行政机关作出行政指导必须有充分的法律依据。①要遵循宪法原则和宪法的基本精神；其次要根据全国人民代表大会及其常务委员会制定的法律作出行政指导决定；②要遵循国务院制定的行政法规指导相对一方当事人可以做什么和不可以做什么；③要考虑地方性法规的规定。行政规章在行政指导中也具有重要地位。因为行政规章与其他行政法渊源相比具有较大的灵活性，对行政指导更具直接的指导意义。合法性只是行政指导的一个方面。行政机关在依法指导的同时要考虑合理性问题。所谓合理性就是行政机关的指导行为不能违背公共道德和善良风俗，在两个极端之间选择折衷性。行政指导上述两方面的因素必须同时考虑，不能割裂。本案×市人民政府的指导行为与我国民事法律规范的规定有较大的差距，其在作出指导行为时过多地从合理性出发，而对合法性关注不够。如果依×市人民政府的指导方案解决此案的纠纷，既有可能侵害电业局的民事权益，又会对价格事务所的民事违法行为予以放纵。

案例87　行政指导行为的不可诉性
——杨×等不服上海市黄浦区房屋土地管理局对业主大会、业主委员会备案案[1]

【案情摘要】

原告（上诉人）：杨×

〔1〕参见张海棠主编：《2007年上海法院案例精选》，人民法院出版社2008年版，第358～364页。

原告（上诉人）：于×

原告（上诉人）：葛××

原告（上诉人）：赵×

被告（被上诉人）：上海市黄浦区房屋土地管理局

第三人：上海市黄浦区×业主委员会

2005年6月，上海市黄浦区×小区原业委会向被告上海市黄浦区房屋土地管理局申请设立筹备组以启动小区业委会换届工作。经被告与×街道办事处组织，由×小区、业主推荐产生筹备组成员。筹备组成立后，对小区投票权数进行了核实，并讨论决定首次业主大会会议采用书面征求意见的形式。在公示业委会候选人产生及委员选举办法后，由业主以记名推荐方式产生11名业委会候选人，并张榜公布。筹备组草拟了《业主大会议事规则（草案）》和《业主公约（草案）》，以公示形式征求业主意见。筹备组确定本次业主大会召开时间为2005年9月20日至10月4日下午四时，会议议程为表决《业主大会议事规则》和《业主公约》、选举业委会成员，所有表决票及选票由筹备组派专人按户分发至各业主。同时还约定，业主在规定时间内不反馈意见或者不提出同意、反对、弃权意见的视作同意。会期届满后，经清点表决票和选票，《业主大会议事规则》和《业主公约》的同意票（含视为同意票）均达到小区全体业主所持投票权2/3票数，业委会11名候选人的当选票（含视为同意票）均超过与会业主所持投票权二分之一票数。新一届×业委会成立后，于10月26日向被告提交备案申请，被告经审核后，认为符合备案要求，遂依照《上海市住宅物业管理规定》的规定，于2005年11月10日对上海市黄浦区×业主大会及业主委员会予以备案，并向第三人颁发沪黄房第147号业主大会、业主委员会备案证。

另查明，本案诉讼中，因×业委会主任一职发生变更，第三人向被告申请重新备案，被告经审核后于2006年4月20日向第三人换发了沪黄房第147号业主大会、业主委员会备案证。

原告杨×、于×、葛××、赵×诉称：2005年7月7日，被告黄浦区房地局下属机构在×小区张贴公告，宣布推选该小区9名业主组成业主大会筹备组。有关人员通过冒领、超时补填推荐表等手法，暗箱操作组建了筹备组。筹备组成立后，又使用同样的弄虚作假手段，公布了业委会候选人名单，候选人基本上都是筹备组成员。筹备组在召开业主大会的程序上随心所欲，未经业主民主酝酿即公布了《业主大会议事规则（草案）》和《业主公约（草案）》，同时还擅自规定，凡业主不投票的即视为投了同意票。本次业主大会投票未征求业主意见即采取了无记名投票方式、所发选票没有编号等，上述行为均违反了《物业管理条例》的有关规定。四原告认为，被告未依照《物业管理条例》的规定尽指导监督之责，所作出的2005年11月10日沪黄房第147号业主大会、业主委员会备案具体行政行为违法，故诉至法院要求：①撤销被告于2005年11月10日作出沪黄房第147号备案证对上海市黄浦区×业主大会、业主委员会备案的具体行政行为；②责令被告宣布本次×小区业主大会投票表决结果违法无效，依法重新组织业主召开业主大会；③责令被告向×小区业主公开书面道歉；④赔偿四名原告交通费人民币150元。

被告黄浦区房地局辩称：首先，被告在×小区成立业主大会、表决《业主大会议事规则》和《业主公约》以及选举业主委员会成员的过程中，依法行使了不具有强制力的行政指导行为，该行为不属于人民法院行政诉讼的受案范围；其次，被告在接到×业委会要求组建换届筹备组的书面申请后，依照《物业管理条例》以及《上海市住宅物业管理规定》的有关规定，已经依法履行了指导组织业主推荐产生业主大会筹备组成员的职责；再次，筹备组成立后，组织召开业主大会、组织表决通过《业主大会议事规则》和《业主公约》、组织选举产生业委会成员，上述活动均为×小区全体业主的民主自决行为，且没有违反法律规定；最后，经被告审核，×业委会所提交的备案材料符合备案条件，被告据此作出备案登记符合《上海市住宅物业管理规定》第13条的规定，该行政行为合法有效。被告据此请求法院驳回原告的诉讼请求。

第三人×业委会述称：其同意被告辩解意见，请求法院维持该备案行政行为。

法院经审理认为：根据《物业管理条例》、《上海市住宅物业管理规定》的有关规定，被告具有对依法成立的业主大会、业主委员会进行审核备案的法定职权。本案当事人对事实的争议焦点在于×小区业主大会召开和业主委员会成立是否合法有效。对此，法院综合双方当事人的观点作如下分析：

1. 关于组建业主大会筹备组的问题。法院认为，筹备组是业主大会召开前负责筹备工作的临时组织，按照《上海市住宅物业管理规定》第8条第2款的规定，应由房地产管理部门和街道办事处组织业主推荐产生。本案中，被告通过由业主自愿领取推荐表的形式，在业主民主推荐的基础上选择确定筹备组成员的做法，符合上述规定。筹备组的成立虽是召开首次业主大会前的一个法定步骤，但非被告作出对×业主大会、业主委员会备案的具体行政行为时所必须审查的备案条件之一，故原告对成立筹备组的异议与其要求撤销被诉具体行政行为的请求之间并无关联性。

2. 关于“业主在规定时间内不反馈意见或者不提出同意、反对、弃权意见的，视作同意”的约定是否违法的问题。现行的《物业管理条例》、《上海市住宅物业管理规定》并未对业主投票表决规则作明确内容。上海市房屋土地资源管理局颁发的沪房地资物（2003）456号文曾公布过业主大会议事规则试行示范文本，内载有“已送达的征求表决意见单，业主在规定时间内不反馈意见或者不提出同意、反对、弃权意见的，视为同意”的规定，后该局又以沪房地资物（2005）74号文对前文的规定进行了修改，将其中的“视为同意”改作“视为____”，亦即赋予了业主自主选择的权利。本案中，经审理查明，×业主大会筹备组经讨论，确定了本次业主大会的投票表决仍沿用“视为同意”的规则，并于2005年9月20日发布了公告，因并未遭业主普遍异议，故该投票表决规则应确认为全体业主的一项共同约定。本院认为，在不违背法律、规章禁止性规定的前提下，全体业主为保证业主大会选举、表决程序得以顺利实施，对投票表决规则做出符合本小区实际状况的约定，应当得到尊重。

3. 因有680余张表决票、选票未收回，本次选举是否因未到法定票数而无效的问题。从被告及第三人提供的证据和对事实的相关陈述可知，×小区业主大会采用书面征求意见的形式，会前经确认的总投票权数为1256.6票，实际送达业主表决票和选票各1253.5票，满足了最低应当有物业管理区域内持有二分之一以上投票权的业主参加的法定要求，故本次业主大会的召开是合法的。至于分别有680余张表决票和选票未能收回一节，由于所发出的表决票和选票是采用业主本人签收的形式，第三人在庭审中又证明对小部分未签收的业主还采用了上门投递的办法，故法院认为，在表决票、选票已实际送达给业主的前提下，基于小区业主约定“视为同意”的表决规则，部分业主按照自己的意愿，通过不回复选票的方式已经行使了自己的投票权利。由于《业主大会议事规则》和《业主公约》已经小区全体业主所持投票权2/3以上通过（含视为同意票），业委会11名候选人已经与会业主所持投票权1/2以上通过（含视为同意票），故业主大会的上述决定均合法有效。

综上理由，法院认为：被告认定上海市黄浦区×小区本届业主大会和业主委员会系合法成立的事实清楚、证据充分。原告认为业主大会召开及业委会成员选举违法的诉讼主张与本案查明的事实不符，法院不予采纳。因×小区业主大会和业主委员会已合法成立，且符合备案条件，被告基于第三人的申请，依据《上海市住宅物业管理规定》的有关规定，对×小区业主大会和业主委员会作出备案的具体行政行为，适用法律正确，程序合法。由于被告于2005年11月10日作出的该被诉具体行政行为已经变更，而现原告坚持要求撤销该具体行政行为，故对原告的诉请依法应予驳回。对原告以被告的行政行为给其造成经济损失为由要求赔礼道歉并赔偿损失的行政赔偿请求，因没有事实和法律依据，法院依法也应予以驳回。依照最高人民法院《关于执行〈中华人民共和国行政诉讼法〉若干问题的解释》第50条第3款、最高人民法院《关于审理行政赔偿案件若干问题的规定》第33条之规定，判决驳回原告杨×、于×、葛××、赵×要求撤销被告上海市×区房屋土地管理局于2005年11月10日作出沪黄房第147号对上海市黄浦区×业主大会、业主委员会备案具体行政行为的诉讼请求；驳回原告杨×、于×、葛××、赵×的其余诉讼请求。

一审判决后，原告杨×、于×、葛××、赵×均不服，以一审同样理由提起上诉。

二审法院经审理认为：原审判决认定事实正确。被上诉人黄浦区房地局具有对依法成立的业主大会、业主委员会进行审核备案的法定职权。原审第三人×业委会根据《上海市住宅物业管理规定》第13条第1款规定，向被上诉人提供了相关文件，被上诉人经审核予以备案并无不当。上诉人对×小区推选业主大会筹备组成员、业委会成员及公布业主大会议事规则和业主公约等程序提出异议，该选举、投票等活动均为小区业主的自主管理行为，并未违反法律规定。上诉人的诉讼请求，不予支持。依据《行政诉讼法》第61条第1项规定，判决驳回上诉，维持原判。

【提示与讨论】

本案的争议焦点是小区业主大会的召开和业主委员会的成立是否合法有效。由于在业主大会召开和业主委员会成立的过程中，涉及到行政机关的行政指导和备案行为，因此双方当事人在围绕本案争议焦点展开诉讼的过程中，最为关键的问题就是行政机关对业主大会和业主委员会备案的行政行为是否合法。这就涉及到两个理论问题。

第一个理论问题是：行政机关对成立业主大会和产生业主委员会的指导行为是否具有可诉性。国务院《物业管理条例》第10条规定："同一个物业管理区域内的业主，应当在物业所在地的区、县人民政府房地产行政主管部门的指导下成立业主大会，并选举产生业主委员会。……"行政指导是行政主体为了实现一定的行政目标、充分发挥引导和服务的职能，在其所管辖的事务范围内，利用行政职权所形成的社会影响力，对特定的行政相对方所作出的不具有法律约束力和国家强制力的具体行政行为。它既不同于设立规范的行政立法行为，也不同于具有强制力的行政执法行为，具有非强制性、示范引导性、方法多样性、选择接受性等特征，基于它的这些特征，《行政诉讼法》将其作为一种不可诉行政行为。本案中，该小区成立业主大会、选举产生业主委员会的这些活动属于小区业主的自主管理行为，被告只是依法进行了行政指导行为，并不对此承担法律责任，即被告的行政指导行为是不可诉的。关于这一点，二审人民法院作出了明确的表示。

第二个理论问题是：行政机关对业主委员会的备案行为是否具有可诉性，它决定了本案是否可被人民法院受理。国务院《物业管理条例》第16条第1款规定："业主委员会应当自选举产生之日起30日内，向物业所在地的区、县人民政府房地产行政主管部门备案。"同时，《条例释义》对此做出了这样的解释："本条例明确业主委员会的实行备案制度，区别于审批制度。"我们认为，行政机关的备案行为尽管不是行政审批行为，但它也并不是一种简单的形式上的备案行为，而是一种行政确认行为。如果是形式上的备案行为的话，那么该备案就不是可诉的行政行为。其主要依据是主管部门在办理备案登记时，除了对业主委员会提供的申请材料进行形式审查外，还对其真实性和合法性进行了审查。此外，行政机关的备案行为实际上确认了业主委员会的依法成立，凭备案登记表及刻章证明，可以到公安部门办理刻制印章，并得以正式履行职责，行政机关的这一备案行为对广大业主产生了法律上的影响，影响到业主的合法权益，因此从这个意义上讲其也是可诉的。一审人民法院和二审人民法院的判决，也都坚持认为行政机关对业主委员会的备案，不是一般性的形式备案，而是具有可诉性的备案行为。

在厘清了这两个理论问题后，本案的判决就比较容易做出了。从本案来看，一审和二审人民法院的判决结果都是正确的。

第十章
行政司法

行政司法是指行政机关作为行政或民事争议双方之外的第三者，按照准司法程序审理特定案件，裁决特定争议的活动。行政司法包括行政复议、行政裁决、专门行政裁判制度等。

第一节　行政司法概述

行政司法的主体是行政机关；行政司法的客体是法律、法规规定的特定种类的案件和争议；行政司法的程序既不同于一般行政程序，也不同于普通司法程序；行政司法的体系是分散的。

行政司法根据不同的标准可以分成不同的类型：根据争议的性质，可以分为裁决行政争议的行政司法和裁决民事争议的行政司法；根据裁决的领域，可以分为社会治安领域的行政司法、民政福利领域的行政司法、劳动人事领域的行政司法、财产权属领域的行政司法、商业贸易领域的行政司法、交通运输领域的行政司法、知识产权领域的行政司法等；根据行政司法对行政机关的相对独立性可以分为专门独立性裁判机构的行政司法和依附于行政执法机构的行政司法；根据司法审查的形式可以分为行政复议、行政裁决、行政仲裁、行政调解等。

我国目前面临着四个问题。①行政司法的规范化。即行政司法的制度化和法律化倾向。行政法治发达国家都有独立的行政司法系统，因而也不乏有关行政司法的法律或政府规章，保证了行政司法的制度属性。从我国行政司法的实践看有三大类型的行政司法案件：既具有民事性质又隶属于行政管理系统，带有很大技术色彩的案件；纯属行政管理系统的权属争议案件或因其他纠纷引起的案件；以司法程序实施的行政执行案件。对于后两类性质的行政司法案件，我国已有的法律法规相对完善一些，第一类案件尽管近年已出台了一些零星法律规范，但总的来说许多方面还有待完善，应当通过立法确立系统的行政司法制度和行政司法的若干原则。②行政司法体制的完善。行政司法体制是行政司法得以有效进行的组织保障和机构保障。行政司法制度完善的国家首先有一套完整的行政司法体系以及体制结构。在英国就有专职的行政裁判所解决行政执行过程中的争议，这些裁判所分门别类，独立性极度强，到20世纪50年代，英国的各类行政裁判所就发展到了350多种，2000多个。在美国，有各类负责解决行政纠纷的政府委员会、原子能委员会等。行政机关的主管部门也负责一定的行政司法案件。可见，行政司法体制的完善与专职的行政司法机构的建立是分不开的。我国也应依法设立专门的行政司法机构，并使其具有较高的权威，除隶属于行政大系统外，不受任何机关、个人和组织的干涉。③行政司法程序的公开化和效率化。行政司法程序相当特殊，既不同于一般的行政程序，也不同于普通的司法程序。较之于一般的行政程序，要正式、严格、规范一些，目的在于保证处理公正、及时，较之于普通的司法程序它又要简便灵活，易操作一些，有利于保证案件的迅速处理和灵活执行。此特殊性说明，要把行政程序和司法程序予以有效结合，形成一套完整的、专门适用于行政司法行为的程序规则。我们认为，行政司法的程序规则应贯穿两条主线：公开化和效率化。就是行政司法程序要有比行政程序与司法程序更高的公开性。允许各方当事人公开辩论，并了解有关裁决过程，允许与行政司法有利害关系的组织和个人了解案件审理过程和裁决结果。司法行为的全过程都在行政系统中进行，以最少的环节、最短的行为过程审理案件。有关行政司法的法规，应尽可能地对传唤、讯问、控告、答辩、陈述、对质、论辩、裁决、申请等环节作严格的时效限制。④行政司法与司法的完全衔接化。行政司法虽然可以成为一个独立的系统，但它和司法制度不能完全分割开来，尤其有关行政管理相对人权益的争议。行政机关的裁决只是对司法权的必要补充，并不能完全失控，特别是应当改变我国目前有些裁判具有终局效力的状况。如果当事人都接受依行政司法程序而作的裁决，该裁决便可生效，反之，便不能发生直接的法律效力，只有经过司法程序才能最终生效。其目的在于有效保护当事人合法权益，防止行政权的专断性。

在行政法治实践中经常遇到以下几类问题：①特殊形式行政司法的程序；②行政司法行为中相对方的权利等。

案例88　特殊形式行政司法的程序
——×乡派出所所长巧解停尸案

【案情摘要】

×乡太庙村村民张××，女，一向性格内向，而其婆婆方××却性情暴躁，婆媳关系一直很紧张。1993年7月6日，张××从其娘家返回家中，一到家就与婆婆发生了激烈争吵。张××一气之下准备再回娘家，方××跟在其后，破口大骂，所骂之词不堪入耳，当时周围有许多围观群众，张××觉得自己受到很大屈辱，便返回家中服下了剧毒农药，村民忙送往医院抢救，终因药量过大，抢救无效死亡。1993 年 7 月 8 日上午，张××娘家人闻讯后，纠集了五六十人并都携带了器械，气势汹汹奔向太庙村。张××的公公、婆婆吓得离开家，出门避身。张××娘家人砸坏了方××家的一些家具等。此时，张××的婆家人亦不甘示弱，从本村纠集了五六十名青壮年，先是制止张××娘家人的打砸行为，进而双方发生了激烈冲突，一场升级为聚众斗殴的重大事件似乎无法避免。此时，×乡派出所接到报案，派出所所长赵××立即带了数名干警赶赴现场。一方面派干警调查张××的死因，另一方面向张××娘家人和张××公婆家人讲解法律，制止双方进一步的升级械斗。所长在得知张××死因后，向其娘家人讲明了情况，指出张××之死与其婆家人没有直接关系，是她一气之下冲动所为。张××娘家人得知此情况后，情绪稍稍稳定了下来，提出了一些了结此事的条件。派出所所长向张××家人解释道：张××婆家的经济情况一直非常拮据，方××平时为人不善，与亲戚邻里关系不睦，因而借钱无门。张××娘家人一听连最基本的要求都不能满足，在余怒未消的情况下犹如火上浇油，声称不能满足要求就把张××尸体埋在方××家的房子里。由于天气炎热，尸体放两天就会有臭气，如不尽快处理，事态会进一步扩大。为了防止事态进一步扩大，派出所所长赵××当机立断与方××所在的村民委员会协商，由村组担保赊来棺材，村里拿钱给张××买来寿衣，向邻居借来1000 元置办其他东西，赵所长一直忙到午夜，此时张××家人也离去。9 日上午，即将出殡时，张××的娘家人又提出非让方××回来不可。为避免发生意外，赵所长要张××的兄长保证方××的绝对安全，并和一些干警亲自去说服，陪同方××回家。但是，方××之娘家人不明真相，害怕方××回家后遭不测，便由方××的侄儿出面召集一帮人以对付张××的娘家人。张××的娘家人见方××的家人怒气冲冲，又重操器械严阵以待，双方又处于激烈的对阵之中。赵所长一面作方××侄儿的思想工作，一面向双方讲清械斗应承担的法律责任，从法律讲到人情，摆明各种利害关系，最后将张××的兄长与方××的侄儿叫在一起要求双方当面和解，并指出这是最好的选择，在双方接受了一定的条件后，最后和解，事态到此平息。

【提示与讨论】

本案是一起因家庭纠纷而引起的更大范围的民间纠纷案。此案的违法行为事实一波三折。①张××的婆婆方××的行为是一种虐待家庭成员并导致严重后果的行为，该行为是违法的，应当承担一定的法律责任。但是就本案的发展看，方××的违法行为事实已显得不那么重要。因为该行为可以通过正当的法律程序追究责任，违法行为性质明确，应承担的法律责任亦明确。②张××死后，以其兄长为首的娘家人纠集五六十名对事态后果不加考虑的人，对方家实施抄家，该行为是一种较为严重的违法行为，有《治安管理处罚条例》规定的聚众斗殴之嫌。

但是，行政机关在认定案件事实时必须正确对待此类行为。可以说，聚众闹事的人大多数都没有实施违法行为的心理，大多数人都是一些守法公民，之所以要采取如此激烈的手段，是出于义愤，出于一时的冲动。×乡派出所赵所长正确认定了张××之兄及其一行人的行为性质，而没有采取激烈手段予以对付。③方××的侄儿及其组织的一伙人的行为，和张××之兄的那帮人的行为性质是一样的，绝大多数也是出于义愤，并不希望事态进一步扩大。上述事实说明，行政机关在行政执法过程中，对案件事实的认定要从当时、当地的情况出发，从中国的一些文化传统出发，绝对不能生搬硬套法律。就本案来看，当时如果生搬硬套，很可能把张××之兄及其一行人的行为和方××侄儿及其一行人的行为都认定成违反《治安管理处罚条例》或《刑法》的行为，并依此采取强制行为，很可能致使事态进一步扩大，使社会秩序陷入更大的混乱。

本案的法律适用问题是有探讨必要的。×乡派出所到达现场处理本案时，可以适用《民法通则》的有关规定，解决方××因逼死张××应承担的民事责任，例如，让其赔偿有关的费用，让其给张××家人道歉，等等；可以适用《治安管理处罚条例》的有关规定，把张××之兄及其聚众闹事的主要成员暂时管制起来，并进行必要的行政处罚；同样对方××之侄及其一行人也适用类似的法律条文予以制裁。如果单从法律规范的角度看，如此处理并无不妥。然而，从本案的实际情况看，在当时适用上述法律规定都会带来更坏的结果。在当时当地的情况下，×乡派出所所长暂时不考虑法律适用问题，而从实际出发做耐心细致的疏导和教育工作，使事态迅速得到了圆满解决。其行为没有适用哪一部法律，但效果很好。应当说，其行为说明适用法律处理纠纷只是行政机关履行行政管理职能的一个重要选择、一个基本选择，但不是惟一选择。×乡派出所所长的行为进一步提醒我们执法者在执行法律时，关键是领会法律的精神，而不是机械地执行法律条文。

笔者认为，本案是行政机关履行行政调解职能的案子。行政调解是指行政机关在行政执法中采取非强制手段解决公民、法人和其他社会组织相互之间以及行政机关与公民、法人和其他社会组织之间纠纷的一种活动。主持调解的机关是纠纷的第三者，即纠纷之外的当事人。有些可以调解的纠纷是行政纠纷。例如，《治安管理处罚条例》第5条规定的，公安机关对违反治安管理的人造成他人损失或者伤害的，可以调解其承担的赔偿费用。这一纠纷带有行政纠纷性质，因为它直接发生在行政管理活动过程中。大多数可以通过调解而解决的纠纷是民事纠纷，具有民事法律关系的性质。本案张××之娘家与方××家的纠纷就是平等的民事主体之间的纠纷，对于这种纠纷行政机关可以作为第三者站在公正的立场上予以调解解决。行政调解是行政司法的一种特殊形态，它不像行政复议、行政裁决那样有较为完整的程序。我国法律没有对行政调解程序的系统规定，行政机关在行政执法时，要灵活掌握行政调解这一行政司法手段，合理化解民事主体之间的纠纷。本案×乡派出所所长就有比较高的调解水平，从法律原理和公众所能接受的道理出发，说服纠纷双方，使各方都得到满意的结果。

案例89　行政司法行为中相对一方的权利
——×实业贸易公司诉×市工商行政管理局案

【案情摘要】

原告：×实业贸易公司

被告：×市工商行政管理局

法定代表人：胡××，系×市工商行政管理局局长

1993年7月，×市×厂经营部在邻省与当事人×实业贸易公司口头协商购买螺纹钢，并分六次购回螺纹钢76.196吨，已付货款14万元，尚欠60 052元未付。同年11月，×市工商局城区经济检查队经检查，发现螺纹钢标号和实际直径有差距，即扣押×厂经营部销售的螺纹钢6.5吨。经立案调查发现，×实业贸易公司销售给×厂经营部的螺纹钢是从他处以理论标准计算购进的，验收货物时已发现实际直径与钢号不符，送检结论为不合格产品。×实业贸易公司向×厂经营部销售时未出示检测报告。经×市工商局城区经济检查队对×厂经营部购进的螺纹钢抽样送检，结论为劣质螺纹钢。该批钢材是×实业贸易公司以3100元1吨价格购进的，购进后发现该批钢材与合同质量不符，并请有关技术人员鉴定为劣质钢材，在此情况下，该公司便以3200元1吨的价格销售给×厂经营部。×实业贸易公司对处罚不服，便向上级工商局寄出复议申请书。

复议机关收到复议申请书后，未向×实业贸易公司送达受理通知书或不予受理通知书，1994年7月份派人到×实业贸易公司调查，稍后电话通知×实业贸易公司不再复议其申请，×实业贸易公司即向×市人民法院起诉。×市人民法院于同年12月3日作出裁定，以×实业贸易公司6月17日向复议机关提出复议申请，复议机关在法定期限内未作答复，×实业贸易公司于1994年9月7日向人民法院提起行政诉讼，人民法院以超过诉讼时效为由，驳回起诉。×实业贸易公司不服一审裁定，向×市中级人民法院上诉，×市中级人民法院于1995年5月发回重审，×市人民法院随后以前述相同理由再次驳回起诉，×实业贸易公司不服重审裁定，又向中级人民法院上诉，1996年10月，×市中级人民法院再次发回重审，并随卷向×市人民法院寄出重审意见函。×市人民法院在受理此案的问题上发生了意见分歧：×实业贸易公司是否超过法定15天起诉期限，经历了两次一审和两次二审的反复诉讼过程。×市工商行政管理局和×市人民法院的一些

人认为，《投机倒把行政处罚暂行条例》规定投机倒把的复议期限为1个月，×实业贸易公司6月17日寄出复议申请书，复议机关超过30天未予答复，×实业贸易公司应在15天内起诉，即起诉期限终止日是8月2日。按照×实业贸易公司所称，复议机关8月16日通知×实业贸易公司对复议申请不再复议了的情况，起诉期限的终止日也是9月1日，而×实业贸易公司9月7日才向一审人民法院起诉，因此超过法定起诉期限。×实业贸易公司辩称，8月16日接到复议机关电话通知后，8月25日即派人向×市人民法院递交诉状，到9月7日再次到×市人民法院时仍未见到立案通知书，行政庭的人叫我们改为9月7日的。中级人民法院则认为对于×实业贸易公司是否超过法定起诉期限，×市工商行政管理局和复议机关都未能提供确凿充分的证据，中级人民法院审理时，×市工商行政管理局提供的复议机关答复不予受理期限为1994年8月9日，因为无旁证印证，复议机关又未能依照法定程序进行复议，故此证据不足以采信。由于复议机关未按照复议程序办理立案、调查、延期的书面手续，也不能认定×实业贸易公司超过法定期限提起诉讼，即使超期，责任也不在×实业贸易公司，故应考虑对上诉人起诉权的保护问题。足见本案并没有超过起诉期限。×市人民法院依×市中级人民法院的批示受理了此案，原告诉称：①我公司销售价格低于当地建筑主管部门制定的建筑材料预算价格，又比实际购进价低，未牟取利润，不构成投机倒把；②这批螺纹钢虽不合格但不是废品，据专家鉴定可以“等强度代替使用”，降低价格后可以出售；③我公司与×厂经营部商谈时口头言明，这批钢材是打官司的处理品。×市工商行政管理局则认为该公司在×厂经营部向其出具的收条上标明的价格高于实际结算价，说明当时该公司有牟取非法利润的故意，只是出于其意志以外的原因才未得逞，该公司销售钢材时未出示螺纹钢检验报告，未说明钢号与实际材质不相同，未出具材质书，也没有处理品的明示，所谓口头言明销售的是处理品的辩解无证据证明。在91标准已代替84标准以后，该公司仍以84标准检验，其结论无效。×市人民法院审理认为，原告明知是低劣产品而以高价卖出，坑害消费者实属违法，判决维持×市工商行政管理局的行政处罚决定。

【提示与讨论】

本案案件事实由若干环节构成。第一环节是×实业贸易公司销售劣质螺纹钢的行为。该行为的投机倒把性质是较为明显的。其所销售的钢材是劣质钢材，而不是合格产品，对此，×实业贸易公司是清楚的，其在购进这批钢材后请×工程检测中心作过鉴定，通过鉴定确定为劣质产品，该公司在明知劣质钢材的情况下，以高于购进价的价格出售给×厂经营部，显系投机倒把行为。第二环节是×市工商行政管理局的行政处罚决定和上级机关对案件复议的事实。×市工商行政管理局针对违法行为人的投机倒把行为追究相应的法律责任，其行为是正确的。

×市工商局的行政复议行为是存在一定问题的：在收到复议申请人的复议请求书后，未送达受理通知书或者不予受理通知书；采取电话告知，并且是在超过时效的情况下是很不严谨的，其行为违反了法定程序。正是由于复议机关的行为导致了一审法院多次拒绝受理，给当事人的权益造成了侵害。第三环节是×市人民法院拒绝受理此案的行为，笔者认为，该行为同样是违法的。其明知复议机关的行为造成了当事人起诉时效的延误，而仍然把责任推到原告一方。最高人民法院曾经规定，对于复议机关不受理复议或者因其行为致当事人起诉时效延误的，人民法院应当予以受理。×市人民法院是应当受理此案的。至于受理以后如何认定案件事实则是另一个问题。本案×一审人民法院最后对事实的认定是正确的。

本案适用的实体法是1987年9月17日国务院发布的《投机倒把行政处罚暂行条例》第3条的规定："以牟取非法利润为目的，违反国家法规和政策，扰乱社会主义经济秩序的下列行为，属于投机倒把行为：……⑥制造、推销冒牌商品、假商品、劣质商品、坑害消费者，或者掺杂使假、偷工减料情节严重的；……"依该规定，×实业贸易公司的行为属投机倒把行为是确定无疑的。本案适用的程序法有《行政复议条例》和《行政诉讼法》。依前者，相对方当事人对行政机关的行政处罚决定不服有权向其上级机关申请复议，上级机关应当在接到复议申请后10日内作出受理或者不受理的决定。本案复议机关没有在法定期限内对当事人的复议请求作出答复，且在期限超过后，以电话方式通知当事人，是适用法律的错误。对于行政机关错误的法律适用，人民法院应当予以纠正。然而，本案×市人民法院在上级人民法院的多次批复下才受理此案显系适用法律不当。行政复议和行政诉讼制度的实质是一样的，最终目的在于保护相对方当事人的合法权益，纠正行政机关违法或不当的行政行为。两个制度互相衔接，尤其人民法院在适用法律时必须正确处理诉讼与复议的关系。对于复议不当的，必须在诉讼中予以纠正，而本案×市人民法院不但没有对错误的行政复议予以纠正，反以此为借口剥夺相对方的诉权，显系违法。

笔者认为，行政复议是行政司法行为的一种。在行政司法中，公民、法人和其他社会组织享有非常广泛的权利，如提起复议或行政诉讼的权利、进行辩论的权利、得到公平对待的权利、依法处分自己有关实体权利的权利等。当事人的这些权利尽管是程序性权利，与实体权利有一定区别，但对这些权利，行政机关、人民法院同样应当予以保护。不论实体上是否有违法行为，其在程序上的权利是一定要得到保障的。例如，我国《刑法》和《刑事诉讼法》对于判处极刑的人还规定了程序上的最后陈述权。本案受理复议的行政机关在保护当事人的程序权利方面就存在严重问题，甚至可以说其行为是违法的。行政机关在复议行政案件时，应严格遵守法定程序，及时制作并送达立案、调查、延期或终止复议的法律文书。此案行政机关不能提供确定复议行为日期的确凿充分的证据。二审人民法院从保护相对方当事人程序权利的角度出发，不支持行政机关的行政行为，要求下级人民法院必须对案件予以审理的做法是正确的。由于我国行政司法中的一系列制度的程序规则不十分完善，因而当事人在行政司法中有哪些权利，往往不够明确，这是行政法治实践必须给予重视的问题。

第二节 行政复议

行政复议是解决行政争议的行政司法制度。行政复议是法定行政复议机关应行政争议特定方当事人（个人、组织）的申请，审查对方当事人（行政主体）所作的具体行政行为的合法性与适当性，并作出相应裁决的行政司法行为。行政复议是解决行政争议的制度，但不是解决行政争议的唯一制度。

一、行政复议法律主体

行政复议法律主体包括行政复议机关、行政复议机构、行政复议申请人、行政复议被申请人、行政复议第三人。

（一）行政复议机关与行政复议机构

行政复议机关是指依照法律规定有权受理行政复议申请，依法对被申请的具体行政行为进行审查并作出复议决定的行政机关。行政复议机关有下列属性。

1. 行政复议机关具有独立的主体资格。行政复议机关是依政府组织法设置的具有独立管理职权的行政机关，它符合行政法中行政主体所具备的法律要件。行政复议机关能够以自己的名义行使行政复议中的诸种权力，并对行政复议行为所产生的法律后果负法律上的责任，如在行政诉讼它可能会成为被告，并以自己的名义应诉，在行政赔偿中成为行政赔偿的主体。

2. 行政复议机关是行政复议活动的主导机关。行政复议活动开始后，行政复议机关就处于行政复议活动的核心地位，整个行政复议活动就是在行政复议机关的主导下进行的，行政复议机关作为行政复议的主导机关统领着行政复议活动，对行政复议过程的诸多问题具有决定权。通俗地讲，行政复议机关在行政复议活动中的地位就好像人民法院在行政诉讼中的地位一样。

3. 行政复议机关具有特定性。行政复议机关必须是法律赋予行政复议权的机关，在我国行政系统中不是所有行政机关都可能成为行政复议机关，下列行政机关就不能成为行政复议机关：①不设派出机构的县级人民政府所属工作部门。这些所属工作部门之下没有能够以自己名义作出具体行政行为的行政主体，那么，它不可能具有行政复议的职责。②乡（镇）人民政府。乡（镇）人民政府在我国行政机构体系中处于最低层，在它之下没有设立工作部门，更没有统辖的其他机关，因此便不能承担行政复议职责。③县级以上地方各级人民政府的派出机关。根据《地方各级人民代表大会和地方各级人民政府组织法》的规定，在我国，省、县级机构可以设立派出机关，这些派出机关由于不是一级人民政府，其在行政系统中没有明显的层级属性，从而也不承担行政复议职能。④国务院。国务院是最高国家行政机关，它统领全国的行政事务，不一定直接主持行政复议活动，《行政复议法》第14条规定："对国务院部门或者省、自治区、直辖市人民政府的具体行政行为不服的，向作出该具体行政行为的国务院部门或者省、自治区、直辖市人民政府申请行政复议。对行政复议决定不服的，可以向人民法院提起行政诉讼；也可以向国务院申请裁决，国务院依照本法的规定作出最终裁决。"此条表明国务院在行政复议中最多只行使裁决的职权。

行政复议机构是指设立于行政复议机关之中负责主持复议活动的政府法制部门。行政复议机构具有下列本质属性。

1. 行政复议机构是行政复议机关的内部机构。行政复议机构是行政复议机关为了使行政复议活动有序进行而在行政复议机关内部设立的专职机构，它属于行政复议机关。《行政复议法》第3条规定："依照本法履行行政复议职责的行政机关是行政复议机关。行政复议机关负责法制工作的机构具体办理行政复议事项。"依此条规定，行政复议机构的内设属性是非常明显的。

2. 行政复议机构不能以自己的名义从事行政复议行为。行政复议机构不具有行政主体资格，不能够对外从事行政行为，在行政复议中其可以成为行政复议的主持机关，主持行政复议活动，但不能以自己的名义作出行政复议决定，只能以它所在的行政机关的名义从事行政复议活动。

3. 行政复议机构是行政复议机关的法制机构。有人认为行政复议机构是行政机关的办事机构，但是，根据《行政复议法》第3条的规定，行政复议机构应当是行政复议机关的法制机构，即从事政府法制工作的机构。就行政复议的事项的处理而论，行政复议机构是处理行政复议的专职机构。

《行政复议法》第3条规定："依照本法履行行政复议职责的行政机关是行政复议机关。行政复议机关负责法制工作的机构具体办理行政复议事项，履行下列职责：①受理行政复议申请；②向有关组织和人员调查取证，查阅文件和资料；③审查申请行政复议的具体行政行为是否合法与适当，拟订行政复议决定；④处理或者转送对本法第7条所列有关规定的审查申请；⑤对行政机关违反本法规定的行为依照规定的权限和程序提出处理建议；⑥办理因不服行政复议决定提起行政诉讼的应诉事项；⑦法律、法规规定的其他职责。"该条的字面意思是对行政复议机构所履行职责之规定，但是，若将行政机构履行的这些职责认真分析的话，我们将会看到，这些职责的大多数是一种对外的法律行为，而不是行政复议机关内部的法律行为，如“受理行政复议申请”当然是行政复议机关与行政相对人之间的一种法律行为，所反映的是行政复议机关和行政相对人之间的权利义务关系。因此，我们认为这些职权应当被视为行政复议机关的职权，行政复议机构只不过代表行政机关行使了这些职权，具体职责包括：受理行政复议申请；调查取证；查阅文件和资料；审查具体行政行为；处置行政规范性文件；提出处理建议；组织审理复议和作出复议决定。

（二）行政复议申请人

行政复议申请人就是指认为行政主体行政行为侵犯其合法权益，依法向行政复议机关提出行政复议的人。申请人必须符合下列条件：①申请人必须是行政相对人，即在行政主体的职权行使中承受了行政主体的行政行为。行政相对人包括公民、法人和其他组织，只要其被行政主体的行政行为改变了权利义务就是行政相对人。②申请人是认为行政主体具体行政行为侵犯其合法权益的相对一方，即申请人不是一般意义的行政相对人，而是对行政主体的行政行为不服，认为其已经侵犯其合法权益的行政相对人。若行政主体的行政行为对某个行政相对人的权利义务产生了影响，该行政相对人并不认为这一行政行为侵犯了其合法权益，其就不具备申请人的资格。③申请人必须是明确提出了行政复议请求的人。或者以口头形式或者以书面形式向行政复议机关提出了行政复议申请。上述三个方面是行政复议申请人的资格要件。

在行政复议中，常常会出现行政复议申请人主体资格转移或者主体资格发生变化的问题。第一种情况是作为申请人的公民死亡时的主体资格转移。有权申请行政复议的公民死亡，其近亲属可以提起行政复议，即当其近亲属提起行政复议时是以他自己的名义提起。第二种情况是有权提起行政复议的公民无行为能力或限制行为能力而引起的主体资格变化。若有权提起行政复议的公民无行为能力或者限制行为能力，其法定代理人可以代为申请行政复议。依法理，代理人应以被代理人的名义提起复议。第三种情况是有权申请行政复议的法人或者其他组织终止时的主体资格变化。当有权提起行政复议的法人或者其他组织终止，承受其权利的组织有权提起行政复议，承受权益的组织应当以自己的名义提起，因为，原组织已不复存在。

行政复议申请人在行政复议中享有下列权利：①具体行政行为停止执行申请权；②行政复议申请撤回权。《行政复议法》第25条规定：“行政复议决定作出前，申请人要求撤回行政复议申请的，经说明理由，可以撤回；撤回行政复议申请的，行政复议终止。”该条赋予了行政复议申请人撤回行政复议的权利。

（三）行政复议被申请人

行政复议被申请人是指因申请人指控其具体行政行为侵犯申请人合法权益，被行政复议机关通知参加行政复议的行政主体。被申请人必须具备下列条件：①被申请人必须是作出具体行政行为的行政机关或法律、法规授权的组织。行政主体在行政过程中对某一特定的行政相对人作出具体行政行为是行政侵权发生的前提条件，也是引起公民、法人和其他组织对行政行为不服的前提条件。故而，只有行政主体作出具体行政行为才会引起行政复议，也只有作出具体行政行为的行政机关或者法律、法规授权的组织才能成为行政复议的被申请人。②被申请人是实施了申请人请求行政审查之行政行为的行政主体。被申请人是一个特定概念，只有当行政行为进入复议状态后，行政行为的实施者才能成为被申请人，即是说，被申请人与行政相对人指控的行政行为有直接关系，而不是间接关系。③被申请人是行政复议机关通知参加行政复议的行政主体。只有行政复议机关通知参加行政复议的行政主体才是被申请人。上述三个条件共同构成了行政复议被申请人的主体资格条件。

被申请人有下列类型：①作出具体行政行为的行政机关。人民政府及其职能部门是行使行政管理权的行政机关，当它们实施了行政行为以后，就有可能成能为被申请人。②共同作出行政行为的行政主体是共同被申请人。在行政执法中，常常有两个或者两个以上行政主体共同实施行政行为的情形，若行政相对人对其不服提起复议，共同作出行政行为的主体便是共同被申请人。③被授权的组织。法律、法规授权的组织在授权情况下作出具体行政行为，在行政相对人不服提起行政复议后，法律、法规授权的组织便是被申请人。④行政机关委托的组织。行政机关委托的组织作出具体行政行为，委托的行政机关便是行政复议的被申请人。⑤当行政机关发生合并等情况时，继续行使其权力的机关是被申请人。

被申请人在行政复议中有下列权利：①答辩权，即对申请人的复议请求提出反驳意见，并证明自己行政行为合理合法。②被提起复议的具体行政行为是否继续执行的决定权。在行政复议申请人提出行政复议请求后，若被申请人认为该行政行为需要停止执行便可作出停止执行的决定。当然，被申请人有权决定停止执行，但无权决定不停止执行，只有行政复议机关能够作出继续执行的决定。

（四）行政复议第三人

行政复议第三人是指与申请复议的具体行政行为有利害关系，经行政复议机关批准参加到行政复议活动中的公民、法人或者其他组织。第三人是行政行为的利害关系人，即行政复议机关对行政复议案件的裁决会直接或间接影响到他的权益。行政复议中第三人必须具备下列条件：①必须与申请复议的具体行政行为有利害关系。②必须向行政复议机关提出参加行政复议的申请，如果没有向行政复议机关提出参加行政复议的申请，即使与具体行政行为有利害关系，也不能被称之为行政复议的第三人。③必须参加到正在进行的行政复议活动中。行政复议尚未发生，或者行政复议已经结束，与案件有关的当事人都不是第三人。④必须经行政复议机关批准。第三人成为第三人的资格必须经行政复议机关认定和决定。

二、行政复议的受案范围

（一）关于作为行政行为的受案范围

作为的行政行为是行政主体在行政管理中积极实施的行政行为，依《行政复议法》第6条的规定，下列作为的行政行为是行政复议的受案范围。

1. 行政处罚行为。除《行政处罚法》规定的诸种行政处罚形式可以作为行政复议的受案范围外，一些部门行政管理法规定的其他行政处罚形式，也是行政复议的受案范围。我国法律、法规除《行政处罚法》规定的六种处罚形式外，还规定了诸如通报批评、责令返还、停止生产经营、销毁禁止生产经营的食品和食品添加剂、责令退还非法占用的土地、限期拆除违法建筑、补种滥伐、盗伐、毁坏的树木、驱逐出境、限期出境、限期消除障碍、限期采取补救措施、责令具结悔过等处罚形式，这些处罚形式都可以成为行政复议的受案范围。

2. 行政强制行为。包括行政强制措施和行政强制执行两个方面，而行政强制措施包括对人身的强制和对财产的强制两种，其中对人身的强制主要表现为劳动教养，它是指劳动教养机关对犯有一般违法行为但尚不够刑事处罚程度，而继续留在社会上又会造成一定危害的人所采取的限制其人身自由的强制性教育改造措施。

3. 行政许可的不当行为。行政主体在行政许可行为中常常会积极地作出某种决定。依《行政复议法》的规定这种决定有：变更决定，指行政主体对行政相对人已经取得的行政许可作出变更处理的决定；中止决定，指行政主体对行政相对人取得的行政许可作出中止的行政处理决定；撤销决定，指行政主体对行政相对人取得的行政许可作出撤销的行政处理决定。上列行政决定都是行政主体积极实施的行政行为，它们都可以成为行政复议的受案范围。

4. 行政确认行为。《行政复议法》第6条第4项规定，公民、法人或者其他组织“对行政机关作出的关于确认土地、矿藏、水流、森林、山岭、草原、荒地、滩涂、海域等自然资源的所有权或者使用权的决定不服的”可以提起行政复议，非常明确地将行政主体的行政确认行为纳入了行政复议的范围。

5. 行政侵犯经营自主权的行为。经营自主权是指企业或者其他经济组织所有的经济性权利。它既是企业财产权的组成部分，又是具有独立内涵的权利。依《全民所有制工业企业法》、《全民所有制工业企业转换经营机制条例》以及其他法律、法规的规定，企业经营自主权有下列方面：①生产计划权；②产品销售权；③物资选购权；④产品、劳务定价权；⑤外汇贸易权；⑥资金使用权；⑦财产处罚权；⑧工资以及其他福利的分配权；⑨劳动人事权；⑩机构设置权；⑪拒绝摊派权；⑫联营权；⑬投资权；⑭持有股份权；⑮发行债券权。上述权利是企业和其他经济组织的法定权利。行政主体不得对上述权利进行干预和侵害，若企业和其他组织认为行政主体的行为侵犯了上述权利，这种侵权行为或者可能的行为便是行政复议的受案范围。

6. 行政设定义务行为。行政设定义务行为是一个特指概念，指行政主体运用行政职权在法律规范之外向行政相对人设定义务的行为。依《行政复议法》的规定，这类行为包括：行政主体的违法集资行为，指行政主体在没有法律依据的情况下向行政相对人筹集资金的情形；行政主体违法征收财物的行为，指行政主体在没有法律依据的情况下向行政相对人征收实物的行为；行政主体违法摊派费用的行为，指行政主体在没有法律依据的情况下向行政相对人摊派费用的行为。此外，其他违法要求行政相对人承担义务的行为都属此类。上述行为都是行政复议的受案范围。

7. 行政侵犯农业承包合同的行为。我国农村实行联产承包责任制是一项基本的农业方略，为了保证农民的合法权益，国家以农业承包合同的形式使农民对土地以及其他农业资源能够合法利用。农业承包合同一旦签订就具有法律效力，这种法律效力对行政主体与对行政相对人具有同等的效力。即是说，农业承包合同一旦签订对行政主体就具有拘束力。行政主体不能变更或者废止农业承包合同。行政相对人对行政主体变更或者废止农业承包合同的行为可以提起行政复议，这样的行为也就成了行政复议的受案范围。

（二）关于不作为行政行为的受案范围

不作为的行政行为与作为的行政行为相对而言，指行政主体消极对待行政管理事项，对行政相对人在行政法中的企求或请求不予理睬的情形。不作为行政行为的受案范围有下列诸项。

1. 消极对待行政相对人的许可请求。《行政复议法》第6条第8项规定，公民、法人或者其他组织“认为符合法定条件，申请行政机关颁发许可证、执照、资质证、资格证等证书，或者申请行政机关审批、登记有关事项，行政机关没有依法办理的”可以提起行政复议。

2. 消极对待行政相对人的权益保护请求。行政系统中的诸多行政机关依《宪法》和《政府组织法》以及部门行政管理法的规定负有保护公民、法人和其他社会组织权益的职责。行政相对人有权根据自己的实际情况要求行政主体履行这样的职责，当行政主体不予履行时便构成了消极行政，这种消极行为亦为行政复议的受案范围。《行政复议法》所列举此类消极行政有三种：①行政相对人请求保护人身权，行政主体没有依法履行职责的情形；②行政相对人请求保护财产权利，行政主体没有依法履行职责的情形；③行政相对人请求保护受教育权，行政主体没有依法履行职责的情形。

3. 消极对待行政相对人的社会福利请求。行政相对人有权请求特定行政主体给予社会福利方面的保护，行政主体消极对待的，行政相对人有权请求复议。此类请求有三类：①发放抚恤金的请求。抚恤金是指国家对因公牺牲者的家属或者因公致残者给予经济帮助而由民政机关依法发给的金钱，抚恤金的发放是国家对利益受损者的补贴，拿到抚恤金是此类行政相对人的基本权利。发放抚恤金的是民政行政机关。②社会保险金。社会保险金是推行市场经济以后国家对一定社会人群所支付的一种社会福利，若某一行政相对人享有获取社会保险金的权利，那么，行政主体就应当在其职责范围内予以发放。③最低生活保障金。最低社会保障金是国家对社会弱势群体的福利补贴。收入达不到一定标准的公民有权获得最低生活保障金，特定行政机关有义务予以发放。

（三）行政复议受案范围的排除

行政复议受案范围的排除是指不能成为行政复议受案范围的行政行为。行政复议受案范围的排除事项同样是由行政复议受案范畴确立标准决定的，但排除条款的设置必须严格依法为之，《行政复议法》第 8 条规定："不服行政机关作出的行政处分或者其他人事处理决定的，依照有关法律、行政法规的规定提出申诉。不服行政机关对民事纠纷作出的调解或者其他处理，依法申请仲裁或者向人民法院提起诉讼。"该条是《行政复议法》所设置的唯一排除条款。同时，应当指出由于我国《行政复议法》对行政复议的受案范围也采取列举规定的方式，因此，没有列举在行政法受案范围内的事项都应当成为行政复议受案范围的排除事项。将法律明示的排除条款和暗示的排除条款予以综合的话，行政复议受案范围的排除事项有下列各类。

1. 国家行为。所谓国家行为是指行政机关以国家名义实施的行为。行政机关有对内对外两种关系形式，对内的关系形式主要指其与公民、法人和其他社会组织的关系形式。对外的关系形式指行政机关作为一国主权者与其他国家的关系形式。对外行为是一种政治行为和主权行为。国家行为相对比较抽象，如果对公民、法人和其他社会组织的权益有影响的话，这种影响既是不特定的又是间接的，若要对行政机关的此类行为进行救济便需要通过权力机关的监督，因此，这类行为是行政复议受案范围的排除事项。这类行为包括：①外交行为，指国家行政机关为了实现对外政策而实施的行为，这类行为的对象是外国国家机关或组织、国际组织等；②国防行为，指国家行政机关为了保卫国家领土主权、防御外来侵略而实施的行为，例如军事行为等；③其他国家行为，例如，一些国家将国家行政机关对地球、地质的勘探、太空探索等行为都排除在行政复议的受案范围之外。

2. 民事调处行为。国家行政机关在行政管理中为了使行政秩序良性循环，有时也关注行政相对人之间的民事关系。当行政机关介入到当事人的民事关系中时其不是以管理者的身份出现的，而是以第三者的身份出现的。行政主体机关实施这类行为若能排解民事纠纷便是其在行政职权之外获取的意外收获，若没有通过行政行为排解民事纠纷，当事人之间便可进入司法程序，因此，行政机关在这类事项中并不扮演必不可少的角色，因此，这类行为完全没有必要成为行政复议的受案范围。这类行为有三类：①行政裁决行为。所谓行政裁决是指行政机关依法对特定民事争议进行处理并作出裁决的行为，它的对象是特定的民事纠纷，主要类型有对权属争议的裁决、对赔偿纠纷的裁决、对补偿纠纷的裁决、对民间纠纷的裁决等。②行政仲裁行为。所谓行政仲裁行为是指行政机关依法以第三人的身份对特定民事纠纷进行仲裁的行为。根据《行政复议法》、《劳动争议仲裁委员会办案规则》等的规定，行政仲裁包括劳动仲裁和人事仲裁，上述仲裁行为可以通过民事救济途径解决。③行政调解行为。所谓行政调解是指行政机关对特定民事纠纷和特定行政纠纷依法在纠纷当事者之间进行调停并促使当事人之间达成和解协议的活动。

3. 内部行政行为。内部行政行为是存在于行政系统内部，不对行政相对人权益产生影响的行政机关所为的行为。内部行政行为涉及的关系是内部行政关系，它包括行政机关的人事任免和行政处理等行政行为。

4. 抽象行政行为。抽象行政行为不能直接而独立地成为行政复议的受案范围。行政相对人只能在对具体行政行为申请行政复议时，附带提出对部分抽象行政行为的审查申请。行政法学理论中普遍认为抽象行政行为可以通过其他监督机制救济，而没有必要通过行政复议以及行政诉讼制度救济。依笔者看，抽象行政行为没有纳入行政复议和行政诉讼等救济途径的受案范围，是我国行政复议制度和行政诉讼制度不成熟的表现，我们并没有充分的理论依据和事实依据证明这种行为不进入复议救济的必然性。

三、行政复议决定

行政复议决定是指行政复议机关经过对行政复议所申请具体行政行为的审查，作出行政复议决定的法律行为。

《行政复议法》第28条规定："行政复议机关负责法制工作的机构应当对被申请人作出的具体行政行为进行审查，提出意见，经行政复议机关的负责人同意或者集体讨论通过后，按照下列规定作出行政复议决定：①具体行政行为认定事实清楚，证据确凿，适用依据正确，程序合法，内容适当的，决定维持；②被申请人不履行法定职责的，决定其在一定期限内履行；③具体行政行为有下列情形之一的，决定撤销、变更或者确认该具体行政行为违法；决定撤销或者确认该具体行政行为违法的，可以责令被申请人在一定期限内重新作出具体行政行为：其一主要事实不清、证据不足的；其二适用依据错误的；其三违反法定程序的；其四超越或者滥用职权的；其五具体行政行为明显不当的。④被申请人不按照本法第23条的规定提出书面答复、提交当初作出具体行政行为的证据、依据和其他有关材料的，视为该具体行政行为没有证据、依据，决定撤销该具体行政行为。行政复议机关责令被申请人重新作出具体行政行为的，被申请人不得以同一事实和理由作出与原具体行政行为相同或者基本相同的具体行政行为。由此条的规定我们可以看出，行政复议决定有下列类型。

（一）维持具体行政行为的复议决定

行政复议机关通过对被申请具体行政行为的行政审查，若认为行政行为符合下列条件的，便可以作出维持原具体行政行为的决定：①具体行政行为适用法律、法规以及其他行政法依据正确的；②具体行政行为依据的事实清楚，证据确实充分的；③具体行政行为的主体资格合法的，即在法定权限内作出，又是一个合法的行政主体，具有法律人格。④具体行政行为没有违反法定程序的。还应说明，在申请人认为具体行政行为不适当时，行政复议机关通过审查认为行政行为合乎情理的，亦作出维持具体行政行为决定。

（二）撤销具体行政行为的复议决定

行政复议机关通过对具体行政行为的行政审查，认为行政行为具有应当撤销的条件的，便作出撤销决定。这些条件包括：①主要事实不清、证据不足。事实不清指行政行为在作出时没有理顺所涉及到的基本法律关系，使行政行为不能对应合格的当事人、不能对应正确的法律事实、不能使行政行为有正确的定量等；证据不足则是指行政主体在作出行政行为时缺乏基本的证据材料。②适用依据错误。适用依据错误在行政法学理论和行政法治中是一个复杂的问题，笔者认为，应当适用行政法规则而行政主体适用了行政法以外的规则，应当适用此一部门行政管理的规则而适用了彼一行政管理部门的规则，应当适用于上位规则而适用了下位规则，应当适用此一条款而适用了彼一条款等等都应当被认为适用依据错误。③违反法定程序，指行政主体作出行政行为时没有严格地依照法定程序，包括部门行政管理法规定的程序和一些程序性行政法典中规定的程序。④超越或者滥用职权的。超越行政职权和滥用行政职权我们在本书行政行为一篇中已经作过讨论。⑤在行政复议中没有依法定程序提供答辩材料的。

（三）变更具体行政行为的复议决定

行政复议机关通过对具体行政行为的行政审查，认为行政机关的行政行为存在明显不当时，可以作出变更的复议决定。不当行政行为主要指具体行政行为的内容不合理，它与违法的具体行政行为不同，主要是行政行为的量存在瑕疵，量的问题在复议过程中可以通过行政复议机关的调整予以处理，因此，行政复议机关可以作出变更的决定。

（四）确认行政行为违法的复议决定

行政复议机关通过对具体行政行为的行政审查，认为行政机关实施的具体行政行为违法便可以作出确认具体行政行为违法的复议决定。另外，在行政复议中，若作出行政行为的行政机关不按法定程序提出书面答复，不按法定程序提交作出具体行政行为的证据、依据等答辩材料，行政机关亦可确认该具体行政行为违法。

（五）促使行政机关履行法定职责的复议决定

在行政不作为的复议案件中，行政复议机关通过对被申请行政行为的行政审查，若认为行政机关确有行政不作为行为时，便可以作出促使其履行法定职责、实施某种行政行为的复议决定。例如促使行政主体发放抚恤金，促使行政主体积极保护行政相对人的权益。

（六）重新作出具体行政行为的复议决定

行政复议机关通过对被申请具体行政行为的行政审查，在具体行政行为所依据的事实不清等情况下，可以作出要求行政机关重新作出具体行政行为的复议决定。重新作出具体行政行为的复议决定不是针对行政行为所涉及的权利义务关系的，而是在行政行为有些瑕疵的情况下，促使行政主体作出更加明确的行政行为。同时，行政主体不得以同一事实和同一理由作出与原具体行政行为权利义务相同或基本相同的具体行政行为。

在行政法治实践中经常遇到以下几类问题：①复议机关对具体行政行为合法性和适当性审查原则的正确把握问题；②复议机关对具体行政行为审查的严肃性；③复议机关对具体行政行为的综合考察与适用法律的准确性等。

案例90　行政复议机关对具体行政行为合法性和适当性审查原则的正确把握问题

——×市金苹果歌舞厅不服×市环保局行政处理申请复议案

【案情摘要】

复议申请人：×市金苹果歌舞厅

被申请人：×市环保局

法定代表人：鲁××，×市环保局局长

金苹果歌舞厅自1994年3月5日起正式营业，从×市工商行政管理局领取了营业执照，经营活动良好。该歌舞厅位于×市三所大学毗连之处，与其中两所大学的教学楼距离不远，亦接近另一所大学生活区。由于整天有音乐、歌舞、卡拉OK等声音，三所大学对此极为不满。1994年10月1日，三所大学联名向市公安局、市教委和市环保局反映情况，要求恢复校园周围宁静的环境。×市教委将此情况向×市环保局作了说明并要求×市环保局及时作出处理。×市环保局立即对金苹果歌舞厅所排放的噪音进行了技术性监测。监测点按照规定设在该歌舞厅大门外1米处。1997年10月3日下午3时和晚上11时，×市环保局各对其监测两次，结果是白天噪音为66分贝，夜间为62分贝。×市环保局将监测结果通知金苹果歌舞厅，并通知其如果对监测结果有异议，可以要求重测。1997年10月14日，金苹果歌舞厅对×市环保局的监测结果提出异议要求重测。10月20日，×市环保局在原测定地点和时间对金苹果歌舞厅的噪音状况进行了重测，测试结果与第一次完全相同。基于上述测试，×市环保局要求金苹果歌舞厅向市环保局交纳超标排污费，并令其整改。金苹果歌舞厅在×市环保局指定的期限内既没有缴纳排污费，也没有提交改革方案。1997年12月5日，×市环保局根据《环境保护法》、《环境噪声污染防治法》等法律、法规对金苹果歌舞厅作出如下处罚：①对金苹果歌舞厅罚款7000元；②追缴其1年零7个月的排污费5600元；③责令金苹果歌舞厅停业整改。

金苹果歌舞厅对×市环保局的行政处罚决定不服，依法向×省环保局提起行政复议，主要理由是：×市环保局对其环境噪音测试不准确，一是地址选择离歌舞厅太近；二是在其测试时还有来自外界的其他声音，不能完全证明是我歌舞厅排放的噪音；三是×市环保局对我歌舞厅处罚适用法律不当，《环境噪声污染防治法》所指的生活噪音不包括营业性噪音。金苹果歌舞厅的噪音不在该法的调整范围之内；四是×市环保局责令金苹果歌舞厅停业是行政越权行为。×省环保局受理此案后，进行了认真审查，认为复议申请所称其不属《环境噪声污染防治法》的调整范围，没有根据，不予支持。对金苹果歌舞厅的处罚第一项数额过大，显失公正，予以变更为罚款2000元。第三项是行政越权行为，因为《环境保护法》第39条规定，责令停业的行政处罚必须由作出限期治理的人民政府决定。维持其第二项。复议决定作出后，双方都没有提起行政诉讼。

【提示与讨论】

本案是一起通过行政复议而最终解决了行政纠纷的案件。本案的案件事实可以从两方面分析。一是相对方当事人即本案中的金苹果歌舞厅向外界排放噪音的行为是否为法律所禁止的行为。《环境噪声污染防治法》第2条规定："本法所称环境噪音，是指在工业生产、建筑施工、交通运输和社会生活中所产生的干扰周围生活环境的声音。本法所称环境噪声污染，是指所产生的环境噪声超过国家规定的环境噪声排放标准，并干扰他人正常生活、工作和学习的现象。”该法第41条规定：“本法所称社会生活噪声，是指人为活动所产生的除工业噪声、建筑施工噪声和交通运输噪声之外的干扰周围生活环境的声音。”依这些规定，金苹果歌舞厅向外界排放噪音的行为是法律所调整的对象，属于社会生活噪音。这类噪音的排放不能影响他人的生活、学习和工作。而金苹果歌舞厅地处三所大学毗连区，已对三所大学的学习、生活造成了侵害。×市环保局为了使案件事实客观准确，采取了科学的测定方式，选择的测定地点亦是正确的，通过白天和夜晚两次监测均证明其排放的噪音超过了国家规定的标准。×市环保局在对当事人进行处罚时，案件事实的认定是准确的。二是×市环保局对金苹果歌舞厅的行政处罚行为是否准确，这一事实的认定是行政复议机关解决的问题。复议机关在查清相对一方当事人违法行为的性质、程度的同时，必须考虑其违法行为所承担的责任是否过责相适应。如果相适应，×市环保局的处罚行为就是准确的，反之就是不适当的。本案复议机关案件事实的认定是符合客观实际的。从而作出了双方当事人都服从的复议决定。

《环境噪声污染防治法》第43条规定：“新建营业性文化娱乐场所的边界噪声必须符合国家规定的环境噪声排放标准；不符合国家规定的环境噪声排放标准的，文化行政主管部门不得核发文化经营许可证，工商行政管理部门不得核发营业执照。经营中的文化娱乐场所，其经营管理者必须采取有效措施，使其边界噪声不超过国家规定的环境噪声排放标准。”该法第59条规定：“违反本法第43条第2款、第44条第2款的规定，造成环境噪声污染的，由县级以上地方人民政府环境保护行政主管部门责令改正，可以并处罚款。”×市环保局依上述规定对金苹果歌舞厅进行处罚所适用的实体法是没有疑问的。该法第58条有一个与第59条似乎是矛盾的规定，即经营者“在城市市区街道、广场、公园等公共场所组织娱乐、集会活动，使用音响器材，产生干扰周围生活环境的过大音量的”，由公安机关给予警告或罚款。本案金苹果歌舞厅以此为由认为，×市环保局无权对其进行处罚，而只能由公安机关处罚。此种辩解是没有根据的，该法第58条规定的情况是指临时性的娱乐活动，而不是经营性活动。×市环保局的罚款处罚失之过重，因为，被处罚人的违法行为情节并不十分恶劣。责令当事人停业整顿的行政处罚是超越职权的行为，《环境保护法》第39条关于责令停业的处罚权没有赋予环境保护机关，而是各级人民政府。×省环保局对案件进行复议所适用的是《行政复议条例》，并依此对被申请人的行政行为进行了变更。

本案行政复议机关经过行政复议解决了行政机关与相对方当事人之间的纠纷。复议机关在对案件进行复议时，准确适用了有关实体法。如《环境保护法》、《环境噪声污染防治法》。本案有几处关系到对法律条文的理解，如复议申请人认为其排放噪音的行为不受《环境噪声污染防治法》的调整，复议机关经过审查认为其说法没有根据，生活噪音是一个比较大的概念，本案相对一方当事人从事歌舞厅经营向外界排放噪音，显属生活噪音和生活噪音污染。复议机关的认定是正确的。复议申请人提出×市环保局的处罚超越职权，复议机关结合《环境保护法》的规定作出了正确的结论。本案复议机关在行政机关和相对方之间纠纷责任的把握上非常准确，既弄清相对方当事人应当承担的责任，又指出了行政机关不当处罚的责任。根据双方各自的责任，依其所享有的复议权限对×市环保局的行政处罚进行了变更。既审查了行政机关行政行为的合法性，又审查了其行为的适当性，例如，变更其7000元罚款的复议决定，就是在认为行政处罚决定显失公正的情况下作出的。复议机关对于合法性和适当性的双层审查是行政复议制度的一大优点，在行政诉讼中，绝大多数情况下，人民法院只能审查行政行为的合法性，而不能审查其适当性。

案例91 复议机关对具体行政行为审查的严肃性
——×橡胶厂不服×税务局处罚决定请求复议案

【案情摘要】

复议申请人：×橡胶厂，集体企业

被申请人：×市税务局

法定代表人：杨××，×市税务局局长

×橡胶厂1989年9月至1991年3月在×市一招待所设驻×市办事处，在该市开设银行账户，从事经营黑胶布、粘胶纸等业务。在该市经营期间，申请人既未在该市工商行政管理部门办理工商营业登记，也未在经营所在地税务部门办理登记和纳税手续，并将已加盖×橡胶厂公章的当地发票带至该市使用，1991年4月12日，×市税务机关专管员到申请人驻×市办事处进行纳税检查，发现其从1989年9月至1991年3月，共取得销售收入260 297.10元，依据临时经营税收政策的有关规定，决定征收临时经营营业税15 617.79元，城市维护建设税1093.25元，教育费附加312.36元，平抑副食品价格基金260.30元，合计税费17 283.70元；对违反发票管理行为的罚款为500元，应纳“两金”计3904.45元，因申请人资金困难予以减免。上述应纳税费于当年4月29日通过申请人驻×市办事处开户银行强行划拨入库，×市税务局领导5月4日在检查处理决定上签署了“同意纳税检查处理”的意见。

申请人对以上处理不服，于1991年5月11日向×市税务局提出复议申请，该市税务局经审查，认为主要是征补税款问题，应由×税务分局复议，随之进行案件移送。×税务分局予以受理。申请人称：我厂是本省惟一定点生产绝缘黑胶布带、活络三角带的厂家，在经营上一直坚持送货上门、主动服务的原则。该驻×市办事处主要是为了履行合同，进行中转的便利，不是为了在×市从事经营活动；在×市设立银行账户也是为了加速资金周转，将中转取得的销货款归集汇厂，不是用于产品销售款的结算。并且，税务部门在核定营业额时，将应收款也作为已实现的销售收入予以征税，造成重复计税的不合理处理。为此，申请人对其中计销售款为107 414. 20元的经营提供了合同依据。申请人要求：不能承担补缴的17 283. 70元的营业税税款，请求公正处理。×税务分局进行了认真的调查核实，取得了申请人确有为履行合同送货到×市进行过中转的有关凭据，并于1991年5月15日召开行政复议委员会会议进行了复议，依法作出了复议决定：①根据申请人在复议期间提供的1991年1月至3月销售明细表，加上被检查时提供的1989年9月至12月销售明细表重新核定，申请人在×市销售收入为241 824. 88元，被申请人计算纳税额为260 296. 57元，重复计税部分为18 471. 69元，为此将这部分已缴纳临时经营营业税1108. 30元，城市维护建设税77. 58元，教育费附加22. 17元，平抑副食品价格基金18. 47元，合计税款1226. 52元予以退还；②对申请人在复议期间提供的有合同凭据的销售货款计107 414. 20元，已征收的临时经营营业税6446. 85元，城市维护建设税451. 28元，教育费附加128. 93元，平抑副食品价格基金107. 41元，合计税费7134. 47元，予以退还；③其余部分销售货款计134 410. 68元，鉴于申请人既无经济合同，又无外销证明，在×市销售又未办理有关税收手续，对被申请人据此征收的临时经营营业税8064. 64元，城市维护建设税564. 53元，教育费附加161. 30元，平抑副食品价格基金134. 41元，合计税费8924. 88元以及发票违章处罚500元的处理决定，予以维持。并告知，申请人对上述复议决定不服，可在收到上述复议决定之日起30日内向×市人民法院提起行政诉讼，于1991年6月10日将复议决定送达申请人和被申请人，双方均表示满意。

【提示与讨论】

本案案件事实的认定所要求的是准确性问题。×市税务局在对×橡胶厂进行处理时，对案件事实的认定是不够严肃，不够准确的。其没有对申请人的实际销售情况进行定量分析，单凭其没有办理税务登记手续、工商登记手续和使用假发票就将其1989年9月至1991年3月的全部销售额都认定为纳税对象，因而作出了不合理的缴纳数额决定。×税务分局在行政复议过程中对案件的详细情况进行审查，将其销售额等情况分成三个部分：①根据申请人1991年1月至3月和1989年9月至12月销售明细表计算出其在该市销售的情况以及在其经营地纳税的情况，退还了其税款及其他费1226. 52元；②根据复议期间申请人提供的合法凭据，将各种税款都计算出来，退还多收缴的7134.47元；③其余部分，即在本市销售又没有证据证明其在经营地点纳税的134 410.68元，按国家规定的税率予以征缴。由此可见，复议机关在案件事实认定方面尽可能做到准确。本案提醒行政机关，在行政执法过程中，对于与案件有关的事实要做定量分析。尤其工商、税务等机关在向相对一方当事人收缴有关费用时，一定要做到数量准确，否则，其执法行为就是不严肃的。

本案适用的法律规范在当时条件下是《税收征收管理暂行条例》和《×省临时经营税收管理暂行规定》。这些法律规范对于相对方临时营业的税额征收都有明文的法律规定。然而，如何把明确的法律规定运用到具体的案件处理中来却是行政执法机关必须予以正确处理的问题。法律适用一是将法律规范的规定与当事人违法行为事实有机结合的过程。适用法律准确与否决定于对案件事实认定的准确性，如果对案件事实的认定不准确，法律适用亦难于正确，例如，本案就是把案件事实没有彻底弄清，最终导致错误的法律适用，多收缴相对方税款近万元。二是对法律规定的正确理解，如果对法律规定的一些技术细节没有领会，适用法律的最终结果也必然是错误的，例如，本案×市税务局在执法过程中，擅自减免申请人应缴纳税款是行政越权行为，依《税收征收管理暂行条例》，只有其上级机关才享有税收的减免权。三是把案件事实的认定与法律规范的规定有机结合起来。法律适用中，上述三个方面缺一不可，忽视任何一方面都有可能最终导致法律适用的错误。还应指出，本案在法律适用的程序上也存在问题。×市税务局的处理决定作出后，按有关审批权限规定，应当先报分局领导审核同意后，方能执行。但本案被申请人的处理决定在分局领导未批准的情况下就擅自强制划拨入库，显属程序违法。税务强制划拨措施的使用必须在催缴无效的情况下才算合法。而×市税务局在未催缴之前就强制划拨，违反了强制手段采用的条件规则。

笔者认为，本案应当提醒的问题是行政复议机关在行政复议时对具体行政行为审查的严肃性问题。《行政复议条例》对行政复议作了严格的规定。行政机关的具体行政行为一旦纳入复议的范畴就算进入了准司法程序。复议机关与被申请人之间的关系就不再是简单的上下级之间的关系，而是一种审查与被审查的司法性关系。复议机关对被申请人行政行为的每一个环节都要从法律上进行审查，对于正确的或者不正确的行政行为均要给予法律上的说明。本案在行政复议过程中，复议机关应当首先指明被申请人行政行为在程序上的违法性，即越权减免、应当报审的没有报审等，且对于被申请人程序上的违法行为必须在复议决定书中反映出来，而本案复议机关在复议决定书中没有提到被申请人程序上的任何违法之处，是不妥当的。本案复议机关在实体部分的认定上应当说是比较严肃的。其对相对方的营业状况进行定量分析，并对确切数字依税率计算表进行计算。这是行政复议机关处理行政复议案件时应当做的。行政复议与原行政执法行为相比显得更为重要，因为行政复议本身是一种救济行为，是一种准司法行为，无论在程序上还是在实体上都较之于一般的行政执法行为层次要高一些。

案例92　复议机关对具体行政行为的综合考察与适用法律的准确性
——×县纺纱新厂申请行政复议案

【案情摘要】

申请人：×县纺纱新厂

被申请人：×县国有资产局

法定代表人：周×，局长

×县纺纱新厂系×县棉纺总厂在文化大革命期间开办的一个科研实验基地。十一届三中全会以后，为了响应改革开放政策，该厂更名为纺纱新产业开发公司，领取了工商行政机关颁发的营业执照。其性质为棉纺总厂的分支，但实行独立核算，×县工业局直接对其履行管理职能。1983年规模扩大后定为现名×县纺纱新厂。1986年领取了企业法人营业执照，具备了法人资格。1987年年底，申请人×县纺纱新厂因隶属关系与×县棉纺总厂发生了纠纷。棉纺总厂认为纺纱新厂是分出去的，应归其领导，而×县纺纱新厂认为其有独立法人资格，直接归县工业局领导。1994年×县国有资产管理局对纺纱新厂的资产等进行了评估盘存。1994年6月，×县国有资产管理局作出如下裁决：认定×县纺纱新厂的组建和发展完全是棉纺总厂一手扶持起来的，其为×县纺纱新厂提供厂房120平方米，设备9台，资金5167元，资产总计125 612元。依据县国有资产管理局对纺纱新厂的资产盘存，纺纱新厂现有全部资产总额为310 385元，根据国家国有资产管理局1993年发布的《国有资产产权界定和产权纠纷处理暂行办法》第8条第1项关于"有权代表国家投资的部门和机构以货币、实物和所有权属于国家的土地使用权、知识产权等向企业投资，形成的国家资本金，界定为国有资产"和国家国有资产管理局《关于用国有资产开办的集体企业或经营单位产权归属问题的通知》第1条的规定，界定纺纱新厂资产均为国有资产。申请人×县纺纱新厂对×县国有资产局裁定不服，于1994年7月4日依据产权界定有关规定向×省国有资产管理局申请复议。

×省国有资产管理局受理后，进行了认真审查，于1994年9月13日作出复议决定：认为×县国有资产管理局的产权界定行为事实基本清楚，定性基本准确。但由于对有关法律、法规、规章的精神实质理解不够，致使界定有一定误差，决定作出如下变更：①棉纺总厂1979年以前投入的价值23 412元的6台印刷设备，根据《国有资产产权界定和产权纠纷处理暂行办法》第9条第2款关于

“全民单位用国有资产在非全民单位独资创办的集体企业中的投资以及按照投资份额应取得的资产收益留给集体企业发展生产的资本金及其权益，界定为国有资产”的原则，界定为国有资产。②×县纺纱新厂1983年至1989年开发公司期间的积累42 614元，属集体职工劳动创造的价值，为集体资产。③×县政府在该厂为新产业开发公司期间，为了让其发展新产品所拨1.2万元资金，属集体投入，界定为集体资产。④×县纺纱新厂所使用的240平方米的房屋，系租用关系，不作产权归属界定。⑤×县棉纺总厂1980年、1981年投入的三套纺纱设备是×县纺纱新厂领取营业执照后发生的，×县纺纱新厂应付给×县棉纺总厂租用费。⑥×县纺纱新厂在1979年领取营业执照后，为维持企业的再生产曾于1979年向银行贷款3万元，属借贷关系，故不作界定。⑦由于×县纺纱新厂的资产增值是由企业积累形成的，企业现有资产的所有权界定，应按当初投资双方所占投资比例分配。具体分配方式双方计算总产值后按初投资比例分配。

【提示与讨论】

本案×县国有资产管理局在案件事实的认定上存在的主要问题是没有从×县纺纱新厂与×县棉纺总厂的实际关系出发，仅从计划经济体制下大企业与其分支企业的从属关系出发。当然，本案中的申请人×县纺纱新厂是在×县棉纺总厂的扶持下诞生并成长的，这是事实。但是，×县棉纺总厂只是在×县纺纱新厂成立时和成立初期起了很大作用，尤其在1979年×县纺纱新厂没有取得法人资格以前，资产毫无疑问是×县棉纺总厂的。然而，在×县纺纱新厂1979年取得法人资格后，其就有独立的地位，从此以后，它的资产增值、资产投入都属本企业的事情，而与×县棉纺总厂无多大关系。至于在其成长初期，×县棉纺总厂对其所进行的投入，笔者认为应以时代的眼光看这一问题，因为当时还处于计划经济下，企业基本上都归国家所有，×县棉纺总厂设立开发公司的决策也并非该厂可以决定的，一般都是由工业行政主管部门决定。既然如此，×县棉纺总厂对其当初投入的资金亦无请求权。×县国有资产管理局一概将×县纺纱新厂的资产认定为国有资产的根据显然是不充分的。×县国有资产管理局在复议期间对×县纺纱新厂与×县棉纺总厂的关系从前到后进行了全面考察，分阶段认定双方之间在产值上的关系，甚至贷款、租赁等关系也搞得清清楚楚。这是行政复议机关在复议过程中应当做的。

关于产权界定的实体法，到目前为止我国还缺少一部基本法律，而仅有一些行政法规或规章，一是国家国有资产管理局1993年发布的《国有资产产权界定和产权纠纷处理暂行办法》；二是国家国有资产管理局1994年发布的《集体企业国有资产产权界定暂行办法》。这两个规范性文件在本案中应适用哪一个就成了一个必须解决的问题。从×县棉纺总厂和×县纺纱新厂的行政隶属关系看，其隶属于县工业局，似乎是国有企业，如果如此的话适用《国有资产产权界定和产权纠纷处理暂行办法》就是正确的。但是，本案中的纺纱新厂是一个从棉纺总厂分出来的集体企业，是×县为了适应改革开放的形势而建立起来的，不是严格意义上的国有企业。基于此，本案在产权认定时应当适用国家国有资产管理局1994年发布的《集体企业国有资产产权界定暂行办法》。该办法第3条规定："本办法适用于注册为集体所有制性质的各种城镇集体企业（含合作社）资产的产权界定。"该法第34条规定："本办法发布前公布的产权界定政策，凡与本办法抵触的，以本办法的规定为准。"第8条第4项规定全民所有制企业向其隶属企业凡属于1979年以前投入资金、设备的，可视同垫支借用性质。由此可见，本案若适用1994年发布的《集体企业国有资产产权界定暂行办法》，案件就非常容易解决。而本案复议机关在适用实体法上是存在问题的。本案适用的程序法是《行政复议条例》第9条，该条规定公民、法人和其他社会组织认为行政机关的具体行政行为侵犯其经营自主权的，可以请求复议。本案×县国有资产管理局的产权界定行为被当事人认为是侵犯其权益的行政行为，因而可以成为复议的对象。

笔者认为，本案涉及到行政复议中两个值得注意的问题：①行政复议机关在行政复议时应对案件进行综合考察，而不能顾此失彼或厚此薄彼。本案作出具体行政行为的机关对案件事实的认定不十分准确，导致适用法律的错误。复议机关在复议时，对全案事实进行了综合考察，尤其对作出行政决定的具体行政行为进行了综合分析。复议机关在综合分析的基础上分阶段适用法律，共作出7项行政复议决定，把一个看似简单的案件处理得如此精细是难能可贵的。②行政复议机关适用法律规范要做到最大限度的准确，当后法与前法的规定冲突时以后法为准。本案可适用的法律规范有两个：一个是《国有资产产权界定和产权纠纷处理暂行办法》；另一个是《集体企业国有资产产权界定暂行办法》。这两个行政法律文件在地位上讲是同一级别的，都是行政规章，但行政机关在适用时必须作出选择。要根据案件事实的性质选择所适用的法律规范，本案×县纺纱新厂属集体企业，因而适用后者较为适当。在《国有资产产权界定和产权纠纷处理暂行办法》中也有集体资产界定的规定，但是，根据后法优于前法的理论，本案适用《集体企业国有资产产权界定暂行办法》是正确的，本案作出具体行政行为的机关和复议机关在适用法律上都存在问题。行政机关在适用法律时必须准确，对行政复议机关来讲尤其如此。

第三节 行政裁决

行政裁决是指行政机关裁决民事争议的行政司法制度。民事争议在传统上由法院管辖，但20世纪以后，由于社会经济关系的急剧发展，国家不能不对社会经济生活积极干预，行政机关也处理某些传统上由法院处理的民事争议以及大量随着社会经济发展而新出现的民事争议。前者如民事侵权争议、土地所有权、使用权权属争议、房租争议等；后者如商标、专利等知识产权争议、环境污染争议、工伤事故或医疗事故赔偿争议、交通运输争议、产品质量争议等。

行政裁决具有以下法律特征。

1. 行政裁决的主体是行政机关。如果裁决的主体是民间机构或者其他组织则不属行政裁决，而是民间仲裁或者其他制度。

2. 行政裁决必须有法律、法规的明确授权。行政机关能否裁决民事纠纷，取决于法律、法规有无授权性的规定。未经授权的行政裁决行为属于超越职权的行为，不仅不能发生法律效力，行政机关还应承担相应的法律责任。

3. 行政裁决的对象是特定的民事纠纷。行政裁决只能针对民事纠纷进行裁决，如果是对行政纠纷进行裁决，则属于行政复议的范畴，不能归于行政裁决；另外，行政裁决只能针对与行政机关的管理活动有关的特定民事纠纷进行裁决，对普通的民事纠纷行政机关不能裁决，只能由当事人自行决定。

4. 行政裁决是有权行政机关单方作出裁判的行为。行政裁决的对象与行政管理活动有关，因此行政裁决行为必然带有很强的职权色彩，行政机关依法作出裁处决定，无须征得争议双方当事人的同意。当然，这并不意味着行政机关可以依职权主动作出裁决行为，只有在当事人提出申请的情况下，行政机关才可对民事纠纷进行裁处。

5. 行政裁决中的民事纠纷不包括合同纠纷。与合同有关的民事纠纷习惯上都是通过法院和仲裁机构进行裁判，获得法律救济的途径比较多，因此，行政裁决将与合同有关的民事纠纷排除在外。

6. 行政裁决不能完全替代司法裁决。以救济形式而论，行政裁决并不具有终极意义，如果当事人认为这种救济并没有达到保护自己合法权益的目的，仍然可以依法向人民法院提起诉讼，寻求司法救济。

行政裁决行为的种类包括：①权属纠纷的裁决。法律法规规定对土地、矿藏、水流、森林、山岭、草原、荒地、滩涂、海域等自然资源的所有权或者使用权发生的纠纷，一般均由特定行政机关进行裁决。②赔偿纠纷的裁决。通常情况下，赔偿纠纷应当由法院进行裁断。但对于一些与行政管理活动有密切联系的特定赔偿纠纷，法律、法规往往规定有关行政机关有作出赔偿决定的权利。③侵权纠纷的裁决。指当行政机关可以向当事人行使保护性职权时，一方当事人认为他方当事人的侵权行为损害其合法权益，依法向行政机关提出制止侵权行为的申请，由行政机关对此类争议所作出的裁决。④其他民间纠纷的裁决。原则上上述各项之外的民间纠纷，行政机关无权作出裁决。但考虑到民间纠纷的争议标的一般不大而且数量众多的特点，由基层人民政府负责处理有利于化解矛盾，减轻法院的压力。所以，司法部1990年发布的《民间纠纷处理办法》规定，基层人民政府的司法助理员有权对民间纠纷进行处理。此种纠纷处理的性质究竟是否为严格意义上的行政裁决还存在争议。

在行政法治实践中经常遇到以下几类问题：①行政裁决中双方责任的准确划分；②行政裁决程序规则的正确把握等。

案例93　行政裁决中双方责任的准确划分

——×市人民政府裁决污染纠纷案

【案情摘要】

1992年10月，××化学工业总公司有机厂与××乡马泉村联营，由马泉村出地皮、劳动力，有机厂提供设备、原料、技术，共同建起了××化工厂，主要生产二硫化碳和处理废酸。该厂投资800万元，年产值1800万元，解决马泉村150余名剩余劳动力的就业问题，但10月份一开始试生产，附近地区就开始有废气污染反应，到了12月，反应非常强烈。与其相邻的A厂生活区臭味弥漫，饮用水异味严重。职工不敢开窗透气，不少人睡觉前要在口鼻上蒙上湿毛巾。A厂向×环保局多次反映无效后，遂向×市环保局反映。1993年4月28日，×市环保局派员去××化工厂及附近地区调查，认为××化工厂设计不合理、施工差、污染严重；遂要求其提供选址论证、环保等方面的全套资料，但该厂基本没有。然而建厂前，此项目曾得到×区环保局的批准。在问题始终得不到解决的情况下，群情激奋的A厂职工自发地于1993年6月28日开始拦截××化工厂的有剧毒标志的原料车，并前往××化工厂要求其停产，从而发生冲突，××化工厂有人受伤。×区领导赶到现场，提出了三点处理意见：××化工厂立即停产；立即进行测试；按环境保护法办理。××化工厂至此开始停产。7月2日，×市环保局提出处理意见，即将污水处理后用密封管道排入A厂下游的×河中，但这一处理意见至今尚未落实。7月29日，××化工厂自行决定开工生产。其理由一是一直等不到上级政府的处理结果；二是经过治理已不排放生产污水和废气排放不超标；三是答应赔偿因此给A厂造成的损失，但有关部门一直未予理睬。7月30日，得知××化工厂又开始生产的A厂职工纷纷走上街头，马泉村则迅速组织起500多村民集中到××化工厂护厂。这时，×市环保局有关人员送来了《关于制止××化工厂投产的通知》，主要内容是：①××化工厂建设未达到环保“三同时”规定要求，严重违反了《环境保护法》第36条规定。为了严格执行环境保护法，责令你厂立即停止投料试生产。②根据1993年7月2日在×区政府会议室召开的有关单位会议决定精神，按规定程序解决××化工厂污染纠纷问题，你厂必须服从会议决定。③××化工厂必须严格遵守各项环境保护法律，在投料试生产前，必须向环保部门提出申请，经批准后方可投入生产，否则，将依法严肃处理，并追究决策人及当事人的责任。④××化工厂若强行投产，由此引起的一切后果由你厂承担。××化工厂及其职工认为×市环保局的这一行政裁决不公。8月12日，A厂拦截了××化工厂的数辆汽车。马泉村村民将位于该村承包地和枣树园的A厂专用电线杆推倒10余根，导致A厂停水停电。有关领导要求供电局予以修复，供电局当时答应，但随后又提出此属专用线，应由A厂自己修复。A厂在当时与村民严重对峙的情况下无法前去修复，只好自己设法用临时线送上了电。但供电后仅两小时，供电局称其违反规定，令其停止，遂再次停电。8月14日上午，数百名A厂职工前往马泉村地里去修复电杆，与××化工厂职工及村民发生冲突，发生了大规模械斗，导致非常严重的后果。基于双方矛盾的激烈状况，×市人民政府对双方的民事纠纷重新进行了裁决：①A厂立即将所拦截车辆退还给××化工厂；②××化工厂立即通过电力部门修复A厂的供电线路；③××化工厂赔偿因其污染给A厂造成的经济损失1万元；④××化工厂将整改后的合理方案交给环保机关审核后方可继续生产。裁决作出后，双方没有再发生纠纷。

【提示与讨论】

本案案件事实认定的根本点在于澄清本案是一起行政违法案件，还是民事纠纷，或者两者皆有；有的话，何者为主，何者为次。××化工厂是一个领了营业执照，并经有关环保机关批准的合格企业，而不是没有任何手续的非法生产企业。因此，其所排放出的污染物对他人造成污染应当认定为民事侵权行为，事实上，××化工厂主要对A厂一家造成了污染影响。当然，其排放的污染物，如果超过国家有关规定就属行政违法。本案中，行政违法和民事侵权中，民事侵权是主要的，即××化工厂与A厂之间的民事纠纷是本案的关键。×市环保局本应立足于对民事纠纷的裁决上，但没有抓住这一根本点，却将一个民事裁决行为变成了对纠纷双方中一方的制裁行为，从而不但使纠纷没有得到解决，反而造成了纠纷的升级。×市人民政府的行政裁决决定之所以双方都会接受，原因在于其立足于民事裁决，根据民事纠纷的特点和规律，作出裁决决定，其在裁决书中明确指出了当事人双方各自要承担的责任。因为双方都有一些不理智或轻微违法行为，所以采取各打五十大板的处理技巧，使双方最终都能接受。

行政裁决的法律适用可以分为适用程序规则和适用实体规则两个方面。行政裁决的程序规则在我国分散于部门行政管理法规之中，到目前为止，还无一个统一的关于行政机关裁决民事纠纷的法律规范。在行政法治实践中，行政裁决的程序比较灵活、简便，不像人民法院解决民事纠纷那样受严格的审判程序规则的限制，这既是行政裁决在程序上的一大优势，也是行政裁决容易产生问题的所在。行政裁决适用的实体法是各个行政管理部门的管理法。例如，《土地管理法》有土地权属纠纷裁决的规定，《草原法》有草原纠纷裁决的规定，《矿产资源法》有矿产资源纠纷裁决的规定。有些领域的行政裁决程序还是有较为系统的程序规则的，例如，《医疗事故处理案例》等。这些实体法规定的内容是行政机关裁决该领域纠纷分清责任的基本规则。本案×市人民政府在裁决××化工厂和A厂的纠纷时，一是适用了《环境保护法》中有关环境污染及其责任的规定；二是适用了《电力法》的有关规定。依前者找出××化工厂的责任，依后者找出A厂的责任。本案裁决过程中适用法律是准确的。

笔者认为，本案所涉及的理论问题是行政裁决中双方责任的准确划分问题。行政裁决与行政调解有一个很大区别就是其严肃性和较强的法律执行力。行政机关所调解的民事纠纷一般不具有严格的法律效力，若对于调解不服，双方当事人不可以就调解内容起诉行政机关。而对行政机关的行政裁决不服，双方当事人都可以提起行政诉讼。这说明，行政裁决是一项非常严肃的法律制度，具有执行力、强制力。正因为如此，行政机关在进行行政裁决时，必须分清双方当事人之间的法律责任。一般而言，双方发生纠纷以后，总有一方的行为是违法或者不当的，或者总有一方的责任大于另一方。行政机关必须分清谁是谁非，不能以法律原则为代价换来双方的和解，在责任划分上一定要做到客观、公正。本案×市环保局的裁决决定实际上是一个对××化工厂进行处罚的处罚决定，这一裁决显然把双方之间的纠纷责任全部归到××化工厂一方，其显然难于接受这样的裁决结果。相比之下，×市人民政府的裁决则要公正的多。既分清了××化工厂的责任，也指出了A厂拦截扣留××化工厂车辆的违法责任。根据各自的违法责任决定双方应履行的义务。如此折衷性的行政裁决是合乎行政裁决的一般原理的。

案例94 行政裁决程序规则的正确把握

——×市卫生局裁决医疗纠纷案

【案情摘要】

1995年11月3日晚，周××的丈夫何××从外地乘车返家的途中，在×交通路险段发生翻车事故，何××严重受伤。×市公安交通警察大队于次日凌晨将何××和其他受伤者送往×市中心医院治疗。被诊断为颅脑外伤，中心医院对其作了CT检查、输液、用药等治疗。在此期间，中心医院与交警大队联系，要求交警大队通知何××家属交医疗费并帮助护理。交警大队没有答复也未通知何××家属。1995年11月14日，即何××住院一周后因医治无效死亡。何××死后，中心医院未与交警大队联系，将何××尸体火化，并要求不留骨灰。因何××没有回家，其亲属四处打听其下落。同年11月30日，周××到中心医院得知其丈夫已经死亡。从中心医院了解到何××是交警大队送来的，又找到交警大队，在交警大队找到何××的提包及身份证等。

该交警大队主持调解了周××与交通事故责任方的赔偿纠纷，并最后作出裁决：由责任方一次性赔偿周××33 000元。裁决作出后，双方都表示愿意接受。周××为找到丈夫的骨灰几次到中心医院交涉，并到火葬场了解情况，后得知骨灰未留下。周××暗中走访了该中心医院的一些医生、护士和当时住院的一些知情者，得知如果及时做手术，何××不可能死亡，由于当时无人向医院交款，而颅骨开切手术价格费用又高，在此情况下，医院便没有为何××施行手术，致其脑内淤血死亡。周××得知此情况后，非常悲愤。且何××死之后，中心医院又没有通知交警大队，擅自将其火化，并且不留骨灰。周××认为中心医院的行为侵犯了其丈夫何××的生命健康权，侵犯了其亲属悼念死者的权利，要求中心医院赔偿抚慰费、何××家属、亲属的精神损失费3万元，并向其赔礼道歉。中心医院对周××的赔偿要求未予理睬。周××遂向×市卫生局反映情况，要求×市卫生局依法处理。

×市卫生局受理了周××的请求，并向中心医院了解了全部情况，认为中心医院的行为已构成了医疗事故，根据《医疗事故处理办法》第2条、第4条、第19条等的规定作出如下裁决：①中心医院赔偿何××家属经济损失1.5万元；②给其交通费3000元；③向周××等道歉。该裁决作出后，双方都没有提起行政复议和行政诉讼。

本案实际上有两个行政裁决行为：①×市交警大队对交通事故责任的纠纷裁决。本案中何××的家属周××与交通事故责任方的赔偿纠纷由交警大队裁决。由于责任方在此次交通事故中责任明显，因而这一裁决行为亦相对简单，事实的认定也比较容易，裁决作出后双方当事人都没有提出异议。②×市卫生局对何××家属与中心医院纠纷的裁决。中心医院在本案中有很大的责任。抢救病员是其义不容辞的职责，尤其在关系到人的生命安全的情况下，更不应过多地计较经济问题，况且其没有及时地与病人家属取得联系，当然在这一点上交警大队也有一定责任。再则，中心医院在火化何××尸体之前应当征得交警大队或其他部门的批准，不能擅自单方面决定将死者火化，不留下骨灰的做法更是不合情理的。×市卫生局在裁决此案时对案件事实的认定是正确的，要中心医院承担赔偿责任于法于理都讲得过。本案中，交警大队存在严重的不作为的违法行为，依我国有关法律的规定，交警大队作为政府职能部门，对交通事故进行处理是职权范围内的事情，也是必须履行的职责。而本案中的交警大队明知何××伤势严重，却没有主动查明其身份，且在中心医院请求下仍然置之不理，属明显的行政不作为违法。但是，何××的妻子周××对交警大队的违法行为没有提出任何异议，其违法行为亦就不可能得到追究。行政机关的违法行为给当事人造成侵害后，如果当事人由于顾虑等原因没有提出控告，是否应追究行政机关责任，或者依什么途径追究其责任是理论界应当探讨的问题。

本案行政机关的两次裁决行为所适用的法律规范是不同的。交警大队在裁决周××与事故责任方的赔偿纠纷时所适用的行政法规范是《道路交通事故处理办法》，其中第17条规定："公安机关在查明交通事故原因后，应当根据当事人的违章行为与交通事故之间的因果关系，以及违章行为在交通事故中的作用，认定当事人的交通事故责任。当事人有违章行为，其违章行为与交通事故有因果关系的，应当负交通事故责任。当事人没有违章行为或者虽有违章行为，但违章行为与交通事故无因果关系的，不负交通事故责任。"该行政法规还有一些关于交通事故中责任分担的规定，都是交警大队处理赔偿纠纷的依据。×市卫生局在裁决中心医院对何××家属的赔偿纠纷时所适用的行政法规范是《医疗事故处理办法》。该办法第2条规定："本办法所称的医疗事故，是指在诊疗护理工作中，因医务人员诊疗护理过失，直接造成病员死亡、残废、组织器官损伤导致功能障碍的。"本案中心医院没有及时给何××施行手术，应当被认为是失职行为，正是由于其失职行为导致何××死亡，适用《医疗事故处理办法》并无不妥。但是，中心医院擅自火化何××尸体并不保留骨灰的行为不是简单的医疗事故问题。对此行为适用哪一个行政法规范处理是一个值得研究的问题。行政裁决是行政机关的一种法律行为，该行为必须受法律规范的约束，因此法律适用就成为行政裁决必须引起重视的问题。

笔者认为，作为一项行政司法制度，行政裁决要受程序规则的限制。首先，不同类型的行政裁决权由不同类型的行政机关享有。如本案中的交通事故纠纷由公安交警大队负责，医院事故的纠纷由卫生行政主管部门负责。其次，行政裁决必须在法定期限内作出，如《道路交通事故处理办法》第32条规定："损害赔偿的调解期限为30日，公安机关认为必要时可以延长15日。对交通事故致伤的，调解从治疗终结或者定残之日起开始；对交通事故致死的，调解从规定的办理丧葬事宜时间结束之日起开始；对交通事故仅造成财产损失的，调解从确定损失之日起开始。”《医疗事故处理办法》关于尸体检验责任认定也都规定了时限。对期限作出规定使行政裁决制度更符合司法制度的一般特征。再次，行政裁决必须以法定形式作出，如裁决机关通过裁决双方当事人达成协议后，应制作裁决书以书面形式进行裁决。最后，行政裁决还有相应的救济制度。如《医疗事故处理办法》第 11 条规定：“病员及其家属和医疗单位对医疗事故或事件的确认和处理有争议时，可提请当地医疗事故技术鉴定委员会进行鉴定，由卫生行政部门处理。对医疗事故技术鉴定委员会所作的结论或者对卫生行政部门所作的处理不服的，病员及其家属和医疗单位均可在接到结论或者处理通知书之日起 15 日内，向上一级医疗事故技术鉴定委员会申请重新鉴定或者向上一级卫生行政部门申请复议；也可以直接向当地人民法院起诉。”行政裁决的程序规则是有法律效力的，行政机关在作出行政裁决时要准确把握有关的程序规则。

第四节　专门行政裁判制度

专门行政裁判制度是指在行政机关内设置专门行使行政裁判职能的机构受理和裁决特定争议案件的制度。专门行政裁判的客体可以是特定行政争议案件，即个人、组织不服行政机关所实施的具体行政行为引起的争议案件。专门行政裁判的客体也可以是特定的民事争议案件，即平等的民事主体之间发生的争议案件。

第十一章
行政程序法

行政程序法是有关行政程序的法；行政程序法的调整对象是行政行为；行政程序法只是重要行政程序的法律化；行政程序法是科学性、法律性的统一。

第一节 行政程序法概述

行政程序在行政法中是十分重要的，从定义上讲，行政程序是宪政制度在行政法治中的体现，宪政制度中有一个非常重要的内容便是“正当程序”条款，它最早出现在美国《宪法》第5条修正案中，后来又在第14条《宪法》修正案中有了拓展。其基本涵义是，一方面，任何权力行使部门要公平、公正地对待公众，另一方面，公众在没有经过任何类似于司法等程序的情况下不应被追究法律责任。1946年美国《联邦行政程序法》的制定便是在行政系统中落实了正当程序条款。当然，行政程序有它自己独特的内涵，如行政公开制度、听证制度、期限制度、工作交接制度等都是行政程序的内容。自20世纪中期以后，法治发达国家都制定了行政程序法，通过法律形式确定了基本的行政程序制度。

行政程序法有广义和狭义之分，广义的行政程序法包括行政主体行政行为中的程序规则以及行政救济中的程序规则两个方面；狭义的行政程序法仅仅包括有关行政救济的程序规则，因为在其他部门法中的程序规则就是以诉讼规则论之的。行政法中的程序规则还有一层意思就是专指行政主体的行政活动程序规则，而不包括行政救济规则。

在行政法治实践中经常遇到以下几类问题：①程序权利义务与实体权利义务的关系；②个人、组织听证权的全面保障；③行政行为程序违法的法律后果等。

案例95 程序权利义务与实体权利义务的关系
——刘×不服××镇税务所行政处罚请求行政复议案

【案情摘要】

申请人：刘×，固定个体工商户

被申请人：××镇税务所

法定代表人：袁××，××镇税务所所长

刘×，女，21岁，某县××镇固定个体工商户，从1988年1月开始经营副食、烟、酒等商品零售业务。税务机关对其实行定期定额征收，月定税营业额2500元。1991年1月26日，刘×从个体户黄×手中购进卷烟82件，其中金芙蓉5件、常德30件、古湘5件、燕归15件、君健27件，合计进价金额26 155元，由个体运输户司机文×负责承运，当日下午到达××镇东街旅社院内，准备在晚上卸货（因县烟草专卖局规定进货地点只能在本县卷烟批发部）。当晚，司机被当地“打击流窜犯罪活动”的公安人员查问，司机拒不承认车上装有卷烟。待公安人员查出后，司机仍提供不出任何手续及货主姓名，只知道是××镇一个体户的货。公安部门认为此烟有私运和偷税之嫌疑，便将车开到××镇税务所交给税务部门查处。次日，××镇税务所对司机文×进行查问，文×仍提供不出货物运单、卷烟准运证、进货发票、货主姓名等情况，便认定该烟是司机本人的，开具了“某省纳税保证金凭证（收据）”0005081，注明香烟82件及各品种的数量，限1991年1月28日前进行纳税清算。后经查实，该烟是刘×进的货。因刘×未取得进货发票，××镇税务所于1月30日开具纳税保证金收据，继续扣留金芙蓉烟2件，其余全部退还，限1991年2月5日前进行纳税清算。2月5日，刘×到××镇税务所结算税款，××镇税务所作出处理决定：①刘×未主动申报纳税，令其按进货82件，销售金额30 425元（按市场零售价计算：燕归15件，60元/件，金额900元；常德30件，160元/件，金额4800元；古湘5件，650元/件，金额3250元/件，君健27件，550元/件，金额14 850元；金芙蓉5件，1325元/件，金额6625元，合计金额30 425元），补缴营业税912.75元，城乡个体工商业户所得税912.75元（按附征率9%计算），城建税45.63元，教育费附加18.26元，计1889.39元。②进货未按规定取得发票，罚款2280元。合计补税罚款4169.39元。并以××镇税务所名义下达《违章处理通知书》，限刘×于1991年2月7日前缴清税款和罚款。

刘×缴清税款和罚款后，于1991年2月10日，向县税务局提出书面复议申请，其主要理由是：①按照《营业税暂行条例（草案）》第3条第1款规定：“从事商品零售的纳税人，在商品销售后，以商品销售收入额为补税依据”，其货物在扣押期间，没有销售，为什么要补征营业税和所得税？②越权罚款，××镇税务所的处理决定既没有经县局批准，又没抄报上级单位，违反了《×省税收征收管理实施办法》第20条的规定。③扣押货物是对临时经营者，而刘×是固定业户，××镇税务所滥用职权，影响正常经营，造成直接经济损失达900元，要求予以赔偿。④按市场价格计税是否合理？县税务局接到刘×的《复议申请书》后，决定受理，并立案调查核实。于同年3月27日下达复议决定：①申请人月定计税营业额2500元，此次进货超过定额12倍多，未主动及时申报调整定额，又未按规定建账，××镇税务所让其补税是正确的，本着实事求是的原则，对部分提前征收的税款按照中国人民银行1990年8月20日公布的流动资金贷款3个月利率标准计退利息3.37元（2月5～9日销烟26 675元，交营业税、所得税、城建税1140.50元，提前5天计征，退利息1640.50×5天×6.6%÷30=1.80元；2月9日至16日销烟3750元，交营业税、所得税、城建税230.63元，提前38天计征，计退利息：230.63×38×6.6%÷30=1.93元）。②撤销××镇税务所1991年2月5日《违章处理通知书》中"关于进货未取得发票，罚款2280元"的处理决定，责令××镇税务所依照《全国发票管理暂行办法》、《×省发票管理实施办法》、《×省税收征收管理实施办法》的有关规定重新作出处罚。③关于扣押货物要求赔偿损失的问题，因为在1991年1月27日至30日，在无货主、无运单、无准运证、无进货发票的情况下，××镇税务所扣押货物，并开具收据，是正确的，在暂留期间保管妥善，未发生短缺、霉烂、变质，未造成直接经济损失，决定不予赔偿。货主确定后，××镇税务所继续扣押金芙蓉2件，价值2650元，滞留资金5天，按中国人民银行1991年8月20日公布的流动资金贷款3个月利率标准计退利息2.92元的计税价格定得偏高，多计销售收入850元，多征营业税25.50元，所得税25.50元，城建税1.28元，教育费附加0.51元，计52.79元，由××镇税务所退给刘×。以上合计退息5.65元，退税费52.79元，共退款58.44元。刘×接到《复议决定书》后，未向人民法院起诉。

【提示与讨论】

本案是一起税务机关对个体工商户作出行政处理决定，并进行行政处罚的案件。综观全案不难看出，本案的违法主体包括个体工商业户刘×和××镇税务所。个体工商户的违法行为是税务违法，即不按质按量向税务机关缴纳税款，确定计税营业额2500元，但在1991年1月26日进货时超过定额12倍多，没有主动及时申报调整定额，又未按规定建账。××镇税务所在对刘×作出行政处理决定和处罚时有几处不当或者违法行为：让刘×提前缴纳税款没有法律依据；认为刘×进货未取得发票，罚款2280元也无法律根据；在计税过程中，税率使用不当。因此税务复议机关在复议时必须将复议申请人和被申请人双方的责任分清。本案复议机关在复议中并没有完全分清双方各自的责任，如税务所认定被扣押的货物是刘×的后，继续扣押部分商品作纳税保证金是没有根据的，导致刘×要求赔偿，而对此复议机关未予准确认定。复议机关在复议后所作的结论亦有不准确之处。如对提前征税部分按中国人民银行有关计息标准计退利息。而对其多征或错征税款是否应计退利息，现行税收法规尚无规定，因此，复议机关作出计退利息的决定是没有根据的。

本案在办理时，《税收征收管理法》还未出台，所适用的法律、法规是《税收征收管理暂行条例》、《×省税收征收管理办法》等实体法。应当指出的是，本案××镇税务所在对刘×进行处理时，适用法律是非常不严肃的，所作出的诸项处理决定未有一项指明是根据什么法律规范作出的。诸项处理都根据执法人员的主观臆断作出，例如，对未申报纳税，令其按进货82件、销售金额30 425元计算，补缴税款912.75元，进货未取得发票，罚款2280元等。这些处理决定和处罚决定都已经有相应的数量确定，那么，这些数字是依什么标准算出来的，税务机关必须在处罚决定书中写明确。行政合法性原则的内容必须体现在各个方面，行政法的法律适用更应体现这一原则。相比之下，复议机关在复议时向相对一方当事人指明了有关法律规定，并在复议决定书中列举了所依据的《全国发票管理暂行办法》、《×省发票管理实施办法》、《×省税收征收管理实施办法》等行政法规范。这是非常必要的。本案××镇税务所的法律适用主体资格存在问题，如对刘×未按规定取得发票的行为，罚款2280元，是典型的行政越权，即其不能成为这一处罚的主体。根据《×省税收征收管理实施办法》第20条规定："罚款金额超过1000元的由市县税务部门决定并执行。"税务所的行为超越了本级行政机关的权限。一旦法律适用中的主体资格错位，再准确的实体规范适用都是没有法律效力的。

笔者认为，本案从行政法学理论上讲，涉及到程序权利义务与实体权利义务的关系问题。××镇税务所的行政处理决定和行政处罚首先违反了有关的程序规则，最后导致实体权利义务的错误。①其越权行使职权就是一个程序上的违法，超越了程序规则中的管辖权规则。由于越权管辖，所罚当事人2280元罚款应视为无效行为。②在认定被扣押的货物是刘×的后，依程序规则应当返还，但其继续扣押，致当事人提请赔偿，事实上，其错误扣押行为是应负赔偿责任的。扣押是行政强制措施的一种，是受严格的形式要件限制的，税务所扣押刘××货物的条件不具备，即没有相应的形式要件，显系违法，对此程序违法应承担实体上的经济赔偿。××镇税务所作出的行政处理决定依程序规则应经某县税务局批准，或者至少要抄报上级单位，但其没有遵循这一程序。因此，从严格意义上讲，其行政处理决定本身是不应当发生法律效力的。本案行政复议机关在复议时亦有违反程序规则的行为，例如，根据《税收征收管理暂行条例》第40条规定，税务机关应在接到相对一方当事人复议申请之日起30日内作出答复。本案从收到复议申请书到下达复议决定相隔46天，超过了法定期限，亦属程序违法。如果相对方起诉到人民法院，必然会影响税务机关实体上的权利义务。

案例96　个人、组织听证权的全面保障
——×超级商场要求举行听证案

【案情摘要】

1996年5月24日至6月30日，×超级商场以该商场30岁华诞酬宾销售为由，擅自将金银首饰部的纯金饰品零售价从国家规定的每克138元降至125元进行低价销售，物价行政管理部门曾多次要求其予以纠正，该商场口头答应，暗中继续销售。1996年8月1日，×市工商行政管理机关派人会同物价等部门对该商场进行检查时，金银首饰部拒绝执法人员检查，并在其后继续低价销售纯金饰品。其行为引起了其他商场和金银首饰经营部的强烈不满。先后有数家商场和金银首饰经营部向×市工商行政管理机关控告。×市工商行政管理局对此立案调查，对1996年5月至8月的有关会计资料仔细核算，证明该商场使用国拨黄金在沿海×地加工后的无税成本为每克95.14元，商品流通费用每克为13.56元，实际成本合计108.70元。按其以每克125元的价格出售扣缴其中应缴的增值税18.16元，实际销售收入为106.84元，即该商场以每克125元的价格出售，每克低于该商场自身实际成本1.86元。×市工商行政管理局同时又委托×会计师事务所对该商场首饰部进行成本鉴定，会计师事务所以该部5月至8月的财务资料为依据计算，得出的结论与工商行政管理局的结论完全一致。×市工商行政管理局还查明，自6月至7月，该部共以每克125元的价格销售纯金饰品19 155克，销售收入为1 978 182元。工商行政管理局认为该商场低于成本价销售纯金饰品，在于制造商业影响，以争取顾客，其行为已造成了扰乱市场秩序的严重后果，损害了同行业经营者的利益。×市工商行政管理局根据上述事实认定，该商场的行为违反了《反不正当竞争法》第11条第1款和《×省反不正当竞争条例》等。初步估算对×超级商场的低价销售行为的罚款幅度在2万元至8.5万元之间。处罚决定作出前认为罚款数额较大，依《行政处罚法》第42条的规定告知该商场有要求举行听证的权利。工商行政管理局告知后的第二天，该超级商场要求举行听证。1996年10月16日，×市工商行政管理局就对×超级商场低价销售行为的行政处罚举行了听证会。×超级商场委托了×律师代理听证，并就其销售行为与办案人员进行了辩论，经过听证查明了全案事实，认定其销售与当初估算的要少4万元。最后工商行政管理局作出对该商场罚款3.5万元的处罚。处罚决定作出后，×超级商场没有提起行政复议和诉讼。

【提示与讨论】

本案案件事实的认定有两点：①×超级商场低价销售纯金制品的行为是否为不正当竞争行为。市场经济下，是允许竞争的，一般情况下低价销售让消费者得到实惠是不违反竞争规则的。然而，以营利为目的，给其他竞争者带来损失的销

售行为却是反不正当竞争法所禁止的。商品低于成本价销售并不是绝对禁止的，有些商品在非常条件下是可以低于成本价销售的，如鲜活商品、需要处理的商品、季节性降价处理的商品等，或为了清还债务而不得已销售的商品。本案×超级商场所销售的纯金制品不属上述商品，该商场也不存在清偿债务问题。基于此，其销售行为已构成了不正当竞争行为。②×超级商场究竟以低于市场价销售了多少纯金制品。即工商行政管理机关必须查清其确切数量，因为这个数量是其承担违法责任的前提。×市工商行政管理局在查清×超级市场销售数量方面是认真的，在自己认定的基础上还请会计师事务所再进一步确认，此种严肃对待案件事实的态度是值得提倡的。

本案所适用的行政法规范是《反不正当竞争法》和《行政处罚法》以及《×省反不正当竞争条例》。《反不正当竞争法》第11条第1款规定："经营者不得以排挤竞争对手为目的，以低于成本的价格销售商品。"×超级商场的行为违反了此规定，对此应当承担法律责任。然而，《反不正当竞争法》关于以低价销售的行为只作了禁止性规定，而没有规定相应的法律责任，必须借助于其他行政法规范或地方立法追究行为人的责任，且结合违法行为人实际获得的利益对其进行处罚。由于罚款数额较大，依《行政处罚法》第42条的规定应告知当事人有权要求举行听证。该条规定："行政机关作出责令停产停业、吊销许可证或者执照、较大数额罚款等行政处罚决定之前，应当告知当事人有要求举行听证的权利；当事人要求听证的，行政机关应当组织听证。……"×市工商行政管理局的这一法律适用行为是正确的。其尽管是程序性问题，但最终关系到的是相对方当事人的合法权益。此案提醒我们，在适用法律时，除了对案件性质作出准确认定外，还要把握当事人违法行为的量。除了准确适用实体法外，还要准确适用程序法。

笔者认为，本案涉及到一个特殊的行政程序，即行政听证程序。依目前我国法律的规定，该程序仅适用于行政机关的行政处罚行为中。从法律规定的角度看，它是一个程序规则，是行政机关行政执法中的一个特殊程序规则，从其与相对方当事人的关系看，其不单单具有程序性，它还是相对方当事人的一种权利。事实上，《行政处罚法》在规定该程序时，规定了一系列权利义务，如当事人有权要求举行听证，行政机关应当在举行听证的7日前，通知当事人举行听证的时间、地点，行政听证要公开举行，当事人有权委托代理人代理听证。"举行听证时，调查人员提出当事人违法的事实、证据和行政处罚建议；当事人进行申辩和质证"。行政法治实践中，对于当事人的听证权必须全面保障，而不能不予保障或片面保障。一些行政机关为了逃避听证，常常不告知当事人有要求举行听证的权利。还有一些行政机关对本该公开举行听证的不公开听证等。本案×市工商行政管理局的执法活动是正确的，其全面保障了相对一方当事人的听证权，使相对方对作出的处罚决定并无异议。

案例97　行政行为程序违法的法律后果
——王××不服上海市社会保险事业基金结算管理中心不予批准提前退休决定案〔1〕

【案情摘要】

原告（上诉人）：王××

被告（被上诉人）：上海市社会保险事业基金结算管理中心

原告王××1951年6月出生，原在内蒙古工作。2003年7月，经相关部门批准，王××商调进沪，8月，到上海×公司工作，其在内蒙古的养老基金账户也转移至本市，户口随后迁至上海。王××在该公司工作了3个月，此后一直失业。公司也仅为其缴纳了2003年9月至11月3个月的养老保险金。2006年6月，上海市社会保险事业基金结算中心（下称市社保中心）核定王××在1970年至2000年在内蒙古从事的工作属特殊工种。2007年7月，王××以其从事特殊工种达到一定年限为由，向市社保中心提出要求办理提前退休手续。市社保中心以信访答复的形式告知王××，根据沪劳保社发［2003］9号《关于外省市转移进沪人员若干问题处理意见的通知》第3条规定，转移进沪人员办理退休手续时，在本市实际缴纳社会保险费必须满5年，由于王××在本市实际缴费不满5年，因此暂不能办理退休手续。王××不服，提起行政复议。复议机关原上海市劳动和社会保障局维持了市社保中心对王××所作答复。王××仍不服，提起行政诉讼，要求撤销市社保中心对其所作答复。

原告诉称：其于2003年8月到上海工作，2007年7月按照被告要求补缴了1993年1月至12月内蒙古和上海市的社会保险基数的差额。其在年满55周岁且有从事特殊工种29年3个月的情况下，向被告提出特殊工种提前退休申请理应得到批准。被告所作答复违反了国家关于退休的规定，请求撤销被告所作答复。

被告辩称：其所作答复认定事实清楚、适用法律正确、程序合法，请求法院判决维持。

一审法院经审理认为，市社保中心系本市养老保险事务的主管机构，依法具有统一经办本市基本养老保险业务的职责。市社保中心适用的《关于外省市转移进沪人员若干问题处理意见的通知》是考虑了本市养老保险基金的实际状况及外

〔1〕参见张海棠主编：《2009年上海法院案例精选》，上海人民出版社2010年版，第337～341页。

省市转移进沪人员在本市缴纳养老保险费义务与领取养老保险金待遇权利相互对等的原则，并未违反相关的法律规定。2003年8月，王××户口迁入上海后，实际缴纳社会保险费不满5年，不符合办理退休手续的条件。故市社保中心对王××申请办理退休手续，作出“由于您在本市实际缴费不满5年，因此暂不能办理退休手续”答复的具体行政行为。该具体行政行为认定事实清楚，程序合法，适用法律正确。故依据《行政诉讼法》第54条第1项之规定判决维持市社保中心于2007年8月13日对王××所作答复的具体行政行为。

一审判决后，王××不服，向二审法院提起上诉。

上诉人王××上诉称：原审判决认定事实不清、适用法律不当。上诉人从事特殊工种工作29年3个月，符合国家规定的提前退休条件；根据劳动和社会保障部办公厅劳社厅函［2002］190号《关于对户籍不在参保地的人员办理退休手续有关问题的复函》规定，上诉人在内蒙古和上海的实际缴费年限应合并计算，上诉人符合退休领取养老金的条件。被上诉人所依据的《关于外省市转移进沪人员若干问题处理意见的通知》与上位法相冲突，不应适用。故请求撤销原审判决，撤销被诉具体行政行为。

被上诉人市社保中心辩称：《关于外省市转移进沪人员若干问题处理意见的通知》规定，外地转移进沪人员办理退休手续时，在本市实际缴纳社会保险费必须满5年，现上诉人仅在本市实际缴纳了3个月的社会保险费，不符合该通知规定的退休条件；《关于对户籍不在参保地的人员办理退休手续有关问题的复函》是对在不同地区参保的人员实际缴费年限如何计算的规定，与《关于外省市转移进沪人员若干问题处理意见的通知》内容并不冲突，原审判决认定事实清楚，适用法律正确。故请求驳回上诉，维持原判。

二审法院经审理后认为，从事特殊工种工人的提前退休，须经政府相关主管部门的批准。上诉人王××系从事特殊工种工人，其于2007年8月申请办理提前退休手续时年龄已超过55周岁，有权向被上诉人市社保中心提出提前退休的申请。王××以其从事特殊工种达到一定年限符合提前退休条件为由，向被上诉人市社保中心提出办理提前退休手续的申请，该申请具体、明确。对于王××的申请，被上诉人应当作出具体的决定，以业务告知单等形式告知王××。本案中，虽然被上诉人作出“暂不能办理退休手续”的实体答复，但却采用了信访答复的形式，在信访答复上加盖的也是信访专用章。由于信访程序是独立的程序，信访答复一般是政府部门对公民、法人或者其他组织反映的情况、提出的建议、意见或者投诉请求，依法处理给予的回复。对信访答复不服，只能向上一级行政机关提出复查以及向再上一级的行政机关提起复核，不能对信访答复提起复议或者诉讼。故被上诉人采用信访答复的形式对王××要求履行审批退休的法定职责的申请进行答复，混淆了信访和履责程序。现被上诉人市社保中心仅以信访答复的形式对上诉人王××的申请作出回复，其答复程序违法，依法应予撤销。原审判决维持被诉答复不当，应予纠正。据此，二审依照《行政诉讼法》第61条第3项、第54条第2项第3目、最高人民法院《关于执行〈中华人民共和国行政诉讼法〉若干问题的解释》第70条之规定，判决撤销原审判决、撤销市社保中心对王××所作答复。

【提示与讨论】

本案原被告双方的争议焦点是原告是否能够办理提前退休手续这一实体性问题。然而，最终决定本案二审判决结果的却是一个程序性问题，即行政机关面对原告提出的要求办理提前退休手续的申请，是否可以信访答复的形式进行处理。在探讨这个问题前，我们有必要先厘清信访回复的概念和性质。根据我国现行《信访条例》第2条的规定，信访“是指公民、法人或者其他组织采用书信、电子邮件、传真、电话、走访等形式，向各级人民政府、县级以上人民政府工作部门反映情况、提出建议、意见或者投诉请求，依法由有关行政机关处理的活动。”从上述界定不难看出，信访是一种互动、双向的活动过程，包含行政相对人为了实现某种目的和需要提出信访事项的活动和行政机关依法处理行政相对人提出的信访事项的活动。信访回复（答复）即是行政机关依法受理、办理信访事项，对建议、意见或者投诉请求作出采纳或者不采纳、支持或者不支持的决定，依法解决信访问题的一种处理方式。《信访条例》对行政主体做出信访回复的形式和内容规定了以下几种处理方式及相关程序：①对属于《信访条例》第15条规定的信访事项，应当告知信访人分别向有关的人民代表大会及其常务委员会、人民法院、人民检察院提出。②对已经或者依法应当通过诉讼、仲裁、行政复议、行政诉讼等法定途径解决的，不予受理，但应当告知信访人依照有关法律、法规规定程序向有关机关提出。③对依照法定职责属于本行政主体法定职权范围的信访事项，能够当场答复是否受理的，应当当场书面答复；不能当场答复的，应当自收到信访事项之日起15日内决定是否受理并书面告之信访人。④对反映情况、建议、意见类信访事项，有利于行政机关改进工作、促进国民经济发展的，有关行政机关应当认真研究论证并积极采纳。⑤对信访人提出的投诉请求，经调查核实，依法分别作出以下处理：一是请求事实清楚，符合相关法律规定的，予以支持；二是请求事由合理但缺乏法律依据的，应当对信访人做好解释工作；三是请求缺乏事实根据或不符合相关法律规定的，不予支持。

从信访回复的这些形式和内容可见，信访回复并不对行政相对人的权益产生实际影响，即行政相对人的权利义务关系不会因信访回复而发生变化。这就决定了信访回复与行政主体做出的具体行政行为有本质区别，即如果信访人对于信访回复不服，一般情况下只能向上一级行政机关提出复查以及向再上一级行政机关提出复核，而不能提起行政复议或者行政诉讼。因为根据《行政诉讼法》第2条、第11条的规定，行政相对人提起行政诉讼的首要条件是认为行政主体及其工作人员的具体行政行为侵犯其合法权益。

在本案中，王××属于失业人员，其直接向社保中心提出办理提前退休的申请，社保中心应当做出是否批准的行政决定，如果行政相对人对该行政决定不服，可以提起行政复议或行政诉讼。然而，在本案中，社保中心仅仅是以信访回复的形式对王××的申请进行处理，认为王××不符合提前退休的条件，这一回复并非行政决定，因此构成程序违法。二审人民法院作出撤销原审判决、撤销市社保中心对王××答复的判决是正确的。

第二节　行政程序法的基本原则和主要制度

根据第二次世界大战后各国行政程序法的发展趋势以及我国的具体情况，行政程序法应包括下述基本原则：公正原则；公开原则；听证原则；顺序原则；效率原则。

行政程序法是以行政行为为中心的，它的作用基点在行政行为。我国没有一部完整的行政程序法，我们一方面根据行政法治较为发达的国家所制定的行政程序法观察行政程序法对行政行为的规定；另一方面，根据我国的一些零散行政程序法规范来揭示行政程序法对行政行为的规定。据此，我们认为行政程序法中的主要制度包括以下内容。

一、行政行为主体制度

行政行为必须有对应主体，同时该主体应当是规范化的主体。外国行政程序法就规定了行政行为主体的表明身份制度。即行政主体实施某一行政行为时必须表明执法身份，以证明其身份的合法性。我国在一些特别的行政程序中也有表明身份的规定，《中华人民共和国居民身份证法》规定，人民警察依法执行职务时，遇有特定情形，经出示执法证件，可以查验居民身份证，这表明身份制度是其他相关制度的基础。

二、行政行为告知制度

告知制度包括实施行政行为的机关，告知行政相对人的有关事项和告知利害关系人的有关事项。对于行政相对人而言，行政主体要告知有关行政决定的情况。牵涉利害关系人权益的，行政主体亦要告知利害关系人。《西班牙公共行政机关及共同的行政程序法》第58条规定：“①影响利害关系人权益的裁决及行政行为应根据下条规定通知利害关系人；②所有通知必须在行为之日起的10天内发出，通知须包括裁决的全文，指出它是否为行政程序上的终决，说明有关申诉，受理申诉的部门以及提出申诉的期限，但这并不妨碍利害关系人进行他认为合适的申诉；③在利害关系人进行意味知晓裁决内容的活动或通知对象的行为，或提出有关申诉之日起，瑕疵通知即发生效力。”〔1〕

三、顺序制度

行政程序核心部分应当是行政行为的顺序，即行政行为作出的过程和环节。《日本行政程序法》第6条就规定了行政机关作出行政行为时的“标准处理期间”、“行政机关应尽力订定自申请到达其办公处所时起至对该申请为处分时止，通常应需之标准期间（依法令应先向与该行政机关不同之其他机关提出申请这情形，则合并该申请到达该先提出之机关之办公处所起至到达该行政机关办公处所止之时间为通常所需之标准期间）。同时，于订定有该项期间时，应于提出该申请之机关办公处所设置或以其他适当方法公告之。”〔2〕虽然只是行政行为顺序的一个环节，但从此可以看出程序法对行政行为的控制是非常精细的。《中华人民共和国政府采购法》第38条规定：“采用竞争性谈判方式采购的，应当遵循下列程序：①成立谈判小组。谈判小组由采购人的代表和有关专家共3人以上的单数组成，其中专家的人数不得少于成员总数的2/3。②制定谈判文件。谈判文件应当明确谈判程序、谈判内容、合同草案的条款以及评定成交的标准等事项。③确定邀请参加谈判的供应商名单。谈判小组从符合相应资格条件的供应商名单中确定不少于3家的供应商参加谈判，并向其提供谈判文件。④谈判。谈判小组所有成员集中与单一供应商分别进行谈判。在谈判中，谈判的任何一方不得透露与谈判有关的其他供应商的技术资料、价格和其他信息。谈判文件有实质性变动的，谈判小组应当以书面形式通知所有参加谈判的供应商。⑤确定成交供应商。谈判结束后，谈判小组应当要求所有参加谈判的供应商在规定时间内进行最后报价，采购人从谈判小组提出的成交候选人中根据符合采购需求、质量和服务相等且报价最低的原则确定成交供应商，并将结果通知所有参加谈判的未成交的供应商。”确立了政府竞争性谈判方式采购行为的顺序。

四、行政行为说明理由制度

行政行为说明理由是现代行政程序保护行政相对人权益，促使行政主体谨慎行政的一个措施，各国行政程序法基本上都有这样的规定，法国1979年制定了专门的《说明行政行为理由及改善行政机关与公众关系法》第1条规定：“自然

〔1〕应松年主编：《外国行政程序法汇编》，中国法制出版社1999年版，第300页。

〔2〕应松年主编：《外国行政程序法汇编》，中国法制出版社1999年版，第442页。

人与法人有权及时知悉与其有关且对其不利的个别行政决定的理由。具有下列内容的决定应当说明理由：——限制公众自由的行使，或其他警察措施；——实施处罚；——对给予许可附加限制性条件或强制性命令；——规定时效、权利丧失或失效；——拒绝给予一项优惠，而该给予对于符合法定条件获取该优惠之人构成一项权利；——拒绝给予许可，但通知理由违反保安原则或损害 1978 年 7 月 17 日第 78—753 号法律第 6 条第 2 至 5 项规定所保护优惠的，不在此限。"[1]

五、行政行为听证制度

《美国联邦行政程序法》将行政听证分为正式听证和非正式听证两大类。"所谓正式听证指行政机关在制定法规和作出行政裁决时，举行正式的听证会，使当事人得以提出证据、质证、询问证人，行政机关基于听证记录作出决定的程序。"[2] "非正式听证指行政机关在制定法规或作出行政裁决时，只须给予当事人口头或书面陈述意见的机会，以供行政机关参考，行政机关不须基于记录作出决定的程序。"[3] 此两种听证的目的都在于保护行政相对人的权益，都在于使行政行为能够在公正公开的情况下作出。我国已经在一些行政行为中实施了听证制度，如行政处罚等。

在行政法治实践中经常遇到以下几类问题：①行政程序中效率原则的体现；②行政程序诸环节连结的完整性等。

案例98 行政程序效率原则的体现
——×省建委工程审批拖延案

【案情摘要】

×公路大桥是我国×主要河段上最长的公路桥。该桥从 1976 年 1 月起开始酝酿兴建，×省交通厅负责勘察，先后选了六个地址，作为大桥的桥位。选择出三条桥轴线。数次确定大桥的长度，多次编制设计。×省交通厅与交通部、水电部、计委等中央有关部门反复磋商。论证时间达 7 年之久。1982 年作出了该桥的初步设计方案。但该方案中仍有一些问题尚待解决，例如对该桥采用何种桥梁结构有两种论点：第一种意见主张用箱式梁；第二种主张用筒式梁。两种意见都有充分的论证材料，一时难以统一。论证小组将两种意见呈报×省建设委员会，请求审批。论证材料在省建委大院逐部门运行，数 10 个处室相继进行了审核，十

[1] 应松年主编：《外国行政程序法汇编》，中国法制出版社 1999 年版，第 568 页。
[2] 应松年主编：《比较行政程序法》，中国法制出版社 1999 年版，第 190 页。
[3] 应松年主编：《比较行政程序法》，中国法制出版社 1999 年版，第 190 页。

个多月过去了省建委还没有审核完。专家论证，该桥晚建一天将给×省带来数十万元经济损失。1982年12月26日×省主管交通的副省长上任后，亲自召集省交通厅的正、副厅长，要求加快×公路大桥的建设。其认真听取了厅长们的情况汇报，当其得知工程不能迅速动工的原因在于论证材料在省建委大院旅行时，立即召集省建委的正、副主任，并作出指示，要求建委在交通厅上交的两个方案中尽快作出选择，不允许论证材料在建委旅行。在该副省长召集建委领导的第二天，省建委主任亲自带领建委一班人马，牺牲元旦假日，对方案进一步进行论证。不到半个月的时间便作出了选择，批准采用筒式梁方案。1个月后，×副省长审阅了省建委的批文，再次找省交通厅，要求他们依此批文，抓紧下一步的设计。此时，长达1年之久的两个方案之争，终于得到了审批。一年以后，大桥主体工程的设计也审批通过了，施工正式开始。在施工单位的选择问题上，工程领导小组又有不同意见，影响大桥施工全面展开。为此，工程领导小组邀请有关单位一起论证，作出了正确决策。这一决策可缩短工期至少半年，仅此一项就增加经济效益3000万元。×副省长接到报告后，就到×公路大桥工地考察、讨论、批示，最后使×公路大桥提前21个月竣工。

【提示与讨论】

本案既不是一个严格的行政执法案件，也不是一个行政裁决案件，而是行政机关在行政管理活动过程中，作出行政决定时的内部行政执行案件。该案既没有被告也没有原告，既没有复议申请人也没有复议被申请人，但该案的案件事实包含了深层次的行政法制度问题。①该案件中涉及到行政机关在作出行政决定时相关行政机关之间的关系。本案中省交通厅负责对×大桥工程进行论证，并作出决策，但其决策行为必须受到省建委等部门的制约。在二者的关系中有一定的程序规则，但又缺乏严格的程序制度。②该案中，×省建委对于×公路大桥桥梁结构的论证报告是非常重视的，省建委先后有十几个部门对该论证报告进行了审核，但如此烦琐的审核程序使工程拖延了近1年时间，而就目前我国的行政法制度讲，还不能简单地说×省建委有行政违法行为。因为还没有法律规范对行政机关的审批作出具体规定。③×省副省长亲自召集省交通厅、省建委等主要领导人，在其催促下，×公路大桥的论证报告才审批下来，也正是其在各个方面所作的超出烦琐程序规则的努力，使×公路大桥比原定提前21个月竣工。在行政法对程序规则没有明确规定的情况下讨论×省建委和×省副省长的是非关系是没有多大意义的。即不能将×省建委的行为认定为违法，而将×省副省长的行为认定为合法。但从行政程序法所应贯穿的效率原则看，×省建委的行为显系背离效率精神，而×省副省长的行为则符合效率原则的一般要求。

由于没有明确的行政程序规则调整本案的行政行为，因而不可能在法律规范之内讨论本案的法律适用问题。但可以结合我国宪法确立的法治原则和行政合理性原则讨论本案的法律适用。《宪法》第 27 条规定："一切国家机关实行精简的原则，实行工作责任制，实行工作人员的培训和考核制度，不断提高工作质量和工作效率，反对官僚主义。一切国家机关和国家工作人员必须依靠人民的支持，经常保持同人民的密切联系，倾听人民的意见和建议，接受人民的监督，努力为人民服务。"该条实际上指明了行政机关在行政活动中的一些程序规则，如提高工作质量和工作效率。×省建委对于×大桥工程的论证报告进行认真审核，可以说贯彻了提高工作质量的原则，但违反了提高工作效率的原则。一个单一的行政处理决定竟然使文件在政府大院旅行一年多，显然违背了宪法规定的效率精神。×省副省长可以说领会宪法的这一规定，事实上其也清楚，只要工程搁置一天便会使该省有数十万元的经济损失。此案的法律适用提醒我们，行政机关在行政执法中除了要注意明文的法律规定外，还要依宪法精神、依法的一般原理、依行政管理事态的规律履行管理职能。

笔者认为，行政程序法的基本原则之一就是效率原则，该原则是各国行政程序法普遍贯穿的原则。其既贯穿于外部行政执法程序中，又贯穿于内部行政执法程序中。就外部行政执法的效率原则而论，行政机关在对公民、法人和其他社会组织作出处理决定时，要迅速、及时、灵活。尤其像行政许可行为、行政裁决行为等直接影响相对一方当事人下一步如何行使权利的行政行为，更应及时作出，不能长时间不作行政决定。内部行政程序中的效率原则更为明显。我国上下级行政机关之间有一种管理与服从的关系。只有在上级行政机关作出某种行政决定后，下级行政机关才能履行一定的行为，此时上级行政机关一定要在最短的时间内作出处理决定。一些职能机关管理某一方面的行政事务，它的行政决定往往关系到某一事态的状况。有时，在行政决定没有作出前，某一行政管理事态便无法运行，此时要求该职能机关必须迅速作出决定。本案×省建委就主管重大建设项目的审批，交通机关将大桥论证报告呈报给建委后，一年多的文件旅行，导致工程至少迟延半年。行政程序法律的效率原则既是我国今后制定行政程序法要遵守的，也是在行政程序法出台之前行政机关执法时应当遵循的。

案例99　行政程序诸环节联结的完整性
——罗×被×县人民法院强制执行案

【案情摘要】

1995 年 4 月 21 日，晴，微风习习，××省××县人民法院面临一场严峻的考验。他们组织 20 名全副武装的干警，驱车到距县城 30 公里的石桥镇和寨村强制执行罗×无照行医案。罗×，男，现年 52 岁，系××县石桥镇一村农民。

1995 年 3 月 26 日以来，罗在未经××县卫生局批准、未取得行医资格的情况下，凭着自己仅有的一张省卫生函授学校的结业证，在和寨村办起私人诊所，其医疗条件十分简陋，室内杂乱无章。可有些群众在封建迷信思想的驱使下，宣扬罗×有“半仙之体”，有“能使病人起死回生之术。”罗×也成了无人不知、无人不晓的“能人”。有的求医者在罗×诊所边修起了一座“小庙”，烧香叩头，求神拜佛，从而使当地群众的情绪受到很大的冲击。“愚昧战胜了科学”，“上帝能治好百病”成了求医者的“尚方宝剑”。然而，据××县卫生局查明：罗×看病共有 3 个处方，即“1.2.3”号，药品有甘草、桂皮、红花、生地等 10 余种中草药。这些药大都有去火散热之功能，吃了没有大的作用可也没有副作用。不管是前来求医者还是病人家属，只要简单地说一下症状，罗既不进行诊断，又不书写处方，就对号付药，每副 2 包，每包收费 1.1～1.6 元不等。罗×的行为已经违反了××省人民政府有关文件规定。县卫生局于 4 月 3 日对罗×作出了处罚决定：①立即停业；②罚款 800 元；③没收非法所得 2640 元及全部药械。罗×接到处罚决定后，在规定的 15 日内既不申请上级机关复议，又不自觉履行。在此期间，卫生局曾两次前往罗×处检查执行情况，并两次告知罗×，若不执行××县卫生局的处罚决定，将对其采取强制措施，但均遭到罗×及亲属、病人的谩骂和围攻。

依照《医疗机构管理条例》的规定，××县卫生局于 4 月 18 日申请××县法院强制执行。当日上午 10 时 30 分，20 余名干警在有关部门的密切配合下，到达罗×诊所。当法院干警对罗×说明来意后，罗×拒不接受处罚，反而鼓动在场的求医者和围观的群众对法院工作人员施加压力，有的故意从中闹事，一青年阻碍执行公务，当场被拘留。一位来求医的老太太，恳求法院干警说：“你们可别抓罗×，我家还有病人”，说着眼泪汪汪。面对这种场面，法院院长王××以案讲法，用科学的道理向在场的群众论证眼前发生的事实，晓之以理，动之以情，讲只有相信科学，才是医治疾病的“良药”，讲利用封建迷信进行治病是非法的，指出罗×拒不执行处罚决定的严重后果，使在场的群众很受教育和启发。干警们又分成 4 个小组，分头对不明真相的群众进行教育，做好思想工作。几个小时过去了，手提篮子卖香的老太太们，自知理亏，悄悄地离去了；那些来求医的男男女女，纷纷卷起铺盖，向四处散去。干警强行拆除了罗×房子周围的小庙，无奈之下，罗×接受了县卫生局的三项处罚决定。

【提示与讨论】

本案罗×的违法行为是多重的。第一个违法行为是无照行医的行为。1994 年 2 月 26 日中华人民共和国国务院令第 149 号发布了《医疗机构管理条例》。第 24 条规定：“任何单位或者个人，未取得《医疗机构执业许可证》，不得开展诊疗活动。”罗×在未办理任何登记手续的情况下，公然开展医疗业务，是违反卫生行政管理法规的行为。第二个违法行为是罗×以封建迷信活动骗取他人钱财的行为，其让别人在他的诊所旁修建“小庙”，让自己的亲属把自己吹捧成“半仙之体”，并利用吹捧所造成的影响骗取他人钱财，事实上，罗×已经骗取了不少钱财。此行为违反了《治安管理处罚条例》的规定，是一种轻微的诈骗行为。第三个违法行为是拒不执行卫生机关的行政处罚决定，对抗公务的行为。在卫生机关作出处罚决定，多次催其履行的情况下，罗×不但没有履行，还对执法人员进行谩骂、围攻等，此行为同样属于治安违法。第四个违法行为是罗×在执法人员对其强制执行时，煽动一些不明真相的群众对抗执法机关的行为。上述四个违法行为是本案在认定案件事实时必须全面考虑的，否则将会疏漏对某些违法行为的打击。

本案适用的法律规范包括《医疗机构管理条例》和《治安管理处罚条例》。《医疗机构管理条例》第44条规定：“违反本条例第24条规定，未取得《医疗机构执业许可证》擅自执业的，由县级以上人民政府卫生行政部门责令其停止执业活动，没收非法所得和药品、器械，并可以根据情节处以1万元以下的罚款。”×县卫生局根据该条规定对罗×作出：①立即停业；②罚款800元；③没收非法所得2640元及全部药械。对罗×大搞封建迷信活动，趁机骗取他人钱财的行为则应当由公安机关追究其法律责任。《治安管理处罚条例》第24条规定：违法行为人“利用会道门、封建迷信活动，扰乱社会秩序、危害公共利益、损害他人身体健康或者骗取财物，尚不够刑事处罚的”，由公安机关处以15日以下拘留、200元以下罚款或者警告。此案对罗×的此一违法行为没有追究是不妥当的。其对抗行政机关执行法律的行为亦应依《治安管理处罚条例》追究责任。本案适用法律的基本程序是正确的，行政机关对其进行处罚，在其不履行处罚决定时适用有关行政强制执行规则是正确的。

笔者认为，行政程序是由若干环节构成的，各个环节之间都存在着联系。行政机关在实施行政处罚时必须依下述环节：①表明身份，向相对一方当事人证明其是行政机关的执法人员；②告知当事人有关的情况，如内容、时间、地点、形式等；③受理，指行政机关明确表示接受相对一方当事人提出的采取某种行政行为的请求的制度；④传唤，指行政机关为实现某一行政目的而要求相对方当事人在指定时间内前往特定地点的程序制度；⑤听证，即行政机关、执法人员与相对人依法进行论辩等。在行政执法实践中，行政处罚程序和行政强制执行程序作为两个大的程序范畴也常常衔接在一起。本案×县卫生局先依法定程序对罗×进行处罚，在其不履行处罚决定时使案件进入行政强制执行程序。诸程序在制裁违法行为中相互衔接。但本案在适用强制程序时存在一定的问题，行政强制分为间接强制和直接强制两种，一般要求先采取间接强制，即代执行或执行罚，在间接强制无效的情况下，再转入直接强制程序。本案中，×县卫生局在相对一方拒绝处罚决定时可以先采取执行罚，让其按日缴纳滞纳金，在无效的情况下再申请人民法院直接强制。行政执法机关一定要把行政程序作为一个整体来看，使各个部分互相衔接。

第三节　完善我国行政程序立法

近年来，我国的行政程序法取得了一些成就，但还存在许多问题，到目前为止并没有一部完整的行政程序法，事实上，诸多行政行为如行政决策行为、行政规划行为等等都处于法律程序的真空之中，如果这些行为有程序的话，那也只是一些游离于法外的内部程序或政策性程序。这样程序自身应当具有的价值也就无法在行政法中得到体现，行政法之精神也无法通过对行政程序的合理运用予以体现。从现有行政立法的状况看，一些本是行政实体法的典则中却有一些程序规则，而一些程序法典则中却冒出了行政实体法，这是一个对行政法治造成巨大障碍的立法技术问题。这样的状况使我们几乎无法对我国有无行政程序法作出确切回答，即如果仅从典则的独立性和完整性看，我国的确没有行政程序法，反之，如果仅就一些典则中涉及的法律内容看，我国的行政程序规则比比皆是，每一个部门行政法中都包含了行政程序规则。然而，从总的方面看，目前我国行政法体系的状况使我国法律没有反映行政程序应当具有的原则和技术细节，这些东西的缺失对行政程序意识的形成必然有害。基于此，我们认为，应当对我国行政法体系作重新编排，通过整合将行政程序法典游离出来，使其成为一个独立的东西，这样便有利于程序价值的确立，进而有利于行政主体正确认识行政程序的法律意义。

在我国行政法学理论中，通常将程序理解为行政主体的行为方式、行为环节、行为期限、行为过程中的其他要素，与行政法学理论上的这个理解相适应，我国行政法治实践关于程序的定位也是依上述内容处理的，例如，《全面推进依法行政实施纲要》就有这样的规定："行政机关作出对行政管理相对人、利害关系人不利的行政决定之前，应当告知行政管理相对人、利害关系人，并给予其陈述和申辩的机会；作出行政决定后，应当告知行政管理相对人依法享有申请复议或者提起行政诉讼的权利。对重大事项，行政管理相对人、利害关系人依法要求听证的，行政机关应当组织听证。行政机关行使自由裁量权的，应当在行政决定中说明理由。"这个关于程序的定位实质上降低了程序的地位，也对程序的科学内涵作了片面理解。我们认为，程序在行政法之中有两个本质性的东西要引起重视：①程序所反映的是一种结构，即行政系统内部的联结方式，上下级行政机关之间、平行行政机关之间根据什么方式联结起来是程序规则的基本内涵；②程序反映的是一个行为序列，而不仅仅是完成某一行为的环节。一个行为序列与行为所需要的环节是两个不同的东西。如果说，行为所需要的环节反映的是行为过程的美学需求的话，那么，行为序列所反映的则是行为结果上的美学需求。行为结果的美与行政过程的美并不是同一的东西。毫无疑问，我国行政法所需要的既有行政过程上的美，也有行为结果上的美，但最为根本的是行为结果上的美。我国统一的行政程序法典还没有制定出来，在其酝酿和讨论过程中，程序定位是一个必须解决的问题，如果我们还用传统的追求行政过程有严格环节的思维方式来确定行政程序的定位，我国即便制定了行政程序法，行政效率仍然难以得到提高。

行政法治实践中经常遇到以下几类问题：①行政程序中的法律责任；②行政程序缺乏严格期限规则，导致效率低下等。

案例100 行政程序中的法律责任
——胡××不服上海市公安局浦东分局收治肇事精神病人入院案[1]

【案情摘要】

原告（上诉人）：胡××

被告（被上诉人）：上海市公安局浦东分局

2004年11月4日下午，原告胡××在梅园新村派出所吵闹并殴打民警，浦东新区精神卫生中心一名住院医师诊断，原告为急性应激障碍，被告上海市公安局浦东分局据此认定原告为精神病人，并向浦东新区精神卫生中心发出收治肇事精神病人入院通知书。11月4日晚11时许，被告将原告送入浦东新区精神卫生中心接受治疗，11月12日下午，原告出院。住院期间，原告支付伙食费等费用人民币47.91元。原告遂向法院提起行政诉讼。诉讼中，经司法鉴定，原告未见精神异常，具有完全民事行为能力。

原告胡××诉称：原告因小包被盗而向梅园新村派出所报案，之后要求该所尽快破案。但梅园新村派出所作为被告的派出机构，不但不履行法定职责，还对原告实施暴力并将原告强行送入精神卫生中心，违反了《人民警察法》及相关

〔1〕 参见张海棠主编：《2008年上海法院案例精选》，上海人民出版社2009年版，第391～394页。

法律规定，对原告人身造成严重伤害，是对原告人格的侮辱，影响了原告的就业。故要求确认被告将原告作为肇事精神病人强行收治的行为违法，同时要求判令被告对原告作出赔偿，共计人民币 143 950 元。

被告上海市公安局浦东分局辩称：被告将原告送入精神卫生中心的行为系履行法定职责，未侵犯原告合法权益，故不同意原告的行政赔偿请求。

一审法院经审理认为：本案涉讼具体行政行为的合法性取决于原告是否符合应当被作为肇事精神病人强行收治入院的条件。《上海市监护治疗管理肇事肇祸精神病人条例》第 11 条规定："有肇事行为的可疑精神病人，可由其住所地公安机关将其强制送精神病医疗机构诊断。经两名以上精神病科专业医生（其中至少一名应是主治医师以上）诊断，确认是精神病人的，予以强制住院治疗；不是精神病人的，由公安机关依法处理。"但本案中，被告将原告作为肇事的可疑精神病人送入浦东精神卫生中心时，门诊诊断仅由一名住院医师签名，故该诊断结论因违反法定程序而不能被采信。现被告依赖该诊断结论认定原告为精神病人并将原告强行送治，其事实认定的证据不足，在收治当时，原告是否为精神病人这一事实无法确定。尽管在住院治疗过程中，浦东精神卫生中心于 11 月 8 日确诊原告为精神病人，但不足以证明原告被收治当日为精神病人。由于被告认定事实不清、证据不足，该被诉收治行为应予撤销。鉴于该行为已由被告实施完毕，并不具有可撤销内容，故对该行为应判决确认违法。由于被告的上述违法行为侵犯了原告胡××的人身自由，被告应当按日向原告支付赔偿金，并赔偿原告向医院支付的伙食费等费用 47.91 元。

综上，法院判决：被告收治肇事精神病人入院的行为违法应向原告赔偿 800.85 元。

一审判决后，原告胡××不服，提起上诉。

二审法院经审理认为，原审认定事实基本无误，予以确认。原审判决认定事实清楚，适用法律正确，遂依据《行政诉讼法》第 61 条第 1 项规定，判决：驳回上诉，维持原判。

【提示与讨论】

本案争议的焦点问题在于上海市公安局浦东分局收治肇事可疑精神病人这一具体行政行为是否具有合法性。这就牵涉到一个十分重要的法学理论问题，即行政主体违反行政程序的法律后果问题。

目前，我国整个社会的程序观念相对比较淡薄，实践中普遍认为只要有利于查明案件事实，实体结论正确，违反程序是无关紧要的。这种观点给我国的法治建设带来了不利后果，并严重影响了行政法治乃至整个法治的发展。在具体行政行为中，公正的程序至少有两个方面的重要意义：①它能够使行政相对人相信一个行政决定的事实基础是真实的，从而消除对行政的疑虑和抵触；②程序不仅能够给予行政相对人充分的自卫机会，也能够促使行政主体进行充分的公正努力，从而增进行政相对人对行政主体的理解，淡化或消除与行政的对立情绪。反过来说，如果程序本身是不公正的，即使查明的证据事实与客观事实完全吻合而且行政决定适用法律正确，行政相对人仍然可能而且有理由怀疑行政决定并不公正，而不公正的程序必然会引起更多的行政与群众的矛盾，形成不安定的社会因素。从这个意义上来讲，行政主体在作出具体行政行为时，如果违反法定程序就会不利于社会秩序的稳定和发展。换句话说，单纯的程序公正本身就能取得安息纠纷、避免纠纷、融洽政府与群众关系等效果；若具体行政行为违反程序则容易引起群众的怀疑、对立情绪等与法的宗旨相背离的负面效果，造成对社会秩序或公民权利的新的破坏。对行政机关违反行政程序的具体行政行为有多种纠错机制，然而，法院是唯一能够通过法律程序实施强力制裁的外部机关，它对行政机关违反程序的态度是法的正义目标得以实现的关键。因此我们主张，法院对于违反程序的具体行政行为应采取严厉态度：如果具体行政行为违反了那些立法明文规定会导致行政行为无效或不能成立的行政程序，例如，行政处罚中的听取申辩、说明理由、听证等程序，法院必须坚决对该种行为予以撤销或确认违法；对于具体行政行为违反其他程序的情况，法院也要严格把关，只要可能影响有关主要证据的真实性或行政决定的公正性，也应予以撤销或确认违法。

从本案具体情况来看，上海市公安局浦东分局收治肇事可疑精神病人这一具体行政行为的法律依据是《上海市监护治疗管理肇事肇祸精神病人条例》，该《条例》第 11 条规定："有肇事行为的可疑精神病人，可由其住所地公安机关将其强制送精神病医疗机构诊断。经两名以上精神病科专业医生（其中至少一名应是主治医师以上）诊断，确认是精神病人的，予以强制住院治疗；不是精神病人的，由公安机关依法处理。"而在本案中，被告在将原告送入浦东精神卫生中心时，门诊诊断仅由一名住院医师签名，少于《条例》规定的由"两名以上精神病科专业医生诊断"的程序规定。而这一违反程序规定的行为有可能影响到有关主要证据的真实性或行政决定的公正性。鉴于对法的正义价值的追求，法院以"该诊断结论违反法定程序"为由不予采信，据此判决被告上海市公安局浦东分局的收治原告的具体行政行为违法，我们认为该判决是合理的。

案例 101　行政程序缺乏严格期限规则，导致效率低下
——13 个大中型项目被拖延案

【案情摘要】

20 世纪 80 年代中期，我国先后对中央机关和地方国家机关的工作作风进行

了调查，进而作了一些整顿。据国务院×部门公布的情况，1985 年国家×委员会审批的 13 个大中型项目设计任务中，从文字报告之日起，到批复发出，平均每个项目花费 88 天。在文件稿上签字划圈的处、局、部委领导平均每个项目 28 人次。办文时间最长的项目用了 181 天，最短的用了 37 天。领导签字划圈最多的项目有 39 位，其中处级领导 16 位，局级领导 17 位，部级领导 5 位。在这 13 个项目中，基建项目平均每个办文时间为 58 天。技术改造项目平均每个办文时间为 121 天。国家×委员会签的 7 个项目平均每个项目用去 24 天。工商银行会签的 7 个项目平均每个项目用去 16 天。人民银行会签的 3 个项目，平均每个项目用了 6 天，中国银行的一个项目用了 33 天。由于文件会签单位太多，加之收发手续不健全，有的在传递过程中下落不明，有的丢失。如×市第一拖拉机厂项目的会签文稿，在有关单位里经过 5 个局，历时 30 天。这个文件传出以后，就不知去向，经过 8 天时间的查找，才在一个与该项目毫不相干的经济研究所找到。×市石油机器厂项目，有关单位将向×部和省报送的主页丢失，不得不让人家复印补上。××变电公司项目的可行性研究报告，在会签过程中丢失，最后没有查到是哪个单位丢失的。以上 13 个项目的会签时间虽长，但总算批复了。然而还有 8 个项目，历时 9 个多月，仍然在会签单位中漫游。项目申报单位为了早日拿到批件，不惜花费人力和差旅费，派专人常住首都催办、等待，基本采取上报文件到京，人也到京。批文从北京发出，人才离去。逢年过节单位领导命令：不见批文，不准回家和家人团聚。因此，这些“专员”从主办单位开始就跟踪办理。有关机械工业的大中型项目，都是经过企业、省、部和有关部门花费了一二年时间，做了大量的前期工作，才列入国家基本建设和技术改造投资计划的。可是，其审批过程，都成了马拉松式的旅行。

【提示与讨论】

对于 13 个项目审批的拖延、迟滞，如果从客观事实的角度出发，可以从法律因素、人为因素、体制因素、传统文化因素等方面进行分析。①从立法看，我国内部行政程序中一直没有严格的程序规则，更没有规定严格的期限制度。主管部门对所管辖事项的审批没有专门的法律规范进行调整，导致一个提交的项目被拖延审批没有相应的责任追究制度。②人为因素，一些行政执法人员存在严重的官僚主义作风、拖延作风，对于一些重要项目的审批都不愿承担责任，踢皮球、打官司的现象普遍存在。对此，在党和政府的一些文件中已有过批评和纠正的规定。③体制因素。20 世纪 80 年代我国尽管实行了改革开放，但从总体上来讲实行的还是计划经济。行政机关对社会事务的管理是全面的、多方位的，大多数建设项目都不是靠市场调节，而是由政府最终作出决策，因此，政府审批项目的相对数和绝对数都相当大，工作量过大，顾不过来也可能是一个重要原因。④从传统文化上看，我国是讲求礼仪的国家，繁文缛节过多。相比之下，效率意识差。在效率与办事环节发生冲突后，不是选择前者，而是选择后者。

我国行政机关内部没有规定期限制度和审批制度，立法上的滞后使行政机关在行政执法中没有明确的期限规则可循，因而使一些本来应当迅速作出的行政决定，常常拖延很长时间才能作出。本案 13 个项目的拖延审批就是例证。其实，《宪法》关于行政机关的工作效率和期限规则已有一些原则规定。例如第 27 条第 1 款规定："一切国家机关实行精简的原则，实行工作责任制，实行工作人员的培训和考核制度，不断提高工作质量和工作效率，反对官僚主义。"这一规定为我国在行政法制中建立期限规则提供了根本法上的依据。《国家公务员暂行条例》中关于公务员义务的规定包含着公务员要积极履行职责的规定，但没有履行职责应遵循的时限。我国程序立法关于期限规则的滞后性给行政管理领域带来了一系列麻烦。像本案这样长时间文件旅行而没有及时作出行政决策的事件还可以举出很多。由于缺少此方面的立法，一旦发生了因此侵害国家利益的事件常常无法补救，没有人能够承担责任。

笔者认为，本案提醒我们，我国完善行政程序立法，尤其在程序立法中确立期限规则是当务之急。期限制度有人也将其称为时效制度，所谓时效是指能够引起法律关系产生、变更或消灭的时间限制。行政程序法上的时效制度可以分成外部时效和内部时效两方面。我国立法关于外部时效已有不少规定，在保护相对方权益方面起到了非常重要的作用。如《行政处罚法》就规定了行政机关对公民施行处罚的时限，公民提起行政复议的时限，行政机关举行听证活动的时限等。《治安管理处罚法》以及其他行政管理部门法都规定了时效。与外部时效相比，行政机关内部时效制度相对欠缺，例如，对下级行政机关的请示汇报，上级行政机关应何时作出答复在大多数情况下不受法律调整。可以在行政程序法的总体系中确立期限制度，也可以制定专门的期限规则。我国在一些地方立法中制定了简单的程序规则，如×省就规定下级行政机关的请示报告，上级行政机关必须在 15 天内给予答复。期限规则不确定，行政效率就难以提高。

第十二章
行政违法与行政责任

行政违法是指行政法律关系当事人违反行政法规范，侵害法律保护的行政法律关系而尚未构成犯罪的行为。行政责任是行政法律责任的简称，指行为人违反行政法律规范所应承担的法律后果，或行为人不履行行政法律义务所应承担的法律后果。

第一节　行政违法

行政违法有两种情形：职务过错和行为过错。前者指国家机关工作人员的违法失职行为。这类失职行为使国家利益和公民合法权益遭受侵害，但还没有达到犯罪的程度。后者指公民、法人和其他社会组织以及其他处于管理相对方的主体对于行政法规范的触犯。行政违法行为都不同程度地破坏了行政法规范所确认的行政管理关系和其他社会关系。对法律保护的社会关系的破坏的表现形式是多种多样的，可以表现为积极地实施法律所禁止的行为，例如，侵害他人人身权、名誉权、财产权等等，也可以表现为消极的不作为，例如，有服兵役义务的公民拒绝或者逃避服兵役，有纳税义务的公民不按规定的数额和期限向国家交纳税收等等。在后一种情况下，其行为尽管没有前一种情况明显，但仍对行政法所保护的社会关系和社会秩序有破坏作用。不能简单地认为积极违法对社会的危害程度大，消极违法对社会危害程度小。有些情况下，后者比前者的社会危害更大。

行政违法的主体是行政法律关系主体，包括行政主体和相对方当事人；行政违法所违反的法律是行政法规范；行政违法行为人实施了违法行为。

在行政法治实践中经常遇到以下几类问题：①行政主体行政违法与合法行政的界限；②行政相对方违法与犯罪的界限等。

案例102　行政主体行政违法与合法行政的界限
——××区公安分局插手经济纠纷案

【案情摘要】

1993年3月15日、3月31日，××市物资经营公司与××地区检察院下属的劳动服务总公司先后签订了两份60×60俄罗斯钢坯购销合同，合同规定：物资经营公司向劳动服务总公司支付定金581.25万元，劳动服务总公司分别于当年4月底、5月底各提供12 500吨钢坯。××地区检察院作为劳动服务总公司的上级，为劳动服务公司全面履行合同作了担保。合同签订后，物资经营公司即向劳动服务总公司支付581.25万元定金，××地区检察院和劳动服务总公司还以担保费的名义向物资经营公司索取了50万元现金。嗣后，劳动服务总公司提出按合同全部供应60×60俄罗斯钢坯有困难，要求将部分钢坯规格改为90×90，当时物资经营公司表示同意，双方遂以电传、信函等形式对原有合同标的物条款予以变更。5月8日，合同规定的第一批钢坯没有按期到货，物资经营公司即去函询问，要求劳动服务总公司说明原因。不久，劳动服务总公司发来××地区检察院检察长亲自出具的“有货，即将到港”等内容的担保函和钢坯离港通知单。5月12日，劳动服务总公司又电告物资经营公司，“因俄方原因延期交货，现俄方通知如无不可抗拒原因，5月20日前在××港交货”。物资经营公司与×工业开发公司都以为钢坯即将到港，于是双方商签了钢坯购销合同。该合同规定：物资经营公司在5月22日前向工业开发公司提供俄罗斯90×90钢坯6250吨。5月13日，工业开发公司按合同要求预付了500万元货款。5月中旬至6月下旬，物资经营公司和工业开发公司根据劳动服务总公司的电话通知，多次共同派员长驻上海等货，但一直未能见到货。为此，7月5日和16日，物资经营公司函告劳动服务总公司，要求立即返还全部款项，承担违约责任，但未得到任何回音。7月24日，××市物资局、检察院及物资经营公司联合去××地区追款。××地区检察院答复：3天内先还300万元，8月10日前所有余款全部返还。然而，购货方在××地区苦等了21天，只收回20万元货款。经查：购货方汇至劳动服务总公司账户上的581.25万元定金及50万元现金，已被劳动服务总公司汇给×建材公司505万元，给×建材公司经理现金10万元，其余均被劳动服务总公司挪作他用。此后，×建材公司汇给华×公司242万元，汇给立×公司150万元。当物资经营公司去××地区追款时，劳动服务公司账上只有1万多元，×建材公司和立×公司账上也分别只有7万元和2000元，××市物资经营公司汇给劳动服务总公司的600多万元的货款，就这样被支解殆尽。由于劳动服务总公司既无货可供，也无款可退，致使物资经营公司无法向×工业开发公司履行合同或退款，双方的经济合同纠纷由此发生。在此之前，工业开发公司根据与物资经营公司签订的合同又和××县工业物资总公司签订了俄罗斯钢坯购销合同，××县工业物资总公司向工业开发公司支付了300万元定金。由于未能按时拿到货物，1993年7月14日，××县工业物资总公司被迫向××市中级人民法院提起诉讼，这起牵涉多方的连环购销合同纠纷终于由当事人之间的协调转入诉讼程序。

人民法院受理此案后，将物资经营公司列为第三人，并同时冻结了物资经营公司的账号，查封了财产。8月30日，物资经营公司与工业开发公司就彼此间的经济合同纠纷达成协议。协议主要内容是：×工业开发公司申请××市中级人民法院解除对××市物资经营公司银行账号的诉讼保全；×工业开发公司协助××市物资经营公司追款，款到后，首先归还×工业开发公司500万元预付款；双方经努力未能挽回一切损失，×工业开发公司不再就××市物资经营公司违约一事追究其赔偿责任，包括银行利息、违约金及一切经济损失。该协议在征得×市中级人民法院的同意后，人民法院解除了对××市物资经营公司采取的财产保全措施。

9月25日，物资经营公司经理薛××与×工业开发公司经理汪××等同赴××地区追款，9月25日下午5时许，×市公安局××区公安分局有关人员开着一辆“桑塔纳”轿车和一辆面包车，径直来到××市物资经营公司。薛××以为来人还是来商谈货款一事，看看已近晚饭时间，便请来人吃饭，不料，在饭店内却和会计任××一起被××区公安分局以诈骗罪宣布收容审查。薛、任二人被抓后，在当地引起极大震动。××市物资局领导对事态的发展表示极大的不满，认为薛、任二人没有诈骗行为，××区公安分局违反有关规定，插手经济纠纷乱抓人是违法的。9月29日，被收审人家属和单位委托律师向××市人民法院递交了行政诉状。第二天，人民法院分管副院长、行政庭长等一行4人，为慎重起见，按照有关规定前往×市××区公安分局，要求询问薛、任二人，以确认他们是否起诉，但遭××区公安分局的拒绝。10月4日，××市人民法院再次派人到××区公安分局，要求依法征询二被收审人的意见，此次，××区公安分局同意法院来人与薛、任二人会面。薛、任二人一致要求委托律师起诉。10月6日，××市人民法院正式立案受理薛、任二人提起的不服×市××区公安分局收容审查行政案。10月8日，人民法院将诉状副本及有关材料送达被告——××区公安分局，同时通知被告应诉，准备答辩。10月12日，××市法院根据法律规定，依法作出停止执行××区公安分局收容审查决定的裁定。10月15日上午10时45分，人民法院将裁决送达××区公安分局，中午12时，××区公安分局宣布将对薛、任二人的收审改为刑事拘留。同日下午，当××市人民法院要求将人民法院裁定送达原告时，××区公安分局法制办一公安人员说：“如何送达，你们自已想办法。目前我们已将薛、任二人转为刑事拘留，在此期间，任何人不得会见此二人。”至10月22日，××市人民法院受理的这起行政案件，××区公安分局未向法院提供任何作出具体行政行为的事实依据和法律依据，也未提交答辩状，对薛、任二人的收容审查改为刑事拘留后，也未将有关材料提交法院。在法院卷宗里，只有××区公安分局提供的该局法定代表人身份证明和授权委托书。在多方努力下，××区公安分局释放了薛、任二人，此案后来由人民法院以合同纠纷案处理。

【提示与讨论】

本案案件事实有两个层次，第一层次是四个经济实体之间的合同关系的性质，即为正当合同关系还是非法合同关系；第二层次是××区公安分局的行为是合法行为还是非法行为。两个事实是联系在一起的，第一层次的案件事实澄清以后，第二层次的事实亦就迎刃而解了。我们先讨论前者，本案有三对合同关系，涉及到四个经济组织，这四个经济组织是××市物资经营公司、×劳动服务总公司、×工业开发公司和××县工业物资总公司。四个经济组织都具有独立的法人资格，都能够独立地从事民事法律行为，其作为经济合同主体是适格的。××市物资经营公司与×劳动服务总公司之间签订的俄罗斯钢坯购销合同是一个符合法律形式的合同，且合同签订以后，双方已经依合同的有关内容各自履行了一定的义务。只是合同在履行过程中遇到了一定的麻烦，但不能因这一障碍因素否定这一合同的性质。××市物资经营公司后与×工业开发公司之间签订的合同也是一个符合法定形式的合同，双方在签订合同时相互之间都是非常了解的，不存在欺骗的问题。×工业开发公司与××县工业物资总公司之间的合同关系也是一个合法合同关系，双方在签订合同时也都是相互了解的。从上述三个合同的情况看，此案应当是一个合同纠纷案件，是合同中的一方当事人没有履行合同义务的案件，不存在合同主体之间的欺骗问题，更不能将此案视为诈骗案。就××区公安分局的行为而言，由于各方主体之间正当合同关系的性质，决定了公安机关行为的违法性。公安机关是不能对市场经济主体的经济行为施加什么影响的，更不能出面解决当事人之间的经济合同纠纷。本案从全案事实看，是一起公安机关插手经济纠纷的案件。

本案××区公安分局由于对案件事实的认定错误，因此适用法律的行为也是错误的。①将当事人之间的合同纠纷关系认定成一方欺骗另一方的诈骗关系，并以诈骗嫌疑人将薛××、任××逮捕，显然是在处理民事纠纷时适用刑事法律，这是本案适用法律的根本性错误。刑事法律规范只能适用于犯罪行为而不能适用于民事行为。②××区公安分局对薛××、任××采取收容审查的强制措施，更是不妥的，收容审查的适用对象是：有轻微违法犯罪行为又不讲真实姓名、住址、来历不明的人；有轻微违法犯罪行为又有流窜作案、多次作案、结伙作案嫌疑的人。除上述两类人外，对其他任何人都不能适用收容审查。本案中的薛××、任××显然不属于上述两类人员中的任何一类。在人民法院介入此案后，公安机关不但没有依人民法院的决定办事，反而将薛××、任××转为刑事拘留的做法更是错误的。③即便薛××、任××构成诈骗罪，被公安机关关押后，公安机关必须依法定程序办理批捕手续，并将案件移交司法机关处理。且当事人对其具体行政行为提起了行政诉讼，在人民法院已经受理的情况下，该公安机关仍然采取不予理睬的处理方式，致人民法院的有关材料无法送达给被扣押人。以此而论，本案适用法律不但实体上是违法的，而且程序也不合法，是一起较为典型的执法机关违法的案件。

笔者认为，本案是一起带有地方保护主义色彩的公安机关插手经济纠纷的案件。××区公安分局扣押薛××、任××是为了从其所在的物资经营公司索回×工业开发公司的购货款，是一种通过扣押人质索回经济损失的违法案件。为了制止公安机关插手经济纠纷，1989年3月15日公安部就发布了《关于公安机关不得非法越权干预经济纠纷案件处理的通知》。该通知明确规定了公安机关插手经济案件是越权行为。此种行为的违法性质是非常明显的，并不需要进行更多的理论探讨和争论。然而，在行政法治实践中，一些公安机关总以种种理由插手到经济纠纷中去，一些公安机关明知当事人的行为是应当受民事法律规范调整的，但总以经济诈骗为借口对当事人实施某种强制。强制以后采取观察等态度，即看关押以后当事人是否就范，如果当事人马上了结经济纠纷，公安机关也就将人释放了，而不作任何解释。若当事人没有主动解决经济纠纷的意向，就采取关而不决的非法手段，既不办理批捕手续，也不以相应的司法程序处理。公安机关的此种行为在我国近年来的行政法治实践中经常可见。此种行为的违法性是明显的，然而，一些公安机关仍然经常实施此类行为。这说明行政违法行为与行政合法行为的界限从理论上讲非常明确，但在行政法治实践中却常常不十分清楚。违法与合法的界限仅一步之遥。尤其超越权限的违法行为与合法行为的界限更难辨一些，在行政法治实践中必须引起足够的重视。

案例103　行政相对人违法与犯罪的界限

——张××假冒他人企业被×工商局处罚案

【案情摘要】

张××，男，系下岗职工。1993年6月至1994年3月期间，在未经工商行政管理机关核准注册取得经营资格的情况下，为牟取非法利益、获取了×市设备安装工程公司（属国家二级企业、建工一级企业）的宣传材料，私刻公章，冒称施工队队长，以×市设备安装工程公司的名义，与××石油天然气总公司北交公共事业管理委员会、××服务总公司工程建设开发公司签订了三份建筑合同，并以×市设备安装工程公司的名义组织施工。张××在所签订的施工合同上加盖的公章和经理的签字均系伪造。在施工期间与××天然气总公司结算所使用的发票，是×市×区×建材商店的发票，发票上加盖的“×市设备安装工程公司”的公章也是伪造的。张还于1993年6月在×区建设银行以×市设备安装工程公司的名义开设了银行账户，开设账户所用公章和登记的单位地址、电话全是伪造的。×市设备安装工程公司与张××无任何关系，该公司未与××石油天然气总公司签订暖气管道维修工程合同，亦未组织过施工，对此一无所知，而××石油天然气总公司一直认为是与×市设备安装工程公司签订的施工合同，并由其组织施工。张××使用×市设备安装工程公司的企业名称承包的××石油天然气总公司的建筑工程项目，工程决算总造价 1 518 370.60 元，扣除材料费、工资等费用，违法所得96 918.53 元。1994 年 3 月，×市城西区工商局接到匿名举报，反映下岗职工张××自 1993 年 6 月以来，以×市设备安装工程公司的名义承包了××石油天然气总公司的暖气管道维修工程，造价 100 多万元，要求依法查处。该局接到举报后，立即组织调查，在××石油天然气总公司和×市设备安装工程公司的配合下，查清了事实。城西区工商局认定张××的上述行为违反了《反不正当竞争法》第 5 条第 3 项的规定，构成“擅自使用他人的企业名称或者姓名，引人误认为是他人的商品”的不正当竞争行为。根据《反不正当竞争法》第 21 条第 1 款和《产品质量法》第 41 条的规定，该局于 1994 年 9 月 13 日决定，对张××处以没收违法所得96 918.53元，并处罚款 5000 元。

【提示与讨论】

本案的案件事实是清楚的，张××假冒两个公司的名称，并在两个公司之间建立非法合同关系。但是，张××行为的性质是值得探讨的。本案处理时，×市城西区工商局将张××的行为认定为行政违法行为，即认定成《商标法》和《反不正当竞争法》禁止的行政违法行为，而没有将张××的行为认定成犯罪行为，笔者认为是不妥当的。诚然，张××擅自使用他人企业的名称是《反不正当竞争法》所禁止的，属不正当竞争行为，其行为是行政违法行为。但是，行政违法和刑事犯罪是一个量的界限，我国刑法规定的绝大多数犯罪行为都首先违反了行政法的规定，就是说，绝大多数犯罪行为都有两个违法属性：一是违反了有关行政法规范的规定；二是违反了刑法的规定。如果当事人的一个行为既有行政违法性，又有刑事违法性，那就必须将该行为认定成刑事违法，而不能仅认定为行政违法。因为刑事违法从量上讲可以包容行政违法，而行政违法的量则低于刑事违法。本案张××的行为实际上已构成了刑事犯罪，即构成了诈骗罪，其假冒两个企业名称，并在两个企业之间建立并不存在的合同关系，使两个企业都处于上当受骗的状态之中，而自己却从中捞取金钱利益，其行为的诈骗性是明显的。×市城西区工商局仅将张××的行为认定成行政违法行为，显然属案件事实认定的错误。

本案×市城西区工商局由于对案件事实认定错误，因而，在法律适用上亦不能不陷于错误之中。《反不正当竞争法》第 5 条规定：“经营者不得采用下列不正当手段从事市场交易，损害竞争对手：①假冒他人的注册商标；②擅自使用知名商品特有的名称、包装、装潢，或者使用与知名商品近似的名称、包装、装潢，造成和他人的知名商品相混淆，使购买者误认为是该知名商品；③擅自使用他人的企业名称或者姓名，引人误认为是他人的商品；④在商品上伪造或者冒用认证标志、名优标志等质量标志，伪造产地，对商品质量作引人误解的虚假表示。”此条规定的精神实质是禁止不正当竞争行为。其前提是行为人亦是一经济实体或取得注册资格的其他经营者。本案的当事人张××并没有合格的经营资格，是在未取得工商行政管理机关核准注册的情况下，偷偷从事经营活动的。因此，张××的行为与此条禁止的情况并不完全吻合。当然，从不正当竞争行为的广义理解分析，张××的行为是违反《反不正当竞争法》的。但是，执法机关在处理行政案件时，必须对案件进行全面分析，并从我国法制的全局出发，对当事人的行为进行处理。本案×市城西区工商局适用《反不正当竞争法》第21条和《产品质量法》第41条进行处理显然不妥当。上面我们在案中事实部分已经指出，张××的行为已构成了诈骗罪，此种情况下，行政机关就失去了对该案的主管权限，应将案件移交司法机关处理，追究当事人的刑事责任。

笔者认为，在履行行政管理职能的过程中，行政机关享有一定范围的制裁权，即对违反行政法的行为人作行政法上的制裁，但必须同时指出，这种制裁仅仅是行政法上的，不能超出行政法的范围。行政机关在执法活动中遇到的案件要比司法机关遇到的案件复杂得多。作为行政机关而言，必须对相对方当事人的行为作出准确定性，既不能将行政违法行为认定成犯罪行为，但也不能将犯罪行为认定成行政违法行为。违法和犯罪本来就只有量上的界限，即一个违法行为如果所具备的量没有达到刑事法律制裁的范围就是行政违法。在大多数情况下，行政违法和犯罪之间的界限是清楚的，但在相当一部分应受制裁的行为上，行政违法和犯罪之间的界限还不是十分清楚，此时要求行政机关一定要认真把握。本案中张××的行为实际上已经构成了诈骗罪。从动机上看，张××是以牟取非法经济利益为动机的，而不是以参与市场竞争为动机的。从行为上看，其所实施的行为是蒙骗他人的行为，其所蒙骗的既有卖方又有买方，两种行为的印证足见张××行为的诈骗属性。对于当事人构成犯罪的行为，行政机关必须移交司法机关处理，而不能擅自处理。

第二节 行政责任

行政责任的主体包括行政主体和相对方当事人，本节侧重讨论行政主体及其公职人员对自己的行为应当承担的法律后果。行政责任与行政权力相关联。行政主体依法或者依授权取得国家权力，当它取得国家权力时便带来了两个方面的问题：①带来了支配别人的力量，行政主体通过这种力量改变或设定行政管理关系，对行政过程出现的问题进行处置；②带来了相应的麻烦，即在法律上有实施管理的义务。此二方面是相互对应的，前者如果是利的话，那么后者则是害，正是这种利与害的结合使任何权力都表现出强烈的二重性。

各国法律制度在设立行政责任时都坚持下列原则。①行政责任法定原则，所谓行政责任法定原则是指行政责任必须以法律形式表现出来，具体而言包括：行政责任主体的权利义务要通过法律设定，要认定行为人是否构成行政违法，主要看行为人是否违反了法律赋予他的权利义务规定，主要是义务规定。如果没有这种规定，或找不到行为人违法的依据，行为人就不构成违法。即便行为人的确侵犯了正常的行政关系或国家利益，也不能认定行为人违法。责任形式要有法律依据，就是通过法律规范将行政主体的责任形式予以规定，我国行政主体的责任形式依《行政诉讼法》、《国家赔偿法》以及其他行政实体法的规定，主要有下列诸种：其一，由行政相对人赔礼道歉。其二，依法履行职责。在行政主体不作为违法的情况下，要积极地实施应当作为的行为。其三，撤销违法行为，即行政主体有义务撤销已经作出的行政决定。其四，纠正不适当行政作为。行政主体对已经作出的行政行为有义务进行变更，使其不合理变为合理。其五，返还权益。当行政行为剥夺了行政相对人的权益后，若通过正常的程序认为行政主体剥夺权益的行为是错误时，行政主体有义务将该项权益返还给行政相对人。其六，行政赔偿。在行政行为给行政相对人造成人身或财产伤害的情况下，行政主体有义务赔偿行政相对人的损失。除上列主要形式外，行政责任还有一些特殊的法律形式，例如恢复现状等，追究责任的程序也要有法律依据。②行政责任过错原则。所谓过错原则是指行政主体承担行政法责任的前提是其主观上有过错，或者故意实施了某种伤害行政相对人权益的行为，或者过失而致使行政相对人权益受损。

行政责任的上列原则都使行政责任与其他的责任形式有着本质的区别，对于这种责任的本质我们可以作出如下分析。

一、行政责任旨在让行政过程能够继续进行

行政法以外的法律责任其目的在于终止某种行为过程，不让已经发生的行为过程再继续下去，如在民事赔偿责任中，责任追究的宗旨在于让责任人与受害人之间的行为过程终止，纠正的目的是终止不良的行为过程，让责任人以后不再与被侵害人之间再发生原来存在的联系。然而，在行政责任中，行政主体承担责任的目的不是终止其与行政相对人之间的行政关系，而是让行政主体与行政相对人之间的关系进一步继续下去。行政法上对于行政主体的责任形式，既在于对行政主体进行制裁，又在于让行政主体和相对人达成一致。行政责任无论有多少形式，其根本不外乎让行政相对人得到精神上或物质上的安抚。行政法通过行政责任安抚行政相对人的最终目的是让行政过程能够不断地继续下去。在刑事法律责任中，法律责任主体承担责任的形式是非常极端的，从有期徒刑到死刑，每一种责任形式几乎都将责任人置于了再不能有所为的境地。可见，刑事责任终止责任人与被侵害人关系的特性表现得最为典型。在行政法中，行政主体的任何一种责任形式都存在一个量的问题和质的问题，量和质都是有一定限度的，实际中的上限就是行政主体还能够继续行政过程。当然，如果行政主体发生了行政法以外的责任情况就不同了。行政主体作为法人的一种可以成为刑法中的责任主体，即行政主体可能以法人的身份实施犯罪行为。在宪法中，行政主体因为宪法责任可能会被解散和终止职权。行政主体在行政法上的责任则没有这么极端，任何一种行政法上的责任形式都以行政过程继续进行为界。让行政过程继续进行既是行政主体承担行政责任的目标，又是行政主体承担行政责任的法律属性。

二、行政责任旨在让行政关系进一步理顺

行政关系是行政主体与行政相对人在行政管理活动过程中结成的关系，国家设立行政机构组成体系之始就在法律上赋予了行政主体行政职权。行政机构组织体系以行政组织规则和行政行为规则将法律赋予行政机构体系的权力予以合理分配，每一个取得权力的机关就是一个行政主体，具有能够独立做出行政行为职权和独立承担行政法律责任的能力。行政主体的法律资格只有放在与行政相对人的关系中讨论时才有意义，因为法律人格是在此一主体与彼一主体的关系形式上表现出来的，若某一主体不与其他主体发生联系，即使具有法律资格也没有什么实际意义。行政责任亦是在行政主体与行政管理相对一方的关系中得到展现的，换句话说，若行政主体的权力行使没有对行政相对人产生影响，其就不可能产生行政法上的责任。那么，行政责任的承受与行政关系之间的关系就是一个必须引起重视的问题。

对于行政责任与行政关系之间的关系我们可以作出这样的区分：第一种情形是行政主体承担行政责任以后，其原来的行政关系，即与行政相对人之间的行政关系便予以结束；第二种情况是行政主体承担行政责任以后，不但不终止与行政相对人的行政关系，反而进一步将这一行政关系理顺，使这一关系继续存续。笔者认为，行政主体与行政相对人在某一事项中的关系随时都有终止的可能，但就行政关系的整体而论，行政主体与行政相对人的关系是一种长远关系，不论把行政相对人作为一个特定对象来看，还是将行政相对人作为一个不特定的对象来看都是如此，行政责任的承担是让行政关系进一步可以理顺。行政关系是否理顺是衡量行政过程是否良性循环的标准。

三、行政责任旨在让行政过程中诸方利益进一步和谐

我们上面已经指出，行政过程所涉及的利益不仅仅是行政主体和行政相对人之间的利益，即是说它所体现的是一种多方利益关系。一些行政行为本身就是对社会利益的分配，如行政主体颁发证照的行为、行政主体征收税款的行为、行政主体行使行政权力的行为、行政主体进行行政指导的行为等等。若行政主体通过行政行为对社会利益分配得比较合理，使利益各方都能够接受，此时，行政行为就不会产生争议，行政主体亦不必为此承担法律责任。反之，若行政主体对利益的分配不公，或者行政过程中的行政相对人、其他利害关系人以及其他的社会主体对行政主体的利益分配有异议，行政主体很可能因此而承担行政责任。行政法让行政主体承担行政责任的目的既不是终止利益分配关系，也不是制止行政主体的利益分配行为，而是让利益分配更加合理。我们所讲的合理与否是以利益各方对行政主体利益分配行为的评价为标准的。

在行政法治实践中经常遇到以下几类问题：①行政决策失误的责任承担；②行政主体与公务员在违法行为中的连带责任等。

案例104 行政决策失误的责任承担
——"CGCHC"决策失误案

【案情摘要】

1973年，原主管石油、天然气的某部主要领导人提出一个动议，我国在第四个五年计划期间，国家要改变能源构成比例，要尽快发展我国的天然气事业。×市获悉×省天然气储量较大后，就在内部定了一个指标，打算数年后，该省的天然气年产量要达到300~500亿立方米。1973年8月，×省石油管理局，按照原×部领导人的指示，组织了一批技术人员对该省的天然气储量进行勘探。一些科学技术人员经过勘探，初步确认该省的天然气储量大约为1000亿立方米。×省石油管理局将勘探的实际情况和数据汇报给原×部，该部两位主要负责人听了汇报后，严厉批评了×省石油管理局和负责勘探的技术人员，指出×省石油管理局思想不解放，是右倾。并要求这些技术人员胆子要大一点，必须将所勘探的数字进行修正。×省石油管理局及其一些技术人员在原×部的高压政策下，在当时的特定历史条件下便违心地改变了原来的勘探数字。他们在汇报书上把勘探所得的数字分成三级，即可采储量、尚待验证储量、没经钻探量。然后将三个级别的数字作了修正，即把三级改为二级，把二级改为一级。1975年1月，国家两个委员会根据原×部提供的情况，向国务院作了汇报，把一级可采储量1000亿立方米扩大为1万亿立方米。当×省石油管理局认为这样汇报不妥，向原×部提出异

议时，该部领导人倒反咬一口，认为×省石油管理局在搞翻案，是政治事件等。根据这个虚假数字，国家一些行政部门便作出了代号为“CGCHC”的工程计划，并形成了完整的工程决策。从1975年起，该工程全面展开，国家确定了预算资金为40多亿元。为尽快实现这一年产300亿立方米天然气生产能力的目标，从国外引进了一批天然气化工厂设备，并决定铺设总长度2940公里的地下输送管道，通过该管道使所开发天然气进入国际市场。为此将耗钢材150万吨、水泥12万吨及数千个大型机电设备。为了专用公路的修建，动用了全国150多个单位，900多个工厂，并在附近两个城市投资1.2亿元建设专门生产大口径钢管的钢管厂。然而，6年以后，即1980年下半年，国家一些部门才发现，该工程的行政决策是完全错误的。造成的损失已无法挽回，有13套从国外定购来的天然气脱硫装置都被锁在仓库里，向国内100多个单位定购的专用设备亦全部废弃。据最后统计，有4亿多元的资金被浪费，铺设地下管道耗资3.7亿元，共浪费7.7亿元。由此而改变经济格局造成的浪费则更大，对全国的石油天然气业造成了不可低估的损失。该失误完全是由行政决策的失误造成的，然而，最终并没有追究作出这个决策的行政人员的责任。

【提示与讨论】

本案的当事人有四个：①参加天然气勘探的科学技术人员；②×省石油管理局及其领导人；③原主管石油天然气的×部及其主要领导人；④最后作出决策的国家最高行政部门。本案中的上述四个主体在开发天然气的决策中都起了一定的作用。作为参加勘探的科学技术人员来讲，应当如实汇报天然气的储量，即使受到来自外界的干预，也不能违心地将科学数据予以改变。无论如何，改变数字的行为都是不正确的。×省石油管理局在客观事实与行政命令发生冲突以后，应当选择客观事实，即应以客观事实的状况为依据，而不应以上级行政命令为转移。本案中，×省石油管理局明知上级的行政命令是错误的，但仍然要执行这一错误的行政命令，其行为是不符合社会主义法治原则的。当然，在行政法治实践中，下级机关如何合理纠正上级的错误决定是一个非常棘手的问题。但如果明知是错误的指示，仍予以执行的话，其本身是应负一定责任的。本案中，原×部主要领导的表现是典型的主观主义、官僚主义的管理方式。某些领导人为了给自己捞取政治资本而置客观事实于不顾，结果导致国家遭受巨大的经济损失。原×部主要领导人对本案应负主要责任。最后作出决策的国家行政部门亦有一定过错，如此重大的工程，不能仅凭下级的汇报材料作出决策，而必须在较大范围内进行论证，听取来自各个方面的意见，在所有情况都完全明了后，再作出决策。假设本案中作出决策的国家行政部门越过原×部，直接找科学家座谈，该错误决策就不可能最终形成。

本案不是一个一般的行政执法案件，而是一个行政决策案件。探讨本案的法律适用应注意两个方面的情况。第一个方面的情况是行政机关在决策形成过程中的法律适用问题。本案的行政主体有三个：①×省石油管理局；②原主管石油天然气的×部；③形成决策的国家最高行政部门。由于我国没有调整行政决策的行政法规范，因此，长期以来，行政机关形成行政决策都是依上下级的管理关系和有关的法律原则进行的，有时政策也是调整行政决策行为的重要行为规则。行政系统内部存在上下级之间的命令指示关系，在一些行政决策事项上，下级常常以上级的指示为准则，并根据上级的意图提供有关决策事项的数据、资料和建议，使决策本身的真实性、客观性大打折扣。法治原则由于比较抽象，在一些特殊事件上，常常难以真正起到调整行政决策行为的作用。例如尊重客观事实应当被认为是行政执法过程中的一项法治原则，但是，尊重客观事实是一个抽象概念，很难使决策者真正做到依行政事态而形成决策，因为这些原则的背后，没有相应的制裁措施。由此可见，探讨行政决策过程中的法律适用是我国行政法治面临的重要课题。第二个方面的情况是行政决策失误以后对决策主体追究责任的法律适用，此一问题我们在下一部分探讨。

笔者认为，我国行政法规范关于行政主体的法律责任既有集中统一的规定，也有分散的规定。一些行政法规范专门规定了行政机关及其公务员的法律责任，例如，《行政监察法》就专门规定了行政机关工作人员贪污和贿赂行为的法律责任。一些部门行政法规范规定了在该领域管理中，不当管理行为的法律责任，例如，《草原法》、《土地管理法》等。这些责任绝大多数都是针对某一具体行政执法行为的，适用于具体事件和个别环节上。对于行政决策失误的法律责任，我国至今还没有一部完整的行政法规范作出规定。行政机关决策失误以后，常常不承担任何责任，或者承担的责任与其行为本身造成的侵害不对称，即违法行为的危害后果的量大于其承担的责任的量。本案是一个行政决策失误的典型例子。本案中的三个行政主体由谁来承担责任，各自承担何种责任等都无明确的法律依据。行政法治实践中，此类行政决策失误以后，要么不了了之，要么一些直接责任人在行政系统内部给予某种处分，而不承担相应的经济责任。如何将行政决策纳入行政法治的轨道，如何追究行政决策失误主体的法律责任是我国行政法治实践亟待解决的问题。

案例105　行政主体与公务员在违法行为中的连带责任

——×市市容管理委员会被处罚案

【案情摘要】

1994年7月26日，×市市容管理委员会办公室以加强商业条幅广告管理和美化市容市貌为由，下发了×市容办发〔1994〕15号文件。该文件规定，户外商业条幅广告指定由X广告公司和Y广告公司（此二公司为×市市政局所办企业）以及×广告公司统一制作和悬挂，其他广告公司不得制作和悬挂，违者一经发现，由市容管理部门取缔或予以罚款。该市容办15号文件下发以后，上述三个广告公司以外的众多广告公司纷纷向×市工商行政管理局投诉，认为×市容办15号文件损害了他们的合法经营权，要求予以保护。×市工商行政管理局经调查表明，×市现有经工商行政管理部门核准登记注册的广告公司269家，这269家广告公司均有户外广告经营权。该市容办15号文件的下发，严重妨碍了众多广告公司的正当经营活动。尤其该文件下发后正值×市举行商品博览会，由于该文件限定的三家广告公司无力承担大量的户外商业条幅的制作和悬挂业务，而其他广告公司又不能承揽这类广告业务，因此造成大量广告客户的户外广告不能如期制作挂出，宣传促销效果受到影响。×市工商行政管理局经过调查认为，×市市容办的行为违反了《反不正当竞争法》第7条关于“政府及其所属部门不得滥用行政权力，限定他人购买其指定的经营者的商品，限制其他经营者正当的经营活动”的规定，属于滥用行政权力限制竞争的行为。由于《反不正当竞争法》第30条规定，对此类行为由行为人的上级机关给予行政处罚，因此，×市工商行政管理局在调查结束后，及时将调查情况及处理建议报告×市人民政府。×市人民政府最后作出决定：撤销×市市容办发〔1994〕15号文件，并要求其今后吸取教训，坚持依法行政。

【提示与讨论】

本案×市市容管理委员会是经法律授权从事市容管理的机关，其有权管理有关市容方面的行政事务，可以为有关当事人设定权利和义务，可以形成或者变更某种法律关系。但是，行政机关的管理权限必须依法取得，并受法律规范的约束。本案中×市容管理委员会发布的第15号文件的实体内容违反了《反不正当竞争法》之规定。在该文件中，仅赋予三个广告公司从事市内室外广告的经营权，管理方式带有明显的计划经济色彩，是一种政企不分的表现。该市容管理委员会的行为，使市场主体之间的竞争变得非常不公平。在该市注册的广告企业有269家，这269家广告公司都有权依法从事户外广告的经营活动，且相互之间存在一种市场所必需的竞争关系。而该市容管理委员会的行为使本来应当存在的竞争关系不复存在。显然保护了极少数经营者的利益，而伤害了绝大多数市场主体的利益。此种违法行为由于是以规范性文件的形式出现的，具有很大的隐蔽性，在行政法治实践中常常会被忽视。本案×市工商行政管理局在接到投诉以后，对案件事实进行了认真查处，其对案件事实的认定是正确的，定性也是准确的。抽象行政行为违法与具体行政行为违法相比更为复杂一些，且抽象行政行为违法的社会危害亦要大一些，因为一个违法的抽象行政行为可以派生无数个违法的具体行政行为。因此，正确认定违法的抽象行政行为是非常重要的。

本案的法律适用主体不应当是×市工商行政管理局，而应当是本市人民政府。×市工商行政管理局可以查处案件，但案件事实查清以后，便应将案件移交市人民政府处理，法律依据是《反不正当竞争法》第30条。该条规定："政府及其所属部门违反本法第7条规定，限定他人购买其指定的经营者的商品、限制其他经营者正当的经营活动，或者限制商品在地区之间正常流通的，由上级机关责令其改正；情节严重的，由同级或者上级机关对直接责任人员给予行政处分。被指定的经营者借此销售质次价高商品或者滥收费用的，监督检查部门应当没收违法所得，可以根据情节处以违法所得1倍以上3倍以下的罚款。"从此条的规定还可以看出，本案应承担法律责任的有三个主体：①×市市容管理委员会，要对自己错误的行政行为负责。本案×市人民政府仅撤销其错误的行政行为，而没有追究相应的赔偿责任，是不妥当的。笔者认为，该行为对他人造成的损害行政机关应负责赔偿。《反不正当竞争法》仅规定了"责令改正"的责任方式，而没有规定造成损失后的赔偿问题，这不能不说是立法中的一个疏漏。②作出这一行政决定的直接责任人员，即本机关的主要领导人员，应承担行政纪律处分责任。因为，抽象行政行为的形成与主要领导人有直接关系，其对违法的抽象行政行为承担一定责任是理所当然的。③受×市市容管理委员会保护的三家广告公司，如在这一违法的规范性文件中得到了非法利益，既应没收其违法所得，又可以处以1倍以上3倍以下的罚款。

笔者认为，本案涉及到一个重要的行政法问题，就是行政违法责任中行政主体与公务员的连带责任问题。从宏观方面看，一个违法的行政行为是行政机关作出的，作出该行为的行政机关理所当然的要对该行为负责，对自己的违法行为及其所导致的后果负责；就微观方面看，任何一个行政行为的作出都是公务员行为的结果，因为行政机关只是一个集合概念，是抽象的，正是由于公务员的行为才最终形成行政主体的行为。那么，如何在追究行政责任时区分行政机关的责任与行政机关中组成人员的责任就是一个非常关键的问题，如果责任分担不当，要么会使国家遭受损失、要么会使公务员履行管理职能的积极性受到伤害。而此两方面的行政法律责任在我国行政立法中是存在问题的。一般都没有将两方面的责任统一起来。有时法律尽管规定了行政主体与公务员的双重责任，但在行政法治实践中，往往只注重一个方面，而忽视另一个方面，本案×市人民政府在追究×市市容管理委员会15号文件的法律责任时，只追究了行政主体的责任，即撤销了其制定的15号文件，而没有追究主管人员或者责任人员的责任。让行政主体承担某些公务人员违法行为的责任既不利于提高公务员的法治观念和责任心，又会使国家行政机构体系遭受不必要的损失。对于如何使公务员承担责任，笔者认为，应在每一个有关责任追究的行政法文件中规定行政主体的责任形态和公务员的责任形态，或者由直接作出这一行政行为的直接责任人负责，或者由行政首长负责，可以在承担纪律处分责任的同时，承担一定的经济责任。

第十三章

行政行为的司法审查

行政行为的司法审查是现代民主国家普遍设立的一项重要法律制度，指国家通过司法机关对行政机关行使行政权力的活动进行审查，对违法活动予以纠正，并对由此给公民、法人或其他组织权益造成的损害给予相应补救的法律制度。

第一节 行政行为的司法审查概述

一、行政行为司法审查是一种法律行为或者法律制度

1. 行政行为司法审查是一种法律行为，即司法机关对所诉具体行政行为进行审查的全部过程是由法律规则规定的，该行为本身是由法律规范确定的，包括行为主体和行为属性。如果把行政行为司法审查作为一个司法活动过程来看，其法律行为的属性更加明显，其中各参与主体能够有所为有所不为都是法律规定使然，而能够所为的每一处行为结果都具有法律后果。

2. 行政行为司法审查是一种法律制度。一方面，行政行为司法审查是由一国的基本法所设定的，基本法对行政行为司法审查进行设计时紧密结合了该国宪法对国家制度基本格局的规定。若一国宪法制度没有确立权力分立的体制，没有确立国家机关在政体体系中的分工，那么，该国的行政行为司法审查制度就难以建立，在官僚集权制国家，无论行政诉讼还是其他对行政权的司法审查制度都是不可想象的。而现代世界各国建立的司法审查制度或者行政诉讼制度都可以从其宪法找到相应的制度根基。大陆法系和英美法系在行政诉讼制度或者司法审查制度设计上的巨大差异就是例证。另一方面，行政行为司法审查一旦被确立就以制度形态出现，而不是行政法中的一种个别现象。

二、行政行为司法审查是对行政的司法审查

司法审查是指由国家司法系统对相关主体之行为所进行的判断和认定。司法审查与现代权力的分割体制有着不可分割的关系，从某种意义上讲，国家权力之间的合理划分是司法审查存在的前提条件。尤其是在三权分立的国家政权体制被确立以后，国家权力交由了不同的国家机关行使，而各国家机关之间又在相互制约下保持一种均势。司法对其他权力的制约就是通过司法审查而实现的。如司法审查包括司法对立法的审查，其可以将国会制定的法律解释为违宪，从而使其不

能发生法律效力。司法审查是国家政权体系由专制到民主、由不平衡到平衡、由权力集中到权力分散的一个质变性标志。行政行为司法审查无疑是司法审查制度的一种，它是对行政以及行政权行使的审查。当然，从司法审查的主体看，在一般情况下是由司法机关而为的，但也不是绝对的，司法机关以外的特定主体对行政权作出类似于司法审查的判断也是司法审查的范畴，它可以说是一种特殊的司法审查，即，司法审查有两个判断标准，一个判断标准是以审查主体为依据的，另一个判断标准则是以行为性质为依据的，即一些国家通过设置于行政系统的专门机构对行政权作类似于司法审查的判断也应当被认为是司法审查，如法国将行政法院设立于行政系统内部并不影响法院对行政行为进行审查的司法审查性质。行政行为司法审查是对行政的司法审查，即可以被理解为是对行政行为的司法审查。

在大多数情况下，司法审查是对行政行为进行的，因此，人们一般认为对行政的司法审查是对行政行为的司法审查，这样的理解并没有明显的错误之处。对行政的司法审查还可以被理解为是对行政权的司法审查，即审查的主要对象是行政权。对行政行为的审查只是审查的操作技术问题，对行政权的司法审查无论怎样理解都是一个立足点的问题。无论被理解为对行政行为的审查，还是被理解为行政权的审查，都不影响行政司法审查的权力制约属性。即通过对行政过程的司法审查有效制约行政权的行使。

三、行政行为司法审查是对行政过程的再证明

行政权行使的结果是需要有一套制度来证明的。当行政主体实施了行政管理、履行了行政行为以后，其行为的社会效果应当得到确认，确认行政行为效果的制度便是行政行为的证明制度。行政主体是行政权的行使主体而不是行政权的归属主体，作为行政权的行使主体，在一般情况下，它不能自己对自己的行为作出正确与否的终局判断。在行政过程中，行政主体的行政行为所涉及的对象主要是行政相对人，在行政相对人对行政主体的行政行为没有异议时，该行为可以暂时不需要证明，若需要证明的话，所涉及的是行政主体与因果之间的关系，可以通过法制监督等机制进行证明。若行政相对人对行政行为表示不服时，行政主体对行政行为便必须进行证明。这种证明可以通过行政系统内部解决，即在行政系统内部证明行政行为的合法性与否，如行政复议制度便是行政系统内部对行政行为进行证明的制度。若行政系统仍然没有对行政行为作出正确与否的最终结论，就可以进入另一种证明机制，如行政诉讼就是这另一种证明制度。从这个意义上讲，行政行为司法审查是对行政行为的再证明，其前提是行政行为没有得到证明或者前一证明制度没有达到证明行政行为正确与否的目的。质而言之，行政行为司法审查的前提并不是行政行为的必然错误或者已经错误，我国传统理论在对此问题的认识上存在一定的偏颇。我们认为，行政行为司法审查的前提并不一定是行政行为的不当，而是行政行为的待证状态。

四、行政行为司法审查的宪政理念是权利救济理念

行政行为司法审查与宪政有着密切联系，严格地讲，没有宪政制度就没有行政行为司法审查制度，它是行政体制的必然结果，也是对宪政体制的具体化。我们知道，宪政体制的根本问题是国家政权体系之关系问题以及国家政权体系与人民之关系问题。国家政权体系的诸部分与人民的关系是宪政制度必须解决的问题，其中行政权与人民的关系非常密切，又非常敏感。在非宪政格局下，人民与行政权的关系是一种单向式的关系形式，即行政系统只有对公众行使管理权的资格，而没有公众对行政权行使有效制约的能力。宪政体制使人民能够通过一定的机制与行政权进行“对抗”，当然，此处所讲的“对抗”是指对行政权的效果提出异议，而不是将行政权置于敌对地位。在行政权与公众的个体权利比较中，行政权始终处于优势，这既是由行政权的体制设计决定的，又是由行政权作为国家权力的属性决定的。也就是说，若把社会中的人作为一个群的概念或者一个集合概念来看的话，它的权利可能大于行政权，反之，如果把社会中的人作为一个个体来看的话，它的权利则要小于行政权，无论权利的形式还是权利行使的手段都是如此。正因为行政权行使过程中遇到的相对人是以个体形式出现的，因此，当它与行政权发生交锋以后必然处于相对的劣势，一旦被行政权的作用侵害，其权利就必须得到拯救。其实，行政行为司法审查作为一种救济只是一个宪政理念问题，即从行政机构体系与人民个体的权力对比中得出的一个结论，在行政过程中，其对行政相对人权利的救济只是它的功能之一。

我国对行政行为的审查有以下基本特征：行使司法审查权的主体是人民法院；司法审查的对象是行政行为，行政审判的直接审查对象是具体行政行为；司法审查的核心是对具体行政行为是否合法进行审查；司法审查原则上不审查行政行为的合理性与适当性；司法审查的依据是法律、法规及地方性法规；司法审查是通过诉讼程序进行的。

在行政法治实践中经常遇到以下几类问题：①司法审查的依据；②原、被告的身份关系等。

案例106　司法审查的依据

——姚××诉陶官乡人民政府案

【案情摘要】

原告：姚××，系陶官乡李庄村农民

被告：陶官乡人民政府

法定代表人：王×，系乡长

×县陶官乡李庄村农民姚××，1994年9月13日向该县人民法院提起行政诉讼，诉乡政府在征收村提留、乡统筹时违反国务院有关规定，多征村民提留款。1994年6月，陶官乡政府在向该乡农民征收提留和乡统筹时以人均纯收入747元计算农民应缴提留和统筹。姚××等村民对乡政府多征农民提留和统筹款提出异议，并多次与乡政府交涉。乡政府以种种理由予以拒绝。1994年9月13日，姚××向县人民法院起诉，认为国家规定农民负担的各项提留款，不应超过上年人均纯收入的5%，姚××认为上年度陶官乡人均收入为580元。而该乡在确定征收比例时，违反了有关法律规定，加大计算基数，使每个农民多交提留和统筹款10元以上。

×县人民法院依法受理了此案，通知陶官乡政府应诉。乡政府辩称：陶官乡在征收村提留、乡统筹时的计算标准是根据市政府文件精神计算的，有法律依据。×县法院经审理查明，国家规定农民负担的各项提留款，不应超过上年人均纯收入的5%，该乡在确定征收比例时，并未违反上述规定。问题出在如何确定"上年纯收入"这个基数上。按照国务院及××省制定的农民负担管理条例的规定，上年农民人均纯收入以乡经管站的统计数字为依据，1993年陶官乡人均纯收入应为580元。而该乡在确定上年度人均纯收入时，执行的是××市委市政府下发的《关于减轻农民负担的通知》精神。依该通知，对上年度农民人均纯收入的计算应以国家统计部门的统计数字为标准，1992年人均纯收入是747元，于是在确定提留基数时，出现了较大差异，每人多负担8.35元。法院认为，市委市政府的规范性文件与国家有关立法的冲突是本案发生争议的关键，由于该市政府制定的规范性文件属行政规章，在与行政法规抵触后，应视为无效。依据这些基本事实，×县人民法院判决陶官乡政府将人均纯收入确定为747元是错误的，应予以撤销。该判决作出后，原被告都没有提起上诉。据事后调查，陶官乡人民政府以580元计算上年度人均纯收入、收取1994年提留和统筹款。法院的判决为该乡农民挽回损失达13万多元。

【提示与讨论】

本案首先要正确判断陶官乡政府向姚××征收提留的行为性质，即其征收提留是抽象行政行为还是具体行政行为。抽象行政行为是指行政机关针对不特定的人、不特定的事所为的具有普遍约束力的行为。具体行政行为是行政机关针对特定人或特定事所作的个别性行为。从乡政府的角度讲，陶官乡政府向姚××征收提留和统筹似乎是一个抽象行政行为，因为乡政府的这一行为不是针对姚××个人作出的，而是针对全乡范围内的所有农民作出的，且乡政府征收提留是根据省政府的有关文件执行的。如果将该行为视为抽象行政行为，姚××就没有提起行政诉讼的权利，×县人民法院亦无权对该行为进行司法审查。但是，若从本案的基本事实看，乡政府的行为应当说是一个具体行政行为，其对农民征收提留对于每个农民来讲是具体的、个别的，每个农民受乡政府行为的影响都是直接的，其权利所受到的侵害也是具体的、直接的。乡政府的行为是一个由多个具体行政行为组成的行为序列，正是这种多个行政行为给乡政府的行为披上了一层抽象行政行为的面纱。对于这种针对多个当事人的具体行政行为，其中有某个或某些相对方当事人起诉，人民法院就应当受理。××市委市政府下发的《关于减轻农民负担的通知》是一个抽象行政行为，人民法院无权对该行为进行审查，但在进行行政审判时，可以将其作为审查具体行政行为的依据，但如果有高层行政法规范，行政机关必须选择高层行政法规范，而不能选择与高层行政法规范相抵触的低层行政法规范。基于此，×县人民法院认定陶官乡人民政府的行为是违法的，对案件事实的认定是准确的。

本案首先必须适用《行政诉讼法》确定该案是否为行政诉讼受案范围。本案究竟是抽象行政行为还是具体行政行为，在上面我们已经进行了讨论，在确定了本案陶官乡人民政府的行为是具体行政行为之后，必须明确其属于什么样的具体行政行为，因为不是所有具体行政行为都可以提起行政诉讼。只有符合《行政诉讼法》第 11 条规定的具体行政行为才属受案范围。其中有两项规定与陶官乡人民政府的具体行政行为吻合，第 1 项是《行政诉讼法》第 11 条第 1 款第 7 项“认为行政机关违法要求履行义务的”、第 8 项“认为行政机关侵犯其他人身权、财产权的。”本案陶官乡政府以多于农民纯收入的标准收取提留和统筹，既可以视为违法要求公民履行义务的行为，也可以视为行政机关侵犯其他人身权、财产权的行为。×县人民法院受理此案是符合《行政诉讼法》规定的，适用法律、法规是准确的。本案适用的实体法是国务院制定的减轻农民负担的有关规定，这些规定是行政法规，还有×省人民代表大会制定的减轻农民负担的条例，是地方性法规。二者都可以作为行政诉讼判案依据。依这两个行政法规的规定，农民上年度收入的计算标准应以乡经管站的统计数字为依据，而不是以统计部门的统计数字为标准。×县人民法院在本案中无论适用程序法，还是适用实体法都是正确的。

笔者认为，本案所涉及的行政法理论问题主要是人民法院司法审查的依据问题。①人民法院审理行政案件，在行政法规范之间发生矛盾和冲突时，必须作出正确选择。依行政法的一般原理，应遵循下列选择原则：新法与旧法冲突时，选择新法，而不能弃新法而选旧法；低层法律与高层法律冲突时，选择高层法律，因为高层法律规范的效力高于低层规范；法规与法律冲突时选择法律，法律是基本法，而法规是某一方面或某一区域适用的规范性文件，法律的效力高于法规；规章与法规冲突时，选择法规。②正确看待规章的地位。规章在行政诉讼中只能作为判案的参照，而不能作为判案的依据，尤其当行政机关依据与法律、行政法规冲突的规章行使行政权时，必须认定该行政行为的依据是不合法的。本案中，陶官乡人民政府在计算村民上年度人均纯收入时，可以依据两个可供选择的标准，一个是×省人民政府的行政规章，一个是省人大制定的地方性法规和国务院制定的行政法规。依前者农民将多负担8.3元的提留和统筹。由于行政规章对本区域内的行政管理有更直接的影响，因此，一些行政机关常常以规章作为执法的依据，而不顾行政法规和地方性法规的规定。对于此种选择，人民法院在作出行政判决时，必须认定行政机关行政行为是无效的。只有如此，才算把握住了法律适用的关键。

案例107　原被告的身份关系
——×县水利局诉×县城建局行政处罚案

【案情摘要】

原告：×县水利局

被告：×县城建局

1995年6月，×县城建局自来水公司按规定应缴纳水资费3.6万元，县水资源办公室三番五次登门催交，自来水公司拒绝支付，且无正当理由。×县水利局作为水资源主管部门，依照《中华人民共和国水法》所赋予的权力，于1995年9月18日向自来水公司送达了行政处罚通知书，决定对其罚款2000元。1995年9月20日，自来水公司派人向×县水利局送达了“罚款通知书”，称“你单位欠我公司停水开口费4100元，改造费6500元，拖欠已久，根据我公司规定特罚款18 800元。”对自来水公司的罚款决定，县水利局没有接受，于是自来水公司当即掐断了对水利局西家属院的自来水供应，并于1995年9月23日再次给水利局下达了两个“罚款通知书”，又掐断了对该局办公区和东家属院的自来水供应，前后长达7天之久。×县水利局认为自来水公司是对其行使职权进行报复。1995年9月30日，×县水利局向×县人民法院提起行政诉讼，请人民法院依法撤销被告×县城建局自来水公司停水、罚款及乱收费的行政行为，并要求恢复对其供水。

×县法院受理此案后，立即采取措施，依法裁定被告方立即停止停水的行政行为，责令对原告恢复供水。1995年10月16日上午8时，×县人民法院对此案进行了审查。法院认定：被告城建局所属自来水公司作出的三个罚款通知书及实施收费、停水行为，均系被告对原告作出有关义务的单方行为，其主要证据不足，适用法律、法规错误，违反法定程序、滥用职权，依法不予支持；原告的诉讼请求符合有关法律规定，依法予以支持。并撤销了被告对原告的具体行政行为。判决作出后，被告没有提起上诉。

【提示与讨论】

从形式上看，本案原告和被告都是行政机关，都履行行政管理职能，且其行政管理职能都与水资源管理有关。本案水利局和城建局在水资源管理职能上有一定的交叉性，这种交叉是由目前我国行政机构职能划分还不完全科学决定的。水利局从大的方面负责水资费的管理，而城建局对其经营的自来水公司的自来水供应亦有收取费用的权利。但是，本案在行政诉讼法律关系中，×县水利局已不再是履行管理职能的机关，而是一个普通的法人组织，符合《行政诉讼法》规定的原告资格。对于行政机关这种身份关系的变化，一定要引起注意，否则，将会混淆行政诉讼法律关系中的权利义务。本案中，×县城建局与自来水公司的关系是一种委托关系。城建局享有行政处罚权，尤其对违反自来水供应的公民和组织有权处罚，为了行政管理的方便，其将处罚权委托给自来水公司，自来水公司依委托对拖欠水费的个人和组织进行处罚。对于受委托的组织作出的具体行政行为，委托的组织应当承担责任。因此，本案×县水利局诉城建局是正确的。×县人民法院对案件实体部分事实的认定所依据的一是原告和被告的权利义务关系；二是法律规范的有关规定。由于×县水利局没有拖欠自来水公司款项的事实，因而，判决×县城建局败诉是合法的。

本案在适用法律时，人民法院必须正确确定由谁作被告。本案具体行政行为的实施机关是×县城建局所属的自来水公司，如果对被告资格认定不当，很容易将自来水公司确定为被告。城建局与自来水公司是委托与被委托的关系。《行政诉讼法》第25条规定："由法律、法规授权的组织所作的具体行政行为，该组织是被告。由行政机关委托的组织所作的具体行政行为，委托的行政机关是被告。"依此规定，本案被告显然应是×县城建局，×县人民法院对《行政诉讼法》第25条的适用是正确的。《行政诉讼法》第54条规定，人民法院经过审理，根据不同情况，分别作出以下判决：①具体行政行为证据确凿，适用法律、法规正确，符合法定程序的，判决维持。②具体行政行为有下列情形之一的，判决撤销或者部分撤销，并可以判决被告重新作出具体行政行为：其一，主要证据不足的；其二，适用法律、法规错误的；其三，违反法定程序的；其四，超越职权的；其五，滥用职权的。③被告不履行或者拖延履行法定职责的，判决其在一定期限内履行。④行政处罚显失公正的，可以判决变更。×县城建局自来水公司对×县水利局的行政处罚缺乏事实依据和法律根据，尤其无故断水的行为更是法律所不允许的，基于其处罚的基本事实不能成立，以及其滥用职权对水利局进行报复的客观情况，法院判决撤销被告对原告的具体行政行为是正确的。

笔者认为，本案所涉及的行政法问题主要是原、被告的身份关系问题。行政诉讼法律关系中总有一方是行政机关，如果没有行政机关参加，行政诉讼法律关系就不可能形成。在行政诉讼实践中，原、被告的身份关系有时比较复杂。从行政诉讼的一般理论出发，行政机关只能作被告，不能作原告。行政机关的被告身份在行政诉讼中是确定的，也不能通过反诉而成为原告。但是，不能以此认为行政机关在行政诉讼中没有作原告的机会。恰恰相反，在很多行政诉讼中，行政机关就是以原告的身份出现的。行政机关在行政诉讼中以原告身份出现时，诉讼标的与本机关的行政管理职能无关。其是受到另一个行政机关的行政处理以后成为原告的。这时，行政机关只具有行政机关的外形，其实质是一个法人组织。本案×县水利局是一个行政机关，但在本案行政诉讼法律关系中其是一个法人组织。其受到了来自另一行政机关行政行为的作用。再则，某些非行政机关在行政法治实践中有可能实施具体行政行为，如一些法律、法规授权的组织本不是行政机关，但依法律、法规授权可以实施具体行政行为。一些由行政机关委托的组织本不是行政机关，亦可以实施行政行为。此种复杂情况必须正确区分，即必须明确，实施行政行为的组织是法律、法规授权的组织还是由行政机关委托的组织。因为法律、法规授权的组织和委托的组织所实施的行政行为在行政诉讼中的被告身份是不同的。若是法律、法规授权的组织就由该组织当被告，若是行政机关委托的组织就由委托的行政机关当被告。这些问题看似简单，而在行政诉讼中身份关系并不十分明显，人民法院在案件受理时一定要正确区分实施行政行为机关的身份关系。

第二节　行政行为司法审查的范围

行政行为司法审查的范围，即行政诉讼的范围，也称法院的特定主管范围，是指人民法院受理行政争议案件的范围。

一、确定行政行为司法审查范围的原则

（一）行政可承受原则

行政行为司法审查范围若上升到政权体制的高度就是宪政问题，即它牵涉到行政系统与司法系统的权力分配和权力制约。司法系统能够解决行政纠纷，既是对行政权所进行的司法审查，又是对行政行为的最后裁断。在行政诉讼实践中，人民法院对具体行政行为的裁断常常表现为对行政行为效力的终止，从深层次看，司法系统对行政行为效力的终止实际上介入了行政权的行使，而不单单是对

行政权的监督和约束。行政系统与司法系统权力分配的这种敏感性，使人民法院主管变成了一个宪政问题。我们知道，宪政的另一层面的意思是国家政权体系之间的权力分配。那么，确定人民法院所能够审查的行政行为的范畴以及所能够解决的行政纠纷的范围，就必须考虑行政系统的承受能力。这里所指的承受能力就是行政系统对法院司法审查所能够接受的心理上和技术上的程度。行政权在社会生活中的地位我们在本书中已多次提到，它的强度以及涉及的领域都远远超过了其他国家权力，某些方面的社会事务只有行政系统有行使权力的能力和资格，而其他系统即便是对这样的权力有所制约也显得有些勉强，此时，就必须将这样的权力交由行政系统，将由这样的权力行使而引起的纠纷归入于行政系统。若在确立人民法院的主管时没有充分考虑行政权的承受能力，要么，司法审查的结果会带来行政效率的低下，要么司法审查会成为一纸空文而流于形式。《行政诉讼法》和我国理论界关于行政诉讼受案范围问题中行政系统承受能力的考虑并不十分充分，这是今后修改行政诉讼法时应当考虑的问题。

（二）司法可处置原则

《行政诉讼法》第 1 条规定："为保证人民法院正确、及时审理行政案件，保护公民、法人和其他组织的合法权益，维护和监督行政机关依法行使行政职权，根据《宪法》制定本法。"该条文确立了行政诉讼制度的一个基本的价值追求，就是能够迅速、及时地将行政案件予以处理。我们知道，任何化解纠纷制度的设计都应当以纠纷能够有效、迅速解决为最高的衡量标准。对于这一最高的衡量标准我国行政法学界似乎没有给予高度重视。由于我国长期以来受行政专断之苦，人们更多的从民主政治的角度认识行政诉讼的价值，其实民主只是一个程序问题，任何国家机关的最高任务都应当是为社会、为公众创造更多的物质财富和精神财富，程序规则只是保证创造更多财富的机制和手段。行政诉讼当然也不能例外。人民法院对行政机关进行制约，达到行政民主只是行政诉讼的程序性价值。行政诉讼最高的价值是迅速化解行政过程中的纠纷，以使行政系统在为公众创造财富方面不会发生阻滞。这一最高价值表明，人民法院受理行政案件范围的标准就人民法院而论是能够处置行政纠纷。我们注意到，各国的司法审查制度都在一些具体问题上存在差异，造成差异的原因之一就是司法系统对行政系统行政过程的处置能力。一些国家由于历史传统和政治体系方面的原因，司法权相对强大一些，其在司法审查的技术层面上具有较高水准，这样的体制下司法审查的范围和强度要大一些。反之，另一些国家由于司法权与行政权不是同一重量级的权力，司法对行政审查的范围和强度都相对较弱。

（三）私权有效救济原则

私权是指归属于社会个体之权利，依我国有关救济法规的规定，私权的主体包括公民、法人或者其他组织。私权是与公权相对应的概念，就某一权利主体以及所享有的权利本身而论，很难给出一个是否为私权或者是否为公权的结论。例如，符合法定条件的公民享有的选举权和被选举权就很难说是私权还是公权。也就是说，当某种私利归于私人个体，而代表公权的主体能够对这种个体权利产生影响时，这种权利的私权属性不十分明显。私权在受到公共权力的侵害时，或者当私权与公共权力发生纠纷时，一方面需要纠纷解决机制，使公权和私权达成和谐，另一方面，对处于弱势的私权要进行救济，司法救济是一定范围内私权被侵害的最后救济手段，因此，要确立人民法院的受案范围必须以私权能够有效救济为原则。

二、我国行政行为司法审查的范围

《行政诉讼法》第 11 条在列举行政诉讼受案范围时，以“具体行政行为”作为受案范围的标准。而 1999 年 11 月 24 日最高人民法院审判委员会通过的最高人民法院《关于执行〈中华人民共和国行政诉讼法〉若干问题的解释》（以下简称《若干解释》）中则使用“行政行为”的概念，即以“行政行为”而不是“具体行政行为”作为确定受案范围的标准。最高人民法院在解释是否将行政行为的受案范围扩展到抽象行政行为时，回答是否定的。因为，一方面，最高人民法院作为司法机关只能在法律实施中起作用，且仅仅能够在司法活动的法律实施中起作用。将行政诉讼受案范围予以拓展的问题既是一个立法问题，又牵涉到司法权与行政权的分配问题。有关权力分配的问题只能由国家权力机关去解决，而立法权的行使也是归于权力机关的。因此，我们认为，最高人民法院不能通过司法解释行为而将行政诉讼的受案范围由具体行政行为拓展到所有行政行为。另一方面，最高人民法院的解释也确认了《行政诉讼法》第 12 条的排除条款的法律效力，即这些被排除的受案范围不能因这一解释而变为无效，进而可以对被排除的事项提起行政诉讼。而被排除的事项中就有抽象行政行为。总之，无论抽象行政行为没有被纳入司法审查的范围是否合理，都需要立法程序予以解决，通过司法程序或通过行政程序解决这样的问题都是不妥当的，这是由我国国家政权体系结构的属性决定。因此，我们认为，我国行政诉讼受案范围的划分在《行政诉讼法》没有修改之前，应当忠于《行政诉讼法》的规定，显然，对于一些需要在司法实践中澄清的事项，最高人民法院有权通过司法解释予以明确，这种解释的内容应当仅仅限于司法实践中的事项和需要进一步澄清的具体事项。由此出发，我国行政诉讼的受案范围如下。

（一）对作为的具体行政行为不服可提起行政诉讼的情形

1. 对行政主体行政处罚不服，属于行政诉讼受案范围。《行政诉讼法》第 11 条第 1 款第 1 项规定，公民、法人和其他组织对拘留、罚款、吊销许可证和执照、责令停产停业、没收财物等行政处罚不服时有权提起行政诉讼。在制定《行政诉讼法》的时候，《行政处罚法》还没有出台，在当时情况下行政处罚行为都是行政诉讼的受案范围。还应指出，《行政处罚法》第8条第7项使用了“法律、行政法规规定的其他行政处罚”的形式，也就是说行政实体法中规定的行政处罚也属于行政诉讼的受案范围。

2. 对行政强制措施不服，属于行政诉讼受案范围。《行政诉讼法》第11条第1款第2项规定，公民、法人或者其他组织对行政机关限制人身自由或者对财产的查封、扣押、冻结等行政强制措施不服而起诉的，人民法院应当受理。除统一的《行政强制法》，目前的行政强制还分散于部门行政管理的法律规范中，如《治安管理处罚法》、《中华人民共和国海关法》、《出境入境管理法》等。这些强制包括对人身的强制和对财产的强制两个方面。对人身强制依学者们的普遍理解包括人身的约束和束缚，是对行政相对人的人身自由所作的限制。劳动教养也被认为是对人身的强制。对财产的强制包括查封、扣押、冻结。查封是对被强制人财产的封存，例如，在行政相对人拒不履行行政法律文书确定的义务时，为了防止其转移、隐匿或者毁坏可供执行的财产，有关机关便有权将财产予以清点登记，加贴封条予以封存，不允许被执行人擅自处理。扣押则是将有关的财产由相关机关保管，使行政相对人暂不能对该财产有支配权。冻结是对行政相对人在金融单位的存款采取的一种不允许其提取或者转移的强制措施。

3. 对行政主体侵权行为不服的，属于人民法院受案范围。第一种侵权案件是行政行为侵犯企业的经营自主权。关于经营自主权的范围我们在行政复议受案范围中已经讲过，此处的经营自主权和行政复议救济中的经营自主权是同一意义上的概念，因此我们不再详细阐释。《行政诉讼法》在侵权行为中，除规定了经营自主权的情形外，还规定了侵犯“其他人身权、财产权”的情形，不过，该法对其他人身权和财产权没有作进一步解释。最高人民法院的司法解释也没有对此作出进一步的规定。依我国民事法律规范的规定，其他人身权是指有关的人格权和身份权。属于人格权的有生命权、健康权、荣誉权、名誉权、姓名权、肖像权等。属于身份权的有亲权、监护权、继承权、著作权、发明权等。上述权利若被行政机关的行政行为侵害都应当成为行政诉讼的受案范围。其他财产权就是行政处罚、行政强制等涉及的财产权范围以外的财产权。

4. 对行政主体违法要求履行义务的行为不服，属于人民法院的受案范围。依目前我国有关法规的规定，行政主体向行政相对人摊派义务的行为主要有乱收费和乱摊派两种。所谓乱收费就是行政主体在没有法律依据的情况下向行政相对人收取有关费用的情形。乱摊派则是指行政主体向行政相对人摊派劳务、财物等行为的情形。《禁止向企业摊派暂行条例》第3条规定：“禁止任何国家机关、人民团体、部队、企业、事业单位和其他社会组织（以下统称单位）向企业摊派。”《全民所有制工业企业法》也规定，企业有权拒绝任何机关和单位向企业摊派人力、物力、财力。《农业法》第67条规定：“任何机关或者单位向农民或者农业生产经营组织收取行政、事业性费用必须依据法律、法规的规定。收费的项目、范围和标准应当公布。没有法律、法规依据的收费，农民和农业生产经营组织有权拒绝。任何机关或者单位对农民或者农业生产经营组织进行罚款处罚必须依据法律、法规、规章的规定。没有法律、法规、规章依据的罚款，农民和农业生产经营组织有权拒绝。任何机关或者单位不得以任何方式向农民或者农业生产经营组织进行摊派。除法律、法规另有规定外，任何机关或者单位以任何方式要求农民或者农业生产经营组织提供人力、财力、物力的，属于摊派。农民和农业生产经营组织有权拒绝任何方式的摊派。”对于行政机关的任何摊派的行为，行政相对人都可以提起行政诉讼。

（二）对不作为的具体行政行为不服可以提起行政诉讼的情形

1. 对行政主体行政许可中的不作为行为，行政相对人不服的，属于人民法院受案范围。《行政诉讼法》第11条第1款第4项规定，公民、法人和其他组织认为符合法定条件申请行政机关颁发许可证和执照，行政机关拒绝颁发或者不予答复的有权向人民法院提起行政诉讼。2003年通过的《行政许可法》也规定对于行政主体在行政许可中的消极行为，行政相对人有权提起行政诉讼。

2. 对行政机关没有依法发放抚恤金的行为不服的，属于人民法院的受案范围。关于抚恤金的内容我们在行政复议部分已经作过简释，在此不再详细介绍。

3. 对行政机关不履行保护人身权、财产权法定职责不服的，属于人民法院受案范围。职责的法定性以及行政主体对职责的消极对待是此一范畴受案范围的关键点。所谓法定职责是指法律、法规为行政主体及其授权的组织所确定的职责。行政主体与职责的对等性是问题的关键。

三、我国行政行为司法审查的排除条款

（一）国家行为

《行政诉讼法》第12条第1项规定，人民法院不受理公民、法人或者其他组织对“国防、外交等国家行为”不服的诉讼请求。何为国家行为在行政法治中一直没有一个确切的规定，直到2000年制定的《若干解释》颁布施行以后，“国家行为”才有了正式的法律依据。该解释第2条规定，“国家行为，是指国务院、中央军事委员会、国防部、外交部等根据《宪法》和法律的授权，以国家的名义实施的有关国防和外交事务的行为，以及经《宪法》和法律授权的国家机关宣布紧急状态、实施戒严和总动员等行为。”

（二）抽象行政行为

《行政诉讼法》第12条第2项规定“行政法规、规章或者行政机关制定、发布的具有普遍约束力的决定、命令”不属于行政诉讼受案范围。最高人民法院的《若干解释》将“具有普遍约束力的决定、命令”解释为行政机关针对不特定对象发布的能反复适用的行政规范性文件。

（三）内部行政行为

《行政诉讼法》规定，行政机关对行政机关工作人员的奖惩、任免等决定，不是人民法院行政诉讼的受案范围。根据《若干解释》第4条的规定，“对行政机关工作人员的奖惩、任免等决定”，是指行政机关作出的涉及该行政机关公务员权利义务的决定。为了保证行政机关内部的有效管理，要求工作人员遵守内部工作制度与纪律是必须的，而奖惩与升降制度是与前者配套适用的，对奖惩、任免不服的，通过内部的申诉途径由上级行政机关或者行政监察机关解决，一般不受司法的审查，即不是人民法院行政诉讼的受案范围。当然，实践中划分内外行政行为有难度，人民法院在行政机关超出法律授权行使内部行政行为侵害了内部相对方人身权、财产权时，应该向起诉人提供救济。例如，对违纪公务员给予没收财产的行政处置，它实际上是行政处罚，不是行政处分，应该属于行政诉讼的受案范围。

（四）终局行政行为

终局行政行为是指在行政系统完成以后就能够发生法律效力的行为。终局行政行为在我国行政法中属于个别情形，在《商标法》、《专利法》等修改之前，在商标管理和商标复议、专利管理和专利复议等行政行为中都有终局行政行为。近年来，对这两部法律的修改都取消了行政主体在商标、专利中的终局行为。我国加入WTO以后，行政主体作出最终裁决的具体行政行为会越来越少。目前我国有些领域仍然存在终局行政行为，如《集会游行示威法》、《行政复议法》等都有规定，《行政复议法》第30条第2款规定：“根据国务院或者省、自治区、直辖市人民政府对行政区划的勘定、调整或者征用土地的决定，省、自治区、直辖市人民政府确认土地、矿藏、水流、森林、山岭、草原、荒地、滩涂、海域等自然资源的所有权或者使用权的行政复议决定为最终裁决。”最高人民法院的司法解释强调了《行政诉讼法》中“法律规定由行政机关最终裁决的具体行政行为”中的法律指的是由全国人民代表大会及其常务委员会制定、通过的法律。也就是说，终局行政行为只能由法律设定，法律以下的任何下位法都没有确定终局行政行为的能力。

（五）行政主体实施的属于刑事法律调整的行为

《若干解释》第1条第2款第2项规定“公安、国家安全等机关依照《刑事诉讼法》的明确授权实施的行为”不属于行政诉讼受案范围。该规定是最高人民法院根据行政诉讼的司法实践所作的排除受案范围。公安机关和国家安全机关在国家权力行使中履行两种职能，即行政管理职能和在一定范围从事刑事实体活动、刑事程序活动的职能。当这些行政机关从事刑事行为时其主体资格也不再是行政主体，其行为所作用的相对人也已经不再是行政相对人。即是说，因此类行为引起的法律关系不是行政法律关系，既然不是行政法律关系，那么，行政法和行政诉讼法就不宜对这样的关系纠纷进行处理。

（六）调解行为以及法律规定的仲裁行为

行政机关在对社会实施行政管理的过程中，不仅与行政相对方之间发生管理与被管理关系，还包括对公民、法人、其他组织之间发生的民事纠纷进行居间裁断，由此形成管理方与纠纷双方当事人之间的三方关系。例如，通过调解或者仲裁活动，化解社会矛盾，维持一定社会生活与经济秩序；通过行政机关的居间调解，由当事人自愿达成调解协议。由于它不是行政权力的意思表示，不是行政权力的强行介入，因而就不具有行政诉讼的可诉性，当事人只能寻求民事诉讼以彻底解决他们之间的纠纷。仲裁与调解存在许多不同之处，例如：只有法律规定的机构才享有居间裁断权，劳动仲裁委员会依法享有对劳动人事纠纷的裁决权，商标复审委员会依法享有对商标纠纷的裁决权，而调解的权力各级政府几乎都有；还如，裁决的事项限于有合同关系的民事纠纷，而调解的对象非常广泛；再如，裁决的程序更接近司法程序，称为准司法程序；另外，仲裁文书比调解文书更具法律效力。但是行政仲裁同样不具可诉性，它也不是行政权力的强行介入。由于仲裁必须由当事人自由选择，仲裁的机构属于半官方半民间的性质，因此，当事人对仲裁裁决不服的，无权提起行政诉讼。但是超出了法定范围或者违反了法定程序的仲裁行为，应当赋予当事人寻求司法救济的权利。

（七）不具有强制力的行政指导行为

行政指导存在于行政管理活动过程中，有关行政指导的规定分散于部门行政管理法中，我国部门行政管理法对行政指导的规定一般比较原则，且都是一些赋权性条款，所谓赋权性条款是指通过法律行为赋予行政机关对某些方面的行政管理的指导功能。当行政法规范赋予行政主体进行行政指导的权力时，基本上没有规定行政指导所应承担的法律责任。行政指导在行政法治实践中有程度强弱之分。一些行政指导带有明显的强制力，对于带有明显强制力的行政指导一旦行政相对人不服提起行政诉讼，则应当成为行政诉讼的受案范围。而一些行政指导强度相对较弱，即其没有将所指导的内容以这样那样的方式让行政相对人接受。行政相对人对这类行政指导有接受与否的选择权，其服从这样的行政指导是出于自愿，不服从这样的行政指导亦是出于自愿，正是这一点决定了此类行政指导不可作为司法审查的对象。

（八）驳回当事人对行政行为提起申诉的重复处理行为

重复处理的行为是以一个已经设定了权利义务的行为存在为前提的，它是对已经存在的行为作出的程序上的处理，有时亦可能是实体上的处理，但这种处理没有改变原行政行为所设定的权利义务。一般而论，在重复处理的行为之中，原行政行为或者没有再进行权利义务变更的必要，或者权利义务已经发生了法律效力，即是说，原行为中的权利义务已经不可能再经过行政诉讼程序予以变更，此点决定了对重复处理行为不予受理是恰当的。

（九）事实行为

最高人民法院的《若干解释》规定“对公民、法人或者其他组织权利义务不产生实际影响的行为”不属于人民法院的受案范围。笔者认为，“实际影响”是指能够改变当事人在实体上的权利义务和程序上的权利义务。显然，行政主体的实体行政行为和程序行政行为都会对行政相对人的权利义务产生影响，唯有行政法上的事实行为不会对行政相对人的权利义务产生影响。

根据行政行为所产生的后果以及其他社会影响的程度可以把行政行为分成三个级别，即一级行政行为、二级行政行为和三级行政行为。一级行政行为是指能够产生强烈影响的行政行为。从其影响的程度看，具有非常强烈的特性，具体表现在，它可以产生直接的社会后果，可以直接改变行政管理相对方当事人的权利义务关系。对于行政行为的这种强烈影响可以从两个方面认识：一方面，它具有比较强烈的社会效果，这是从宏观上而言的，可以改变某一方面的社会结构和社会过程，可以重塑政府需要的社会关系形态，政府的管理战略就是通过行政行为对社会结构的重造而予以贯彻执行的。另一方面，它对管理相对方的权利义务关系有明显的再造或改变。这是就微观而言的，即对于承受行政权作用的公民、法人和其他社会组织而言，一级行政行为既可以改变其与政府行政系统的关系，也可以改变其与其他相关当事人的关系，甚至可以改变其在社会领域中的活动范围，包括经济的、政治的和法律的。一级行政行为对社会和管理相对人可以产生直接的法律效果。因此可以将此种行为称为法律行为。行政法理论上关于法律行为的界定一般也是如此。例如，管欧就认为行政法上的法律行为，“即其行为直接发生法律上之效果”。二级行政行为与一级行政行为相比，产生次级的法律效果。该次级法律效果表现为：①间接性影响，即不直接改变相对一方当事人的权利义务关系，仅对这些权利义务关系的实现有促进作用；②其作为一级行政行为的附属行为而产生影响，如行政执法实践中的通知、证明、受理行为等。三级行政行为尽管也是行政行为中的一种，而且就其数量来讲，也不会比一级和二级行政行为少，但就其与相对一方以及社会的关系看，则显得十分间接。它既不设定行政法上新的权利义务关系或促进原有权利义务实现，又不发生直接的法律效果，与法律的关系甚至比较疏远。在行政法理论上这类行为可以叫做事实行为。由此可见，事实行为是相对于法律行为、准法律行为而言的，与前两类行为相比，其在行政行为的体系中处于第三级别，属于三级行政行为。事实行为的社会影响力相对来讲较弱，但并非毫无关系，其亦应当受到行政法规范的调整。

在行政法治实践中经常遇到以下几类问题：①可诉范围的法定标准；②特殊的不可诉案件的正确区分；③行政行为合法性的全面审查等。

案例108 可诉范围的法定标准
——李××诉×乡人民政府案

【案情摘要】

原告：李××

被告：×乡人民政府

法定代表人：牛××，系×乡乡长

1993年5月3日，村民李××以现有住房老化，住房紧缺为由，向×乡人民政府申请建房，由于李××所在的村土地紧张，李××申请在自家承包的山坡责任田上建房。1993年6月10日，村民委员会讨论后上报乡政府审核并报县政府批准。李××申请建房3间，占地90平方米。县政府审查后，批准李××建房2.5间，占地面积75平方米。1993年10月21日，乡政府土地管理员代表乡政府同村民委员会负责人及村民代表为李××打桩划线。当时为给李××凑足间数，土地管理员和村委会同意将县政府批准的2.5间扩大为3间，于是擅自将2.5间扩大为3间，并使占地面积扩大为90平方米。同时，乡政府发给李××的《村镇建房许可证》也载明：批准建房3间，用地90平方米。1993年11月初，李××破土动工建房，至11月18日建好一层房屋3间。同年12月15日，李××因其他问题与前去执行公务的副乡长发生争执，并被他人举报超面积建房。次日，乡政府纠集10余人，以李××违章建房为由，强行拆除李××新建房屋西侧1间，面积20平方米，并责令李××支付拆房劳务费400元。第三天，乡政府又作出决定，给李××以下行政处罚：吊销许可证中为凑足间数而超出县政府批准面积的15平方米；除保留县政府批准的75平方米外，其余超面积部分必须在1994年1月10日前拆基还田；拆基还田验收合格后，退还超面积建房使用费60元。

李××对乡政府的处罚决定不服，向×县人民法院提起行政诉讼，要求撤销乡政府的处罚决定和强制拆房措施，并要求赔偿房屋被拆所造成的经济损失3500

元。乡政府辩称：李××超面积建房，扩建的15平方米系土地管理员个人所为，未经乡政府集体研究是无效的。×县法院审理后认定：乡政府的处罚决定事实不清，违反法定处罚程序，判决撤销乡政府的处罚决定，由被告乡政府赔偿李××经济损失2000元。

【提示与讨论】

本案案件事实的焦点是区分法律责任问题。原告李××超面积建房的行为是违反《土地管理法》的，应属违法行为。但原告这一违法行为的责任不应由原告负担或者不应全部由原告负担，而应由乡政府负担。原因在于其建房的行为得到了乡政府的批准，乡土地管理员是代表乡政府执行公务的，其行为应归属于乡政府。乡政府在批准原告建房时，其行为是超越职权的行为。《土地管理法》第38条规定："农村居民建住宅，应当使用原有的宅基地和村内空闲地。使用耕地的，经乡级人民政府审核后，报县级人民政府批准；……"原告系占用耕地建房，依法应当由县政府批准，乡政府的土地管理员批准原告李××多占15平方米耕地，系越权审批的违法行为。对此行为乡政府应当承担法律责任。乡政府对原告李××进行处罚的行为违反了法定程序。根据有关行政处罚的规则规定，乡政府认为李××违章建房，应进行必要的调查取证，在掌握充分证据的基础上，以书面形式作出行政处罚决定，只有当李××拒绝处罚时才可以使用直接强制措施。而该乡政府在没有作出行政处罚决定且在没有告知李××的情况下，采取直接强制手段拆除其违章建筑，是违反行政处罚和行政强制执行的法定程序的。×县人民法院在案件审理中对上述基本事实的认定是准确的。

本案所适用的法律一是《土地管理法》，依该法，×乡人民政府是无权审批李××占耕地建住宅房的。显然，该乡政府违反《土地管理法》规定的审批行为超越职权，对此承担法律责任是理所当然的。原告李××占用耕地的行为固然违法，但其违法行为是乡政府造成的，甚至是在乡政府的批准下所为的。如果没有乡政府的批准，李××不可能扩建15平方米。对于这一法律责任的承担是值得探讨的，即是说，李××是否应承担一定的责任。笔者认为，李××明知自己扩建15平方米是县土地管理局未予批准的，仍要扩大面积的行为不应受法律保护，原告李×亦应承担一部分责任。二是《行政诉讼法》，本案争议的关键是×乡人民政府对李××的处罚和强制措施。作为人民法院的行政审判，必须对行政机关行政处罚和行政强制的具体行政行为作出认定，看其是否符合法定的实体内容和法定程序。就行政处罚而论，必须依法作出，调查取证，并告知相对方当事人应承担的责任和享有的权利。尤其直接行政强制手段的使用更应严格遵循程序规则，一般要求在间接强制达不到目的的情况下再使用直接强制手段。×乡人民政府在没有采取间接强制的前提下，直接拆除李××的房屋是违反法定程序的。

依《行政诉讼法》第54条的规定，具体行政行为违反法定程序人民法院可以判决撤销。×乡人民政府的具体行政行为既然违法，那么其对给原告造成的经济损失当然应承担赔偿责任。

笔者认为，在行政诉讼中，常常就有关案件的受案范围问题发生争议。第一种情况是行政机关的具体行政行为是否属人民法院主管。《行政诉讼法》第11条关于行政诉讼受案范围作了列举规定，所列举的八类案件为确定行政诉讼受案范围提供了法定标准。“对拘留、罚款、吊销许可证和执照、责令停产停业、没收财物等行政处罚不服的”人民法院应当受理，“对限制人身自由或者对财产的查封、扣押、冻结等行政强制措施不服的”人民法院应当受理。本案×乡人民政府强行拆除李××新建房屋西侧1间，面积20平方米，并责令李××支付拆房劳务费400元的行为是否为《行政诉讼法》规定的强制措施，是本案是否应予以受理的关键。×乡人民政府尽管采取的手段不是查封、扣押和冻结，但强行拆除李××房屋的行为当然属行政强制的范畴，×县人民法院依《行政诉讼法》规定的标准予以受理的适用法律正确。第二种情况是公民、法人和其他社会组织在未经行政复议的情况下，直接对行政机关的具体行政行为提起行政诉讼，人民法院是否应予以受理。这一问题在行政法治实践中较为复杂。就本案而论，行政机关采用的是行政强制措施，对于作为强制措施的具体行政行为，在未经行政复议的情况下，人民法院予以受理符合法定程序。且本案×乡人民政府并未依法定程序作出处罚或强制决定书，其不可能告知当事人有权申请复议，在此情况下当事人直接向人民法院起诉并不违法。

案例109　特殊的不可诉案件的正确区分
——伍×、杨×诉×县人民政府案

【案情摘要】

×市处在长江中游，是防汛的重点地段。1998年6月，汛期临近，形势严峻，为了做好防汛工作，防患于未然，确保安全度汛，6月14日，×县防汛指挥部根据国务院、省政府指示精神，发布了县政府、县防汛委员会第1号命令。《命令》指出：×大桥桥头下，有5户在行洪断面违章建筑，阻碍行洪，由××镇和有关部门查明原因，谁批、谁建、谁拆除。这5户人家中包括杨×和伍×所建的房屋。为了执行命令，县防汛领导小组召集被拆除违章建筑的单位和个人，开动员会做工作，要求他们顾全大局，迅速拆除违章建筑。6月30日，县防汛指挥部和镇政府联合发出了关于《河道堤防违章建筑拆除通知单》，限5户住户7月10日前迅速拆除违章建筑，但伍×等人以自己建房手续齐全为由，不予理睬，给清除工作造成阻力。据有关部门调查，伍×等人建私房并非完全合法，而且有关主管部门依照有关规定早就通知本人，劝阻在此地建房。但伍×、杨×等不听劝阻，将房屋抢先建成。针对上述情况，根据国务院1998×号文件和省政府有关文件，1998年7月23日，×县人民政府制发了《关于河道行洪障碍处理决定的通知书》，限期拆除，如逾期不拆除将申请人民法院强制执行。

7月27日，伍×等人自行拆除了违章建筑。1998年10月8日，伍×等人不服县政府的处理决定（×政函〔1998〕003号），向×县人民法院提起行政诉讼。诉称：其建房手续合法，县政府要求其拆除房屋的决定是错误的，要求县政府赔偿因房屋拆除而造成的经济损失1.4万元。×县人民法院经过对起诉书进行审查，认为该案不符合起诉条件，理由是×县人民政府的行为（×政函〔1998〕003号）是一抽象行政行为。裁定不予受理。

【提示与讨论】

对本案案件事实的认定应注意以下诸点：①杨×、伍×等5户人家在大桥下所建房屋是否有法定手续，即是否经土地、水利等行政机关的批准，如果经上述机关的批准，伍×、杨×等的建房行为就是合法的，反之则是违法的。对于该行为的认定，行政机关在作出处理决定时就应当查清楚，县防汛指挥部和县政府可以据此使这些处于河道两旁的建筑予以及时拆除。若其得到有关部门的审批，应当向审批部门做好工作，由其向当事人做好拆房的动员和安置工作。②杨×、伍×等5户人家在×大桥下的建筑是否为违章建筑。若是违章建筑就应采取行政处罚和行政强制手段使该违章建筑予以拆除。如果其建筑性质是合法的，只是由于防汛的特殊形势需要其搬迁，则可以在做好思想动员和善后安置工作的基础上责令当事人予以拆除，上述两方面的事实是行政机关在处理杨×、伍×等人的建筑时应当查清楚的。对于人民法院来讲，上述事实不是首先应当审查的。③人民法院在受理此案时，应重点审查×县人民政府对伍×、杨×等人在大桥下建筑的处理决定是抽象行政行为还是具体行政行为。针对伍×、杨×等人而言，其受到行政机关处理决定的直接影响，似乎县政府的行政行为是一个具体行政行为。然而，从县政府的角度讲，防汛是当时条件下县政府工作之首，其制发的《关于河道行洪障碍处理决定的通知书》不是针对杨×、伍×等5户人家的，而是对全县河道范围内的所有此类建筑而言的，其对象是不特定的。只是这一不特定的对象作用到了杨×、伍×的权利义务关系中。×县人民政府的×政函〔1998〕003号，其形式亦符合抽象行政行为的外形，×县人民法院对该行为性质的认定符合事实。×县政府制发《关于河道行洪障碍处理决定通知书》的行为可以说是在国务院防汛指挥部授权下的行为，其亦具有国家行为的属性，其具有不可诉性亦可以此为据。

本案行政机关处理杨×、伍×等5人在×大桥下的建筑时，所适用的实体法是《防洪法》，该法第22条规定："河道、湖泊管理范围内的土地和岸线的利用，应当符合行洪、输水的要求。禁止在河道、湖泊管理范围内建设妨碍行洪的建筑物、构筑物，倾倒垃圾、渣土，从事影响河势稳定危害河岸堤防安全和其他妨碍河道行洪的活动……”第24条规定：“对居住在行洪河道内的居民，当地人民政府应当有计划地组织外迁。”第42条规定：“对河道、湖泊范围内阻碍行洪的障碍物，按照谁设障、谁清除的原则，由防洪指挥机构责令限期清除；逾期不清除的，由防汛指挥机构组织强行清除，所需费用由设障者承担。……”第61条规定：“违反本法规定，破坏、侵占、毁损堤防、水闸、护岸、抽水站、抽水渠等防洪工程和水文、通信设施以及防汛备用的器材、物料的，责令停止违法行为，采取补救措施，可以处5万元以下的罚款；造成损坏的，依法承担民事责任；应当给予治安管理处罚的，依照《治安管理处罚条例》的规定处罚；构成犯罪的，依法追究刑事责任。”依上述规定，×县人民政府责令伍×、杨×拆除违章房屋是合法行为。应当指出，《防洪法》在规定了行政机关实施上述处罚后，没有规定相对方可以提起行政复议和行政诉讼。

笔者认为，《行政诉讼法》第12条规定，人民法院不受理公民、法人或者其他组织对下列事项提起的诉讼：①国防、外交等国家行为；②行政法规、规章或者行政机关制定、发布的具有普遍约束力的决定、命令；③行政机关对行政机关工作人员的奖惩、任免等决定；④法律规定由行政机关最终裁决的具体行政行为。此条规定是对行政诉讼受案范围的排除规定。上述法律规定采取列举的方式，其范围是明确的，然而，行政法治实践中，一些行政案件是否属受案范围并不十分明显。本案就是一例。本案从外形上看，行政机关的处理是针对伍×、杨×等特定对象的，似乎是具体的行政处理决定。但从本案行政行为的全局看，×县人民政府《关于河道行洪障碍处理决定的通知书》是一种特殊的抽象行政行为，是一种国家行为。尽管它作用到了特定的对象，但其行为的性质仍属抽象行政行为范畴。对于此种特殊的抽象行政行为，人民法院在案件受理时一定要予以正确判断，否则既难以保障行政机关依法行政，又难以保护公民、法人和其他社会组织的合法权益。

案例110　行政行为合法性的全面审查

——中国建筑第×工程局诉上海市房屋土地资源管理局房地产权证案〔1〕

【案情摘要】

上诉人：（原审被告）上海市房屋土地资源管理局（以下简称“市房地局”）

〔1〕参见张海棠主编：《2007年上海法院案例精选》，人民法院出版社2008年版，第377～382页。

上诉人：(原审第三人) ×集团有限公司（以下简称“×公司”）

被上诉人（原审原告）：中国建筑第×工程局（以下简称“中建×局”）

1995年12月，×区人民政府住宅建设办公室（以下简称“×住宅办”）和案外人金×公司就开发“金鹏花园”项目取得《建设用地规划许可证》；1996年1月，×住宅办和金×公司又取得该项目的《建设用地许可证》；1998年4月，金×公司取得该项目的《建设工程规划许可证》。另在1995年9月，中建×局与金×公司签订《金鹏花园工程施工合同》，中建×局成为金×花园工程的施工方。工程竣工后，金×公司拖欠中建×局工程款未付，中建×局遂向法院起诉，并申请了财产保全。法院于1998年9月对施工的“金鹏花园”房地产（尚未初始登记）进行了查封。法院于1999年作出判决，判令金×公司支付中建×局工程款等共计人民币1283万元。判决生效后，中建×局向法院申请执行。但在执行过程中，×公司以被查封的部分房产系×公司所有为由，提出执行异议，并提供了相应的产权证。法院遂中止执行。

另查，在金×公司开发建设“金鹏花园”的过程中，×公司参与联建“金鹏花园”，并和金×公司约定了房屋建成后的分配方案。后×公司于2001年起诉金×公司，要求确认“金鹏花园”内的部分房产系×公司所有，但被法院判决驳回。2002年7月，×公司与金×公司签订《关于金鹏花园非居住房屋分配补充协议书》，约定“金鹏花园”内非居住房屋归×公司所有。×公司遂又至×区房地产交易中心申请办理“金鹏花园”内非居住用房（尚被查封）的初始登记手续，并提供了其与金×公司的协议等材料。市房地局于2002年10月就“金鹏花园”内非居住用房予以初始登记，并向×公司颁发了×市房地产权证（黄证）。因×公司对中建×局申请执行提出异议，并提供了上述产权证，中建×局遂诉至法院，认为市房地局对已查封的房产核发产权证违法，要求撤销核发给×公司的房地产权证。

原告诉称：案外人金×公司欠原告工程款，原告向法院起诉并对金×公司申请财产保全，但被告将法院查封的物业登记至×公司名下，侵犯了原告的合法权益，故请求撤销被告核发的沪房地杨宁（2002）第30160号房地产权证。

被告辩称：被告在审核了×公司递交的相关材料后颁发了上述房地产权证。被告认定事实清楚，适用法律正确。被告进行的只是初始登记，与原告债权的实现无关。请求驳回原告的诉讼请求。

原审第三人述称：原告起诉已超过起诉期限。系争房产从未登记在金×公司名下。第三人进行的只是初始登记。第三人与金×公司是否承担连带责任，不属本案审理范围。被告颁证行为合法，请求驳回原告诉讼请求。

一审法院经审理认为：在中建×局和金×公司的工程款诉讼中，法院已对

"金鹏花园"的房产进行了查封，因此，市房地局不得再在法院采取保全措施的房屋上设定物权。现市房地局的初始登记行为违法，应予以撤销。一审判决撤销市房地局向×公司核发的房地产权证。

判决后，市房地局及×公司不服，提起上诉。

市房地局上诉称：法院查封的房产未进行初始登记，尚无权利记载，故不能认定为系金×公司所有。×公司就尚未确权的财产申请初始登记，并依法提供了相应材料，故应予初始登记并颁发产权证。

×公司上诉同意市房地局的意见，并认为对被查封的权属不明的房产可以再设定物权。财产查封的法律后果仅是不得办理财产转移过户，并不影响初始登记，查封裁定不应作为确权依据。故要求撤销原判，维持市房地局的行政行为。

中建×局要求维持原审法院判决。

法院二审查明，在上述2002年7月18日×公司与上海金×公司签订的《关于上海金鹏花园非居住房屋分配补充协议书》中提及二审法院（2001）沪二中民初字第38号民事判决，市房地局在庭审中陈述该民事判决亦系2002年其向×公司颁证的依据之一。经二审庭审调查，该民事判决系针对×公司诉深圳金×公司与上海金×公司要求法院确认包括本案系争房地产在内的房屋权属案，该案经一、二审审理，法院认为×公司与上海金×公司对房屋的权利为共有。×公司起诉至法院要求确认涉案房屋归其所有，其真实意图是抗衡法院的生效文书。故×公司要求确认房屋权属的诉讼请求不能予以支持。

二审另查明，1986年，由×住宅办等报批建立了×建设总公司。1996年，由×住宅办组建×公司。一、二审中，本案各方当事人对系争房屋在查封范围内无异议。

二审经审理认为：本案审查的对象应是市房地局作出房地产登记的行为是否符合有关房地产登记法律法规的规定条件。被诉房地产登记的申请发生于2002年，适用1996年3月实施的原《上海市房地产登记条例》（下称《条例》），即×公司的登记申请应符合该法规规定的法定要件。①《条例》第20条、21条规定，对新建商品房屋的初始登记，申请人需提交的文件包括土地使用权属证明、建设项目批准文件、建设工程规划许可证等材料，而×公司提交的申请材料中，土地使用权批文中的土地使用权人、建设项目立项主体系×住宅办和金×公司，建设工程规划许可证的主体亦系金×公司，均与×公司无涉。且市房地局未能举证证明×公司在申请登记时已提交了其系土地使用权人及工程建设主体的材料，故×公司向市房地局提交的材料并不符合《条例》的规定。②×公司曾起诉金×公司要求确权，被法院判决驳回，对此市房地局在审查登记时已明知（×公司申请时附有该材料），其仍准予×公司初始登记显与法院判决矛盾。③中建×局申请保全时，市房地局基于“金×公司”系金鹏花园建设工程规划许可证的主体而协助法院对在建工程进行了查封，并作了查封备案登记，后又将该房地产给予他人初始登记，与之前查封备案登记的公示效力相矛盾。综上，市房地局对“金鹏花园”部分房产予以初始登记并向×公司核发房地产权证的行为违法，应予撤销。二审遂依照《中华人民共和国行政诉讼法》第61条第1项之规定，判决驳回上诉，维持原判。

【提示与讨论】

本案涉及三方法律关系主体，同时涉及民事法律关系纠纷和行政法律关系纠纷。从本案的案由来看，它是一个行政诉讼案件。由于其中夹杂着行政相对方同第三方之间的民事法律纠纷，因此案情显得比较复杂。

行政诉讼较之民事诉讼有一个很大的不同之处，即在行政诉讼过程中，法院应围绕行政行为是否符合各项法定要件进行全面审查，而不是受制于当事人之间存在的某些民事纠纷。在该案中，一审法院就没有很好地贯彻这一精神。本案×公司和中建×局之间的民事纠纷争议主要围绕房地产查封之后能否进行初始登记而展开，一审法院未着重从房地产初始登记的各项法定要件上对被诉的房地产登记行为进行合法性审查，而是受制于当事人之间就被查封房产的权属争议这一民事法律关系进行审理，从而得出在被查封房产上不得再设定物权这一并不严谨的结论。因为根据《上海市房地产登记条例》的有关规定，初始登记权利人一般为开发商，对开发商的认定应根据相关建设项目批文、土地使用权证、建设工程规划许可证的登记主体等来确定，而房产没有被法院查封并不是取得该房地产初始登记产权证的法定构成要件。由此可见，一审法院得出“查封物上不得设定物权”的结论并不是十分严谨的，出现这种结果的原因之一就是它在进行行政诉讼的审理时，过分纠缠于民事法律争议。而二审法院的审判活动则很好地体现了行政诉讼的特点，即它是围绕上海市房地局的登记行为是否符合有关房地产登记的法定要件进行审查的，而不是受制于该行政诉讼中夹带的民事法律争议。

笔者认为，本案所引申的较深层的理论问题是行政行为的合法性审查范围。我国《行政诉讼法》第5条规定：“人民法院审理行政案件，对具体行政行为是否合法进行审查。”因此，对具体行政行为的合法性审查是我国行政诉讼过程中需要遵循的基本原则。在行政诉讼中，法院应当对于涉讼行政行为是否合法的各项法定要件进行全面审查，而不局限于原告所提出的该行政行为某一方面的违法事由，这与一般的民事诉讼仅仅围绕原告的诉讼请求进行审理是有所区别的。也就是说，在行政诉讼过程中，法院审查的范围不局限于当事人所提出的诉讼请求的范围。例如，当事人以程序违法为由要求撤销行政行为，而法院审查的不仅是执法程序的合法性，还必须审查行政执法主体资格、事实认定以及法律适用等方面的合法性。所以，在行政诉讼中，法院往往不应受制于当事人之间形成的争议焦点，而应将案件争议焦点放在审查行政行为是否合法的各项法定要件上。本案中，二审法院的审判思路就很好地体现了这一点。

第三节　行政诉讼参加人

行政诉讼参加人指与行政争议案件有利害关系而参加到整个诉讼过程的人。

一、行政诉讼原告

行政诉讼原告是行政诉讼的当事人之一，指认为行政主体的某一具体行政行为侵犯了自己的合法权益，以自己的名义向人民法院起诉要求撤销或改变该行政行为的公民、法人或者其他组织。《行政诉讼法》第 24 条规定："依照本法提起诉讼的公民、法人或者其他组织是原告。有权提起诉讼的公民死亡，其近亲属可以提起诉讼。有权提起诉讼的法人或者其他组织终止，承受其权利的法人或者其他组织可以提起诉讼。"这是我国法律关于原告及其资格的法律依据。这一规定使原告的概念及其条件相对比较抽象，为了使原告进一步具体化，《若干解释》对原告的相关问题作了解释，第 12 条规定："与具体行政行为有法律上利害关系的公民、法人或者其他组织对该行为不服的，可以依法提起行政诉讼。"《行政诉讼法》第 13 条规定："基层人民法院管辖第一审行政案件。"另外还有一些条款明确原告源于行政主体对行政事务的管理，即在行政管辖活动过程中行政主体向管理者行使了管理权，他们在管理过程中结成的关系叫行政法关系，双方都是行政法关系的主体，一方是行政主体，另一方是行政相对人。由于行政相对人受到行政主体行政行为的作用，这种作用使其在法律上的权利义务受到了影响，他对行政主体改变或影响其权益的行政行为不服，因而具有了行政诉讼的原告资格。

第一，认为侵害其合法权益是原告资格成立的关键所在。与行政复议中的复议请求人一样，只要"认为"侵犯其合法权益即可，因为行政行为是否侵犯其合法权益还需要通过审判行为来证明。最高人民法院的解释，将"认为"解释为可以是认为行政行为直接侵犯其合法权益的情形，也可以是认为间接侵犯其合法权益的情形。即行政主体所作的行政行为不一定是直接针对原告的，只要原告认为行政主体对他人作出的行为已经侵犯了自己的合法权益便可成为原告，这大大拓宽了行政原告的范围。

第二，必须是起诉人对行政主体具体行政行为不服。原告的身份必须是特定的，即在法律上和诉讼制度中原告资格必须受到限定，否则行政诉讼制度则难以起到对侵权行为救济的作用。这种限定就是原告必须与行政主体之行政行为有关联，该关联性是具体的现实的。在行政法治中，权益受到侵害的情形或者认为权益受到侵害的情形是非常多见的，但是，一些社会主体在权益受到侵害或认为受到侵害的情况下，并不一定想通过诉讼程序救济权益。那么，与此一行政行为无关的局外人是否能够为了打抱不平而成为原告起诉呢，回答是否定的，即任何与行政行为没有利害关系的人都不能成为行政诉讼原告。

第三，必须以起诉者本人的名义向人民法院起诉。原告只能以自己的名义起诉，这是原告在法律上的又一限定条件。在权益受损的行政相对人死亡的情况下，其近亲属有权成为行政诉讼原告，但是，此时的原告亦必须以自己的名义而不得以死者的名义起诉，对于这种复杂现象学者们有不同认识。

行政诉讼原告有下列类型。

1. 自然人。指具有中华人民共和国国籍的自然人。他们作为行政诉讼的原告参加诉讼时，必须具有法律上的诉讼行为能力和诉讼权利能力，没有行为能力的人成为原告时必须由其法定代理人代理。外国人和无国籍的人也属于自然人的范畴，当然也是行政诉讼原告。

2. 法人。行政诉讼的法人概念是对民事法律中法人概念的援用，其在行政诉讼中没有相对的特殊性。一般指能以自己的名义从事民事活动的组织。最高人民法院的司法解释对法人的特殊类型作了如下列举：①合伙企业和合伙人作为原告的情形。合伙企业作为原告时，应当以核准登记的字号为原告身份，由执行合伙企业事务的合伙人作为诉讼代表人。而其他合伙组织，指没有取得法人资格的合伙组织则以共同诉讼出现成为行政诉讼的共同原告。②联营企业、中外合资企业或者合作企业作为原告的情形。《若干解释》第 15 条规定："联营企业、中外合资或者合作企业的联营、合资、合作各方，认为联营、合资、合作企业权益或者自己一方合法权益受具体行政行为侵害的，均可以自己的名义提起诉讼。"这类组织均可以自己的名义提起行政诉讼。③农村土地承包人作为原告的情形。农村土地承包人等土地使用权人对行政机关处分其使用的农村集体所有土地的行为不服，可以自己的名义起诉。土地使用权人可以是自然人也可以是法人组织。他们都有权利以自己的名义起诉而成为行政诉讼原告。④非国有企业作为原告的情形。非国有企业若被行政主体注销、撤销、合并、强令兼并、出售、分立或者改变企业隶属关系的，该企业或者其法定代表人可以提起行政诉讼而成为行政诉讼原告。⑤股份制企业作为原告的情形。股份制企业若认为行政主体的行政行为侵犯其经营自主权，其股东大会、股东代表大会、董事会等可以以自己的名义提起行政诉讼而成为行政诉讼原告。

3. 其他组织。指没有法人资格的社会组合体，我们在行政法律关系理论中已经对不具有法人资格的其他组织进行了讲解。

二、行政诉讼被告

被告是与原告相对而言的，没有原告就没有被告。在行政诉讼中，被告是指经原告起诉声称其具体行政行为侵犯了合法权益的行政机关或者法律、法规授权的组织。《行政诉讼法》第 25 条规定："公民、法人或者其他组织直接向人民法院提起诉讼的，作出具体行政行为的行政机关是被告。经复议的案件，复议机关决定维持原具体行政行为的，作出原具体行政行为的行政机关是被告；复议机关改变原具体行政行为，复议机关是被告。两个以上行政机关作出同一具体行政行为的，共同作出具体行政行为的行政机关是共同被告。由法律、法规授权的组织所作的具体行政行为，该组织是被告。由行政机关委托的组织所作的具体行政行为，委托的行政机关是被告。行政机关被撤销的，继续行使其职权的行政机关是被告。"《若干解释》第 20～22 条等都对被告的资格和类型作了进一步解释。上述规定为被告资格及其类型的重要法律依据。依这些规定，行政诉讼被告应当具备下列条件：①被告在行政执法阶段具有行政主体资格；②被告作为行政主体在行政法律关系中实施了行政行为，且实施的具体行政行为对原告的权利和义务产生了影响；③必须被人民法院通知应诉。

在行政诉讼中，被告有下列具体类型。

1. 原告直接向人民法院起诉的，作出具体行政行为的机关是被告。行政复议和行政诉讼是两种救济制度，二者的关系我们在前面已经作了分析。如果法律没有规定复议救济途径，或者复议救济不是行政复议的前置程序，行政相对人直接向人民法院提起行政诉讼，作出具体行政行为的行政主体是被告。

2. 经复议案件的被告资格确定。经过行政复议的案件，如果当事人仍然不服，提起行政诉讼的被告资格是这样确定的：若复议机关经过行政复议维持了原行政机关的行政行为，行政相对人不服提起行政诉讼，作出行政行为的机关是被告，若复议机关经过复议改变了原具体行政行为，行政相对人不服起诉的，复议机关是被告。

3. 两个以上行政机关共同作出行政行为，作出行政行为的机关是共同被告。

4. 由行政主体委托的组织作出具体行政行为，行政相对人不服起诉的，委托的行政机关是被告。

5. 法律、法规授权的组织作出的具体行政行为，行政相对人不服起诉的，作出行政行为的组织是被告。

6. 作出行政行为的行政主体被撤销，继续行使其权力的机关是被告。

7. 行政机关组建并赋予行政管理职能但不具有独立承担法律责任能力的机构，以自己的名义作出具体行政行为，行政相对人不服提起行政诉讼的，组建该机构的行政机关是被告。

8. 行政机关的内设机构或者派出机构在没有法律、法规授权的情况下，以自己的名义作出具体行政行为，行政相对人不服提起行政诉讼的，该行政机关是被告。

9. 在法律、法规或者规章授权范围内实施行政行为，行政相对人不服起诉的，实施该行政行为的机构或者组织是被告。

10. 复议机关在法定复议期限内不作复议决定，行政相对人对原具体行政行为不服起诉的，作出具体行政行为的机关是被告。

11. 行政相对人对行政复议机关不作行政复议的行为起诉的，复议机关是被告。

三、共同诉讼人

共同诉讼是指原告为两个以上或被告为两个主体以上以及双方都是两人以上的行政诉讼。在行政诉讼理论中，将原告为两个以上的诉讼称为积极的共同诉讼，将被告为两个以上的诉讼称之为消极的共同诉讼。而将原被告都为两人或两个主体以上的诉讼称之为混合的共同诉讼。共同诉讼既是简化诉讼程序的必要，又是避免人民法院作出矛盾判决的必要。共同诉讼的成立必须具备一定的条件。一方面，共同行政诉讼的主体必须是两人以上，或者原告是两人以上，或者被告是两人以上，或者原被告双方均为两人以上，若没有这样的主体条件，共同诉讼便无法形成；另一方面，共同诉讼与行政主体的行政行为有关，或者行政主体一个行政行为引起了多个当事人相同的权利义务，或者行政主体两个以上相似行政行为引起了多个主体的权利义务。总之，共同诉讼中的共同性与行政纠纷的便当解决有关，若将行政行为放在一起会导致诉讼程序的进一步复杂化，会使行政纠纷不便化解，则共同诉讼就没有存在的必要。

1. 必要的共同诉讼及共同诉讼人。行政诉讼当事人一方或双方为两人以上，因行政主体同一具体行政行为引发行政纠纷，当事人不服提起行政诉讼的，便是必要的共同诉讼。必要共同诉讼的基础条件是因行政主体同一个具体行政行为引起的诉讼，即具体行政行为的“一元”性是引起必要共同诉讼的必备条件。必要共同诉讼中既可能有共同原告，也可能有共同被告。在必要共同诉讼中共同原告有如下类型：①两个或者两个以上的行政诉讼相对人被行政主体以同一行政行为处理，两个被处理的行政相对人均不服，向人民法院提起诉讼而成为共同原告。②行政主体对侵害人作出一个具体行政行为，而两个以上的被侵害人对行政主体的行政行为不服提起行政诉讼而成为共同原告。在治安行政案件中，公安机关处理了加害人，而两个以上的被侵害人认为行政主体对加害人的处理未保护自己的合法权益便有权起诉而成为共同原告。③行政主体对侵害人作出一个具体行政行为，受害人不服起诉，而被侵害人亦不服起诉，加害人和被害人显然利益不一致，但由于其权利义务由一个行政行为引起，因而成为行政诉讼的共同原告。必要共同诉讼中的共同被告指两个或者两个以上的行政主体作出同一个具体行政行为，行政相对人不服起诉，共同作出同一具体行政行为的行政主体便是共同被告。

2. 普通共同诉讼及其共同诉讼人。普通共同诉讼是指行政诉讼当事人一方或者双方为两人以上，因行政主体同样或者同一类型的具体行政行为引发行政纠纷而进入诉讼程序的情形。在普通共同诉讼的情况下，共同诉讼人之间的权利义务是可以分割的，它们本能够作为多案处理，但人民法院为了简化程序，将多案并为一案而使诉讼成为共同诉讼。普通的共同诉讼的成立要考虑下列因素：一是共同诉讼中的共同被告是否都在同一个人民法院的辖区之内，即是说，受理案件的人民法院对若干共同被告都能行使案件审理权。二是多个原告或多个被告之间发生的多个同样类型的诉讼属于同一诉讼程序，若不是同一诉讼程序则不能作为共同诉讼。三是人民法院合并审理是否能达到简化诉讼程序的目的，若作为共同诉讼不能达到简化程序的目的，则不可以作为共同诉讼处理。《若干解释》第 46 条规定，有下列情形之一的，人民法院可以决定合并审查：①两个以上行政机关分别依据不同的法律、法规对同一事实作出具体行政行为，公民、法人或者其他组织不服向同一人民法院起诉的；②行政机关就同一事实对若干公民、法人或者其他组织分别作出具体行政行为，公民、法人或者其他组织不服分别向同一人民法院起诉的；③在诉讼过程中，被告对原告作出新的具体行政行为，原告不服向同一人民法院起诉的；④人民法院认为可以合并审理的其他情形。”该法条所规定的诸种情形是普通共同诉讼的特殊类型。

四、行政诉讼第三人

行政诉讼第三人是指在原告和被告的行政诉讼活动展开以后，介入到该诉讼中的公民、法人或者其他组织。在行政诉讼中，原告与被告之间的诉讼是整个诉讼活动开展所必不可少的，一般将原告与被告已经开展的诉讼称之为本诉，第三人就是介入到本诉中的第三者，一般将第三人参加的诉讼叫参加诉讼。第三人具有下列特点：①其参加到原告与被告已经开展但没有结束的诉讼中来；②其与原告和被告开展的诉讼以及诉讼标的有利害关系，即人民法院对行政主体被诉具体行政行为的审查结果会影响到他的利益，第三人介入到诉讼中的目的是为了维护自己的权益；③其参加到原告与被告之间尚未结束的诉讼中，若原告与被告之诉讼已经结束则不存在第三人的问题。

《行政诉讼法》第 27 条规定：“同提起诉讼的具体行政行为有利害关系的其他公民、法人或者其他组织，可以作为第三人申请参加诉讼，或者由人民法院通知参加诉讼。”显然，此法条对第三人的规定是非常原则的，为了使第三人在行政诉讼中进一步具体化，《若干解释》第24条规定：“行政机关的同一具体行政行为涉及两个以上利害关系人，其中一部分利害关系人对具体行政行为不服提起诉讼，人民法院应当通知没有起诉的其他利害关系人作为第三人参加诉讼。第三人有权提出与本案有关的诉讼主张，对人民法院的一审判决不服，有权提起上诉。”依上列规定，行政诉讼第三人可概括为下列类型。

1. 侵害人作为第三人。在治安等行政案件中，侵害人对被侵害人实施了加害行为，行政机关依法对侵害人的行为予以处理，被侵害人认为行政机关的处理没有能够保护自己的权益，而侵害人能够接受行政机关对自己的处理决定。在被侵害人将行政机关作为被告起诉的情况下，侵害人可作为第三人参加到行政诉讼中来，其参加到诉讼中的目的是主张维护行政机关的处理决定，进而保护自己的利益。

2. 被侵害人作为第三人。在治安等行政案件中，侵害人对被侵害人实施了加害行为，行政机关依法对侵害人的行为予以处理，被侵害人认为行政主体对侵害人的处理合法适当，而侵害人则不服行政机关的处理决定，向人民法院提起行政诉讼，被侵害作为第三者参加到行政诉讼中来，其参加到诉讼中来的目的的同样是维持行政主体的处理决定，进而维护自己的权益。

3. 确权案件中的权利人。行政确权行为是行政主体对公民、法人和其他组织权属争执所实施的公断行为。在权属争执中必有两方主体，通过行政主体的确认得到权益的一方为权利人，而争执中的另一方则可以称之为权利异议人。当权利异议人对行政主体的裁决行为不服提起行政诉讼后，权利人则可作为第三人参加行政诉讼，支持行政主体的权属确认行为，进而维护自己的权利。

4. 裁决案件中的一方当事人。行政机关常常对公民、法人和社会组织之间的赔偿或者补偿纠纷进行裁决。这种裁决的结果可能使双方当事人一方认同，另一方不认同，当不认同的一方提起行政诉讼时，另一方当事人则作为第三人参加诉讼。

5. 行政处理案件中的未起诉人。行政机关就同一违法事实处罚了两个或者两个以上的行政相对人，其中某个或某些被处理人对该行政行为不服提起了行政诉讼，而另一些人则没有起诉，人民法院受理后将未起诉的人作为第三人。因为人民法院对起诉人所诉具体行政行为的判决，对未起诉人的权利义务会产生影响。

6. 与行政机关共同署名作出行政处理决定的非行政机关。行政机关在行政管理中，常常与行政机关以外的组织共同执法。这些非行政机关的组织不能单独作出行政行为，但可以与行政机关联合署名，这类行政行为作出后若行政相对人不服提起行政诉讼，与行政机关联合署名的非行政机关则作为第三人参加行政诉讼。

7. 其他类型利害关系人。在一个行政案件中，被行政机关具体行政行为处理的公民、法人和其他组织不服，以行政机关为被告起诉，其他利害关系人认为该具体行政行为的处理结果与自己的权益有关，便可作为第三人参加到行政诉讼中来。

在行政法治实践中，经常遇到行政诉讼中原被告双方的权益保护等类型的问题。

案例111 行政诉讼中原被告双方的权益保护

——卢×不服广播局文化行政强制案[1]

【案情摘要】

原告：卢×

被告：×文化广播电视管理局

2004年9月3日，被告上海市×区文化广播电视管理局委托该区文化稽查队在辖区内一市场对正在设摊的原告卢×作出证据先行登记保存的行政强制措施，并出具了登记保存清单。该清单载明：自2004年9月3日起至2004年9月10日止，对原告所有的CD、DVCD、DVD等电子出版物1159片予以先行登记并由文化稽查队保存。原告卢×在清单上签名。因被告未对上述电子出版物作出处理决定，原告向法院提起诉讼。

原告卢×诉称：被告对原告所有的物品进行登记保存，但在7天后仍未作出处理决定，既不归还，也未没收，其行为属超期扣押，侵犯原告财产权。故请求法院确认被告证据先行登记保存后7日内不处理系程序违法。

被告上海市×文化广播电视管理局辩称：本案不属行政诉讼受案范围，应当予以驳回。

本诉讼案件能否成立的前提条件是当事人诉请事由是否属于行政诉讼受案范围；一旦案件受理，如何妥善裁判也值得探讨。对此，法院经审理认为：

1. 本案被诉行政行为的性质属行政强制措施，应当受理。《行政处罚法》第37条第2款规定："行政机关在收集证据时，可以采取抽样取证的方法；在证据可能灭失或者以后难以取得的情况下，经行政机关负责人批准，可以先行登记保存，并应当在7日内及时作出处理决定，在此期间，当事人或者有关人员不得销

---

〔1〕 参见刘华主编：《2005年上海法院案例精选》，人民法院出版社2007年版，第210~214页。

毁或者转移证据。”本案被告将原告的CD、DVCD、DVD碟片和电子出版物予以证据先行登记保存，客观上是对财物所有权的四项权能，即占有、使有、收益、处分的临时性限制，系一种行政强制措施。

行政强制措施是指行政主体为了维护和实施行政管理秩序，预防与制止社会危害事件与违法行为的发生与存在，依照法律、法规规定，针对特定的行政管理相对人或特定的物作出的，以限制权利和课以义务为内容的、临时性的强制行为。采取行政强制措施不是以制裁违法行为为直接目的，而是为查明案件事实，为保障其他具体行政行为（如行政处罚）的顺利作出或实现所采取的行政手段。因此，行政强制措施是对权利的一种临时约束，而不是对这种权利的最终处分。例如，本案被告方的先行登记保存只是临时性地约束被登记保存的音像制品和电子出版物，而不是对上述物品的最终处分，是一种行政强制措施。《行政诉讼法》第11条第1款第2项规定，“对限制人身自由或者对财产的查封、扣押、冻结等行政强制措施不服的”公民、法人和其他组织可以提出行政诉讼。故本案应属于行政诉讼受案范围。

2. 裁判方式。《行政处罚法》第37条第2款作出7天内处理的规定外，文化部《文化行政处罚程序规定》第19条规定，对先行登记保存的证据，应当在7日内作出下列处理决定：①需要进行技术检验或者鉴定的，送交检验或者鉴定；②依法不需要没收的物品，退还当事人；③依法应当移交有关部门处理的，移交有关部门。被告在先行登记保存后未依法作出处理决定，属程序违法。但如果仅裁判被告行为违法，并不妥当。按照最高人民法院《关于执行〈中华人民共和国行政诉讼法〉若干问题的解释》第57条第2款第1项的规定，被告不履行法定职责，但判决责令其履行法定职责已无实际意义的，应当确认被诉具体行政行为违法。本案被告在登记保存后未依法在7日内作出处理决定违法，但如果仅确认违法，对已登记保存的财物是否应予发还的问题仍无定论。从掌握的事实看，原告属于无照经营，且涉嫌经营盗版音像制品。显然，无论从实际情况还是处理的社会效果来看，不判令被告作出处理均不合适。因此，法院除判决确认被告作出证据先行登记保存后未在7日内作出处理决定违法外，另判决被告在一定期限内对先行登记保存的证据作出处理决定，并将处理决定告知原告。

【提示与讨论】

本案原被告双方争议的焦点有二：①本案是否属于行政诉讼受案范围；②被告的行为是否属于程序违法的行政行为。

就前一个问题而言，被告×文化广播电视管理局委托该区文化稽查队对原告卢×所有的CD、DVCD、DVD等电子出版物作出证据先行登记保存行为属于行政强制措施，根据《行政诉讼法》第11条第1款第2项规定，理应属于行政诉讼受案范围，法院受理案件的决定是有充分法律依据的。

就后一个问题而言，《行政处罚法》第37条明确规定了行政机关对先行登记保存的证据应当在7日内及时作出处理决定，此案中，被告对原告所有的电子出版物进行证据先行登记保存之后，在7天后没有作出处理决定。因此，被告的行为已经构成了程序违法。

应当说受案法院对上述两个争议焦点的认定是完全正确的，然而，笔者认为，法院的最终判决似乎还有值得商榷的地方。人民法院审理行政案件应当紧紧围绕原被告双方的诉讼请求来进行裁判。本案原告仅提出请求法院确认被告的行为属程序违法的诉讼请求，被告也仅以案件不属行政诉讼受案范围为由进行辩驳，原告并没有要求法院判令被告对先行登记保存的证据及时作出处理决定。法院考虑到案件的实际情况和处理的社会效果，自行决定除判决确认被告作出证据先行登记保存后未在7日内作出处理决定违法外，还判决被告在一定期限内对先行登记保存的证据作出处理决定，并将处理决定告知原告。这一判决既超出了原告的诉讼请求，也有违《行政诉讼法》保护行政相对人利益的立法精神。

当然，就我国目前现行的法律而言，对于行政行为被确认违法后，行政相对人确有行政违法行为应当如何处理的问题没有明确规定，这也是造成本案受案法院作出现有判决的一个重要原因。《行政诉讼法》并没有规定法院可以确认行政行为违法，最高人民法院《关于执行〈中华人民共和国行政诉讼法〉若干问题的解释》第57条规定了人民法院确认行政行为合法或者有效、违法或者无效的几种情形，但是该解释也没有解决行政行为被确认违法之后的后续处理问题，这是今后行政诉讼立法上应当解决的问题之一。就本案而言，法院如果判决确认被告作出证据先行登记保存后未在7日内作出处理决定违法，并向被告×文化广播电视管理局提出相关司法建议，似乎更加合理，也更加符合行政诉讼保护行政相对人利益的立法精神。

第四节　行政行为司法审查的标准和裁判形式

行政行为司法审查的标准是指对行政行为进行审查时所依据的标准，主要有证据是否确凿充分；适用法律、法规是否正确；是否符合法定程序；是否超越职权；是否滥用职权；是否显失公正等。

人民法院在司法审查的不同阶段，要对各种不同事项，实体事项或程序事项作出具有确定力、拘束力和执行力的书面意见表示。即人民法院通过开庭审理，在查清事实的前提下，对被诉具体行政行为进行司法审查作出合法与否判断的法律行为。根据处理事项的不同性质，往往采用不同的形式——判决、裁定或决定。

一、第一审行政案件的判决

1. 维持判决。维持判决是人民法院肯定行政主体具体行政行为的判决，依《中华人民共和国行政诉讼法》第54条的规定，维持判决的具体行政行为必须同时具备三个条件：①具体行政行为证据确凿；②具体行政行为适用法律、法规正确；③具体行政行为符合法定程序。

2. 驳回诉讼请求判决。驳回诉讼请求判决是对原告起诉行为中实体权利义务的否定，反过来说是对被审查的具体行政行为的肯定，不论这种行政行为是作为的行政行为还是不作为行政行为。《若干解释》第56条规定了驳回诉讼请求判决的适用条件：①原告起诉被告不作为不能成立的；②被诉具体行政行为虽有不合理之处，但从总体上看符合法律规定，有法律依据的；③被诉讼具体行政行为因法律和政策的变化需要予以变更或者废止，但该具体行政行为在当初作出时是一个合法的行政行为的；④其他应当驳回诉讼请求的情形。具体情形和适用由人民法院在审理过程中决定。

3. 撤销判决。撤销判决是对被诉讼具体行政行为的否定判决，依《行政诉讼法》第54条的规定，符合下列条件的人民法院作出撤销判决：①被诉具体行政行为主要证据不足的；②被诉具体行政行为适用法律、法规错误的；③被诉讼具体行政行为违反法定程序的；④被诉具体行政行为超越职权的；⑤被诉具体行政行为滥用职权的。上述条件具备之一的，人民法院便可作出撤销判决，而不是同时具备上述条件。《若干解释》对撤销判决作了一些补充规定，即当人民法院对被诉具体行政行为作出撤销判决，而撤销判决作出后将会给国家利益、公共利益或者他人合法权益造成损失的，人民法院在作出撤销判决的同时可以采取下列法律行为：①判决被告重新作出具体行政行为；②责令被诉行政机关采取相应的补救措施；③向被告或有关机关提出司法建议；④发现违法犯罪行为的，建议有权机关依法处理。撤销判决既可是对被诉具体行政行为的全部撤销，也可以是对被诉具体行政行为的部分撤销。

4. 重新作出具体行政行为判决。重新作出具体行政行为判决是撤销判决中的附属判决，即人民法院在作出撤销判决时，同时可以判决被告重新作出具体行政行为。被告在重新作出行政行为时，不得以同一事实和同一理由作出与被撤销的具体行政行为相同的具体行政行为。最高人民法院的解释还规定了人民法院在必要时可以对行政主体重新作出行政行为限定期限。

5. 变更判决。依目前我国诉讼法的规定，变更判决存在的空间是非常有限的，它仅仅适用于行政处罚，就是当行政主体的行政处罚显失公正时，人民法院可以对行政主体的处罚行为予以变更。人民法院的变更是向着有利于原告的方向变更，而不是向着对原告加重处罚方向的变更。但是，在共同诉讼中，两个利益不一致的公民、法人或其他组织同为原告时则可以通过变更加重对其中一方的处罚。

6. 确认具体行政行为合法或有效的判决。人民法院经审理认为被诉具体行政行为合法，但不适宜作出维持或驳回诉讼请求的判决时，便可以作出被诉具体行政行为合法或者有效的判决。

7. 确认具体行政行为违法或者无效的判决。确认具体行政行为违法或无效的判决，应当符合下列条件：①被告不履行法定职责，但判决责令其履行法定职责已无实际意义的；②被诉具体行政行为违法，但不具有可撤销内容的；③被诉具体行政行为依法不成立或者无效的；④被诉具体行政行为违法，但撤销该具体行政行为将会给国家利益或者公共利益造成重大损失。在这种情况下人民法院还可以责令被诉行政机关采取相应的补救措施。

8. 限期履行法定职责的判决。在被告行政机关不履行法定职责或拖延履行法定职责的案件中，人民法院可以判决被告在一定期限内履行法定职责。《若干解释》第60条第2款规定："人民法院判决被告履行法定职责，应当指定履行的期限，因特殊情况难以确定期限的除外。"

二、第二审行政案件的裁决

行政诉讼第二审程序是指上级人民法院对下级人民法院就第一审行政案件所作的判决和裁定，在其发生法律效力之前，由于当事人的上诉请求，依法对案件进行审理的程序。二审程序的审查具有双重性，一方面，要审查一审人民法院的判决是否准确公正，即认定事实是否准确、适用法律法规是否准确、审理程序是否合法；另一方面，二审人民法院要继续审查行政机关具体行政行为的合法性，即具体行政行为认定事实是否准确、适用法律法规是否准确、程序是否合法。

第二审案件的裁决类型及适用条件：①驳回上诉，维持原则。第二审人民法院对上诉案件全面审理后，若认为原判决认定事实清楚、证据确凿充分、适用法律法规正确便可作出维持原判的判决。②依法改判。当一审判决在认定事实、证据审查、法律适用等方面存在问题时，二审人民法院有权依法改判。若一审部分判决错误，则改判错误部分，若一审全部错误则可全部改判。③撤销原判，发回重审。撤销原判是指二审人民法院经过上诉案件的审理，确认一审判决认定事实不清、证据不足，或者有明显的程序瑕疵时，作出的撤销一审人民法院判决，将案件发回一审人民法院重新审理的裁定。

第二审人民法院的裁定、判决是最终确定当事人权利义务的终审裁定、判决。裁定书或判决书一经宣告或送达，案件的审理即告终结，当事人不得再提起上诉。

三、审判监督程序行政案件的裁决

审判监督程序是指人民法院对已经发生法律效力的判决或裁定，发现有违反法律法规的情形再次进行审理并作出裁判的特殊审理程序。《行政诉讼法》第63条规定："人民法院院长对本院已经发生法律效力的判决、裁定，发现违反法律、法规规定认为需要再审的，应当提交审判委员会决定是否再审。上级人民法院对下级人民法院已经发生法律效力的判决、裁定，发现违反法律、法规规定的，有权提审或者指令下级人民法院再审。"第64条规定："人民检察院对人民法院已经发生法律效力的判决、裁定，发现违反法律、法规规定的，有权按照审判监督程序提出抗诉。"这两个条文是我国行政诉讼设置审判监督程序的法律依据。

再审案件的裁判包括：其一，维持判决。提起再审的案件，若经过审判监督程序再审后，确认原判决认定事实清楚、适用法律、法规准确、程序适用恰当，则作出维持原裁判的判决或裁定。其二，更正或补判。依再审程序审理的案件，经审理认为原判决或裁定认定事实、适用法律均无不当，但判决书或裁定书中有文字失误、用词不准、漏判等技术性问题，应根据不同情况予以更正或补判。其三，发回重审。《若干解释》第80条规定："人民法院审理再审案件，发现生效裁判有下列情形之一的，应当裁定发回作出生效判决、裁定的人民法院重新审理：①审理本案的审判人员、书记员应当回避而未回避的；②依法应当开庭审理而未经开庭即作出判决的；③未经合法传唤当事人而缺席判决的；④遗漏必须参加诉讼的当事人的；⑤对与本案有关的诉讼请求未予裁判的；⑥其他违反法定程序可能影响案件正确裁判的。"

在行政法治实践中经常遇到以下几类问题：①行政行为实体部分和程序部分的全面审查；②行政机关适用法律若干要件的审查；③一审维持判决与二审维持判决的关系；④一审判决与二审判决适用法律的分歧等。

案例112 行政行为实体部分和程序部分的全面审查
——章××诉×市税务局案

【案情摘要】

原告：章××，系个体经营户

被告：×市税务局

法定代表人：叶×，×市税务局局长

1994年9月，×市税务局在整顿个体税收时，查出章××在1993年3月至1994年3月的一年里，无工商营业执照，未办理税务登记手续，借用他人发票，从事临时经营，一直未申报纳税。仅查实其经营打包带，钢材等四笔业务，销售额就达34 357.65元。据此，×市税务局于1994年10月10日向章××下达“催缴税款通知书”，以临时经营令其补税4239.88元，罚款500元，限次日交清。章××第二天仅交款500元。×市税务局于10月14日第二次送达“催缴税款通知书”，令其补税4751.28元，滞纳金451.44元，罚款500元，章××拒不缴纳。因此，10月23日，×市税务局根据《×省税收征收管理实施办法》第9条之规定，扣押了章××的彩电、洗衣机、收录机、落地扇，并开具了凭证（并非省局统一制发的暂留实物的行政文书），限10月25日前交清税款取回实物。章××不仅拒不交税，而且于10月24日口头向×省税务局申请复议，省税务局当即给予了“先交清税款，然后在10日内申请复议”的口头答复。10月25日，章××在既未交清税款，又未经行政复议的情况下，径直向×市人民法院提起行政诉讼。同日，依据前述事实，×市税务局对章××下达了偷漏税款的检查结论，决定章××应缴纳税款和罚款12 514.14元。1995年3月13日，×市税务局又作出《章××纳税查处结论》，认定章××应缴纳税款和罚款10 174.83元。3月16日、17日，×市税务局又两次向章××下达“催款通知书”，决定其1993年3月至1994年4月应缴纳营业税3710.63元，罚款6464.20元，分别限其17日和18日交清，章××未予理睬。

×市人民法院于1995年3月16日公开审理此案。×市税务局辩称：①章××属临时经营者，是当然的纳税义务人。现已查实，其应补交偷、漏税款和罚款12 514.14元，经数次催缴，章××仍拒不交税。②《×省税收征收管理法实施办法》第9条规定，对从事临时经营的纳税人可以暂留价值相当于应缴税款的实物，并在主管税务机关规定的期限内进行纳税清算。因此，我局按此规定执行，暂押章××的实物是合法的。③章××既未按规定交清税款，又未经上级税务机关复议，就直接向法院起诉，这与《行政诉讼法》第37条第2款和《税收征收管理法》第56条的规定不符，其诉讼行为违反了复议前置程序，请求法院维持其决定。×市人民法院认为：被告在履行法定职责中，采用强制措施扣押了原告的家用电器，其行为违反法定程序和超越职权。遂于1995年3月18日作出一审判决：撤销被告对原告财产的扣押，限被告在本判决生效后10日内将所扣押的财产返还给原告。案件受理费138元由被告负担。×市税务局对一审判决不服，提起上诉，二审法院判决维持原判。

【提示与讨论】

《税收征收管理法》第25条规定：“对未取得营业执照从事经营的单位或者个人，除由工商行政管理机关依法处理外，由税务机关核定其应纳税额，责令缴纳；不缴纳的，税务机关可以扣押其价值相当于应纳税款的商品、货物。扣押后缴纳应纳税款的，税务机关必须立即解除扣押，并归还所扣押的商品、货物；扣押后仍不缴纳应纳税款的，经县以上税务局（分局）局长批准，拍卖所扣押的商品、货物，以拍卖所得抵缴税款。”依此条规定，税务机关所扣押的只能是商品和货物，而不能扣押其他合法财产。本案税务机关扣押原告章××彩电、洗衣机、收录机、落地电风扇等显系货物、商品之外的财物，扣押此类财物是违法的。本案主管机关在处罚过程中，亦超越了主管权限，构成了行政越权。依《×省税收征收管理法实施办法》规定，对于当事人罚款金额超过1000元的，由市、县税务部门决定并执行。其在实施行政处罚时，执法程序不够严肃，对当事人的同一事实多次作出行政处罚，先后四次下达催缴税款通知书，两次下达查处结论，其下达的催缴税款通知书，前后处罚的数额不一致。可见，本案税务机关既有实体上的行政违法，又有程序上的行政违法。

本案的法律适用首先是程序部分的问题，即原告章××是否需要先经过行政复议，再向人民法院起诉。×市税务局在一审答辩时也提到这一问题，认为章××只有通过行政复议后，才能提起行政诉讼，没有经过复议而起诉是违法的。要弄清这一问题必须弄清税务机关行政行为的性质。应当说，税务机关的扣押措施是一个行政强制措施，依行政诉讼法的规定，公民、法人和其他社会组织对行政机关的行政强制措施是可以直接提起行政诉讼的，复议并非必经程序。《税收征收管理法》第 56 条第 2 款规定：“当事人对税务机关的处罚决定、强制执行措施或者税收保全措施不服的，可以在接到处罚通知之日起或者税务机关采取强制执行措施、税收保全措施之日起 15 日内向作出处罚决定或者采取强制执行措施、税收保全措施的机关的上一级机关申请复议；对复议决定不服的，可以在接到复议决定之日起 15 日内向人民法院起诉。当事人也可以在接到处罚通知之日起或者税务机关采取强制执行、税收保全措施之日起 15 日内直接向人民法院起诉。……”依此规定，人民法院受理原告的起诉是符合法定程序的。一审法院和二审法院从实体上判决税务机关的具体行政行为违法是正确的。因为其行为既违反法定程序，又超越职权。

笔者认为，人民法院在对行政机关的具体行政行为进行司法审查时，应当有机地将程序部分的审查和实体部分的审查结合起来，不能偏废。行政机关的具体行政行为有时在实体内容上可能是合法的，但在程序上不符合法定要件，此时该行政行为应当是无效的。有时行政行为符合法定程序但实体上违法，此种情况下该行政行为当然是不合法的。有时行政机关的行政行为既有程序上的违法，又有实体上的违法，此时其不能发生法律效力的情形是无须说明的。本案×市税务局的具体行政行为既存在程序上的违法，也存在实体上的违法。从程序上讲，其不依法律规定的程序规则对当事人进行处罚，对于当事人的一个违法行为，以同一事实和同一理由先后处罚四次，违反了一事不再罚原则。从实体上讲，行政机关一是处罚超越权限，二是将不属扣押对象的财物予以扣押。对于行政机关实体上的违法和程序上的违法，×市人民法院都作了审查，这是司法审查所必须的。

案例113　对行政机关适用法律若干要件的审查
——×市×皮具厂诉×市公路路段管理处案

【案情摘要】

原告：×市×区×皮具制品厂

被告：×市公路路政管理处北郊路政管理所

第三人：×市工商行政管理局××区分局

1996年8月15日，原告×市×区×皮具制品厂征得×市×区石井镇夏茅村村民委员会的同意，向×市工商行政管理局××区分局申请，经该局审批，取得《户外广告登记证》，同意原告在该村南路口设立规格为4米×0.7米×2米的"×市×区×皮具制品厂"指示路牌一个，有效期1年，自1996年10月29日起至1997年10月29日止。原告据此在夏茅村南路口竖立结构为铁质三角双面4米×0.7米，离地面高度2.8米，蓝底白字"×皮具制品厂，电话××××"的广告路牌一个。1997年9月12日上午，被告×市公路路政管理处北郊路政管理所工作人员，认为原告设置路牌的地方早已于1994年被征用为××公路用地，属于公路管辖范围。原告未经公路主管部门批准，在公路用地范围内设置指示广告路牌，违反了《×市公路路政管理条例》第10条的规定，也违反了《×区人民政府（1995）第35号通告》中第5条、第6条的规定，属违章行为。被告在没有作出书面决定或通知原告的情况下，将原告竖的路牌拆毁。原告发现自己竖的路牌被拆是被告所为后，于1997年11月12日向×区人民法院提起行政诉讼。

原告诉称：路牌是经工商等部门批准设置的，是合法的。近一年来没有收到任何公路部门提出的异议，被告在既未作出书面处理决定，又未事先通知的情况下，强制拆除所竖路牌是违法的，请求人民法院确认被告行为违法，赔偿路牌建造费9500元及承担本案的诉讼费。被告辩称：原告设置路牌的行为是违章行为，我们对公路路政违章行为进行全面清理、整治，拆除原告的路牌是正确的。在审理过程中，法院认为本案所诉的行政行为与×市工商行政管理局××区分局有利害关系，通知该局以第三人身份参加诉讼。该分局参加诉讼后辩称：原告于1996年10月18日向我局申请设置在××路夏茅村南路口（距离9米的公路中心线22米）指示牌，我局依照《×市户外广告管理办法》第18条规定，按程序审核，并于同年10月28日同意原告在指定的地点设置路牌，有效期为1996年10月29日至1997年10月29日。我局核发给原告的户外广告登记证是合法的，请求法院根据本案事实，分清责任，依法判决。×区人民法院经审理认为，原告设置广告指示路牌，是依法向第三人申请，并经第三人批准，依批准规定的条件设置的，其行为是合法的，原告的路牌属合法财产，对原告的赔偿请求予以支持。被告不作调查、不取证、不依法定程序行政，在原告不知情的情况下，直接拆毁原告的广告指示路牌是违法行为。第三人违反有关法律规定，批准原告在公路用地范围内设置指示广告路牌亦有一定责任。就赔偿部分依法调解，最后达成协议：赔偿总金额8000元，被告负责赔偿金额及诉讼费3成，合计数额2517元，第三人负责赔偿金额及诉讼费7成，合计数额5873元。

【提示与讨论】

本案人民法院在审理过程中，对原告的广告路牌是否为合法财产、被告该不该赔偿，存在不同意见。第一种观点认为，应判决驳回原告请求被告赔偿的诉讼请求，对被告违反法定程序作出司法建议。理由是：被告没有依法作出书面决定及向人民法院申请强制执行，直接对原告的广告路牌实施拆除，虽然执法程序违法，但原告在公路用地范围内设置广告路牌，违反了《×市公路路政管理条例》第10条第6项“在公路及公路用地范围内禁止设置棚屋、厕所、加油站、广告招牌及其他建筑物、构筑物”的规定，属违章行为，违法权益不能保护。第二种意见认为，应告知原告起诉第三人，请求第三人赔偿，如果原告不起诉第三人，判决驳回原告起诉。理由是：依法律规定，在公路用地范围内不能设置广告牌，第三人批准原告设置，违反有关规定，原告的损失是由第三人错误批准造成的。第三种观点认为，应判被告重新作出具体行政行为。理由是：本案是第三人违反有关法律、法规，在公路用地范围内批准设置广告批示牌，被告不能处理原告，应处罚第三人。第四种观点认为，原告起诉要求被告赔偿，合理合法，应判决予以支持。理由是：原告设置广告指示路牌是依法向有关部门申请，经第三人审查批准，依批准规定条件设置的，是合法的。被告不作调查、不取证，也不依法定程序行政，在原告不知情的情况下，直接拆毁原告指示路牌是违法行为。至于第三人违反有关法律规定，批准原告在公路用地范围内设置指示广告路牌，这是另一法律关系，被告可以依法处罚第三人，责令第三人撤回对原告户外广告登记的批准。不能因此问题就确认被告行政行为合法。本案人民法院依第四种意见处理，笔者认为是正确的。

原告的行为是否为违法行为是本案法律适用准确与否的关键。依《中华人民共和国广告法》的有关规定，公民设立广告牌和其他从事广告活动的行为应由工商行政管理机关审查批准。原告设置广告路牌，依照广告法和其他有关法律的规定，办理了选用地手续，向法定审批机关办理了审批手续，其行为是符合法律规定的，应受法律保护。至于工商行政机关的不当批准行为，其后果不应转嫁到公民身上，不应让公民对行政机关的违法行为负责。《行政处罚法》第30～32条对行政处罚的程序作了规定，行政机关在实施行政处罚时必须查明事实，事实不清的，不得给予处罚，并在作出处罚决定之前，应告知当事人处理的事实、理由、依据、当事人应享有的权利等。本案被告在违反法定程序的情况下，野蛮执法，并给原告造成了经济损失，承担赔偿责任亦属应当。《国家赔偿法》第2条第1款规定："国家机关和国家机关工作人员违法行使职权侵犯公民、法人和其他组织的合法权益，造成损害的，受害人有依照本法取得国家赔偿的权利。"第7条第1款规定："行政机关及其工作人员行使行政职权侵犯公民、法人和其他组织的合法权益造成损害的，该行政机关为赔偿义务机关。"本案原告所遭受的损失是由公路管理机关和工商行政管理机关共同造成的，两个机关承担连带责任是应当的。本案×人民法院对赔偿部分进行调解，亦符合《行政诉讼法》的规定，适用法律正确。

笔者认为，本案×区人民法院在审查行政机关的具体行政行为时，考虑了多个方面的要素，这是司法审查必须做的。①要确认原告的行为是否合法。本案经过认真审查，原告在公路两旁竖广告牌的行为是违反公路管理法规的，但原告的申请行为是合法的，是错误的行政行为导致原告行为的错误，对此原告不应承担责任，因为原告既没有违法行为的故意，也不存在违法行为的过失。人民法院不能将公民的守法意识、守法行为认定为违法。②要确认被告的行政行为是否合法。在行政法治实践中，对相对方违法行为的处理亦要依法而行，不能认为相对方的行为违法，行政机关的行为就一定合法。本案中原告所竖广告牌尽管违反了有关法规，但公路管理机关采取野蛮手段予以拆除的行为同样违法，违反了有关行政行为的程序规则。对其违法行为所造成的后果，当然应追究法律责任。③本案第三人违反公路管理法规和有关广告行政管理的法律规范批准原告竖广告牌的行为，不受法律保护，追加其为第三人，并与公路管理机关承担连带责任是正确的。

案例114　一审维持判决与二审维持判决的关系

——××区公安分局不服一审判决上诉案

【案情摘要】

上诉人（原审被告）：××市公安局××区分局，住×市××区××路6号

法定代表人：黄××，局长

委托代理人：姚×，××市公安局××区分局工作人员

委托代理人：桂×，××市公安局××区分局工作人员

被上诉人（原审原告）：××省塑料工业公司，住××市××大道595号6楼

委托代理人：沈××，××省塑料工业公司经营办经理

委托代理人：杨××，××律师事务所律师

××市××区花木公司经先后两次到××市轧钢厂进行实地考查，于1993年5月21日与××市轧钢厂劳动服务总公司签订一份购销200吨××轧钢厂生产的18号优质钢材合同。同日，花木公司向轧钢厂劳动服务总公司付款35万元。后因钢材质量问题引起诉讼。××市中级人民法院经再审认定，双方争议属经济合同纠纷并依此作出判决，而轧钢厂劳动服务总公司分数次退还给原告塑料工业公司购货款共计90.7万元的行为，已被××市中级人民法院和××省高级人民法院民事判决认定为合法有效的民事行为。据此，一审法院判决认为，××公安分局以刑事侦查为名作出扣划原告塑料工业公司收到的退款90.7万元中33万元的行为，系超越职权的行为。故依照《行政诉讼法》第54条第2项第4目、第68条第1款、《国家赔偿法》第25条第2款、第28条第1项的规定，判决撤销××区公安分局1996年7月19日扣划塑料工业公司存款33万人民币的行为；将扣划的33万元人民币及按同期银行利率予以结算的利息返还给塑料公司。

××区公安分局提起上诉，主要理由是：轧钢厂劳动服务总公司在明知自己无货可供、无货可提、无钱履约的情况下与花木公司签订合同，是合同诈骗。鉴于轧钢厂劳动服务总公司经理冯××在逃，对劳动服务总公司支付给塑料工业公司的33万元予以冻结、扣划是刑事侦查措施，请求撤销一审判决。被上诉人塑料工业公司答辩称，原审法院认定事实清楚，适用法律正确，请求维持原判。

二审法院经审理查明：1995年11月，××区公安分局收到××区人民法院（1995）年度×民再字第3号案件移送函和花木公司举报工业劳动服务总公司采用签订经济合同的手段诈骗其货款的举报材料，于当月29日决定立案。经调查，××区公安分局认为塑料工业公司与工业劳动服务总公司有相互勾结、采取欺诈手段骗取花木公司与工业劳动服务总公司签订合同的行为。1996年7月8日，××区公安分局向工商银行××航办发出第011号协助冻结存款通知书，冻结了塑料工业公司43-013031473账户上的存款33万元，同月19日，××区公安分局将冻结的33万元扣划至其在农行街道口办开设的0881-12账户上，后并入××区财政局财政专户。经诉讼当事人举证质证表明，1993年5月21日，花木公司与轧钢厂劳动服务公司签订购销200吨优质螺纹钢合同，塑料公司并没有参与其中。签约当天，花木公司付给轧钢厂劳动服务总公司35万元，同年6月11日，花木公司以轧钢厂劳动服务总公司所交货物不符合质量要求为由向××区人民法院提起诉讼。该案后经××市中级人民法院提审，认定花木公司诉劳动服务总公司一案属经济合同纠纷，并依此作出〔1997〕经再字第17号判决。同时查明：1993年2月，塑料工业公司与×钢实业公司商业公司所属商贸部（以下简称商

贸部)、商贸部与劳动服务总公司分别签订了500吨螺纹钢材购销合同。同月19日，塑料工业公司付给商贸部货款162.5万元。商贸部向轧钢厂劳动服务总公司支付货款157万元。轧钢厂劳动服务总公司后因货源不足，于4至5月分数次直接向塑料工业公司退还货款90.7万元。该行为被××市中级人民法院（1996）×经初字第120号民事判决和二审法院（1996）×经终字第153号判决依法认定为合法有效的民事行为。

二审法院认为，花木公司与劳动服务总公司因购销钢材质量问题发生经济合同纠纷，该纠纷与塑料公司没有法律上的关系。劳动服务总公司向塑料工业公司退还货款和塑料工业公司接受轧钢厂劳动服务总公司退还货款的行为是当事人之间正常经营中的民事法律行为。上诉人××区公安分局以诈骗为由强制扣划塑料工业公司存款的行为缺乏事实依据和法律依据，依法应予撤销，上诉人××区公安分局的上诉理由不能成立。原审判决认定的事实清楚，程序合法，适用法律正确。根据《行政诉讼法》第61条第1项的规定，判决如下：驳回上诉，维持原判。本案一审案件受理费7460元，二审案件受理费7460元、诉讼保全费2230元由上诉人××公安分局负担。

【提示与讨论】

本案案件事实的认定必须首先确认花木公司与轧钢厂劳动服务总公司签订的购销200吨18号优质钢材合同的性质，如果该合同是有效合同，本案被上诉人的行为就不存在欺诈问题，上诉人的行为就是违法的。其实，这一合同的性质是非常清楚的。由于钢材质量问题，双方曾诉至人民法院，×市中级人民法院已认定双方争议属经济合同纠纷，并作出判决。而轧钢厂劳动服务总公司分数次退还给原告塑料工业公司购货款共计90.7万元的行为，已被××市中级人民法院和×省高级人民法院民事判决认定为合法有效的法律行为。人民法院对于合同性质的认定是最具权威性的。××区公安分局认定轧钢厂劳动服务总公司在明知自己无货可供、无货可提、无钱履约的情况下与花木公司签订合同属欺诈行为的事实认定是错误的。一审人民法院和二审人民法院都对合同的性质作了正确认定，该合同是有效合同，不存在欺诈问题。那么，××区公安分局的行为就是无端插手经济纠纷的行为。其对劳动服务总公司支付给塑料工业公司的33万元予以冻结、划拨是错误的。一审判决撤销其行政行为是正确的。二审维持一审判决是合法的。

本案在审理过程中适用的实体法应当说包括《民法通则》和《刑法》的有关规定。依前者确认花木公司和轧钢厂劳动服务总公司合同的性质。依后者确认被上诉人的行为是否为犯罪行为，即是否构成了诈骗罪。通过上述实体法的适用认定××区公安机关的行政行为为不合法行为。本案程序法的适用主要是《行政诉讼法》。该法第54条规定，人民法院经过审理，根据不同情况，分别作出以下判决：其一，具体行政行为证据确凿，适用法律、法规正确，符合法定程序的，判决维持。其二，具体行政行为有下列情形之一的，判决撤销或者部分撤销，并可以判决被告重新作出具体行政行为：①主要证据不足的；②适用法律、法规错误的；③违反法定程序的；④超越职权的；⑤滥用职权的。其三，被告不履行或者拖延履行法定职责的，判决其在一定期限内履行。其四，行政处罚显失公正的，可以判决变更。一审人民法院适用此条判决撤销××区公安分局的具体行政行为是正确的法律适用行为。《行政诉讼法》第58条规定："当事人不服人民法院第一审判决的，有权在判决书送达之日起15日内向上一级人民法院提起上诉。……"××区公安分局的上诉行为和二审人民法院的受理行为都是以此条规定为依据的。

笔者认为，行政诉讼中的一审和二审都存在维持判决问题。但是，一审的维持判决和二审的维持判决在性质上是有所不同的。一审的维持判决是维持行政机关的具体行政行为，是对被告有利的判决。二审的维持判决是对一审判决的维持，而不是对行政机关具体行政行为的维持。《行政诉讼法》第61条规定："人民法院审理上诉案件，按照下列情形，分别处理：①原判决认定事实清楚，适用法律、法规正确的，判决驳回上诉，维持原判；②原判决认定事实清楚，但适用法律、法规错误的，依法改判；③原判决认定事实不清，证据不足，或者由于违反法定程序可能影响案件正确判决的，裁定撤销原判，发回原审人民法院重审，也可以查清事实后改判。当事人对重审案件的判决、裁定，可以上诉。"依该法规定，×市中级人民法院判决维持一审判决亦属合法。二审的维持判决由于是对一审判决的维持，因此，其既可能对原告有利，亦可能对被告有利。这是一审维持判决和二审维持判决的重要区别。一审和二审是人民法院审理行政案件的两个程序。尤其二审是在一审的基础上进行的，因而必须正确处理好和一审判决的关系，对一审判决必须起到监督和制约作用。

案例115　一审判决与二审判决适用法律的分歧

——陈×不服×区建设和管理委员会建筑工程施工许可上诉案[1]

【案情摘要】

原告（上诉人）：陈×

---

〔1〕　参见应新龙主编：《2006年上海法院案例精选》，人民法院出版社2008年版，第251～255页。

被告（被上诉人）：×区建设和管理委员会（以下简称“×区建委”）

第三人：×国际船舶代理公司

×区建委于2004年4月28日向×国际联合船舶代理公司颁发了建筑工程施工许可证。该许可证载明，建设单位×国际联合船舶代理公司，工程名称营业厅装修，合同价格98.3162万元，建设规模1288平方米，合同开工日期2004年2月10日，合同竣工日期2004年4月30日。陈×系营业厅所在大楼的业主，其不服该建筑工程施工许可，起诉要求撤销该许可。

原告诉称，×国际联合船舶代理公司先开工后申请许可证，×区建委对此没有调查即颁发施工许可证，程序违法。×区建委没有收到×国际联合船舶代理公司提供的规划许可证明材料，没有收到满足施工需要的图纸和技术资料即颁发施工许可证，违反了《建筑法》及其相关规定。请求撤销×区建委作出的建筑工程施工许可行为。

被告辩称，本案的装修工程没有沿街，也没有改变承重结构，不需要建设工程规划许可证。×国际联合船舶代理公司在申请材料上填写的未开工，被告在颁证前并不知道已经开工。根据建设部《建筑工程施工图设计文件审查暂行办法》第5条的规定，施工图纸和技术资料不在法律规定的强制审查范围内。请求维持被诉具体行政行为。

第三人述称，装修工程并未涉及房屋的承重结构，对房屋安全也并不构成影响，请求维持被诉具体行政行为。

一审法院经审理认为，×区建委未按照规定要求×国际联合船舶代理公司提供相应的文件和设计图纸等，仅根据其口头承诺，在明知其已开工的情况下，未按照《建筑法》第64条、《建筑工程施工许可管理办法》第10条的规定，责令其停止施工，仍对部分文件进行了审核即颁发建筑工程施工许可证，显属违反法定程序。×国际联合船舶代理公司的装修工程构成了改建，应取得建设工程规划许可证，×区建委在某国际联合船舶代理公司未取得以上建设工程规划许可证的情况下即颁发建筑工程施工许可证，违反了法律的规定。但根据×国际联合船舶代理公司提供的原设计单位的修改图纸和说明，证实该装修工程并未涉及房屋的承重结构，对房屋的安全也并不构成影响，判决撤销颁证行为已无实际意义。一审法院依照最高人民法院《关于执行〈中华人民共和国行政诉讼法〉若干问题的解释》(以下简称《若干解释》）第58条的规定，判决确认×区建委向×国际联合船舶代理公司颁发建筑工程施工许可证的具体行政行为违法。

上诉人上诉称，原审法院适用法律错误，撤销被诉具体行政行为并不会给国家和公共利益造成重大损坏，如果不撤销，将会给小区的公众利益造成损害，请求撤销原判和被诉行政行为。

被上诉人和第三人辩称，原审判决确认被诉具体行政行为违法是正确的，已经充分地体现了法律的严肃性，装修工程并未涉及房屋的承重结构，对房屋安全也并不构成影响，撤销具体行政行为并无实际意义。请求驳回上诉，维持原判。

二审认定事实与一审认定一致。

二审法院经审理认为，被诉具体行政行为认定事实不清，违反法定程序，原审法院认为被诉具体行政行为违法，认定准确。但原审法院认为撤销被诉具体行政行为将会给国家利益或者公共利益造成重大损失缺乏依据，应予纠正。依照《行政诉讼法》第 61 条第 2 项，判决撤销原审判决，撤销被诉建筑工程施工许可。

【提示与讨论】

本案的事实十分容易认定，即×区建委向×国际联合船舶代理公司颁发建筑工程施工许可证的行为是违反《建筑法》和《建筑工程施工许可管理办法》所规定的程序的。本案争议的焦点在于，在认定了×区建委的这一行政许可行为违法的情况下，法院是应当作出撤销该行政许可行为的判决还是应当作出确认该行政行为违法的判决?

撤销判决是指法院确认被诉具体行政行为违法，将其全部或部分予以撤销，并且可以责令被告履行特定职责的判决形式。《行政诉讼法》第 54 条第 2 项规定，具体行政行为主要证据不足；适用法律，法规错误；违反法定程序；超越职权；滥用职权的，应当判决撤销或者部分撤销。确认违法判决是指法院确认被诉具体行政行为违法，本应予以撤销，但由于其不具有可撤销的内容或者考虑到公共利益的需要，而作出的确认具体行政行为违法的判决。《若干解释》第 57 条第 2 款规定，有下列情形之一的，法院应当作出确认被诉具体行政行为违法或者无效的判决：①被告不履行法定职责，但判决责令其履行法定职责已无实际意义的；②被诉具体行政行为违法，但不具有可撤销内容的；③被诉具体行政行为依法不成立或者无效的。《若干解释》第 58 条规定："被诉具体行政行为违法，但撤销该具体行政行为将会给国家利益或者公共利益造成重大损失的，人民法院应当作出确认被诉具体行政行为违法的判决，并责令被诉行政机关采取相应的补救措施；造成损害的，依法判决承担赔偿责任。"通过这两种判决方式的概念和适用范围的比较可见，撤销判决的本质是通过司法判决将被认定为违法的行政行为在法律上彻底消灭，具有溯及既往的效力。确认违法判决的本质是通过判决确认违法的行政行为不具有合法性，但该行政行为在法律上仍然存在，即不具有溯及既往的效力。

问题在于，如果一个涉及重大财产或者涉及重大公共利益的行政行为违法，被法院撤销后，就可能引起巨额国家赔偿或者对重大公共利益造成损害；而在这种情况下，如果选择对行政行为的效力没有溯及既往效力的确认违法判决，就不会引起国家赔偿或使重大公共利益受到损害。因此，笔者认为被诉的行政行为如认定违法，法院是作出撤销判决还是确认违法判决，取决于撤销该具体行政行为是否将会给国家利益或者公共利益造成重大损失。换句话说，确认违法判决的适用条件是：撤销该具体行政行为将会给国家利益或者公共利益造成重大损失。本案中，由于撤销×区建委的行政许可行为并不会给国家利益或者公共利益造成重大损失，因此，一审法院适用《若干解释》第58条规定所作出的确认被诉具体行政行为违法的判决属于适用法律错误。二审法院作出撤销被诉具体行政行为的判决则是合理的。

第五节　行政诉讼证据

行政诉讼证据是指能够证明行政诉讼案件真实情况的相关事实。它具有与民事诉讼证据、刑事诉讼证据相同的共性，这些共性是：其一，客观性。所谓客观性是指证据存在于客观的法律关系之中，是客观事物的真实反映，而不是由人们主观意识想象或杜撰出来的。在行政诉讼过程中，任何人都不能通过主观想象向法院提供证据，而法院也不能主观臆断地对证据下结论。其二，相关性。证据是能够证明案件真实情况的事实，与案件的关系就成了证据的又一本质属性，若某种材料或者事实尽管客观，但与诉讼过程中的案件无关联就不能成为证据。与案件相关性既是对证据事实时间和空间的限制，又是对证据与行政事态关系的限制。其三，合法性。我国三大诉讼法对证据问题都作了规定，法律对证据规定以后就成为一个法律问题而不简单地是诉讼过程的事实问题。

一、行政诉讼证据的特性

作为行政诉讼依据而言，其有自己的特性。

1. 行政诉讼规则的调整性。行政诉讼证据是由有关行政诉讼的规则调整的，除《行政诉讼法》关于证据的规定外，《若干解释》对有关行政诉讼证据也作了规定。另外，2002年6月4日最高人民法院审判委员会还通过了最高人民法院《关于行政诉讼证据若干问题的规定》。这些规则都是行政诉讼证据合法性的依据，人民法院在审理行政案件中，对于证据的收集、审查和运用都必须遵循上述规则。

2. 举证责任的行政性。《行政诉讼法》规定，行政诉讼的举证责任由行政主体承担。仅就诉讼过程看，将举证责任分配给被告，这本身就是行政诉讼证据的特殊性所在。而从深层次讲，是将举证责任分配给了行政系统。人民法院对行政行为进行司法审查，享有对行政行为进行审查的国家权力，但不负担因审查而带来的提供证据的义务。将行政行为司法审查的举证责任分配给了行政系统，即是说，这不是简单的原告与被告在行政诉讼中对待证据的关系问题，更为重要的它所反映的是司法系统和行政系统在行政证据中的关系问题。

3. 行政诉讼证据具有严格的时空性。《行政诉讼法》第33条规定："在诉讼过程中，被告不得自行向原告和证人收集证据。"第34条规定："人民法院有权要求当事人提供或者补充证据。人民法院有权向有关行政机关及其他组织、公民调取证据。"这些规定均表明行政诉讼证据有着严格的时空性。对于负有举证责任的行政主体而言，其证据的提供虽是义务，但证据的时空仅仅限制在其作出行政行为阶段，进入诉讼程序以后，行政主体不再有收集证据的权利。人民法院对行政诉讼证据的时空性限制在行政案件的处理阶段，行政主体在行政管理活动中运用的事实材料人民法院无法介入其中。即人民法院不能介入到行政主体的行政管理活动过程中去收集证据。

二、行政诉讼证据的种类

1. 书证。所谓书证就是指所有的书面证明材料，所有以书面形式记载的思想、内容、含义等证明案件事实的文字、符号、图表、图号等都是书证的范围。书证是行政诉讼中适用率最高的、最重要的证据之一，如行政处罚裁决书、专利证书、营业执照、会计账本等等。由于它记载或者表达的内容与案件有联系，因而其能够作为认定案件事实的根据。

2. 物证。物证是指以其形状性质、特征等证明案件事实的痕迹、物品等。从广义上讲，书证也是物证的范畴，但是，《行政诉讼法》将物证和书证分而规定，依该规定我们只能对物证作狭义解释，即所有不包括书证的痕迹、物品都是物证。物证的特点是具有客观的可靠性，不像人证那样易受到人的主观因素和其他情况的影响，失真的可能性比较小，因而常常用来证实、鉴别其他证据的真伪，是重要的证据之一。

3. 视听资料。视听资料在现代行政诉讼中有着其他证据不可取代的作用，而且随着社会的发展，视听资料对案件的证明力将越来越强。所谓视听资料是指利用录音或录像带或其他可视性、可听性资料反映出来的能够证明案件事实的一切证据。

4. 证人证言。证人是指案件当事人以外的了解案件事实并可以到庭作证的人。证人证言就是证人对案件事实所提供的言词证明和相关的陈述。证人证言在法律上可以是口头形式的，也可以是书面形式的。

5. 当事人的陈述。当事人是指诉讼中的原告、被告和第三人等。其在诉讼过程中对案件的陈述也是证据的重要种类。当事人在诉讼过程中的陈述有两种情况：①对有关的法律事实或者法律关系发生、变更、消灭的事实陈述；②对案件适用法律所发表的见解或者主张个人权益时所提出的观点。在诉讼中能够作为证据的应当是当事人的第一种陈述。

6. 鉴定结论。鉴定结论是指在诉讼中，具有专门知识的人经人民法院指定或批准，运用专门知识或技术对某些带有技术的问题进行检验、分析后所作的结论。在行政诉讼中，把与案件事实无关而进行这种专门性活动的人称之鉴定人。鉴定人对技术性问题所作的结论就是鉴定结论。

7. 勘验笔录、现场笔录。勘验笔录是指，具有勘验检查权的行政机关及人民法院对与案件争议有关的客体物如现场、物证等进行勘察、检验、检测、摄像、绘图、拍照等活动，并将整个情况忠实记录下来所形成的笔录。勘验检查人员应当持有勘验检查证件，并通知当事人或者其成年家属到场，还可以邀请当地基层组织或者有关单位派员参加。当事人或者他的成年家属拒不到场的不影响勘验的进行。

三、行政诉讼举证责任的分配

举证责任也叫证明责任，是指诉讼当事人对自己的主张所根据的事实有提供证据证明其正确性、合理性的责任。在不同的诉讼体制中，证明责任的分配是有所不同的。在控告或诉讼体制中，当事人各方负举证责任。在审问式体制下，诉讼证据以法官为本位。在混合式诉讼体制下，法官可依职权进行调查，但提供证据不是法官的义务。证人在诉讼阶段提供证据的，由当事人及律师询问。

我国行政诉讼的举证责任实质上所适用的是证明责任倒置原则。在诉讼过程中，一般情况下谁主张权益谁举证，即在大多数情况下举证责任应当由原告承担，因为原告是诉讼权益的主张者。但是，行政诉讼则将这一基本的举证原则倒置过来了。主张权益的原告不负举证责任，而被诉的被告负举证责任。《行政诉讼法》第32条规定："被告对作出的具体行政行为负有举证责任，应当提供作出该具体行政行为的证据和所依据的规范性文件。"此规定非常明确地将行政诉讼中的举证责任分配给了被告。为什么要将举证责任分配给被告呢？①行政诉讼争执的焦点是行政主体的具体行政行为是否合法。而在行政管理活动过程中，行政机关的具体行政行为是其对行政职权的运用，行政职权是行政主体单方面行使的权力，这一权力常常为行政相对人设定了诸多的权利和义务。当行政主体为行政相对人设定权益和义务时其是以国家代表者的资格出现的，此点要求行政主体的行政行为必须具有事实根据和法律根据。其向人民法院提供出行政行为的事实依据和法律依据便是法治原则的具体反映。②行政诉讼从一定意义上讲是对行政管理活动过程的证明。当行政主体的行政行为让行政管理相对方当事人接受以后，整个行政管理活动过程才算已经完成，才算行政主体所作的行政行为得到了证明。反之，若行政相对人对行政主体的行政行为提出了异议，就可以说整个行政管理过程尚未结束，行政主体所作的行政行为处于一种待证明的状态之中。而证明行政主体行政行为正确与否的义务显然应当归于行政主体，而不应当归于行政相对人和人民法院。③行政主体享有管理国家事务的广泛权力，对于有关行政管理的情况要比行政相对人熟悉得多，其具有提供有关证据材料的方便条件。被告负举证责任是一个严格的法律行为，被告在收到起诉状副本之日起 10 日内，应当向人民法院提供证据，其所提供的必须是全部证据和所依据的行政管理规范性文件。若被告在 10 日内没有向人民法院提供证据，视为被诉具体行政行为没有相应证据。被告因不可抗力或者客观上不能控制的正当事由，不能在法定期限内提供证据的，应当在收到起诉状副本之日起 10 日内向人民法院提出延期提供证据的书面申请。人民法院准许延期提供的，被告应当在正当事由消除后 10 日内提供证据，若被告超过法定期限提供证据，则视为被诉具体行政行为没有证据。

被告提供证据是行政诉讼的一般原则，原告在一些特殊情况下也有向人民法院提供证据的义务。原告提供证据的具体情况包括：

1. 提供起诉符合法定条件的证据。原告向人民法院提起行政诉讼必须符合《行政诉讼法》规定的相应条件，对不符合法定条件的起诉行为人民法院不予受理。因此，原告若要让人民法院受理自己的起诉行为就必须提供相应的证据，以证明自己符合原告资格。但是，若原告起诉后，被告对原告的诉讼行为提出了超过诉讼时效的异议，这一异议的证明责任在被告而不在原告。

2. 提供被告不作为的证据。原告的起诉包括对作为的行政行为起诉和对不作为的行政行为起诉两种情况，在原告起诉被告不作为时，应当提供被告不作为的证据。例如，原告起诉被告没有依法发放抚恤金，则应提供相关的证据，证明被告确实存在没有发放抚恤金的行为。但是，依最高人民法院《关于行政诉讼证据若干问题的规定》第 4 条规定，在不作为诉讼中，被告依职权主动履行法定职责的原告不承担提供证据的责任。原告因被告受理申请的登记制度不完备等正当事由不能提供相关证据材料并能够作出合理说明的也不承担证明责任。

3. 提供赔偿诉讼中造成损害事实的证据。原告诉被告侵权赔偿责任的诉讼中，原告有义务提供其所造成的损害事实的证据。

4. 原告主动提供的证据。原告没有提供行政诉讼证据的义务，但是，从另一角度看，提供证据则是原告的一项诉讼权利，为了认真对待原告的诉讼权利，最高人民法院有关司法解释规定“原告可以提供证明被诉具体行政行为违法的证据。原告提供的证据不成立的，不免除被告对被诉具体行政行为合法性的举证责任”。原告提供证据必须符合法律规定的条件，其必须在开庭审理前或者人民法院指定的交换证据之日提供证据。没有依法定条件提供证据的，视为原告放弃提供证据的权利。

在行政法治实践中经常遇到以下几类问题：①行政证据的合法性审查；②行政处罚中证据的证明标准等。

案例 116　行政证据的合法性审查
——上海×化工有限公司诉上海市质量技术监督局不予行政许可上诉案[1]

【案情摘要】

原告（上诉人）：上海×化工有限公司

被告（被上诉人）：上海市质量技术监督局

上海×化工有限公司（以下简称"×公司"）于 2005 年 7 月 14 日向上海市质量技术监督局（以下简称"市质量技监局"）提出《上海市特种食品卫生许可证》申请，申请内容为糖精生产销售。市质量技监局于同日受理，并出具了行政许可申请材料清单。2005 年 8 月 11 日，市质量技监局以×公司提供的资料不齐全，需补正资料为由，告知×公司延长 10 个工作日办结。2005 年 8 月 24 日，市质量技监局作出（沪）质技监食未许字（2005）第 0001 号《不予行政许可决定书》，认为×公司申请《上海市特种食品卫生许可证》，不符合《上海市食品卫生许可证发放管理办法》规定的许可条件，决定不予发放《上海市特种食品卫生许可证》，并告知诉权和起诉期限。2005 年 10 月 21 日，×公司委托上海市×律师事务所向市质量技监局下属上海市食品生产监督所发出律师函，认为糖精定点生产行政审批这一项目已被取消，市质量技监局作出不予行政许可适用法律错误。2005 年 10 月 27 日，市质量技监局向上海市经济委员会发出《关于商请明确糖精定点生产有关事宜的函》。2005 年 11 月 8 日，国家发展和改革委员会经济运行局作出关于对执行国经贸（2000）500 号文有关问题的复函，认为国经贸运行（2000）500 号《关于加强糖精生产销售使用管理的规定》作为现阶段政府履行职能和有效实施管理的需要，对糖精生产销售和使用的管理仍然有效。×公司原是上海×制药厂分厂，根据《关于关闭部分糖精生产企业和调减糖精生产能力有关问题的通知》（国经贸运行［1999］1269 号）文规定，国家明令对该厂实施关闭破产，并规定关闭破产的企业不能再生产糖精。×公司于 2005 年 11 月 11 日提起行政诉讼。

---

〔1〕 参见张海棠主编：《2007 年上海法院案例精选》，人民法院出版社 2008 年版，第 352 ~ 357 页。

原告×公司诉称：2005年7月，其根据《食品卫生法》的规定，向市质量技监局递交特种食品卫生许可申请材料一套，市质量技监局于当日书面决定受理，2005年8月，市质量技监局对×公司作出不予行政许可决定。×公司认为市质量技监局在行政许可决定中适用与食品卫生许可证无关的文件作为不予行政许可的依据，显属适用法律不当，请求法院撤销市质量技监局所作的具体行政行为。

被告市质量技监局辩称：其自2005年7月14日受理×公司提出的《上海市特种食品卫生许可证》申请后，经审查认为×公司非糖精定点生产企业，故对×公司申请《上海市特种食品卫生许可证》作出不予行政许可决定。其所作的具体行政行为符合法定程序，适用法律、法规正确，事实清楚，请求法院维持具体行政行为。

一审法院经审理认为：市质量技监局对×公司申请有权作出是否发放《上海市特种食品卫生许可证》的决定。糖精系国家专控产品，实行定点生产，作为被限制发展的产业禁止新建项目投资。×公司未提供其被允许生产糖精的相关文件，故其要求市质量技监局特种食品卫生许可的理由不充分，遂判决：驳回×公司的诉讼请求。本案受理费人民币100元，由×公司负担。

一审宣判后，×公司不服提出上诉。

上诉人×公司上诉称，原国家经济贸易委员会的（2000）500号文件中对糖精实行定点生产的规定与《行政许可法》抵触，而国家发展和改革委员会的《产业结构调整指导目录》至多只具有行政指导性质，不属于法的范畴，原审以此作出一审判决不当；被上诉人未在法定期限内作出许可决定，属程序违法，故请求二审依法改判。

被上诉人市质量技监局辩称，上诉人×公司并非糖精定点生产单位，其要求糖精生产的食品卫生许可缺乏依据，故请求二审维持原判。

二审法院经审理查明，原审查明上述事实无误，可予确认。

法院认为：《食品卫生法》第27条规定，食品生产经营企业和食品摊贩，必须先取得卫生行政部门发放的卫生许可证方可向工商行政管理部门申请登记。未取得卫生许可证的，不得从事食品生产经营活动。……卫生许可证的发放管理办法由省、自治区、直辖市人民政府卫生行政部门制定。根据《上海市食品卫生许可证发放管理办法》第4条规定，市卫生行政部门主管全市食品卫生许可证的发放管理工作，并负责核发《上海市特种食品卫生许可证》。根据国务院国发（2004）23号《关于进一步加强食品安全工作的决定》和上海市人民政府沪府发（2004）51号《关于调整本市食品安全有关监管部门职能的决定》，从2005年1月1日起，原由卫生部门承担的食品生产加工环节的卫生监管职责划归质检部门。因此，经管理职责重新划分后，被上诉人市质量技监局负责核发《上海市特种食品卫生许可证》。上诉人×公司因糖精生产申请核发《上海市特种食品卫生许可证》，被上诉人市质量技监局就此作出决定，具有相应的职权依据。经国务院同意，原国家经济贸易委员会和财政部、对外贸易经济合作部、卫生部、国家质量技术监督局、国家工商行政管理局、海关总署七部委于2000年5月26日发布国经贸运行（2000）500号《关于加强糖精生产销售使用管理的规定》，规定明确：国家对糖精实行定点生产制度，非定点生产企业严禁生产糖精。国务院办公厅国办发（2004）62号《关于保留部分非行政许可审批项目的通知》保留了糖精年度生产计划审批项目。国家有关部门近年来亦多次对糖精生产销售执行上述规定情况进行检查和查处。可见，国家对糖精实行定点生产和生产计划实行审批是长期的、一贯的制度和规定。上诉人×公司提出了这一规定与《行政许可法》抵触，明显证据不足。

根据《上海市食品经营卫生许可证发放管理办法》第2章第6条规定，申请办理食品卫生许可证必须符合本章规定的条件，同时必须符合法律、法规、规章、标准及其他有关规范性文件的要求。上诉人×公司向被上诉人市质量技监局申请糖精生产的特种食品卫生许可，但未提供其系糖精定点生产企业的证明文件，也未提供糖精年度生产计划审批文件，因此，上诉人×公司不具有生产糖精的资格，其要求对生产状况是否符合食品卫生标准进行审查和取得食品卫生许可也就无从谈起，被上诉人市质量技监局据此作出不予许可决定并无不当。

被上诉人市质量技监局受理申请后，在延长期限内作出决定并将决定书送达上诉人×公司，程序并不无当。

综上所述，上诉人×公司在未成为糖精定点生产企业，不具有生产糖精资格的情况下，申请糖精生产食品卫生许可尚缺乏前提条件，故被上诉人市质量技监局作出不予许可决定正确，原审判决驳回上诉人的诉讼请求并无不当，应予维持。上诉人×公司上诉的理由不能成立，二审法院不予支持。依照《行政诉讼法》第61条第1项之规定，判决驳回上诉，维持原判。

【提示与讨论】

本案的争议焦点是原告×化工有限公司是否具有生产糖精的主体资格问题，或者说，争议焦点是被告决定不向其发放特种食品卫生许可证的不予行政许可决定行为是否合法的问题。

原告在诉讼中认为，被告在行政许可决定中适用与食品卫生许可证无关的文件（《关于加强糖精生产销售使用管理的规定》）作为不予行政许可的依据，属于适用法律不当。在此，我们暂且先撇开原告的这一诉讼理由不谈，先来探讨一下原告作为行政许可申请主体的资格问题。我们认为，这是决定原告能够实现其诉讼请求的最终决定因素，如果原告不具备申请资格，即使其诉讼理由有法律依据，其也无法达到取得该项行政许可的最终目的。根据国务院同意的国经贸运行(2000) 500 号《关于加强糖精生产销售使用管理的规定》的明确规定，国家对糖精实行定点生产制度，非定点生产企业严禁生产糖精。国务院办公厅国办发(2004) 62 号《关于保留部分非行政许可审批项目的通知》保留了糖精年度生产计划审批项目。国家有关部门近年来亦多次对糖精生产销售执行上述规定情况进行检查和查处。可见，国家对糖精实行定点生产和生产计划实行审批是长期的、一贯的制度和规定。原告×化工有限公司向被告市质量技监局申请《上海市特种食品卫生许可证》，并提供了申请书、营业执照、生产工艺流程等材料，但未提供其系糖精生产定点企业的证明材料，也未提供国家批准的糖精年度生产计划，因此，它不具有生产糖精的主体资格，以此也就自然不具有申请特种食品卫生许可的主体资格。被告对其做出《不予行政许可决定书》的做法是合法的、适当的。本案一审法院和二审法院均认为，原告未提供其系糖精定点生产企业的证明文件，要求被告向其发放特种食品卫生许可证的理由不充分，从而均没有支持原告的诉讼请求。这种判决结果显然是具有法律依据的。

此外，该案还涉及行政机关作出许可决定后的取证问题。本案中，被告作出不予行政许可决定后，原告不服并提出异议。被告随后发函询问糖精定点生产问题，并得到国家发展和改革委员会经济运行局的复函，该复函明确了国经贸运行(2000) 500 号《关于加强糖精生产销售使用管理的规定》的文件仍然有效，这就意味着原告不能再生产糖精。被告在应诉时将此复函等作为证明其决定合法的证据，原告对此提出异议，认为该复函并非在作出许可决定时所取得，故应予以排除。从本案的审理过程来看，一审和二审判决中尽管均未直接运用复函这一证据，但也没有排除这一证据，而是以此证据进一步印证国家一直对糖精实行定点生产和计划生产的事实。这样的审理思路是合理的。因为被告是为了应对原告提出的异议，才商请有关主管部门重申专门问题从而得到了该复函，其可视为行政程序中取得的证据，同时，由于该证据并非被告作出不予行政许可决定的唯一证据，它只起到补充性和辅助性的作用，故不应被排除。

案例117　行政处罚中证据的证明标准

——李×不服上海市公安局行政处罚决定案[1]

【案情摘要】

原告：李×

---

〔1〕 参见张海棠主编：《2009 年上海法院案例精选》，上海人民出版社 2010 年版，第 333 ~336 页。

被告：上海市公安局

2007年9月26日晚21时许，原告李×携带人民币38 200元至正在进行“斗蟋蟀”赌博的上海市×路×弄×号×室。在赌场中，李×以“飞苍蝇”（“绑花”）的形式押注参赌。当晚23时许，被告接报至上述地址进行检查，发现有60余人正在以“斗蟋蟀”的形式聚众赌博，遂将原告等人抓获。被告经调查核实认定原告参与赌博，依照《治安管理处罚法》第70条的规定，拟对原告作出行政拘留15日、罚款人民币500元的行政处罚，并向原告作了事先告知。原告表示不提出陈述和申辩。2007年9月27日，被告作出沪公（治）（行）决字(2007）第24919号行政处罚决定，对原告处以行政拘留15日、罚款人民币500元的行政处罚，并于同日将行政处罚决定书送达原告。

原告诉称：2007年9月26日，原告在本市×路×弄×号×室催要债款时，被被告以赌博为由处以行政拘留15天、罚款500元的行政处罚。被告的上述行政行为违背事实，且缺乏确凿证据，侵犯了原告的权利，属于违法行政。请求判令撤销被告作出的上述具体行政行为。

被告辩称：被诉具体行政行为认定事实清楚、证据确凿，执法程序合法，适用法律正确，请求予以维持。

法院经审理认为，根据《治安管理处罚法》的规定，被告上海市公安局负有本市治安工作的管理职能，并且具有相应的处罚权。被告认定原告李×参与赌博，主要是依据参赌人员的指证。原告对此提出异议，认为这些证人均属涉案人员，相互之间存在利害关系，且不能确切描述原告下注的具体情况，因此，被告认定原告赌博的证据不充分。对此，法院认为，在一个有六十余人聚众赌博的赌场中，参赌人员关注于各自的输赢，对他人是否参赌只知晓大概，而不清楚其具体的下注细节和钱物也在情理之中，符合常理。况且，在行政处罚事先告知时，原告也未提出陈述和申辩。综上，被告认定事实的证据确实、充分，原告的异议不予采信。被告适用《治安管理处罚法》第70条中“情节严重”对原告实施处罚，系被告针对具体情况在合理范围内的自由裁量，适用法律正确；被告的执法程序亦符合法律规定。因此，被诉的具体行政行为应予维持。原告的请求，依据不足，不予支持。据此，法院依照《治安管理处罚法》第70条、《行政诉讼法》第54条第1项的规定，判决维持被告的行政处罚决定。

一审判决后，双方当事人均未提起上诉，一审判决发生法律效力。

【提示与讨论】

本案中，双方争议的焦点是被告上海市公安局对原告李×做出的行政处罚是否证据确凿。我国2006年正式实施《治安管理处罚法》和公安部2006年发布的《公安机关办理行政案件程序规定》对公安机关办理治安案件时证据的收集工作提出了很高的要求。根据《治安管理处罚法》第102条的规定，被处罚人对治安管理处罚决定不服的，可以依法提起行政诉讼。这就意味着公安机关作出的每一个治安管理处罚决定都可能要面对司法审查。因此，公安机关在进行治安管理处罚是时做到证据确实充分。这就涉及到证据的证明标准问题。

我们认定，治安管理处罚决定所依据的证据至少要达到行政诉讼的证明标准。行政诉讼证明标准，是指按照《行政诉讼法》的规定，由举证人提供证据对案件事实加以证明所要达到的程度，它是人民法院查明行政案件的事实，尤其是判断被诉具体行政行为是否符合案件事实和法律真实的标准。众所周知，行政诉讼证明标准要低于刑事诉讼所适用的排除合理怀疑标准，而高于民事诉讼所适用的高度盖然性标准，即既没有前者严格又不像后者宽松，而是介于两者之间。但是，我们认为，公安机关对其作出的治安管理处罚决定所依据的证据的证明标准，应当高于一般的行政诉讼证明标准。主要原因是：治安管理处罚是非常严厉的行政行为，可以限制行政相对人的人身自由，对行政相对人的人身或者财产权益有重大影响，而且相对于一般的行政行为而言，在治安管理处罚程序中，公权力是最大化的行使，所以对治安管理处罚决定的相关证据一般应当适用高于一般的行政诉讼证明标准。当然，这种证明标准并非是一个僵化的标准，而是根据具体案情，在综合考虑治安案件的性质、对当事人权益的影响大小等因素的基础上进行认定。例如，如果要作出警告或罚款这种较为轻微的处罚决定，则可实行较低的证明标准，即如果公安机关所收集的能证明当事人有违法行为的证据明显地优于那些能证明当事人没有违法行为的证据，就可以确定违法行为存在。如果要作出行政拘留这种较重的处罚决定，就应当实行一个较高的证明标准，这个较高的证明标准可以是刑事诉讼理论中的证明标准，即排除合理怀疑标准。这一标准要求案件主要事实均应有相应的证据证明，而且证据之间没有矛盾，不能存在合理的疑点，否则就应推定不存在相应的违反《治安管理处罚法》的行为。

在本案中，被告对原告处以了行政拘留15天和罚款500元的行政处罚，这是一种最为严厉的行政处罚，因此其证据的证明标准应当适用排除合理怀疑标准。从本案具体案情来看，被告除向法院提供了适用法律依据外，还提供了多项认定事实和作出行政处罚执法程序的证据。从这些证据的证明力看，所有涉及案件的主要事实均能被证据所证明，而且证据之间及证据与案件事实之间没有矛盾，因此可以说完全达到了排除合理怀疑的证据证明标准。基于此，我们认为被告作出的行政处罚行为是合法的，法院的判决是正确的。

第十四章
行政赔偿

行政赔偿由行政侵权主体、行政侵权行为、损害、因果关系四个部分组成。行政侵权主体是指行使职权过程中侵犯了公民、法人或其他组织的合法权益的行政机关及其工作人员，行政侵权行为是指行政机关违法行使职权，侵犯相对方的人身权或财产权的行为；损害是指行政主体行为给他人造成的伤害，包括人身损害和财产损害；因果关系是指侵害后果从实质上讲是由侵害行为造成的。

第一节　行政赔偿概述

行政赔偿是国家赔偿的一种，指国家行政机关及其公职人员在执行职务的过程中，因违法行使职权并给公民、法人和其他组织的人身或者财产造成了损害，对此应当承担的赔偿责任。

一、行政赔偿的构成要素

1. 行政赔偿的主体是国家行政机关。国家是一个集合概念，在诸多方面是以抽象形态存在的，将赔偿主体定义为国家没有实际意义。而且，在现代法治国家中，都强调行政责任或者行政权行使中的法律责任。不论从哪个意义上讲，行政责任的责任主体都不是国家，而是直接行使行政权力的国家机关。至于行政赔偿费用从国库开支的问题则是另一范畴的问题。

2. 行政赔偿因国家行政机关及其公职人员违法行使行政职权而引起。行政赔偿的前提条件是行政机关及其公职人员存在着履行管理职能，进行行政执法的行为，同时这一行为具有行政上的违法性。行政执法和违法执法这两个基本条件是行政赔偿的又一本质特征。行政机关既是国家机关中的一个实体，又是一般意义上的法人，当行政机关在行政法的范围内为法律行为时，它是行政主体，是国家机构中的一个实体。当行政机关在民法或经济法的范围内从事某种活动时，它则是一个法人组织。行政赔偿存在于行政机关作为行政法上的身份关系之中。行政机关在民法上的身份关系无论如何不能形成行政赔偿。行政机关在法律上的合法行为也不能形成行政赔偿。合法行为在行政法治实践中也存在侵权问题，但合法行为的侵权所导致的是行政上的补偿。

3. 行政赔偿以公民、法人或者其他组织之合法权益受到损害为要素。赔偿的实质在于使受损害者能够得到弥补，或者是直接弥补或者是间接弥补。既然是一种弥补，赔偿的基本要素就是得到赔偿的主体有实际的损失存在。实际损失是客观存在的损失，而不是请求赔偿的人所假想出来的损失。在不同国家的赔偿制度中，对受损者的实际损失有不同的认识和理解，因而也就有不同的法律规定。在一些国家既认同受损失人在物质上的损失、人身的损失，也认同受损失人在精神上的损失。而有些国家仅认同财产和人身损失，而不认同精神损失。行政赔偿制度对受损失人损失状况的认同与一个国家的法律制度、民主进程等有巨大关联。在法治化程度较高、民主进程发展较快的国家，对受损害的人认同要广泛一些，而在法治化程度不高、民主进程发展较缓慢的国家对受损害人的认同程度则相对较低。是否有实际上的损害是法律问题和技术问题的统一，从法律层面讲，相关的规则应对实际的损害范围等作出规定，使实际损害有法律上的依据，从技术上讲，实际损害应当有一套技术上的测评标准。

二、行政赔偿的本质属性

关于行政赔偿的行为属性向来就有诸多不同的说法。公共负担说认为政府行政系统是公共利益的体现者，行政执法活动是公共权力对社会发生作用的结果。因此，政府行政系统在职权行使中若对行政相对方当事人造成了侵害，则这种侵害使受害人在公共权力范围之外负担了多余的义务，包括财产上的义务或者精神上的义务。显然，利益受损者承担的额外义务使原有的公共行政管理关系不再平衡，为了达到平衡公共管理关系的目的就必须使利益受损者的负担得到弥补，行政主体或者行政主体代表国家向利益受损者支付赔偿费用就是让其负担的多余义务转移为公共负担。国家平等主体说认为，行政主体在职权行使中与管理相对方当事人是同一意义的法律主体，在某一具体的行政法关系中行政主体既是权利主体又是义务主体，行政相对人亦具有权利主体和义务主体的双重身份，既然二者地位平等，行政主体对其不法行为就应当承担相应的法律责任。我们认为行政赔偿有下列本质属性。

（一）行政赔偿具有行政性

此一属性主要是要将行政赔偿与民事赔偿区别开来。依市民社会的基本理论，国家管理关系是以市民社会诸关系为基础的，国家管理关系存在于市民社会关系之中，因此，市民社会中的民事赔偿是所有赔偿制度的基础。诸多国家在设立赔偿制度时并没有将行政赔偿或者与行政赔偿相关的国家赔偿作为一种特殊的赔偿制度，而是将其视为民事赔偿制度，英国在 1947 年《王权诉讼法》制定以前，美国在 1967 年颁布《侵权法》之前都将行政赔偿视为特殊形态的民事赔偿。即是说，这些国家在很长一段时间将行政赔偿归于普通的民事赔偿之中。《行政诉讼法》和《国家赔偿法》出台之前，我国也将行政赔偿纳入民事赔偿的范围，

《民法通则》第121条规定："国家机关或者国家机关工作人员在执行职务中，侵犯公民、法人的合法权益造成损害的，应当承担民事责任。"但无论行政赔偿与民事赔偿有多么大的关联关系，都不能否认行政赔偿最大的属性是它的行政性。

1. 行政赔偿的起因是由行政权的不当运用产生的。行政侵权的主体与行政权益受损者之间产生的关系是在一方行使行政权力的基础上形成的，而民事侵权关系以及由民事侵权关系引起的民事赔偿责任则是由一方的民事违法行为引起的。可见，是否使用行政职权是行政赔偿的决定性因素。

2. 行政赔偿发生在行政法律关系之中。行政赔偿从救济过程看，可以存在于行政复议关系或者行政诉讼关系之中，但行政赔偿的发生则存在于行政法律关系中，就是行政主体与相对方当事人结成的行政法律关系中，民事赔偿存在于民事法律关系中。我们知道民事法律关系与行政法律关系存在巨大的差别。主体之间地位的不对等性是这两种法律关系的根本区别。既然二者的关系性质不同，那么所发生的侵权责任，所发生赔偿的关系也就有很大差别。在行政赔偿中，赔偿的主体是没有意志力的复合主体。赔偿主体的独特属性使行政赔偿的责任认定和责任承担较民事赔偿复杂。

3. 行政赔偿的实施程序也具有明显的行政性。行政赔偿受行政程序以及行政救济程序的影响。例如，在行政管理中，若行政主体对行政相对人的权益造成损害，行政相对人可以通过"行政声明异议制度"、"行政复议制度"等在行政系统内部进行处理。事实上，我国大多数行政赔偿进入行政诉讼救济之前，必须通过行政复议制度事先解决，行政复议的解决途径是行政诉讼解决程序的一个前置程序。若将行政系统作为一个整体看，其既是行政侵权的侵权者，又是行政侵权赔偿纠纷的解决者。而在民事赔偿中，主体双方的赔偿则不是这样的程序，若一方认为另一方侵犯了他的合法权益，便可直接寻求司法救济的途径。

（二）行政赔偿具有赔偿性

在行政法中还有一个制度叫行政补偿制度，所谓行政补偿是指国家行政机关及其公职人员在行使行政职权的过程中，因其履行职责的合法行为对公民、法人或者其他组织的人身或者财产造成了侵害而对其侵害予以补偿的制度。行政补偿由行政主体及其公职人员的合法行为引起，即在行政补偿制度中，行政主体及其公职人员主观上无过错，行为本身也没有违反法律规定。行政补偿是一种国家责任而非行政权行使者承担的责任。国家承担这种责任的目的是使因公共利益而遭受损失的行政相对人得到一定的补救。行政补偿的前提是公共利益的需要，例如，由于某种公共利益的需要而要对行政相对人的房屋进行征用等，在此公共利益是形成补偿的关键点。这同时决定了行政补偿一般采用补偿直接损失的原则。

行政赔偿与行政补偿在形式上有诸多相似之处，但是，必须明确行政赔偿是一种法律上的赔偿制度，而不是行政上的补偿制度。赔偿所具备的基本要件是对相对人造成伤害之行为的违法性。是否违法是区别赔偿与补偿的关键点。此处所讲的违法是行政主体违反法律规定的情形。但是，《国家赔偿法》第2条规定："国家机关和国家机关工作人员行使职权，有本法规定的侵犯公民、法人和其他组织合法权益的情形，造成损害的，受害人有依照本法取得国家赔偿的权利。本法规定的赔偿义务机关，应当依照本法及时履行赔偿义务。"依此条规定我国将行政赔偿的违法主体确定为双重主体：①行政主体的违法行为可以导致行政赔偿责任的形成；②行政公职人员的违法行为也会导致行政赔偿责任。在理论界有一种认识，认为行政赔偿应当将违法责任主体定为行政主体而不应定为公职人员。理由是公务员的行为如果是正当合法的职权行使行为，就是代表行政主体或者代表国家行政机关而为的行为。反之，若公职人员实施了法律上禁止的行为，此时，行为主体就发生了变化，即该行为就为个体行为，既然是公务员个人的行为就不应当让行政系统承担责任。笔者认为，公务员的个人行为在理论上是存在的，因为公务员首先是一个活生生的自然人，其在行政职权之外必然有自己的私人行为。但是，若将公务员的所有过错行为都归入于公务员的个人行为则是不妥当的，因为行政主体实施行政行为时必然是在公务员意志的作用下形式的，正如我们上面已经指出的，行政主体只是一个组织实体，本身是无生灵的东西因而也就不会有相应的意志。在这里有一个前提必须明确，即行政赔偿制度乃至于所有国家赔偿制度建立的前提就是允许行政系统的公职人员在执行职务时犯错误。即是说国家给了行政公职人员在履行管理职能时一定的犯错误的机会。当公职人员意志上出现了差错导致行政行为违法或不当，给公民、法人或者其他组织的权益造成了侵害，此时，应由行政系统或者由国家承担责任，即行政系统将公职人员的个人错误承担下来并对此承担法律上的责任。允许行政公职人员犯错误是行政赔偿制度存在的理论基础。如果没有这一理论基础的话，就不会有行政赔偿制度存在，最多只有行政补偿制度，因为，行政职权行使中的错误归根到底都是个人的。

为什么行政系统或者国家要对公职人员个人的错误负责呢？一方面，行政职权行使的正确与错误是不可预测的，行政人员对职权的判断不可能在任何一种情况下都能做到百分之百正确。知识能力的大小，环境的状况都有可能导致行政公职人员判断上的失误或错误，若国家不对这样的错误负一定的责任，行政公职人员就必然会非常消极地对待行政公职，因为越是不为犯错误的机会就越少。另一方面，无论如何，行政职权是公共利益或者公共权利的体现，行政系统内部无论出现怎样的错误都是公权之错误，对于公权的错误所导致的后果应当由公共系统承担。这样无论对于侵权者个人还是权益受损者都是公正的。

（三）行政赔偿具有权利救济性

行政赔偿制度的建立具有宪政基础，即是说，只有当一国有完整的宪法以及相应的宪政制度时，才有可能建立起行政赔偿制度。行政赔偿若从另一层面看，所反映的是手中握有国家权力的机关与普通公众的关系。能够让握有国家强力的机关对普通公众承担法律责任本身就需要一定的制度基础。其中宪政制度是所有制度基础中的关键。《宪法》第 2 条规定："中华人民共和国的一切权力属于人民。人民行使国家权力的机关是全国人民代表大会和地方各级人民代表大会。人民依照法律规定，通过各种途径和形式，管理国家事务，管理经济和文化事业，管理社会事务。"该条将人民置于行政权归属主体的地位，而将行政主体置于了行政权行使主体的地位，依这样的法律地位，公众在行政权行使中并不是行政权的客体，而是主体。《宪法》第 5 条规定："中华人民共和国实行依法治国，建设社会主义法治国家。国家维护社会主义法制的统一和尊严。一切法律、行政法规和地方性法规都不得同宪法相抵触。一切国家机关和武装力量、各政党和各社会团体、各企业事业组织都必须遵守宪法和法律。一切违反宪法和法律的行为，必须予以追究。任何组织或者个人都不得有超越宪法和法律的特权。"依这个宪法条文行政系统行使国家权力必须走法治化之路。换句话说，行政系统行使国家权力既要有高度的行政权威又必须承担相应的法律责任，要对自己的行为及其行为后果负责。行政系统在行使国家权力时面对的是单个的社会成员或者单个组织。在力量对比中，行政系统处于优势，而相对方当事人处于劣势。因此当行政相对人向行政主体主张权益时就是一种法律上的救济。

第二节　行政赔偿的请求人与赔偿义务主体

一、行政赔偿请求人

行政赔偿请求人是指行政赔偿的请求权人，即有权向有关行政主体主张赔偿的公民、法人或者其他组织。在行政程序中，赔偿请求权人是受到行政主体具体行政行为影响的行政相对人。行政赔偿请求人是认为其合法权益受到行政主体行政行为侵害的人。行政主体在实施行政行为时，若有对当事人不利的具体行政行为，很可能侵害行政相对人权益。行政主体的行政行为是否真的给行政相对人造成了侵害则不影响请求人的资格，只要行政相对人认为行政主体的行政行为给他造成了侵害便可以成为请求人，是否受到了实际侵害要以行政复议和行政诉讼程序来确定。行政赔偿请求人是以自己名义主张赔偿责任的。若某公民以他人名义或者代他人进行行政赔偿的请求活动，则不是行政赔偿的请求人，这是对行政赔偿请求人特定身份的限制。在行政法治实践中，当权益受到侵害或者可能受到侵害的公民死亡，其家属有权成为行政赔偿请求权人。此时，其家属与普通的请求权人一样，具有独立的请求权人的资格。

行政赔偿请求权人的范围如下。

1. 公民，即具有中华人民共和国国籍的自然人。当公民受到行政主体行政行为的处理时，若认为行政主体的行政行为使其人身或财产受到了侵害，便可以成为行政赔偿请求权人。即是说，行政赔偿请求权人并不是一般意义上的公民，是符合《国家赔偿法》规定的适格主体。

2. 法人，即依《民法通则》规定具有法人资格的组织。同样道理，只有当某一法人受到行政主体行政行为处理，其认为合法权益受到侵害时才能成为行政赔偿的请求权人。

3. 其他组织，指不具有法人资格的组织，当这类组织的权益受到行政主体行政行为侵害时，便可成为行政赔偿请求权人。

二、行政赔偿义务主体

行政赔偿的义务主体是指负担行政赔偿的行政机关或者法律、法规授权行使行政管理权的组织。赔偿义务主体是行使行政职权的主体，若某主体在法律形式上享有行使职权的权力，具有行使行政职权的资格，但其没有实施行政行为，或者作为的行为或者不作为的行为，此时，它便不能成为赔偿义务主体；赔偿义务主体是实施了具体行政行为并对行政相对人权益造成侵害的主体，实施具体行政行为，同时这一具体行政行为给行政相对人造成了侵害，此二方面缺一不可。在法律上有一个因果关系问题，即行政相对人损失的造成与行政主体实施的行政行为有因果关系，该行政行为直接或间接给行政相对人造成了侵害。赔偿义务主体是被赔偿请求权人指控的行政主体。在行政法律关系的不同阶段，各主体的称谓不同，我们在前面已经指出，行政法是在行政机关与公民、法人或者其他组织之间的相互关系中进行运作的。在行政主体实施的行政管理中，一方叫行政主体，一方叫行政相对人。在行政复议法律关系中一方叫被申请人，另一方叫申请人。在行政诉讼法律关系中一方叫行政被告，另一方叫行政原告。在行政赔偿法律关系中，一方叫赔偿义务主体，另一方叫赔偿请求权人。只有当行政赔偿请求权人指控，有主管或管辖权的机关受理以后，请求权人和赔偿义务主体才能形成行政赔偿的法律关系，因此，被请求权人的指控是赔偿义务主体成立的又一条件。

行政赔偿义务主体的范围如下。

1. 实施侵害行为的行政主体为赔偿义务主体。《国家赔偿法》第 7 条第 1 款规定："行政机关及其工作人员行使行政职权侵犯公民、法人和其他组织的合法权益造成损害的，该行政机关为赔偿义务机关。”即在一般情况下，实施行政行为并造成行政相对人侵害的行政机关是赔偿义务主体。①行政赔偿义务主体要具有行政主体资格，就是能够对外以自己的名义实施法律行为，行政机关的内设机构不能成为赔偿义务机关，其他没有独立行政主体资格的机构都不能成为行政赔偿的义务主体。②行政赔偿义务主体实施了导致行政相对人权益受损的行政行为，这是赔偿义务成立的实质要件。根据行政法律责任的原则，谁实施加害行为谁就应当对自己的行为负责，只有实施行政行为的机关才有义务对自己的行为负责，而没有实施行政行为的机关则不应承担行政赔偿责任。

2. 共同实施行政行为而致害的机关为共同的行政赔偿义务主体。《国家赔偿法》第7条第2款规定：“两个以上行政机关共同行使行政职权时侵犯公民、法人和其他组织的合法权益造成损害的，共同行使行政职权的行政机关为共同赔偿义务机关。”共同行政行为在行政法理论中是一个比较复杂的问题，一个行政行为若涉及若干行政相对人为共同行政行为，两个以上行政机关对一个行政相对人作出行政行为的也是共同行政行为的一种类型。此处所讲的共同的行政行为是指两个以上行政机关对一个行政相对人或多个行政相对人实施的行为。共同实施行政行为而使行政相对人权益受损的，两个以上实施行政行为的机关应当承担共同责任。至于责任如何分担则是一个需要探讨的问题，《最高人民法院关于审理行政赔偿案件若干问题的规定》第17条规定：“两个以上行政机关共同侵权，赔偿请求人对其中一个或者数个侵权机关提起行政赔偿诉讼，若诉讼请求系可分之诉，被诉的一个或者数个侵权机关为被告；若诉讼请求系不可分之诉，由人民法院依法追加其他侵权机关为共同被告。”依此规定，共同实施行政行为的机关作为行政赔偿的义务主体要根据行政赔偿请求权人的诉求以及各自在实施行政行为中的地位而定。

3. 授权组织侵权时的行政赔偿义务主体。《国家赔偿法》第7条第3款规定：“法律、法规授权的组织在行使授予的行政权力时侵犯公民、法人和其他组织的合法权益造成损害的，被授权的组织为赔偿义务机关。”

4. 受委托的组织实施行政行为而使行政相对人权益受损害的，委托的机关是行政赔偿义务主体。《国家赔偿法》第7条第4款规定：“受行政机关委托的组织或者个人在行使受委托的行政权力时侵犯公民、法人和其他组织的合法权益造成损害的，委托的行政机关为赔偿义务机关。”在行政法学理论中，受委托的组织不具有行政主体资格。其实施行政行为是以委托的机关的名义实施的，因此，由具有行政主体资格的委托机关负责赔偿。

5. 致害行政机关被撤销的继续行使其权力的机关是行政赔偿义务主体。赔偿义务机关被撤销的，继续行使其职权的行政机关为行政赔偿义务主体。若侵害机关被撤销后没有设立新的行政机关，那么，撤销侵害机关的行政机关便是行政赔偿义务机关。

6. 复议机关加重侵害的复议机关为行政赔偿义务机关。《国家赔偿法》第 8 条规定："经复议机关复议的，最初造成侵权行为的行政机关为赔偿义务机关，但复议机关的复议决定加重损害的，复议机关对加重的部分履行赔偿义务。"此条规定同样反映了责任自负的原则。

7. 申请行政强制执行给行政相对人造成侵害的，申请强制执行的行政机关为行政赔偿义务主体。最高人民法院《关于审理行政赔偿案件若干问题的规定》第 19 条规定："行政机关依据《行政诉讼法》第 66 条的规定申请人民法院强制执行具体行政行为，由于据以强制执行的根据错误而发生行政赔偿诉讼的，申请强制执行的行政机关为被告。"该规定为司法规范性文件，但从该规定可以看出，若行政机关申请人民法院实施行政强制执行，在执行中给行政相对人造成侵害的，由申请强制执行的行政机关负行政赔偿责任。

三、行政追偿

行政赔偿义务主体享有行政追偿权。行政追偿权是指行政赔偿义务主体享有的向相关责任人追究赔偿责任的权力。行政追偿存在于行政赔偿制度中，是行政赔偿程序之外的附加程序；行政追偿的主体是赔偿义务主体，赔偿义务主体是一个法人组织，其与行使直接权力的个体具有法律上的关联性。法律形式上由行政赔偿义务主体行使的权力都是由行政系统中的个体实施的，因此，行政赔偿义务主体具有追偿的理论根据；被追偿人是行政权行使的直接责任人，即在行政权行使中由于自己的过错而导致行政相对人受到侵害的人。行政追偿权的存在有着法律上的依据，《国家赔偿法》第 16 条规定："赔偿义务机关赔偿损失后，应当责令有故意或者重大过失的工作人员或者受委托的组织或者个人承担部分或者全部赔偿费用。对有故意或者重大过失的责任人员，有关机关应当依法给予处分；构成犯罪的，应当依法追究刑事责任。"

行政追偿是对直接违法责任人行政责任的追究，因此，只有符合法定条件时被追偿人才具有被追究的义务。①被追究者必须有职权行使行为，就是直接行使了行政管理权，并对行政相对人的权益造成了侵害；②被追究者在职权行使中有主观过错，即主观上的故意或者过失；③被追究者行使的错误权力与行政相对人受到的侵害有因果关系。这是法律理论上的构成要件。目前我国法律和行政法规还没有行政追偿制度的专门规定。国家工商行政管理局制定的《工商行政管理机关行政赔偿实施办法》规定了工商行政赔偿中的行政追偿问题。参照这一规定，被追偿人有下列情形之一的应当被追偿：

1. 直接责任人滥用职权，越权执法造成经济损失的。

2. 直接责任人未经县级以上工商行政管理局局长批准，采取扣押、查封等强制措施，给行政相对人造成经济损失的。

3. 直接责任人拒绝执行行政复议决定，给行政相对人造成损失的。

4. 直接责任人遗失扣押、查封的物品给行政相对人造成损失的。

5. 直接责任人扣押、查封的财物经查与违法行为无关，没有解除扣押、查封措施而造成损失的。

6. 直接责任人违反办案程序给相对人造成损失的。

在行政法治实践中经常遇到行政赔偿中侵害机关过错的认定与赔偿数额的确定等类型的问题。

案例118　行政赔偿中侵害机关过错的认定与赔偿数额的确定
——李××诉×县公安局致其夫死亡赔偿案

【案情摘要】

原告：李××，女，27岁，系×村村民。

被告：×县公安局

法定代表人：刘×，系×县公安局局长

1995年3月11日下午，村民武×、姚×（系原告李××之丈夫）下棋过程中，与本村村长朱××发生口角，并打斗起来。武×与姚×二人将村长朱××摔倒在地，造成身体轻伤。朱××的家属及其他亲属将其送往医院治疗，同时向×乡派出所报了案，称朱××作为村长执行有关政策严格，尤其去年收取了姚×、武×二人的超计划生育费，二人一直怀恨在心，今天殴打朱××是有预谋的，是故意报复，并请求派出所为村干部作主。

3月12日下午2时许，×乡派出所所长鲁××派5名干警将武×、姚×二人戴上手铐押到派出所，关押在该派出所私下设置的“留置室”内，一直到3月13日下午1点。派出所作了两条处理决定：第一，姚×、武×赔偿朱××医药费560.70元；第二，在该镇集市贸易日中午12时许，武×与姚×将朱××用板车送回家。武×、姚×对派出所的处理决定不服，称我们三人在厮打过程中都受了伤，而且事端是由朱××引起的，并提出派出所的关押是违法的，他们将向人民法院起诉。派出所所长鲁××听此言后火冒三丈，要给姚×与武×一点颜色看看。在鲁××的安排下，派出所干警纪×、赵×、祝×等三人将姚、武二人又带至“留置室”，在鲁××离去前叮嘱三名干警给武、姚二人拉拉马步、加加温（指使用酷刑使二人服从）。干警纪×、赵×、祝×先向武×施行体罚手段，用电警棒将武×连续击倒数次，同时使用其他野蛮手段。武×在痛苦中乞求三名干警饶命。姚×看到此种场面，十分恐惧，便在纪×、赵×、祝×继续对武×施行体罚时，冲出房门，跳进派出所院子里的水井中。打捞上来后，经抢救无效死亡。姚×死亡后，纪×、赵×、祝×被追究了刑事责任。原告李××多次向×县公安局提出赔偿要求，×县公安局以纪×、赵×、祝×被追究刑事责任，此案应以刑事附带民事赔偿为由拒绝承担行政赔偿责任。原告李××遂向×县人民法院提起行政诉讼，要求×县公安局承担行政赔偿责任。×县人民法院经审理认为，姚×的死亡与公安机关的职权行使有直接关系，公安机关应当承担姚×死亡的赔偿责任，通过×县人民法院调解，李××与×县公安局达成赔偿协议，由×县公安局赔偿李××6万元。

【提示与讨论】

本案中×派出所干警纪×、赵×、祝×对武×和姚×施行暴力手段，并限制人身自由的行为事实是非常清楚的，其行为违反了《刑事诉讼法》和其他有关法律的规定。对当事人滥施强制手段、进行体罚是我国法律绝对禁止的。尽管上述事实是清楚的，但本案有关赔偿责任的事实并不十分清楚。纪×、赵×、祝×被追究刑事责任以后，其对武×与姚×的伤害是个人行为还是行政行为便有一些疑问。公安干警有行政执法权，但没有违法执行的权利，对于违法执法以外的行为国家是否应负责任，×县公安局认为公安干警的行为已构成犯罪与公安机关无关，应由肇事者承担全部赔偿责任。其对原告李××解释，肇事者已追究刑事责任，应以刑事附带民事诉讼由纪×、赵×、祝×承担赔偿责任。而原告李××认为其夫是由公安机关致死的，因而应由公安机关承担责任。笔者认为，公安机关拒绝赔偿是没有道理的。依照《国家赔偿法》的规定，行政机关及其工作人员在行使职权时，以殴打等暴力行为或者唆使他人以殴打等暴力行为造成公民身体伤害或者死亡的，应当承担赔偿责任。本案公安干警对武×、姚×的殴打、体罚行为显然符合本条规定，因此，公安机关承担赔偿责任是应当的，不能以肇事者已追究刑事责任为由拒绝。因为三名肇事者是在执行公务的过程中对姚×施加强制手段的，而不是职权以外的行为。

本案×县人民法院受理了此案，其所适用的法律有两个：①《行政诉讼法》，依该法人民法院有权受理公民、法人和其他社会组织因行政机关不当行政行为造成侵害而提起的行政诉讼，本案行政机关作出了具体行政行为，显属《行政诉讼法》规定的受案范围；②《国家赔偿法》，该法是本案的实体法，人民法院依该法第3条的规定确认×县公安机关应承担赔偿责任。至于适用哪一条赔偿，或者以什么计算标准进行赔偿是本案的难点之一。因为本案中，究竟如何确定纪×、赵×、祝×对姚×死亡的责任本身就是一个难点。三名肇事者在本案中所殴打的是武×而不是姚×，而武×并没有被打致死。姚×的死与三名肇事者的行为是否有因果关系便成了争论的焦点。本案在刑事部分，即追究纪×、赵×、祝×的刑事责任时，关于三被告的罪名就有争论。一种观点认为应定玩忽职守罪，即因为没有将被押的姚×看管好而致其死亡，是玩忽职守行为；另一种观点认为应定滥用职权罪，即三被告滥用刑事强制措施的权力致姚×死亡；还有一种观点认为应定伤害罪，三被告的致害行为使武×和姚×身体受到伤害，并致姚×死亡。最后人民法院是以滥用职权罪追究肇事者的责任的。从以上刑事部分的争论可以看出，姚×的死亡与纪×、赵×、祝×的行为是否有直接关系确实是存在疑问的。一种意见认为姚×跳井的行为是一种自杀行为，其死亡是自身造成的；另一种意见则认为，从全案的过程看，姚×的死亡与公安机关以及三名肇事者的行为是有直接关系的。由于各种观点都有充分的理由，×县人民法院在审理时，只得采用让双方和解的处理方式，没有指出本案适用《国家赔偿法》的哪一条。

笔者认为，本案涉及到在行政法治实践中，行政赔偿中侵害机关过错的认定与赔偿数额的确定问题。根据当时的《国家赔偿法》关于侵犯公民生命健康权的赔偿计算是这样的：造成相对方当事人身体伤害的，“应当支付医疗费，以及赔偿因误工减少的收入。减少的收入每日的赔偿金按照国家上年度职工日平均工资计算，最高额为国家上年度职工年平均工资的5倍”；造成相对方部分或者全部丧失劳动能力的，“应当支付医疗费，以及残疾赔偿金，残疾赔偿金根据丧失劳动能力的程度确定，部分丧失劳动能力的最高额为国家上年度职工年平均工资的10倍，全部丧失劳动能力的为国家上年度职工年平均工资的20倍”；造成相对方死亡的，“应当支付死亡赔偿金、丧葬费，总额为国家上年度职工年平均工资的20倍”。上述三个层次的计算方式有严格的量化标准，每一种方式都与行政机关侵害责任的大小有关。本案的复杂性表现在，姚×的死亡并不是由公安干警直接致死。如果是公安干警直接打死则可以适用上述第三种计算方式。同时，公安干警亦没有直接对姚×施行暴力，只对武×施行了暴力。但对姚×的死亡，公安机关无论如何是不能推卸责任的，其既有限制人身自由的行为，又有杀鸡给猴看的行为。在此种复杂情况下，如何确定赔偿数额是行政法治实践中必须正确把握的问题。

第三节　行政赔偿的范围

行政赔偿范围是指行政赔偿义务主体所能够承担赔偿责任的行为范畴。行政赔偿的范围是一个法律问题，即国家通过立法解决的问题。深而论之，法律有什么样的规定就有什么样的赔偿范围。有些国家在国家赔偿法里将立法、行政、司法的不当责任都规定了相应的赔偿形式。就行政赔偿而论，不同的法律规定就有不同的行政赔偿范围。行政赔偿范围与一国的民主和法治的进程有关，在民主进程较快、法治化程度较高的国家行政赔偿的范围要大些。而在民主化程度较低、法治进程较慢的国家，行政赔偿的范围相对小些。在一些发达国家，根据行为的违法性和行为对行政相对人造成侵害的情况确定行政赔偿的范围，而在一些不发达国家则是根据行为类型划分和确定行政赔偿范围的。即有些行政行为即使有违法或侵害公众权益的情况，但此类行为本身的性质决定了其不能被确定为行政赔偿的范围。行政赔偿的范围与一国行政支付能力有关。在国家行政支付能力较强的国家，行政赔偿的范围要广一些。而在行政支付能力不强的国家，行政赔偿的范围就相对小些。例如，大多数西方国家既将公共设施给行政相对人造成的损害列为行政赔偿的范围，又将行政行为给行政相对人造成的精神损失列为行政赔偿的范围。还有一些国家将政府行政系统的抽象行政行为甚至规章制定行为也列为国家赔偿的范围。由于我国行政系统的支付能力有限以及其他方面的原因，我国在2010年4月《国家赔偿法》修改前没有将行政行为给行政相对人造成精神损害的情况列为赔偿范围，也没有将非法抽象行政行为给行政相对人造成侵害的情形归入行政赔偿法之中。

一、侵犯人身权的行政赔偿

人身权是一个非常大的权利范畴。只要与人身有关的所有权利都可以被认为是人身权。《宪法》所规定的公民的自由权利和平等权利共30余项，这些权利是最广义的人身权。在民法中人身权利包括人格权和身份权。人格权中包括生命权、健康权等。依笔者理解，人身权应当包括与人身有关的物质性权利和与人身有关的精神性权利。前者如生命健康、人身自由等权利，后者如著作权、名誉权等。凡是看得见摸得到的都可以是物质性权利，而以抽象形态存在的就是精神性权利。上述广泛的人身权利并不能够全部被纳入人身侵权赔偿的范围，我国行政赔偿制度只确认了下列人身侵权的行政赔偿责任。

1. 违法拘留给行政相对人造成侵害的。行政拘留是行政机关对行政相对人实施的行政处罚。《行政处罚法》、《治安管理处罚法》、《外国人入境出境管理法》等都规定了行政拘留的期限和实施程序。在我国现行的法律制度中只有公安机关和国家安全机关等少数国家行政机关享有行政拘留的处罚权。行政机关实施行政拘留时必须根据法律规定的实体条件和程序规则进行，违反实体规则和程序规则就应当对拘留行为负责。行政拘留本身就是对行政相对人人身自由的限制，只要被确定为违法实施拘留，就应承担行政赔偿责任，而没必要再考虑行政拘留后造成的其他侵害，若有其他侵害就是另一范畴的法律问题。

2. 违法实施行政强制给行政相对人造成侵害的。我国《行政强制法》和一些部门管理法中也规定了行政强制执行措施，例如，《治安管理处罚法》就规定了在一定条件下，公安机关有权将违法行为人强制起来。《传染病防治法》、《突发公共卫生事件应急条例》等规定了强制隔离、强制治疗等措施，强制戒毒、劳动教养亦为行政强制措施。行政强制措施对人身自由的限制是非常明显的，因此，要求行政机关必须依法实施行政强制，若行政机关违反法定程序或者违反行政实体法对行政相对人人身进行限制，就应承担赔偿责任。

3. 非法拘禁给行政相对人造成侵害的。非法拘禁既不是违法的行政拘留，也不是违法的行政强制，而是违法强制和违法拘留以外限制行政相对人人身自由的行为。在行政相对人不存在应当予以限制人身自由的违法行为时，任何机关不得以任何手段对行政相对人的人身自由予以限制。若采取了这样的限制手段就应当对行政相对人予以赔偿。

4. 殴打或者以其他暴力手段加害于行政相对人造成侵害的。行政执法人员直接殴打行政相对人，或者指使他人殴打行政相对人致行政相对人身体受伤或者死亡的，应当承担赔偿责任。除殴打以外，采取其他暴力手段致行政相对人受伤或死亡的亦要承担行政赔偿责任。

5. 违法使用武器、警械给行政相对人造成侵害的。武器和警械是特定行政机关在行政执法时所使用的工具，由于这些工具都是机械性的强力要素，一旦作用于行政相对人或者违法行为人就有可能带来身体的伤害。正因为如此，法律对武器和警械的使用作了专门规定，例如，1996 年 1 月 16 日国务院发布了《中华人民共和国人民警察使用警械和武器条例》，对警械和武器作了界定，并规定了使用的前提和程序。如第 3 条规定："本条例所称警械，是指人民警察按照规定装备的警棍、催泪弹、高压水枪、特种防暴枪、手铐、脚镣、警绳等警用器械；所称武器，是指人民警察按照规定装备的枪支、弹药等致命性警用武器。"第 7 条规定："人民警察遇有下列情形之一，经警告无效的，可以使用警棍、催泪弹、高压水枪、特种防暴枪等驱逐性、制服性警械：……"如果执法机关或者执法人员不按这些规则使用武器和警械致行政相对人身体伤害、死亡的，就应承担行政赔偿责任。

除上述情况外，《国家赔偿法》还规定了行政机关造成行政相对人身体伤害或死亡的其他引起人身损害赔偿的情形。这些其他情形要根据行政执法的具体情况而定。

二、侵犯财产权的行政赔偿

财产权是指公民对特定财产的支配权。国家赔偿制度中的财产权是就行政相对人的财产权而言的，包括公民的合法收入、储蓄、房屋和其他财产的所有权、支配权、使用权等，具体如下。

1. 违法实施行政处罚给行政相对人造成损害的。行政机关实施的财产处罚主要包括罚款、吊销许可证执照、暂扣许可证执照、责令停产停业、没收非法财物、没收违法所得等处罚形式。上述违法处罚若没有给行政相对人造成伤害，即使违反有关法律规定也不承担赔偿责任。若行政机关实施了违法处罚，同时给行政相对人的财产受到了伤害，就应当对此承担行政赔偿责任。

2. 违法实施行政强制给行政相对人造成损害的。行政强制包括对人身的强制和对财产的强制两个方面。此处所指的是行政机关实施的财产强制，包括对财产的查封、扣押、冻结等具体的强制措施。行政机关非法实施了这些强制措施并给行政相对人造成了侵害，就应对此承担行政赔偿责任。

3. 违法征收财物给行政相对人造成损害的。行政主体在一定范围内代表国家行使征收和征用的权力。但是，征收和征用既要以公共利益为本位，又要符合法定程序，若行政主体不以公共利益、国家利益为出发点，而违反法定程序对行政相对人实施征收行为致其遭受财产损失的便应承担行政赔偿责任。

4. 违法摊派费用给行政相对人造成损害的。我国诸多部门法都规定了禁止行政机关实施乱摊派的行为。若行政机关违法向行政相对人摊派费用使行政相对人遭受财产损失的就应当承担行政赔偿责任。

三、行政赔偿的免责范围

行政赔偿是对行政权设定的法律责任，而行政权是国家权力的一种，是一个巨大的权力范畴。在行政权范畴的作用之下，行政机关实施着各种各样的行政行为。是否将行政权行使过程中的所有不当情形，将所有行政行为的不当情形都纳入到行政赔偿的范围之中？回答是否定的。从行政权的权威性、行政权的国家权属性分析，当然不能将行政权行使中所有方面的不当情形都纳入到行政赔偿的范围之中。事实上，各国法律在规定了行政行为的不当行使致行政相对人受害时要承担赔偿责任之外，还规定了诸多的免责情形。《国家赔偿法》对行政赔偿的范围采取了列举赔偿范围与列举免责范围的行文方式。有些事项既没有被列举为赔偿的范围，也没有被列举为免责范围，在行政赔偿实践中必然是一个障碍，好在《最高人民法院关于审理行政赔偿案件若干问题的规定》将有些不明确的问题作了进一步明确。根据这些规定，我国行政赔偿中的免责范围包括下列方面。

1. 公职人员的个人行为给行政相对人造成侵害的属于免责范围。上面已经指出，公职人员存在于行政系统之中，他在法律上具有多重身份。当他代表行政机关行使行政职权时，他就具有公务员身份，此时他所为的行为是公务行为，这样的行为国家应当对此承担责任。当他在公职范围之外为某种行为时，其就是一个普通的自然人，作为自然人实施的行为就归属于自己，而不应由国家对其承担责任。在行政法治实践中，公职人员的行为究竟是公职行为还是个人行为并不完全是清楚明白的。要根据公职人员的行为究竟是否为职权行为而定，由行政职权导致的行为就是行政行为，而不是由行政职权导致的行为就不是行政行为，对于后者造成的侵害只能由公职人员个人负责。

2. 因受害人自己的行为导致损害发生的属于免责范围。在行政管理活动过程中，行政主体和行政相对人共处于行政法律关系中，双方之间权利义务的变化常常是非常复杂的。行政主体的合法行为即使给行政相对人造成侵害也不应承担赔偿责任，行政主体的非法行为有时也不必然会造成行政相对人权益的损失。行政相对人自己的过错也常常是其发生权益受损的一个原因，如行政主体依法要求行政相对人交纳某种款项而行政相对人拒绝交纳，此时行政主体便可以采取一系列手段进一步使行政相对人的财产受到侵害，从表面上看这种侵害是行政主体实施的，但侵害的起因却是行政相对人自己的行为。概而论之，若造成行政相对人损害的过错在行政主体一方，就属于行政赔偿的范围，反之，如果造成行政相对人损害的过错在行政相对人一方，则是行政赔偿的免责范围。

3. 行政主体实施的国家行为给行政相对人造成损害的属于免责范围。国家行为我们在行政诉讼部分已经讲到了，主要指国防、外交等方面的行为。这类行为具有强烈的政治性，有时还涉及到国家主权问题，这类行为还有一个特点是其高度的集中性，受该行为影响的常常不是某个具体的行政相对人，至少是一些不特定的行政相对人。因此，这类行为一旦被纳入行政赔偿范围，操作上会非常困难。

4. 抽象行政行为给行政相对人造成损害的属于免责范围。《国家赔偿法》既没有将抽象行政行为的侵权责任列举在行政赔偿范围之内，也没有在免责条款中将抽象行政行为的侵权责任予以免责。故而，行政法学界关于抽象行政行为侵权致行政相对人受损是否应当赔偿便有两种观点。一种观点认为抽象行政行为的侵权应当被纳入到行政赔偿的范围，理由是抽象行政行为侵犯行政相对人的现象非常普遍，甚至可以说抽象行政行为的侵权常常比具体行政行为的侵权更加严重，若不将其纳入行政赔偿领域就不利于提高行政执法水平。同时，《国家赔偿法》并没有将抽象行政行为的侵权排除出去。依法律规则应当以是否有利于公众进行内容确定的原则，即在内容不明时，哪一种理解有利于公众就应依哪一种精神来理解，只有将抽象行政行为纳入行政赔偿的范围才是正确的。另一种观点则认为抽象行政行为的侵权责任不应当被纳入行政赔偿的范围，其理由是抽象行政行为都是通过具体行政行为实施的，既然规定了具体行政行为的赔偿责任，就没有必要规定抽象行政行为的赔偿责任。笔者认为，从行政法治和政府责任的角度看，行政机关抽象行政行为给行政相对人造成侵害的应当承担赔偿责任。但是，《国家赔偿法》第 2 条规定："国家机关和国家机关工作人员行使职权，有本法规定的侵犯公民、法人和其他组织合法权益的情形，造成损害的，受害人有依照本法取得国家赔偿的权利。”此条指的是行政机关及其公职人员行使职权的行为，而职权的概念在大多数情况下是相对于具体行政行为而言的。同时，最高人民法院《关于审理行政赔偿案件若干问题的规定》第6条将抽象行政行为在行政诉讼阶段的赔偿主张排除出去了。因此，依照我国现行法律制度，抽象行政行为的赔偿仍是免责范围，至少不在《行政赔偿法》调整的范围内。

另外，《国家赔偿法》在免责范围中还规定了“法律规定的其他情形”，即上述四种情形以外的其他国家不承担行政赔偿责任的情形。这一免责范围要根据各个部门法的规定而确定。

在行政法治实践中经常遇到精神赔偿的适用范围等类型的问题。

案例119　行政赔偿的适用范围
——邱××诉×县公安局非法收审赔偿案

【案情摘要】

原告：邱××

被告：×县公安局

法定代表人：应××，系×县公安局局长

1989年5月，×县乡镇企业局与原告邱××签订了承包该县××供销公司的协议。原告邱××承包后，使该公司一年后就扭亏为盈。邱××也被评为×省先进工作者。在该供销公司效益好起来后，该县乡镇企业局的领导就经常向该公司索要财物。1994年初，乡镇企业局以整顿该公司为名单方面撕毁合同，终止邱××对该供销公司的承包，其目的在于侵吞该公司的财产，后将该公司承包给乡镇企业局×局长的亲信。1994年6月，邱××向×县人民法院提起诉讼，状告乡镇企业局擅自撕毁合同的行为。×县人民法院经审判作出“准予原告邱××正常营业，被告所扣原告车辆即归还原告，维持原承包合同关系”的判决，依法维护了邱××的合法权益。

×县乡镇企业局败了官司后，进一步捏造事实，向×县公安局反映邱××有侵吞财产等严重经济问题。1995年11月在乡镇企业局的要求下，×县公安局将邱××汽车、法人代表证书、粮本及10万元现金抄走。邱××到×省公安厅反映×县公安局插手经济纠纷的违法行为。×省公安厅副厅长专门打电话给×县公安局要求退还所扣押的邱××的所有财物和证书，并要求不要再插手此案。×县公安局一面向省公安厅答应退出此案，一面对邱××采取了更为严厉的措施，于1996年3月5日将邱××收审，限制人身自由长达7天，在此期间没有向邱××出示任何法律手续，如拘留证、逮捕证等。7天之后，×县公安局又给邱××办理了取保候审手续。在取保候审期间，邱××多次请求×县公安局尽快给一个说法，然而，该县公安局一直不予理睬，致邱××取保候审达2年之久。1996年5月6日，邱××向×县人民法院提起行政诉讼，要求撤销×县公安局的具体行政行为，并要求赔偿其在公安局收审和取保候审期间的经济损失和精神损失共计30万元。×县人民法院经审理认为，×县公安局的具体行政行为是违法的，违反了国家有关公安机关不得插手经济纠纷的规定，超越了权限，作出如下判决：①撤销×县公安局对邱××收审和取保候审的具体行政行为；②×县公安局赔偿邱××收审期间经济损失4万元，对邱××提出的精神赔偿部分不予支持。一审判决后，原告邱××对赔偿判决部分不服，向×市中级人民法院提起上诉，二审法院判决维持原判。

【提示与讨论】

本案邱××与×县乡镇企业局签订的承包该县××供销公司的合同属合法合同，没有特殊理由，双方都不能擅自终止合同关系。该合同的主体一方是行政机关，使该合同具有明显的不对等色彩。×县乡镇企业局随意解除该合同的行为充分证明了此点。邱××就合同纠纷向×县人民法院提起诉讼的行为是正当的，也是非常理智的选择。×县人民法院作出判决后，该县乡镇企业局应带头履行法院的判决，而不应藐视人民法院的判决。其在败诉后，对邱采取更为激烈的态度，显系不依法行政。×县公安局插手该案无论从哪个角度讲都是违法的：一则如果邱××构成侵吞公款或者贪污罪应由检察机关立案侦查，而公安机关无权侦查；二则邱××与×县乡镇企业局之间的矛盾属于经济纠纷，而公安机关是不能插手经济纠纷的。对此国务院和公安部早就有明文规定。从全案的情况看，可以说是政府机关相互支持伤害相对方当事人权益的行政违法行为。×县公安机关是在该县乡镇企业局的请求下对邱××实施强制措施的。其对邱××非法收审长达7天之久，显然违背了《刑事诉讼法》的规定，且对邱××采取取保候审措施长达2年而不作任何处理，应当承担对邱××因其收审措施造成的经济损失的赔偿责任。

本案公安机关的行为是违法行为无可争议，但在让其承担赔偿责任时适用《国家赔偿法》的哪一条规定值得探讨。即将公安机关对邱××采取的强制手段归于行政赔偿的范围还是归于刑事赔偿的范围，归于上列不同的范围，公安机关所承担的赔偿责任是有所不同的。若以刑事赔偿处理此案，以刑事赔偿追究公安机关的赔偿责任，赔偿数额就要小得多，因为依刑事赔偿，限制人身自由只有两种情况要承担赔偿责任：①“对没有犯罪事实或者没有事实证明有犯罪重大嫌疑的人错误拘留的”；②“对没有犯罪事实的人错误逮捕的”。也就是说，对于取保候审的人，即使公安机关的措施不当，其行为亦不在赔偿范围之内。如果依行政赔偿，取保候审就应当承担赔偿责任。因为《国家赔偿法》规定公安机关非法采取限制人身自由的行政强制措施应承担赔偿责任。取保候审显系限制人身自由的强制措施之一。然而，依《刑事诉讼法》的规定，公安机关是无权采取取保候审措施的，其措施本身即是一种越权行为。对邱××2年取保候审期间的赔偿请求，笔者认为应具体问题具体分析。如果2年期间，邱××完全丧失了人身自由，没有从事其他经营活动的能力，公安机关就应当承担赔偿责任；反之，则可以不承担赔偿责任，仅对收审7天的损失承担赔偿责任。×县人民法院的判决是把取保候审期间的赔偿请求排除在外的。

笔者认为，本案×县人民法院在作出赔偿判决时，没有将当事人在取保候审期间的赔偿请求数额计算在内，但仍判决公安机关赔偿邱××4万元，与《国家赔偿法》的计算标准是不一致的。该法第26条规定："侵犯公民人身自由的，每日的赔偿金按照国家上年度职工日平均工资计算。"也就是说，依此标准邱××是不可能得到4万元的赔偿金的，因为公安机关对其收审、限制人身自由的时间只有7天，无论上年度职工日平均工资数多高，在我国目前经济条件下都很难达到4万元。那么，4万元是怎样计算出来的呢？正如判决书中写的包括精神损失在内，×县人民法院判决公安机关承担邱××的精神损害责任。笔者认为其法律根据是不明确的。《国家赔偿法》第4章对赔偿方式作了列举规定，但没有规定有关精神赔偿问题。[1] 毫无疑问，行政机关或者司法机关在对相对方当事人采取强制措施时，对其精神是有伤害的，以国家赔偿的宗旨论之，精神赔偿亦应是赔偿范围内的问题。但由于目前我国的经济实力和行政执法的状况，将精神赔偿归于赔偿范围内在行政法治实践中不易操作。在法律没有规定的情况下，人民法院判决不予赔偿是不违背法律的，但从行政法治实践的状况和保护相对方当事人权益的实际出发，行政机关在一定范围内承担精神赔偿亦是应当的。那么，精神赔偿的适用范围问题就成为行政法学界应当关注的问题之一。

---

〔1〕 2010年12月1日起施行的修订后的《国家赔偿法》第35条规定："有本法第3条或者第17条规定情形之一，致人精神损害的，应当在侵权行为影响的范围内，为受害人消除影响，恢复名誉，赔礼道歉；造成严重后果的，应当支付相应的精神损害抚慰金。"确立了精神损害赔偿。但最高人民法院《关于适用〈中华人民共和国国家赔偿法〉若干问题的解释（一）》第2条规定："国家机关及其工作人员行使职权侵犯公民、法人和其他组织合法权益的行为发生在2010年12月1日以前的，适用修正前的《国家赔偿法》，但有下列情形之一的，适用修正的《国家赔偿法》：①2010年12月1日以前已经受理赔偿请求人的赔偿请求但尚未作出生效赔偿决定的；②赔偿请求人在2010年12月1日以后提出赔偿请求的。"显然，该案不属于上述两种情形。因而，赔偿额不应当包括精神损害赔偿。

第四节　行政赔偿程序

行政赔偿程序是指实现行政赔偿的程序规则，即当行政主体对行政相对人造成侵害，行政相对人获得行政赔偿时，主张权益和获得实际赔偿所应遵循的具体程序。行政赔偿程序是行政赔偿实施的保障手段，没有具体的程序规则，赔偿法和有关实体法所规定的赔偿内容就无法实现。各国在制定其赔偿法时都规定了详细的赔偿程序制度，各国在设计行政赔偿程序时大体上采取了如下模式：第一种模式是针对救济程序规定赔偿程序，即将行政赔偿程序分散于其他行政救济程序之中；第二种模式是根据受损权益的性质确定行政赔偿的程序；第三种模式是根据行政赔偿的方式确定行政赔偿的程序。

我国行政赔偿程序有三套机制：①行政程序中的行政赔偿程序规则，即行政相对人赔偿权的主张可以在行政系统内独立进行，通过行政系统的赔偿机制来解决；②以行政复议程序解决行政赔偿问题；③通过行政诉讼程序解决行政赔偿。由此可见，行政赔偿程序在我国是比较复杂的。

一、行政赔偿的行政程序

（一）申请与受理

行政程序中行政赔偿的申请是指请求权人向赔偿义务主体主张赔偿权的法律行为。《国家赔偿法》第9条第2款规定："赔偿请求人要求赔偿，应当先向赔偿义务机关提出。"，依这一规定，行政程序中行政赔偿的被请求人是行政赔偿义务主体。由于《国家赔偿法》关于行政程序中行政赔偿规定的十分原则，我们只能根据下位法来探讨行政程序中行政赔偿问题。根据《工商行政管理机关行政赔偿实施办法》和《司法行政机关行政赔偿刑事赔偿办法》的规定，请求权人申请行政赔偿必须符合下列条件。

1. 请求权人必须是受行政机关违法具体行政行为直接侵害的公民、法人和其他组织。受到行政主体行政行为的处理以及受到权益的侵害是请求权人成立的关键。在被侵权人致死的情况下，其近亲属可以以自己的名义主张赔偿。

2. 申请行政赔偿必须有明确的赔偿义务人，而且赔偿义务人必须是具有行政主体资格的行政机关或者法律、法规授权的组织。

3. 申请行政赔偿必须有具体的请求、事实根据和理由。所谓具体的请求是指请求权人在行政赔偿中所主张的具体权利，或人身权的赔偿或财产权的赔偿，而且这种主张是非常具体的，至少赔偿义务机关知道请求人的具体主张。事实根据则是指被行政主体处理以后受到侵害的客观事实。这里所讲的理由不一定是证据，行政赔偿的证据要在案件审理中查明。

4. 申请行政赔偿必以具体行政行为已被确定为违法为前提。这是行政程序中行政赔偿的特殊性之所在。在行政复议和行政诉讼中主张行政赔偿不要求行政行为已被确定为违法，是否违法要由复议机关和人民法院来确定。《国家赔偿法》第9条第1款规定：“赔偿义务机关对依法确认有本法第3条、第4条规定情形之一的，应当给予赔偿。”此条规定表明，行政程序中行政赔偿的展开要以行政行为确认违法为前置程序。确认违法的前置程序可以是行政复议程序和行政诉讼程序，即行政相对人通过行政复议或者行政诉讼程序已经证明了行政主体对其所作的行政行为违法。在这个前提下他便有权主张违法行政行为给自己造成侵害的行政赔偿。还可以是行政系统或者行政系统之外的其他行政监督程序。例如，人民代表机关或者上级行政机关已经确认行政主体的行政行为违法，行政相对人便可以对被行政监督机关确认的违法行政行为主张权益受损的赔偿。

5. 申请行政赔偿必须在法定期限内提出。赔偿请求人请求国家赔偿的时效为2年，自国家机关及其工作人员行使职权时的行为被依法确认为违法之日起计算。当事人被限制人身自由的期间不计算在内。赔偿请求人在赔偿请求时效的最后6个月内，因不可抗力或者其他障碍不能行使请求权的，时效中止。从中止时效的原因消除之日起，赔偿请求时效期间继续计算。

6. 申请行政赔偿必须符合法定形式。行政赔偿的申请原则上必须是书面形式，依《国家赔偿法》第12条的规定，行政赔偿申请书应当载明下列事项：①受害人的姓名、性别、年龄、工作单位和住所，法人或者其他组织的名称、住所和法定代表人或者主要负责人的姓名、职务；②具体的要求，事实根据和理由；③申请的年、月、日。为了方便行政相对人行使行政赔偿申请权，国家赔偿法没有禁止请求权人必须以口头形式提出赔偿申请。如果请求权人以口头形式提出赔偿请求便由行政赔偿义务机关记入笔录。

7. 申请赔偿所赖以存在的行政行为不在行政复议或行政诉讼的状态中。《工商行政管理机关行政赔偿实施办法》第13条规定：“赔偿请求人在行政复议和行政诉讼有效申请期限内，就未经依法确认为违法的具体行政行为，单独向作出该具体行政行为的工商行政管理机关申请赔偿的，该工商行政管理机关应当告知其依法申请复议或提起行政诉讼。”

所谓行政赔偿的受理是指行政赔偿义务机关收到请求权人的赔偿请求后，经过审查发现可以重案处理并决定立案的法律行为。

赔偿义务机关收到行政相对人的赔偿请求后，对下列方面的情况予以查明。

1. 要查明申请权人的申请是否符合《国家赔偿法》规定的受案范畴，如行政相对人的请求是国家行为、抽象行为等就可以决定不予受理。

2. 要查明申请人是否符合法定条件，即《国家赔偿法》第 6 条规定的条件。

3. 要查明赔偿义务机关究竟是谁，若受理机关不是行政赔偿义务机关就可以决定不予受理或者转交有赔偿义务的机关。

4. 要查明申请权人的赔偿请求是否已过时效，若侵权行为发生在 2 年以前，行政相对人就丧失了请求权。

5. 要查明请求权人请求赔偿的有关材料是否齐全。

通过上述方面的审查，赔偿义务机关要作出相应的决定。目前我国还没有一个普遍性的规定，对行政赔偿义务机关作出相应决定的期限作出规定。应当说明的是，《工商行政管理机关行政赔偿实施办法》规定的期限是10 日，即收到请求权人的书面或口头申请后，应当在 10 日内作出决定。这些决定的类型包括：①发现请求权人的请求不符合法定条件，例如，不属于行政赔偿范围、超过了法定期限等，便可作出不予受理的决定，要以裁定的形式作出并书面通知赔偿请求权人。②发现请求权人提供的材料不齐全时，书面通知赔偿请求权人在一定期限内补齐。工商行政赔偿中申请人补齐材料的期限为 10 日，若请求权人逾期未能补齐则视为未提出行政赔偿申请。③作出受理的决定，并以裁定形式书面通知赔偿请求权人。

（二）审理

行政程序中行政赔偿的审理是指由行政赔偿义务机关对已经受理的赔偿请求权人的赔偿请求予以审查，决定是否予以赔偿的法律行为。目前关于行政程序中行政赔偿审理的唯一法律依据是《国家赔偿法》第 13 条的规定。该条规定：“赔偿义务机关应当自收到申请之日起 2 个月内，作出是否赔偿的决定。赔偿义务机关作出赔偿决定，应当充公听取赔偿请求人的意见，并可以与赔偿请求人就赔偿方式、赔偿项目和赔偿数额依照本法第 4 章的规定进行协商。”此条关于行政程序中行政赔偿的审理规定得十分原则，几乎使行政赔偿义务机关无法操作。鉴于此，我国一些部门规章对本部门行政赔偿的审理作了详细规定。依目前我国现有的这些规定，行政程序中行政赔偿的审理大体包括如下内容。

1. 行政程序中行政赔偿的审理机关是赔偿义务机关，具体由行政赔偿义务机关内设的法制机构负责。

2. 行政程序中行政赔偿案件审理的内容包括：

（1）行政赔偿义务机关已被确认为违法的具体行政行为是否给公民、法人或其他组织造成了损害以及损害的程度。行政赔偿最为基本的条件就是有损害后果的发生，违法的行政行为不一定都必然给行政相对人的人身或财产造成侵害，审理机关要审查侵害问题，而无需审查具体行政行为，因为行政程序中行政赔偿的前提是行政行为已经被确认为违法。

（2）公民、法人或其他组织已受到的损害与行政赔偿义务机关被认为违法的具体行政行为是否有直接因果关系。违法行政行为与行政相对人遭受的侵害要有因果关系，即行政相对人的侵害一定是被确认为违法的具体行政行为引起的。同时，这种因果关系是直接的而非间接的，即行政主体的违法行政行为的状况直接决定了侵害后果的性质，决定了侵害后果的量。

（3）行政相对人行政赔偿的具体方式和标准。这是行政赔偿审查的关键点，通过审理要最后作出具体的处理决定，其中赔偿内容和赔偿方式就是最为本质的东西。

3. 负责审理行政赔偿案件的法制机构要对案件进行全面审查，而不能只审查部分内容。由于行政赔偿中，举证责任不是行政主体，而是主张权益的行政相对人，因此，审理机关要对赔偿请求权人提供的证据进行认真审查。若认为赔偿请求权人提供的证据不充分，既不能证明违法具体行政行为对其造成了侵害，也不能证明行政主体的行政行为与侵害后果有因果关系时，便可以视为证据不充分。赔偿请求权人若再不能提供新证据或者拒绝提供新证据，便可以认定行政赔偿事实不能成立。

4. 负责审理行政赔偿案件的法制机构在对案件全面审查的基础上，形成审理意见，交行政首长或者行政办公会议决定。即行政赔偿义务机关赔偿与否的决定权属于本机关的行政首长或者行政办公会议。行政赔偿审理的决定有下列诸种：

（1）不予赔偿的决定。经过审理认为，已被确认违法的具体行政行为未对赔偿请求权人造成损害，或者被认为违法的具体行政行为与损害后果无因果关系时，行政赔偿义务机关作出不予以赔偿的决定。

（2）恢复原状的决定。行政主体对行政相对人采取了查封、扣押、冻结等财产强制措施时，对行政相对人造成了损害，行政赔偿义务机关若能够通过恢复原状态达到赔偿目的，作出恢复状的赔偿决定。

（3）返还财产的决定。行政主体对行政相对人实施了罚款、吊销许可证和营业执照、责令停产停业，没收财物等行政处罚，或者违法向行政相对人征收财物、摊派费用、给行政相对人造成损害，若能通过返还财产的方式达到赔偿目的，行政赔偿义务机关可以作出返还财产的决定。

（4）给付拍卖变价收购价款的决定。行政主体将行政相对人的有关财物予以拍卖或予以收购时，这类行为被确认为违法并给行政相对人财产造成了损失，若能通过给付上述款项达到行政赔偿的目的，行政赔偿义务机关便可作出给付拍卖变价收购价款的决定。

（5）金钱赔偿的决定。金钱赔偿是行政赔偿的主要方式，指行政赔偿义务机关以向行政相对人支付金钱的形式达到履行赔偿义务目的的行为。在行政处罚、行政强制以及其他行政侵权行为中都可以采用金钱赔偿的方式。

5. 行政赔偿决定以书面形式作出。行政赔偿义务机关对案件审理后要制作行政赔偿决定书，行政赔偿决定书应根据行政赔偿决定的具体内容而制作。一般包括赔偿请求及其理由、赔偿义务机关认定的事实、赔偿处理决定的内容及赔偿请求权人的诉权等。

6. 依国家赔偿法的规定，自行政赔偿义务机关受理赔偿请求权人的申请到作出赔偿决定的期限为 2 个月。

7. 行政赔偿义务机关的行政赔偿决定是行政主体的行政行为之一，它的法律效力应当与其他行政行为的法律效力相同。即在行政相对人对这一行政行为不服时既可以通过行政复议进行救济，也可以通过行政诉讼进行救济。法律没有规定行政相对人执行行政赔偿义务机关的审理决定以后又反悔的处理。就是说，行政赔偿义务机关对行政相对人作出予以赔偿的决定，行政相对人对该决定的内容起初予以认同，但是，执行以后又认为这一行政赔偿决定不当，此时究竟是否还能够进入救济程序没有作出规定。笔者认为依有关行政行为效力的理论，当行政主体的行政行为由行政相对人受领并完全认同以后就应当具有法律效力，行政相对人对此不能再进行法律救济。当然，这一问题是一个需要探讨的问题。

（三）执行

行政程序中行政赔偿的执行是指将确定为具有法律效力的行政赔偿予以执行的法律行为。《工商行政管理机关行政赔偿实施办法》对工商行政赔偿中的执行程序作了具体规定，例如第 25 条规定：“赔偿义务机关执行赔偿处理决定，应当由赔偿义务机关的财务部门在法定期限内按有关规定办理支付手续；返还财产或恢复原状的，由原办案机构负责办理。”第 26 条规定：“执行赔偿案件应当制作笔录，由执行人和赔偿请求人签字、盖章。执行文书、票据等材料复印件，应当存入案卷。”

二、行政赔偿的行政复议程序

进入行政复议程序的行政赔偿有两种情况：第一种情况是行政相对人对已经被认为违法的行政行为造成的侵害提起行政复议赔偿的请求。依《国家赔偿法》、《行政复议法》的规定，被确定为违法的具体行政行为侵权赔偿的行政复议必须以行政程序中行政赔偿的审理为前提。就是说，行政相对人对被确定为违法的具体行政行为提起行政侵权赔偿先要通过行政程序解决，待赔偿义务机关依行政程序先行处理后，若行政赔偿请求权人对先行处理不服便可以对此提起行政赔偿复议，这是独立的行政赔偿复议。第二种情况是行政相对人对尚未被确认为违法的行政行为的侵权赔偿责任提起行政复议的情形。此一程序又包括两种情况：①行政复议申请人在对具体行政行为提起行政复议时一并提出行政赔偿请求，行政相对人在对具体行政行为提起行政复议时，可以一并提出行政赔偿申请。《行政复议法》第29条第1款规定："申请人在申请行政复议时可以一并提出行政赔偿请求，行政复议机关对符合《国家赔偿法》的有关规定应当给予赔偿的，在决定撤销、变更具体行政行为或者确认具体行政行为违法时，应当同时决定被申请人依法给予赔偿。"根据这一规定，行政相对人既提出行政行为违法又要求行政复议机关确认侵权赔偿责任的复议申请，是一种复合式申请，就是行政相对人有两个标的复议请求，一个标的是审查具体行政行为的合法性与合理性，另一个标的是确认具体行政行为造成侵害的行政赔偿责任。显然，行政复议机关对行政相对人这两个申请标的都应当进行审查。通过审查一方面作出具体行政行为是否违法或不当的决定，另一方面作出行政主体是否应当对行政相对人予以赔偿的决定，而不是由行政赔偿义务机关依行政程序重新处理。这样的制度既简化了行政赔偿程序，又能够使行政相对人获得赔偿的权利得到保障。②行政相对人在行政复议中未提出行政赔偿请求，但行政复议机关通过具体行政行为的审查认为行政主体的具体行政行为给行政相对人造成了侵害，在作出撤销行政主体具体行政行为的同时，责令被申请人赔偿申请人的损失。《行政复议法》第29条第2款规定："申请人在申请行政复议时没有提出行政赔偿请求的，行政复议机关在依法决定撤销或者变更罚款，撤销违法集资、没收财物、征收财物、摊派费用以及对财产的查封、扣押、冻结等具体行政行为时，应当同时责令被申请人返还财产，解除对财产的查款、扣押、冻结措施，或者赔偿相应的价款。"总之，行政赔偿的行政复议程序以行政复议程序为核心，赔偿的权益确认都附着于行政复议程序之中。

三、行政赔偿的行政诉讼程序

行政赔偿的行政诉讼程序就是指依行政诉讼制度解决行政赔偿纠纷的程序。行政诉讼程序可以解决的行政赔偿纠纷有四大类。

第一类是赔偿请求权人对行政机关确认具体行政行为违法但又决定不予赔偿，或者对确定的赔偿数额有异议而引起的行政赔偿纠纷。此类主要是通过行政程序作出的行政赔偿决定，请求权人仍不服时可以起诉至人民法院由人民法院依行政诉讼程序对行政程序解决的行政赔偿再作确认。最高人民法院《关于审理行政赔偿案件若干问题的规定》第2条规定："赔偿请求人对行政机关确认具体行政行为违法但又决定不予赔偿，或者对确定的赔偿数额有异议提起行政赔偿诉讼的，人民法院应予受理。"

第二类是请求权人对行政主体直接造成其权益侵害的行政行为引起赔偿责任的纠纷。行政主体"以殴打、虐待等行为或者唆使、放纵他人以殴打、虐待等行为造成公民身体伤害或者死亡的”；行政主体“违法使用武器、警械造成公民身体伤害或者死亡的”；行政主体“造成公民身体伤害或者死亡的其他违法行为”等引起的行政赔偿纠纷，请求权人毋须提出确认该具体行政行为违法的行政诉讼，可以直接提起行政赔偿诉讼。此类诉讼有一个前提是行政机关拒绝确认上述致害行为违法。

第三类是因其他具体行政行为造成请求人侵害而引起的行政赔偿纠纷。此类情形在行政赔偿诉讼中是最为多见的，它的一般含义是当行政相对人向人民法院提起具体行政行为违法的行政诉讼时可一并提出行政侵权赔偿，即其既要求人民法院判决行政主体的具体行政行为违法，又要求实施违法具体行政行为的行政主体同时承担行政赔偿责任。

第四类是行政主体最终作出的具体行政行为引起的行政赔偿责任。依我国行政诉讼法律制度的规定，对行政主体最终裁决的具体行政行为，行政相对人没有可诉权，人民法院也没有对其进行司法审查的权利。但是，行政赔偿诉讼则是例外。就是说，行政相对人不能对最终作出裁决的具体行政行为提起行政诉讼，人民法院无权确认行政主体最终裁决的具体行政行为是否违法。然而，若最终作出裁决的行政主体认为最终作出裁决的具体行政行为违法时，人民法院则有权受理因确认为违法具体行政行为而提起的行政赔偿诉讼。

（一）行政赔偿诉讼的管辖

1. 行政相对人提起行政诉讼时一并提起行政赔偿诉讼的，依《行政诉讼法》规定的管辖原则执行。

2. 行政赔偿诉讼涉及不动产的由不动产所在地人民法院管辖。

3. 单独提起行政赔偿诉讼的由被告住所地的基层人民法院管辖。

4. 中级人民法院管辖下列行政赔偿诉讼的一审案件：①被告为海关、专利行政管理机关的行政赔偿案件；②被告为国务院各部门或者省、自治区、直辖市人民政府的行政赔偿案件；③本辖区内其他有重大影响和复杂的行政赔偿案件。

5. 高级人民法院管辖在本辖区内有重大影响和复杂的一审行政赔偿案件。

6. 最高人民法院管辖在全国范围内有重大影响和复杂的一审行政赔偿案件。

7. 对两个以上行政机关提出侵权赔偿诉讼由任何一个行政机关所在地的人民法院管辖。若向两个人以上有管辖权的法院均提起了行政赔偿诉讼，则由最先收到诉状的人民法院管辖。

8. 行政相对人对限制人身自由的行政强制措施侵权责任提起行政赔偿诉讼的，由被告所在地或原告所在地人民法院管辖，若是对不动产的强制还可选择不动产地的人民法院管辖。

（二）起诉与受理

1. 行政赔偿诉讼的起诉。行政赔偿的单独诉讼的起诉必须符合下列条件：①原告具有请求资格；②有明确的被告；③有具体的赔偿请求和受损害的事实根据；④加害行为为具体行政行为的，该具体行政行为已被确认为违法；⑤赔偿义务机关已先行处理或超过法定期限不予处理；⑥属于人民法院行政赔偿诉讼的受案范围和受诉人民法院管辖；⑦符合法律规定的期限。

赔偿请求权人单独提起行政赔偿诉讼，可以在向赔偿义务机关送交赔偿申请后的2个月届满之日起3个月内提出；请求权人提起诉讼的同时一并提出行政赔偿请求的，其起诉期限依《行政诉讼法》规定的诉讼期限执行；行政案件的原告可以在提起行政诉讼后至人民法院一审庭审结束前提出行政赔偿请求；赔偿义务主体作出赔偿决定时，未告知赔偿请求权人的诉权或者起诉期限，致使赔偿请求权人逾期向人民法院起诉的，其起诉期限从赔偿请求权人实际知道诉讼或者起诉期限时计算，但逾期的期间自赔偿请求权人收到赔偿决定之日起不得超过1年；受害的公民死亡，其继承人和有抚养关系的人提起行政赔偿诉讼，应当提供该公民死亡的证明及赔偿请求权人与死亡公民之间的关系证明。

2. 行政赔偿诉讼的受理。人民法院接到原告单独提起行政赔偿的起诉状，应当进行审查，并在7日内立案或者作出不予受理的裁定。若在7日内不能确定可否受理，应当先予以受理，受理后发现不符合受理条件的，裁定驳回起诉。当事人对不予受理或驳回起诉的裁定不服的，可以在裁定书送达之日起10日内向上一级人民法院提起上诉。

（三）审理与判决

1. 行政赔偿诉讼的审理。

（1）行政赔偿案件的合并审理与单独审理。当事人在提起行政诉讼的同时一并提出行政赔偿请求，或者对因具体行政行为、与行使行政职权有关的其他行为侵权造成的损害一并提出行政行为赔偿请求的，人民法院应当分别立案，但可以根据情况决定合并审理或者单独审理。所谓合并审理就是将具体行政行为的司法审查和求偿权人赔偿请求的司法审查合并在一起审理，以行政行为司法审查的结果作为行政赔偿的依据。所谓单独审理则是指对行政赔偿请求进行独立审查，就行政赔偿本身涉及的权利义务予以认定并作出裁判。上述两种模式由人民法院根据案件的情况决定采用前者或者后者。

（2）行政赔偿案件的审理要紧密结合原告与被告之间的行政赔偿争议而展开，并以行政赔偿争议所涉及的标的确定原告与被告之间的权利义务关系。

（3）行政赔偿诉讼由原告负举证责任。原告主张赔偿权必须有证据能证明自己的权益受到侵害，应当指出原告仅仅对其行政赔偿主张负举证责任，而不对引起行政赔偿的行政行为的司法审查负举证责任。即便在对具体行政行为提起行政诉讼一并提出行政赔偿诉讼时也是如此。就是说，原告没有必要为引起行政赔偿的具体行政行为的不当负举证责任。被告在行政赔偿诉讼中没有负举证的义务，但有权利提供不予以赔偿或者减少赔偿数额方面的证据。但是，被告对引起行政赔偿的具体行政行为在行政诉讼阶段负举证责任。

（4）行政赔偿诉讼可以调解结案。《最高人民法院关于审理行政赔偿案件若干问题的规定》第30条规定："人民法院审理行政赔偿案件在坚持合法、自愿的前提下，可以就赔偿范围、赔偿方式和赔偿数额进行调解。调解成立的，应当制作行政赔偿调解书。"调解结案或者原告与被告达成和解是行政赔偿诉讼与其他行政诉讼最大的区别。调解结案的理由是非常清楚的，因为只要原告愿意放弃一定的权利主张和解协议就可以达成。原告与被告的和解必须在人民法院的监控之下进行。人民法院对和解进行行政监控的目的在于防止被告对原告施加压力以及被告与原告达成有损于国家利益的不当和解协议。

2. 行政赔偿诉讼的判决。人民法院对行政赔偿诉讼可以作出下列判决。

（1）判决驳回原告的诉讼请求。在被告的具体行政行为没有对原告合法权益造成侵害，原告的请求没有事实根据，没有法律依据等情形下，人民法院判决驳回原告的赔偿请求。

（2）对致害行为作出确认的判决。人民法院对赔偿请求人未经确认程序而直接提起行政赔偿诉讼的案件，在判决时应当对赔偿义务机关致害行为是否违法予以确认，作出确认的判决。此判决虽没有涉及行政赔偿的具体事项，但它是行政主体是否承担行政赔偿责任的前提。

（3）判决予以赔偿。人民法院经过审判，认为被告对原告的损害事实成立，应依法作出予以赔偿的判决。人民法院对行政赔偿案件的处理可以用行政赔偿判决书、行政赔偿裁定书和行政赔偿调解书三种方式。

（四）执行与期限

人民法院发生法律效力的行政赔偿判决、裁定或调解协议，当事人必须履行。一方拒绝履行的，对方当事人可以向第一审人民法院申请执行。申请执行的期限为：若申请人是公民的为1年，申请人是法人或者其他组织的为6个月。人民法院单独受理的第一审行政赔偿案件的审理期限为3个月，第二审为2个月。一并受理行政赔偿请求案件的审理期限与该行政案件的审理期限相同。如因特殊情况不能按期结案，需要延长审限的，应按照《行政诉讼法》的有关规定报请批准。

图书在版编目（C I P）数据

行政法案例教程/关保英著. -- 北京:中国政法大学出版社,2012.10
ISBN 978-7-5620-4507-6

Ⅰ.①行… Ⅱ.①关… Ⅲ.①行政法－案例－中国－高等学校－教材 Ⅳ.①D922.105

中国版本图书馆CIP数据核字(2012)第230601号

书　　名　行政法案例教程(修订版)
出版发行　中国政法大学出版社(北京市海淀区西土城路 25 号)
　　　　　北京 100088 信箱 8034 分箱　邮编 100088
　　　　　http://www.cuplpress.com (网络实名: 中国政法大学出版社)
　　　　　010-58908325(发行部) 58908334(邮购部)
编辑统筹　综合编辑部　010-58908524　dh93@sina.com
承　　印　固安华明印刷厂
规　　格　720mm×960mm　16 开本　35 印张　660 千字
版　　本　2013 年 2 月第 1 版　2013 年 2 月第 1 次印刷
书　　号　ISBN 978-7-5620-4507-6/D·4467
定　　价　69.00 元